lonely planet

New York

Ali Lemer, Anita Isalska, MaSovaida Morgan, Kevin Raub

Sommaire

AUGUSTO VITALE/SHUTTERSTOCK ©

S.BORISOV/SHUTTERSTOCK ©

(à gauche) **Flatiron p. 171** Premier gratte-ciel new-yorkais

(en haut) **Central Park p. 236** Le Bow Bridge, joli pont en fer forgé

(à droite) **Metropolitan Museum of Art p. 220** Sphinx gardant le temple de Dendour

ITZAVU/SHUTTERSTOCK ©

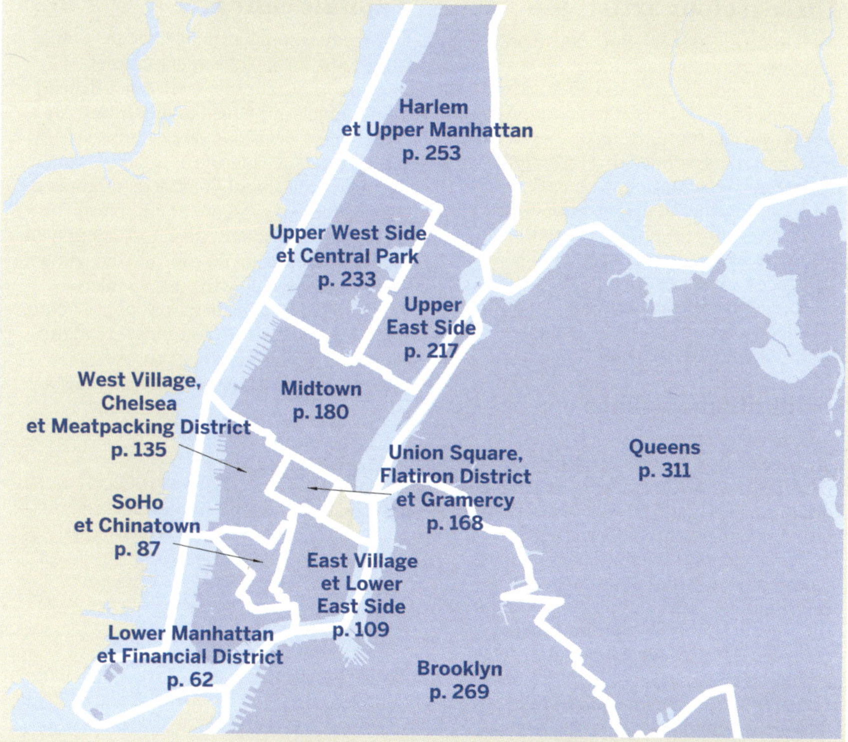

Bienvenue à New York

Son architecture fascinante et sa scène gastronomique bouillonnante en font une ville à la pointe des tendances. Mais certaines choses ne changent pas et New York est toujours aussi photogénique qu'indomptable !

Un carrefour artistique

Met, MoMA, Guggenheim : New York recèle de grandes institutions de la scène artistique mondiale. Vous découvrirez des musées dédiés à la Vienne fin de siècle ou à la vie des immigrants du Lower East Side, et parcourrez de labyrinthiques collections de sculptures japonaises, de tableaux américains postmodernes et d'étoffes himalayennes. Pour admirer les artistes qui compteront demain, explorez les galeries d'avant-garde de Chelsea et du Lower East Side, ou partez à la découverte de la scène émergente de Brooklyn et du Queens.

Nomadisme urbain

Avec ses rues regorgeant de trésors architecturaux, de cafés et boutiques pittoresques, New York ravira les nomades urbains. Dans cette ville bigarrée où près de 800 langues sont parlées, il suffit de traverser quelques avenues pour changer de continent ! Perdez-vous dans la foule de Chinatown entre temples bouddhiques rutilants et stands de nouilles fumantes, puis dirigez-vous vers Nolita, ses alléchantes boutiques et ses délicieux cafés. Chaque quartier montre un visage différent de New York, et arpenter ses rues est la meilleure façon de s'imprégner de la ville.

Capitale culinaire

Cuisine fusion remarquable, scène végane innovante, mixologues renommés et quelque 76 restaurants étoilés au Michelin : on n'a jamais aussi bien mangé à New York ! Adoptée par beaucoup de restaurateurs, la philosophie "de la ferme à l'assiette" donne des cartes alléchantes à base de produits de saison. Tout ou presque est fait maison et de manière artisanale, de la torréfaction du café à la fabrication du chocolat, en passant par la distillerie du whisky et la micro-brasserie. La cuisine new-yorkaise se goûte aussi à petit prix : dégustez les légendaires doughnuts et bagels, allez vous rassasier dans les *diners* et traquez les *food trucks*.

AVERTISSEMENT

Au moment où nous terminions l'édition de ce guide, la pandémie de Covid-19 impactait fortement le monde du voyage. Les informations que vous trouverez dans cet ouvrage sont donc susceptibles de changements.

Renseignez-vous bien avant votre départ car la situation aura probablement évolué quand vous préparerez votre voyage.

Pourquoi j'aime New York

Par Anita Isalska, auteure

Grandiose et d'une beauté sans pareille, New York a de quoi faire tourner la tête. Au cours de mes séjours répétés, j'ai usé mes semelles dans ses galeries, arpenté ses marchés et passé de nombreuses soirées (et matinées !) dans ses bars. Avant même d'y avoir mis les pieds, les quartiers de New York peuplaient déjà mon imaginaire grâce à toutes les séries et films que j'ai vus. Désormais familière, la ville n'a pourtant aucunement perdu de son intérêt à mes yeux, et je prends toujours autant de plaisir à l'explorer puisqu'elle change sans cesse. Remplie de rêveurs et de cyniques, New York dégage une aura extrêmement charismatique, dont je ne me lasse pas.

Pour en savoir plus sur nos auteurs, voir p. 480

Bryant Park (p. 196)

Le Top 16 de New York

1

Statue de la Liberté et Ellis Island *(p. 64)*

1 Depuis son inauguration en 1886, Lady Liberty a vu passer des millions d'immigrants venus chercher ici une vie meilleure. Elle accueille désormais des cohortes de touristes, dont beaucoup se pressent jusque dans sa couronne pour y goûter l'une des plus belles vues de New York. À proximité se dresse Ellis Island (p. 66), porte d'entrée de l'Amérique pour plus de 12 millions de personnes entre 1892 et 1954. Aujourd'hui, l'île abrite l'un des musées les plus émouvants de la ville, vibrant hommage à ces immigrants et à leur courage.

Lower Manhattan et Financial District

Central Park *(p. 236)*

2 Figurant parmi les espaces verts les plus célèbres au monde, le parc le plus visité des États-Unis offre plus de 340 ha d'espaces verts aménagés, d'affleurements rocheux, d'allées bordées d'ormes, de jardins à l'européenne, ainsi qu'un lac et un réservoir qui ont servi de décor à d'innombrables films – sans oublier un théâtre en plein air, un mémorial dédié à John Lennon, un restaurant idyllique au bord de l'eau (the Loeb Boathouse) et une célèbre statue d'Alice au pays des merveilles. Votre défi ? Décider par où commencer.

Upper West Side et Central Park

3

4

INGLOT
TIMES SQUARE
NYC
AMERICAN EAGLE OUTFITTERS
Morgan Stanley
TOSHIBA
1585
B'WAY

Metropolitan Museum of Art

(p. 220)

3 Avec des collections rassemblant plus de 2 millions d'objets, le "Met" est tout simplement éblouissant. Sculptures de la Grèce antique, armures médiévales ou encore magnifiques objets d'art islamique : ses collections impressionnantes font voyager dans l'espace et dans le temps. Les galeries Renaissance sont pleines à craquer d'œuvres des maîtres de l'Ancien Monde, tandis que les vestiges de l'Égypte ancienne attisent l'imagination (notamment le temple de Dendour, avec ses murs en pierre deux fois millénaires, gravés de hiéroglyphes). Vous croyez en avoir assez vu ? Depuis le toit, la vue sur Central Park est imprenable.

Upper East Side

Broadway et Times Square

(p. 182)

4 Des lumières scintillantes et une énergie électrisante : voilà l'Amérique telle que le monde l'imagine. S'étendant de la 40e à la 54e Rue, entre la 6e et la 8e Avenue, Broadway (p. 184) est l'usine à rêves de New York. Plus qu'une intersection entre Broadway et 7th Ave, l'éblouissant Times Square, star incontestée du quartier, est un concentré d'Amérique : une grisante frénésie de panneaux hollywoodiens, de publicités lumineuses hypnotisantes et de cow-boys en slip. Bienvenue sur le "carrefour du monde" !

Midtown

Scène gastronomique

(p. 39)

5 Un des atouts majeurs de New York ? L'extrême variété de ses restaurants. Un quartier peut parfois héberger à lui seul pubs gastronomiques, comptoirs à sushis, bars à tapas, bistrots français, pizzerias, grills, cafés végans et bons vieux *delis* à l'ancienne débitant des bagels au *cream cheese* et saumon fumé. Et ce n'est que le début. Prenez vos repas comme vous l'entendez : en passant commande auprès d'un *food truck*, en grignotant dans un marché ou en vous glissant dans un de ces moelleux box en cuir pour un festin à 4h du matin, après une nuit de fête.

CI-DESSUS : PIZZA CHEZ ROBERTA'S (P. 296)

Où se restaurer

Promenade dans un quartier

(p. 61)

6 L'une des meilleures façons de découvrir New York ? Choisir un quartier et l'explorer de fond en comble. Avec ses rues pavées bordées de boutiques, de petits cafés et de restaurants au charme désuet, Greenwich Village est un bon point de départ. Pour une autre vision de New York, choisissez le quartier bohème d'East Village. Envie d'un dépaysement sensoriel ? Direction Chinatown ! Flânez du côté de Chelsea (ci-dessous), qui regorge de galeries d'art, pour vous familiariser avec la scène artistique locale.

West Village, Chelsea et Meatpacking District

Brooklyn

(p. 269)

7 Les habitants de Manhattan ne l'admettent pas volontiers, mais il est tout à fait possible de profiter pleinement de NYC sans sortir de Brooklyn ! Dans les rues de Williamsburg, vous trouverez de nombreuses salles de concert et cafés branchés. Le *borough* se pare aussi de superbes espaces verts tels que Prospect Park ou le parc postindustriel de Brooklyn Bridge (à droite), et les restaurants servent aussi bien de bons petits plats végans que de la cuisine étoilée au Michelin. On y trouve des musées de premier plan (le Brooklyn Museum en tête) et des divertissements kitsch jalonnent la plage de Coney Island.

Brooklyn

6

MoMA *(p. 187)*

8 Le Museum of Modern Art (MoMA) compte parmi les plus grandes institutions artistiques au monde, d'autant que son espace d'exposition a été agrandi de près de 4 600 m² en 2019. Vous pourrez y admirer *La Nuit étoilée* de Van Gogh, *Le Baigneur* de Cézanne, *Les Demoiselles d'Avignon* de Picasso, le *One : Number 31* de Pollock, les *32 boîtes de soupe Campbell* de Warhol – sans oublier les Chagall, Dix, Rothko, De Kooning et Haring. Vous pouvez aussi vous y offrir une projection gratuite, un verre de vin dans le jardin de sculptures, une petite pause achats, ou encore un repas gastronomique au restaurant étoilé The Modern.

Midtown

High Line *(p. 137)*

9 Superbe réussite en matière de renouveau urbain, la High Line est sans aucun doute la preuve la plus éclatante de l'effort ininterrompu pour transformer les vestiges du passé industriel de New York en espaces agréables à l'œil. Cette ligne jadis empruntée par les trains de marchandises qui serpentaient entre les abattoirs et des habitations miséreuses s'est muée en un collier de verdure émeraude, aussi paisible que populaire. Sans surprise, le lieu attire promoteurs immobiliers et architectes de réputation mondiale qui s'appliquent à faire du quartier un bijou résidentiel.

West Village, Chelsea et Meatpacking District

Empire State Building *(p. 185)*

10 Ce saisissant gratte-ciel Art déco a beau ne plus être le plus haut de New York, il en reste un des emblèmes les plus facilement reconnaissables. L'"ESB" est apparu dans des dizaines de films et offre toujours l'une des meilleures vues de New York, en particulier au coucher du soleil, quand la ville (et les États voisins) commence à scintiller. Ce monument populaire n'a pas fini d'attirer les regards, surtout depuis sa rénovation à plusieurs millions de dollars. Levez les yeux lors des jours fériés importants : de spectaculaires éclairages illuminent le ciel nocturne.

Midtown

Musique et vie nocturne *(p. 46)*

11 Bars branchés cachés derrière les murs d'un glacier, échoppes de tacos abritant des cabarets jusqu'au bout de la nuit, clubs gigantesques vibrant au son des basses mixées par des DJ ou encore *afters* sur les toits jusqu'au petit matin : c'est tout un monde alternatif qui se cache dans les interstices du quotidien new-yorkais et qui accueille touristes curieux et habitants avertis. Sans oublier le jazz : berceau du Jazz Age dans les années 1920, Harlem et New York restent les meilleurs endroits au monde pour aller écouter du jazz en live. Clubs voluptueux et lounges éclairés aux néons abritent une scène jazz en effervescence. EN BAS À DROITE : JAZZ AU VILLAGE VANGUARD (P. 162)

Où prendre un verre et faire la fête

9

10

11

Traversées *(p. 401)*

12 Quitter l'île de Manhattan sur un ferry vous offrira un nouveau point de vue sur ces rues grouillantes à mesure que la silhouette des buildings s'amenuisera. Gratuit, le ferry de Staten Island (ci-dessous), surnommé le "quartier oublié" de New York, offre une vue superbe sur la statue de Liberté. En été, Governors Island est une destination agréable avec ses bâtiments historiques, ses zones de pique-nique, ses aires de jeux et ses routes désertes que vous pouvez longer à pied ou à vélo. Autre possibilité : faire la traversée pour Brooklyn à bord de l'East River Ferry.

Lower Manhattan et Financial District

Brooklyn Bridge *(p. 271)*

13 Chef-d'œuvre néogothique tout de granit achevé en 1883, le pont de Brooklyn a inspiré la poésie (*Brooklyn Bridge Blues* de Jack Kerouac), la musique (*Brooklyn Bridge* de Frank Sinatra) et nombre d'autres arts (comme l'illustrent les photos de Walker Evans). C'est aussi le moyen le plus pittoresque de passer de Manhattan à Brooklyn. Tôt le matin (à l'aurore), vous aurez le pont presque pour vous seul. Au coucher du soleil, il offre une vue romantique sur Manhattan, enveloppée d'un magnifique ciel d'ambre. Doté d'une piste cyclable, il se traverse aussi bien à pied qu'à vélo.

Brooklyn

12

13

One World Observatory *(p. 71)*

14 Plus haut gratte-ciel de l'hémisphère Ouest, il surplombe Lower Manhattan tel un phare. Faîtes l'ascension jusqu'au 100e ou 102e étage dans son ascenseur vitré pour une vue extraordinaire sur la ville et les États voisins. Outre le panorama à couper le souffle, la visite permet d'entendre le point de vue des ouvriers qui ont participé à la construction de la tour et d'observer le socle sur lequel elle repose. La cabine est recouverte d'écrans LED qui diffusent, en accéléré, l'évolution des bâtiments de New York du XVIIe siècle à nos jours.

Lower Manhattan et Financial District

National September 11 Memorial & Museum *(p. 68)*

15 S'élevant sur les cendres de Ground Zero, le musée et mémorial du 11-Septembre est une belle réponse empreinte de dignité à l'épisode le plus sombre de l'histoire de la ville. Deux bassins réfléchissants (en haut à droite) versent leurs larmes à l'ancien emplacement des Twin Towers, encadrés par les noms des victimes du 11 septembre 2001 et de l'attentat à la bombe du World Trade Center de 1993. Sous terre, le musée du Mémorial explore de façon poignante et percutante ces terribles événements.

Lower Manhattan et Financial District

Shopping *(p. 50)*

16 New York est l'un des grands temples mondiaux de la consommation. Centres commerciaux gigantesques, friperies ou encore boutiques de créateurs indépendants : ce ne sont pas les occasions qui manquent pour dépenser votre argent. Toutefois, faire du shopping à New York ne se résume pas à remplir sa garde-robe (ou à faire exploser son budget) : il s'agit aussi de découvrir la myriade de communautés et de cultures qu'abrite la ville à travers leurs créations. EN BAS À DROITE : BERGDORF GOODMAN (P. 215)

Shopping

14

15

JIMMIE I. HOLLEY
SALAMONE
ADA M. DAVIS

16

BERGDORF
GOODMAN
BERGDORF GOODMAN

Quoi de neuf ?

Capitale culturelle des États-Unis, New York est également la ville la plus peuplée du pays. Sa population a cependant connu récemment une (légère) baisse, pour la première fois depuis longtemps : le coût de la vie élevé en a en effet poussé plus d'un à se tourner vers d'autres horizons...

La High Line

L'ultime tronçon de la High Line (p. 137), le Spur, a été achevé en juin 2019. S'étendant à l'est le long de W 30th St jusqu'au-dessus de 10th Ave, il offre une vue panoramique sur la ville. De nombreux lieux permettent d'y faire une pause et vous pourrez même profiter d'œuvres d'art monumentales.

Hudson Yards

Ce nouveau quartier de Manhattan (p. 199) est sorti de terre au bout de la High Line. Entre ses places arborées, des magasins et restaurants huppés, un centre culturel futuriste, ainsi que le Vessel, un entrelac d'escaliers qui ne mènent nulle part, ont ouvert leurs portes. Une seconde phase de travaux est en marche.

Essex Market

Ce marché d'alimentation couvert, qui compte parmi les plus anciens de la ville, a été délocalisé dans le Lower East Side (p. 121).

Museum of Modern Art (MoMA)

Un ambitieux projet d'agrandissement a doté cet audacieux musée d'art moderne (p. 187) d'un espace d'exposition supplémentaire de près de 3 600 m². Il inclut notamment un espace conçu pour le spectacle vivant, des galeries au rez-de-chaussée accessibles gratuitement et une nouvelle boutique.

Empire State Building

Plusieurs millions de dollars ont été injectés dans un vaste projet de rénovation (p. 185) visant à réduire les files d'attente. L'ESB s'est ainsi doté d'une nouvelle exposition permanente et son observatoire du 102e étage dispose désormais de baies vitrées offrant une vue époustouflante sur la ville.

100% LOCAL

DERNIÈRES NOUVELLES DE LA GROSSE POMME

Ali Lemer, auteure Lonely Planet

New York a toujours attiré les rêveurs, mais la ville se charge parfois bien vite de leur ramener les pieds sur terre : n'ayant pas les moyens de résider dans les appartements luxueux de Manhattan, dont le coût atteint des sommets, la plupart des New-Yorkais se sont installés dans le Queens et à Brooklyn, quartiers qui renferment à présent toute l'âme de la ville, voire, ces dernière années, dans le New-Jersey voisin, bien desservi, bien moins cher et bénéficiant d'une meilleure qualité de vie. Néanmoins, avec d'innombrables bars, marchés et galeries ouvrant chaque mois, il y a de quoi faire à NYC ! Même les habitants les plus désabusés s'émerveillent de voir la ville s'illuminer lorsqu'ils rentrent chez eux à la nuit tombante, et plaignent ceux qui n'habitent pas la Grosse Pomme. La vie n'y est certes pas facile tous les jours, mais pourquoi aller voir ailleurs quand on habite une ville aussi fascinante ?

Hôtel concept à l'aéroport

Le mythique terminal de la Trans World Airlines de l'aéroport JFK, conçu par le célèbre architecte Eero Saarinen en 1962, a été reconverti en un superbe hôtel rendant hommage aux *sixties* (TWA Hotel, p. 358), disposant sans doute de la plus belle piscine en *rooftop* de tout New York !

Bronx Night Market

Ouvert en 2018, ce marché à ciel ouvert (p. 262) a lieu tous les samedis de mai à octobre et réunit une cinquantaine d'étals de nourriture et de boissons, ainsi que quelques musiciens.

Supper club à Harlem

Pionnier de la scène underground des *supper clubs* de San Francisco, le chef californien Russell Jackson fait ses débuts new-yorkais dans le restaurant Reverence, à Harlem (p. 264), où il propose un menu dégustation de cinq à sept plats.

Nouvelle librairie du Bronx

Deux ans après la fermeture de la seule librairie du Bronx (Barnes and Noble) en 2017, la riveraine Noëlle Santos a ouvert le Lit. Bar (p. 262), une librairie indépendante mettant en avant des auteurs issus des minorités et faisant aussi office de bar à vins.

D'art d'art au Chelsea Market

Artechouse (p. 144) a investi la chaufferie de 500 m² inutilisée située au sous-sol de l'historique Chelsea Market pour proposer un espace d'art moderne expérimental et hallucinatoire, en contraste total avec les galeries d'art contemporain très classiques du quartier.

SITES WEB À SUIVRE

Pour plus d'idées et d'informations à jour, rendez-vous sur www.lonelyplanet.fr/destinations/amerique/usa/new-york.

Time Out New York (www.timeout.com/newyork). Sur son site Web et sur Twitter (@TimeOutNewYork), l'hebdomadaire publie des informations sur les sorties en ville.

Eater NY (ny.eater.com). Actualités gastronomiques et critiques de bars et restaurants.

The Bowery Boys (www.boweryboyshistory.com). Cette série de podcasts plonge dans la longue et fascinante histoire de New York.

Laura Peruchi (www.lauraperuchi.com/en). Brésilienne installée à New York, Laura couvre des sujets aussi divers que le shopping, la mode, la vie nocturne, les visites guidées, la gastronomie, etc.

Humans of New York (www.humansofnewyork.com). Faites connaissance avec les New-Yorkais grâce aux interviews de ce blog photo.

EN BREF

Langues parlées 637

Touristes annuels 65,2 millions (2018)

Population 8,3 millions

Pier 17

Le centre commercial de South Street Seaport (p. 76) a été rénové et dispose désormais d'un bar en *rooftop* et d'un restaurant huppé. Une grande terrasse publique permet aussi de profiter d'une vue imprenable sur l'East River et Brooklyn.

NYC en ferry

Le réseau de ferries (p. 401) reliant Manhattan, Brooklyn et le Queens se développe. En 2019, l'arrêt Brooklyn Navy Yard a été créé, et une ligne desservant Coney Island a été inaugurée fin 2021.

Little Island

Au printemps 2021, une nouvelle "île" a poussé sur l'Hudson. Montée sur des pilotis en forme de tulipes, Little Island (p. 142) semble flotter au-dessus de l'eau. Elle accueille des jardins et des pelouses accessibles via une passerelle au niveau du Pier 55.

L'essentiel

Pour en savoir plus, reportez-vous à *New York pratique* (p. 395).

Devise
Dollar américain ($)

Langue
Anglais

Formalités et visas
Un programme d'exemption de visa permet aux ressortissants de 38 pays, dont la France, la Suisse et la Belgique, de séjourner aux États-Unis sans visa, mais un formulaire électronique (ESTA) doit être rempli.

Argent
On trouve facilement des DAB. Les cartes bancaires sont acceptées dans la plupart des établissements. Les marchés, certains *food trucks*, bars et restaurants n'acceptent que les espèces.

Téléphones mobiles
Les cartes SIM locales fonctionnent sur les smartphones débloqués. Il est aussi possible d'acheter sur place un téléphone pas cher et de le recharger avec des cartes prépayées. Renseignez-vous auprès de votre opérateur sur les frais d'itinérance à l'international (*roaming*) et sur les options internationales en complément de votre forfait.

Heure locale
Eastern Standard Time (EST), – 5 heures sur l'heure GMT.

Budget quotidien

Moins de 250 $
- Lit en dortoir : 40-70 $
- Part de pizza : environ 4 $
- Taco dans un *food truck* : à partir de 3 $
- Verre de vin en *happy hour* : 10 $
- Trajet en bus ou en métro : moins de 3 $

250-500 $
- Chambre double dans un hôtel de catégorie moyenne : à partir de 200 $
- Billet pour l'Empire State Building (86e et 102e étages) : 75 $
- Dîner pour deux dans un restaurant de catégorie moyenne : 150 $
- Cocktail maison : 15-19 $
- Billet réduit pour un spectacle à Broadway : environ 80 $

Plus de 500 $
- Une nuit au luxueux Greenwich Hotel : à partir de 700 $
- Menu dégustation dans un grand restaurant : 90-315 $
- Massage de 1 heure au Great Jones Spa : 160 $
- Place d'orchestre au Metropolitan Opera : 85-445 $

À prévoir

Deux mois à l'avance Réservez votre hébergement (les prix seront plus élevés à l'approche de votre arrivée). Achetez votre place pour un spectacle à Broadway et inscrivez-vous au circuit gratuit de Big Apple Greeters.

Un mois à l'avance Réservez dans un restaurant haut de gamme – la plupart ouvrent leur calendrier quatre semaines à l'avance.

Une semaine à l'avance Surfez sur les blogs, Twitter et Instagram pour découvrir les derniers restaurants, bars, spectacles et expositions à ne pas manquer.

Sites Internet

NYC : The Official Guide (www.nycgo.com). Le portail touristique officiel de New York.

Brokelyn (www.brokelyn.com), **Brooklyn Based** (www.brooklynbased.com), **Greenpointers** (greenpointers.com) et **Bushwick Daily** (bushwickdaily.com). L'actualité de ces quartiers (informations, concerts, vernissages, etc.).

Gothamist (gothamist.com). Infos, potins et calendrier culturel de la ville traités sur un ton léger.

Time Out (www.timeout.com/newyork). Les sorties en ville.

QUAND PARTIR

L'été, parfois caniculaire, est animé d'événements culturels. En hiver, les tempêtes de neige ne sont pas rares mais les festivités attirent les foules. Le printemps et l'automne sont idéals pour explorer la ville.

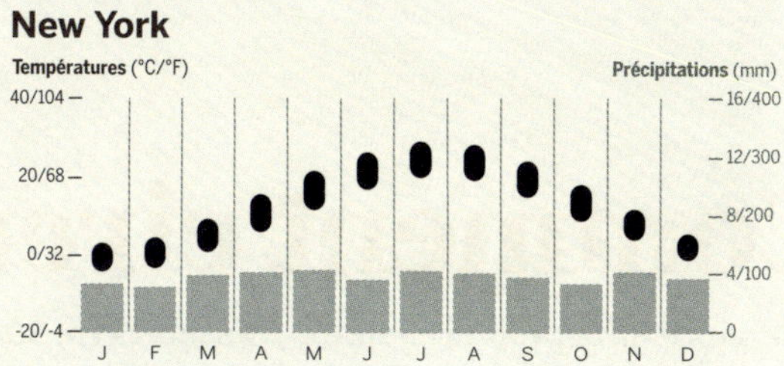

Arriver à New York

John F. Kennedy International Airport L'AirTrain (7,75 $) assure une correspondance avec le métro (2,75 $), ce qui permet de rallier Manhattan en 1 heure. Le Long Island Rail Road (LIRR) rallie Penn Station ainsi que l'Atlantic Terminal, à Brooklyn (12,25-18,50 $ avec connexion AirTrain). Un taxi coûte 52 $, prix forfaitaire hors péage (9,50 $), pourboires (7-10 $) et supplément en heure de pointe (4,50 $).

LaGuardia Airport Proche de Manhattan, il n'est pourtant pas bien desservi par les transports en commun. Le bus express Q70 le relie à la station de métro 74th St-Broadway (Midtown) et le M60 à Uptown. Un taxi pour Manhattan coûte entre 30 et 45 $ (hors péage et pourboires).

Newark Liberty International Airport Prenez l'AirTrain jusqu'à la gare de Newark Airport, et montez dans un train à destination de la gare de Penn Station, à New York (13,50 $, AirTrain inclus). Comptez entre 50 et 70 $ pour un taxi (plus 15 $ de péage et de pourboire, obligatoires, et 5 $ en heure de pointe).

Pour plus d'infos sur l'**arrivée à New York**, voir p. 396.

Se déplacer

Le site de la **Metropolitan Transportation Authority** (www.mta.info) fournit des informations concernant les bus et le métro.

Métro Bon marché, il fonctionne plutôt bien et circule 24h/24. Un trajet coûte 2,75 $ avec la MetroCard (ou le système de paiement sans contact OMNY).

Bus Pratique aux heures creuses, surtout si vous devez traverser la ville d'est en ouest et vice versa. On peut utiliser la MetroCard (ou le système de paiement sans contact OMNY), mêmes tarifs que le métro.

Taxi Le compteur commence à 2,50 $ et augmente de 50 ¢ tous les 0,2 mile (350 m). Des surcoûts sont appliqués (notamment 50 ¢ pour les trajets de nuit). Infos officielles sur www.nyc.gov/taxi.

Vélo Le système new-yorkais de vélos en libre-service Citi Bike (www.citibikenyc.com ; 15 $ le forfait de 24 heures) est très populaire. Prévoyez un casque.

Ferries inter-quartiers Les ferries de NYC Ferry (www.ferry.nyc) accostent en différents endroits de Manhattan, Brooklyn et du Queens.

Pour plus d'infos sur les **Transports**, voir p. 22 et p. 400.

Où se loger

De manière générale, les prix sont élevés et les logements petits. Les prix fluctuent selon la disponibilité plus que la saison (même si c'est bien sûr plus cher en période de fête). Les hébergements disponibles disparaissent rapidement, surtout en été et en décembre, pour des logements qui vont de la cellule austère d'une chaîne standard au loft stylé.

Brooklyn et le Queens offrent le meilleur rapport qualité/prix ; Long Island City compte quelques hôtels design très avantageux ; Staten Island présente des B&B abordables, mais il faut prendre le ferry. On trouve quelques auberges de jeunesse un peu partout.

Site Internet

NYC (www.nycgo.com/hotels). Très nombreuses adresses issues du *NYC Official Guide*.

Pour plus d'infos sur **Où se loger**, voir p. 342.

Comment circuler

Pour plus d'infos, voir le chapitre *Transports* (p. 396)

Le site Internet de la Metropolitan Transportation Authority (www.mta.info) vous informe sur les transports en commun (bus et métro). Les retards ont augmenté avec la fréquentation.

Métro Bon marché, il fonctionne plutôt bien et circule 24h/24, mais il n'est pas toujours simple de s'y retrouver. Un trajet coûte 2,75 $ avec la MetroCard (ou le nouveau système de paiement sans contact OMNY).

Bus Pratique aux heures creuses, surtout pour traverser la ville d'est en ouest (le métro relie surtout le nord au sud). On peut utiliser la MetroCard (ou le système OMNY) et les tarifs sont les mêmes que pour le métro.

Taxi Le compteur commence à 2,50 $ et augmente de 50 ¢ tous les 350 m (et 50 ¢ de plus la nuit). Comptez un supplément de 2,50 $ en cas d'embouteillages. Infos sur : www.nyc.gov/taxi.

Vélo Le service de vélos en libre-service Citi Bike est très populaire (www.citibikenyc.com ; pass 24 heures à 15 $). Casque non fourni.

Ferries inter-quartiers Les ferries de NYC Ferry (www.ferry.nyc) accostent en différents points stratégiques de Manhattan, Brooklyn et du Queens.

Mots clés

Boro Taxi Ces taxis vert pomme, munis d'un compteur comme les jaunes, circulent à Manhattan, au nord de la 116e Rue, et dans les quartiers extérieurs.

Car service Sur appel, une voiture avec chauffeur (souvent une berline noire) peut venir vous chercher. Pratique pour les retours à l'aéroport ou pour vous rendre au-delà des *boroughs* (où les taxis se font rares).

Citi Bike (système de vélos en libre-service). Avec un millier de bornes de location rapide à travers la ville, ces vélos bleus sont omniprésents.

Express train/local train Les trains *express* du métro s'arrêtent dans très peu de stations ; les *locals* (omnibus) s'arrêtent à toutes les stations. Pour aller de l'un à l'autre, passez sur le quai d'à côté ou attendez le prochain.

LIRR (Long Island Rail Road) Ligne de train de banlieue, pratique pour un trajet rapide vers l'aéroport international JFK ou une escapade à la plage.

MetroCard Carte bleu et jaune à créditer, puis à passer sur le lecteur pour chaque trajet en métro ou en bus.

Uptown/Downtown *Uptown* signifie direction nord (Upper East Side, Harlem, etc.) et *Downtown*, direction sud (SoHo, Lower Manhattan, etc.).

Itinéraires clés

Panoramas Les lignes J, M ou Z passent sur le Williamsburg Bridge, et les lignes B, D, N et Q, sur le Manhattan Bridge, offrant de superbes vues sur Manhattan. Le téléphérique du Roosevelt Island Tramway (p. 196) offre une superbe vue sur l'est de Manhattan.

Destination Uptown Les lignes 4, 5 et 6 et la ligne Q (2nd Ave) desservent l'Upper East Side. Pour l'Upper West Side, prenez les lignes B, C, 1, 2 ou 3.

Comment héler un taxi

➡ Pour héler un taxi jaune, repérez-en un avec la lumière allumée (si elle est éteinte, il est pris).

➡ Placez-vous en évidence au bord de la chaussée et levez la main.

➡ Une fois monté, indiquez votre destination au chauffeur (ils n'ont pas le droit de vous refuser une course).

➡ Réglez à la fin, en liquide ou en carte de crédit (via l'écran tactile à l'arrière).

➡ N'oubliez pas le pourboire (18 à 20% du prix de la course).

NOS CONSEILS

➡ Attention à ne pas confondre les entrées "Downtown" (direction sud) et "Uptown" (direction nord) dans les stations de métro. Parfois, il y a des entrées séparées selon la direction du train.

➡ Planifiez votre itinéraire avec attention. Parfois, rejoindre à pied une ligne de métro plus rapide ou plus directe, mais située à quelques *blocks*, peut vous faire gagner du temps.

➡ Téléchargez une application mobile comme CityMapper, Transit ou MyMTA pour planifier vos trajets (itinéraires, plans et situation sur le réseau).

Savoir-vivre

➡ Préparez votre MetroCard avant d'atteindre le portillon : les New-Yorkais sont habiles pour les franchir sans perdre la cadence.

➡ Sur les quais du métro, placez-vous sur le côté des portes du train et laissez les passagers sortir avant de monter.

➡ Dans les escalators, tenez votre droite ou empruntez le côté gauche pour descendre/monter.

➡ Sur le trottoir : pas d'arrêts brusques et écartez-vous si vous devez consulter un plan ou chercher un parapluie dans votre sac.

Quand se déplacer

➡ L'heure de pointe ne dure pas qu'une heure ! Le week-end de 8h à 9h30 et de 16h30 à 18h30, les trains et bus sont affreusement bondés, surtout à Manhattan.

➡ S'il vous est impossible d'éviter ces périodes de pointe, prévoyez une marge de temps (en particulier si vous voyagez depuis/vers l'aéroport).

➡ Le week-end, héler un taxi peut être difficile entre 16h et 17h en raison du roulement de la plupart des chauffeurs. Par temps pluvieux, trouver un taxi disponible ressemble parfois à un parcours du combattant.

Tickets et pass

➡ La MetroCard (www.mta.info/metrocard) est valable dans tous les transports en commun de la ville (bien que les usagers lui préfèrent de plus en plus le système de paiement sans contact OMNY). Vous pouvez l'acheter et la recharger aux guichets automatiques dans toutes les stations.
À chaque trajet en métro ou en bus (hormis les bus express), 2,75 $ sont débités.

➡ Procurez-vous une MetroCard (1 $) à une billetterie automatique et créditez-la (pour 8 trajets avec correspondances, 22 $ est un bon début). Si vous pensez utiliser beaucoup les transports, achetez un pass illimité 7 jours (33 $).

➡ Les billetteries automatiques acceptent les cartes bancaires (les machines plus grandes acceptent aussi les espèces). Pour ajouter du crédit, il suffit de suivre les instructions. Dans de nombreuses stations de Manhattan, on peut recharger sa carte en espèces au guichet d'information.

➡ Les correspondances de métro à bus ou de bus à métro sont gratuites : insérez votre carte, aucun frais supplémentaire ne vous sera débité.

Avec des enfants

➡ Les stations de métro ne sont pas bien adaptées aux poussettes, surtout celles qui n'ont pas d'escalator. Pour éviter ces désagréments, il existe des taxis pourvus de sièges auto ; réservez notamment sur www.kidcar.com.

➡ Les enfants de moins de 1 m 12 (44 inches) ne paient pas le métro.

Se déplacer la nuit

➡ Un très grand nombre de New-Yorkais prennent le métro tard la nuit sans incident, mais mieux vaut rester vigilant. Des pickpockets (voire pire) s'en prennent parfois aux voyageurs distraits ou assoupis. Pour votre sécurité, asseyez-vous dans la voiture du contrôleur (au milieu du quai). Beaucoup de noctambules optent pour le taxi ou un VTC ; si vous réservez un véhicule du type Uber ou Lyft, vérifiez toujours son numéro d'immatriculation et asseyez-vous à l'arrière.

Pour plus d'infos sur **Comment circuler**, voir p. 400.

New York en 4 jours

Jour 1

Upper West Side et Central Park (p. 233)

Consacrez la matinée à l'exploration de **Central Park**, où vous pourrez admirer la ceinture de gratte-ciel qui entoure la verdure. Débutez par Columbus Circle, puis prenez la direction du nord-est pour découvrir la **fontaine Bethesda**, le bassin de **Conservatory Water** et le jardin des **Strawberry Fields**, plus à l'ouest. Avec des enfants, ne manquez pas les squelettes de dinosaures de l'**American Museum of Natural History**, avant de rejoindre le **Loeb Boathouse** pour louer un canot.

Déjeuner Passez chez Zabar's (p. 250) remplir votre panier pour un pique-nique à Central Park.

Midtown (p. 180)

Découvrez quelques-unes des merveilles architecturales de la ville, telles que la gare **Grand Central Terminal**, le **Chrysler Building**, la **New York Public Library** ou le **Rockefeller Center**. Finissez en beauté avec la visite du **Museum of Modern Art (MoMA)**.

Dîner Savourez les huîtres de l'Oyster Bar & Restaurant, à Grand Central (p. 201).

Midtown (p. 180)

Avant de quitter Grand Central, prenez un cocktail à **The Campbell**. Assistez ensuite à un concert de jazz endiablé au **Birdland** ou à une pièce de théâtre avant-gardiste au **Playwrights Horizon**. Enfin, savourez l'effervescence de **Times Square**, puis grimpez au sommet du **Top of the Rock** pour admirer les lumières de la ville.

Jour 2

Upper East Side (p. 217)

Commencez par l'étourdissant **Metropolitan Museum of Art**. Parcourez les collections égyptienne et romaine, admirez les maîtres européens, puis montez sur le toit (en été), avec vue sur Central Park. Si ces immenses galeries ne vous ont pas éreinté, la **Neue Galerie**, à proximité, renferme un festival d'art germano-autrichien dans une demeure de 1914.

Déjeuner Repaissez-vous de plats typiquement américains dans un *diner* à l'ancienne, l'EJ's Luncheonette (p. 226).

Soho et Chinatown (p. 87)

Prenez la direction de **Soho** pour un après-midi de shopping sur **Prince St** et **Spring St**. Faites un saut à **Mulberry St**, dans ce **Chinatown** tout proche bien que semblant à des années-lumière du reste de la ville. Visitez le **Museum of Chinese in America**, puis promenez-vous dans le quartier en vous arrêtant en chemin pour des pauses gustatives. Cap ensuite sur **Madison Square Park** pour admirer le Flatiron Building avant d'aller dîner à Gramercy Park.

Dîner Réservez au Craft pour un repas raffiné de la ferme à l'assiette (p. 175).

Union Square, Flatiron District et Gramercy (p. 168)

Rendez-vous dans un bar typiquement new-yorkais, le **Pete's Tavern**, avant d'aller dîner au **Serra**, un superbe bar-restaurant sur le toit d'Eataly.

Jour 3

Brooklyn (p. 269)

Prenez l'East River Ferry jusqu'à **Dumbo**, pour admirer la superbe vue sur Manhattan depuis le nouveau et luxuriant **Brooklyn Bridge Park**. Flânez ensuite dans les rues pavées du quartier pour parcourir les librairies, boutiques et cafés. Découvrez le vieux **Jane's Carousel**, et d'autres belles vues depuis l'**Empire Fulton Ferry Park**.

Déjeuner Goûtez à l'authentique pizza new-yorkaise au Juliana's (p. 285).

Brooklyn (p. 269)

En métro, rejoignez au sud le **Brooklyn Museum** pour jeter un œil aux fascinantes œuvres d'Afrique, d'Amérique et de l'Égypte ancienne, et aux excellentes expositions temporaires. Ensuite, une balade dans **Prospect Park** s'imposera, avec une pause rafraîchissante au superbe **LeFrak Center**. Sautez ensuite dans un "Boro Taxi" (taxi vert) direction **Williamsburg**, au nord du *borough*, pour découvrir les boutiques et cafés de **Bedford Avenue**, artère pittoresque à l'ambiance unique.

Dîner Dégustez la poitrine de bœuf fumée du meilleur grill de Brooklyn, le Fette Sau (p. 296).

Brooklyn (p. 269)

Après le dîner, savourez un cocktail sur mesure à **Maison Premiere**, puis gagnez le toit du bar **Berry Park** pour une vue superbe sur la ville. Finissez la soirée de l'autre côté de la rue, au **Brooklyn Bowl**, entre une partie de bowling et un concert dansant.

Jour 4

Lower Manhattan et Financial District (p. 62)

Prenez le ferry pour **Staten Island** à l'aube et observez l'ascension du soleil le long des gratte-ciel de Lower Manhattan. De retour sur Manhattan, prenez de la hauteur pour une vue imprenable depuis le **One World Observatory**, puis visitez l'émouvant **National September 11 Memorial & Museum**.

Déjeuner Faites votre choix parmi les mets divers du Chelsea Market (p. 155).

West Village, Chelsea et Meatpacking District (p. 135)

Ralliez le **Meatpacking District** et visitez le très beau **Whitney Museum of American Art**. À proximité se trouve un escalier qui vous mènera à la **High Line** pour une promenade sur cette ancienne voie ferrée joliment réhabilitée. Vous pourrez y grignoter, boire un café et profiter de vues surprenantes sur les rues en contrebas.

Dîner Laissez-vous surprendre par la cuisine asiatique fusion de RedFarm (p. 152).

West Village, Chelsea et Meatpacking District (p. 135)

Flânez dans les ravissantes ruelles de **Greenwich Village** et découvrez ses racines *soul* lors d'une soirée de jazz live au **Mezzrow**, au **Smalls** ou au **Village Vanguard**. Mangez un morceau et savourez un verre de vin à la fourmillante **Buvette**, puis allez siroter bières ou cocktails au **Tippler**, sous le Chelsea Market.

Envie de...

Musées

Metropolitan Museum of Art Ce musée incroyable, le plus complet du continent américain, a son propre temple égyptien. (p. 220)

MoMA Musée chéri des New-Yorkais, il abrite le meilleur de l'art moderne planétaire dans un espace savamment organisé. (p. 187)

Guggenheim Museum Si les expositions sont inégales, l'architecture de l'édifice conçu par Frank Lloyd Wright est, elle, incontournable. (p. 219)

Whitney Museum of American Art Art contemporain et œuvres du XXᵉ siècle font sa renommée. La Whitney Biennial permet de découvrir les maîtres américains de demain. (p. 139)

Frick Madison Ce beau bâtiment brutaliste abrite les Vermeer, Greco et Goya de la Frick Collection durant les travaux. (p. 189)

Met Cloisters Un musée très européen, puisqu'il regroupe les éléments architecturaux de 5 cloîtres français et d'autres trésors du Moyen Âge, comme de superbes tapisseries. (p. 261)

Brooklyn Museum Des merveilles égyptiennes, une fabuleuse collection de peinture américaine et un remarquable centre des arts féministe. (p. 274)

Lieux de culte

St Patrick's Cathedral Ce chef-d'œuvre néogothique est aussi la plus grande cathédrale catholique du pays. (p. 198)

Trinity Church Cette superbe église anglicane était le plus haut édifice de New York au milieu du XIXᵉ siècle. (p. 72)

ART POURAN/SHUTTERSTOCK © ARCHITECT: RENZO PIANO

Whitney Museum of American Art (p. 139)

Cathedral Church of St John the Divine Cette immense église néogothique, vieille de plus de 120 ans, est restée inachevée. (p. 255)

Temple Emanu-El Cet édifice néoroman aux plafonds dorés est l'une des plus belles synagogues de la ville. (p. 225)

Synagogue d'Eldridge Street Bâti en 1887, ce lieu sacré a été converti en un ravissant musée. (p. 116)

Vie nocturne

Smalls Une boîte de jazz pleine d'atmosphère de West Village, pour des concerts "*after hours*", à 1h du matin. (p. 162)

Silvana Direction Harlem pour une session de musique du monde suivie par une soirée animée par un DJ. (p. 266)

IFC Center À minuit, assistez à la projection de grands classiques au cœur de West Village. (p. 160)

Slipper Room D'irrésistibles spectacles burlesques ont lieu dans ce temple de la provocation dans Lower East Side. (p. 131)

Employees Only Ce délicieux bar de West Village sert au moins jusqu'à 3h. (p. 155)

House of Yes Spectacles pailletés et piste de danse enflammée animent souvent ce lieu jusqu'à 4h. (p. 300)

Veselka Une forte envie de *vareniki* (ravioles ukrainiennes) à 4h du matin ? Une seule adresse : Veselka ! (p. 118)

Panoramas

Empire State Building Ce gratte-ciel, symbole de la ville, offre une vue panoramique depuis le toit. (p. 185)

Brooklyn Bridge Park Ce parc de Brooklyn offre une belle vue sur Lower Manhattan et les ponts de Brooklyn et Manhattan. (p. 272)

Governors Island Au cœur de la baie de New York, cet espace vert interdit aux voitures déploie une vue magnifique sur Manhattan et la statue de la Liberté. (p. 74)

Top of the Rock Une vue imprenable sur l'Empire State Building depuis une terrasse panoramique au 70e étage d'un building. (p. 198)

Brooklyn Heights Promenade Vue fabuleuse sur la *skyline* de Manhattan 24h/24. (p. 275)

Roosevelt Island Vue originale sur l'East River et les gratte-ciel depuis la pointe du Franklin D. Roosevelt Four Freedoms Park, signé Louis Kahn. (p. 194)

Cantor Roof Garden Bar De fin avril à octobre, ce jardin au sommet du Metropolitan Museum of Art offre une vue renversante. (p. 230)

East River State Park Pour un panorama sur Midtown depuis le front de mer de Williamsburg. (p. 284)

Espaces verts

Central Park Le célèbre parc de la ville compte plus de 340 ha de prairies vallonnées et de collines coiffées de rochers. (p. 236)

High Line Une mince bande de verdure, des herbes sauvages et des points de vue privilégiés, sur une ancienne voie ferrée, en hauteur. (p. 137)

Prospect Park Le parc le plus prisé de Brooklyn pour pique-niquer, courir, faire du cerf-volant et se balader. (p. 273)

Hudson River Park Manhattan semble plus verte que jamais grâce à ce nouveau parc qui court sur son flanc ouest. (p. 142)

Voir aussi les chapitres
- Où se restaurer (p. 39)
- Où prendre un verre et faire la fête (p. 43)
- Où sortir (p. 46)
- Shopping (p. 50)
- Sports et activités (p. 53)

Brooklyn Bridge Park Ce parc récent longe le front de mer de Dumbo, jusqu'au pied d'Atlantic Ave. (p. 272)

Green-Wood Cemetery Ce cimetière des années 1830, l'atmosphère gothique, est une luxuriante oasis aux sentiers sinueux et aux superbes points de vue. (p. 280)

Brooklyn Botanic Garden Des cerisiers en fleur au printemps, des fleurs d'été aux couleurs vives, un flamboiement jaune et or en automne. (p. 279)

Sites historiques

Ellis Island La porte d'entrée vers la liberté et une vie meilleure pour tant d'immigrants. (p. 66)

Lower East Side Tenement Museum Une immersion dans la vie quotidienne des premiers immigrés lors de l'édifiante visite d'un ancien logement. (p. 111)

Museum of Chinese in America Découvrez l'apport méconnu des Chinois à l'histoire des États-Unis. (p. 89)

Morgan Library & Museum Arpentez les superbes salles de l'ancienne résidence de l'industriel J. P. Morgan. (p. 195)

Historic Richmond Town Ce village de Staten Island figé dans le passé est constitué d'une trentaine d'édifices dignes d'un film d'époque, parmi lesquels la toute première école du pays. (p. 73)

National September 11 Memorial & Museum Un hommage vibrant aux terribles événements de 2001, qui ont marqué l'histoire récente du pays. (p. 68)

Hamilton Grange Cette demeure ayant appartenu à Alexander Hamilton, l'un des pères fondateurs du pays, est devenue un site historique. (p. 260)

Hors des sentiers battus

Flushing Octroyez-vous une excursion gastronomique au cœur du Queens, dans le plus grand et le plus réputé quartier asiatique de New York. (p. 323)

New York Botanical Garden Vaste jardin du Bronx, associant 20 ha de forêt et une serre de style victorien. (p. 262)

Inwood Hill Park Ce parc est si sauvage qu'on peine à croire qu'il fait partie de Manhattan. (p. 261)

Queens Museum Excellentes expositions sans l'apparat et l'affluence des autres musées de Manhattan. (p. 318)

Red Hook Flânez par les rues pavées du Brooklyn côtier, puis faites une pause dans un troquet ou dans un resto de fruits de mer. (p. 276)

Arthur Ave La véritable cuisine italienne new-yorkaise se déguste au Tra Di Noi et dans les autres restaurants de ce petit quartier du Bronx. (p. 262)

Staten Island Avant de regagner Manhattan, découvrez les sites historiques, jardins verdoyants et excellentes tables de cette île. (p. 73)

New York à l'ancienne

Coney Island Un parc d'attractions au charme rétro et les hot dogs de chez Nathan's Famous. (p. 284)

Barney Greengrass Un siècle après son ouverture, BG sert encore l'un des meilleurs poissons fumés de la ville. (p. 245)

Russian & Turkish Baths On vient se détendre dans ces bains chauds de l'East Village depuis 1892. (p. 130)

Marie's Crisis Un piano-bar gay mythique de West Village, où les clients chantent sur les thèmes musicaux. (p. 156)

Zabar's Un magasin prisé des gastronomes de l'Upper West Side depuis les années 1930. (p. 250)

McSorley's Old Ale House Un pub qui a notamment servi Abraham Lincoln, Boss Tweed et Woody Guthrie. (p. 128)

Yonah Schimmel Knish Bakery On savoure ici, depuis 1910, les traditionnels *knishes* (chaussons garnis), un plat juif typique. (p. 123)

Sunny's Dans un décor au style nautique, ce bar datant des années 1890 accueille des concerts égayés de banjo deux fois par semaine. (p. 297)

Katz's Delicatessen La file d'attente est longue, mais les mets de cette adresse sont de vrais classiques (dont de très gros sandwichs). (p. 124)

Petits plaisirs

Eleven Madison Park Un dîner trois étoiles pour découvrir la gastronomie américaine moderne sous un jour végétarien. (p. 175)

Brandy Library Un havre pour gentlemen où siroter des verres d'armagnac ambré rare. (p. 79)

Great Jones Spa Au pied d'un mur d'eau, oubliez l'agitation urbaine dans le cadre très feng shui de ce spa de SoHo. (p. 105)

Bowery Hotel Offrez-vous un séjour de luxe dans ce bel hôtel de Downtown. (p. 348)

Dough Peut-être les meilleurs donuts au monde. (p. 293)

Greenwich Hotel Des salles de bains en marbre de Carrare aux patios de style toscan, ce somptueux hôtel ne se refuse aucun luxe. (p. 345)

Le Bernardin Un célèbre chef français et trois étoiles au Michelin… un régal ! (p. 203)

Repaires cachés

Beauty & Essex Un bar enchanteur, dissimulé derrière la façade d'une boutique de prêteur sur gages. (p. 129)

Bathtub Gin Faufilez-vous derrière le mur à l'arrière d'un modeste café pour déguster un cocktail rétro dans un cadre élégant inspiré de la Prohibition. (p. 160)

Smith & Mills Derrière cette porte anonyme, vous trouverez un cadre industriel délirant et d'onctueux breuvages. (p. 83)

Freemans Au bout d'une allée minuscule, des légions de personnes brunchent dans un cadre délicieusement désuet. (p. 124)

Little Branch Qui aurait deviné qu'à l'intérieur de ce bâtiment à l'aspect abandonné, se préparent de délicieux cocktails ? (p. 156)

Apothéke Ancienne boutique d'apothicaire devenue bar à cocktails au cœur de Chinatown. (p. 102)

PDT Un bar secret, caché derrière une échoppe de hot dogs. L'entrée se fait par la cabine téléphonique. (p. 125)

UES NYC Ce repaire évoquant la Prohibition est dissimulé dans l'arrière-boutique d'un glacier coloré. (p. 228)

Mois par mois

LE TOP 5

Tribeca Film Festival, avril

Cherry Blossom Festival, avril ou mai

SummerStage, mai à octobre

Independence Day, juillet

Village Halloween Parade, octobre

Janvier

Après l'euphorie des fêtes de fin d'année, le blues hivernal s'installe. Malgré la nuit qui tombe très tôt, les New-Yorkais mettent à profit les températures glaciales en faisant du patin à glace et en partant skier le week-end dans les Catskills.

La baignade du premier de l'An

Il n'y a rien de plus vivifiant qu'un bain rapide, mais glacé dans l'Atlantique pour débuter la nouvelle année. Prenez votre courage à deux mains et rejoignez les baigneurs du Coney Island Polar Bear Club (www.polarbearclub.org) !

No Pants Subway Ride

Le deuxième dimanche de janvier, près de 4 000 New-Yorkais enlèvent le bas (mais pas tout quand même !) dans les transports en commun, histoire de casser un peu la routine métro-boulot-dodo. Tout le monde peut participer et l'événement est généralement suivi de festivités. Consultez le site Internet pour les heures de rendez-vous.

Winter Jazzfest

Une semaine de jazz (www.winterjazzfest.com) avec plus de 100 concerts dans une dizaine de lieux à travers la ville, notamment dans le West Village.

Février

Les frimas hivernaux, le blizzard même parfois, invitent à rester au chaud autour d'un verre ou d'un bon repas dans un café cosy.

Nouvel An chinois

De spectaculaires feux d'artifice et des dragons ondulants remplissent les rues de Chinatown. La date varie chaque année selon le calendrier lunaire mais tombe généralement fin janvier ou début février.

Winter Restaurant Week

De fin janvier à début février, pendant cette “semaine d'hiver des restaurants” (www.nycgo.com/restaurant-week) qui s'étale en réalité sur 3 semaines, on égaie ce mois triste avec des repas à prix cassés dans certaines des meilleures tables de la ville. Comptez environ 26 $ pour un déjeuner et 42 $ pour un dîner.

Mars

Après des mois glacials, le printemps pointe le bout de son nez. Mais l'hiver aime s'éterniser, et il n'est pas rare qu'une semaine de températures négatives s'invite en mars.

Défilé de la St Patrick

Une foule de joyeux amateurs de bière, parfois un peu éméchés, se mêle le 17 mars sur 5th Ave aux joueurs de cornemuse, aux chars étincelants et aux personnalités politiques irlandophiles. Ce défilé, qui s'est tenu pour la première fois en 1762, est le plus important et le plus ancien de New York.

The Armory Show

La plus grande foire new-yorkaise d'art contemporain (www.thearmoryshow.com) investit la ville pendant un week-end en mars. Des milliers d'artistes du monde entier s'exposent sur deux quais qui s'avancent dans l'Hudson.

Avril

Le printemps est enfin là : certains établissements mettent des tables en terrasse, et les places de la ville débordent de tulipes colorées et d'arbres en fleurs.

Tribeca Film Festival

Créé au lendemain des tragiques événements du 11 septembre 2001, le festival du film (p. 47) lancé par Robert De Niro a gagné ses galons dans l'univers du cinéma indé. Plus de 150 films sont projetés pendant 10 jours.

Mai

Après les pluies d'avril, les arbres en fleurs affichent leurs couleurs éclatantes. Le temps est doux et chaud, sans l'humidité désagréable de l'été.

Cherry Blossom Festival

Connue au Japon sous le nom de Sakura Matsuri (p. 279), cette fête, qui a lieu sur un week-end fin avril ou début mai, célèbre la floraison des cerisiers du Brooklyn Botanic Garden, et donne lieu à diverses manifestations célébrant la culture japonaise.

Fleet Week

Une semaine durant, fin mai, Manhattan prend des allures de plateau de cinéma des années 1940, avec des marins en uniforme débarquant en ville. Cette tradition qui remonte aux années 1980 permet aux curieux de visiter les bateaux à quai le long de l'Hudson.

Juin

Cette fois, l'été est bien là : les New-Yorkais délaissent leurs bureaux exigus pour profiter des espaces verts, les défilés envahissent les artères les plus fréquentées et on installe des écrans de cinéma dans les parcs.

SummerStage

Le SummerStage (p. 249) se tient dans Central Park de mai à octobre. La programmation de musique et de danse est impressionnante et le plus souvent gratuite. Talib Kweli, Dinosaur Jr., les B-52s et OMD comptent parmi les récentes têtes d'affiche. Et il y a même une version Kids.

Bryant Park Summer Film Festival

Les lundis soir de mi-juin à août, des classiques hollywoodiens sont projetés (p. 198) dans Bryant Park. Mieux vaut arriver tôt (la pelouse ouvre à 17h mais la file d'attente se forme vers 16h). Les projections débutent au coucher du soleil.

Puerto Rican Day Parade

Depuis 1958, le deuxième dimanche de juin attire des milliers de Portoricains aussi patriotes que fêtards, qui envahissent 5th Ave de la 44e à la 79e Rue. Déguisements et danses sont de mise.

Défilé de la Gay Pride (NYC Pride)

Juin est le mois de la Gay Pride. Il s'achève par un immense défilé (www.nycpride.org) sur 5th Ave le dernier dimanche du mois, qui regroupe des dizaines de milliers de participants. Cinq heures durant, danseurs, drag-queens, adeptes du cuir, mères de famille lesbiennes et autres représentants de l'arc-en-ciel LGBT se côtoient.

Mermaid Parade

Délicieusement décalée, cette fête célèbre depuis près de 30 ans la plage, la mer et l'été (p. 36). La parade, véritable tourbillon de paillettes et de costumes de sirènes, investit la promenade de Coney Island. Elle se tient le samedi le plus proche du solstice d'été. Tous les déguisements sont les bienvenus.

River to River Festival

Pendant 2 semaines, les parcs du sud de Manhattan et Lower Manhattan accueillent plus de 100 événements gratuits (p. 37), pièces, concerts, spectacles de danse et projections de films.

Juillet

Les New-Yorkais s'évadent vers les plages de Long

En haut : Mermaid Parade (p. 36), Coney Island
En bas : Dragon du Nouvel An chinois (p. 29)

ANOOP BALAKRISHNAN REMA/SHUTTERSTOCK ©

STEVE EDREFF/SHUTTERSTOCK ©

Island pour échapper à la chaleur étouffante. La ville est cependant bondée de touristes.

Shakespeare in the Park

Cela fait des décennies que Shakespeare in the Park (p. 249) rend hommage au dramaturge britannique. Les billets sont gratuits mais valent leur pesant d'or. Il faut patienter dans la file d'attente ou gagner au tirage au sort. Le guichet ouvre à 12h ; arrivez avant 10h.

Independence Day

Le 4 juillet, l'Amérique célèbre sa fête nationale avec de superbes feux d'artifice sur l'East River, vers 21h. Pour ne rien rater du spectacle, postez-vous au bord de l'eau dans le Lower East Side ou à Williamsburg, ou sur n'importe quelle terrasse élevée de Manhattan orientée vers l'est. Renseignez-vous en ligne sur les meilleurs points de vue.

Septembre

La fête du Travail (Labor Day) marque la fin officielle de la saison balnéaire dans les Hamptons. Les New-Yorkais retournent au travail et la saison culturelle démarre.

Fête de San Gennaro

Une foule fidèle et exaltée se presse dans les étroites rues de Little Italy pour s'amuser à grand renfort de jeux de carnaval, de sandwichs à la saucisse et au poivron, de concours du plus gros mangeur de boulettes et d'une farandole de mets italiens. La fête de Gennaro (p. 93), qui dure 11 jours et fleure bon l'Ancien Monde, a fêté ses 95 ans.

Octobre

Les arbres se parent de rouge, d'orange et d'or à mesure que les températures fraîchissent. Avec mai, c'est l'un des mois les plus agréables pour visiter New York.

Next Wave Festival

Durant près de 12 semaines, d'octobre à mi-décembre, la Brooklyn Academy of Music (BAM ; p. 303) vit au rythme du Next Wave Festival, qui propose une sélection très pointue et exhaustive de musique, théâtre, opéra et danse d'avant-garde.

Bénédiction des animaux

Pour la Saint-François, au début du mois, les propriétaires d'animaux amènent leurs compagnons (caniches, lézards, lamas et autres créatures) à la majestueuse cathédrale St John the Divine pour les faire bénir.

Open House New York

Plus grande manifestation d'architecture et de design du pays, OHNY (www.ohny.org) organise, le temps d'un week-end à la mi-octobre, des visites guidées par des architectes, des conférences, des ateliers de design, des visites de studios et des performances dans plus de 250 bâtiments de la ville.

Village Halloween Parade

Le 31 octobre, les New-Yorkais enfilent leurs costumes les plus fous pour une nuit de festivités. Les plus extravagants défilent lors de la Village Halloween Parade (p. 36), qui remonte 6th Ave dans West Village. C'est sympa à voir, mais c'est encore mieux d'en faire partie : 60 000 zombies, vampires et autres défilent pour des millions de spectateurs.

Novembre

Les feuilles tombent, laine et manteaux refont leur apparition. Un marathon vedette se tient avant la période d'hibernation, puis les familles se réunissent pour rendre grâce à Dieu.

New York Comedy Festival

Les amuseurs publics prennent la ville d'assaut lors du New York Comedy Festival (p. 48). Au programme : one-man et one-woman-shows, matchs d'improvisation et la crème des humoristes.

Marathon de New York

La première semaine de novembre, ce marathon réputé (www.nycmarathon.org) qui traverse les rues des cinq *boroughs* attire chaque année des milliers de coureurs du monde entier.

Défilé de Thanksgiving

Sous un ciel d'énormes ballons gonflés à l'hélium, des fanfares de lycées martèlent leurs tambours et des badauds célèbrent Thanksgiving, le quatrième jeudi de novembre. Sans oublier la célèbre parade de Macy's, longue de 4 km.

Décembre

Si l'hiver a pris ses quartiers, l'ambiance des fêtes est là pour réchauffer les esprits. De féeriques lumières ornent les bâtiments, et les vitrines des grands magasins de 5th Ave et de Macy's affichent de merveilleux décors.

Cérémonie d'illumination du sapin de Noël au Rockefeller Center

La foule se rassemble autour du sapin sur Rockefeller Plaza afin de le voir se parer de mille lumières. C'est un Noël vert : les ampoules sont à basse consommation et le bois de l'arbre sera recyclé. L'illumination a lieu fin novembre ou début décembre. Le sapin est retiré début janvier.

Réveillon du Nouvel An

Le dernier soir de l'année, Times Square grouille de millions de badauds serrés comme des sardines, venus partager un verre par une température polaire, admirer la descente annuelle de la boule et entamer le fameux compte à rebours à l'unisson.

Avec des enfants

Les activités pour les petits sont nombreuses à New York, des aires de jeux originales aux parcs verdoyants où ils peuvent courir librement, sans compter les musées et monuments "kid-friendly", les manèges ou les spectacles de marionnettes.

LEE O/SHUTTERSTOCK ©

L'aire de jeux d'Heckscher (p. 34) à Central Park

Les incontournables

À New York, ce qui plaît aux grands est souvent très chouette pour les petits aussi.

Zoos

La ville compte plusieurs zoos. Celui du Bronx (p. 262) est incontestablement le meilleur, notamment grâce à ses installations et enclos très bien pensés (la jungle asiatique est fascinante) et à ses manèges. Les zoos de Central Park et de Prospect Park sont parfaits pour de courtes visites.

Statue de la Liberté

La balade en bateau (p. 65) jusqu'à l'emblématique statue (p. 64) permettra aux enfants de découvrir la baie de New York.

Sur le toit du monde

Un ascenseur au toit vitré mène jusqu'au Top of the Rock (p. 193), qui offre une vue fabuleuse sur New York et en livre des détails grâce aux longues-vues à pièces.

Coney Island

Hot dogs, glaces et manèges : Coney Island (p. 284) garantit une ambiance festive et rétro qui fleure bon l'enfance.

Le top des musées

Avec ses dinosaures, son monde marin, son planétarium et son IMAX, l'American Museum of Natural History (p. 241) est un incontournable. La plupart des musées importants (Metropolitan Museum of Art, Museum of Modern Art, Guggenheim, Museum of the City of New York, Cooper-Hewitt National Design Museum, Brooklyn Museum...) proposent des activités pour les jeunes visiteurs.

L'heure des tout-petits

Pour les bambins de 1 à 5 ans, rendez-vous au Children's Museum of the Arts (p. 92), à Soho, et au Brooklyn Children's Museum (p. 281), à Crown Heights. Au programme : contes, initiations à l'art, ateliers création et séances de peinture.

LE GUIDE DES ENFANTS

Pour une plongée dans New York à hauteur d'enfant (à partir de 8 ans) procurez-vous *New York expliqué aux kids* de Lonely Planet. Il révèle une foule d'histoires fascinantes sur la population, les lieux, l'histoire et la culture de la ville.

Pour les 5 ans et plus

Les plus grands pourront grimper à bord d'anciennes rames de métro au New York Transit Museum (p. 275) ou glisser le long d'une barre de pompier au New York City Fire Museum (p. 91). Le Brooklyn Children's Museum (p. 281) met à joyeuse contribution ses jeunes visiteurs (jusqu'à 11 ans). À Astoria, le Museum of the Moving Image (p. 317) a une exposition interactive où petits et grands mettent la main à la pâte. Les fans d'avions, de sous-marins et de conquête spatiale auront des étoiles plein les yeux à l'excellent Intrepid Sea, Air & Space Museum (p. 199), au *pier* de Midtown, avec notamment ses collections d'objets militaires. Le Children's Museum of Manhattan (p. 241) est une valeur sûre : on y trouve un dragon qui parle, des salles sur le thème de Dora l'exploratrice et un grand mur pour peindre avec ses doigts.

Parcs et aires de jeux

Central Park

Plus de 320 ha d'espaces verts, un lac navigable, un carrousel, un zoo et une statue géante d'Alice au pays des merveilles. Et bien sûr des balançoires, toboggans et jeux d'eau. Le parc compte 21 aires de jeux (p. 233). La plus grande et la plus appréciée est la Heckscher Playground, près de 7th Ave et Central Park South. Citons également l'Ancient Playground, au croisement de 85th St et 5th Ave.

Prospect Park

À Brooklyn, les 236 ha de Prospect Park (p. 273) recèlent plusieurs aires de jeux, un zoo, un espace d'exploration de la nature et une patinoire qui se transforme en piste de roller et jeux d'eau en été. Le LeFrak Center (p. 273) met à disposition pédalos et kayaks pour naviguer sur l'unique lac de Brooklyn, et des vélos adaptés à tous les âges.

Brooklyn Bridge Park

Ce parc abrite de belles aires de jeux (p. 272), une plage et un loueur de bateaux au Pier 4, et on peut jouer dans l'eau au Pier 6. Au Pier 2, vous trouverez des jeux de palets, des terrains de pétanque et une piste de rollers transformée en patinoire l'hiver. Plus au nord, le Pier 1 et le Jane's Carousel (p. 275) disposent d'agréables pelouses. Et pour se rassasier d'une belle pizza, direction Fornino (p. 286).

Hudson River Park

Ce parc (p. 142) qui borde l'ouest de Manhattan offre des amusements en tous genres, parmi lesquels un mini-golf au Pier 25 (Tribeca), des aires de jeux aux Piers 51 et 84, un carrousel en marge de W 22nd St, des jeux d'eau au croisement de W 23rd et Eleventh Ave et un cinéma en plein air au Pier 46 (Greenwich Village).

Se régaler en famille

Les marchés de New York offrent de bonnes opportunités de repas sur le pouce. À Smorgasburg (p. 290), on trouve aussi bien des glaces à l'eau que des sandwichs au jambon. Autre idée : faire le plein au Chelsea Market (p. 155) avant de pique-niquer dans l'Hudson River Park.

Renseignements

Activités Les bonnes idées de sorties sont sur www.timeout.com/new-york-kids et www.mommypoppins.com.

Gratuité Métro et bus sont gratuits pour les enfants de moins de 1,12 m (44 inches).

Poussettes Interdites dans les bus, à moins d'être repliées. Autorisées dans le métro.

Sièges auto En taxi, les enfants de moins de 7 ans ont le droit de s'asseoir sur les genoux d'un adulte. Vous pouvez également installer votre propre siège.

Comme un New-Yorkais

En matière de vie nocturne, de dîners en ville et de sorties culturelles, les New-Yorkais sont imbattables. Des brunchs du week-end aux journées de détente printanières dans un parc, il existe de multiples façons de se mettre au diapason de la Grosse Pomme.

ALAN SCHEIN PHOTOGRAPHY/GETTY IMAGES ©

atinoire à Central Park (p. 251)

À faire et à ne pas faire

Héler un taxi

Hélez un taxi uniquement si la lumière centrale sur le toit est allumée. Si seules les lumières latérales le sont allumées, cela signifie que le véhicule n'est pas en service.

Traverser la rue

Les New-Yorkais ne respectent pas toujours les feux piétons et se contentent d'attendre une pause dans la circulation. Si vous les imitez, soyez prudent.

En tant que piéton

Sur les trottoirs, comme en voiture, ne vous arrêtez pas brusquement, suivez le rythme de la foule et mettez-vous sur le côté pour chercher votre plan ou votre parapluie. Si la majorité des New-Yorkais respectent l'espace personnel d'autrui, ils ne manqueront pas de vous bousculer sans façon si vous gênez le passage.

Monter dans le métro

Laissez descendre les passagers avant de monter rapidement (si vous ne voulez pas que les portes se ferment sous votre nez).

Prononciation

Houston St ne se prononce pas "youstone" comme la ville du Texas, mais plutôt "hugsten".

Se restaurer et prendre un verre

La culture du brunch

Le brunch est profondément ancré dans la vie sociale new-yorkaise, à l'instar du *tea time* pour les Britanniques. Il a généralement lieu entre 11h et 16h le week-end (certaines adresses, notamment à Brooklyn, le servent désormais en semaine aussi). C'est un moment d'échanges entre amis, autour de plats sains et vitaminés ou au contraire en version hypercalorique après un lendemain de fête… à grands coups de café et de cocktails.

Sortir la semaine

Les New-Yorkais évitent habituellement les grosses boîtes de nuit, les bars bondés

LES TWITTOS DE NEW YORK

New Yorker (@NewYorker). Des commentaires pertinents sur la politique et la culture.

Guest of a Guest (@guestofaguest). Infos d'initiés sur les soirées, la mode et les people.

Grubstreet (@grubstreet). Critiques de restaurants, tendances culinaires et plats à découvrir dans les différents *boroughs*.

Gothamist (@gothamist). Infos et curiosités à New York et dans les environs.

Hyperallergic (@Hyperallergic). Le "blogazine" d'art préféré des New-Yorkais.

et certains quartiers (East Village, Lower East Side) le week-end. Ces lieux ne manquent pas d'atouts les soirs de semaine : ils sont moins fréquentés, que ce soit par les salariés aux horaires fixes, les touristes ou les fêtards, on y croise davantage de comédiens, écrivains ou artistes, et vous aurez droit aux *happy hours* et offres spéciales du début de semaine.

Se restaurer dans les bars

Nombre des meilleurs bars de New York brouillent les frontières entre restaurant et débit de boissons. Huîtres au comptoir, petites assiettes à partager (saint-jacques grillées, frites à l'huile de truffe), planches de charcuterie ou de fromage, ou encore salades de betterave grillée, sandwichs gastronomiques, artichauts braisés, carré d'agneau : une fois sur votre tabouret de bar et la carte entre les mains, vous vous retrouverez souvent avec de surprenants choix de dîners. Vous savez désormais que les repas ne se limitent pas aux restaurants avec service en salle.

Participer

Assister à un défilé n'est pas toujours des plus excitant. Mieux vaut se mêler franchement à la foule lors des festivités, déguisées ou non. Pour être toujours au cœur de l'action, quelle qu'elle soit, plusieurs moyens s'offrent à vous : revêtir un déguisement extravagant pour la **Village Halloween Parade** (halloween-nyc.com ; 6th Ave ; ⏲19h-23h 31 oct) ou l'estivale **Mermaid Parade** (www.coneyisland.com ; ⏲fin juin) de Coney Island, s'inscrire à une course dans la ville (le New York Road Runners en organise une dizaine par an), prendre un cours d'escalade dans les salles de Brooklyn Boulders (p. 310) ou de Cliffs (p. 327) dans le Queens, montrer ses talents de musicien lors d'une scène ouverte au Nuyorican Poets Café (p. 131). Et puis, il y a Brooklyn Brainery (p. 310) et ses cours du soir et du week-end sur tout et n'importe quoi. Échecs, hip-hop, dessin, architecture ou fabrication de bière : quelle que soit votre passion, vous la trouverez à New York et serez entouré d'une foule de gens qui la partage.

Activités par saisons

Hiver

À partir de novembre ou décembre, les patinoires de la ville offrent une distraction majeure (et un bon prélude aux boissons au coin du feu dans un bar cosy). Pour patiner, les New-Yorkais préfèrent Central Park (p. 233), Prospect Park (p. 273) ou Riverbank State Park au Rockefeller Center et à Bryant Park, envahis de touristes.

Printemps

Les parcs fleuris deviennent les lieux idéals pour des pique-niques, des flâneries au soleil et des journées à se prélasser sur l'herbe. Les fleurs sont particulièrement belles au New York Botanical Garden (p. 262) et au Brooklyn Botanic Garden (p. 279). Ce dernier accueille le ravissant Cherry Blossom Festival, très prisé des habitants de Brooklyn.

Été

Projections de films à Bryant Park (p. 198), festivals de rue, concerts à Central Park, à l'Hudson River Park (p. 142) ou encore à Prospect Park : c'est la saison des manifestations de plein air gratuites.

Automne

L'agenda culturel reprend : les salles de spectacle démarrent leur saison (qui court de septembre à mai) et les galeries lancent leurs nouvelles expositions (les vernissages ont lieu le jeudi soir).

New York à peu de frais

Sans surprise, la vie coûte cher à New York. On peut toutefois en profiter sans débourser un dollar : concerts, théâtre et films en entrée libre, soirées à participation libre dans des musées très réputés, fêtes et festivités diverses, traversées en ferry et sorties en kayak gratuites, sans parler des espaces verts.

BRIAN LOGAN PHOTOGRAPHY/SHUTTERSTOCK ©

National Museum of the American Indian (p. 72)

Concerts, théâtre et cinéma

En été, les événements gratuits sont légion. De juin à début septembre, le SummerStage (p. 249) propose plus de 100 représentations dans 17 parcs de la ville, dont Central Park. Les billets gratuits pour Shakespeare in the Park (p. 249), qui se déroule également à Central Park, s'obtiennent à force de ténacité mais le jeu en vaut la chandelle. De grands acteurs Meryl Streep, Al Pacino ou le regretté Philip Seymour Hoffman s'y sont produits ces dernières années. Prospect Park abrite également une honorable série de concerts et d'événements en plein air : Celebrate Brooklyn (p. 278).

L'été et le **River to River Festival** (lmcc.net/river-to-river-festival ; ⏲juin) apportent leur lot d'événements et de projections au bord de l'eau dans divers sites de Lower Manhattan. En été, les projections gratuites du Bryant Park Summer Film Festival (bryantpark.org/programs/movie-nights) raviront également les cinéphiles.

Quelques adresses offrent de la musique gratuite toute l'année : à Brooklyn, le BAM Café (p. 303) propose des concerts de premier choix les vendredis et samedis soir (musiques du monde, R'n'B, jazz, rock), à Harlem, Marjorie Eliot (p. 267) ouvre ses portes lors des Sunday jazz sessions le dimanche après-midi.

Musées

Gratuits

National September 11 Memorial (p. 68)

National Museum of the American Indian (p. 72)

Museum at FIT (p. 200)

Hamilton Grange (p. 260)

American Folk Art Museum (p. 240)

Nicholas Roerich Museum (p. 240)

Entrée sur don

American Museum of Natural History (p. 241)

Museum of the City of New York (p. 225)

Brooklyn Historical Society (p. 275)

Gratuits ou prix libres certains jours

MoMA (p. 187) 17h30-21h vendredi

Guggenheim Museum (p. 219) 17h-20h samedi

Whitney Museum of American Art (p. 139) 19h-22h vendredi

Neue Galerie (p. 224) 17h-20h 1er vendredi du mois

New Museum of Contemporary Art (p. 112) 19h-21h jeudi

New York Historical Society (p. 240) 18h-20h vendredi

Jewish Museum (p. 225) 17h-20h jeudi et samedi toute la journée

Rubin Museum of Art (p. 144) 18h-22h vendredi

Asia Society & Museum (p. 225) 18h-21h vendredi, de septembre à juin

Japan Society (p. 196) 18h-21h vendredi

Studio Museum in Harlem (p. 257) Dimanche toute la journée

MoMA PS1 (p. 313) Gratuit avec votre billet du MoMA

Met Cloisters (p. 260) Accès au Metropolitan Museum avec le billet du Met Cloisters le même jour.

National September 11 Memorial & Museum (p. 68) 17h-20h mardi

Historic Richmond Town à Staten Island (p. 73) Mercredi toute la journée

Sur l'eau

Gratuit, le Staten Island Ferry (p. 86) offre une vue magique sur la statue de la Liberté. Et si ce n'est pas gratuit, pour 2,75 $ seulement, il est possible de faire la traversée de Lower Manhattan à Brooklyn, Williamsburg et jusqu'à Long Island City dans le Queens, ou le long de Rockaway avec les lignes East River, South Brooklyn et Rockaway de NYC Ferry (www.ferry.nyc), ce qui offre une excellente alternative au métro. Toute l'année, on peut également emprunter le ferry (gratuit le matin durant les week-ends en été) vers Governors Island (p. 74), une oasis interdite aux voitures offrant une vue imprenable sur Manhattan.

Un peu plus d'aventure ? Empruntez gratuitement un kayak dans l'Hudson River Park, le Brooklyn Bridge Park ou à Red Hook (p. 276).

BON À SAVOIR

Parmi les sites Web pratiques pour dénicher les bons plans, Club Free Time (www.clubfreetime.com) et the Skint (www.theskint.com) répertorient les visites gratuites, concerts, ateliers, conférences, vernissages et lectures littéraires, entre autres.

Enregistrements TV

Certains des meilleurs *late night shows* (programmes diffusés tard en soirée ; voir l'encadré p. 213) américains sont enregistrés à New York. *The Late Show with Stephen Colbert*, *The Daily Show with Trevor Noah* et *The Tonight Show Starring Jimmy Fallon* offrent tous des billets gratuits. Réservation en ligne.

Circuits pédestres

Pour s'imprégner de la ville, rien de tel que de la parcourir avec un habitant. Big Apple Greeter (p. 403) propose d'excellentes visites gratuites menées par des New-Yorkais. Il est impératif de réserver au moins 4 semaines en avance.

Wi-Fi

Les lieux publics comme la High Line, Bryant Park, Battery Park, Tompkins Square Park et Union Square Park offrent un accès gratuit au Wi-Fi, tout comme la plupart des cafés et nombre de restaurants.

Totto Ramen Hell's Kitchen (p. 201)

Où se restaurer

Entre cuisines créatives des quatre coins du monde et mets typiquement locaux, la scène culinaire new-yorkaise, insatiable et infinie, est un hommage à la diversité de la population de la ville. Sans qu'il y ait besoin d'être un fanatique de cuisine ethnique ni de se tenir à l'affût des dernières créations du chef à la mode, où qu'on se trouve à New York, on n'est jamais très loin d'un repas extraordinaire.

Mon beau marché

N'allez pas croire que New York se limite à ses rues et immeubles bétonnés : les marchés y fleurissent sous de multiples formes et tailles. En haut de la liste, le Chelsea Market (p. 155) est plein à craquer de victuailles de toutes sortes, aussi bien dans ses boutiques (pour composer son pique-nique) que dans ses stands de restauration (pour manger sur place). De nombreux autres marchés présentent des étals tout aussi variés, notamment, les deux espaces de restauration de Brookfield Place, Le District et Hudson Eats (p. 78), dans le sud de Manhattan, et le paradis des pique-niqueurs gourmets, l'Essex Market (p. 121), relogé dans le Lower East Side. De l'autre côté du fleuve se trouvent le DeKalb Market Hall (p. 285) de Downtown Brooklyn et le Time Out Market (p. 276), à Dumbo.

Nombre de quartiers ont leur propre marché de producteurs. Ouvert 4 jours par semaine toute l'année, l'Union Square Greenmarket (p. 171) est un des plus importants. Le site Grow NYC (www.grownyc.org/greenmarket) recense la cinquantaine de marchés de la ville.

L'ESSENTIEL

Horaires d'ouverture

De manière générale, le petit-déjeuner est servi de 7h à midi et le déjeuner de 11h30 à 15h ; le dîner de 17h à 23h. Le brunch du week-end s'étire de 11h à 15h-16h.

Gamme de prix

Les symboles ci-dessous correspondent à un plat principal, hors taxes et pourboire.

$	moins de 15 $
$$	15-25 $
$$$	plus de 25 $

Pourboires

Les New-Yorkais majorent l'addition de 18 à 20%. Lorsqu'on commande à emporter, il est bien vu de déposer un dollar ou deux dans le récipient placé à cet effet (ou d'ajouter 10 à 15% lors de la commande sur Internet).

Réservation

Les restaurants très courus obéissent à deux règles distinctes. Soit ils requièrent une réservation, auquel cas il faudra s'y prendre très à l'avance (parfois des semaines voire des mois). Soit ils appliquent la politique du "premier arrivé premier servi". Il est alors recommandé d'arriver à l'ouverture (voire même, faire la queue *avant*), sans quoi il vous faudra peut-être patienter pendant 2 heures.

Sites Internet

Open Table (www.opentable.com). Permet de réserver une table dans de nombreux restaurants.

Tasting Table (www.tastingtable.com). Toutes les dernières infos culinaires.

The Infatuation (www.theinfatuation.com/new-york). Pour trouver un restaurant et consulter critiques et avis.

Brooklyn abrite aussi des valeurs sûres pour ceux qui ne souhaitent pas cuisiner le week-end : Aux beaux jours, le très populaire Smorgasburg (p. 290) rassemble plus de 100 stands de restauration artisanale au bord de l'eau, et le Brooklyn Flea Market (p. 309) a des dizaines de stands. Le Time Out Market de l'Empire Stores (p. 276) offre également un vaste éventail de spécialités internationales, face au fleuve.

Très prisés aussi, les marchés-épiceries haut de gamme comme Eataly (p. 173) ou Le District (p. 79), apportent un soin particulier à leurs produits frais et plats préparés.

Visites et cours

Institute of Culinary Education (p. 86). La plus grande école de cuisine des États-Unis propose des cours accessibles et de qualité, ainsi que des circuits gastronomiques.

Urban Oyster (www.urbanoyster.com). Excellents circuits gastronomiques à thèmes, essentiellement à Lower Manhattan et Brooklyn.

Scott's Pizza Tours (p. 287). Originaux et toujours divertissants, ces circuits se vantent de dévoiler tous les secrets de la pizza new-yorkaise.

Nosh Walks (p. 404). Un grand choix de visites sous la houlette de Myra Alperson, à travers la diversité ethnique de la cuisine new-yorkaise.

Pizza School (pizzaschool.com). École très populaire du Lower East Side (ex-Pizza A Casa), pour apprendre à rouler et garnir votre pâte à pizza.

Chopsticks & Marrow (www.chopsticksandmarrow.com). Excellent blog culinaire sur le Queens tenu par Joe DiStefano, qui organise aussi des circuits gastronomiques.

League of Kitchens (www.leagueofkitchens.com). Cours de cuisine dispensés par des femmes immigrées dans leurs propres cuisines, à Brooklyn et dans le Queens.

Végétariens, végétaliens et végans

Longtemps, le mouvement végétarien new-yorkais, moqué par les gourmets, a accusé un retard par rapport aux villes de la côte ouest. Les sceptiques commencent toutefois à se raviser. Le mérite en revient en partie à un nouvel engouement pour les produits locaux, ainsi qu'à l'ouverture de restaurants et cafés qui ont su convaincre les plus réticents avec leur ambiance branchée, leurs excellents vins, cocktails et desserts. Butcher's Daughter, lui, a su capter les adeptes du brunch, avec ses adresses de Brooklyn (p. 295) et Manhattan (p. 98), tout comme Urban Vegan Kitchen (p. 152) dans le Village.

Les végétaliens ont eux aussi de quoi se réjouir avec des restaurants tels le Modern

Se restaurer par quartier

Love (p. 295), qui propose de bons petits plats à Williamsburg, Screamer's Pizza (p. 294) à Crown Heights, Champs Diner (p. 295) dans East Williamsburg, ou encore ce petit bijou de *soul food* qu'est Seasoned Vegan (p. 263), à Harlem.

Nos meilleurs plats à New York

Voici certains de nos plats préférés de la scène culinaire new-yorkaise, aussi mouvante que créative.

L'*omakase* du Tanoshi (p. 228). Chaque jour différente, la sélection de sushis du chef de cette minuscule adresse de l'Upper East Side est exceptionnelle.

Les *pork belly buns* du Momofuku Noodle Bar (p. 118). L'alléchante pièce maîtresse d'une carte régulièrement renouvelée.

La pizza No. 2 de chez Juliana's (p. 286). Une garniture aussi simple qu'harmonieuse : tomates-cerises, mozzarella, ail et sel marin.

Le *buttermilk-fried chicken on cheddar waffles* du Buttermilk Channel (p. 290). Poulet frit au babeurre et gauffres au cheddar : un délice sucré-salé très généreux.

La sélection de Lonely Planet

The Modern (p. 203). D'appétissants mets étoilés, servis face au jardin de sculptures du MoMA.

RedFarm (p. 152). Cuisine chinoise raffinée et audacieuse, qui ne se prend pas au sérieux.

Blue Hill – Family Meal (p. 152). Esprit "comme à la maison" et cuisine *slow food* issue de la ferme voisine, à 50 km de là.

Par prix

$

Chelsea Market (p. 155). Des plats du monde entier dans une gigantesque usine réaffectée.

Burger Joint (p. 201). Caché dans Mitdown, ce bar au style délabré et couvert de graffitis sert de savoureux burgers.

Mamoun's (p. 117). Le roi du *chawarma*.

$$

Upstate (p. 120). Un festin de fruits de mer dans l'East Village.

Ivan Ramen (p. 123). De délicieux bols de nouilles concoctés par un chef de Long Island ayant vécu à Tokyo.

Roberta's (p. 296). Une pizzeria branchée de Williamsburg avec bar dans le jardin et brunch le week-end.

$$$

Eleven Madison Park (p. 175). Cuisine avant-gardiste truffée de délicieuses surprises.

Blue Hill (p. 152). Une icône de West Village dont les ingrédients viennent de sa ferme.

Jeffrey's Grocery (p. 152). Le chouchou de West Village.

Par catégories

Asiatique

Zenkichi (p. 295). Délicieux sushis à la lumière des chandelles à Williamsburg.

Drunken Munkey (p. 227). Un décor de bistrot et des curries bien relevés dans un quartier animé.

Totto Ramen Hell's Kitchen (p. 201). Ses ramens seraient les meilleurs de New York. Depuis le comptoir, regardez les cuisiniers griller le porc au chalumeau.

Tanoshi (p. 228). Une poignée d'heureux élus se pâment devant l'*omakase* du chef.

Italien

Il Buco Alimentari & Vineria (p. 98). Un voyage extraordinaire.

Rosemary's (p. 152). Des plats mémorables dans West Village.

Charlie Bird (p. 99). Produits locaux et plats rustiques dans une étroite salle de SoHo.

Végan

Modern Love (p. 295). Dans East Williamsburg, une version végane remarquable des classiques américains.

Screamer's Pizza (p. 294). Des pizzas 100% véganes, garnies de champignons de saison, de chorizo végétal et autres surprises.

Seasoned Vegan (p. 263). Une *soul food* savoureuse et familiale à Harlem.

Jajaja Plantas Mexicana (p. 124). Pour qui rêve de tacos végans.

Peacefood (p. 150). Le rendez-vous des végétariens et végans de West Village.

Repas en solo

Essex Market (p. 121). Un vaste espace où manger des mets thaïs ou dominicains, des fruits de mer ou des glaces.

Maman (p. 77). Café-bistrot d'influence française aux grandes tables conviviales.

Tom's Restaurant (p. 294). Un *diner* de Brooklyn à l'ancienne, avec service efficace et portions généreuses.

Pâtisseries

Dough (p. 293). Probablement les meilleurs donuts de New York.

Four & Twenty Blackbirds (p. 291). Succulentes parts de tartes maison, à Gowanus.

Dominique Ansel Bakery (p. 94). Le plus célèbre pâtissier de New York.

New York à l'ancienne

Barney Greengrass (p. 245). Saumon fumé et esturgeons préparés à la perfection depuis plus de 100 ans. Dans l'Upper West Side.

Russ & Daughters (p. 132). Un traiteur juif plébiscité du Lower East Side.

Zabar's (p. 250). Épicerie fine casher, dans l'Upper West Side, depuis les années 1930.

Margon (p. 201). Snack-bar cubain indémodable et sans chichis, dans Midtown.

Brunch

Cookshop (p. 154). Une excellente adresse avec tables en terrasse. Dans West Chelsea.

BLVD Bistro (p. 263). Délicieuse cuisine afro-américaine traditionnelle (poisson-chat, *grits*, etc.) à Harlem.

Cafe Mogador (p. 118). Icône du brunch dans l'East Village.

Silvia's (p. 263). Brunch gospel dominical à Harlem.

Superfine (p. 286). Brunch musical et locavore de Dumbo.

House of Yes (p. 300)

Où prendre un verre et faire la fête

New York regorge d'établissements de toutes sortes : bars hypertendance, anciens tripots clandestins, troquets spécialisés, cafés artisanaux... Sans oublier les légendaires discothèques new-yorkaises, repaires de célébrités, ou les petits clubs indé sans fioriture. Direction Downtown Manhattan ou Brooklyn pour découvrir la ville qui, comme on dit, ne dort jamais.

Cocktails historiques et bières artisanales

Sur la terre qui a vu naître le mot cocktail, les alcools sont toujours mixés avec le plus grand sérieux. Les meilleurs bars de la ville créent des breuvages parmi les plus sophistiqués et les plus créatifs au monde. Souvent, un verre est un aperçu d'histoire : l'obsession new-yorkaise pour les recettes oubliées et l'époque de la Prohibition ne montre aucun signe d'essoufflement.

Avec une kyrielle grandissante de microbrasseries, bars et boutiques où l'on goûte les productions locales, la culture de la bière artisanale est tout aussi dynamique. Brooklyn n'est peut-être plus l'exportateur majeur d'antan, mais des brasseries artisanales comme **Sixpoint** (sixpoint.com) et la Brooklyn Brewery (p. 284) ont remis ce *borough* au goût du jour.

D'autres quartiers de New York suivent le mouvement : **SingleCut Beersmiths**

L'ESSENTIEL

Sites Internet

New York Magazine (nymag.com/tags/nightlife). Excellents articles sur l'actu nocturne.

Time Out (www.timeout.com/newyork/nightlife). Infos actualisées sur les endroits où prendre un verre et danser.

Thrillist (www.thrillist.com). Les dernières tendances et événements en matière de bars.

Urbandaddy (www.urbandaddy.com). Dernières nouvelles du front nocturne et guide pratique des adresses.

Horaires d'ouverture

Certains bars sont à pied d'œuvre dès 8h du matin, mais la plupart démarrent leur activité vers 17h. Nombre d'entre eux ne baissent le rideau qu'aux alentours de 4h du matin, mais d'autres ferment vers 1h en semaine et 2h du jeudi au samedi. Les boîtes de nuit ouvrent en général de 22h à 4h ou 5h.

Prix

La bière au moment de l'*happy hour* démarre à 4 $; comptez 7-8 $ pour une bière ordinaire, plus pour une bière importée. Le vin au verre coûte généralement au minimum 9 $ et les cocktails de 14 à plus de 20 $. L'entrée en club coûte entre 5 et 30 $.

(singlecut.com) et **Big Alice Brewery** (bigalicebrewing.com) dans le Queens, ainsi que la Bronx Brewery (p. 262) et **Gun Hill Brewing Co** (www.gunhillbrewing.com) dans le Bronx produisent des ambrées.

Une ville sous caféine

Le boom des brûleries spécialisées n'en finit pas d'élever la culture new-yorkaise du petit noir vers de nouveaux sommets. Celles-ci proposent désormais des cours de *cupping* (dégustation), faisant des New-Yorkais de plus fins connaisseurs. Nombre de ces annexes de brûleries proviennent de villes de premier plan en la matière, comme Portland pour Stumptown (p. 157 et p. 206) et Oakland pour Blue Bottle (p. 157). Little Collins (p. 206) dénote également l'excellente influence australienne.

Clubs

Les points chauds de la nuit new-yorkaise changent en permanence. Pour sortir le soir, il est judicieux de s'organiser ; avoir son nom sur la liste des invités peut permettre d'éviter désillusion et frustration. Si vous ne faites pas partie des habitués, votre meilleure chance résidera dans votre tenue. Vous pouvez aussi tenter un coup de bluff – votre nom aura certainement été oublié par mégarde. Prévoyez suffisamment d'espèces : de nombreux clubs n'acceptent pas les cartes bancaires et les distributeurs sur place occasionnent des frais délirants. Et enfin, n'oubliez pas votre passeport, sans lequel l'entrée pourrait vous être interdite !

Spécificités par quartiers

Financial District et Lower Manhattan (p. 79). Les employés du FiDi dénouent leur cravate dans des bars à bières et à brandys pour initiés, ou dans les bars à cocktails, très appréciés.

SoHo & Chinatown (p. 102). Des lounges à cocktails huppés, une poignée de tavernes et quelques excellents bars pseudo-clandestins.

East Village et le Lower East Side (p. 124). L'East Village, qui accueille les vieux tripots new-yorkais, foisonne d'établissements.

West Village, Chelsea et Meatpacking District (p. 156). La jet-set ne jure que par ses bars à vins, ses *speakeasies* (anciens bars clandestins) et ses établissements gay, qui débordent jusque dans West Village et Chelsea.

Union Square, Flatiron District et Gramercy (p. 176). Repaires vintage, bars à cocktails animés et quantité de QG estudiantins chargés d'ambiance, où chacun trouvera verre à sa main.

Midtown (p. 205). *Rooftops* avec superbes panorama urbain, bar à cocktails historiques et troquets usés par le temps : bienvenue à Midtown.

Harlem et Upper Manhattan (p. 266). Un mélange en pleine expansion de salles de concert, de bars pseudo-clandestins et de troquets à l'ancienne.

Brooklyn (p. 297). Tout l'éventail des sorties nocturnes, avec Williamsburg au cœur de l'action et Bushwick en scène underground montante.

La sélection de Lonely Planet

House of Yes (p. 300). Un entrepôt de Bushwick, sans rival pour les nuits les plus folles.

Silvana (p. 266). Bar en sous-sol de Harlem avec des concerts chaque soir de la semaine.

Apothéke (p. 102). Ancienne fumerie d'opium reconvertie en salon à l'ambiance particulière, au fond de Chinatown.

Ear Inn (p. 102). Un vieux pub de SoHo avec plancher qui grince, tables en bois et jazz le dimanche.

Maison Premiere (p. 300). Absinthe, *mint juleps* et huîtres sont à l'honneur dans ce lieu d'inspiration Nouvelle-Orléans de Williamsburg.

Cocktails

Bar Goto (p. 129). Une adresse star du Lower East Side, chapeautée par le plus célèbre des mixologues de la ville.

Dead Rabbit (p. 79). Cocktails, punchs et *pop-inns* dans ce bar cosy du Financial District.

Employees Only (p. 155). Barmen couverts de prix et breuvages créatifs dans un West Village intemporel.

Raines Law Room (p. 176). Des cocktails concoctés avec expertise dans une ambiance très Prohibition près de Union Square.

Bières

Spuyten Duyvil (p. 301). Bières de qualité dans cette adresse très courue de Williamsburg.

Harlem Hops (p. 266). Le seul bar à bières de Harlem tenu par des Afro-Américains sert bières artisanales et chaussons à la viande épicée.

Astoria Bier & Cheese (p. 325). Les mousses artisanales s'unissent aux fromages gourmets à Astoria (Queens).

Bronx Brewery (p. 262). Une microbrasserie de quartier avec d'excellentes bières et une programmation inventive.

Proletariat (p. 125). Un minuscule bar d'East Village aux bières d'une grande originalité.

Bars à vins

Terroir Tribeca (p. 83). Dans le quartier tendance de Tribeca, un choix de vins riche et pointu.

Compagnie des Vins Surnaturels (p. 102). Une déclaration d'amour aux vins français, près de Little Italy.

Buvette (p. 155). Un bar à vins éclairé aux chandelles, dans une rue de West Village.

Cafés

Stumptown Coffee Roasters (p. 206). Baristas branchés servant le meilleur café de Portland, dans Midtown East.

La Colombe (p. 83). Des tasses corsées pour les connaisseurs de Downtown Manhattan.

Little Collins (p. 205). La culture du café australienne a gagné Midtown East.

Bars romantiques

The Auction House (p. 230). Velours, chandelles, miroirs… Pour une expérience hors du temps.

Hotel Delmano (p. 302). Des cocktails saisonniers au cœur d'une ambiance rétro très romantique.

The Campbell (p. 205). Le faste de l'âge d'or américain en pleine gare de Grand Central.

Discothèques

Le Bain (p. 156). Une clientèle élégante remplit ce haut lieu nocturne près de la High Line.

Bossa Nova Civic Club (p. 302). Petit club branché de Bushwick pour les amateurs de soirées underground.

Berlin (p. 125). La désinvolture d'antan survit dans ce petit club discret de l'East Village.

Troquets

Sunny's (p. 297). Notre bar favori de Red Hook, près des quais de Brooklyn.

Cowgirl SeaHorse (p. 83). Impossible de passer un mauvais moment dans ce troquet de Lower Manhattan.

Ear Inn (p. 102). L'un des plus vieux bars de New York jouit d'une clientèle sympathique et variée, et d'un service efficace.

Un verre en solo

Brandy Library (p. 79). Une adresse élégante de Tribeca où savourer cognacs, *whiskeys* et brandys d'exception.

Spuyten Duyvil (p. 301). À Brooklyn, un bar à bières chaleureux et sans prétention.

Caledonia (p. 230). Un bar confortable et tout en longueur de l'UES, où parler whisky avec le personnel..

TIMOTHY A. CLARY/GETTY IMAGES ©

Richard Rodgers Theatre (p. 206)

Où sortir

Comédiens, musiciens, danseurs et peintres s'amassent sous les projecteurs new-yorkais, dans l'espoir de percer enfin. Résultat ? Le public voit défiler un flot ininterrompu de talents repoussant toujours plus loin les limites du spectacle. La chanson "New York New York" ne dit-elle pas : "Si vous réussissez ici, vous pouvez réussir n'importe où" ?

Théâtre

Des célèbres usines à succès de Broadway aux petites salles expérimentales qui parsèment NYC, toute la palette du théâtre est représentée. La scène la plus renommée est assurément celle de Broadway – surnommée en 1902 *Great White Way* ("la grande rue blanche") pour ses panneaux lumineux étincelants. Prendre place dans l'une de ces salles rococo et se laisser transporter dans un autre monde à l'extinction des lumières est magique.

Le terme "off-Broadway" s'applique aux salles de plus petite taille (200 à 500 sièges) présentant des productions plus modestes en termes de budget que celles présentées dans les grandes salles de l'avenue. Le terme "off-off-Broadway" désigne des salles encore plus petites et dont les spectacles, à la production peu onéreuse, sont plutôt expérimentaux.

En dehors de Broadway, les meilleures salles incluent le Public Theater (p. 104), le Performing Garage (quartier général de la troupe expérimentale Wooster Group), la St Ann's Warehouse (p. 303) et la Brooklyn Academy of Music (p. 303). Autrement, la plupart des scènes se concentrent à East et West Villages.

Le festival de théâtre en plein air Shakespeare in the Park (p. 249), qui se tient chaque été à Central Park, propose de superbes représentations. Les files d'attente sont longues, mais voir gratuitement de prestigieux spectacles en plein air à Central Park en vaut la peine.

Concerts

New York est la capitale américaine des concerts et il y en a vraiment pour tous les goûts, avec des salles magnifiques éparpillées dans ses divers arrondissements. Tandis qu'opéras et concerts de musique classiques très distingués ont lieu au Lincoln Center (p. 235), les légendes et étoiles montantes du jazz se retrouvent dans divers clubs de la ville, mais surtout à Harlem, Midtown et dans le Village.

Les grands du rock indé font leurs preuves dans les salles de Downtown et de Brooklyn, comme le National Sawdust (p. 304). Les vraies idoles se produisent dans des arènes comme le Madison Square Garden (p. 212) ou le Barclays Center (p. 306), et l'été amène son lot de festivals en plein air, notamment plusieurs manifestations importantes de la scène hip-hop. Consultez le *New York Magazine* ou *Time Out* pour connaître les affiches du moment.

Cinéma et télévision

Les salles obscures de New York ont bien plus à offrir que l'expérience traditionnelle du blockbuster dans un multiplexe. Des salles programment des films indé ou avant-gardistes, classiques, étrangers et insolites. Les nombreux festivals de cinéma, comme le **Tribeca Film Festival** (☎212-941-2400 ; www.tribecafilm.com ; ⏲avr-mai ou juin) consacré aux films indépendants, longs et courts, enrichissent la diversité de l'offre.

Le programme de projection du MoMA (www.moma.org/calendar/film ; p. 187), dont l'immense collection de films couvre tous les genres et tous les pays, est un paradis pour les cinéphiles, tout comme la Film Society du Lincoln Center (www.filmlinc.org ; p. 235) et le Rose Cinemas (p. 303) de la Brooklyn Academy of Music (BAM) qui proposent une incroyable programmation de documentaires et de films d'art et d'essai. Enfin, à l'Alamo Drafthouse (p. 304), votre repas vous est servi à table durant la séance.

L'ESSENTIEL

Agenda et critiques

- **Playbill** (www.playbill.com). L'éditeur des petits programmes jaune et blanc distribués aux théâtres de Broadway a aussi un site Internet.
- **Talkin' Broadway** (www.talkingbroadway.com) propose d'intéressantes critiques et une page où l'on peut acheter et revendre des places en trop.
- Le *New York Times*, le *New York Magazine* et *Time Out* font partie des publications traditionnelles.

Billets

Pour acheter des billets, vous pouvez soit vous rendre directement à la billetterie de la salle, soit recourir à l'une des agences dédiées (la plupart prennent un supplément) et réserver par téléphone ou en ligne.

Billetteries

Broadway Line (www.broadway.org). Prix intéressants.

NYTIX (www.nytix.com). Prix réduits pour les spectacles de Broadway.

Telecharge (www.telecharge.com). Réservation pour des spectacles (de Broadway ou d'ailleurs).

Theatermania (www.theatermania.com). Programmation, avis et billets.

Ticketmaster (www.ticketmaster.com). Vend des billets pour tout spectacle.

Kiosques TKTS Ces kiosques de Midtown (p. 184) et South Street Seaport (p. 63) vendent des billets à prix réduit pour les spectacles de Broadway du jour même.

Quelques émissions de télé, comme le *Saturday Night Live* et *The Late Show with Stephen Colbert* sont enregistrées dans des studios de Midtown. Vous pouvez faire partie du public en vous inscrivant en ligne, ou en tentant d'obtenir l'un des billets de dernière minute (voir l'encadré p. 213).

Spectacles comiques

On rit de bon cœur à New York, où les humoristes aiguisent leur one-man-show dans l'espoir d'être repérés par un producteur ou un agent. Les meilleurs cabarets comiques se trouvent à Lower Manhattan, notamment autour de Chelsea et de Greenwich Village. Plusieurs festivals, comme le **New York Comedy Festival** (www.nycomedyfestival.com ; ⏲nov), attirent de grands noms tout au long de l'année. Il est également possible de faire partie du public des plus célèbres *late shows* (programmes TV diffusés tard en soirée). De l'autre côté du fleuve, l'Eastville Comedy Club (p. 305), à Boerum Hill, et des salles comme le Friends and Lovers (p. 300) organisent parfois des soirées stand-up.

Danse

Les amoureux de la danse seront aux anges à New York, domicile du New York City Ballet (p. 248) et de l'American Ballet Theatre (p. 249). Autre incontournable, le Joyce Theater (p. 162) programme des productions contemporaines reconnues, de troupes du monde entier. Les compagnies de danse contemporaine ne sont pas en reste : Alvin Ailey, Paul Taylor, Merce Cunningham, Martha Graham, Bill T. Jones, Mark Morris et nombre d'étoiles montantes se produisent souvent sur les scènes de Downtown Manhattan ou à la Brooklyn Academy of Music (p. 303).

Opéra et musique classique

Lorsqu'il s'agit d'opéra, un nom revient immanquablement : le Metropolitan Opera (p. 248), célèbre pour ses productions fastueuses. Toutefois, il existe de nombreuses alternatives en ville. L'admirable compagnie Amore Opera (p. 267) monte d'impressionnantes représentations au Riverside Theatre, son nouveau siège dans les quartiers chics. Parmi les compagnies itinérantes, on citera **Opera on Tap** (www.operaontap.org/newyork), qui n'investit pas les grandes salles mais des bars de Brooklyn.

L'offre en termes d'orchestres, de musique de chambre et de solistes est pléthorique à New York, et les concerts les plus avant-gardistes occupent souvent le devant de la scène. Pour des interprétations traditionnelles et imposantes, optez pour le Lincoln Center (p. 210) ou le légendaire Carnegie Hall (p. 207). Dans un registre plus avant-gardiste, la BAM (p. 303) propose une affiche éclectique.

Radio City Music Hall (p. 199)

Où sortir par quartiers

Brooklyn (p. 303). Mélange cosmopolite allant du classique aux groupes de rock indé de Williamsburg.

East Village et le Lower East Side (p. 130). Performances expérimentales, slam et stand-up.

Financial District et Lower Manhattan (p. 84). Tribeca accueille le Flea Theater et le Soho Rep, deux compagnies de théâtre reconnues.

Harlem (p. 267). Ses clubs de jazz intimistes, ses bars animés de concerts et le légendaire Apollo Theater font de Harlem l'un des quartiers les plus musicaux de la ville.

Midtown (p. 210). Spectacles kitsch, théâtre novateur, jazz de haute volée ou étoiles montantes du stand-up.

Upper West Side et Central Park (p. 231). Le Lincoln Center est le temple de la "grande" culture ; d'autres scènes proposent des concerts dans un cadre plus intime.

West Village, Chelsea et Meatpacking District (p. 160). Mecque officieuse du jazz international, sans oublier les troupes de danse de Chelsea.

La sélection de Lonely Planet

Richard Rodgers Theatre (p. 206). On y joue *Hamilton*, leçon sur l'histoire américaine portée par des rythmes urbains.

Brooklyn Academy of Music (BAM ; p. 303). Cette institution présente des œuvres d'avant-garde, en particulier lors du fameux Next Wave Festival.

Radio City Music Hall (p. 199). Cette superbe salle Art déco, dans Midtown, accueille à Noël un spectacle très prisé.

Carnegie Hall (p. 207). Salle de concert légendaire à l'acoustique irréprochable.

Broadway

Harry Potter and the Cursed Child (p. 210). Le plus gros succès financier de l'histoire de Broadway.

The Book of Mormon (p. 210). Drôle et intelligent, ce spectacle par les créateurs de *South Park* a été plusieurs fois récompensé.

Chicago (p. 213). L'un des spectacles les plus flamboyants de Broadway.

Hamilton (p. 206). Si vous n'arrivez pas à avoir de billets, essayez la file des désistements à l'extérieur du théâtre.

Off-Broadway

Signature Theatre (p. 210). Les œuvres des meilleurs dramaturges au monde.

Playwrights Horizons (p. 210). Pièces remarquables.

Public Theater (p. 104). Une institution de Downtown Manhattan.

St Ann's Warehouse (p. 303). Un haut lieu de créativité occupant un bel espace post-industriel à Brooklyn.

Cinéma

Nitehawk Cinema (p. 304). Dans Williamsburg, sirotez un cocktail tout en regardant des films inédits ou étrangers.

Rose Cinemas (p. 303). Belle sélection de films américains et étrangers dans un édifice historique.

Film Forum (p. 103). Un cinéma avant-gardiste de Downtown.

Museum of Modern Art (p. 187). Un passage obligé pour les cinéphiles.

Opéra et musique classique

Metropolitan Opera House (p. 248). Un cadre enchanteur pour voir des opéras superbes.

National Sawdust (p. 304). Des œuvres avant-gardistes y sont jouées sur fond d'images projetées sur les murs.

Brooklyn Academy of Music (BAM ; p. 303). Des œuvres innovantes dans une institution de Brooklyn.

Bargemusic (p. 306). Péniche sur l'East River accueillant des quatuors à cordes.

Danse

Joyce Theater (p. 162). Le meilleur établissement de New York dévolu à la danse.

New York Live Arts (p. 161). Performances de troupes du monde entier, avec un penchant pour l'expérimental.

New York City Center (p. 212). Programmation excellente, avec troupes de danses et mini-festivals.

Brooklyn Academy of Music (BAM ; p. 303). Pour admirer le Mark Morris Dance Group et bien d'autres.

Jazz

Jazz at Lincoln Center (p. 207). Des salles à la pointe accueillant chaque soir des talents exceptionnels.

Village Vanguard (p. 162). Club de jazz mythique de West Village.

Birdland (p. 210). Un club de Midtown où écouter big bands, jazz afro-cubain et autres sons.

Blue Note (p. 162). Ce pilier du West Village est l'un des clubs de jazz les plus célèbres de NYC.

Rock

Bowery Ballroom (p. 131). Emblématique salle de concert de Manhattan.

Music Hall of Williamsburg (p. 305). La crème du rock indé à Brooklyn.

Rockwood Music Hall (p. 130). Musique ininterrompue à cette adresse du Lower East Side.

Bell House (p. 304). À South Brooklyn, une programmation audacieuse rock indé et folk.

Stand-up

Gotham Comedy Club (p. 161). Les stars des émissions de télévision sont passées sur ses planches.

Comedy Cellar (p. 160). Les amateurs de comédie affluent dans cette cave de Greenwich Village.

Caroline's on Broadway (p. 212). Pour voir les stars du stand-up.

Fishs Eddy (p. 178)

Shopping

Fait peu surprenant pour ce haut lieu de l'innovation, de la mode et de l'esprit commerçant, New York est l'un des meilleurs endroits au monde pour faire ses emplettes. Boutiques de designers indé ou grands magasins, friperies ou grands couturiers, disquaires, antiquaires, épiceries fines... Il y en a pour tous les goûts, et les économies n'y font pas long feu !

Épicentre de la mode

Figurant parmi les capitales mondiales de la mode, New York donne le *la* en matière de tendances. Pour connaître les dernières en date, il ne faut pas hésiter à flâner dans les boutiques les plus prisées de la ville. Parmi les chouchous : Opening Ceremony, Issey Miyake, Marc Jacobs, Rag & Bone, John Varvatos et By Robert James.

Si vous êtes pressé, rendez-vous dans les enivrants grands magasins. Certains sont particulièrement attrayants : on peut facilement passer toute un après-midi à Bergdorf Goodman (p. 215), Macy's (p. 216) ou Bloomingdale's (p. 214).

Adresses illustres

Certains magasins sont devenus de telles légendes à New York que la ville ne serait pas tout à fait la même sans eux. Pour les amateurs de marques, Century 21 (p. 85) débite à prix cassés des pièces de D&G, Prada ou Marc Jacobs. Les passionnés de livres accourent chez Strand (p. 165), meilleure librairie de la ville. Géré par des Juifs orthodoxes, B&H Photo Video (p. 216) est le royaume des férus de technologie numérique et audio. Quant aux philanthropes de Housing Works (p. 165), ils vous permettront de dénicher vêtements, livres et meubles de seconde main, partout dans la ville.

Marchés aux puces et vintage

Les boutiques vintage ne manquent pas et les brocantes font l'objet d'une balade agréable mêlant shopping, découvertes gourmandes et explorations touristiques originales. Le Brooklyn Flea (p. 309), installé d'avril à octobre en différents lieux selon les jours, est le marché aux puces le plus populaire de la ville. Autre merveille, l'Artists & Fleas (p. 309) déborde de stands. L'East Village est le quartier par excellence des magasins de vêtements de seconde main et vintage, où s'habillent les New-Yorkais branchés.

Ventes privées

Outre les promotions, qui peuvent avoir lieu toute l'année (généralement lorsque la collection suivante arrive), des *sample sales* (ventes privées) sont aussi régulièrement organisées, en particulier dans les vastes entrepôts du Fashion District de Midtown ou à SoHo. Il s'agissait au départ pour les créateurs de se débarrasser de prototypes un peu usés, mais aujourd'hui la plupart de ces ventes sont l'occasion pour les marques haut de gamme d'écouler leurs stocks à prix cassés. Tenez-vous au courant via le site Chicmi (www.chicmi.com/new-york/sample-sales). On peut également trouver des vêtements de luxe peu portés à prix réduit dans les dépôts-ventes ; les amateurs de marques se ruent tous dans l'Upper East Side, par exemple chez le légendaire Michael's (p. 232).

L'ESSENTIEL

Sites Internet

New York Magazine (www.nymag.com). Conseils avisés sur les meilleurs endroits où dépenser son argent.

Mimosas & Manhattan (www.mimosasmanhattan.com). Blog mode et *lifestyle* avec photos et conseils beauté à l'appui.

He Spoke Style (hespokestyle.com). Tendances et conseils de mode masculine pointus.

Heures d'ouverture

Généralement, les commerces ouvrent de 10h à 19h en semaine, et de 11h à 20h le samedi. Le dimanche, les horaires sont plus variables – certains magasins restent fermés, tandis que d'autres ouvrent comme en semaine. Les boutiques tendent à rester ouvertes plus tard dans les quartiers de Lower Manhattan. Les petites échoppes pratiquent des horaires plus variables ; beaucoup ouvrent seulement à midi.

Taxes de vente

Les vêtements et chaussures à un prix inférieur à 110 $ sont exempts de taxes. Au-dessus, une taxe de 8,875% s'applique sur chaque article.

Shopping par quartiers

Brooklyn (p. 306). Excellent mélange de boutiques indépendantes et vintage.

East Village et Lower East Side (p. 131). Caverne d'Ali Baba pour les branchés, avec produits vintage et articles de créateurs.

Financial District et Lower Manhattan (p. 84). Lower Manhattan n'est pas un haut lieu du shopping en soi. On y trouve néanmoins quelques joyaux.

Midtown (p. 213). Grands magasins, chaînes internationales et quelques pépites, pour combler les amateurs de lèche-vitrines.

SoHo et Chinatown (p. 104). West Broadway est une véritable galerie marchande en plein air, aux dimensions colossales.

Upper East Side (p. 231). Madison Avenue compte les magasins les plus chers du pays.

Upper West Side & Central Park (p. 250). Superbes librairies (neuf et occasion), ainsi que quelques petites boutiques.

West Village, Chelsea et Meatpacking District (p. 163). Depuis Abingdon Sq, Bleecker St est bordée de boutiques (quelques-unes s'étant également dispersées dans W 4th St).

La sélection de Lonely Planet

Bergdorf Goodman (p. 215). Le plus magique des grands magasins new-yorkais, avec des vitrines féeriques.

Brooklyn Flea (p. 309). Les puces de Brooklyn regorgent de meubles anciens, de vêtements vintage et de tout un bric-à-brac.

ABC Carpet & Home (p. 178). Comme dans un musée, les 7 niveaux d'ABC débordent de grands et petits trésors.

MoMA Design & Book Store (p. 214). Beaux livres, reproductions et objets surprenants regroupés dans la boutique du MoMA.

Mode

Rag & Bone (p. 108). Vêtements parfaitement coupés pour hommes et femmes, notamment à SoHo.

John Varvatos (p. 132). Des pièces solides et ingénieuses dans un ancien club rock de Downtown.

Lahn (p. 163). Ravissante boutique de vêtements de créateurs dans le Village.

Pour les femmes

Galeria Melissa (p. 104). Une marque brésilienne de chaussures en plastique dans un magasin de SoHo hors du commun.

Resurrection (p. 104). De superbes vêtements aux coupes vintage et des employés très accueillants.

Century 21 (p. 85). Des pièces de marque à prix réduit – une institution de Lower Manhattan.

Pour les hommes

Nepenthes New York (p. 215). Ce collectif japonais vend des articles de marques branchées.

Odin (p. 164). Cette boutique de Downtown recèle des articles de marque exceptionnels.

Flamekeepers Hat Club (p. 267). Et un superbe couvre-chef fait main pour la touche finale !

Pour les enfants

FAO Schwarz (p. 215). Petits et grands se réjouissent de la réouverture du temple new-yorkais du jouet.

Mary Arnold Toys (p. 231). Un magasin de jouets tenu en famille depuis plus de 80 ans.

The Brooklyn Strategist (p. 307). Une montagne de jeux de société, à acheter... ou tester sur place. Parfait par temps de pluie !

Livres

Strand Book Store (p. 165). Incontournable pour les livres d'occasion.

Housing Works Bookstore (p. 105). Livres d'occasion et café dans un lieu plein de poésie de Nolita.

McNally Jackson (p. 108). Une excellente adresse dans SoHo pour chiner et assister à des lectures/signatures.

Disquaires

A-1 Records (p. 132). Des bacs de disques inépuisables dans l'East Village.

Black Gold Records (p. 307). Disques, café et antiquités chez ce disquaire décalé de Brooklyn.

Boutiques vintage

Housing Works Thrift Shop (p. 165). Plusieurs boutiques sympathiques à travers la ville.

Screaming Mimis (p. 164). Des habits irrésistibles des décennies passées.

Beacon's Closet (p. 163). Pour refaire sa garde-robe sans se ruiner.

Objets design et déco

Shinola (p. 85). Accessoires originaux conçus par un créateur de Detroit, dans Tribeca.

Fishs Eddy (p. 178). Des objets et ustensiles irrévérencieux et irrésistibles.

Boutique du musée Guggenheim (p. 219). Posters d'expositions et objets déco inspirés par les artistes à l'honneur dans le musée.

Souvenirs

New York Public Library (p. 196). Articles de papeterie, *tote bags*, T-shirts graphiques...

CityStore (p. 86). La boutique de souvenirs officielle de New York (casquettes NYPD, plaques de métro, etc.).

Lower East Side Tenement Museum (p. 111). La boutique de ce musée vend livres, bijoux, sacs, foulards...

Cadeaux originaux

The Evolution Store (p. 164). Un fabuleux cabinet de curiosités.

Top Hat (p. 133). De ravissants objets de décoration venant du monde entier.

Philip Williams Posters (p. 84). Un trésor d'affiches et de posters de tous horizons.

Sports et activités

Outre la course aux taxis, sport new-yorkais par excellence, et l'attente sur les quais de métro en été qui s'apparente parfois au sauna, les New-Yorkais aiment l'activité physique. Dans cette ville trop souvent cantonnée à l'image de ses gratte-ciel, les occasions de se dépenser en plein air sont d'une richesse surprenante.

Compétitions sportives

Il y a tant à voir et à faire à New York que le sport pourrait y passer pour une occupation marginale. Même si Big Apple ne s'arrête pas de vivre les jours de grands matchs, comme c'est le cas de villes plus petites, ses habitants n'en sont pas moins passionnés. Avec 13 grandes équipes sportives professionnelles féminines et masculines, de nombreux clubs de moindre importance, des disciplines de niche comme la crosse et pléthore de ligues amateur, allant du cricket au roller derby, il y a presque toujours des gradins à remplir.

Les Yankees, équipe de base-ball du Bronx, sont de loin les champions de la ville, avec 27 victoires nationales. Suivent ensuite les New York Giants, huit fois vainqueurs du championnat de football américain. Ils jouent, ainsi que les New York Jets, au **MetLife Stadium** (☎201-559-1500, billetterie 201-559-1300 ; www.metlifestadium.com ; Meadowlands Sports Complex, East Rutherford ; 🚌351 depuis Port Authority, 🚆NJ Transit depuis Penn Station jusqu'à Meadowlands) à East Rutherford (New Jersey). Côté basket, les New York Knicks, évoluant en NBA, qui enchaînaient les défaites depuis de nombreuses années, marquent un retour en force depuis 2020, tandis que leurs rivaux et voisins, les Brooklyn Nets, redorent peu à peu leur blason.

Le *soccer* (ou "football" pour le reste du monde) fait de plus en plus d'adeptes à New York, où deux clubs s'affrontent : les New York Red Bulls, basés à Harrison (New Jersey) et le New York City FC, qui joue actuellement à domicile au Yankee Stadium.

Si tout cela sent un peu trop la testostérone à votre goût, la ligue de roller féminin **Gotham Girls Roller Derby** (www.gothamgirlsrollerderby.com ; places à partir de 30 $; ⊙mars-août ; 👪) compte huit équipes aux noms inspirés de quartiers de la ville, rivalisant de vitesse et de fougue lors de rencontres spectaculaires. Le hockey, le base-ball et le football américain féminins ne sont pas en reste, avec des matchs à Central Park, Prospect Park et ailleurs.

Si vous ne pouvez assister à un match (bien que cela en vaille la peine), joignez-vous à l'ambiance animée d'un bar de quartier un jour où les Knicks, les Giants, les Yankees ou les Mets jouent. Si vous ne comprenez rien aux sports américains, vous y trouverez sans aucun doute des professeurs très investis !

La page sportive du *New York Times* fournit d'excellents comptes rendus et analyses. Le *New York Daily News* et le *New York Post* sont moins mesurés dans leurs critiques et leurs louanges.

Vélo

New York a fait d'énormes efforts pour rendre la ville plus accessible aux vélos ces dernières années. Il est néanmoins recommandé aux non-initiés de s'en tenir aux pistes les plus tranquilles, aménagées dans les parcs ou sur les berges, notamment Central Park, Prospect Park, la Manhattan Waterfront Greenway et la Brooklyn Waterfront Greenway.

L'ESSENTIEL

Sites Internet

NYC Parks (www.nycgovparks.org). Infos sur les parcs, les piscines et les terrains de basket. Cartes cyclables des *boroughs*.

New York Road Runners Club (www.nyrr.org). Organise des courses à pied dans la ville le week-end.

Central Park (www.centralparknyc.org). Les innombrables activités et événements dans l'espace vert préféré des New-Yorkais.

NYC (www.nycgo.com/sports). Liste des principales activités et manifestations sportives organisées dans la ville.

Billets

Certaines équipes vendent les billets directement par téléphone, au guichet ou via leur site Internet, mais la plupart passent par Ticketmaster (www.ticketmaster.com). L'autre billetterie majeure est StubHub (www.stubhub.com).

Avec 750 stations à travers la ville, les Citi Bike (www.citibikenyc.com), vélos en libre-service, conviennent pour de petits tours, mais mieux vaut louer un vélo classique pour de longues balades. Les circuits guidés à vélo permettent d'explorer de vastes zones. Nous recommandons ceux de Bike the Big Apple (p. 103) et de Central Park Bike Tours (p. 251).

Course à pied

Les pistes de Central Park sont fermées à la circulation automobile depuis 2018, mais vous les partagerez avec de nombreux cyclistes et adeptes du roller. Le chemin de 2,5 km autour du réservoir Jacqueline Kennedy Onassis ("Jackie" avait l'habitude d'y faire son jogging) est réservé aux coureurs et aux marcheurs (accès entre 86th St et 96th St). Les berges de l'Hudson attirent aussi du monde, les tronçons les plus agréables se situant entre W 30th St et Battery Park, dans Lower Manhattan. L'Upper East Side dispose d'un parcours le long de FDR Drive et de l'East River (de63rd St à 115th St). À Brooklyn, Prospect Park compte de multiples sentiers (et une boucle de 4,8 km), ainsi qu'un pont piéton de 2 km, à l'horizon dégagé sur Manhattan (passez par le Brooklyn Bridge pour allonger la promenade). Le New York Road Runners Club (www.nyrr.org) organise le marathon de New York mais aussi des joggings en ville le week-end.

Sports de rue

Des matchs de basket sont improvisés dans toute la ville, les terrains les plus célèbres étant les West 4th Street Basketball Courts (p. 166), surnommés "la Cage". L'accès est généralement accessible gratuitement sur le principe du premier arrivé, premier servi. Vous pouvez aussi tenter le **Holcombe Rucker Park**, à Harlem, où nombre de stars de la NBA ont fait leurs armes. D'autres parties ont lieu au Tompkins Square Park et au Riverside Park. L'Hudson River Park compte des terrains sur Canal St et au croisement de 11th Ave et W 23rd St. Le Pier 2 du Brooklyn Bridge Park en abrite d'autres.

Le handball et le stickball (sorte de base-ball rudimentaire) sont aussi très pratiqués dans les parcs. Consultez le site de l'**Emperors Stickball League** (www.facebook.com/groups/bxstickball), dans le Bronx, pour le calendrier des rencontres dominicales durant l'été.

Sports aquatiques

New York est composé d'îles, et les occasions d'aller sur l'eau ne manquent pas. La Downtown Boathouse (p. 86), aussi installée à Governors Island, propose un tour gratuit de 20 minutes en kayak dans la baie de New York. Les week-ends d'été, on peut aussi prendre un kayak gratuit, et même des cours, à la Manhattan Community Boathouse (p. 216). À Brooklyn, on peut parfois en louer gratuitement sur le Pier 2 du Brooklyn Bridge Park (p. 272) et à Red Hook Boaters (p. 310).

À Central Park, la Loeb Boathouse (p. 251) loue des barques pour naviguer en tête-à-tête, et vous mènera même en gondole vénitienne l'été. Vous pourrez aussi mettre les voiles (au sens propre), en montant à bord de l'*Adirondack* (p. 166), une goélette partant de Chelsea Piers.

Les surfeurs pourront se joindre aux amateurs de houle qui se retrouvent dans le Queens à Rockaway Beach (voir l'encadré p. 316), sur 90th St, à 1 heure 15 de Midtown par le métro A.

La sélection de Lonely Planet

Central Park (p. 236). Collines, sentiers boisés, vastes pelouses et un splendide lac composent ce fabuleux terrain de jeux.

Brooklyn Bridge Park (p. 272). Ce superbe espace vert au bord de l'eau se prête à de nombreuses activités : kayak, basket, etc.

Prospect Park (p. 273). Un magnifique parc de Brooklyn, ponctué de chemins, de collines, de courts de tennis, d'un lac et de pelouses.

New York Spa Castle (p. 327). Un immense spa aux tarifs abordables, inspiré par les soins traditionnels coréens.

Manhattan Community Boathouse (p. 216). Les week-ends d'été, cette péniche associative propose gratuitement des sorties en kayak sur l'Hudson.

Manifestations sportives

New York Yankees (p. 262). L'une des grandes équipes de base-ball des États-Unis.

New York Giants (p. 53). Ce pilier du football américain joue… dans le New Jersey.

New York Knicks (p. 212). Admirez-les marquer quelques paniers à trois points au Madison Square Garden.

Brooklyn Nets (p. 306). La remarquable équipe de NBA de Brooklyn joue dans l'ultra-moderne Barclays Center.

Brooklyn Cyclones (p. 305). Cette équipe de base-ball de Ligue 2 joue à proximité de Coney Island.

New York Mets (p. 326). L'autre équipe de base-ball de New York joue au Citi Field (Queens).

Espaces verts

Governors Island (p. 74). Une île sans voiture, accessible en été au terme d'une courte traversée en ferry depuis Lower Manhattan ou Brooklyn.

Bryant Park (p. 196). Séduisante oasis parmi les gratte-ciel de Midtown.

Madison Square Park (p. 171). Joli petit parc entre Midtown et Downtown.

Fort Greene Park (p. 278). Anecdotes historiques et pique-nique font le charme de ce beau parc de Brooklyn.

Gantry Plaza State Park (p. 315). Très bel endroit au bord de l'eau, à Long Island City (Queens).

Inwood Hill Park (p. 261). Paisible paysage de forêt et de marais salant dans le nord de Manhattan.

Queens County Farm Museum (p. 315). Un voyage à la ferme sans avoir à quitter la ville.

Escalade

Cliffs (p. 327). Énorme centre d'escalade à Long Island City, Queens.

Brooklyn Boulders (p. 310). Un autre lieu génial pour les grimpeurs.

Spas

Great Jones Spa (p. 105). Réservez un massage puis détendez-vous dans l'un des hammams, Jacuzzis ou saunas.

New York Spa Castle (p. 327). Un centre enchanteur abritant cascades et hammams, retiré dans le Queens.

Russian & Turkish Baths (p. 130). Entre bains de vapeur et bassins d'eau glaciale, un incontournable de l'East Village fondé en 1892.

Bowling

Brooklyn Bowl (p. 309). À la fois repaire de hipsters, salle de concert et piste de bowling à Williamsburg.

Chelsea Piers (p. 165). Un complexe sportif au bord de l'Hudson.

Pétanque

Floyd (p. 297). Terrains de pétanques en intérieur, pour boire un verre en pointant.

Greenwood Park (p. 300). *Beer garden* à Brooklyn avec terrains de *bocce* extérieurs.

Activités originales

Royal Palms (p. 299). Le paradis des amateurs de jeu de palets, agrémenté de *food trucks* et de microbrasseries.

Trapeze School New York (p. 166). On s'initie à la voltige dans cette école de trapèze.

Gotham Girls Roller Derby (p. 53). L'une des meilleures équipes au monde de ce sport percutant dispute ses matchs en divers lieux.

Jardins

Brooklyn Botanic Garden (p. 279). Jardins japonais, flore endémique et cerisiers en fleur photogéniques au printemps.

New York Botanical Garden (p. 262). Vingt hectares d'une forêt ancienne, au nord du Bronx.

Met Cloisters (p. 260). Un jardin médicinal au sein d'un édifice néo-médiéval.

New York gay et lesbien

Couples d'hommes ou de femmes sortant mariés de l'hôtel de ville, Empire State Building arborant les couleurs de l'arc-en-ciel pendant la Gay Pride... New York a beaucoup à offrir à la communauté LGBTQ+, des clubs et cabarets aux festivals en passant par des lectures.

Même en semaine, c'est la fête

Dans la Grosse Pomme, n'importe quel jour de la semaine rime avec sortie, surtout dans la communauté gay.
De nombreuses soirées sont organisées le mercredi et le jeudi soir, ainsi que le dimanche, très appréciées des New-Yorkais (surtout en été). Si l'on s'amuse aussi le vendredi et le samedi, le week-end semble plutôt réservé aux banlieusards – les Manhattanites réservent ces jours-là pour retrouver leurs amis, essayer de nouveaux restaurants ou faire une soirée chez eux.

DOCUMENTATION

Le **LGBT Community Center** (Plan p. 448 ; ☎212-620-7310 ; www.gaycenter.org ; 208 W 13th St, entre 7th Ave et Greenwich Ave, West Village ; ⏲10h-22h tlj ; Ⓢ1/2/3 arrêt 14th St, A/C/E, L arrêt 8th Ave-14th St), l'un des plus grands centres de ce genre au monde, fournit une abondante documentation régionale sur l'actualité et la vie nocturne LGBTQ+. Il organise aussi de fréquents événements – soirées, expositions, comédies musicales à la Broadway, lectures et débats politiques. Le Centre abrite également les Archives nationales sur l'histoire de la communauté LGBTQ+ (accessibles aux chercheurs sur RDV), une petite salle d'exposition (la Campbell-Soady Gallery) et un café avec Wi-Fi.

Organisateurs

Suivez les pérégrinations de ces organisateurs de soirées.

BoiParty (www.boiparty.com)

Saint at Large (www.saintatlarge.com)

Daniel's Big Ideas (www.danielsbigideas.com)

La communauté LGBTQ+ par quartiers

East Village et Lower East Side Comme le West Side, en un peu plus grunge et rugueux.

West Village, Chelsea et Meatpacking District Bars et clubs iconiques dans le Village, vie nocturne sur le déclin dans un Chelsea désormais hors de prix.

Union Square, Flatiron District et Gramercy Accueille les petits lieux gays qui débordent d'East Village, West Village et Chelsea.

Midtown Hell's Kitchen est le nouvel épicentre homo, avec pléthore de boutiques, bars, restaurants et clubs gays ou *gay-friendly*.

Brooklyn Cet énorme *borough* attire des gays de toutes tendances et compte des bars en tous genres.

La sélection de Lonely Planet

NYC Pride (www.nycpride.org). Un déferlement arc-en-ciel pour la plus grande marche des fiertés au monde, la Gay Pride.

Leslie-Lohman Museum of Art (p. 92). Premier musée d'art LGBTQ+ au monde.

Industry (p. 207). L'un des bars-clubs les plus populaires de Hell's Kitchen.

Marie's Crisis (p. 156). Époumonez-vous sur les refrains des comédies musicales dans ce bar délirant de West Village.

The Duplex (p. 161). Humour gay, chanteurs de charme et délirant piano-bar dans ce vétéran du Village.

Eagle NYC (p. 159). Une débauche de cuir...

Sites Internet

Get Out! (www.getoutmag.com). Version numérique d'un guide papier répertoriant tous les événements gays des alentours.

Gayletter (www.gayletter.com). Newsletter sur la vie culturelle et soirées gays.

Gay City News (www.gaycitynews.nyc). Site d'actualité avec un regard LGBTQ+, ainsi qu'une rubrique culture et voyage.

Metrosource (www.metrosource.com). Publication bimensuelle centrée sur la culture, le design, le divertissement et le voyage.

Hôtels

Ink48 (p. 353). Vue sur la *skyline* à deux pas des bars et des clubs de Hell's Kitchen.

Standard East Village (p. 348). Un boutique-hôtel impeccable et chic situé dans le quartier branché d'East Village.

Chelsea Pines Inn (p. 349). Posters hollywoodiens et chambres aux noms de divas au cœur de Chelsea.

Gansevoort Meatpacking NYC (p. 349). Ambiance jet-set et piscine sur le toit, dans le Meatpacking District.

Lieux mythiques

Marie's Crisis (p. 156). Un piano-bar survolté où les New-Yorkais entonnent à tue-tête les chansons cultes.

Stonewall Inn (p. 159). QG des drag-queens insurgées lors des émeutes de Stonewall en 1969.

Julius' (p. 159). Le plus ancien bar gay du Village.

The Cock (p. 128). Un rade coquin autrefois fréquenté par la communauté gay/punk.

Activités diurnes

Brunch sur 9th Ave Prenez place en terrasse et reluquez les passants, dans la plus pure tradition de Hell's Kitchen.

Shopping à Chelsea Soignez votre style dans les joyeuses boutiques gays de Chelsea.

Pier 45 (Christopher Street Pier) (p. 142). Les couples qui se pelotent et s'embrassent font de ce lieu un passage obligé en été.

Fire Island Rejoignez les dunes de sable de cette île à la population sexy et nantie juste au large de Long Island.

Sorties en semaine

Flaming Saddles (p. 207). Des barmen en santiags sur le bar versent l'alcool directement dans la bouche des clients. Qui a dit que les nuits en semaine étaient ennuyeuses ?

Boxers NYC (p. 177). Bar sportif fréquenté par la communauté gay.

The Duplex (p. 161). Animations nocturnes, notamment lectures données par des drag-queens et sketchs. En semaine, *happy hour* de 16h à 20h.

Pour les filles

Ginger's Bar (p. 300) *Happy hour*, karaoké et bingo le dimanche attirent les filles à Brooklyn.

Cubbyhole (p. 159). Les fidèles clientes conversent au son du juke-box de ce vétéran sans prétention du Village.

Henrietta Hudson (p. 159). Un repaire sympa où se pressent des filles cool et rock.

Pour danser

Industry (p. 207). Selon les nuits, cette institution de Hell's Kitchen passe de bar bourdonnant à club endiablé.

Monster (p. 159). Go-go dancers effrontés et drag-queens plus effrontées encore font la joie des clients au sous-sol.

Événements incontournables

NYC Pride (www.nycpride.org). Les festivités durent tout le mois de juin et comprennent fêtes, manifestations culturelles et le fameux défilé de la Gay Pride sur 5th Ave.

NewFest (www.newfest.org). Premier festival de cinéma queer à New York, avec une semaine de projections fin octobre.

MIX New York Queer Experimental Film Festival (www.facebook.com/mixnyc). Six jours dédiés au cinéma gay engagé et d'avant-garde. En mars.

Découvrir New York

42nd St et le Chrysler Building *(p. 191)*

LES INCONTOURNABLES

Les quartiers en un clin d'œil

❶ Lower Manhattan et Financial District p. 62

Jalonné d'édifices emblématiques et regorgeant de restaurants et bars, le Financial District de Manhattan n'est plus seulement un quartier des affaires. Au nord, Tribeca, quartier aisé, rassemble restaurants, bars, galeries d'art et boutiques huppées.

❷ SoHo et Chinatown p. 87

Connu pour ses boutiques, bars et restaurants, SoHo est l'un des quartiers les plus branchés de Manhattan. Au sud, Chinatown, en pleine expansion, et la nostalgique Little Italy, qui se réduit comme peau de chagrin, séduisent par l'atmosphère si particulière de leurs rues animées.

❸ East Village et Lower East Side p. 109

Quartiers d'élection de plusieurs générations d'immigrants, Lower East Side et East Village sont aujourd'hui des quartiers bohèmes qui accueillent parmi les meilleurs bars et boutiques indépendantes de NYC. Ils conservent toutefois une trace de leur passé.

❹ West Village, Chelsea et Meatpacking District p. 135

Le dédale des rues de West Village offre quantité de coins et recoins où se restaurer, prendre un verre et vagabonder. Les jeunes cadres de Manhattan fréquentent les nombreux bars et clubs du Meatpacking District pour voir et être vus. Chelsea recèle des galeries d'art et accueille une scène gay animée.

❺ Union Square, Flatiron District et Gramercy p. 168

S'il n'y a pas grand-chose à visiter à Union Square, le quartier est un melting-pot grouillant d'activité. Plus au nord, le Madison Square Park est une oasis verdoyante à l'ombre du Flatiron Building. Les paisibles rues de Gramercy, résidentielles pour la plupart, comptent une poignée d'établissements haut de gamme où se restaurer et prendre un verre.

❻ Midtown p. 180

C'est le New York des cartes postales, de Times Square, de l'Empire State Building, de Broadway, des gratte-ciel vertigineux et des foules affairées. C'est aussi le quartier du Museum of Modern Art (MoMA), de Bryant Park, des grands magasins qui longent 5th Ave et des bars gays de Hell's Kitchen.

❼ Upper East Side p. 217

Les boutiques de luxe jalonnent Madison Ave tandis que 5th Ave est bordée d'hôtels particuliers et s'enorgueillit de la plus belle enfilade de musées de la ville, sinon du monde (Museum Mile).

❽ Upper West Side et Central Park p. 233

Les rues tranquilles de ce quartier familial sont bordées de *brownstones* typiques et abritent quelques cafés indépendants et boutiques de créateurs. À proximité, se trouvent Central Park, qui fournit une escapade verdoyante, et des institutions culturelles telles que le Lincoln Center et l'American Museum of Natural History.

❾ Harlem et Upper Manhattan p. 253

Bastion de la culture noire américaine, Harlem offre un choix de cuisines des quatre coins du monde et une scène de jazz trépidante. Columbia University s'étend à Morningside Heights et Inwood, quartier boisé, cache des trésors médiévaux.

❿ Brooklyn p. 269

Devenu synonyme de hipster, Brooklyn dépasse pourtant les stéréotypes. Le *borough* abrite ainsi certains des quartiers les plus anciens et les plus multiculturels de NYC. Il est riche en restaurants, bars, boutiques et activités.

⓫ Queens p. 311

Le plus grand *borough* de NYC est un véritable melting-pot. Venez tester la cuisine du monde, surfer à Rockaway Beach et visiter les centres d'art contemporain !

Lower Manhattan et Financial District

FINANCIAL DISTRICT | NEW YORK HARBOR | BATTERY PARK CITY | EAST RIVER WATERFRONT | CITY HALL ET CIVIC CENTER

Notre sélection

❶ La visite de la **statue de la Liberté** (p. 64) pour contempler depuis son piédestal l'une des plus belles villes du monde.

❷ Le **National September 11 Memorial & Museum** (p. 68) pour méditer sur la mort, l'espoir et la résilience là où New York a sublimé la tragédie de Ground Zero.

❸ La vue étourdissante sur Manhattan depuis le One World Observatory, au sommet du **One World Trade Center** (p. 70), plus haut immeuble de l'Occident.

❹ La traversée incontournable et gratuite à bord du **ferry de Staten Island** (p. 86) pour admirer les gratte-ciel new-yorkais.

❺ **Ellis Island** (p. 66), longtemps la principale porte d'entrée du pays, pour découvrir l'histoire de l'immigration américaine.

Pour un plan plus détaillé, reportez-vous p. 438

Découvrir Financial District et Lower Manhattan

Réservez vos billets en ligne pour Ellis Island (p. 66) et la statue de la Liberté (p. 64 ; si possible, prenez le premier ferry en évitant le week-end, surtout l'été). Comptez 4-5 heures pour visiter ces deux sites et apportez de préférence votre pique-nique. L'achat des billets en ligne est aussi conseillé pour le National September 11 Memorial & Museum (p. 68) et le One World Observatory voisin (p. 70).

La visite des musées des environs de Battery Park – Skyscraper Museum (p. 75), Museum of Jewish Heritage (p. 75) et National Museum of the American Indian (p. 72) – prend facilement une demi-journée. C'est aux heures de bureau ou le week-end que le Financial District est en effervescence, mais, après la fermeture, vous pourrez contempler ses maisons de style fédéral et ses tout premiers gratte-ciel. S'il fait beau, allez admirer la vue sur le fleuve depuis le Pier 17 (p. 76), à South Street Seaport, ou traversez le pont de Brooklyn et profitez de la vue sur Lower Manhattan. Pour la fièvre nocturne, direction les bars et restaurants de Tribeca.

Vivre comme un New-Yorkais

- **Café** Plutôt que les grandes chaînes, préférez le raffiné La Colombe (p. 83).
- **Vin** Sirotez un verre de vin gratuit le samedi après-midi au Pasanella & Son (p. 85).
- **Shopping** Furetez dans les allées de Pearl River Mart (p. 85) pour des souvenirs amusants fleurant bon l'Asie.
- **Escapade** Faites du vélo, détendez-vous et admirez des œuvres d'art sur l'oasis de Governors Island (p. 74).

Depuis/vers Lower Manhattan et Financial District

- **Métro** Les lignes A/C, J/Z, 2/3 et 4/5 desservent la station Fulton St à Lower Manhattan. Le terminus de la ligne 1 est South Ferry, d'où partent les ferries de Staten Island.
- **Bateau** Le terminal des ferries de Staten Island (p. 86) se trouve à l'extrémité sud de Whitehall St. Les ferries pour Governors Island (p. 74) partent du Battery Maritime Building voisin. Les bateaux Statue Cruises (p. 65) pour Liberty Island et Ellis Island partent de Battery Park. **NYC Ferry** (www.ferry.nyc/routes-and-schedules/route/rockaway) assure également une liaison entre le Pier 11/Wall St et Rockaway Beach (55 min ; voir l'encadré p. 316).

Bon plan Lonely Planet

Achetez vos billets pour Broadway à prix réduits au **kiosque TKTS de South Street Seaport** (www.tdf.org ; angle Front St et John St ; ⏲11h-18h lun-sam, 11h-16h dim ; Ⓢ A/C, 2/3, 4/5, J/Z arrêt Fulton St ; R/W arrêt Cortlandt St) plus discret et moins bondé que celui de Times Square. On peut y acheter des places pour le spectacle en matinée du lendemain. Téléchargez l'application TKTS pour connaître les disponibilités et vérifiez l'ouverture du kiosque, temporairement fermé pour cause de Covid-19.

Le top des restaurants

- Locanda Verde (p. 78)
- Bâtard (p. 79)
- Maman (p. 77)
- Le District (p. 79)
- Two Hands (p. 78)

Voir détails p. 77 ➡

Le top des bars et cafés

- Dead Rabbit (p. 79)
- Brandy Library (p. 79)
- Weather Up (p. 83)
- Smith & Mills (p. 83)

Voir détails p. 79 ➡

Le top des boutiques

- Philip Williams Posters (p. 84)
- Pearl River Mart (p. 85)
- Century 21 (p. 85)
- Bowne & Co Stationers (p. 85)
- Pasanella & Son (p. 85)

Voir détails p. 84 ➡

LES INCONTOURNABLES
STATUE DE LA LIBERTÉ

Offerte par la France en 1886, la *Liberté éclairant le monde*, aussi appelée la "Mère des exilés", a été conçue comme un symbole de la liberté, comme le rappellent les vers du poème *Le Nouveau Colosse*, d'Emma Lazarus (1883) gravés à sa base : "Donne-moi tes pauvres, tes exténués / Qui en rangs pressés aspirent à vivre libres / Le rebut de tes rivages surpeuplés." "Lady Liberty" fut longtemps la première image que découvraient les immigrants européens à leur arrivée à New York.

De l'Égypte aux États-Unis

Saviez-vous que le gigantesque cadeau de la France à l'Amérique n'était pas, à l'origine, destiné aux États-Unis ? En effet, le sculpteur Frédéric Auguste Bartholdi avait initialement en tête une colossale sculpture vouée à garder l'entrée du canal de Suez en Égypte, une des plus grandes prouesses techniques de la France du XIXe siècle. Son ode à l'ingéniosité hexagonale devait intégrer des éléments de deux des Sept Merveilles du monde : le colosse de Rhodes et le phare d'Alexandrie. Cependant, l'ambitieux monument ne parvint pas à s'attirer de solides financements. Le salut viendra grâce à son ami Édouard René Lefebvre de Laboulaye, juriste, écrivain et militant antiesclavagiste. Celui-ci proposa d'offrir un cadeau à l'Amérique pour symboliser le triomphe du républicanisme et des valeurs démocratiques communes à la France et aux États-Unis. Bartholdi y vit une chance à ne pas laisser passer. Rapidement, il s'attela à la tâche, modifiant sa vision pour transformer son fiasco du canal de Suez en "Liberté éclairant le monde" : un cadeau enviable pour célébrer le centenaire de la Déclaration d'indépendance.

LE SAVIEZ-VOUS ?

La statue pèse 225 tonnes et mesure 93 m de la base à la pointe de son flambeau, soit la taille d'un immeuble d'une vingtaine d'étages.

INFOS PRATIQUES

- Plan p. 438, C8
- ☎ infos 212-363-3200, tickets 877-523-9849
- www.nps.gov/stli
- Liberty Island
- Adulte/enfant Ellis Island et accès piédestal 23,80/12,30 $, sans piédestal (*grounds tickets*) 23,50/12 $, accès couronne fermé temporairement
- ⏲ 8h30-18h, horaires variables selon la saison
- ⛴ arrêt Liberty Island ; S 1 arrêt South Ferry, 4/5 arrêt Bowling Green, puis ferry

Genèse de la statue

Bartholdi consacra près de vingt ans à réaliser son rêve : créer ce géant de cuivre creux et l'ériger dans la baie de New York. Malgré les nombreux problèmes financiers, le projet fut mené à bien, notamment grâce aux efforts de Joseph Pulitzer et de la poétesse Emma Lazarus, dont l'ode à la statue faisait partie d'une campagne d'appels de fonds lancée pour financer le piédestal, conçu par l'architecte américain Richard Morris Hunt. Par ailleurs, le travail de Bartholdi se heurta à un défi structurel, résolu grâce à Gustave Eiffel, qui conçut l'ossature métallique interne de la statue. L'œuvre ne fut achevée qu'en 1884, en France. Elle entama sa traversée pour New York en 350 morceaux emballés dans 214 caisses ; il fallut quatre mois pour la rassembler et l'ériger sur un piédestal de granit. Sa spectaculaire inauguration, en octobre 1886, fut accompagnée du premier défilé new-yorkais avec serpentins et d'une flottille de près de 300 vaisseaux. Le National Park Service gère la statue et Liberty Island depuis 1933. En 1984, une restauration a été entamée sur la robe de cuivre oxydée de la vieille dame, qui a été inscrite la même année au patrimoine mondial de l'Unesco.

La statue de la Liberté aujourd'hui

Si vous réservez bien en avance, vous pourrez monter les 162 marches (escarpées) qui mènent du haut du piédestal à la couronne de Lady Liberty, d'où la vue sur la ville et la baie est grandiose. Attention : l'accès à la couronne est très limité, et le seul moyen d'y accéder est de réserver son billet bien à l'avance : le plus tôt est donc le mieux (on peut s'y prendre 6 mois avant). Une même personne n'a le droit de réserver que quatre billets, et les enfants doivent mesurer au moins 1,21 m. À l'heure où nous écrivons ces lignes, l'accès à la couronne est fermé au public.

Si vous avez manqué les billets pour la couronne, vous aurez probablement plus de chance avec ceux donnant accès au piédestal, d'où la vue est également imprenable. Ils sont aussi en nombre limité et doivent être réservés, soit en ligne, soit par téléphone.

Vous n'avez de billet ni pour l'un ni pour l'autre ? Pas de panique. Tous les billets de ferry pour Liberty Island et Ellis Island donnent accès au parc autour de la statue, où vous pourrez faire une visite guidée (ou audioguidée), et au récent **Musée de la statue de la Liberté**, ouvert en 2019. La boutique de souvenirs et la cafétéria sont aussi ouvertes à tous. Un conseil : apportez un casse-croûte et dégustez-le au bord de l'eau, face aux gratte-ciel de Manhattan qui se détachent sur le ciel.

NOTRE CONSEIL

Pour avoir le temps de visiter à la fois la statue de la Liberté et Ellis Island, prenez le ferry avant 14h.

Les contrôles de sécurité sont drastiques – ne prenez avec vous que ce qui est autorisé à bord d'un avion – et peuvent prendre jusqu'à 1 heure 30 en haute saison.

Ne vous fiez pas aux vendeurs à la sauvette qui vous affirmeront le contraire : seule la compagnie de ferry **Statue Cruises** (carte p. 438 ; ☎877-523-9849 ; www.statuecruises.com ; Battery Park, Lower Manhattan ; ⏲départs 8h30-17h, 9h30-15h30 en hiver) est autorisée à délivrer des billets. Il est recommandé d'acheter son ticket en ligne.

L'escalier menant à la couronne est raide et étroit : n'entreprenez pas l'ascension si vous avez des problèmes de santé.

UNE PETITE FAIM ?

Gourmet Garage (☎212-571-5850 ; www.facebook.com/gourmetgarageNY ; 366 Broadway, à hauteur de Franklin St ; ⏲7h-21h ; 🖉; Ⓢ N/Q/R/W, 6 arrêt Canal St) est idéal pour acheter de quoi pique-niquer.

LES INCONTOURNABLES
ELLIS ISLAND

Poste d'immigration le plus célèbre au monde, Ellis Island, aujourd'hui monument national, est le symbole physique de l'histoire de l'immigration américaine. De 1892 à 1924, pas moins de 12 millions de personnes ont transité par cette porte d'entrée. Aujourd'hui, environ 40% de la population des États-Unis descendrait de ces millions d'immigrants, ce qui confirme le rôle majeur de cette île dans la construction du pays.

Restauration

Après de longs et coûteux travaux, le bâtiment principal de style Beaux-Arts a rouvert ses portes en 1990. Il accueille désormais le musée de l'Immigration d'Ellis Island, qui offre au public une version expurgée et moderne de l'expérience historique des nouveaux arrivants. Les galeries interactives rendent hommage à l'espoir, à l'allégresse et parfois à l'amère déception des millions de personnes venues chercher un nouveau départ. On trouve parmi eux l'illusionniste hongrois Erik Weisz (Harry Houdini), l'acteur italien Rodolfo Guglielmi (Rudolph Valentino), l'actrice française Lily Chauchoin (Claudette Colbert) et le Britannique Archibald Alexander Leach (Cary Grant).

Expositions du musée de l'Immigration

La collection du musée est répartie sur trois niveaux. Optez pour la visite audioguidée de 50 minutes (gratuite avec le billet du ferry, disponible dans le hall du musée). Au fil des témoignages d'historiens, d'architectes et d'immigrants de l'époque, l'imposante collection d'objets personnels, de documents officiels, de photographies et de séquences d'archives prend soudainement vie. Expérience unique, on revit dans les mêmes salles et couloirs ce que les voyageurs y ont vécu, en bon comme en mauvais.

La collection est divisée en plusieurs expositions permanentes et temporaires. Celle du 1er étage, "Journeys: The Peopling of America 1550-1890", ne manque certes pas d'intérêt, mais c'est au 2e étage que vous trouverez deux expositions vraiment fascinantes, à commencer par "Through America's Gate", qui se trouve dans la magnifique salle d'enregistrement (Registry room, ou Great Hall) et détaille les épreuves auxquelles devaient se soumettre les arrivants (y compris le marquage à la craie des personnes que l'on soupçonnait d'être malades, le désagréable examen oculaire et les 29 questions). Quant à "Peak Immigration Years" (1880-1924), elle s'intéresse aux motivations des immigrants et aux obstacles qu'ils devaient surmonter pour réaliser leur rêve américain. La collection de vieilles photos, qui offre une plongée intime dans la vie quotidienne de ces courageux nouveaux Américains, est particulièrement intéressante.

Pour découvrir l'histoire du bâtiment lui-même, rendez-vous à l'exposition "Restoring a Landmark", au 3e étage ; les images de matériel brisé et d'objets laissés à l'abandon sont particulièrement marquantes. Enfin, la visite audioguidée offre une plongée détaillée dans les expositions et l'histoire de l'île. À défaut, vous pouvez toujours décrocher les combinés disponibles dans chaque salle pour écouter les émouvants témoignages d'immigrants enregistrés dans les années 1980. Autre option, offrez-vous une visite commentée de 45 minutes. La visite est également possible en langue des signes américaine (réservez par téléphone trois semaines à l'avance).

À NE PAS MANQUER

- Les expositions du musée de l'Immigration
- La salle d'enregistrement
- Le mur de l'Honneur et les ruines du fort Gibson

INFOS PRATIQUES

- Plan p. 438, B8
- ☎ infos 212-363-3200, tickets 877-523-9849
- www.nps.gov/elis
- Ellis Island
- Ferry adulte/enfant 23,50/12 $
- 🕒 8h30-18h, horaires variables selon la saison
- ⛴ arrêt Ellis Island ; S 1 arrêt South Ferry, 4/5 arrêt Bowling Green, puis ferry

Architecture du bâtiment principal

Avec ce bâtiment aussi imposant qu'impressionnant, les architectes Edward Lippincott Tilton et William A. Boring ont signé un digne "prélude" à l'aventure américaine. Le duo décrocha le contrat au lendemain de l'incendie de l'édifice en bois originel en 1897. Passés par l'École des Beaux-Arts de Paris, on ne s'étonnera guère du style des lieux. Le bâtiment évoque une gare grandiose, avec ses majestueuses entrées, ses briques rouges, ainsi que ses pierres angulaires et belvédères en granit. Au 2e étage, la **Salle d'enregistrement** (Registry room, ou Great Hall), de 103 m de long, est à couper le souffle. C'est là, sous le magnifique plafond voûté, que les nouveaux arrivants faisaient la queue pour se soumettre aux contrôles d'identité, et que polygames, indigents, criminels et anarchistes se voyaient refouler. Le plafond d'origine fut sérieusement endommagé par l'explosion d'une péniche chargée de munitions à Black Tom Wharf, non loin. Un mal pour un bien, car il fut remplacé par un plafond orné de splendides carreaux formant des chevrons signés Rafael Guastavino.

Mur de l'Honneur et ruines du fort Gibson

On accède à l'**American Immigrant Wall of Honor** depuis l'exposition "Journeys : The Peopling of America 1550-1890", au 1er étage. Ce mur extérieur, peut-être le plus long du genre, porte les noms de plus de 700 000 personnes immigrées. Résultat d'un projet participatif, il permet à tout Américain de faire inscrire le nom d'un parent immigré moyennant un don. La construction de ce mur dans les années 1990 a mis au jour les vestiges d'une structure originelle de l'île, le **fort Gibson**. Bâti en 1808, ce fort faisait partie d'un système de défense portuaire contre les Britanniques, avec Castle Clinton, à Battery Park, et Castle Williams, sur Governors Island. À cette époque, la modeste Ellis Island couvrait moins de 1,33 ha de sable et de boue. De 1892 à 1934, l'île s'agrandit considérablement grâce à l'apport de granit et de gravats provenant des ballasts des navires et des chantiers du métro.

Une Irlandaise à New York

Âgée de 15 ans, Anna Moore, dite "Annie", fut la première personne à débarquer à Ellis Island. Après une traversée de 12 jours depuis le comté irlandais de Cork, elle posa le pied sur l'île le 1er janvier 1892, accompagnée de ses frères Phillip et Anthony. Après avoir épousé l'immigrant allemand Joseph Augustus Schayer, elle donna naissance à 11 enfants, dont seuls 5 survécurent. Annie s'éteignit le 6 décembre 1924 et repose au cimetière Calvary, dans le Queens.

L'HÔPITAL DE TOUTES LES NATIONS

Au tournant du XXe siècle, l'hôpital d'Ellis Island, aujourd'hui abandonné, était l'un des plus grands du monde. Composé de 22 bâtiments, l'"Hôpital de toutes les nations" était en première ligne pour lutter contre les maladies "importées". L'inscription au "Hard Hat Tour" (68,50 $), la visite guidée des vestiges de l'hôpital, se fait au moment de l'achat du ticket en ligne.

Seule la compagnie de ferry **Statue Cruises** (carte p. 438 ; ☎877-523-9849 ; www.statuecruises.com ; Battery Park, Lower Manhattan ; ⏲départs 8h30-17h, 9h30-15h30 en hiver) est autorisée à délivrer des billets. pour Ellis Island. Il est recommandé d'acheter son ticket en ligne.

UNE PETITE FAIM ?

Le **café** de l'île n'est pas recommandé. Achetez plutôt votre repas sur le chemin de l'embarcadère auprès des *food trucks* installés au nord de Bowling Green, ou attendez de rentrer à Manhattan pour vous rendre à Brookfield Place (p. 78), où vous aurez l'embarras du choix.

PIT STOCK/SHUTTERSTOCK ©

LES INCONTOURNABLES
NATIONAL SEPTEMBER 11 MEMORIAL & MUSEUM

Le mémorial du 11-Septembre rend un hommage plein de dignité aux victimes de la pire attaque terroriste jamais perpétrée sur le sol américain. Baptisés *Reflecting Absence* ("le reflet de l'absence"), ses deux énormes bassins réfléchissants portent les noms des milliers de victimes qui ont perdu la vie dans l'attentat. À leurs côtés trône le Memorial Museum, espace à la solennité saisissante reconstituant les événements de ce jour fatidique de 2001.

À NE PAS MANQUER

- Les bassins *Reflecting Absence*
- Le musée du Mémorial
- L'Oculus de Santiago Calatrava

INFOS PRATIQUES

- Carte p. 438, B5
- www.911memorial.org
- 180 Greenwich St, Lower Manhattan
- Mémorial gratuit, musée adulte/enfant 26/15 $
- mémorial 7h30-21h
- S E arrêt World Trade Center, 2/3 arrêt Park Pl, R/W arrêt Cortlandt St

Bassins réfléchissants

Conçus par Michael Arad et Peter Walker et entourés par une place plantée de plus de 400 chênes blancs, les bassins réfléchissants du mémorial du 11-Septembre occupent la base des anciennes tours jumelles. Le long des parois, des chutes d'eau de 9 m ruissellent vers un orifice central. De façon symbolique, des milliers de petits ruisseaux se rejoignent pour entamer une lente descente vers l'abysse. Ces bassins sont entourés de panneaux en bronze très émouvants portant les noms des victimes de l'attaque du 11 septembre 2001, ainsi que de l'attentat du World Trade Center (WTC) du 26 février 1993.

Musée du Mémorial

Le **National September 11 Memorial & Museum** (212-312-8800 ; www.911memorial.org/museum ; 180 Greenwich St, Lower Manhattan ; mémorial gratuit, musée adulte/enfant 26/15 $, gratuit mar 17h-20h ; 9h-20h dim-jeu, 9h-21h ven-sam, dernière entrée 2 heures avt fermeture ; S E arrêt World Trade Center, 2/3 arrêt Park Pl, R/W arrêt Cortlandt St) renforce la puissance méditative du monument. Logé entre les bassins réfléchissants, le pavillon d'entrée vitré évoque une tour effondrée. À l'intérieur, une rampe glisse vers le principal hall souterrain du musée. Les visiteurs descendent à l'ombre de deux **tridents d'acier**, initialement scellés dans les fondations de la tour nord. Hauts de 24 m et pesant 50 tonnes chacun, ils formaient la structure qui permettait aux tours de s'élever à plus de 415 m de hauteur. Dans l'océan de décombres lié à l'effondrement des tours, ils sont restés debout et sont immédiatement devenus des symboles de résilience.

Les tridents sont deux éléments parmi plus de 10 300 pièces que compte la collection du musée, aux côtés, par exemple, de l'"**escalier des Survivants**", emprunté par des centaines d'employés pour fuir le site. Au bas de ces marches se trouve l'émouvante galerie In Memoriam, dont les murs sont tapissés des photos et des noms des disparus. Des écrans tactiles et une salle de réflexion s'attardent sur les vies des victimes. Leur humanité est encore un peu plus incarnée par les nombreux **effets personnels** exposés.

Juste après la galerie In Memoriam se trouve le véhicule de l'**Engine Company 21 du New York City Fire Department**. Ce camion à l'habitacle carbonisé, poignant témoignage du brasier qu'ont affronté les soldats du feu, est l'un des plus grands éléments exposés et trône à l'entrée de l'Historical Exhibition, principale exposition du musée. Organisée en trois sections – *Events of the Day*, *Before 9/11* et *After 9/11* (Événements de la journée, Avant le 11-Septembre et Après le 11-Septembre) – sa collection de vidéos, d'enregistrements audio, d'images, d'objets et de témoignages donne à réfléchir sur la tragédie, les événements qui l'ont précédée (dont l'attentat à la bombe du WTC de 1993) et les histoires de deuil, de résilience et d'espoir qui l'ont suivie.

L'Historical Exhibition est installée dans le monumental **Foundation Hall**, flanqué d'un vaste pan de la paroi moulée d'origine qui avait été érigée pour retenir les eaux de l'Hudson pendant la construction des tours. Ce hall abrite également la dernière colonne d'acier extraite des décombres, ornée de messages et de souvenirs des reconstructeurs, des premiers secouristes et des proches des victimes.

Angel of 9/11

Un des objets les plus curieux du musée du Mémorial est le dénommé "Ange du 11-Septembre". Ce troublant contour du visage angoissé d'une femme, visible sur une poutre métallique entortillée, proviendrait du point d'impact de l'avion dans la tour nord. Les experts ont une explication plus prosaïque : la corrosion naturelle et une pure coïncidence.

L'ARCHITECTURE DE CALATRAVA

L'image d'une colombe en vol aurait inspiré à Santiago Calatrava le spectaculaire **Oculus** qui recouvre la nouvelle station World Trade Center. La saisissante structure en acier (36 500 tonnes) inonde de lumière naturelle la gare qui a coûté 3,9 milliards de dollars et que fréquentent chaque jour 250 000 passagers. Le colosse, plus de deux fois plus grand que le Grand Central Terminal, comprend aussi des magasins et des restaurants sur plusieurs niveaux. Le 11 septembre, chaque année, le toit s'ouvre pendant 102 minutes, le temps exact entre la première attaque et l'écroulement de la seconde tour.

UNE PETITE FAIM ?

Fuyez les restaurants proches, où viennent déjeuner tous les courtiers de Wall Street, et dirigez-vous vers Tribeca, où l'offre est variée et où se trouvent des restaurants appréciés, comme Locanda Verde (p. 78).

Pour un prix plus modique, vous pouvez aller chez Two Hands (p. 78).

LES INCONTOURNABLES
ONE WORLD TRADE CENTER

Comblant le trou béant et douloureux dans la *skyline* de Manhattan laissé par les attentats du 11 septembre 2001, le One World Trade Center symbolise la renaissance, la détermination et la résilience de la ville. Plus qu'un gratte-ciel supplémentaire, cette gigantesque tour est porteuse de nombreux symboles, consciente du passé et résolument tournée vers l'avenir. Elle offre également l'une des vues les plus époustouflantes sur New York.

L'édifice

S'élançant depuis l'angle nord-ouest du site du World Trade Center, la tour de 104 étages est la version remaniée par David M. Childs du concept mis au point par Daniel Libeskind en 2002. Cette tour fuselée est actuellement la plus haute tour du continent américain, et la sixième du monde, antenne comprise. Ses angles biseautés forment plusieurs triangles isocèles qui, vus du sol, semblent s'élancer vers l'infini. La structure est couronnée d'une antenne à haubans de 124 m de haut. Conçue en collaboration avec le sculpteur Kenneth Snelson, elle donne à l'édifice une hauteur totale de 1 776 pieds (541 m), référence symbolique à l'année de l'indépendance américaine. En effet, le bâtiment est chargé de symboles : l'empreinte de la tour au sol est égale à celle des tours jumelles, et les terrasses panoramiques sont situées aux mêmes hauteurs que celles de l'ancien complexe. Contrairement aux anciennes tours, le One WTC a été édifié avec une immense attention portée aux questions de sécurité, avec notamment un socle de 61 m de haut résistant aux explosions (tapissé de plus de 2 000 facettes de verre prismatiques scintillantes) et des murs de béton de 1 m d'épaisseur entourant tous les ascenseurs, escaliers et systèmes de communication et de sécurité.

À NE PAS MANQUER

- Les ascenseurs Sky Pod
- La vue depuis l'Observatoire
- Le disque d'écrans du Sky Portal et sa vue vertigineuse sur les rues en bas

INFOS PRATIQUES

- One WTC
- Plan p. 438, B4
- www.onewtc.com
- 117 West St, angle West St et Vesey St, Lower Manhattan
- S E arrêt World Trade Center, 2/3 arrêt Park Pl, A/C, J/Z, 4/5 arrêt Fulton St, R/W arrêt Cortlandt St

Ce bâtiment est non seulement l'un des plus grands au monde, mais c'est aussi l'un des plus respectueux de l'environnement, ce qui lui a valu la certification LEED Gold. Près de la moitié des matériaux de construction utilisés sont des matériaux industriels recyclés et environ 97% des débris de construction ont été recyclés. L'eau de pluie est collectée et utilisée pour le système de refroidissement et pour l'irrigation des plantes. 90% des espaces de bureau sont baignés de lumière naturelle, réduisant de ce fait les besoins en électricité. Par ailleurs, les systèmes électriques et la climatisation à basse consommation sont programmés pour s'adapter à l'occupation des lieux.

Les architectes et les ingénieurs n'avaient cependant pas prévu un point : la disposition de l'antenne la rend très bruyante. Les vents puissants qui soufflent à travers son treillis produisent un mugissement qui trouble le sommeil des riverains.

One World Observatory

Le gratte-ciel abrite le **One World Observatory** (☎212-602-4000 ; www.oneworldobservatory.com ; adulte/enfant 38/32 $, gratuit -6 ans ; ⌚9h-21h sept-avr, 8h-21h mai-août), la plus haute terrasse panoramique de la ville. L'observatoire occupe les niveaux 100 à 102, mais l'expérience débute dès l'accueil, au **Global Welcome Center** du rez-de-chaussée, où un planisphère électronique marque les nombreux pays d'origine des visiteurs (information obtenue grâce au scan des billets). L'exposition voisine, baptisée “Voices”, est composée de 144 écrans où architectes et ouvriers s'expriment sur la construction de la tour.

Après un rapide compte rendu sur la géologie du site, vous pénétrez dans l'un des **cinq ascenseurs Sky Pod**, qui comptent parmi les plus rapides au monde, pour une ascension éclair de 381 m. À l'intérieur, les parois tapissées de LED entrent en action : vous voilà soudain dans une véritable machine à remonter le temps, témoin de l'évolution de Manhattan qui passe, sous vos yeux, d'île boisée à jungle de béton. Quarante-sept secondes (et 500 ans) plus tard, vous voici au 102e étage, où une brève présentation se conclut sur une révélation spectaculaire.

Passez les restaurants hors de prix du 101e étage et descendez vers le véritable point d'orgue : le 100e étage, où vous attend un époustouflant **panorama à 360 degrés**. Pour vous aider à vous repérer, des tablettes interactives sont disponibles à la location (supplément de 10 $ avec le billet combiné). La vue extraordinaire (surtout par temps clair) s'étend sur les cinq *boroughs* et sur les trois États voisins. Pour une vue plus “immergée” dans les gratte-ciel de Midtown, mieux vaut monter au sommet de l'Empire State Building ou du Top of the Rock du Rockefeller Center.

CÉLÉBRITÉS

Qui dit bâtiment VIP dit clientèle VIP et, en la matière, le One World Trade Center n'a rien à envier à ses collègues new-yorkais. Son locataire le plus connu est Condé Nast Publications, qui a quitté Times Square en 2014. Le groupe est propriétaire des magazines *Vogue*, *Vanity Fair*, *GQ*, *Wired*, *Architectural Digest*, et *The New Yorker*. Le siège de la société est superbe, avec son grandiose escalier circulaire et sa cafétéria rutilante proposant de savoureux petits plats et une vue à 1 million de dollars.

UNE PETITE FAIM ?

Quelques restaurants accueillent les touristes au 101e étage, mais les prix sont exorbitants. Attendez plutôt d'être ressorti : dirigez-vous à l'ouest et vous tomberez sur Brookfield Place, où vous pourrez aller vous restaurer chez Hudson Eats (p. 77) ou au District (p. 79).

À VOIR

Financial District

Le Financial District rassemble la plupart des sites à ne pas manquer de Lower Manhattan, dont des églises de l'époque coloniale et le lieu de l'investiture du premier président des États-Unis, George Washington. Côté histoire récente, on trouve ici de très bons musées et l'immanquable National September 11 Memorial & Museum.

NATIONAL SEPTEMBER 11 MEMORIAL & MUSEUM — MUSÉE

Voir p. 68.

NATIONAL SEPTEMBER 11 MEMORIAL — MONUMENT

Voir p. 68.

ONE WORLD TRADE CENTER — ÉDIFICE

Voir p. 70.

ONE WORLD OBSERVATORY — POINT DE VUE

Voir p. 71.

NATIONAL MUSEUM OF THE AMERICAN INDIAN — MUSÉE

Plan p. 438 (212-514-3700 ; www.nmai.si.edu ; 1 Bowling Green, Financial District ; 10h-17h lun-ven ; ; S 4/5 arrêt Bowling Green, R/W arrêt Whitehall St). GRATUIT Affilié à la Smithsonian Institution, ce musée est logé dans l'ancien bureau des douanes conçu par Cass Gilbert en 1907, de style Beaux-Arts. Par-delà une vaste rotonde elliptique très lumineuse, d'élégantes galeries abritent des expositions temporaires consacrées à l'art, à la culture, à la vie quotidienne et aux religions amérindiennes. La collection permanente comprend d'étonnantes œuvres d'art décoratif, tissus et objets rituels témoignant de la diversité des cultures précolombiennes, tandis que le **imagiNATIONS Activity Center** se concentre sur leurs techniques.

TRINITY CHURCH — ÉGLISE

Plan p. 438 (212-602-0800 ; www.trinitywallstreet.org ; 89 Broadway, à hauteur de Wall St, Lower Manhattan ; 7h-18h, cimetière fermeture 18h en été, crépuscule en hiver, messe 11h15 dim ; S 1, R/W arrêt Rector St, 2/3, 4/5 arrêt Wall St). Achevée en 1846, Trinity Church était alors le plus haut bâtiment de New York. Elle est ornée d'un clocher de 85 m et d'un saisissant vitrail au-dessus de l'autel. Son paisible cimetière abrite notamment la tombe de l'un des pères fondateurs du pays, premier secrétaire du Trésor et désormais superstar de Broadway : Alexander Hamilton. Dotée d'une excellente programmation musicale, l'église de Trinity Church accueille les *Pipes at One* (récitals d'orgue, à 13h le vendredi) et des spectacles de chorale, dont des nouvelles œuvres commandées par Trinity et une interprétation annuelle du *Messie* de Haendel, en décembre.

FRAUNCES TAVERN MUSEUM — MUSÉE

Plan p. 438 (212-425-1778 ; www.frauncestavernmuseum.org ; 54 Pearl St, entre Broad St et Coenties Slip, Financial District ; adulte/6-18 ans/-6 ans 7/4 $/gratuit ; 12h-17h mer-dim ; S J/Z arrêt Broad St, 4/5 arrêt Bowling Green, R/W arrêt Whitehall St-South Ferry, 1 arrêt South Ferry). Ce musée-restaurant et bar d'exception, ensemble architectural composé de cinq bâtiments du début du XVIIIe siècle, commémore les événements fondateurs de 1783, lorsque les Britanniques durent quitter New York à la fin de la guerre d'Indépendance, et que le général George Washington prononça son discours d'adieu devant les officiers de l'armée continentale dans la salle à manger du 2e étage, le 4 décembre, avant de rentrer dans sa propriété de Mt Vernon.

FEDERAL HALL — MUSÉE

Plan p. 438 (212-825-6990 ; www.nps.gov/feha ; 26 Wall St, Financial District ; 9h-17h lun-ven, plus 9h-17h sam juil-oct ; S J/Z arrêt Broad St, 2/3, 4/5 arrêt Wall St). GRATUIT Chef-d'œuvre de style néogrec et premier capitole des États-Unis, Federal Hall abrite un musée consacré au New York postcolonial. Les objets exposés évoquent l'investiture de George Washington ou les liens étroits entre Alexander Hamilton et New York, et les combats juridiques de John Peter Zenger après avoir publié en 1734 des articles révélant la corruption du gouvernement. L'édifice doit subir d'importants travaux de rénovation extérieurs durant plusieurs années. Vérifiez son ouverture avant de venir.

ST PAUL'S CHAPEL — ÉGLISE

Plan p. 438 (212-602-0800 ; www.trinitywallstreet.org ; 209 Broadway, à hauteur de Fulton St, Lower Manhattan ; 10h-18h lun-sam, 7h-18h dim, cimetière fermeture au crépuscule ; S A/C, J/Z, 2/3, 4/5 arrêt Fulton St, R/W arrêt Cortlandt St). Après son investiture en 1789,

VAUT LE DÉTOUR

STATEN ISLAND

La plupart des New-Yorkais n'ont jamais mis les pieds à Staten Island, l'île qui forme le 5e arrondissement de NYC. Souvent dénigré, *the forgotten borough* (le *borough* oublié) ne manque pourtant pas de charme avec son petit air de province et les nombreux sites historiques majeurs qui jalonnent ses 152 km². Passez-y passer au moins une journée et n'hésitez pas à y séjourner une nuit si vous comptez visiter plus d'un ou deux sites culturels.

Le **Snug Harbor Cultural Center & Botanical Garden** (718-425-3504 ; www.snug-harbor.org ; 1000 Richmond Tce ; parc gratuit, jardin chinois adulte/enfant 5 $/gratuit, centre culturel même tarif ; parc tlj lever-coucher du soleil ; jardin chinois 11h-19h mar-dim avr-oct, 11h-16h sam-dim oct-déc, fermé jan-mars ; New House Center for Contemporary Art 12h-19h ven-sam, 11h-17h dim ; S40 arrêt Snug Harbor), centre culturel et jardin botanique, est un paisible ensemble de jardins, de bâtiments anciens et de salles d'exposition. Ses points forts incluent le **Staten Island Museum** (718-727-1135 ; www.statenislandmuseum.org ; 1000 Richmond Tce, bât A ; adulte/enfant 8/2 $; 11h-17h ven-dim ; S40 arrêt Snug Harbor), très fourni en objets d'art, le jardin chinois à l'ancienne, le jardin à l'italienne et le fascinant Musée maritime. Le centre se trouve à 3 km à l'ouest du débarcadère. Au centre de l'île, les 40 ha du **Historic Richmond Town** (718-351-1611 ; www.historicrichmondtown.org ; 441 Clarke Ave ; 10 $, gratuit -3 ans; 12h-17h ven-dim ; S74 arrêt Arthur Kill Rd et Clarke Ave) rassemblent des bâtiments célèbres, dont la plus ancienne école du pays. Départ de la visite guidée (13 $, musée inclus) à 12,h, 13h, 14h et 15h du vendredi au dimanche. Depuis le débarcadère, comptez 45 minutes de bus.

Face à la baie et à 15 minutes en bus depuis le ferry, l'**Alice Austen House** (718-816-4506 ; www.aliceausten.org ; 2 Hylan Blvd, au niveau d'Edgewater St ; visite guidée/visite libre 10/5 $; 12h-17h mar-sam, fermé jan-fév sauf réservation par tél ; S51 arrêt Bay St/Hylan Blvd) retrace la vie et l'héritage artistique qu'a laissé la première femme à compter dans la photographie américaine. "Parc à ferraille" le plus original de tous ceux qui peuplent Staten Island, **Lenny's Creations** (718-759-7344 ; www.lennyscreation.com ; 16 Rector St ; don conseillé 5 $; horaires variables, en général 11h-20h30, jusqu'à 20h sam-dim ; S40 arrêt Richmond Ter/Clove Rd) est l'œuvre du ferronnier visionnaire Lenny Prince, qui utilise de vieilles pièces automobiles pour réaliser des sculptures de Transformers, dragons chinois, superhéros et chevaliers.

À quelques pas du débarcadère, l'**Enoteca Maria** (718-447-2777 ; www.enotecamaria.com ; 27 Hyatt St ; plats 30-35 $; 12h-20h30 ven-dim) est un restaurant italien délicieux et chaleureux dont les plats préparés avec soin par des *nonne* (mamies italiennes) aussi gentilles qu'érudites attirent les gourmets. Espèces uniquement et réservation obligatoire. Restaurant d'atmosphère, **Lakruwana** (347-857-6619 ; www.lakruwanarestaurant.com ; 668 Bay St, à hauteur de Broad St ; plats 15-17 $; 12h-15h30 et 17h-21h mar-ven, 12h30-21h30 sam-dim ; S51 arrêt Oakwood Mill Rd) propose d'appétissants curries, des riz parfumés au safran et d'autres merveilles du Sri Lanka. Le week-end, le buffet (16 $) offre toutes sortes de tentations. L'adresse se trouve à un peu moins de 2 km au sud du débarcadère. Ne manquez pas le petit musée et ses jolis objets d'art et d'artisanat sri-lankais. Envie d'un simple *veggie bowl* ou d'un bagel ? Laissez-vous tenter par le café-librairie **Everything Goes** (718-447-8256 ; www.etgstores.com/bookcafe ; 208 Bay St ; 12h-16h mer-sam ; ; S76 arrêt Victory Blvd/Bay St).

Toujours à proximité du débarcadère, le **Flagship Brewing Company** (718-448-5284 ; www.flagshipbrewery.nyc ; 40 Minthorne St ; 17h-23h mer,12h-minuit jeu-sam, 12h-20h dim) sert des bières artisanales dans une vaste salle qui accueille parfois des groupes de musique. En été, allez assister à un match de ligue mineure de base-ball au **Staten Island Yankees** (billetterie 718-720-9265 ; www.siyanks.com ; Richmond County Bank Ballpark, 75 Richmond Tce ; billets à partir de 12 $; billetterie 10h-17h lun-ven mai-sept, jours de match 10h-fin du match , à partir de 12h sam-dim ; Staten Island), ou prenez le bus S51 depuis le ferry jusqu'à **Midland Beach** et **South Beach**, où vous aurez une belle vue sur le Verrazzano-Narrows Bridge.

Le Staten Island Ferry (p. 86) fait gratuitement la navette, 24h/24, entre Lower Manhattan et St George, à la pointe nord de l'île.

VAUT LE DÉTOUR

GOVERNORS ISLAND

Interdit au public pendant 200 ans, et désormais ouvert toute l'année, l'ancien bastion militaire de **Governors Island** (plan p. 470 ; www.govisland.com ; ⌚10h-18h20 lun-ven, 10h-19h sam-dim tte l'année, plus tard ven-sam juin-août ; 🚻 ; Ⓢ4/5 arrêt Bowling Green, 1 arrêt South Ferry) GRATUIT est aujourd'hui l'un des terrains de jeux favoris des New-Yorkais. Accessible via une courte traversée en ferry, cette oasis de 70 ha est sillonnée de pistes cyclables et de sentiers de randonnée. D'ici, vous pourrez profiter d'un superbe panorama sur la *skyline* de la rive d'en face. Impossible d'oublier que vous êtes à New York, mais cette île vous offrira un moment de répit bienvenu avec ses sites historiques et ses espaces d'activités à découvrir, notamment l'esplanade **Liggett Terrace**, parsemée d'œuvres d'art, et la "plantation" **Hammock Grove**, avec ses 50 hamacs.

Au nord se trouvent **Fort Jay**, reconnaissable à sa forme étoilée, qui fut édifié en 1794 puis reconstruit 15 ans plus tard pour tenter (en vain) d'empêcher les Britanniques d'envahir Manhattan, **Colonel's Row** – huit jolis bâtiments en brique abritant des quartiers d'officiers datant du XIXe siècle – et **Castle Williams**, un fort en grès rouge aux murs de plus de 2 m d'épaisseur, érigé au XIXe siècle puis transformé en prison militaire. Vous pouvez explorer les extérieurs des bâtiments et leurs cours librement, mais pour en apprendre plus sur l'histoire de ces sites, la meilleure façon de les visiter est de participer à une **visite guidée** avec un ranger du National Park Service (www.nps.gov/gois). Au sud-ouest de l'île, sur **The Hills**, des sentiers bordés de fleurs mènent à un point de vue panoramique sur Manhattan (à partir de 21 m d'altitude). En contrebas se trouve le charmant **Picnic Point**, ses pelouses et ses chaises longues. La **Great Promenade** offre également une vue exaltante : longeant le périmètre de l'île sur 3,5 km, l'itinéraire embrasse Lower Manhattan et Brooklyn, jusqu'à Staten Island et le New Jersey. Des espaces de jeux (Slide Hill, Hammock Grove Play Area) accueillent les enfants, tandis que les parents se reposent dans les hamacs de **Hammock Grove**, profitent d'un barbecue dans les espaces dédiés (26 $, sur réservation de mai à novembre) ou s'adonnent aux joies du compost et du jardinage dans la **ferme urbaine** de l'île (fermée l'hiver).

Autrefois appelée "île aux Noix" (Paggank) par les Amérindiens Lenape, l'île changea une première fois de nom quand les Néerlandais s'y établirent, puis prit son nom actuel une fois devenue base militaire. Fort militaire pendant la guerre d'Indépendance, l'île servit de base de recrutement de l'armée de l'Union pendant la guerre de Sécession, puis de piste de décollage pour le fameux survol de la statue de la Liberté par Wilbur Wright, en 1909. Enfin, en 1988, elle accueillit le sommet Reagan-Gorbatchev, qui amorça la fin de la guerre froide. On peut visiter les lieux où se tint ce fameux sommet, dans l'**Admiral's House**, belle demeure à colonnade bâtie en 1843 et ancienne résidence d'un gradé. Elle fait partie de l'élégante ville fantôme de Nolan Park.

Le **ferry** (plan p. 438 ; www.govisland.com ; Battery Maritime Bldg, 10 South St, Lower Manhattan ; aller-retour adulte/enfant 3 $/gratuit, gratuit sam-dim avt 12h ; ⌚départs 10h-16h40 lun-dim tte l'année, plus tard ven-sam juin-août ; Ⓢ1 arrêt South Ferry, R/W arrêt Whitehall St, 4/5 arrêt Bowling Green) relie l'île depuis Lower Manhattan et Brooklyn (Pier 6, Brooklyn Bridge Park ; ⌚départs 10h15-17h15 sam-dim, gratuit avt 12h). L'île se parcourt aussi bien à pied qu'à vélo : vous pouvez en louer auprès de **Blazing Saddles** (www.blazingsaddles.com ; vélo 35-40 $/jr, électrique 68 $/jr) ou de l'une des trois stations Citibike présentes sur l'île. Sur l'esplanade de Liggett Terrace, vous trouverez des *food trucks* (végans, tacos, glaces, etc.) et un point de vente de Threes Brewing, brasserie réputée à Brooklyn ; venez le week-end pour un plus grand choix de rafraîchissements. Depuis 2018, l'île accueille un "glamping" (camping chic) **Collective Retreats** (www.collectiveretreats.com) ; les prix vont de 150 à 720 $ la nuit. Réservation longtemps à l'avance conseillée.

George Washington est venu se recueillir dans cette chapelle néoclassique en grès brun. Érigée en 1766, elle a manqué d'être détruite par un incendie en 1776. Le 11 septembre 2001, alors que le World Trade Center s'écroulait à quelques rues de là, elle a une nouvelle fois échappé à la catastrophe. Surnommée la "Petite Chapelle qui a tenu bon", St Paul est restée ouverte 24h/24 pour proposer refuge, soutien psychologique et spirituel et repas aux secouristes et aux pompiers.

USCGC LILAC BATEAU

Plan p. 438 (☎917-709-5291 ; www.lilacpreservationproject.org ; Pier 25, à hauteur de N Moore St, Tribeca ; ⏲14h-18h sam-lun fin mai-oct ; 👪 ; Ⓢ1 arrêt Franklin St, A/C/E arrêt Canal St). GRATUIT Les amoureux de la mer ne manqueront pas de monter à bord du *Lilac*, dernier garde-côte à vapeur américain à avoir servi de ravitailleur pour les phares côtiers et leurs gardiens, avant leur automatisation. Mis à flot en 1933, le *Lilac* a été mis hors service en 1972. Amarré au Pier 25 depuis 2011, il est restauré et utilisé à des fins éducatives et pour des rassemblements. Fermeture en cas de pluie.

NEW YORK STOCK EXCHANGE BOURSE

Plan p. 438 (www.nyse.com ; 11 Wall St, Financial District ; ⏲fermé au public ; ⓈJ/Z arrêt Broad St ; 2/3, 4/5 arrêt Wall St). La bourse de Wall Street (NYSE) est l'un des symboles les plus emblématiques du capitalisme américain. Derrière l'austère façade néoclassique, plus d'un milliard d'actions changent chaque jour de mains. Pour des raisons de sécurité, le site est fermé au public, mais vous pouvez flâner devant le bâtiment protégé par des barrières et officiers de police. Juste en face, sur les pavés de Broad St, se dresse la célèbre *Fearless Girl* (la fille sans peur), bronze de la sculptrice uruguayenne Kristen Visbal. Installée ici en 2018, elle faisait auparavant face au *Charging Bull* d'Arturo Di Modica, à Bowling Green.

BOWLING GREEN PARC

Plan p. 438 (angle Broadway et State St, Financial District ; Ⓢ4/5 arrêt Bowling Green, R/W arrêt Whitehall St). C'est sur l'emplacement du plus ancien parc public de New York (1733) que le colon hollandais Peter Minuit aurait versé, le 24 mai 1626, l'équivalent de 24 $ aux Amérindiens Manhattes pour acheter l'île formant l'actuelle Manhattan. Une statue de George III y fut édifiée en 1770, mais c'est le puissant **Charging Bull** ("Taureau de Wall Street") d'Arturo Di Modica, statue de bronze installée sans autorisation (malgré ses 3,5 tonnes) devant la Bourse de New York en 1989, deux ans après le krach boursier, qui contribue à sa célébrité.

New York Harbor

STATUE DE LA LIBERTÉ MONUMENT

Voir p. 64.

ELLIS ISLAND SITE EMBLÉMATIQUE

Voir p. 66.

Battery Park City

MUSEUM OF JEWISH HERITAGE MUSÉE

Plan p. 438 (☎646-437-4202 ; www.mjhnyc.org ; 36 Battery Pl, Financial District ; tarif plein/réduit 18/12 $, gratuit -12 ans ; ⏲10h-17h mer et dim, 10h-20h jeu, 10h-15h ven ; 👪 ; Ⓢ4/5 arrêt Bowling Green, R/W arrêt Whitehall St). Posé au bord de l'eau, ce musée évocateur aborde tous les aspects de l'identité et de la culture juives, allant des traditions religieuses aux œuvres d'art. La collection centrale du musée couvre trois thèmes répartis sur trois étages – "Jewish Life a Century Ago", "Jewish Renewal" et "The War Against the Jews" – et offre une exploration détaillée de l'Holocauste avec à l'appui des milliers d'effets personnels, de photographies, de documentaires et de témoignages de survivants. Le **Garden of Stones** ("jardin de pierres"), installation extérieure d'Andy Goldsworthy, commémore également les victimes de l'Holocauste avec son étroite allée de 18 blocs de pierre sur lesquels poussent des arbres.

L'édifice hexagonal symbolise les six millions de victimes des camps de concentration et figure l'étoile de David. Outre les expositions, le musée organise des projections de films, des concerts, des cycles de conférences et des spectacles célébrant les fêtes religieuses. Des ateliers gratuits pour toute la famille sont souvent proposés. Sur place, le **LOX at Café Bergson** sert des en-cas, dont un *lox* (saumon confit au sel) saveur pamplemousse, gin ou pastrami (plats 13-16 $).

Le musée est fermé le samedi, lundi, mardi, et les jours de fêtes juives ; vérifiez les horaires sur le site Web du musée avant de vous y rendre. Un supplément est demandé pour certaines expositions temporaires.

SKYSCRAPER MUSEUM MUSÉE

Plan p. 438 (☎212-945-6324 ; www.skyscraper.org ; 39 Battery Pl, Financial District ; adulte/enfant 5/2,50 $; ⏲12h-18h mer-dim ; Ⓢ4/5 arrêt Bowling Green, R/W arrêt Whitehall). Si vous aimez l'architecture verticale, vous adorerez cet excellent musée qui étudie le gratte-ciel du point de vue du design, de l'ingénierie et de l'aménagement urbain. Parmi les fréquentes expositions temporaires, les dernières portaient sur des thèmes aussi variés que la nouvelle génération new-yorkaise de gratte-ciel résidentiels très élancés, ou encore la nouvelle génération mondiale de tours géantes. La collection permanente illustre la conception et la construction de l'Empire State Building, ainsi que du World Trade Center.

BATTERY PARK PARC

Plan p. 438 (www.thebattery.org ; Broadway, à hauteur de Battery Pl et State St, Financial District ; 6h-1h ; 4/5 arrêt Bowling Green, R/W arrêt Whitehall St, 1 arrêt South Ferry). Cette oasis de 4,8 ha qui borde la rive sud de Manhattan se pare d'œuvres d'art, d'allées sinueuses et de jardins. On y trouve, parmi une vingtaine de monuments, un mémorial aux victimes de la guerre de Corée ainsi qu'une statue rendant hommage au navigateur italien Giovanni da Verrazzano. C'est à cet endroit que les Néerlandais ont fondé leur première colonie à Manhattan et que fut ensuite érigée la première batterie de canons destinée à la défendre.

On y trouve également le **SeaGlass Carousel** (plan p. 438 ; 212-344-3491 ; www.seaglasscarousel.nyc ; au niveau du 17 State St ; 5 $; 11h-21h, 20h en hiver), manège onirique sur le thème de la mer, le site historique de **Castle Clinton** (plan p. 438 ; 212-344-7220 ; www.nps.gov/cacl/index.htm ; 7h45-17h) GRATUIT et l'embarcadère du ferry pour Ellis Island et la statue de la Liberté.

East River Waterfront

SOUTH STREET SEAPORT MUSEUM MUSÉE

Plan p 438 (212-748-8600 ; www.southstreetseaportmuseum.org ; 12 Fulton St, entre Water St et Front St, Lower Manhattan ; expositions et balade en bateau adulte/enfant 20 $/gratuit, imprimerie et magasin gratuits ; bateaux et centre 11h-17h mer-dim, imprimerie 11h-19h mar-dim ; ; 2/3, 4/5, A/C, J/Z arrêt Fulton St). Ouvert en 1967, ce musée situé dans l'une des rues pavées du **Seaport District** (plan p. 438 ; www.seaportdistrict.nyc) abrite de fascinantes expositions qui couvrent l'histoire maritime de la ville, une presse d'imprimerie et un magasin du XVIIIe siècle (p. 85), ainsi que plusieurs solides voiliers, à découvrir sur le Pier 16. À la belle saison, en plus de visiter à quai le *Wavertree* (1885) et le bateau-phare *Ambrose* (1908), vous pouvez embarquer à bord du **Pioneer** (adulte/enfant 42/28 $; horaires variables), construit en 1885, et du **WO Decker** (adulte/enfant 30/15 $; 13h15 et 14h45 ven, 13h15, 14h45 et 14h15 sam-dim), adorable petit remorqueur en bois datant de 1930, rénové en 2018.

PIER 17 JETÉE

Plan p. 438 (www.pier17ny.com ; 89 South St, South Street Seaport, Lower Manhattan ; 2/3, 4/5, A/C, J/Z arrêt Fulton St). Ancien dock situé à South Street Seaport, Pier 17 a été transformé en un grand centre commercial avec un vaste espace dédié à la restauration et au divertissement, avec notamment plusieurs restaurants haut de gamme, un bar en *rooftop* ainsi qu'une salle de concert en extérieur. Le véritable atout du complexe est toutefois le **Heineken Riverdeck**, où, contre une somme rondelette, vous pourrez vous prélasser sur des chaises longues en bois au bord de l'eau et profiter d'une vue splendide sur les ponts de Brooklyn et Manhattan, Governors Island et Brooklyn sur l'autre rive, tandis que les ferries vont et viennent.

City Hall et Civic Center

AFRICAN BURIAL GROUND NATIONAL MONUMENT MÉMORIAL

Plan p. 438 (212-238-4367 ; www.nps.gov/afbg ; 290 Broadway, entre Duane St et Reade St, Lower Manhattan ; 10h-16h mar-sam ; J/Z arrêt Chambers St, R/W arrêt City Hall, 4/5/6 arrêt Brooklyn Bridge-City Hall). GRATUIT En 1991, des ouvriers du bâtiment découvrirent ici plus de 400 cercueils en bois, enfouis à quelques mètres à peine du sol. Ils contenaient les restes d'Afro-Américains des XVIIe et XVIIIe siècles, esclaves et hommes libres, que la Trinity Church, juste à côté, avait refusé, dès 1697, d'enterrer dans son cimetière. Aujourd'hui, un **mémorial** déchirant ainsi qu'un **centre d'information des visiteurs** doté de quatre salles honorent la mémoire et racontent l'histoire de ces quelque 15 000 hommes, femmes et enfants enterrés dans ce cimetière africain, le plus grand et le plus ancien du pays.

WOOLWORTH BUILDING ÉDIFICE REMARQUABLE

Plan p. 438 (203-966-9663 ; woolworthtours.com ; 233 Broadway, à hauteur de Park Pl, Lower Manhattan ; visites 30/60/90 min 20/30/45 $; R/W arrêt City Hall, 2/3 arrêt Park Pl, 4/5/6 arrêt Brooklyn Bridge-City Hall). Achevé en 1913, le Woolworth Building, merveille néogothique revêtue de maçonnerie et de terre cuite, a été conçu par Cass Gilbert. Haut de 241 m pour 60 étages, c'était à l'époque le plus haut building au monde, avant d'être surpassé par le Chrysler Building en 1930. Classé site historique national, le hall offre un éblouissant spectacle de mosaïques byzantines. Pour les voir, il vous faudra réserver une visite guidée, qui vous donnera un aperçu des aspects originels les plus curieux du bâtiment, dont une bouche de métro et une piscine secrète.

CITY HALL ÉDIFICE HISTORIQUE

Plan p. 438 (visites guidées 212-788-2656 ; Park Row, City Hall Park, Lower Manhattan ; visites guidées 12h mer et 10h jeu ; S 4/5/6 arrêt Brooklyn Bridge-City Hall, R/W arrêt City Hall, J/Z arrêt Chambers St). GRATUIT Bijou de style Federal édifié en 1812, le City Hall est depuis cette date le siège du gouvernement de la ville de New York. Des visites guidées gratuites sont organisées deux fois par semaine – réservez plusieurs semaines à l'avance sur le site www.nyc.gov. Vous aurez ainsi l'occasion de découvrir la rotonde élégante et sa coupole à caissons, la chambre du City Council et la Governor's Room, où se trouvent les portraits signés John Trumbull, le bureau de George Washington ainsi que les lambeaux d'un drapeau qui a servi lors de la première cérémonie d'investiture présidentielle, en 1789.

OÙ SE RESTAURER

L'offre gastronomique du Financial District connaît un renouveau grâce à la multitude d'options rapides, détendues et haut de gamme de Brookfield Place et aux adresses originales comme le Luchadores NYC de South Street Seaport. Plus au nord, Tribeca regorge d'établissements appréciés tenus par de grands noms de la cuisine.

HUDSON EATS FOOD COURT $

Plan p. 438 (212-978-1673 ; www.bfplny.com/directory/food ; Brookfield Place, 230 Vesey St, Lower Manhattan ; plats à partir de 7 $; 8h-21h lun-sam, 8h-19h dim ; ; S E arrêt World Trade Center, 2/3 arrêt Park Pl, R/W arrêt Cortlandt St, 4/5 arrêt Fulton St, A/C arrêt Chambers St). Ce *food court* haut de gamme est installé dans l'élégant complexe de bureaux et de boutiques de Brookfield Place. Les baies vitrées de cet endroit élégant, avec sols en terrazzo et comptoirs en marbre, offrent une vue époustouflante sur Jersey City et l'Hudson. Ici, vous aurez le choix entre plusieurs restaurants tenus par de grands chefs, notamment Blue Ribbon Sushi, Chopt, Cicci di Carne, P. J. Clark's, Num Pang ou encore Dos Toros Taqueria.

MAMAN BISTROT $

Plan p. 438 (646-882-8682 ; www.mamannyc.com ; 211 W Broadway, Tribeca ; plats 13-16 $; 7h30-18h lun-ven, 8h-18h sam-dim ; S 1 arrêt Franklin St). Avec ses murs blanc délavé, ses grandes fenêtres et ses bouquets de lavande, ce petit bistrot très apprécié se situe à mi-chemin entre la ferme provençale et le café branché au style industriel. Au menu, plusieurs plats d'inspiration française : salades, omelettes et sandwichs généreux, quiche du jour et succulentes gaufres. Café et viennoiseries à emporter.

VAN LEEUWEN GLACES $

Plan p. 438 (917-261-6376 ; vanleeuwenicecream.com ; 224 Front St, entre Beekman St et Peck Slip, Lower Manhattan ; glaces à partir de 5,75 $; 12h-minuit lun-jeu, 11h-minuit ven-sam ; ; S 2/3, 4/5, A/C, J/Z arrêt Fulton St). Véritable pilier de la gastronomie artisanale qui a pris Brooklyn d'assaut, cette chaîne, qui a commencé avec un simple camion de glaces, compte une douzaine de points de vente dans les rues de Manhattan et de Brooklyn. Au menu, pas moins de deux douzaines de parfums à déguster, parmi lesquels des grands classiques (menthe, chocolat ou pistache), des créations gastronomiques (gâteau au fruit de la Passion, croquant au beurre de cacahuète et au marshmallow) et de nombreuses options véganes élaborées à base de noix de coco et de noix de cajou. Pas d'espèces.

GOTAN CAFÉ $

Plan p. 438 (212-431-5200 ; www.gotannyc.com ; 130 Franklin St, entre Varick St et W Broadway, Tribeca ; sandwichs ou salades 12,50-16 $; 8h-16h ; ; S 1 arrêt Franklin St). Niché à l'angle de deux rues, ce café lumineux et animé est fréquenté par une clientèle locale avide de Wi-Fi gratuit et de nombreuses prises électriques. La carte n'est pas très fournie, mais les sandwichs, salades et petits-déjeuners d'inspiration méditerranéenne et orientale sauront vous rassasier. Le café vient de chez Counter Culture.

LUCHADORES NYC MEXICAIN $

Plan p. 438 (917-409-3033 ; www.instagram.com/luchadores.nyc ; 87 South St, à hauteur de

John St, Lower Manhattan ; tacos 5-7 $, burritos 10-12 $; ⏲11h30-20h30 lun-ven, 11h30-21h ven, 12h-21h sam, 12h-20h30 dim ; Ⓢ2/3 arrêt Wall St). Installez-vous sur la petite terrasse de cette *taquería* sans chichi pour un repas de burritos fraîchement préparés, de tacos et quesadillas à la viande, au *pollo asado* (poulet rôti) et autres crevettes cajuns. Avec son *happy hour* de 15h à 18h (nachos offerts pour deux bières achetées), c'est une alternative bienvenue aux établissements plus huppés des alentours de South Street Seaport.

EATALY NYC DOWNTOWN

TEMPLE CULINAIRE ITALIEN **$$**

Plan p. 438 (☎212-897-2895 ; www.eataly.com ; 4 World Trade Center, 101 Liberty St, près de Church St ; ⏲tlj 8h-21h ; ⓈE arrêt World Trade Center, 2/3 arrêt Park Place, R/W arrêt Cortlandt St, 4/5 arrêt Fulton St, A/C arrêt Chambers St). Situé au deuxième étage du centre commercial Westfield, ce *food hall* de 3 800 m² est entièrement dédié à la gastronomie italienne. Parcourir les rayons de son épicerie fine vous mettra l'eau à la bouche. Asseyez-vous ensuite à La Pizza & la Pasta Colori pour déguster une savoureuse pizza napolitaine cuite au feu de bois. Autre adresse dans le Flatiron District (p. 173).

BROOKFIELD PLACE

ESPACE CULINAIRE **$$**

Plan p. 438 (☎212-978-1673 ; bfplny.com ; 230 Vesey St, à hauteur de West St, Lower Manhattan ; ⏲8h-21h lun-sam, 8h-19h dim ; 📶 ; ⓈE arrêt World Trade Center, 2/3 arrêt Park Pl, R/W arrêt Cortlandt St, 4/5 arrêt Fulton St, A/C arrêt Chambers St). Cet élégant centre commercial haut de gamme accueille des boutiques, des bureaux, et deux splendides espaces de restauration. Le District (p. 79), temple culinaire dédié à la gastronomie française, rassemble un “marché” raffiné, des restaurants et cafés et des comptoirs de dégustation où l'on trouve de tout, du fromage au steak-frites. Un étage au-dessus, Hudson Eats (p. 77) est une enclave stylée pour manger sur le pouce sushis, tacos, salades et autres burgers.

TWO HANDS

AUSTRALIEN **$$**

Plan p. 438 (www.twohandsnyc.com ; 251 Church St, entre Franklin St et Leonard St, Tribeca ; plats déj et brunch 13-18 $; ⏲8h-16h lun-ven, 8h-17h sam-dim ; 📶🖉 ; Ⓢ1 arrêt Franklin St, N/Q/R/W, 6 arrêt Canal St). Avec ses murs de brique blanchis à la chaux, ce café-restaurant moderne de style australien offre un cadre aéré qui séduit les habitants du quartier. En journée, le menu propose des plats légers : bols d'açai agrémentés de baies et de muesli ou encore sandwichs au poulet à la feta et à la tapenade. Le café est excellent. *Happy hour* de 14h à 17h.

GRAND BANKS

PRODUITS DE LA MER **$$**

Plan p. 438 (☎212-520-7855 ; www.grandbanks.nyc ; Pier 25, près de N Moore St, Tribeca ; huîtres 19-25 $ la demi-douzaine, plats déj 26-33 $, plats brunch 17-32 $; ⏲11h-0h30 lun-ven, 10h-0h30 sam-dim ; Ⓢ1 arrêt Franklin St, A/C/E arrêt Canal St). 🍃 Le chef Kerry Heffernan sert des produits issus de la pêche durable à bord de la goélette de 1942 *Sherman Zwicker*, amarrée sur l'Hudson. Mention spéciale pour les huîtres de l'Atlantique... sans oublier le ceviche, le homard et le crabe. L'endroit est bondé de clients en after work la semaine, et le week-end (brunch 10h-14h). Venez y prendre un verre en fin de soirée pour profiter du magnifique coucher de soleil.

PARIS CAFE

FRANÇAIS **$$**

Plan p. 438 (☎212-240-9797 ; pariscafenyc.com ; 119 South St, Lower Manhattan ; plats 14-26 $; ⏲11h-23h ; ⓈA/C, J/Z, 2/3, 4/5 arrêt Fulton St). Alors que New York est connu pour ses petits restaurants, le Paris Café, à South Street Seaport, vous dépaysera avec son haut plafond et sa grande salle. Plats simples et bons pour cette adresse ouverte depuis 1873. Le grand bar propose un *happy hour* (16h-19h lun-ven) qui vaut le détour, avec des cocktails à 6 $.

♥ LOCANDA VERDE

ITALIEN **$$$**

Plan p. 438 (☎212-925-3797 ; www.locandaverdenyc.com ; 377 Greenwich St, à hauteur de Moore St, Tribeca ; plats déj 26-36 $, dîner 29-55 $; ⏲11h30-15h lun-ven et 17h-22h dim-jeu, jusqu'à 23h ven-sam ; Ⓢ1 arrêt Franklin St, A/C/E arrêt Canal St). Accolée au Greenwich Hotel (p. 345), cette brasserie italienne est tenue par le chef Andrew Carmellini. Son rideau de velours s'ouvre sur une salle bondée de gens bien habillés où barmaids et barmen experts s'affairent derrière le comptoir. On vient certes ici pour voir et être vu, mais l'excellente cuisine – espadon et salade de farro, *orecchiette* et saucisses de canard ou encore *rigatoni* bolognaise et ricotta – n'est pas le moindre attrait des lieux.

TINY'S & THE BAR UPSTAIRS

AMÉRICAIN $$$

Plan p. 438 (212-374-1135 ; www.tinysnyc.com ; 135 W Broadway, entre Thomas St et Duane St, Tribeca ; plats déj 15-27 $, dîner 27-41 $; 12h-15h30 lun-ven et 16h-22h lun-mar, 16h-22h30 mer-jeu, 16h-23h ven-sam, brunch 11h-16h sam, 10h-17h dim ; S 1 arrêt Franklin St, A, C arrêt Chambers St). Installé dans une petite maison de Tribeca construite en 1810, ce restaurant vaut déjà le coup d'œil pour son intérieur rustique – boiseries et papier peint anciens, plafond en métal d'origine, comptoirs en cuivre repoussé et en marbre, carreaux faits à la main – mais vous resterez pour la nourriture et les cocktails. Cuisine américaine moderne avec une touche française.

BÂTARD

EUROPÉEN $$$

Plan p. 438 (212-219-2777 ; www.batardtribeca.com ; 239 W Broadway, entre Walker St et White St, Tribeca ; menu 2/3/4 plats 75/85/95 $; 17h30-22h mar-sam ; S 1 arrêt Franklin St, A/C/E arrêt Canal St). Le chef autrichien Markus Glocker est à la tête de ce chaleureux établissement étoilé au guide Michelin dont la décoration épurée ne viendra pas détourner l'attention du contenu de votre assiette. Les plats de Glocker sont un parfait exemple de cuisines française et italienne traditionnelles. Au menu (à prix fixe) : succulent bar rayé avec ses chanterelles ou encore délicieuses tagliatelles avec filet d'agneau rôti, olives et pecorino.

LE DISTRICT

TEMPLE CULINAIRE FRANÇAIS $$$

Plan p. 438 (212-981-8588 ; www.ledistrict.com ; Brookfield Place, 225 Liberty St, à hauteur de West St, Lower Manhattan ; marché plats 12-30 $, Liberty Bistro plats dîner 22-37 $; Cafe District 11h30-20h lun-ven, 10h-20h sam-dim ; Liberty Bistro 12h-22h mar-jeu, 12h-22h30 ven, 11h-22h30 sam, 11h-21h30 dim ; ; S E arrêt World Trade Center, 2/3 arrêt Park Place, R/W arrêt Cortlandt St, 4/5 arrêt Fulton St, A/C arrêt Chambers St). Il règne un air de Paris-sur-Hudson dans cette épicerie française géante où l'on trouve de tout, des viennoiseries croustillantes aux délicieux steaks-frites, en passant par de séduisantes tartines et des fromages bien français. Si le restaurant principal, le **Liberty Bistro**, propose les classiques de bistrot comme le steak tartare, pour un repas assis et rapide, mieux vaut aller manger des frites au comptoir du **Market District** ou commander une crêpe savoureuse au **Cafe District**.

OÙ PRENDRE UN VERRE ET FAIRE LA FÊTE

Ici, après le travail, on ne regagne pas forcément sa banlieue dès 17h : beaucoup vont se détendre dans les quelques bars à vins et pubs des environs de Stone St, Wall St et South Street Seaport. Tribeca conserve sa fraîcheur grâce aux cafés artisanaux et à ses fabuleux repaires à cocktails.

NANCY WHISKEY PUB

PUB

Plan p. 438 (212-226 9943; www.facebook.com/NancyWhiskeyPub ; 1 Lispenard St, près de 6th Ave ; 11h-4h lun-sam, 12h-4h dim ; S A/C/E arrêt Canal St, 1 arrêt Franklin St). Ce pub tout en longueur date de Mathusalem (le bois du bar, poli par les années, en témoigne), mais il reste une valeur sûre. Ici, la boisson de choix est le Jack Daniels on the rocks ou la bière Budweiser (2,50 $ la bouteille durant l'*happy hour* : dur de trouver moins cher à Manhattan !). Avec un jukebox et une table de shuffleboard (sorte de jeu de palets sur une longue table en bois), que demander de plus ?

DEAD RABBIT

BAR

Plan p. 438 (646-422-7906 ; www.deadrabbitnyc.com ; 30 Water St, entre Broad St et Coenties Slip, Financial District ; 16h-2h lun-mar, 12h-2h mer-jeu, 12h-3h ven-sam, 12h-2h dim ; S R/W arrêt Whitehall St, 1 arrêt South Ferry). Cet établissement de trois étages, qui tient son nom d'un gang irlando-américain qui sévissait au XIXe siècle, figure régulièrement aux classements des meilleurs bars du monde. Rejoignez le bar, au sol recouvert de sciure, où sont servis bières spéciales, punchs mémorables et *pop-inns* (bières légèrement aigres et aromatisées). Montez les escaliers pour goûter aux cocktails élaborés avec soin dans le confortable Parlor. À l'étage supérieur, l'Occasional Room est accessible sur réservation, pour les amoureux du whisky.

BRANDY LIBRARY

BAR À COCKTAILS

Plan p. 438 (212-226-5545 ; brandylibrary.com ; 25 N Moore St, entre Varick St et Hudson St, Tribeca ; 16h-minuit mar-mer, 16h-2h jeu-sam ; S 1 arrêt Franklin St). Si vous êtes en mal de cognacs, whiskies ou brandies de renom, cette adresse à l'ambiance aussi ambrée que les alcools qu'elle sert est faite pour vous !

1

LUCKY-PHOTOGRAPHER/SHUTTERSTOCK ©

2

1. Bourse de New York (p. 75)
Environ un milliard d'actions sont échangées chaque jour à Wall Street.

2. Woolworth Building (p. 76)
Réservez une visite guidée et découvrez le spectaculaire hall au plafond recouvert de mosaïques.

3. Bowling Green (p. 75)
Le plus ancien parc de New York.

4. L'Oculus du World Trade Center (p. 69)
La gare du World Trade Center est recouverte par l'Oculus. Chaque année, le 11 septembre, le toit s'ouvre et la grande gare est inondée de lumière.

4

MARIA_ERMOLENKO/SHUTTERSTOCK© ARCHITECT: SANTIAGO CALATRAVA

Promenade à pied
De Broadway à Battery Park

DÉPART CITY HALL
ARRIVÉE FRAUNCES TAVERN
DISTANCE ET DURÉE 3,2 KM ; 1 HEURE 30

Quartier le plus ancien de New York, Lower Manhattan abonde en rues étroites et en bâtiments historiques. Commencez par le 1 **City Hall** (p. 77), siège du gouvernement de New York depuis 1812. Sur Broadway, admirez le 2 **Woolworth Building** (p. 76), gratte-ciel néogothique qui fut le plus grand au monde en 1913.

Au sud se dresse la 3 **St Paul's Chapel** (p. 72), la seule église de la ville antérieure à la guerre d'Indépendance encore intacte. Non loin se trouve le site du World Trade Center, où les deux immenses bassins réfléchissants du 4 **National September 11 Memorial** (p. 68), qui commémore les attentats, s'étirent à l'endroit où s'élevaient les tours jumelles. Juste à côté s'élance la tour de 541 m du 5 **One World Trade Center** (p. 70) et son observatoire époustouflant.

Retournez sur Broadway et marchez au sud jusqu'à la 6 **Trinity Church** (p. 72), édifiée en 1846. Dans son cimetière repose l'un des pères fondateurs du pays, Alexander Hamilton. Prenez ensuite vers l'est sur Wall St pour visiter 7 **Federal Hall** (p. 72), où le journaliste John Peter Zenger fut acquitté en 1735 après avoir été accusé d'écrits séditieux, marquant ainsi un premier pas pour la liberté de la presse aux États-Unis. En face, vous pouvez voir la 8 **New York Stock Exchange** (p. 75), que défie "la petite fille sans peur".

Dirigez-vous vers le sud-ouest et vous tomberez deux rues plus loin sur 9 **Bowling Green** (p. 75), le plus vieux parc public de New York. Poursuivez vers le sud jusqu'à 10 **Battery Park** (p. 76), oasis sur la rive sud de Manhattan, à l'endroit où s'étaient établis les premiers colons néerlandais.

Rejoignez ensuite Pearl St et remontez-la jusqu'à tomber sur la célèbre 11 **Fraunces Tavern** (p. 72), où George Washington prit son dernier dîner avec ses hommes avant de devenir président. Vous pourrez vous rassasier ou déguster un bon whisky dans ce lieu chargé d'histoire.

Installez-vous dans l'un des merveilleux fauteuils club face aux étagères garnies de bouteilles du sol au plafond pour siroter la boisson de votre choix et vous repaître de gougères, d'un tartare préparé à la demande ou encore de foie gras. Le samedi soir, généralement plus calme que les soirs de semaine, est propice à un verre en tête-à-tête.

SMITH & MILLS BAR À COCKTAILS

Plan p. 438 (☎646-858-1433 ; www.smithand-mills.com ; 71 N Moore St, entre Hudson St et Greenwich St, Tribeca ; ⌚16h-23h ; S1 arrêt Franklin St). Le minuscule Smith & Mills remplit tous les critères de la branchitude : pas d'enseigne, une décoration industrielle recherchée et des cocktails soignés avec un penchant pour les classiques. L'espace étant réduit, mieux vaut s'y rendre tôt pour profiter de ses superbes banquettes capitonnées. La carte, qui évolue avec les saisons, propose aussi bien des en-cas légers qu'un bon hamburger agrémenté d'oignons caramélisés.

LA COLOMBE CAFÉ

Plan p. 438 (☎212-343-1515 ; www.lacolombe.com ; 319 Church St, à hauteur de Lispenard St, Tribeca ; ⌚7h30-18h30 ; SA/C/E arrêt Canal St). Certes, on ne sert ici que du café et des pâtisseries, mais que de saveurs ! Expresso noir et intense et café au lait artisanal glacé naturellement sucré sont servis à une clientèle jeune et branchée et à des Européens bien renseignés. Ne partez pas sans avoir goûté au "Pure Black Coffee", un café pressé à froid, conservé dans une cuve à vin en acier inoxydable pendant 16 heures.

Dehors, attardez-vous devant la plaque en bronze accrochée sur le mur de Lispenard St : ici, un bâtiment a autrefois servi de "station" à l'Underground Railroad, le réseau secret de routes et de maisons sûres actif au XIXe siècle qui a permis la libération de milliers d'esclaves. C'est ici qu'est arrivé Frederick Douglass, grande figure de l'abolitionnisme né esclave, après avoir fui le Maryland.

WEATHER UP BAR À COCKTAILS

Plan p. 438 (☎212-766-3202 ; www.weatherupnyc.com ; 159 Duane St, entre Hudson St et W Broadway, Tribeca ; ⌚17h-23h mar-mer, 17h-1h jeu-ven, 14h-1h sam, 14h-22h dim ; S1/2/3 arrêt Chambers St). À la fois cool et classe : un carrelage style métro, une lumière tamisée, des barmen serviables et engageants, des cocktails séduisants... telle est la recette du Weather Up. Amadouez le serveur pour avoir votre Fancy Free (bourbon, marasquin, orange et angostura), ou rabattez-vous sur les copieux hors-d'œuvre, huîtres ou steak tartare. L'enseigne est aussi présente dans le quartier de Prospect Heights, à Brooklyn (p. 300).

MACAO TRADING CO BAR À COCKTAILS

Plan p. 438 (☎212-431-8642, 212-431-8642 8750 ; www.macaonyc.com ; 311 Church St, entre Lispenard St et Walker St, Tribeca ; ⌚17h-minuit ; SA/C/E arrêt Canal St). Nous avons adoré le bar-restaurant dans le style "maison de jeu" des années 1940, mais c'est pour la "fumerie d'opium" (ouverte jeu-sam) au sous-sol que nous avons eu le coup de cœur. Mélange sino-portugais de plats et de boissons alcoolisées, les 2 étages sont parfaits pour un verre et un en-cas tard le soir, notamment si vous avez un petit faible pour les breuvages qui crépitent sous la langue.

TERROIR TRIBECA BAR À VINS

Plan p. 438 (☎212-625-9463 ; www.wineister-roir.com ; 24 Harrison St, entre Greenwich St et Hudson St, Tribeca ; ⌚16h-minuit ; S1 arrêt Franklin St). Cet établissement agréable fait le bonheur des œnophiles avec sa carte bien fournie et ses prix raisonnables. Les vins viennent aussi bien d'Europe que du continent américain, et certains sont naturels et proviennent de petits producteurs. Les barmen sauront vous renseigner. Grande sélection de vins au verre et bonne cuisine de bistrot (plats 14-28 $). *Happy hour* en début *et* en fin de service !

COWGIRL SEAHORSE BAR

Plan p. 438 (☎212-608-7873 ; www.cowgir-lseahorse.com ; 259 Front St, à hauteur de Dover St, Lower Manhattan ; ⌚12h-4h lun-ven, 11h-4h sam-dim ; SA/C, J/Z, 2/3, 4/5 arrêt Fulton St). Dans un océan de bars et de restaurants sérieux, le Cowgirl SeaHorse serait "la croisière s'amuse". Sa décoration éclectique (roues de diligence, hippocampes accrochés au mur, etc.) et sa cuisine du Sud artisanale (poisson "noirci" à la cajun, sandwich po'boy aux huîtres, crevettes, gruau, etc.) font tout l'attrait de cette adresse diablement originale. Concerts le lundi, *happy hour* tous les jours sauf le samedi. Délicieuses margaritas glacées.

WATERMARK BAR

Plan p. 438 (☎212-742-8200 ; watermarkny.com ; Pier 15, 78 South St ; ⊙16h-23h lun-mer, 16h-minuit jeu, 14h-minuit ven, 12h-minuit sam, 12h-23h dim ; Ⓢ2/3 Wall St). Installé au bout du Pier 15, ce bar tout en verre offre une vue spectaculaire du Brooklyn Bridge aux buildings de Wall Street. L'immense terrasse au bord de l'eau est particulièrement agréable pour siroter un verre aux beaux jours. Les cocktails sont corrects et plutôt bien servis. Petite carte classique de salades, fruits de mer, burgers et plats (8-18 $) aux influences mexicaines et américaines. *Happy hour* de 16h à 18h du lundi au jeudi et de 14h à 17h le vendredi (également sur les huîtres en semaine).

FRAUNCES TAVERN BAR À WHISKIES

Plan p. 438 (☎212-968-1776 ; www.frauncestavern.com ; 54 Pearl St, près de Broad St ; ⊙11h-2h ; ⓈJ/Z arrêt Broad St, 4/5 arrêt Bowling Green, R/W arrêt Whitehall St-South Ferry, 1 arrêt South Ferry). Cette ancienne taverne reconvertie en bar-restaurant est un lieu chargé d'histoire : l'immeuble qui l'abrite serait le plus ancien de New York, et George Washington y a prononcé un discours en 1783 (voir p. 72). Aujourd'hui, on y déguste une large sélection de whiskies (à partir de 14 $), mais aussi des cocktails et des bières artisanales à la pression.

OÙ SORTIR

♥ FLEA THEATER THÉÂTRE

Plan p. 438 (☎billetterie 212-226-0051 ; theflea.org ; 20 Thomas St, entre Timble Pl et Broadway, Tribeca ; billets à partir de 10 $; 👪 ; ⓈA/C, 1/2/3 arrêt Chambers St, R/W arrêt City Hall). Une des meilleures troupes de New York, hors Broadway, connue pour ses mises en scène innovantes et son répertoire constamment renouvelé. Le théâtre dispose de trois scènes, dont la "Siggy" en l'honneur de Sigourney Weaver, la cofondatrice. Le programme annuel inclut musique, danse ainsi que des spectacles jeune public (à partir de 2 ans) le dimanche et des compétitions nocturnes endiablées de mini-pièces de 10 minutes.

SOHO REP THÉÂTRE

Plan p. 438 (Soho Repertory Theatre ; ☎212-941-8632 ; sohorep.org ; 46 Walker St, entre Church St et Broadway, Tribeca ; billets à partir de 35 $; ⓈA/C/E arrêt Canal St, 1 arrêt Franklin St). Cette compagnie, l'une des meilleures des théâtres off-Broadway, est louée par le public et par la critique pour son trio annuel de pièces innovantes. C'est dans ce théâtre de 65 sièges qu'ont débuté Kathleen Turner, Allison Janney, Ed O'Neill et John C. Reilly, et ses productions ont reçu plus de 20 Obie Awards (récompenses attribuées aux théâtres off-Broadway). Programme sur le site Internet.

CITY VINEYARD CONCERTS

Plan p. 438 (☎646-677-8350 ; www.citywinery.com ; Pier 26, 233 West St, près de N Moore St, Tribeca ; ⊙12h-22h dim-jeu, 12h-23h ven-sam ; Ⓢ1 arrêt Franklin St, A/C/E arrêt Canal St). Ce bar-restaurant au bord de l'Hudson accueille chaque soir des concerts dans sa salle de 233 places, style cabaret intimiste. La scène est partagée entre nouveaux chanteurs-compositeurs, stars de la folk et, parfois, groupes de rock indépendant. Elle a notamment vu passer Suzanne Vega, Squirrel Nut Zippers, Shawn Colvin, Robyn Hitchcock, Los Lobos, Aimee Mann, Billy Bragg et Yo La Tengo.

SHOPPING

Le Financial District n'est pas le paradis du lèche-vitrines, mais les chasseurs de bonnes affaires rôdent du côté de Century 21, le paradis de la mode à prix cassés. Plus au nord, à Tribeca, dans l'extrémité sud d'Hudson St et les rues alentour, vous trouverez des magasins de décoration d'intérieur haut de gamme, des antiquaires et une poignée de boutiques artisanales tendance qui vendent absolument de tout.

♥ PHILIP WILLIAMS POSTERS VINTAGE

Plan p. 438 (☎212-513-0313 ; postermuseum.com ; 122 Chambers St, entre Church St et W Broadway, Lower Manhattan ; ⊙10h-19h lun-sam ; ⓈA/C, 1/2/3 arrêt Chambers St). Gigantesques publicités pour des parfums ou du cognac français, affiches de films de l'Europe de l'Est ou encore posters du Nouvel An chinois : vous trouverez plus de 100 000 affiches remontant jusqu'aux années 1870 dans cette caverne d'Ali Baba. Les prix vont de 15 $ pour les petites reproductions à plusieurs milliers de dollars pour les pièces maîtresses rares. Deuxième entrée au 52 Warren St.

CENTURY 21 MODE

Plan p. 438 (☎212-227-9092 ; www.c21stores.com ; 22 Cortlandt St, entre Church St et Broadway, Financial District ; Ⓢ A/C, J/Z, 2/3, 4/5 arrêt Fulton St, R/W arrêt Cortlandt St). Ce gigantesque iconique magasin à prix cassés est dangereusement addictif pour les fashionistas qui veulent faire des économies. Physiquement dangereux aussi, car il n'est pas rare de devoir jouer des coudes pour éloigner la concurrence. Tout n'y est pas qu'affaires ou articles sensationnels, mais la patience paie toujours. Vous y trouverez également accessoires, chaussures, produits cosmétiques, articles ménagers et jouets. Le fameux magasin discount cher au cœur des New-Yorkais et des touristes en quête de bonnes affaires a fait faillite en 2020, mais la famille Gindi annonce une possible réouverture en 2022.

PEARL RIVER MART GRAND MAGASIN

Plan p. 438 (☎212-431-4770 ; www.pearlriver.com ; 395 Broadway, à hauteur de Walker St, Tribeca ; ⏲11h-19h ; Ⓢ N/Q/R/W, J/M/Z, 6 arrêt Canal St). Pilier du New York commerçant depuis 1971, Pearl River Mart est plein à craquer de souvenirs, articles ménagers, vêtements et accessoires asiatiques : pyjamas en soie pour hommes, robes cheongsam, services de table japonais en céramique bleu et blanc, ustensiles de cuisine "malins", lanternes en papier, kits d'origami et de calligraphie, plants de bambou et chats porte-bonheur… Sur la mezzanine est installée une galerie d'art qui accueille les expositions temporaires gratuites d'artistes et photographes asio-américains.

LET THERE BE NEON NÉONS

Plan p. 438 (☎212-226-4883 ; www.lettherebeneon.com ; 38 White St, 1er ét, à hauteur de Church St ; ⏲9h-17h lun-ven ; Ⓢ 1, A/C/E arrêt Canal St). Ce magasin vend toutes sortes d'enseignes lumineuses au néon. Il vous sera difficile d'en rapporter une dans vos valises, mais le lieu à lui seul mérite une visite. Il s'agit de la galerie d'un atelier fabriquant des enseignes lumineuses pour les commerces, les musées et les entreprises. Le MoMA et Coca-Cola comptent parmi ses clients.

MYSTERIOUS BOOKSHOP LIVRES

Plan p. 438 (☎212-587-1011 ; www.mysteriousbookshop.com ; 58 Warren St, entre W Broadway et Church St, Tribeca ; ⏲11h-19h lun-sam ; Ⓢ 1/2/3, A/C arrêt Chambers St). Crimes à la librairie ! Récit d'espionnage, thriller, fiction policière nordique contemporaine, critique littéraire : cet endroit, véritable antre du livre de mystère, est la librairie la plus fournie en romans noirs de tout New York. Livres neufs et d'occasion, premières éditions rares, exemplaires dédicacés, magazines de niche et livres d'images pour détectives en herbe. Pour plus d'informations sur les événements organisés, rendez-vous sur le site Internet de la librairie.

SHINOLA MODE ET ACCESSOIRES

Plan p. 438 (☎917-728-3000 ; www.shinola.com ; 177 Franklin St, entre Greenwich St et Hudson St, Tribeca ; ⏲11h-18h dim-jeu, 11h-19h ven-sam ; Ⓢ 1 arrêt Franklin St). Réputée pour ses montres, cette marque basée à Detroit se diversifie avec un fantastique choix d'accessoires pour la vie quotidienne *made in USA*. Vous y trouverez de tout : coques de téléphone et couvertures de carnet en cuir, bijoux, vélos en édition limitée avec sacoches personnalisées ou même platines haut de gamme. Cerise sur le gâteau : vous pourrez faire inscrire gratuitement vos initiales sur les articles en cuir et les fournitures de bureau. Un artisan horloger travaille sur place.

BOWNE & CO STATIONERS CADEAUX ET SOUVENIRS

Plan p. 438 (☎646-628-2707 ; www.bowne.co ; 211 Water St, entre Beekman St et Fulton St, Lower Manhattan ; ⏲11h-19h ; Ⓢ 2/3, 4/5, A/C, J/Z arrêt Fulton St). Parfaitement situé dans les rues pavées de South Street Seaport et rattaché au South Street Seaport Museum (p. 76), ce vestige du XVIIIe siècle vend des posters vintage, des blocs-notes, des étuis à crayons, des cartes, des timbres et même du papier cadeau sur le thème de New York. L'imprimerie propose des cartes de visite personnalisées et des initiations mensuelles à l'art de Gutenberg (consultez le site Internet du musée, à la rubrique *Learn/Letterpress Workshops*).

PASANELLA & SON VIN

Plan p. 438 (☎212-233-8383 ; www.pasanellaandson.com ; 115 South St, entre Peck Slip et Beekman St, Lower Manhattan ; ⏲12h-20h ; Ⓢ A/C, J/Z, 2/3, 4/5 arrêt Fulton St, R/W arrêt Cortlandt St). Les œnologues adoreront ce caviste éclairé, disposant de 400 vins aussi inspirés qu'abordables. Celui-ci met l'accent sur les petits producteurs, dont quelques viticulteurs biodynamiques et biologiques, qui sortent du lot. L'endroit propose également un grand choix de whiskies américains et des dégustations gratuites de vin le samedi (17h-19h).

CITYSTORE CADEAUX ET SOUVENIRS

Plan p. 438 (☎212-386-0007 ; a856-citystore.nyc.gov ; 1 Centre St, North Plaza, Municipal Bldg, à hauteur de Chambers St, Lower Manhattan ; ⏲9h-16h lun-ven ; SJ/Z arrêt Chambers St, 4/5/6 arrêt Brooklyn Bridge-City Hall, R/W arrêt City Hall, R/W arrêt City Hall). Le paradis du souvenir officiel de New York : authentiques médaillons de taxi, bouches d'égout/dessous-de-verre, T-shirts à la gloire des différents quartiers, casquettes NYPD, enseignes de stations de métro, livres, etc. Bizarrement, les documents techniques des bâtiments municipaux et autres manuels réglementaires, en vente aussi ici, semblent peu intéresser le visiteur lambda.

SPORTS ET ACTIVITÉS

♥STATEN ISLAND FERRY FERRY

Plan p. 438 (www.siferry.com ; Whitehall Terminal, 4 Whitehall St, à hauteur de South St, Lower Manhattan ; ⏲24h/24 ; 📶 ; S1 arrêt South Ferry, R/W arrêt Whitehall St, 4/5 arrêt Bowling Green). GRATUIT Pour les habitants de l'île, ces vétustes ferries orange sont un moyen de transport quotidien. Pour les résidents de Manhattan, ce sont des vaisseaux romantiques qui les emmènent dans leurs escapades printanières. Nombreux sont les touristes qui succombent au charme du Staten Island Ferry, dont le parcours – 8,3 km entre Lower Manhattan et le quartier de St George (25 min) – constitue l'une des plus belles aventures gratuites de New York. Un nouveau ferry flambant neuf, le *SSG Michael H. Ollis*, a été inauguré en octobre 2021.

INSTITUTE OF CULINARY EDUCATION COURS DE CUISINE

Plan p. 438 (ICE ; ☎800-522-4610 ; recreational.ice.edu ; Brookfield Pl, 225 Liberty St, Lower Manhattan ; cours à partir de 100 $; SE arrêt World Trade Center, 4/5 arrêt Fulton St, R/W arrêt Cortland St). Révélez le cordon-bleu qui sommeille en vous avec un cours de cuisine à l'Institute of Culinary Education, qui propose le plus vaste catalogue de cours de cuisine, de pâtisserie et de dégustation de vin du pays. Vous pouvez aussi bien prendre part à un cours ponctuel de 1 heure 30 qu'à un programme de formation sur plusieurs jours. Les cours vont de la cuisine toscane à la cuisine américaine populaire en passant par le maniement des couteaux de cuisine et les cocktails.

DOWNTOWN BOATHOUSE KAYAK

Plan p. 438 (www.downtownboathouse.org ; Pier 26, Hudson River Greenway, près de N Moore St, Tribeca ; ⏲9h-17h sam-dim mi-mai à mi-oct, et 17h30-19h mar-jeu mi-juin à mi-sept ; 👪 ; S1 arrêt Canal St). GRATUIT Le week-end et certains soirs de la semaine, cette base nautique publique sur le Pier 26 propose des sessions de kayak gratuites et sans rendez-vous sur l'Hudson (20 min, équipement inclus). Pour découvrir les autres activités proposées ici et sur les Piers 84 et 96 – excursions en kayak, initiation au paddle et autres cours – rendez-vous sur www.hudsonriverpark.org. Des cours gratuits sont dispensés les mercredis soir. La base de location de matériel de Governors Island (voir l'encadré p. 74) n'est ouverte qu'en été.

SoHo et Chinatown

SOHO, NOHO ET NOLITA | CHINATOWN ET LITTLE ITALY

Notre sélection

❶ Des emplettes dans les grandes enseignes de **SoHo** (p. 104), puis dans les petites boutiques tendance, plus discrètes, de Nolita et de NoHo.

❷ Un festin de soupes de raviolis chinoises et un coup d'œil aux produits de marque d'une authenticité douteuse alignés sous les lumières grésillantes de **Chinatown** (p. 99).

❸ Une bonne dose de sauce tomate ou un délicieux tiramisu dans **Little Italy** (p. 99), au son des anciens parlant la langue du *bel paese* tout en sirotant leur grappa.

❹ Le **Merchant's House Museum** (p. 92), musée d'époque intact, peut-être hanté, pour avoir une idée de la vie à New York au XIXe siècle.

❺ La dégustation d'un canard laqué tendre et succulent au **Peking Duck House** (p. 102).

Pour un plan plus détaillé, reportez-vous p. 440 et 443

Bon plan Lonely Planet

Avant de se rendre dans les boutiques de SoHo et des environs, il est conseillé aux accros de shopping de consulter les blogs (p. 51) éclairés en la matière ; il y a toujours une *sample sale* (vente privée) ou une offre dégriffée quelque part, sans parler de l'ouverture de quelques boutiques où fleurissent les nouveaux talents.

Le top des restaurants

- Wayan (p. 98)
- The Dutch (p. 99)
- Il Buco Alimentari & Vineria (p. 98)
- Prince Street Pizza (p. 95)

Voir détails p. 94

Le top des bars

- Apothéke (p. 102)
- Spring Lounge (p. 103)
- Joe's Pub (p. 103)

Voir détails p. 102

Le top des boutiques

- Resurrection (p. 104)
- Galeria Melissa (p. 104)
- Saturdays (p. 104)
- INA Men (p. 108)

Voir détails p. 104

Découvrir SoHo et Chinatown

Tels les empiècements dépareillés d'un patchwork multicolore, les quartiers gravitant autour de SoHo (South of Houston) évoquent une série de mini-nations. Les experts de la mode écument les boutiques de la très en vue Nolita (North of Little Italy), les Italo-Américains cultivent l'esprit napolitain dans le quartier de plus en plus réduit de Little Italy, tandis que des familles chinoises bavardent autour d'un plat de *xiao long bao* (soupe de raviolis) dans l'hyperactive Chinatown.

Avec leurs immeubles peu élevés, ces rues ont un parfum de village (à l'exception de Broadway et de Canal St, les axes principaux). Lofts et boutiques de premier plan parsèment les rues pavées de SoHo, tandis que d'humbles bâtisses du XIXe siècle et des boutiques excentriques pimentent Nolita.

À Chinatown, où passants pressés et colporteurs se mêlent sous les lumières de panneaux publicitaires vieillissants, oubliez votre plan et fiez-vous à vos sens !

Vivre comme un New-Yorkais

- **Convivialité** Gagnez les restaurants animés de Chinatown (p. 99) et dînez de manière conviviale (commandez plusieurs plats et picorez à l'envi). À l'addition, il vous semblera qu'il manque un zéro.
- **Rues secondaires** Le segment de Broadway qui traverse SoHo est réservé aux touristes ; vous retrouverez les New-Yorkais dans les petites boutiques indépendantes des rues adjacentes, en train d'acheter des articles uniques.
- **Pauses culturelles** Prenez le temps de découvrir le patrimoine artistique de ces quartiers dans des lieux comme le Drawing Center (p. 91) ou le Leslie-Lohman Museum of Art (p. 92), ou allez admirer l'étonnante New York Earth Room (p. 91), remplie de quelque 190 m³ cubes de terre.

Depuis/vers SoHo et Chinatown

- **Métro** Les lignes de métro desservent plusieurs points de Canal St (J/ Z/ N/Q/R/W et 6). Une fois à l'air libre, la marche est le meilleur mode d'exploration. Le quartier est facilement accessible depuis Midtown et Brooklyn.
- **Bus et taxi** Évitez-les, surtout à Chinatown, car la circulation y est infernale. Pour rallier SoHo, demandez au taxi de vous déposer à Broadway. Ne prenez pas de taxi au sud de Canal St si vous souhaitez vous balader dans Chinatown. Le secteur est si petit qu'on le traverse bien plus vite à pied qu'en voiture.

LES INCONTOURNABLES
CHINATOWN

Déambulez dans les odeurs de poisson frais et de kakis mûrs, écoutez les pièces de mah-jong claquer sur les tables de jeu improvisées, observez la valse des canards rôtis dans les vitrines et achetez tous les articles imaginables, des lanternes en papier de riz aux montres en passant par la noix de muscade. Le plus grand quartier asiatique d'Amérique n'attend que vous !

Museum of Chinese in America

Installé dans un espace conçu par l'architecte Maya Lin (à qui l'on doit aussi le célèbre Vietnam Memorial à Washington), le **Museum of Chinese in America** (MoCA ; plan p. 443 ; ☎212-619-4785 ; www.mocanyc.org ; 215 Centre St, entre Grand St et Howard St ; adulte/enfant 12/8 $; ⏲11h-21h jeu, 11h-18h ven-dim, visites guidées sur réservation mer ; ⓈN/Q/R/W, J/Z, 6 arrêt Canal St) est un espace multifacettes. On y découvre l'histoire et la vie actuelle des Américains d'origine chinoise au fil d'installations interactives, de frises chronologiques, de cartes, de photographies, de lettres, de vidéos et d'objets d'époque. Sa principale exposition permanente, “With a Single Step: Stories in the Making of America”, traite de manière souvent approfondie des questions d'immigration, d'identité culturelle et de stéréotypes raciaux.

Au bonheur des papilles

Chinatown peut se targuer de continuer à proposer des menus incroyablement bon marché, et ce malgré sa formidable réputation. Outre les restaurants à petits prix, ce sont les recettes de famille transmises au fil des générations et des continents qui abondent. L'Amérique n'a rien changé à la présentation des produits ni à leur préparation. Des devantures arborent un embrouillamini de viandes laquées attendant d'être servies lors d'un banquet familial.

À NE PAS MANQUER

- Le Museum of Chinese in America
- Les petites rues de Chinatown, dont Mott St et Mulberry St
- Le Mahayana Temple
- Le Nom Wah Tea Parlor (p. 99)
- Apothéke

INFOS PRATIQUES

- Plan p. 443, C3
- www.explorechinatown.com
- Sud de Broome St et est de Broadway
- ⓈN/Q/R/W, J/Z, 6 arrêt Canal St, B/D arrêt Grand St, F arrêt East Broadway

VAGUES D'IMMIGRATION

Chinatown fut fondée au milieu du XVIIIe siècle par des immigrés du Guandong (province de Canton) – un héritage dont témoignent encore les échoppes de brioches au porc et restaurants de raviolis. À l'issue de la guerre du Vietnam, des Chinois du Vietnam affluèrent, puis, à la fin du XXe siècle, le quartier accueillit, non sans tensions, une vague d'immigration venant de la province de Fujian, en Chine. Aujourd'hui, c'est une mosaïque de cultures asiatiques, allant de la Birmanie aux Philippines. Et le voyage ne s'arrête pas là, puisqu'on retrouve même des saveurs d'Amérique latine en remontant vers Canal St.

UNE PETITE PAUSE ?

Savourez un festin de dim sum au Nom Wah Tea Parlor (p. 99), un établissement datant des années 1920, où l'on se délecte de délices cantonais dans un décor de *diner* américain.

En soirée, buvez un verre à l'Apothéke (p. 102), où des barmen en blouse de pharmacien concoctent de délicieuses potions.

Des étals fumants s'entrechoquent sur les trottoirs, servant de petites brioches fourrées au porc (*bao*) et autres gourmandises à grignoter. Flânez dans les ruelles pour trouver l'assortiment coloré d'épices et d'herbes qui vous permettra de relever vos recettes.

Temples bouddhiques

Chinatown compte beaucoup de temples bouddhiques. Vous les trouverez sans mal en explorant le quartier. Les deux à voir absolument : l'**Eastern States Buddhist Temple** (plan p. 443 ; ☎212-966-6229 ; 64 Mott St, entre Bayard St et Canal St, Chinatown ; ⏲8h30-18h) est orné de centaines de bouddhas, tandis que le **Mahayana Temple** (plan p. 446 ; ☎212-925-8787 ; 133 Canal St, à hauteur de Manhattan Bridge Plaza ; ⏲8h30-17h30 ; S B/D arrêt Grand St, J/Z arrêt Bowery, 6 arrêt Canal St), avec sa façade flanquée de deux énormes lions dorés, est le temple bouddhique le plus important de Chinatown. La simplicité de l'intérieur (parquet et lanternes rouges) est rehaussée par le magnifique bouddha doré de 5 m de hauteur, assis sur un lotus et entouré d'offrandes, que l'on dit le plus grand de la ville.

Canal St, Mott St et Mulberry St

Historiquement, Canal St est le cœur de Chinatown, mais la gentrification avance à grands pas et le quartier en porte déjà les stigmates. Dans ses rues toujours aussi bondées, rien ne semble pouvoir arrêter le ballet incessant des piétons et des voitures. Mais si canards et porcs laqués pendent toujours aux vitrines des restaurants, vous trouverez également des revendeurs de faux sacs Prada et des boutiques tendance qui attirent une nouvelle population. L'authentique Chinatown se cache dans ses rues secondaires : Mott St et Mulberry St, notamment, vous transporteront dans un autre monde, regorgeant des richesses de l'Extrême-Orient. Vous passerez devant des étals de poissons luisants, des petites herboristeries vendant toutes sortes de racines et de potions ou devant des comptoirs proposant de délicieuses bouchées au porc à 80 ¢. Vous découvrirez les vitrines des restaurants où canards et porcs laqués sont suspendus par le cou. Ailleurs, des tréteaux ploient sous les litchis ou les poires chinoises.

L'immigration chinoise

L'histoire des immigrants chinois aux États-Unis est longue et tumultueuse. Les premiers à mettre le pied sur le sol américain furent les bâtisseurs du chemin de fer transcontinental, qui connurent des conditions de travail innommables. D'autres, plus tard, partirent chercher de l'or sur la côte ouest. Lorsque les perspectives se firent plus rares, nombre d'entre eux prirent le chemin de New York pour travailler à la chaîne et dans les blanchisseries du New Jersey.

À VOIR

SoHo, prisé pour ses lofts post-industriels, est le quartier des célébrités voulant profiter de la ville incognito. Côté culture, ses rues recèlent un musée d'art LGBTQ+, d'ambitieuses installations signées Walter De Maria et le plus beau vestige d'architecture fédérale de la ville. À Chinatown, on découvre des temples bouddhiques et un musée consacré à la communauté chinoise des États-Unis.

SoHo, NoHo et Nolita

THE BROKEN KILOMETER — INSTALLATION PERMANENTE

Plan p. 440 (212-989-5566 ; www.diaart.org ; 393 W Broadway, entre Spring St et Broome St ; 12h-15h et 15h30-18h mer-dim, fermé mi-juin à mi-sept ; S N/R arrêt Prince St, C/E arrêt Spring St). GRATUIT Cette installation de 1979 de l'artiste américain Walter De Maria (1935-2013) occupe un immense rez-de-chaussée de SoHo. Cinq cents barres en laiton massif y sont disposées en 5 rangées parallèles. De l'entrée au fond de la pièce, l'espace entre deux barres successives augmente de 5 mm à chacune. En découle une illusion spatiale amusante : les intervalles semblent réguliers, alors que les derniers mesurent jusqu'à 60 cm. Photos interdites.

NEW YORK CITY FIRE MUSEUM — MUSÉE

Plan p. 440 (212-691-1303 ; www.nycfiremuseum.org ; 278 Spring St, entre Varick St et Hudson St ; adulte/enfant 10/5 $; 10h-17h ; S C/E arrêt Spring St). Installé dans une majestueuse caserne de 1904, ce musée à la gloire des soldats du feu recèle une belle collection de pièces historiques (voitures à cheval rutilantes, premiers casques de pompier de style haut-de-forme, ou encore Chief, l'héroïque chien combattant du feu de Brooklyn...) et retrace l'histoire de la lutte contre les incendies à New York. Grâce au matériel foisonnant et à l'accueillant personnel, ce lieu est aussi une excellente adresse pour les enfants.

Le 11 septembre 2001, le New York Fire Department (FDNY) a perdu la moitié de ses membres lors de l'effondrement du World Trade Center. Différents monuments commémoratifs et expositions spécifiques font désormais partie intégrante de la collection, où l'on a même planté, en 2019, une bouture d'un arbre qui se trouvait devant les tours jumelles. Les personnes intéressées s'arrêteront à la boutique de souvenirs pour faire le plein de livres sur l'histoire des "firefighters", ainsi que d'effets et d'écussons officiels du FDNY.

NEW YORK EARTH ROOM — INSTALLATION PERMANENTE

Plan p. 440 (212-989-5566 ; www.earthroom.org ; 141 Wooster St, entre Prince St et W Houston St ; 12h-15h et 15h30-18h mer-dim, fermé mi-juin à mi-sept ; S N/R arrêt Prince St). GRATUIT L'œuvre de l'artiste Walter De Maria (1935-2013) attire les visiteurs depuis 1977 grâce à quelque chose de plutôt rare à Manhattan : de la terre ! Il y en a plus de 190 m^3, soit 127 tonnes de terre pour être précis. Marcher dans ce petit espace est une expérience grisante et d'une certaine façon émouvante, et l'odeur qu'on y respire rappelle celle d'une forêt tropicale.

DONALD JUDD HOME STUDIO — GALERIE

Plan p. 440 (212-219-2747 ; www.juddfoundation.org ; 101 Spring St, sur Mercer St ; tarif plein/réduit 27,50/17,50 $; sur réservation mar-sam ; S N/R arrêt Prince St ; 6 arrêt Spring St). L'ancienne demeure et atelier de l'artiste américain aujourd'hui décédé Donald Judd offre un aperçu fascinant de la vie et des pratiques artistiques de ce non-conformiste minimaliste. Visites guidées de 1 heure 30 environ, sur réservation en ligne (le planning affiche souvent complet un mois à l'avance). Accueille également des cours de dessin et des conférences d'art. Consultez le site Internet pour plus d'informations.

DRAWING CENTER — MUSÉE

Plan p. 440 (212-219-2166 ; www.drawingcenter.org ; 35 Wooster St, entre Grand St et Broome St ; 12h-18h mer-dim ; S A/C/E, 1, N/Q/R arrêt Canal St). GRATUIT Le Drawing Center est le seul institut du pays à but non lucratif exclusivement dévolu au dessin. Des œuvres d'artistes célèbres et d'inconnus illustrent les différents styles. Des expositions ont déjà permis aux visiteurs de se familiariser avec les travaux de maîtres tels que Michel-Ange, James Ensor et Marcel Duchamp, tandis que d'autres, portant sur l'art contemporain, ont été consacrées à Richard Serra, à Ellsworth Kelly ou à Richard Tuttle. Les

LES INCONTOURNABLES
MERCHANT'S HOUSE MUSEUM

Bâtie en 1832 et acquise trois ans plus tard par le riche négociant Seabury Tredwell, cette maison en brique rouge reste la demeure de style fédéral la plus authentique de la ville (on en compte environ 300), témoignant autant du passé marchand de la ville que du raffinement de l'ameublement du XIXe siècle. Chaque élément de la maison est une illustration de ce que l'argent pouvait vous procurer à l'époque : portes coulissantes en acajou, lustres en bronze, manteaux de cheminée en marbre, sans oublier les élégantes chaises du salon attribuées au célèbre concepteur de mobilier Duncan Phyfe. Le système de sonnettes extrêmement sophistiqué pour appeler les serviteurs fonctionne encore. On peut également découvrir une remarquable collection de robes, toutes ayant appartenu aux femmes de la famille Tredwell, et portées entre 1815 et 1890.

Selon la croyance populaire, la demeure serait hantée par Gertrude Tredwell, cadette des enfants de Seabury et ultime résidente de la maison, auteure de furtives apparitions en fin de soirée ou lors d'événements publics. Lors d'un concert de la Saint-Valentin, des spectateurs auraient vu l'ombre d'une femme se diriger vers les musiciens et prendre place au salon. Le musée organise des visites spectrales à la nuit tombée (habituellement fin octobre), ainsi que des conférences, des événements spéciaux et des visites historiques à pied de NoHo. Consultez le site Internet.

À NE PAS MANQUER

- Les chaises de Duncan Phyfe
- Visites spectrales

INFOS PRATIQUES

- Plan p. 440, G2
- www.merchantshouse.org
- 29 E 4th St, entre Lafayette St et Bowery, NoHo
- Adulte/enfant 15 $/gratuit, visite guidée 20 $
- 13h-17h jeu-dim mars-sept, jusqu'à 20h jeu, visite guidée 12h jeu-dim
- S 6 arrêt Bleecker St ; B/D/F/M arrêt Broadway-Lafayette St

pièces exposées vont du dessin d'humour à l'œuvre engagée.

CHILDREN'S MUSEUM OF THE ARTS MUSÉE

Plan p. 440 (212-274-0986 ; cmany.org ; 103 Charlton St, entre Greenwich St et Hudson St ; 13 $, don suggéré 16h-18h jeu ; 12h-17h lun et ven, 12h-18h jeu, 10h-17h sam-dim ; ; S 1 arrêt Houston St, C/E arrêt Spring St). Ce petit musée, qui encourage les enfants âgés de 10 mois à 15 ans à voir et réaliser des œuvres d'art, mérite le détour. Outre les expositions temporaires qu'il accueille, le centre propose un large éventail d'activités pratiques aux artistes en herbe, de la sculpture aux fresques murales collaboratives en passant par la composition de chansons et la conception de livres pour enfants. Il organise également des soirées cinéma et d'autres petits plaisirs. Programme sur le site Internet.

Chinatown et Little Italy

CHINATOWN QUARTIER

Voir p. 89.

LESLIE-LOHMAN MUSEUM OF ART MUSÉE

Plan p. 440 (212-431-2609 ; www.leslielohman.org ; 26 Wooster St, entre Grand St et Canal St ; don suggéré 10 $; 12h-18h mer-dim, jusqu'à 20h jeu ; S A/C/E, N/Q/R, 1 arrêt Canal St). GRATUIT Le premier musée au monde consacré aux thématiques LGBTQ+ (lesbien, gay, bi, trans...) accueille entre six et huit expositions annuelles d'artistes locaux et internationaux. Le musée a organisé des rétrospectives d'artistes et des expositions sur des thèmes comme "l'art et le sexe sur le front de mer new-yorkais". Une grande partie du patrimoine exposé provient de la collection privée du musée, forte de plus de 24 000 œuvres. Le lieu accueille également des conférences, lectures, projections de films et spectacles destinés à un public gay ; consultez le site pour les dernières infos.

MULBERRY STREET CŒUR DE LITTLE ITALY

Plan p. 443 (S N/Q/R, J/Z, 6 arrêt Canal St, B/D arrêt Grand St). Mulberry St, qui doit son nom à des mûriers aujourd'hui disparus, est le cœur même de Little Italy. C'est un axe animé, où l'on circule entre rabatteurs de restaurants (surtout entre Hester St et Grand St), baristas vanneurs et souvenirs kitsch.

Si le visage du quartier a beaucoup changé au fil du temps, l'histoire continue d'y occuper une place importante. Un *block* plus au nord se trouve **Alleva** (plan p. 443 ; ☎212-226-7990 ; 188 Grand St, à hauteur de Mulberry St ; ⏲10h-18h tlj ; S J/Z, N/Q/R, 6 arrêt Canal St, B/D arrêt Grand St), l'une des premières fromageries de la ville, réputée pour sa mozzarella depuis quatre générations. Elle prépare de généreux sandwichs (14-16 $). De l'autre côté de Grand St, un autre vétéran, le Ferrara Cafe & Bakery (p. 101), sert ses fameuses pâtisseries et glaces italiennes.

Retournez dans Mulberry St, où l'antique **Mulberry Street Bar** (plan p. 443 ; ☎212-226-9345 ; 176 Mulberry St, au niveau de Broome St ; ⏲11h-minuit dim-jeu, 11h-2h ven-sam ; S B/D arrêt Grand St, J/Z arrêt Bowery), l'un des lieux de prédilection de Frank Sinatra, avec ses nappes à carreaux rouges et blancs et ses vieilles photos au mur, a fait quelques apparitions sur le petit écran, comme dans *New York, Police judiciaire* ou *Les Soprano*.

Durant la Prohibition, l'alcool s'échangeait ouvertement au carrefour de Mulberry St et Kenmare St, d'où son surnom de "Curb Exchange" (bourse du trottoir), preuve du pouvoir des pots-de-vin d'antan. En effet, la police logeait à seulement quelques rues de là, au 240 Center St. En allant vers le nord, les épiceries fines à l'ancienne et les restaurants de Little Italy cèdent la place aux boutiques, galeries et restaurants dernier cri de Nolita (pour North of Little Italy). Jetez un œil à l'ancien **Ravenite Social Club** (plan p. 440 ; 24 Mulberry St ; S 6 arrêt Spring St, N/R arrêt Prince St). Désormais une boutique de chaussures de créateur, cette adresse abritait jadis un repaire de truands (d'abord baptisé Alto Knights

LES INCONTOURNABLES
LITTLE ITALY

Dans les années 1950, l'exode vers les faubourgs de Brooklyn, notamment, a vu cet ancien bastion italien rétrécir et se muer en micro-caricature de lui-même. Aujourd'hui, Little Italy se réduit quasiment à **Mulberry St** (p. 90), une artère kitsch affichant nappes vichy, airs de mandoline et nostalgie du *bel paese*.

Fin septembre, Mulberry St se transforme 11 jours durant, à l'occasion de la **fête de San Gennaro** (www.facebook.com/sangennaronyc), donnée en l'honneur du saint patron de Naples. L'atmosphère se fait festive et conviviale, avec force étals de nourriture, stands de fête foraine, divertissements gratuits et population italo-américaine. Le temps fort des festivités est la procession qui se tient chaque 19 septembre, à 14 h, et durant laquelle est portée la statue du saint.

Pour un vrai dîner à l'italienne, le restaurant familial **Da Nico** (plan p. 443 ; ☎212-343-1212 ; www.danicoristorante.com ; 164 Mulberry St, entre Grand St et Broome St ; plats 16-32 $; ⏲12h-22h dim-jeu, 12h-23h ven-sam ; S J/Z N/Q/R/W, 6 arrêt Canal St) a tout pour plaire. Et si vous recherchez une note plus sucrée, la **Ferrara Cafe & Bakery** (p. 101) sert un succulent tiramisu et un café savoureux.

À NE PAS MANQUER

- Mulberry St
- La fête de San Gennaro, en septembre
- Une délicieuse part de tiramisu

INFOS PRATIQUES

- Plan p. 443, B2
- S N/Q/R/W, J/Z, 6 arrêt Canal St, B/D arrêt Grand St

Social Club) où des caïds notoires comme John Gotti (tout comme les agents du FBI, qui les surveillaient depuis l'immeuble en face) tuaient le temps. Seul le sol en tommettes a survécu, tandis que la vitrine du magasin a remplacé l'impressionnant mur en brique d'antan.

ARTISTS SPACE GALERIE

Plan p. 443 (☎212-226-3970 ; www.artistsspace.org ; 80 White St, at Cortland Alley, Chinatown ; ⌚12h-18h mer-sam ; Ⓢ N/Q/R/W arrêt Canal St). GRATUIT L'Artists Space, l'un des tout premiers lieux alternatifs de New York, est né en 1972. Sa mission : soutenir les artistes contemporains œuvrant dans les arts visuels (vidéo, médias électroniques, performances, architecture, design...). Cinquante ans plus tard, il reste un incontournable pour les amateurs de créations novatrices, provocatrices et expérimentales. Depuis son déménagement en 2019, le lieu jouit de deux étages d'expositions.

COLUMBUS PARK PARC

Plan p. 443 (Mulberry St et Bayard St ; Ⓢ J/Z, N/Q/R, 6 arrêt Canal St). Joueurs de mah-jong, adeptes de tai-chi et vieilles dames papotant autour de raviolis chinois... si cette oasis de verdure a de faux airs de Shanghai, elle constitue pourtant le cœur historique de New York. Au XIXe siècle, le parc faisait partie de Five Points, un quartier malfamé qui abrita les premiers logements collectifs de la ville et inspira le film *Gangs of New York*, de Martin Scorsese.

OÙ SE RESTAURER

Quand vient l'heure du repas, difficile de faire son choix tant l'offre est pléthorique dans les quartiers de SoHo, Chinatown et Little Italy. Les plus économes trouveront partout dans Chinatown de généreuses et savoureuses portions pour quelques dollars. SoHo, avec ses tables illustres, ses nouvelles adresses acclamées et son attrait grandissant pour la haute gastronomie, fait le bonheur des gourmets. Enfin, Little Italy offre le meilleur comme le pire : si l'authentique cuisine italienne s'y fait de plus en plus rare, elle peut aussi s'avérer exceptionnelle. Le quartier perdant peu à peu son âme, des influences diverses se retrouvent sur les menus.

SoHo, NoHo et Nolita

TWO HANDS AUSTRALIEN $

Plan p. 443 (www.twohandsnyc.com ; 164 Mott St, entre Broome St et Grand St ; plats 12-18 $; ⌚9h-16h lun-ven, 9h-17h sam-dim ; 🍸 ; Ⓢ B/D arrêt Grand St, J/Z arrêt Bowery). Cet établissement, qui porte le nom d'un thriller dans lequel joue le regretté acteur australien Heath Ledger, restitue l'ambiance à la fois détendue et sophistiquée des cafés australiens. Laissez-vous transporter au pays des kangourous grâce aux breuvages de petits producteurs et aux en-cas originaux comme les beignets de maïs sur lit de pousses d'épinards, servis avec avocat, crème fraîche, pickles de betterave et piment, ou le on-ne-peut-plus-sain *açai bowl*.

LITTLE CUPCAKE BAKESHOP DESSERTS $

Plan p. 440 (☎212-941-9100 ; www.littlecupcakebakeshop.com ; 30 Prince St, à hauteur de Mott St, Nolita ; pâtisseries à partir de 4,50 $; ⌚8h-23h ; Ⓢ 6 arrêt Spring St, R/W arrêt Prince St). 🍃 Célèbre pour son Brooklyn blackout cake, régulièrement salué comme le meilleur gâteau au chocolat d'Amérique, cette ravissante pâtisserie sert bien d'autres délices. Les propriétaires, quatre frères d'origine italienne originaires de Brooklyn, sévissent également avec une gamme de glaces maison aux parfums gourmands (gâteau à la banane, tarte au citron, cupcake, etc.).

LAN LARB CHIANGMAI THAÏLANDAIS $

Plan p. 443 (☎646-895-9264 ; www.lanlarbchiangmai.com ; 227 Centre St, au niveau de Grand St ; plats 13-27 $; ⌚11h30-22h ; Ⓢ N/Q/R/W, J/Z, 6 arrêt Canal St). Les gourmets prennent d'assaut le Lan Larb pour y déguster une bonne cuisine thaïlandaise à des prix très raisonnables. Sa spécialité est le *larb*, une salade à la viande hachée épicée originaire de l'Isan, une région du nord-est de la Thaïlande (optez pour la version au canard). À ne pas manquer non plus, la surprenante *som tam* (salade de papaye verte) et le raffiné *kui teiw nam tok nuer* (bouillon de nouilles au bœuf, liseron, oignon vert, coriandre et germes de soja).

DOMINIQUE ANSEL BAKERY PÂTISSERIE $

Plan p. 440 (☎212-219-2773 ; www.dominiqueansel.com ; 189 Spring St, entre Sullivan St et Thompson St, SoHo ; desserts 5-8,75 $;

⌚8h-19h lun-jeu, 8h-20h ven-sam, 9h-19h dim ; **S**C/E arrêt Spring St). Réputée pour ses cronuts (croisement entre le croissant et le donut), dessert signature du chef star français, l'une des meilleures pâtisseries de New York vend d'autres douceurs, dont un plantureux kouign-amann breton, de superbes tartes aux fruits rouges ou encore son Paris-New York, un Paris-Brest revisité (chocolat-caramel-cacahuètes). Pour un cronut, présentez-vous avant 7h30 en semaine (plus tard le dimanche), avant qu'ils ne soient tous vendus.

TACOMBI FONDA NOLITA MEXICAIN **$**

Plan p. 440 (☎917-727-0179 ; www.tacombi.com ; 267 Elizabeth St, entre E Houston St et Prince St ; tacos 4,50-6,50 $, quesadillas 7-9 $; ⌚11h-23h ; **S**F arrêt 2nd Ave, 6 arrêt Bleecker St). Guirlandes festives, chaises pliantes et tacos servis par des Mexicains dans un vieux Combi Volkswagen garé dans un ancien garage : voici la solution de repli idéale si l'on ne peut pas rallier le Yucatán. Décontracté, convivial et hyperpopulaire, Tacombi sert d'excellents tacos frais, dont plusieurs options végétariennes. Arrosez le tout d'un pichet de sangria, puis programmez votre prochaine escapade au Mexique.

CAFE GITANE MÉDITERRANÉEN **$**

Plan p. 440 (☎646-870-0087 ; www.cafegitanenyc.com ; 242 Mott St, à hauteur de Prince St ; salades 14-22 $, plats 15-21 $; ⌚12h-20h lun-ven, 10h-22h sam, 10h-20h dim ; 🖉 ; **S**N/R arrêt Prince St, 6 arrêt Spring St). On se croirait presque dans un bistrot parisien. C'est le genre d'endroit prisé des mannequins et des habitués de Hollywood, où l'on va pour être vu. Rejoignez-les autour de mets divers, comme la salade de cœurs de palmier au saumon grillé, ou le couscous marocain aux merguez.

MAMAN CAFÉ-SALON DE THÉ **$**

Plan p. 443 (☎212-226-0700 ; www.mamannyc.com ; 239 Centre St ; plats 12-16 $; ⌚7h30-18h lun-ven, 8h-18h sam-dim, magasin 10h-18h ; **S**N/Q/R/W, J/Z, 6 arrêt Canal St). Cet adorable café-salon de thé à la française dissimule une charmante terrasse à l'arrière. On y déguste dans un décor champêtre quiches, tartines à l'avocat, sandwichs, soupes, cookies et brownies, avec un bon café servi dans de la jolie vaisselle bleu et blanc, sa marque de fabrique. Huit autres adresses à New York. Brunch le week-end.

PRINCE STREET PIZZA PIZZA À LA PART **$**

Plan p. 440 (☎212-966-4100 ; princestreetpizzanyc.com ; 27 Prince St, entre Mott St et Elizabeth St ; part de pizza à partir de 3,50 $; ⌚10h-23h lun-jeu, 10h-minuit sam-dim ; **S**R/W arrêt Prince St, 6 arrêt Spring St). Une adresse culte pourvue de quelques tables hautes et d'un vieux four qui semble sur le point de lâcher. Les murs sont tapissés de photos des célébrités (Rebel Wilson, Usher, Kate Hudson...) adeptes des pizzas de cet établissement vendues à la part. Les sauces, la mozzarella et la ricotta sont faites maison. Les pizzas sont bonnes (les New-Yorkais raffolent de celles aux pepperoni), mais pas au point de justifier la longue file d'attente.

PICCOLA CUCINA ESTIATORIO ITALIEN **$$**

Plan p. 440 (☎646-781-9183 ; www.piccolacucinagroup.com ; 75 Thompson St, près de Prince St ; plats 15-23 $; ⌚17h30-23h lun-jeu, 17h30-minuit ven, 11h30-minuit sam, 11h30-23h dim ; **S**1 arrêt Canal St, C/E arrêt Spring St). Un restaurant italien qui porte bien son nom : une petite cuisine à la décoration sans prétention, mais élégante et accueillante. La plupart des spécialités sont siciliennes, comme le chef. Le carpaccio et les *tagliolini* au crabe sont excellents.

THAÏ DINER THAÏLANDAIS **$$**

Plan p. 440 (☎646-559-4140 ; www.thaidiner.com ; 186 Mott St, à hauteur de Kenmare St, Nolita ; plats 9-28 $; ⌚11h-22h lun, mar, jeu, 11h-23h ven, 10h-23h sam, 10h-22h dim ; 📶 ; **S**J/Z arrêt Bowery, 6 arrêt Spring St). Uncle Boons, petit restaurant thaïlandais étoilé au Michelin, a du fermer ses portes, mais l'équipe s'est installée à quelques rues de là, chez son acolyte Thaï Diner. Alliant tradition et innovation, les mets créatifs, relevés et acidulés d'Uncle Boons viennent relever la délicieuse carte de leur hôte.

Les cocktails accompagnent à merveille les plats et le Thai Coffee Monster vient clore le repas sur une note humoristique.

ATLA MEXICAIN **$$**

Plan p. 440 (☎347-662-3522 ; www.atlanyc.com ; 372 Lafayette St, à hauteur de Great Jones St, NoHo ; plats 12-26 $; ⌚12h-23h lun-sam, 11h-17h dim ; **S**6 arrêt Bleecker St, B/D/F/M arrêt Broadway-Lafayette St). Derrière leurs appellations classiques, les mets mexicains de l'ATLA (enchiladas, quesadillas, tacos,

1

MASSIMO BORCHI/ATLANTIDE PHOTOTRAVEL/GETTY IMAGES ©

CLAY WILLIAMS/CLAYWILLIAMSPHOTO.COM/GETTY IMAGES ©

1. Prince Street Pizza (p. 95)
Savourez une part de pizza aux pepperonis dans une pizzeria typiquement new-yorkaise.

2. Mahayana Temple (p. 90)
Admirez un bouddha doré de près de 5 m de haut dans le plus grand temple bouddhique de Chinatown.

3. Nom Wah Tea Parlor (p. 99)
Découvrez les mets du plus ancien restaurant de dim sum (raviolis chinois) de New York.

4. Mulberry Street (p. 90)
Explorez le cœur de Little Italy.

MAREMAGNUM/GETTY IMAGES ©

chilaquiles) sont de véritables œuvres d'art gastronomiques. Prenez place dans le beau décor noir et blanc avec un verre de mezcal negroni et commandez plusieurs plats à partager, comme la tostada au fromage frais et à l'omble chevalier, l'*aguachile* au bar rayé ou les ailes de canard à l'oignon vert.

BUTCHER'S DAUGHTER VÉGÉTARIEN $$

Plan p. 440 (☎212-219-3434 ; www.thebutchersdaughter.com ; 19 Kenmare St, à hauteur d'Elizabeth St ; plats déj 13-18 $, dîner 16-22 $; ⏲8h-21h dim-jeu, 8h-22h ven-sam ; 🖉 ; Ⓢ J arrêt Bowery, 6 arrêt Spring St). Il semblerait que la "fille du boucher" se soit définitivement émancipée : en effet, ce café ne sert plus que des denrées végétariennes. La cuisine y est saine, mais sans rien d'ennuyeux. Tout ici est divin : muesli bio caramélisé, salade César au chou kale avec parmesan d'amande (végan), ou *Butcher's burger* du soir (steak de haricots rouges).

RUBIROSA PIZZERIA $$

Plan p. 440 (☎212-965-0500 ; www.rubirosanyc.com ; 235 Mulberry St, entre Spring St et Prince St, Nolita ; antipasti 12-20 $, pizzas 23-32 $, pâtes 18-30 $; ⏲12h-minuit ; Ⓢ N/R arrêt Prince St ; B/D/F/M arrêt Broadway-Lafayette St, 6 arrêt Spring St). Préparées selon une recette de famille infaillible, les pizzas extrafines du Rubirosa attirent un flot constant de New-Yorkais. Dans un cadre chaleureux, assis au bar ou à une table, enchaînez les parts après quelques antipasti et autres entrées. Le lieu sert aussi des pâtes (la "petite" portion rassasie la plupart des ventres). Il y a même une carte de plats sans gluten.

BOQUERIA SOHO TAPAS $$

Plan p. 440 (☎212-343-4255 ; www.boqueríanyc.com ; 171 Spring St, entre West Broadway et Thompson St, SoHo ; tapas 8-20 $; ⏲12h-22h ; Ⓢ C/E arrêt Spring St). Il souffle un air de Barcelone dans cet accueillant restaurant au vaste menu de tapas classiques ou revisitées, joliment dressées dans sa cuisine ouverte. Commandez une sangria bière-poire et couvrez votre table de délicieuses *abondigas* (boulettes d'agneau du Colorado avec sauce tomate et fromage de brebis), croquettes de champignon et de jambon serrano, ou encore d'une belle sélection de fromages.

♥ WAYAN BALINAIS $$$

Plan p. 440 (☎917-261-4388 ; www.wayan-nyc.com ; 20 Spring St, Nolita ; petites assiettes 16-19 $, plats 22-66 $; ⏲12h-23h mer-ven, 11h30-23h sam-dim ; Ⓢ J/Z arrêt Bowery, 4/6 arrêt Spring St). Pour son premier restaurant (wayan signifie "premier-né" en balinais), le chef Cédric Vongerichten – fils du célèbre chef Jean-Georges Vongerichten – mêle saveurs balinaises et savoir-faire français. Dans Nolita, ce lieu chaleureux sert de savoureux plats : des *satay* (brochettes), des palourdes à l'oignon doux et à la noix de coco ou encore les très appréciées nouilles au homard.

THE MERCER KITCHEN CUISINE DE CHEF $$$

Plan p. 440 (☎212-966-5454 ; www.themercerkitchen.com ; 99 Prince St, à hauteur de Mercer St, SoHo ; plats déj 18-55 $, dîner 24-65 $; ⏲12h-22h lun-ven, 17h-22h sam-dim ; Ⓢ N/R arrêt Prince St). Installé au sein de l'hôtel Mercer, Mercer Kitchen est l'un des meilleurs restaurants de Soho. Le service est impeccable, l'ambiance agréable et la cuisine placée sous la houlette du célèbre chef alsacien Jean-Georges Vongerichten. Le menu du midi à 32 $, servi en semaine, est d'un excellent rapport qualité/prix. Recommandé, le menu Late Lunch permet de déjeuner de plats légers à prix doux (plats 12-24 $). Ouvert également au petit-déjeuner (7h30-10h30 tlj).

♥ IL BUCO ALIMENTARI & VINERIA ITALIEN $$$

Plan p. 440 (☎212-837-2622 ; www.ilbucovineria.com ; 53 Great Jones St, entre Bowery et Lafayette St ; plats déj 21-34 $, plats dîner 21-42 $; ⏲11h30-22h lun-ven, 11h-23h sam, 11h-22h dim ; 📶 ; Ⓢ 6 arrêt Bleecker St, B/D/F/M arrêt Broadway-Lafayette St). Qu'il s'agisse d'un expresso au comptoir, d'un en-cas à emporter côté épicerie fine, ou d'un long festin à l'italienne dans la salle à manger en contrebas, le rejeton le plus branché d'Il Buco répond toujours présent. La brique et les énormes lampes industrielles créent un style rustico-branché, que l'on retrouve dans le menu. Les énormes paninis du midi – rien à voir avec le vulgaire panini plat et élastique – sont aussi divins que généreux : essayez le *prosciutto*, au parmesan et à la roquette.

CHARLIE BIRD ITALIEN $$$

Plan p. 440 (☎212 235-7133 ; www.charliebird-nyc.com ; 5 King St, entrée sur Sixth Ave, SoHo ; petites assiettes 17-27 $, plats déj 22-45 $, dîner 28-45 $; ⏲12h-15h ven-dim et 17h-23h mer-dim ; Ⓢ C/E arrêt Spring St, 1 arrêt Houston St). Tout à l'ouest de SoHo, cet étroit restaurant fait la part belle aux produits locaux, au savoir-faire italien et aux détournements créatifs. Faites des rencontres au bar en marbre ou installez-vous dans un fauteuil en cuir cousu main, et laissez-vous séduire par les remarquables plats (bar à la sauce verte, foie de poulet à la mostarda pomme-crabe, etc.) Belle carte des vins.

THE DUTCH AMÉRICAIN MODERNE $$$

Plan p. 440 (www.thedutchnyc.com ; 131 Sullivan St, à hauteur de Prince St ; plats déj 20-38 $, dîner 25-69 $; ⏲12h-15h lun-ven et 17h-21h dim-mer, jusqu'à 22h jeu-sam, brunch 10h-15h sam-dim ; Ⓢ C/E arrêt Spring St, R/W arrêt Prince St, 1 arrêt Houston St). Au comptoir ou dans la douillette salle du fond de cette adresse en vue, attendez-vous à une cuisine élégante, saine et réjouissante. Les saveurs sont internationales, du tartare de bœuf *wagyu* à l'aïoli façon béarnaise au carré d'agneau grillé à la sauce jamaïcaine avec roti indien. Réservation conseillée, surtout le soir, et toute la journée les week-ends.

BALTHAZAR FRANÇAIS $$$

Plan p. 440 (☎212-965-1414 ; www.balthazarny.com ; 80 Spring St, entre Broadway St et Crosby St, SoHo ; plats 22-48 $; ⏲8h-minuit lun-ven, sam-dim 10h-minuit ; Ⓢ 6 arrêt Spring St, N/R arrêt Prince St). Après plus de vingt ans de service, le Balthazar reste le roi des bistrots new-yorkais, et sa salle bruyante ne désemplit pas. Son succès est dû à trois éléments cruciaux : son emplacement en plein quartier commerçant de SoHo ; son ambiance animée, entre Paris et New York ; et son menu très varié de classiques de bistrot français (omelette, steak tartare, omelette, salade niçoise). Les fruits de mer sont remarquables. Brunch le week-end (10h-16h).

Chinatown et Little Italy

♥ **NOM WAH TEA PARLOR** CHINOIS $

Plan p. 443 (☎212-962-6047 ; www.nomwah.com ; 13 Doyers St ; dim sum à partir de 5 $; ⏲11h-21h tlj sauf mer ; Ⓢ J/Z arrêt Chambers St, 4/5/6 arrêt Brooklyn Bridge-City Hall). Malgré ses faux airs de *diner* américain, c'est le plus vieux restaurant de dim sum de la ville : il se niche dans cette ruelle depuis les années 1920. Installez-vous sur un tabouret au comptoir ou sur une banquette rouge, puis cochez ce que vous désirez sur le menu qui vous est donné. Brioche au porc rôti, soupe de raviolis, crevettes *siu mai*... tout est délicieux.

CANAL ST MARKET ESPACE DE RESTAURATION $

Plan p. 440 (www.canalstreet.market ; 265 Canal St, entre Broadway et Lafayette St ; ⏲restauration 11h-18h lun-jeu, 11h-19h ven-dim, boutiques 11h-19h lun-sam, 12h-18h dim ; Ⓢ 6, N/Q/R/W arrêt Canal St). À la frontière de Chinatown et de SoHo, ce vaste lieu mêlant cuisine et boutiques attire forcément l'attention. Dans un cadre industriel chic, les stands de restauration du *food court* sont un tour du monde des tendances culinaires (glace pilée japonaise, ceviche, produits fermiers, etc.). L'étage shopping est une mine de trésors indés, entre skateboards vintage, vêtements K-pop et bijoux *made in New York*.

BAZ BAGELS SPÉCIALITÉS JUIVES $

Plan p. 443 (☎212-335-0609 ; www.bazbagel.com ; 181 Grand St, entre Baxter St et Mulberry St, Little Italy ; bagels 12-18 $; ⏲7h30-14h lun-ven, 7h30-15h sam-dim ; Ⓢ J/Z, N/Q/R, 6 arrêt Canal St, B/D arrêt Grand St). Décoré de façon quelque peu extravagante (couleur rose, imprimés palmiers et portraits de Dolly Parton et Barbra Streisand), le *diner* le plus kitsch de New York propose de délicieux bagels faits main et passés dans un bain d'eau bouillante (l'échaudage) pour un croustillant parfait. Le Mooch (18 $), fourré moitié saumon écossais, moitié morue fumée, tient le haut de l'affiche, tandis que l'extravagant Tye & Die (3,50 $) en met plein les yeux ! Outre les bagels, savourez les *blintzes* (crêpes fourrées) et les *latkes* (galettes de pomme de terre) mitonnées selon la recette de la grand-mère du propriétaire.

XI'AN FAMOUS FOODS CHINOIS $

Plan p. 443 (☎212-786-2068 ; www.xianfoods.com ; 45 Bayard St, entre Elizabeth St et Bowery ; plats 4,25-14,75 $; ⏲11h30-20h30 lun-sam ; Ⓢ N/Q/R/W, J/Z, 6 arrêt Canal St, B/D arrêt Grand St). Les blogueurs culinaires tombent en pâmoison dès que l'on mentionne les nouilles étirées à la main de cette petite chaîne. Ses burgers font aussi sensation :

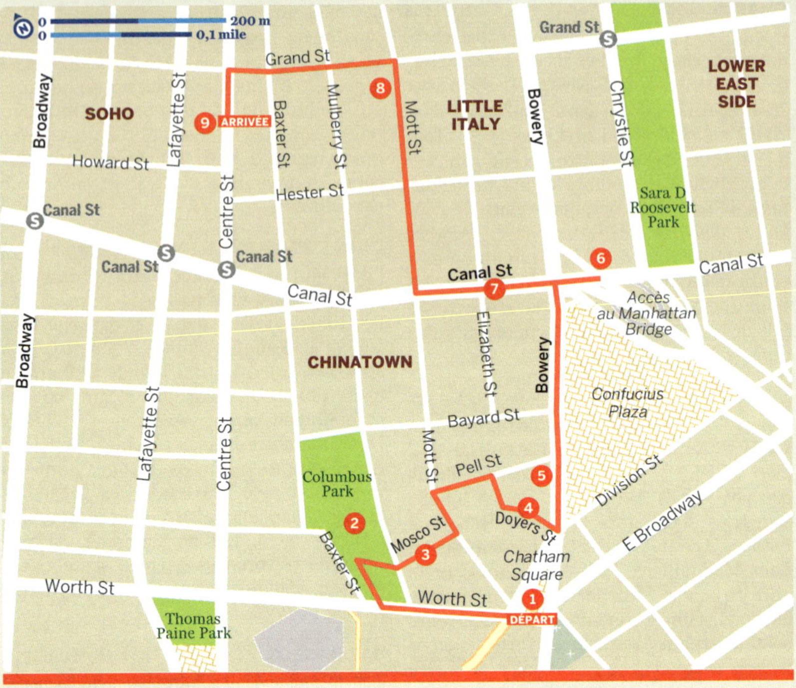

Promenade à pied
Chinatown

DÉPART CHATHAM SQ
ARRIVÉE MUSEUM OF CHINESE IN AMERICA
DISTANCE ET DURÉE 1,5 KM ; 1 HEURE 30

Commencez par 1 **Chatham Square** et le Kim Lau Memorial Arch, érigé en 1962 en mémoire des Sino-Américains tombés au combat. On y voit aussi une statue de Lin Ze Xu, membre érudit de la dynastie Qing. Son opposition au trafic de drogue entraîna la première guerre de l'opium en 1839.

De Chatham Sq, empruntez Worth St direction nord-ouest jusqu'à 2 **Colombus Park**. Au XIXe siècle, ce parc était situé au cœur du malfamé Five Points. À l'est, faufilez-vous dans 3 **Mosco Street**, une rue fréquentée par les gangs irlandais du XIXe siècle, d'où son surnom de "Bandits Roost" (perchoir de bandits). Prenez Mott St à gauche, Pell St à droite, puis encore à droite pour rejoindre 4 **Doyers Street**, une ruelle biscornue rebaptisée "Barbers Row" en raison de sa profusion de barbiers, et surnommée "Bloody Angle" au siècle dernier pour ses règlements de comptes entre sociétés secrètes chinoises. Guettez le n°10, où le compositeur américain Irving Berlin fit un temps ses gammes, et le n°12, qui abrite le plus ancien restaurant chinois du quartier.

Prenez Bowery sur votre gauche et filez vers le nord. À l'angle sud-ouest de Pell St et Bowery se dresse l' 5 **Edward Mooney House**, la plus ancienne *townhouse* de New York. Remontez Bowery vers le nord jusqu'à Canal St, d'où vous apercevrez le pont de Manhattan et le 6 **Mahayana Temple** (p. 90) juste après. Admirez l'énorme bouddha en or à l'intérieur, puis plongez dans 7 **Canal Street**, l'ancien quartier des diamantaires devenu la frénétique colonne vertébrale de Chinatown. Ralliez Mott St, à droite, où vous dégusterez de fabuleux *bao* au 8 **Golden Steamer** (voir ci-contre).

Enfin, prenez Grand St sur votre gauche, puis Centre St, encore à gauche, et, pour finir votre immersion dans la vie des Sino-Américains, terminez par le 9 **Museum of Chinese in America** (MoCA ; p. 89).

l'un à l'agneau sauté au cumin et aux graines de piment rôties, l'autre à l'effiloché de porc. Il y a 7 autres adresses dans la ville.

DELUXE GREEN BO CHINOIS $

Plan p. 443 (☎212-625-2359 ; www.deluxe-greenbo.com ; 66 Bayard St, entre Elizabeth St et Mott St ; plats 6,95-22,95 $; ⏲11h-20h ; Ⓢ N/Q/R, J/Z, 6 arrêt Canal St, B/D arrêt Grand St). Dans cette cantine sans fioriture, seule la cuisine compte : sublimes *xiao long bao* servis dans des récipients fumants, énormes portions de nouilles et belles plâtrées d'épinards sautés. Pas de CB.

BÁNH MÌ SAIGON BAKERY VIETNAMIEN $

Plan p. 443 (☎212-941-1541 ; 198 Grand St, entre Mulberry St et Mott St ; sandwichs 7-9,50 $; ⏲10h-17h ; Ⓢ N/Q/R, J/Z, 6 arrêt Canal St). Cette vitrine sans chichis vend certains des meilleurs *banh mi* de la ville : sandwich baguette croustillant garni de piments, de carottes marinées, de radis japonais, de concombre, de coriandre, et d'une viande de votre choix. En vedette, la version à base de porc grillé. Il y a souvent la queue, il faut parfois être patient. Un conseil : arrivez avant 15h, car lorsque les *banh mi* sont épuisés, l'endroit ferme ses portes.

BUDDHA BODAI CHINOIS $

Plan p. 443 (☎212-566-8388 ; www.buddha-bodai.com ; 5 Mott St, Chinatown ; menu déj 7,50 $, plats 9-22 $, dim sum 3,25-5,95 $; ⏲11h-21h30 lun-ven, 10h-21h30 sam-dim ; ✎ ; Ⓢ J/Z arrêt Chambers St, 4/5/6 arrêt Brooklyn Bridge-City Hall). Une cuisine casher et végétarienne exquise, aux saveurs cantonaises : soupe de nouilles au "canard" végétal, crêpe de riz aux épinards et brioches au "rôti de porc" végétarien. Depuis l'ouverture en 2015 d'un autre restaurant du même nom proposant, quelques rues plus loin, un menu semblable, on appelle celui-ci l'"Original Buddha Bodai". Dim sum servis jusqu'à 16h. Grand choix de plats sans gluten.

GOLDEN STEAMER CHINOIS $

Plan p. 443 (☎212-226-1886 ; 143a Mott St, entre Grand St et Hester St ; *bao* 0,80-1,75 $, 3 pour 2,50 $; ⏲7h-19h ; Ⓢ B/D arrêt Grand St, N/Q/R, 6 arrêt Canal St, J/Z arrêt Bowery). Frayez-vous un passage dans ce minuscule établissement pour goûter les *bao* (petites brioches vapeur fourrées) les plus légères et savoureuses de Chinatown. De volubiles cuisiniers chinois y préparent les succulentes farces, à la viande ou végétariennes : rôti de porc, saucisse chinoise, jaune d'œuf salé, et potiron, l'ingrédient star du lieu. Pour une saveur plus sucrée, essayez la tarte aux œufs. Venez tôt pour avoir un plus grand choix.

BIG WONG CHINOIS $

Plan p. 443 (☎212-964-0540 ; 67 Mott St, entre Canal St et Bayard St, Chinatown ; plats 5,50-16 $; ⏲8h30-19h30 lun-jeu, 8h30-21h30 ven-dim ; Ⓢ N/Q/R, J/Z, 6 arrêt Canal St). Très apprécié, ce restaurant au rythme effréné est connu pour son porc rôti et ses viandes (poulet, canard ou travers de porc) façon barbecue. Les crêpes de riz du petit-déjeuner (2,25-3,50 $) sont exquises. Vous devrez sûrement partager votre table et vos plats (et addition) vous seront expédiés à la vitesse de l'éclair, mais l'expérience est amusante, conviviale et abordable. Paiement en espèces uniquement.

FERRARA CAFE & BAKERY PÂTISSERIE ITALIENNE $

Plan p. 443 (☎212-226-6150 ; www.ferraranyc.com ; 195 Grand St, entre Mulberry St et Mott St, Little Italy ; pâtisseries 5,75-8 $; ⏲10h-21h lun-jeu, 9h-23h ven-sam, 9h-21h dim ; Ⓢ J/Z, N/Q/R, 6 arrêt Canal St, B/D arrêt Grand St). Ouvert depuis 1892, à un demi-*block* de Mulberry St, cet établissement légendaire à l'ambiance surannée déborde de pâtisseries italiennes classiques. Son tiramisu est divin.

ORIGINAL CHINATOWN ICE CREAM FACTORY GLACES $

Plan p. 443 (☎212-608-4170 ; www.chinatownicecreamfactory.com ; 65 Bayard St, Chinatown ; glaces à partir de 5 $; ⏲11h-22h ; Ⓢ N/Q/R, J/Z, 6 arrêt Canal St). Le glacier préféré des habitants de Chinatown affiche sur son tableau blanc des parfums on ne peut plus locaux : thé vert, pandan, durian, sésame noir, sorbet au litchi... Il vend aussi d'amusants T-shirts ornés d'un dragon léchant joyeusement une glace. Pas de CB.

NYONYA MALAISIEN $$

Plan p. 443 (☎212-334-3669 ; www.ilovenyonya.com ; 199 Grand St, entre Mott St et Mulberry St, Little Italy ; plats 7-25 $; ⏲11h-22h30 dim-jeu, 11h-23h30 ven-sam ; Ⓢ N/Q/R/W, J/Z, 6 arrêt Canal St, B/D arrêt Grand St). En pénétrant dans ce temple érigé à la gloire de la cuisine sino-malaise, vous vous sentirez transporté à Malacca. Goûtez les saveurs sucrées, aigres et épicées de mets classiques comme le ragoût de têtes de poisson typique de la région indienne d'Assam, le bœuf *randang* (curry sec épicé) et le *rojak* (savoureuse salade de fruits assortie d'une sauce au tamarin relevée). Avis aux végétariens : le menu n'est guère généreux avec eux. Paiement en espèces uniquement.

JOE'S SHANGAI — CHINOIS $$

Plan p. 443 (212-233-8888 ; www.joeshanghairestaurants.com ; 46 Bowery ; *dumplings* 6-10 $ les 8, plats 13-24 $; 11h-23h ; S 6, J/N/Q/R/W/Z arrêt Canal St, B/D arrêt Grand St). Les *dumplings* vapeur ou frits de cet établissement servant des spécialités de la région de Shanghai sont célèbres dans toute la ville, et il y a souvent la queue. Évitez les vendredis et samedis soir. Une seconde adresse, Joe's Ginger, se trouve à quelques rues, au 25 Pell St.

PEKING DUCK HOUSE — CHINOIS $$$

Plan p. 443 (212-227-1810 ; www.pekingduckhousenyc.com ; 28 Mott St ; menu canard laqué 41-51,50 $/pers, plats 10-30 $; 11h30-22h30 dim-jeu, 11h45-23h ven-sam ; S J/Z arrêt Chambers St, 6 arrêt Canal St). Sans doute le meilleur canard laqué pékinois de la région, à ne pas manquer : peau parfaitement croustillante et viande moelleuse. Présente dans diverses formules, cette spécialité de la maison est parfaite avec pancakes, julienne de poireaux et sauce. Le lieu, plus distingué que certains à Chinatown, est idéal pour une soirée en tête-à-tête.

OÙ PRENDRE UN VERRE ET FAIRE LA FÊTE

Des *speakeasies* repentis en tanières à cocktails confidentielles aux repaires de célébrités, une aura d'histoire et de mystère entoure beaucoup de débits de boissons du quartier.

♥ APOTHÉKE — BAR À COCKTAILS

Plan p. 443 (212-406-0400 ; www.apothekenyc.com ; 9 Doyers St ; 18h30-2h mar-sam ; S J/Z arrêt Chambers St, 4/5/6 arrêt Brooklyn Bridge-City Hall). Cet ancien repaire d'opiomanes de Doyers St (la porte est surmontée de l'enseigne "chemist" (pharmacie) illustrée par un bécher). À l'intérieur, des barmen compétents, tels des chimistes prudents, produisent des "ordonnances" intenses et savoureuses à base de produits locaux et bio. Le Sitting Buddha, à l'ananas et à la coriandre, est l'un des meilleurs cocktails de la carte. Divisée en différentes sections originales ("aphrodisiaques", "antidouleurs", "anxiolytiques"...), cette dernière est d'ailleurs très amusante. Enfin, chaque soir est différent, avec un thème Prohibition le mercredi ou les soirées "Absinthe Minded" le dimanche.

♥ EAR INN — PUB

Plan p. 440 (212-226-9060 ; www.theearinn.com ; 326 Spring St, entre Washington St et Greenwich St, SoHo ; bar 11h30-4h, cuisine 11h30-2h ; ; S C/E arrêt Spring St). Vous êtes curieux de savoir à quoi ressemblait SoHo avant d'être le quartier des faiseurs de tendances et des fashionistas ? Poussez la porte du vieil Ear Inn, qui se targue d'être le plus ancien bar de New York. La maison qu'il occupe fut bâtie à la fin du XVIIIe siècle pour James Brown, soldat noir et proche de George Washington. Les boissons sont bon marché et la clientèle éclectique.

Tard le soir, les habitués viennent y dîner sur des tables en bois couvertes de nappes en papier. La salle exiguë est chargée de vieilles pancartes et d'objets anciens. Trois soirs par semaine, des groupes de jazz s'y produisent (de 20h30 à 23h30 environ). Programmation sur le site Internet.

COMPAGNIE DES VINS SURNATURELS — BAR À VINS

Plan p. 443 (212-343-3660 ; www.compagnienyc.com ; 249 Centre St, entre Broome St et Grand St ; 17h-1h lun-mer, 17h-2h jeu-ven, 16h-2h sam, 16h-minuit dim ; S 6 arrêt Spring St, R/W arrêt Prince St). Alliance chaleureuse de papier peint d'inspiration française, de fauteuils confortables et de bougies, la Compagnie des vins surnaturels est le frère jumeau du bar parisien du même nom. L'équipe de chefs sommeliers jongle avec une impressionnante carte de quelque 600 vins, principalement français, dont beaucoup peuvent être commandés au verre. Une petite carte sophistiquée propose notamment de la charcuterie maison et brioches au canard.

L'*happy hour* (17h-18h lun-ven, 15h-16h le week-end) est avantageux, avec des en-cas à 5 $ et une réduction de 5 $ sur tous les vins. Goûtez au "vin mystère" et vous gagnerez peut-être une bouteille... si vous l'identifiez correctement sur la carte. C'est une adresse prisée pour grignoter autour d'une bonne bouteille : réservez si vous voulez une table agréable.

SPRING LOUNGE
BAR

Plan p. 440 (212-965-1774 ; www.thespringlounge.com ; 48 Spring St, à hauteur de Mulberry St ; 8h-4h lun-sam, 10h-4h dim ; S 6 arrêt Spring St, R/W arrêt Prince St). Cet établissement aux néons rouge électrique n'en a jamais fait qu'à sa tête. Au temps de la Prohibition, il servait des torrents de bière. Dans les années 1960, son sous-sol abritait un tripot. Aujourd'hui, l'endroit est plus connu pour ses requins empaillés, ses habitués toujours fidèles au poste et ses joyeuses fins de soirées ouvertes à tous. Terminus idéal après avoir écumé les bars du quartier.

Boissons bon marché et en-cas offerts (hotdogs le mercredi à partir de 17h, bagels le dimanche à partir de midi... et tant qu'il en reste) assurent une parfaite ambiance.

SWEET AND VICIOUS
BAR

Plan p. 440 (212-334-7915 ; www.sweetandvicious.nyc ; 5 Spring St, près de Bowery St ; 14h-4h dim-ven, 13h-4h sam ; S J arrêt Bowery, 6 arrêt Spring St). Décoré de guirlandes lumineuses, ce grand bar avec parquet et murs en brique est idéal pour siroter une margarita parmi une clientèle jeune – surtout le week-end et durant l'*happy hour* (14h-19h – la plupart des cocktails sont alors à 8 $). Immense patio, ouvert aux fumeurs. Service parfois brusque mais le cadre compense largement certaines maladresses.

CAFÉ INTEGRAL
CAFÉ

Plan p. 440 (646-801-5747 ; www.cafeintegral.com/nyc ; 149 Elizabeth St, entre Broome St et Kenmare St, Nolita ; 7h-17h lun et jeu, 7h-18h mar, mer et ven, 8h-18h sam-dim ; S N/Q/R, J/Z, 6 arrêt Canal St). Requinquez-vous avec un café pur origine du Nicaragua dans ce vaste établissement (très fréquenté) d'Elizabeth St. Ses savoureuses pâtisseries sont un autre de ses atouts.

JIMMY AT THE JAMES HOTEL
ROOFTOP

Plan p. 440 (212-201-9118 ; www.jimmysoho.com ; James New York, 15 Thompson St, au niveau de Grand St ; 17h-1h lun-mer, 17h-2h jeu-ven, 15h-2h sam, 15h-1h dim ; S A/C/E, 1 arrêt Canal St). Niché au-dessus de l'hôtel James New York à SoHo, le Jimmy est un perchoir apprécié – particulièrement des *beautiful people* et des VIP du quartier – pour sa vue panoramique sur la ville et ses gratte-ciel. Les mois d'été, une meute de clients éméchés se déverse sur son toit-terrasse ; par temps plus frais, on consomme en intérieur, au bar cerné de baies vitrées. Atout supplémentaire : la piscine extérieure.

GILLIGAN'S
BAR-TERRASSE

Plan p. 440 (212-965 3271; gilligansnyc.com; Soho Grand Hotel, 310 W Broadway, près de Canal St ; 15h-22h lun-jeu, 15h-23h ven, 12h-23h sam, 12h-22h dim printemps-été ; S A/C/E arrêt Canal St). Aux beaux jours, le Soho Grand Hotel (p. *346*) ouvre son discret mais très plaisant jardin et, à la différence des autres hôtels à la mode, ce joyau du Village autorise l'accès aux non-résidents. Inspirée des paysages de la station balnéaire new-yorkaise, les Hamptons, l'adresse est idéale pour siroter une rafraîchissante margarita à la pastèque, la spécialité de la maison.

☆ OÙ SORTIR

JOE'S PUB
MUSIQUE LIVE

Plan p. 440 (212-539-8778, billetterie 212-967-7555 ; www.joespub.com ; Public Theater, 425 Lafayette St, entre Astor Pl et 4th St ; S 6 arrêt Astor Pl, R/W arrêt 8th St-NYU). À la fois bar, cabaret et salle de spectacle, cet établissement intime programme aussi bien de jeunes talents que des artistes confirmés, tels que Patti LuPone, Amy Schumer, feu Leonard Cohen, ou la chanteuse britannique Adele. L'entrée se fait par le Public Theater.

FILM FORUM
CINÉMA

Plan p. 440 (billetterie 212-727-8110 ; www.filmforum.org ; 209 W Houston St, entre Varick St et 6th Ave ; adulte/enfant 15/11 $; 12h-minuit ; S 1 arrêt Houston St). Ce cinéma à but non lucratif programme une étonnante palette de films indépendants, classiques et des rétrospectives de grands cinéastes, comme Orson Welles. Projections régulièrement accompagnées de rencontres avec les réalisateurs et de débats pour les vrais mordus. En 2018, le cinéma s'est doté d'une quatrième salle et a rénové les trois autres.

PUBLIC THEATER THÉÂTRE

Plan p. 440 (☎212-539-8500, billetterie 212-967-7555 ; www.publictheater.org ; 425 Lafayette St, entre Astor Pl et 4th St ; Ⓢ6 arrêt Astor Pl, R/W arrêt 8th St-NYU). Théâtre légendaire fondé sous le nom de Shakespeare Workshop en 1954, et à l'origine de plusieurs grands succès de New York. Pièces innovantes et classiques remis au goût du jour se côtoient à l'affiche, avec notamment beaucoup de Shakespeare. Et à propos du dramaturge anglais, des représentations prestigieuses de la troupe ont lieu l'été, lors du festival Shakespeare in the Park (voir l'encadré p. 249).

SHOPPING

SoHo et ses environs regorgent de boutiques branchées, petites ou grandes. Avec une telle concentration d'adresses indépendantes à découvrir, c'est le paradis du shopping à Manhattan. Gagnez Broadway pour les habituels magasins de chaînes ou les rues qui l'entourent pour des vêtements, accessoires et parfums plus haut de gamme. Dans Lafayette St, les boutiques attirent DJ et skateurs, tandis que les adeptes du style "chic indé" trouvent leur bonheur dans Nolita. Les meilleures rues pour le lèche-vitrines sont, dans l'ordre, Mott St, Mulberry St et Elizabeth St. Pour les herbes médicinales, les fruits exotiques orientaux, les woks et les théières chinoises, arpentez les rues animées de Chinatown.

♥ GALERIA MELISSA CHAUSSURES

Plan p. 440 (☎212-775-1950 ; www.melissa.com.br/us/galerias/ny ; 500 Broadway, entre Broome St et Spring St, SoHo ; ⏲10h-18h lun-ven, 11h-19h sam, 12h-18h dim ; 👪 ; Ⓢ6 arrêt Spring St, R/W arrêt Prince St). Cette marque brésilienne est spécialisée dans les chaussures en plastique idéales sous la pluie. Recyclables, durables et design, ces modèles pour femmes et enfants vont de la sandale rétro aux baskets en passant par les bottes.

Installations LED immersives, mur de plantes tropicales, chaussures exposées comme des œuvres d'art et grands miroirs partout : cette boutique de SoHo est tournée vers le futur.

SUNRISE MART SUPERMARCHÉ JAPONAIS

Plan p. 440 (☎212-219-0033; 494 Broome St, à hauteur de Wooster St, SoHo ; ⏲11h-20h ; ⓈC/E, 6 arrêt Spring St). Un supermarché japonais dont tous les produits viennent directement d'Asie: l'épicerie classique, le lait, le savon, les biscuits, l'aspirine, les glaces... C'est aussi le bistrot du quartier (il n'y en a pas d'autres à proximité) et beaucoup d'étudiants japonais de la New York University viennent y manger des sushis, un plat de pâtes ou une assiette garnie. Les pâtisseries sont fines et délicieuses. On y trouve également des produits de beauté de marque, Shiseido par exemple, à des prix défiant toute concurrence.

WARBY PARKER LUNETTES

Plan p. 440 (☎646-568-3720; www.warbyparker.com ; 121 Greene St, entre Prince St et W Houston St, SoHo ; ⏲10h-19h ; ⓈN/R arrêt Prince St, B/D/F/M arrêt Broadway-Lafayette St). Le concept de ce fabricant de lunettes est intéressant : éviter le surcoût des montures de marque en créant sa propre ligne, aux touches rétro très stylées. Il est possible de tester sa vision sur place pour commander des lunettes de vue sans ordonnance (prêtes en 48h). Les prix sont très intéressants (à partir de 95 $ la paire). Les hipsters new-yorkais adorent, et leur portefeuille apprécie !

♥ RESURRECTION VINTAGE DE LUXE

Plan p. 440 (☎212-625-1374 ; www.resurrectionvintage.com ; 45 Great Jones Rd, entre Lafayette St et Bowery St ; ⏲11h-19h lun-sam ; Ⓢ6 arrêt Spring St, N/R arrêt Prince St). Cette boutique redonne vie aux créations novatrices des décennies passées. De stupéfiants articles en parfait état couvrent les époques mod, glam-rock et new wave, tandis que des sommités du stylisme, tel Marc Jacobs, viennent y chercher leur inspiration. On y trouve notamment des robes Halston, des manteaux Courrèges et des bijoux Jack Boyd.

Seul un petit nombre de modèles pour hommes sont exposés, mais on pourra vous montrer ceux qui sont en réserve.

SATURDAYS MODE ET ACCESSOIRES

Plan p. 443 (☎212-206-6366 ; www.saturdaysnyc.com ; 31 Crosby St, entre Broome St et Grand St ; ⏲magasin 8h-19h lun-ven, 9h-19h sam, 10h-19h dim, bar à expressos 8h-16h lun-sam ; 📶 ; ⓈN/Q/R/W, J/Z arrêt Canal St, 6 arrêt Spring St). Dans cette boutique de surfeurs

GREAT JONES SPA

Faites-vous plaisir, dans ce **temple feng shui** (plan p. 440 ; ☎212-505-3185 ; www.gjspa.com ; 29 Great Jones St, entre Lafayette St et Bowery ; ⏲9h30-22h ; Ⓢ6 arrêt Bleecker St, B/D/F/M arrêt Broadway-Lafayette St), avec un gommage au sel de mer à l'orange sanguine ou un soin du visage aux cellules souches. À partir de 100 $ dépensés (sachant que les massages et les soins du visage de 1 heure coûtent respectivement un minimum de 160 $ et 170 $), un accès au bain bouillonnant, au sauna, au hammam et à la piscine d'eau froide est offert. Maillot de bain impératif. Il y a même un mur d'eau de 3 m à l'intérieur.

version SoHo, les planches et la wax côtoient les soins de beauté de créateur, l'art graphique et les livres sur le surf, ainsi qu'une subtile ligne de vêtements maison pour les hommes. Une fois équipé, prenez un café dans le bar à expressos sur place ou flânez sur la terrasse à l'arrière.

CB2 — DÉCORATION

Plan p. 440 (☎212-219-1454 ; www.cb2.com ; 451 Broadway Ave, à hauteur de Grand St, SoHo ; ⏲10h-20h lun-sam, 11h-19h dim ; ⓈN/R arrêt Prince St). La ligne jeune, moderne et très urbaine de la chaîne de magasins de design Crate and Barrel, le "Ikea de Chicago". Verres, assiettes, luminaires, le design de tous les articles pour la maison est toujours plein d'humour, et les prix restent très abordables. Parfait pour un cadeau sans se ruiner ni renoncer à l'esthétique.

WING ON WO — PORCELAINE

Plan p. 443 (☎212-962-357 ; www.wingonwoand.co ; 26 Mott St, à l'angle de Mosco St, Chinatown ; ⏲11h-18h ; Ⓢ6, J/N/Q/R/W/Z arrêt Canal St, 4/5/6, J/Z arrêt Chambers St). Ouverte en 1890, cette boutique serait la plus ancienne de Chinatown ! Un temps menacée de fermeture, elle est aujourd'hui tenue par l'arrière-arrière-petite-fille du propriétaire originel. On peut y dénicher de belles assiettes, des vases ou des théières en porcelaine pour moins de 30 $. Désireuse de sauvegarder l'identité populaire du quartier, la nouvelle propriétaire y organise également conférences et expositions.

HOUSING WORKS BOOKSTORE — LIVRES

Plan p. 440 (☎212-334-3324 ; www.housingworks.org/locations/bookstore-cafe ; 126 Crosby St, entre E Houston St et Prince St ; ⏲12h-19h lun-sam, 12h-17h dim ; 📶 ; ⓈB/D/F/M arrêt Broadway-Lafayette St, N/R arrêt Prince St). Venez vous réfugier quelques heures dans cette librairie conviviale au charme simple et désuet, où vous pourrez boire un café et faire votre choix parmi une belle sélection de livres, vinyles, CD et DVD d'occasion, dont l'achat servira une bonne cause (les bénéfices sont reversés aux sans-abri séropositifs et aux malades du sida). Jetez aussi un œil à sa friperie, juste à côté.

Consultez le site Internet pour connaître la programmation d'événements, dont les Moth StorySLAM (www.themoth.org), captivantes compétitions de slam.

KAMWO HERBAL PHARMACY — PLANTES MÉDICINALES

Plan p. 443 (☎212-966-6370; www.kamwo.com; 211 Grand St, entre Mott St et Elizabeth St, Chinatown ; ⏲10h-18h20 ; ⓈB/D arrêt Grand St, J/Z arrêt Bowery, J/N/Q/R/W/Z arrêt Canal St, 4/5/6, J/Z arrêt Chambers St). Cette herboristerie est à mi-chemin de la pharmacie et du musée de plantes médicinales, où l'on prépare sous vos yeux toutes sortes de remèdes à base d'herbes. Une adresse incontournable pour quiconque s'intéresse aux vertus de la médecine orientale, mais elle ravira aussi les passionnés de botanique et les curieux.

FONG ON — ALIMENTATION

Plan p. 443 (☎917-261-7222 ; www.facebook.com/fongon1933 ; 81 Division St, Chinatown ; ⏲11h-19h mar-dim ; ⓈF arrêt East Broadway). Après avoir mis la clé sous la porte au terme de plus de 80 ans d'existence, cette boutique familiale spécialisée dans le tofu a rouvert sous la houlette du fils, Paul. La nouvelle génération et les anciens habitués viennent ici retrouver les mets faits maison qui ont fait le succès de la famille : tofu, lait de soja, *bai tang gao* (gâteau de riz à la vapeur), *dau fu fa* (flan au tofu), etc.

DAN HERRICK/LONELY PLANET ©

1. Ferrara Cafe & Bakery (p. 101)
Cet établissement légendaire sert un divin tiramisu.

2. Little Italy (p. 93)
Fromages dans un *deli* de Lillte Italy.

3. Chinatown (p. 100)
Doyers St, surnommée "Bloody Angle" au siècle dernier pour ses nombreux règlements de comptes.

4. Nolita (p. 91)
Une rangée de *brownstones* résidentiels à Nolita.

FLEQUIU/SHUTTERSTOCK.COM ©

INA MEN

VINTAGE

Plan p. 440 (☎212-334-2210 ; www.inanyc.com ; 19 Prince St, à hauteur d'Elizabeth St ; ⊙12h-19h ; Ⓢ6 arrêt Spring St, N/R arrêt Prince St). Les spécialistes de la mode masculine adorent les vêtements, chaussures et accessoires de cette friperie de luxe. L'ensemble est de haute qualité, avec des articles recherchés tels les jeans Rag & Bone, les pantalons en laine d'Alexander McQueen, les chemises Burberry et les chaussures Church's. La **boutique pour femmes** (plan p. 440 ; ☎212-334-9048 ; 21 Prince St, entre Mott St et Elizabeth St ; ⊙12h-19h) est juste à côté.

RAG & BONE

MODE ET ACCESSOIRES

Plan p. 440 (☎212-219-2204 ; www.rag-bone.com ; 119 Mercer St, entre Prince St et Spring St ; ⊙11h-19h ; ⓈR/W arrêt Prince St). Cette marque new-yorkaise est très prisée des New-Yorkais branchés, hommes ou femmes. Chemises et blazers épurés, T-shirts imprimés, robes légères à bretelles, articles en cuir et les fameux jeans de la marque (à partir de 200 $). La coupe est généralement impeccable, et on trouve également de nombreux accessoires (chaussures, chapeaux et maroquinerie). Le site Internet répertorie les diverses adresses de la ville.

MCNALLY JACKSON

LIVRES

Plan p. 440 (☎212-274-1160 ; www.mcnallyjackson.com ; 52 Prince St, entre Lafayette St et Mulberry St ; ⊙10h-20h ; ⓈR/W arrêt Prince St, 6 arrêt Spring St). Cette séduisante librairie indépendante possède une excellente sélection de magazines et de livres – romans contemporains, cuisine, architecture et design, art et histoire. Si vous trouvez un siège, l'agréable café est idéal pour consulter les ouvrages ou assister à l'une des fréquentes séances de lecture ou de dédicace.

YUNHONG CHOPSTICKS

BAGUETTES CHINOISES

Plan p. 443 (☎212-233-0288 ; www.happychopsticks.com ; 50 Mott St, à hauteur de Bayard St, Chinatown ; ⊙11h-19h30 ; Ⓢ6, J/N/Q/R/W/Z arrêt Canal St). Offrir un jeu de baguettes a une véritable signification en Chine, et c'est un cadeau très fréquent lors des naissances, des mariages ou des anniversaires. Cette minuscule boutique – dont la maison mère, à Pékin, a dessiné les baguettes officielles des Jeux olympiques de 2008 – vend des baguettes entre 2 et 1 000 $, selon les matériaux et la qualité.

East Village et Lower East Side

Notre sélection

❶ L'incroyable empilement de cubes blancs du **New Museum of Contemporary Art** (p. 112) et son offre foisonnante d'œuvres d'art empruntant à divers médias.

❷ La découverte des conditions de vie difficiles des immigrants du XIXe siècle grâce aux excellents circuits commentés du **Lower East Side Tenement Museum** (p. 111).

❸ Les boutiques de bibelots et les bars à saké de **St Marks Place** (p. 114), avant une session shopping tranquille dans les rues plus paisibles alentour.

❹ Ici, un pub ou un bar à cocktails, là un resto ou un jardin secret : la découverte joyeuse d'**Alphabet City** (p. 117).

❺ Toutes les saveurs du monde rassemblées sous la vaste halle de l'**Essex Market** (p. 121), dédié aux plaisirs du palais.

Pour un plan plus détaillé, reportez-vous p. 444 et 446

Bon plan Lonely Planet

De nombreux restaurants ne prenant pas de réservations dans ces quartiers, faites un détour par l'établissement de votre choix en début d'après-midi (14h devrait suffire) et laissez votre nom sur une liste ; il y a de grandes chances pour qu'on vous trouve rapidement une table à l'heure du dîner.

Le top des restaurants

- Veselka (p. 118)
- Momofuku Noodle Bar (p. 118)
- Essex Market (p. 121)
- Hearth (p. 121)
- Mamoun's (p. 117)

Voir détails p. 117

Le top des bars

- Angel's Share (p. 125)
- Immigrant (p. 128)
- Pouring Ribbons (p. 125)
- Ten Bells (p. 129)

Voir détails p. 124

Le top des boutiques

- A-1 Records (p. 132)
- Verameat (p. 132)
- Tokio 7 (p. 132)
- The Pickle Guys (p. 133)

Voir détails p. 131

Découvrir l'East Village et le Lower East Side

Si vous rêvez de voir ces images si typiquement new-yorkaises – murs en brique ornés de graffitis, gratte-ciel vertigineux, punks, grand-mères, financiers et industriels marchant côte à côte, petits cafés aux tables bancales débordant sur le trottoir –, alors l'East Village est votre terre promise. Les alentours de Tompkins Square Park (p. 116) et les Avenues d'Alphabet City, à l'est, recèlent les meilleurs bars et restaurants, ainsi que de charmants jardins communautaires où se reposer et assister parfois à un spectacle. Les rues au sud de Houston St et à l'est de Bowery sont remplies de boutiques branchées et de restaurants originaux, avec quelques bars punks subsistant au milieu des comptoirs branchés. En journée, l'atmosphère est détendue ; le soir, avec l'affluence, l'alcool qui coule à flots et les hormones qui fouettent le sang, l'endroit est bien différent. Ce quartier contrasté est aujourd'hui l'un des plus emblématiques de la ville.

Vivre comme un New-Yorkais

- **Un *block* plus loin** La fameuse artère de St Marks Place (p. 114) attire des foules en quête de shopping et de fête dans une ambiance un peu anarchique. Éloignez-vous d'un *block* dans un sens ou dans l'autre, et vous trouverez d'excellentes boutiques et de bons restaurants fréquentés par nettement moins de monde.
- **Cuisines du monde** L'East Village et le Lower East Side ont peu de rivaux à New York en termes de cuisines du monde. Nombre de restaurants ne prennent pas de réservations. Choisissez une table au hasard de vos flâneries et offrez-vous une escapade culinaire en Italie, en Inde ou en Indonésie.

Depuis/vers l'East Village et le Lower East Side

- **Métro** Dans l'East Village, la ligne L suit 14th St, avec des arrêts à 1st Ave et 3rd Ave ; l'arrêt de la ligne F, 2nd Ave-Houston St, permet d'accéder au sud du quartier. On peut aussi prendre la ligne 6 jusqu'à Astor Pl, dans l'ouest d'East Village. Dans le Lower East Side, les lignes B/D jusqu'à Grand St et F, J/M/Z jusqu'à Delancey St-Essex St couvrent l'ensemble du quartier.
- **Bus** Les lignes M14, M21 et B39, qui longent respectivement 14th St, Houston St et Delancey St, desservent bien la partie est des deux quartiers (mais n'oubliez pas de descendre du bus B39 avant qu'il ne file sur Brooklyn).

LES INCONTOURNABLES
LOWER EAST SIDE TENEMENT MUSEUM

Ce musée extrêmement bien fait occupe deux anciens immeubles du XIXe siècle au cœur du Lower East Side, quartier aujourd'hui en pleine gentrification. Il offre une plongée dans le quotidien des habitants les plus pauvres de l'une des plus grandes villes du monde durant les XIXe et XXe siècles. Pour le visiter, choisissez parmi l'une des nombreuses visites thématiques mettant en lumière l'époque, les lieux et les individus.

103 Orchard St
Le centre d'information, installé au 103 Orchard St (réunion de trois ensembles de logements bâtis en 1888) dispose d'une boutique et d'une petite salle où est projeté un film original sur l'histoire et l'influence de l'immigration dans le Lower East Side. Plusieurs soirs par mois, le musée y organise des conférences, souvent en lien avec la vie actuelle des immigrants en Amérique.

Visite des logements collectifs
Une vaste gamme de circuits entraîne le visiteur dans le bâtiment où vivaient et travaillaient des centaines d'immigrants. "Hard Times" (la vie dure), l'un des plus populaires, propose la visite d'appartements datant des années 1870 et 1930. Le visiteur découvre dans quelles conditions sordides – sans électricité ni eau, avec toilettes collectives sur le palier – vivaient locataires et familles. Les témoignages enregistrés de la famille Baldizzi, qui vivait là durant la Grande Dépression, rendent le parcours d'autant plus saisissant. D'autres visites mettent l'accent sur les immigrés irlandais, qui faisaient face à une dure discrimination, sur les ouvriers, la vie commerçante, etc.

Découverte du quartier
Les visites pédestres du quartier sont une excellente façon de comprendre la vie des immigrants. Ces circuits (entre 1 heure et 1 heure 30) explorent plusieurs thématiques : "Reclaiming Black Spaces" raconte l'importance de la communauté Noire dans le façonnement de Lower Manhattan quand "Outside of the Home" et "Building on the Lower East Side" sortent de la sphère privée pour s'intéresser à la banque Jarmulowsky où les immigrants entreposaient (et perdaient) toutes leurs économies, les églises et synagogues qui comptaient tant dans la vie de la communauté, et les lieux où les ouvriers se rassemblaient pour lutter en faveur de meilleures conditions de travail. Organisées tous les jours de la semaine, ces visites sont ouvertes aux enfants de moins de 12 ans et sont accessibles aux personnes à mobilité réduite.

À l'heure où nous écrivons ces lignes, seules les visites commentées en extérieur sont autorisées pour les enfants de moins de 12 ans, du fait des mesures sanitaires liées à la pandémie de Covid-19. Renseignez-vous sur l'assouplissement éventuel des mesures concernant les enfants avant votre visite.

À NE PAS MANQUER

- Les balades commentées dans le quartier
- La visite guidée intitulée "Hard Times"
- "Tasting at the Tenement", le jeudi à 18h30 : une visite assortie de dégustations
- La projection gratuite du film de 30 minutes dans le centre d'information

INFOS PRATIQUES

- Plan p. 446, C4
- 877-975-3786
- www.tenement.org
- 103 Orchard St, entre Broome St et Delancey St, Lower East Side
- Visite guidée 30 $, à partir de 12 ans (visites en extérieur uniquement, pour les -12 ans)
- centre des visiteurs et boutique 10h-18h, visites guidées tlj
- S B/D arrêt Grand St, F, J/M/Z arrêt Delancey St-Essex St

LES INCONTOURNABLES
NEW MUSEUM OF CONTEMPORARY ART

Le bâtiment du New Museum, dessiné par le célèbre cabinet d'architectes japonais SANAA, prouve que l'intérêt d'un musée ne se limite pas aux œuvres qui y sont exposées. Sa seule vue depuis la rue apporte au quartier une touche unique, et ses collections éblouissent et intriguent les visiteurs tout autant que sa façade.

La vision de SANAA

Tandis que les expositions se succèdent et modifient les espaces intérieurs du musée, son enveloppe – un concept architectural inspiré – s'impose, unique en son genre, au sein d'un paysage urbain varié. Cette structure est le résultat de la fructueuse collaboration des architectes de SANAA (Kazuyo Sejima et Ryue Nishizawa). En 2010, l'agence tokyoïte a remporté le prestigieux prix Pritzker pour sa contribution au monde du design – en France, on lui doit le bâtiment du musée du Louvre-Lens. Minimaliste et légère, jouant sur les textures et la transparence, leur architecture semble disparaître dans le décor.

Dans le sillage du musée

Inauguré en 2007, l'actuel bâtiment du New Museum, formé d'un empilement de blocs de hauteurs distinctes et enveloppés d'une résille uniforme d'aluminium anodisé, offre un contraste frappant avec les bâtiments en brique et les escaliers de secours en métal alentour. Désormais bien établi, il a fait des émules, et plusieurs édifices voisins ont adopté le même style aérien. Le musée s'est mué en une sorte de pôle magnétique, entraînant dans son sillage une série d'ateliers et d'espaces créatifs (p. 120).

À NE PAS MANQUER

- La façade depuis l'autre côté de la rue
- La boutique
- La vue panoramique depuis le toit du musée

INFOS PRATIQUES

- Plan p. 446, A3
- ☎212-219-1222
- www.newmuseum.org
- 235 Bowery, entre Stanton St et Rivington St, Lower East Side
- Tarif plein/réduit 18/12-15 $, gratuit -18 ans, prix libre jeu 19h-21h sur réservation
- 🕒11h-18h mar-dim, 11h-21h jeu
- Ⓢ F arrêt 2nd Ave, R/W arrêt Prince St, J/Z arrêt Bowery, 6 arrêt Spring St

Un musée avec une mission

Fondé en 1977 par l'historienne de l'art et conservatrice Marcia Tucker, ce musée, qui a connu cinq emplacements différents, s'est donné pour mission d'innover et de se consacrer uniquement aux artistes émergents. L'institution a offert de la visibilité aux artistes Keith Haring, Jeff Koons, Joan Jonas, Mary Kelly et Andres Serrano au début de leur carrière, et continue de présenter les grands noms de l'art contemporain. L'établissement recèle une collection de pièces uniques, comme l'œuvre constituée d'éléments de récupération choisis au hasard et réunis en une seule création, exposée au milieu d'une vaste salle.

Boutique du musée

Si vous n'êtes pas tenté par les expositions du moment, cela vaut quand même le coup de passer à la boutique du musée, notamment pour ses beaux livres. Les exemplaires disponibles à la vente incluent parfois d'excellentes collaborations avec des artistes exposés. Mêmes horaires d'ouverture que le musée.

Premier samedi du mois en famille

Le premier samedi du mois, le musée organise des manifestations destinées aux artistes en herbe, avec des ateliers et des activités interactives pour les 4 à 15 ans. À cette occasion, l'entrée est gratuite pour les adultes (accès toujours libre pour les enfants).

À VOTRE BON CŒUR !

Pour faire des économies, visitez le musée le jeudi soir, entre 19h et 21h. L'entrée se fait alors en échange d'une participation libre. En fonction de l'exposition en cours, la foule sera plus ou moins importante. Nous vous conseillons de réserver vos billets en ligne bien à l'avance car les soirées "pay as you wish" ont du succès. Rejoignez la file d'attente dès 18h45.

VUE PANORAMIQUE

Au 7e étage du musée, la Sky Room dotée d'une terrasse panoramique offre une vue plongeante sur la *skyline* de New York. Ouverte aux horaires du musée sauf événements privatisés (indiqués en ligne).

UNE PETITE PAUSE ?

Freemans (p. 124), à l'angle du *block*, vous attend pour le déjeuner ou à l'heure des cocktails.

LES INCONTOURNABLES
ST MARKS PLACE

Chaque rue de New York raconte une histoire, et St Marks Place est particulièrement riche en la matière. Chaque bâtiment ou presque de cette rue mythique frémit d'anecdotes remontant à une époque où l'East Village incarnait un esprit bien plus rebelle.

De 3rd Ave à Ave A

Si St Marks Place est l'une des rues les plus célèbres de New York, c'est aussi l'une des plus courtes, avec ses trois pâtés de maisons entre Astor Pl et Tompkins Square Park. L'artère regorge néanmoins de lieux historiques qui raviront les amateurs d'anecdotes. Le bar situé au 2 St Marks Place fut autrefois le célèbre Five-Spot, où l'immense jazzman Thelonious Monk fit ses débuts dans les années 1950. Eliza, la veuve d'Alexander Hamilton (l'un des grands personnages politiques américains), vécut au 4 St Marks Place dans les années 1830, l'écrivain James Fenimore Cooper (*Le Dernier des Mohicans*) juste à côté au n°6, avant que Yoko Ono et ses acolytes de Fluxus n'y prennent leurs quartiers dans les années 1960. Plus loin, les n°s 96 et 98 furent immortalisés sur la pochette de *Physical Graffiti*, un album de Led Zeppelin. Enfin, malgré sa fermeture dans les années 1990, le n° 122 reste lié au populaire café Sin-é, où se produisait souvent Jeff Buckley, entre autres.

Le Mosaic Trail

Durant votre balade, repérez les divers poteaux ornés de mosaïques. Ensemble, ils forment le **Mosaic Trail** (plan p. 114 ; www.mosaicmannyc.com ; St Marks Pl, entre Astor Pl et Ave A, East Village ; Ⓢ6 arrêt Astor Pl). Dans le milieu des années 1980, un vétéran de la guerre du Vietnam, Jim Power, surnommé "Mosaic Man", entreprit de décorer les lampadaires à l'aide d'éclats de miroirs, de carreaux, de céramiques, de perles et

À NE PAS MANQUER

- Le Mosaic Trail, ou l'art urbain dans toute sa beauté
- Un savoureux brunch dans un café
- Tompkins Square Park
- Un "Saké bomb" dans un bar japonais en sous-sol
- Les babioles et souvenirs insolites

INFOS PRATIQUES

- Plan p. 444, C2
- St Marks Pl, entre 3rd Ave et Ave A, East Village
- Ⓢ6 arrêt Astor Pl, L arrêt 3rd Ave ou 1st Ave, F arrêt 2nd Ave

de pièces de monnaie. Il tentait ainsi de contrecarrer les effets de son état de stress post-traumatique, donnant aux rues une touche artistique colorée (et à dimension politique). On y devine des symboles ou personnalités d'East Village : le CBGB (p. 115), Patti Smith, le PDT (Please Don't Tell ; p. 125).

Astor Place

À l'ouest de St Marks Place se trouve **Astor Place**, un enchevêtrement de rues qui s'articule autour de cette curieuse sculpture que les New-Yorkais surnomment le Cube. Point de rendez-vous du quartier, cette œuvre d'art – dont le vrai nom est *Alamo* – pèse plus de 900 kg et se compose exclusivement d'acier Corten.

À l'origine, Astor Place abritait l'Astor Opera House (aujourd'hui disparu), dont les représentations drainaient les classes aisées de la ville dans les années 1800. La place fut aussi le triste théâtre d'échauffourées entre des immigrants et des partisans du nativisme au sujet de deux acteurs shakespeariens rivaux, Edwin Forrest et William Macready, sur fond de lutte des classes. La police tira sur la foule, faisant une vingtaine de morts et une centaine de blessés.

Désormais, l'endroit est plus connu pour abriter les locaux du *Village Voice* et de **Cooper Union** (Foundation Building, Great Hall ; plan p. 444 ; www.cooper.edu ; 7 E 7th St, entre 3rd Ave et 4th Ave, East Village ; S 6 arrêt Astor Pl, N/R arrêt 8th St-NYU), établissement d'enseignement supérieur fondé au XIXe siècle par l'industriel et inventeur Peter Cooper.

Tompkins Square Park

St Marks Place s'achève par une oasis de verdure, bienvenue en plein cœur de l'East Village. Le Daniel Tompkins Square Park (p. 116) s'étend sur plus de 4 ha et porte le nom d'un ancien gouverneur de New York (1807-1817) qui devint vice-président des États-Unis sous James Monroe. Si les habitants aiment aujourd'hui s'y retrouver et y promener leur chien, cela n'a pas toujours été le cas. Dans les années 1980, c'était un campement de sans-abri, jonché de détritus et de seringues, où il était impensable de se hasarder. La rupture intervint en 1988, quand la police rasa le kiosque à musique et chassa une centaine de squatteurs qui vivaient sous des tentes. Après cette première éviction brutale, appelée Tompkins Square Riot, suivie d'une autre en 1991, les yuppies commencèrent à investir les lieux. De nos jours, le calme y règne, sauf à l'occasion d'un festival de musique ou d'art qui tente brièvement de faire revivre les heures bohèmes du passé – à l'image du **Charlie Parker Jazz Festival** (cityparksfoundation.org/charlieparker) qui s'y tient au mois d'août.

UNE PETITE PAUSE ?

Outre son intérêt historique et ses lieux originaux, St Marks vaut pour ses excellents restaurants. Les brunchs de l'East Village sont généralement plus abordables que dans les hauts lieux des quartiers voisins. Essayez Cafe Mogador (p. 118), qui offre une combinaison de standards américains et de plats du Moyen-Orient.

Les falafels de chez Mamoun's (p. 117) sont une institution à St Marks.

Envie de calme ? Prenez la direction de 9th St et commandez un verre à l'Immigrant (p. 128).

ÂME PUNK

Autrefois, l'East Village abritait toutes sortes de groupes punk naissants, qui fréquentaient les boutiques de vêtements de St Marks. La majorité d'entre elles ont cédé la place à des échoppes plus commerciales, mais il en reste néanmoins quelques-unes. L'incontournable Trash & Vaudeville (p. 131) existe toujours mais a dû migrer quelques *blocks* plus loin en raison de la hausse des loyers.

À VOIR

Ces deux quartiers voisins ont de quoi plaire aux visiteurs. Si East Village attire davantage par ses allées arborées, notamment autour de Tompkins Square Park, le Lower East Side recèle quelques pépites, dont le Tenement Museum, consacré à l'histoire de New York. Non loin de là, on croise de nombreuses galeries d'art (en premier lieu sur Orchard St) ainsi que le très pointu New Museum of Contemporary Art. Les autres arrêts incontournables incluent la synagogue richement restaurée et l'East River Park, lequel permet de profiter de la nature après une pause gourmande au marché voisin.

East Village

ST MARKS PLACE — RUE

Voir p. 114.

TOMPKINS SQUARE PARK — PARC

Plan p. 444 (www.nycgovparks.org ; entre E 7th St et E 10th St, Ave A et Ave B, East Village ; ⏲6h-minuit ; 👪 ; Ⓢ6 arrêt Astor Pl). Célèbre pour ses hêtres centenaires, ce parc de plus de 4 ha fut inauguré en 1879. Les habitants viennent y jouer aux échecs, pique-niquer ou y improviser de petits concerts de guitare et percussions. Ce poumon vert offre aussi des terrains de basket, un espace canin clos où les chiens s'en donnent à cœur joie, une petite piscine pour les plus jeunes, des soirées musique l'été et une aire de jeux invariablement animée. Chaque été, au mois d'août, se tient dans le parc le **Charlie Parker Jazz Festival** (www.cityparksfoundation.org/charlieparker).

ASTOR PLACE — PLACE

Plan p. 444 (8th St, entre 3rd et 4th Ave, East Village ; ⓈN/R arrêt 8th St-NYU, 6 arrêt Astor Pl). Si *Alamo*, œuvre urbaine plus connue sous le nom de "The Cube", a repris sa place après plusieurs années d'absence, Astor Place n'a pas retrouvé son âme passée, que l'on devait aux punks et squatteurs qui l'occupaient. Ce n'est d'ailleurs plus vraiment une place, mais davantage un *block* bien propret entre Broadway et Lafayette, avec des immeubles flamboyants et des bancs et cubes de granit parfaits pour regarder les gens passer.

Lower East Side

LOWER EAST SIDE TENEMENT MUSEUM — MUSÉE

Voir p. 111.

NEW MUSEUM OF CONTEMPORARY ART — MUSÉE

Voir p. 112.

MUSEUM AT ELDRIDGE STREET — MUSÉE

Plan p. 446 (☎212-219-0302 ; www.eldridgestreet.org ; 12 Eldridge St, entre Canal St et Division St, Lower East Side ; adulte/enfant 15/8 $, entrée sur don lun ; ⏲10h-17h dim-jeu, 10h-15h ven ; ⓈF arrêt East Broadway, B/D arrêt Grand St). Ce musée consacré à l'histoire de la communauté juive américaine est installé dans la **synagogue d'Eldridge Street**, qui fut l'une des premières synagogues érigées aux États-Unis par des juifs Ashkenazes. Cet important lieu de culte, bâti en 1887, était autrefois l'épicentre de la communauté juive, avant de tomber en déshérence dans les années 1920. Après 20 ans d'une rénovation achevée en 2007, le bâtiment a retrouvé sa splendeur originelle. Le billet inclut une visite guidée de 1 heure (11h, 14h dim-jeu et 11h, 13h ven).

En marge de la partie restaurée de la synagogue, on se laisse voyager à l'heure juive dans le Lower East Side, par l'entremise des expositions, des événements et séminaires organisés sur place. Fermé durant les fêtes juives et jours fériés.

ANASTASIA PHOTO — GALERIE

Plan p. 446 (☎212-677-9725 ; www.anastasia-photo.com ; 143 Ludlow St, entre Stanton St et Rivington St, Lower East Side ; ⏲10h-18h mar-sam, horaires variables ; ⓈF, J/M/Z arrêt Delancey St-Essex St). Cette petite galerie spécialisée dans la photographie documentaire et le photojournalisme met en lumière des œuvres fortes, matière à réflexion autour de sujets tels que la pauvreté dans l'Amérique rurale, les ravages de la guerre et la disparition de certaines cultures africaines. La galerie n'étant pas ouverte sur une base régulière, renseignez-vous avant de passer.

EAST RIVER PARK — PARC

Plan p. 444 (www.nycgovparks.org ; FDR Dr, de Montgomery St à E 12th St, Lower East Side ; ⏲6h-1h ; ⓈF arrêt Delancey St-Essex St). Outre d'excellents terrains de sport (base-ball, basketball, football, tennis...) des pistes de jogging et de cyclisme, des équipements de fitness, un amphithéâtre de 5 000 places

ÉDENS CITADINS

En plein New York, les jardins communautaires (*community gardens*) d'Alphabet City (le surnom du quartier constitué par les avenues A,B,C et D) offrent un spectacle saisissant. D'anciens terrains abandonnés ont en effet cédé la place à cette jolie ribambelle de verdure qui profite aux familles à faibles revenus et majoritairement hispaniques du quartier (lequel est surnommé "Loisada" en référence à la prononciation locale de "Lower East Side"). Des arbres, des fleurs, des bacs à sable et des sculptures faites de matériaux de récupération occupent désormais des espaces entre les immeubles, voire des *blocks* entiers. Bien que certains aient été détruits par des promoteurs, nombre d'entre eux subsistent et sont souvent ouverts au public le week-end d'avril à octobre ; les jardiniers, très impliqués dans la vie du quartier, sont une bonne source d'information sur la politique locale.

Le Petit Versailles (plan p. 444 ; ☎212-529-8815 ; www.alliedproductions.org ; 346 E Houston St, à hauteur d'Ave C, East Village ; ⏱14h-19h mer-dim avr-oct ; Ⓢ F, J/M/Z arrêt Delancey St-Essex St) allie oasis de verdure et arts, avec d'étonnantes performances et projections. Le **6th & B Garden** (plan p. 444 ; www.6bgarden.org ; E 6th St et Ave B, East Village ; ⏱13h-18h sam-dim avr-oct ; Ⓢ 6 arrêt Astor Pl, L arrêt 1st Ave) est un espace bien organisé qui accueille des concerts, des ateliers et des cours de yoga gratuits ; consultez le site Internet pour plus de détails. Trois splendides saules pleureurs et un étang de carpes ornent les deux terrains formant **La Plaza Cultural** (plan p. 444 ; www.laplazacultural.com ; 674 E 9th St, à hauteur d'Ave C, East Village ; ⏱12h-17h sam-dim avr-oct ; Ⓢ F arrêt 2nd Ave, L arrêt 1st Ave). Visitez aussi l'**All People's Garden** (plan p. 444 ; www.grownyc.org ; 293 E 3rd St, entre Ave C et Ave D, East Village ; ⏱horaires variables avr-oct ; Ⓢ F arrêt 2nd Ave) et **Brisas del Caribe** (plan p. 444 ; www.lungsnyc.org ; 237 E 3rd St, entre Ave B et Ave C, East Village ; ⏱9h-15h mar-jeu avr-oct ; Ⓢ F arrêt 2nd Ave) – les jardins sont généralement ouverts quand un membre y travaille (souvent le week-end), n'hésitez pas à y entrer durant votre balade dans le quartier. Vous trouverez un plan sur le site de Loisada United Neighborhood Gardens (LUNGS ; www.lungsnyc.org).

où se tiennent régulièrement des concerts, une aire de jeux et de larges étendues de verdure, le John V. Lindsay East River Park (c'est son nom complet) est un parc vivifiant offrant une vue magnifique sur les ponts de Williamsburg, de Manhattan et de Brooklyn. Dans le cadre du projet de lutte de la ville contre le dérèglement climatique, pour endiguer la montée des eaux, le parc devait fermer pour 5 ans pour de titanesques travaux de surélévation. Initialement prévus début 2021, ils n'ont toujours pas commencé à l'heure où nous écrivons ces lignes.

OÙ SE RESTAURER

Ici, la quintessence de la scène gastronomique new-yorkaise se manifeste dans la variété : un seul *block* réunit plusieurs continents et toute la gamme des prix possibles. Vous y trouverez de quoi ravir tous les palais : petites trattorias italiennes, restaurants de fondue chinoise, sandwicheries originales, palais des *pierogi* (sortes de raviolis d'Europe de l'Est), nombreux bars à sushis et à ramen, pizzerias et stands de falafels. À mesure que le quartier s'embourgeoise, la qualité et la diversité de l'offre (et les prix) augmentent.

East Village

MAMOUN'S — MOYEN-ORIENTAL $

Plan p. 444 (☎646-870-5785 ; www.mamouns.com ; 30 St Marks Pl, entre 2nd Ave et 3rd Ave, East Village ; sandwichs 6,50-10 $, assiettes 9-13,50 $; ⏱11h-23h ; Ⓢ 6 arrêt Astor Pl, L arrêt 3rd Ave). Chaîne de restaurants spécialisés dans le falafel, Mamoun's a agrandi son site emblématique de plats à emporter à St Marks en ajoutant des tables à l'intérieur comme à l'extérieur. En fin de semaine, de joyeux fêtards viennent achever leur nuit arrosée avec un *chawarma* savoureux à la célèbre sauce piquante maison. Végétariens, commandez un falafel au houmous ou *baba ganoush,* une soupe de lentilles ou une assiette de taboulé.

CRIF DOGS
HOT DOGS $

Plan p. 444 (www.crifdogs.com ; 113 St Marks Pl, entre Ave A et 1st Ave, East Village ; hot dog 6,50-8,95 $; 17h-2h lun-mer, 17h-4h jeu-sam ; S L arrêt 1st Ave). Si l'on parle plus souvent du bar secret qui s'y cache – le PDT (p. 125), chut ! –, Crif Dogs vaut bien un petit détour pour ses hot dogs. Le pain est bon, et les garnitures (oignons, relish, jalapeños, bacon...) sont un régal.

MIKEY LIKES IT
GLACES $

Plan p. 444 (212-673-0199 ; www.mikeylikesiticecream.com ; 199 Ave A, entre E 12th St et E 13th St, East Village ; 1 boule 5 $; 13h-23h dim-jeu, 13h-1h ven, 12h-1h sam ; S L arrêt 1st Ave). Cette petite échoppe bleu et blanc qui ne paie pas de mine vend des glaces maison délicieuses et propose d'audacieuses combinaisons : fraises au vinaigre balsamique et poivre noir, ou glace à la banane truffée de cacahuètes nappées de chocolat. La belle histoire du fondateur et propriétaire, Mike Cole, rend ses glaces, inspirées de la culture hip-hop, encore meilleures.

MUD SPOT
CAFÉ $

Plan p. 444 (212-529-8766 ; www.onmud.com ; 307 E 9th St, entre 2nd Ave et 1st Ave, East Village ; plats 7-14 $; 7h30-22h lun-ven, 8h-22h sam-dim ; S L arrêt 3rd Ave, L arrêt 1st Ave, 4/6 arrêt Astor Pl). Cette alcôve de 9th St est l'une des adresses fétiches des riverains à la recherche de leur dose de caféine, d'un solide petit-déjeuner après une longue soirée de fête ou d'un endroit convivial pour discuter tranquillement entre amis (pas de Wi-Fi). Le brunch quotidien (café, bière artisanale ou cocktail Mimosa, et toutes sortes de plats) servi toute la journée coûte seulement 21,50 $. Allez au fond : le jardin est étonnamment grand.

RAI RAI KEN
RAMEN $

Plan p. 444 (212-995-2877 ; www.rairaiken-ny.com ; 218 E 10th St, entre 1st Ave et 2nd Ave, East Village ; ramen 13,50-15 $; 13h-21h mer, jeu et dim, 12h-22h ven-sam ; S L arrêt 1st Ave, 6 arrêt Astor Pl). La devanture a beau être minuscule, il est difficile de rater cet établissement car il y a toujours foule devant la porte. À l'intérieur, des tabourets en bois sont disposés autour d'un bar à nouilles, derrière lequel les cuisiniers préparent sans relâche un savoureux bouillon de porc ou de poulet. Recette végétarienne également. Rai Rai Ken a fusionné avec Curry-Ya et Otafuku, qui viennent étoffer la carte avec leurs spécialités, respectivement des curries japonais (15-17 $) et des *takoyaki* (9-16 $).

♥ MOMOFUKU NOODLE BAR
NOUILLES $$

Plan p. 444 (212-777-7773 ; momofukunoodlebar.com ; 171 1st Ave, entre E 10th St et E 11th St, East Village ; nouilles 17-25 $, 2 buns 13 $; 17h-22h lun-jeu, 12h-23h ven-sam, 12h-22h dim ; ; S L arrêt 1st Ave, 6 arrêt Astor Pl). Quelques tables, pas de réservation : il faut attendre, mais cela en vaut la peine. Ce bar à nouilles est un petit phénomène. Elles se dégustent épicées avec de la viande, au gingembre et pickles de shiitaké, froides à la saucisse du Sichuan et au basilic thaï... Tout est délicieux. Le menu change constamment et comporte également des petits pains vapeur fourrés (au bœuf ou aux shiitakés par exemple), des plats sur le pouce (ailes de poulet fumées) et des desserts. La salle, bondée, reste indifférente aux vapeurs venues de la cuisine ouverte.

Momofuku fait partie de l'empire international du restaurateur David Chang (www.momofuku.com), qui remporte un succès fou. À New York, il compte aussi le doublement étoilé **Momofuku Ko** (8 Extra Pl, East Village), avec son menu dégustation de 10 plats (280 $), le très carnivore **Momofuku Ssäm Bar** (89 South St, Pier 17), **Fuku** (trois adresses à Manhattan), spécialisé dans le poulet frit, et un second bar à nouilles, **Momofuku Noodle Bar Uptown**, dans le centre commercial de Columbus Circle.

♥ VESELKA
UKRAINIEN $$

Plan p. 444 (212-228-9682 ; www.veselka.com ; 144 2nd Ave, à la hauteur de E 9th St, East Village ; plats 15-21 $, *pierogi* 8-16 $; habituellement 24h/24 ; S 6 arrêt Astor Pl, L arrêt 3rd Ave). Cette institution ouverte en 1954 témoigne de l'ancienne âme ukrainienne du quartier. C'est l'occasion de goûter des *pierogi* (raviolis au fromage, à la pomme de terre ou à la viande), le bortsch ou le goulasch maison. Les tables accueillent les affamés et les contemplatifs toute la nuit, mais l'endroit est tout aussi sympathique de jour. Les écrivains, comédiens et personnalités d'East Village, qui en ont fait l'un de leurs repaires, ne nous contrediront pas.

CAFE MOGADOR
MAROCAIN $$

Plan p. 444 (212-677-2226 ; www.cafemogador.com ; 101 St Marks Pl, entre 1st Ave et Ave A, East Village ; plats 17,50-26 $; 10h-23h dim-jeu, 10h-minuit ven, 9h30-minuit sam, 9h30-23h

Promenade à pied
Culture(s) dans East Village

DÉPART ST MARKS PL
ARRIVÉE TOMPKINS SQUARE PARK
DISTANCE 1,6 KM ; 1 HEURE 15

L'East Village a longtemps été une terre d'accueil. Les vagues successives d'immigrés qui s'y sont installées ont durablement marqué ses rues.

Parcourez St Marks Place et suivez le 1 **Mosaic Trail** (p. 114), composé d'une série de poteaux décorés de mosaïques réalisés par Jim Power, un vétéran de la guerre du Vietnam, dans les années 1980. Continuez jusqu'à 2nd Ave puis prenez à gauche. Vous verrez les façades en terre cuite d'une 2 **bibliothèque municipale et d'une ancienne clinique** aux nos 135 et 137 de 2nd Ave. Construites en 1884, elles dépendaient de la communauté allemande qui vivait ici. Remontez vers le nord pour admirer 3 **St Mark's Church in-the-Bowery** (www.stmarksbowery.org ; 10h-18h lun-ven). En 1660, le gouverneur colonial Peter Stuyvesant fit construire sa chapelle familiale à cet endroit (il repose dans la crypte en dessous), ce qui en fait le plus ancien site religieux de New York toujours en service.

Partez ensuite vers le sud-est en direction du croisement entre E 10th St et 2nd Ave. C'est là que se trouve le 4 **Yiddish Theater Memorial**, où figurent les noms des comédiens et auteurs issus des théâtres juifs qui prospéraient dans le quartier à la veille de la Seconde Guerre mondiale. Suivez 10th St vers l'est et voici les 5 **bains russes et turcs** (p. 130), qui existent depuis 1892.

Continuez vers l'est en direction de l'Ave B et tournez à droite : au n° 151 se trouve la maison qu'occupait le saxophoniste de jazz 6 **Charlie Parker** dans les années 1950. Prenez E 9th St à gauche et continuez jusqu'à l'Ave C pour explorer 7 **La Plaza Cultural** (p. 117), l'un des petits jardins communautaires qui jalonnent "Loisada", la partie hispanique à l'est du quartier.

Revenez ensuite sur vos pas jusqu'au 8 **Tompkins Square Park** (p. 116), à un *block* de là, dont profitent aujourd'hui les jeunes actifs et familles de classe moyenne qui forment le noyau dur du quartier.

LES GALERIES D'ART DU LOWER EAST SIDE

Si Chelsea reste le poids lourd new-yorkais en matière de galeries d'art, le Lower East Side compte plusieurs lieux de qualité. Parmi les pionniers la galerie **Sperone Westwater** (plan p. 446 ; ☎212-999-7337 ; www.speronewestwater.com ; 257 Bowery, entre E Houston St et Stanton St, Lower East Side ; ⏲10h-18h mar-sam ; Ⓢ F arrêt 2nd Ave) a ouvert en 1975. Elle accueille les œuvres d'artistes mondialement reconnus, tels William Wegman et Richard Long. L'édifice dans lequel elle est installée depuis 2010 a été conçu par le célèbre architecte Norman Foster, qui a déjà fait parler de lui à NYC avec le Hearst Building et le David Geffen Hall (ex-Avery Fisher Hall). À quelques *blocks* au nord en longeant le Bowery se trouve **The Hole** (plan p. 444 ; ☎212-466-1100 ; www.theholenyc.com ; 312 Bowery, au niveau de Bleecker St, East Village ; ⏲12h-19h mer-dim ; Ⓢ 6 arrêt Bleeker St, B/D/F/M arrêt Broadway-Lafayette St) et ses 370 m^2 connus pour les célébrités – Courtney Love, Salman Rushdie... – et figures du monde de l'art qui se pressent dans ses soirées d'inaugurations branchées.

Entre Chrystie St et le Bowery, en passant dans Broome St, jetez un œil à la galerie **The Bowery Union** (329 Broome St). Orchard St abrite également de hauts lieux de l'art entre Rivington St et Canal St, notamment la galerie **Perrotin** (plan p. 446 ; ☎212-812-2902 ; www.perrotin.com ; 130 Orchard St, entre Rivington St et Delancey St, Lower East Side ; ⏲10h-18h mar-sam ; Ⓢ F/M, J/Z arrêt Delancey St-Essex St).

La galerie Salon 94 Bowery, qui a marqué les esprits avec son mur d'écrans LCD de 6 m de long diffusant de l'art vidéo dans la rue, a quitté le 243 Bowery pour l'Upper East Side, mais son annexe **Salon 94 Freemans** (☎212-529-7400 ; www.salon94.com ; 1 Freemans Alley ; ⏲sur rendez-vous) est toujours cachée dans Freemans Alley ; renseignez-vous pour prendre rendez-vous.

dim ; Ⓢ 6 arrêt Astor Pl). Tenu par la même famille depuis 1983, ce bastion culinaire new-yorkais sert de généreuses portions de couscous, de viande grillée accompagnée de riz et de très bonnes assiettes de houmous, tomates et persil, entre autres. La vedette reste cependant le tajine et ses quatre sauces. Les tables sont occupées par une jeunesse volubile qui prend possession de la petite terrasse aux premiers rayons de soleil. Le brunch (servi le week-end de 9h30 à 16h) est excellent. Seconde adresse à Williamsburg (133 Wythe Ave).

GYU-KAKU — BARBECUE JAPONAIS $$

Plan p. 444 (☎212-475-2989 ; www.gyu-kaku.com ; 34 Cooper Sq, entre East 5th St et East 6th St ; petites assiettes 6-11 $, viandes à griller 6,50-15,50 $; ⏲11h-21h30 dim-jeu, 11h-22h30 ven-sam ; Ⓢ 6 arrêt Astor Pl, N/R arrêt 8th St-NYU). Le *yakiniku* (barbecue japonais) connaît un fort engouement à New York et ce restaurant de chaîne est l'un des meilleurs endroits de la ville pour se plier à la tendance à prix imbattables. On s'installe autour d'une table équipée d'un gril avec extracteur de fumée, et l'on cuit soi-même les fines tranches de viande, notamment du bœuf *wagyu* maturé 21 jours (12,45 $). Tous les jours de 11h à 17h, la formule *happy hour* pour deux personnes avec bœuf, porc, poulet et accompagnements ne coûte que 75 $, et des réductions sont offertes sur certains plats de la carte.

UPSTATE — PRODUITS DE LA MER $$

Plan p. 444 (☎646-791-5400 ; www.upstatenyc.com ; 95 1st Ave, au niveau de E 6th St, East Village ; plats 16-20 $; ⏲17h-21h30 mar-jeu et dim, 17h-22h ven-sam ; Ⓢ F arrêt 2nd Ave). Ce petit établissement sert d'excellents fruits de mer et bières artisanales. La carte, sans cesse renouvelée, annonce la couleur : moules à la bière, ragoût de fruits de mer, pâtes aux palourdes, *uni* (corail d'oursin) et large choix d'huîtres. Tous les ingrédients, dont les fruits de mer, sont achetés quotidiennement au marché. Venez tôt car la file d'attente peut être longue.

LUZZO'S — PIZZERIA $$

Plan p. 444 (☎212-473-7447 ; www.facebook.com/LuzzosNY ; 211 1st Ave, entre E 12th St et 13th St, East Village ; pizzas 18-23 $; ⏲12h-23h dim-jeu, 12h-minuit sam-dim ; Ⓢ L arrêt 1st Ave). Chaque soir, le cadre rustique du populaire Luzzo's attire les foules autour de pizzas fines, nappées d'une généreuse sauce tomate et cuites au feu de bois.

PRUNE AMÉRICAIN MODERNE $$

Plan p. 444 (☎212-677-6221 ; www.prunerestaurant.com ; 54 E 1st St, entre 1st Ave et 2nd Ave, East Village ; plats déj 14-22 $ dîner 15-32 $, brunch 15-25 $; 🕒11h30-15h lun-ven et 17h30-23h tlj, brunch 10h-15h30 sam-dim ; Ⓢ F arrêt 2nd Ave). Attendez-vous à de longues files d'attente le week-end, lorsque les fêtards viennent se remettre d'aplomb avec un brunch et un excellent Bloody Mary (11 variétés). La petite salle, toujours bondée, voit affluer les clients en quête de truite sauce à la menthe et aux amandes, de magret de canard grillé ou d'un bon ris de veau.

IPPUDO NY RAMEN $$

Plan p. 444 (☎212-388-0088 ; www.ippudony.com ; 65 4th Ave, entre 9th St et 10th St, East Village ; ramen 17-19 $; 🕒11h30-15h30 et 17h-21h30 lun-jeu, jusqu'à 22h30 ven-sam, sans interruption sam, 11h-21h30 dim ; Ⓢ R/W arrêt 8th St-NYU, 4/5/6, N/Q/R/W, L arrêt 14th St-Union Sq, 6 arrêt Astor Pl). À New York, Ippudo est monté d'un cran en assortissant ses succulents ramens à un cadre élégant rouge et noir, avec rock en fond sonore.

WESTVILLE EAST AMÉRICAIN $$

Plan p. 444 (☎212-677-2033 ; westvillenyc.com ; 173 Ave A, au niveau de E 11th St, East Village ; plats déj 12-19 $, dîner 15-32$; 🕒11h30-15h et 17h-22h lun-sam, 10h-16h et 17h-22h dim, brunch 10h-16h sam-dim ; Ⓢ L arrêt 1st Ave ; 6 arrêt Astor Pl). Légumes du marché ultrafrais et plats appétissants sont de rigueur à Westville, et le style "cottage" élégant et charmant du décor ne gâche rien. Les New-Yorkais aiment s'y poser au déjeuner pour dévorer salade de chou kale ou hot dogs (4-12 $).

KANOYAMA SUSHIS $$

Plan p. 444 (☎212-777-5266 ; www.kanoyama.com ; 175 2nd Ave, près d'E 11th St, East Village ; rolls 8-24 $, suhi-sashimi 6-17 $/pièce, plats 26-32 $; 🕒17h30-22h30 dim-jeu, 17h30-23h30 ven-sam ; ✎ ; Ⓢ L arrêt 3rd Ave ; L, N/Q/R/W, 4/5/6 arrêt 14th St-Union Sq). Cette adresse est appréciée des habitants du quartier pour ses sushis sans chichis et ses plats du jour ultra frais au cœur d'East Village. Et ils ne s'y sont pas trompés, l'adresse a été auréolée d'une étoile au Michelin. Sushis à la carte ou en rolls et assiettes de tempura.

LAVAGNA ITALIEN $$

Plan p. 444 (☎212-979-1005 ; www.lavagnanyc.com ; 545 E 5th St, entre Ave A et Ave B, East Village ; plats 16-35 $; 🕒18h-23h lun-jeu, 18h-minuit ven, 12h-minuit sam, 12h-23h dim ; ✎ 👪 ; Ⓢ F arrêt 2nd Ave). Le bois sombre à la lueur des bougies fait de ce chaleureux établissement un refuge idéal pour les amoureux. L'endroit reste assez décontracté pour convenir aux enfants, du moins en début de soirée, avant que la salle ne se remplisse. Au menu : pâtes délicieuses, pizzas fines et plats consistants comme les côtelettes d'agneau.

HEARTH ITALIEN $$$

Plan p. 444 (☎646-602-1300 ; www.restauranthearth.com ; 403 E 12th St, près de 1st Ave, East Village ; plats 24-38 $; 🕒14h-17h mer-ven et 17h-21h dim-jeu, jusqu'à 21h30 ven-sam, brunch 12h-15h sam, jusqu'à 16h dim ; Ⓢ L arrêt 1st Ave ; L, N/Q/R/W, 4/5/6 arrêt 14th St-Union Sq). Bien connu des gastronomes exigeants et argentés, Hearth présente un intérieur en brique chaleureux. La carte change régulièrement, mais on y trouve principalement viandes rôties et légumes sautés bien assaisonnés, ainsi qu'une ou deux options moins carnivores comme le bar sauvage aux palourdes ou la salade d'aubergines et ricotta.

Lower East Side

♥ ESSEX MARKET MARCHÉ $

Plan p. 446 (www.essexmarket.nyc ; 88 Essex St, angle Delancey St et Essex St, Lower East Side ; 🕒8h-20h lun-jeu, 8h-21h ven-sam, 10h-18h dim ; ✎ ; Ⓢ F, J/M/Z arrêt Delancey St-Essex St). Fondé en 1940 dans un bâtiment étriqué de l'autre côté de Delancey St, ce marché gourmand et gourmet a déménagé en 2019 et pris de l'ampleur. Faites votre choix parmi les fruits de mer frais, les viandes et les fromages avant de vous installer à l'étage entièrement vitré pour profiter au soleil de poisson fumé scandinave, de cuisine dominicaine, de bentos japonais, de poulet thaï, d'énormes sandwichs et autres glaces artisanales.

KOSSAR'S BAGELS & BIALYS JUIF $

Plan p. 446 (☎212-473-4810 ; www.kossars.com ; 367 Grand St, Lower East Side ; bagel 3,95-15,75 $, bialys 1,35 $; 🕒6h-15h lun-jeu, 6h-16h ven-dim; Ⓢ F/M, J/Z arrêt Delancey St-Essex St). On sert ici et depuis 1936 des gâteaux juifs sucrés et salés, à l'image du babka chocolat-cannelle, des bagels, du plus simple (*cream cheese*) au plus élaboré, et des bialys, ces délicieux petits pains légèrement creusés au centre et garnis d'oignons ou d'ail, originaires de

Promenade à pied
Découvertes gourmandes dans le LES

DÉPART YONAH SCHIMMEL KNISH BAKERY
ARRIVÉE DOUGHNUT PLANT
DISTANCE 1,8 KM ; 2 HEURES 30

Le Lower East Side a longtemps accueilli des immigrés venus des quatre coins de la planète. Découvrez, à la faveur d'une balade, les traditions culinaires ayant durablement marqué New York.

Commencez par E Houston St et un *knish* aérien à la pomme de terre chez 1 **Yonah Schimmel** (fondé en 1910), accompagné d'une boisson gazeuse typique de Big Apple (un *egg cream* ou un *lime rickey*). Un peu plus loin à l'est se trouve l'épicerie 2 **Russ & Daughters** (page ci-contre), où acheter votre portion de *lox* et de fromage frais pour votre petit-déjeuner du lendemain. Un *block* plus loin, poussez la porte de 3 **Katz's Delicatessen** (p. 124) pour avaler un énorme sandwich chaud au pastrami.

Prenez la direction du sud sur Essex St puis tournez à gauche pour prendre Rivington St. Chez 4 **Supermoon Bakehouse** (page ci-contre), offrez-vous un croissant fourré préparé avec brio. Revenez sur vos pas et prenez Essex St jusqu'à 5 **Economy Candy** (p. 133), féerique boutique de bonbons.

Continuez vers l'ouest et tournez à gauche sur Eldridge St puis longez encore deux *blocks* et les voici, les savoureux raviolis maison de chez 6 **Vanessa's Dumpling House** (page ci-contre). Engagez-vous dans Broome St, tournez à droite et, quatre *blocks* plus loin, découvrez le nouvel emplacement de l'7 **Essex Market** (p. 121), vaste marché pour gourmets, aux accents venus du monde entier, des empanadas dominicaines au poulet frit coréen.

À l'angle d'Essex St et Grand St, trouvez la recette des pickles de vos rêves chez 8 **The Pickle Guys** (p. 133). Quelques numéros de rue plus loin, choisissez un bagel ou un bialy chez 9 **Kossar's** (p. 121). Et pour finir par une note sucrée, célébrez l'art du donut haut de gamme chez 10 **Doughnut Plant** (page ci-contre), trois numéros plus bas. Inventivité et gourmandise y sont les maîtres mots, avec des ingrédients comme le chocolat Valrhona ou le glaçage à l'eau de rose.

Bialystok en Pologne. Kossar's les propose aussi aux olives ou aux tomates séchées et pesto.

SUPERMOON BAKEHOUSE — BOULANGERIE $

Plan p. 446 (www.supermoonbakehouse.com ; 120 Rivington St, angle Essex St, Lower East Side ; pâtisseries 4-9,5 $; 8h-22h lun-jeu, 8h-11h ven, 9h-23h sam, 9h-22h dim ; S F arrêt Delancey St). Tout est sympa dans cette boulangerie tenue par des Australiens : l'accueil, la cuisine vitrée et les pâtisseries, inventives à souhait. Croissants fourrés sucrés ou salés (orange-safran, myrtille-matcha, jambon-fromage, aubergine-feta...), crèmes glacées, donuts... Un vrai plaisir des yeux et des papilles.

YONAH SCHIMMEL KNISH BAKERY — JUIF $

Plan p. 446 (212-477-2858 ; www.knishery.com ; 137 E Houston St, au croisement de Forsyth St, Lower East Side ; knish 4-5 $; 10h-19h lun-dim ; ; S F arrêt Second Ave). Remontez le temps dans ce café-boulangerie qui sert, depuis 1910, des *knishes* (petits pains garnis avec de la purée, du sarrasin, du chou, des épinards, des myrtilles et du fromage, par exemple). On peut aussi y savourer des recettes traditionnelles (galettes de pomme de terre, Apfelstruddle) et boire un *egg cream* (sirop de chocolat, lait, eau gazeuse) ou un *lime rickey* (une boisson à base de citron vert et d'eau gazeuse).

SOUVLAKI GR — GREC $

Plan p. 446 (212-777-0116 ; www.souvlakigr.com; 116 Stanton St, à hauteur d'Essex St ; sandwichs pita 8-11 $, assiette 3 *mezze* 22,75 $; 11h-22h ; S F, J/M/Z arrêt Delancey St-Essex St). Forte du succès de son *food truck*, l'équipe de Souvlaki GR a ouvert ce petit restaurant grec sans prétention, à la décoration bleu et blanc évoquant Mykonos. À la carte, on retrouve les mêmes spécialités – des sandwichs savoureux garnis d'agneau rôti, au pain pita encore chaud – ainsi qu'une sélection de tapas grecques comme le tzatziki ou le caviar d'aubergines. Tout est fait maison à base de produits frais, et les prix restent doux.

CHEEKY SANDWICHES — SANDWICHS $

Plan p. 446 (646-504-8132 ; www.cheekysandwiches.com ; 35 Orchard St, angle Hester St et Canal St, Lower East Side ; sandwichs 4,50-8,50 $; 7h-21h lun-jeu, 7h-minuit ven, 8h-minuit sam, 8h-21h dim ; S F arrêt East Broadway). Cette petite gargote semble tout droit sortie du pays cajun. Les sandwichs sont à tomber, notamment celui au poulet frit, coleslaw et jus de viande. Ajoutez un café à la chicorée plus un bread pudding en dessert et vous voici comblé à petit prix.

DOUGHNUT PLANT — DONUTS $

Plan p. 446 (212-505-3700 ; www.doughnutplant.com ; 379 Grand St, angle de Norfolk St, Lower East Side ; donuts 3-4 $; 6h30-20h dim-jeu, 6h30-21h ven-sam ; S F, J/M/Z arrêt Delancey St-Essex St). Légende new-yorkaise, Doughnut Plant est le nom à connaître pour goûter aux parfums de donuts originaux (yuzu, *tres leches*, crème brûlée, fleur d'oranger) à base d'ingrédients naturels. Il y a six autres adresses à New York, notamment à Chelsea, au 220 W 23rd St.

VANESSA'S DUMPLING HOUSE — CHINOIS $

Plan p. 446 (212-625-8008 ; www.vanessas.com ; 118a Eldridge St, entre Grand St et Broome St, Lower East Side ; raviolis 2-7 $; 11h-21h ; S B/D arrêt Grand St, J arrêt Bowery, F arrêt Delancey St). De délicieux raviolis chinois (porc ou poulet et fines herbes, ciboulette ou chou, crevettes, végétariens) préparés à la vitesse de l'éclair et vendus à prix défiant toute concurrence. Ils sont cuits à la vapeur, frits ou servis en soupe.

♥ IVAN RAMEN — RAMEN $$

Plan p. 446 (646-678-3859 ; www.ivanramen.com ; 25 Clinton St, entre Stanton St et E Houston St, Lower East Side ; plats 13-18 $; 12h-21h ; S F, J/M/Z arrêt Delancey St-Essex St, F arrêt 2nd Ave). Après avoir monté deux restaurants de ramen à succès en plein cœur de Tokyo, Ivan Orkin, natif de Long Island, est venu essaimer dans son pays natal. Si personne ne peut trancher sur la meilleure adresse à ramen de la ville, celle-ci est de toutes les shortlists. D'autres plats comme les *mazemen* (ramen sans bouillon) ou les buns vapeur au porc sont tout aussi alléchants.

RUSS & DAUGHTERS CAFE — JUIF $$

Plan p. 446 (212-475-4880 ; www.russanddaughterscafe.com ; 127 Orchard St, entre Delancey St et Rivington St, Lower East Side ; plats 18-23 $; 9h-22 lun-ven, 8h-22h sam-dim ; S F, J/M/Z arrêt Delancey St-Essex St). Asseyez-vous pour savourer un bagel et peut-être le meilleur *lox* (saumon confit au sel) de New York, dans le confort d'un *diner* à l'ancienne attenant à l'épicerie

Russ & Daughters (p. 132). On y sert également des galettes de pomme de terre, du bortsch, des œufs sous toutes leurs formes et même, pour les amateurs, de l'émincé de foie.

CASA MEZCAL
MEXICAIN **$$**

Plan p. 446 (☎212-777-2600 ; www.facebook.com/casamezcalny ; 86 Orchard St, entre Broome St et Grand St, Lower East Side ; tacos et quesadillas 13-23 $, plats 20-30 $, cocktails environ 16 $; ⏲12h-minuit lun-jeu et sam, 12h-2h ven, 12h-22h30 dim ; 🖉 ; Ⓢ F, J/M/Z arrêt Delancey St-Essex St, B/D arrêt Grand St). Un lieu festif qui célèbre les riches traditions culinaires du Mexique, et de la région d'Oaxaca en particulier. La salle haute de plafond arbore des guirlandes en papier et masques colorés, crânes de la fête des Morts, fétiches et même une dinde. Testez les plats à l'accent régional comme le vivaneau à la purée de patate douce et aux piments *xcatic*. Réservation recommandée le week-end. *Happy hour* jusqu'à 16h le samedi et toute la journée le dimanche !

CLINTON STREET BAKING COMPANY
AMÉRICAIN, BRUNCH **$$**

Plan p. 446 (☎646-602-6263 ; clintonstreetbaking.com ; 4 Clinton St, entre Stanton St et Houston St, Lower East Side ; plats 12-18 $; ⏲9h-16h dim-mar, 9h-22h mer-sam ; Ⓢ F, J/M/Z arrêt Delancey St-Essex St, F arrêt 2nd Ave). Cet établissement spécialiste du brunch remporte la palme dans tellement de catégories – pancakes, muffins, *po'boys* (sandwich baguette originaire de Louisiane), etc. – que vous pouvez difficilement vous tromper en vous y arrêtant. Le soir, optez pour un "petit-déjeuner au dîner" (pancakes, œufs Bénédicte), des tacos de poissons ou l'excellent poulet frit au babeurre. Le week-end, on s'y bouscule et l'attente pour le brunch peut facilement dépasser 1 heure ; réservez !

KATZ'S DELICATESSEN
JUIF **$$**

Plan p. 446 (☎212-254-2246 ; www.katzsdelicatessen.com ; 205 E Houston St, angle de Ludlow St, Lower East Side ; sandwichs chauds 21-26 $; ⏲8h-22h45 lun-ven, 8h-23h sam-dim ; Ⓢ F arrêt 2nd Ave). S'il ne reste plus beaucoup de restaurants juifs classiques dans le LES, quelques glorieux bastions demeurent. Katz's Delicatessen – cadre de la célèbre scène de *Quand Harry rencontre Sally* (1989) où Meg Ryan simule un orgasme – est l'un d'eux. Vous y trouverez les classiques de deli comme le pastrami ou le sandwich de pain de seigle au salami. Les files d'attente sont longues, les tarifs élevés (le classique sandwich chaud au pastrami de Katz's coûte 24,95 $!), mais un sandwich peut facilement nourrir deux personnes (sauf les plus affamées). Allez-y très tôt ou très tard, la foule sera un peu moins dense.

JAJAJA PLANTAS MEXICANA
MEXICAIN, VÉGAN **$$**

Plan p. 446 (☎646-883-5453 ; www.jajajamexicana.com ; 162 East Broadway, à l'angle de Rutgers St ; plats 8-16 $; ⏲11h-23h dim-jeu, 11h-minuit ven-sam ; 🖉 ; Ⓢ F arrêt East Broadway). Tout de bois vêtue, cette adresse branchée prouve que cuisine mexicaine et véganisme peuvent faire bon ménage avec une carte sans aucun produit d'origine animale. Goûtez par exemple au ceviche aux algues *hijiki* ou au taco de chorizo au *seitan*, tous deux excellents. Brunch le week-end de 11h à 16h.

FREEMANS
AMÉRICAIN **$$$**

Plan p. 446 (☎212-420-0012 ; www.freemansrestaurant.com ; Freeman Alley, près de Rivington St, Lower East Side ; plats brunch 16-21 $, dîner 28-38 $; ⏲11h-23h mar-sam, 11h-22h dim-lun ; Ⓢ F arrêt 2nd Ave). Dissimulé au bout d'une allée, ce restaurant à l'emplacement charmant et à l'intérieur un rien labyrinthique attire une foule généralement branchée autour de ses tables en bois. On vient y savourer des cocktails généreusement servis en mangeant du poulet rôti ou un poisson poché à basse température. Les plantes en pots, la cheminée et les trophées de chasse apportent une touche rustique loin de l'effervescence citadine (si la salle n'est pas comble). Brunch tous les jours (11h-16h).

OÙ PRENDRE UN VERRE ET FAIRE LA FÊTE

L'ambiance du mythique club CBGB et du New York punk des années 1970 appartient certes au passé, mais le Lower East Side compte toujours parmi les quartiers les plus cool de Manhattan. La clientèle "bridge and tunnel" (les fêtards venus des banlieues de New York) a ses adresses préférées, quand les résidents du quartier continuent de dénicher de nouveaux clubs, où viennent

se produire les futures stars du rock indé. Dans l'East Village, plus on va vers l'est, plus l'atmosphère est débridée. Vous y trouverez des bars underground pleins d'étudiants comme des clubs huppés cachés derrière un restaurant japonais... Le week-end venu, tout est absolument bondé.

East Village

BERLIN
CLUB

Plan p. 444 (☎212-505-2466 ; berlin.nyc ; 25 Ave A, entre E 1st St et E 2nd St, East Village ; 20h-2h dim-jeu, 20h-4h ven-sam ; S F arrêt 2nd Ave). Sous-sol de briques voûté situé sous l'Avenue A, le Berlin fait tout pour être invisible. Après avoir déniché la porte banalisée, au coin du bar qui semble occuper l'adresse indiquée, un escalier raide conduit à ce repaire indé. Une fois dans la place, faites la fête parmi une foule dense, au son du rock, du funk, du disco et de la house... Une participation de 5 $ est parfois demandée à l'entrée.

WAYLAND
BAR À COCKTAILS

Plan p. 444 (☎212-777-7022 ; www.thewaylandnyc.com ; 700 E 9th St, angle Ave C, East Village ; 16h-minuit mar-mer, 16h-2h jeu, 16h-4h ven, 14h-4h sam, 14h-minuit dim ; S L arrêt 1st Ave). Les murs chaulés, les parquets patinés et les lampes de récup' confèrent à ce bastion urbain un parfum de Mississippi, qui se marie parfaitement à la musique live (bluegrass, jazz, folk) du dimanche au mercredi soir. Les boissons restent néanmoins les véritables vedettes du lieu – notamment le "I Hear Banjos !" (*apple pie moonshine, rye whisky, house apple bitters* et *applewood smoke*), au goût de feu de camp.

POURING RIBBONS
BAR À COCKTAILS

Plan p. 444 (☎917-656-6788 ; www.pouringribbons.com ; 225 Ave B, 2e niv, entre E 13th St et E 14th St, East Village ; 18h-2h ; S L arrêt 1st Ave). Un endroit chic et élégant, en étage, dans Alphabet City, voilà qui est aussi rafraîchissant que ses boissons, aux saveurs délicatement travaillées. La carte des cocktails, encyclopédique, satisfera tout le monde, avec un "guide pour choisir" très pratique. Admirez aussi ce qui est peut-être la plus grande collection de chartreuses de New York.

PDT
BAR

Plan p. 444 (☎212-614-0386 ; www.pdtnyc.com ; 113 St Marks Pl, entre Ave A et 1st Ave, East Village ; 18h-2h dim-jeu, 18h-3h ven-sam ; S 6 arrêt Astor Pl, L arrêt 1st Ave). Le PDT (Please Don't Tell) se la joue très secret : décrochez le combiné du téléphone du restaurant de hot dogs Crif Dogs (p. 118) et, une fois le go reçu (mieux vaut réserver pour ne pas vous faire refouler), voyez le mur s'ouvrir et pénétrez dans un bar façon *speakeasy* intimiste et faiblement éclairé. Trophée de chasse au mur et cocktails de haute volée.

ANGEL'S SHARE
BAR

Plan p. 444 (☎212-777-5415 ; www.angelssharenyc.com ; 8 Stuyvesant St, 2e niv., près de 3rd Ave et E 9th St ; 18h-1h30 dim-mer, jusqu'à 2h jeu, 18h-2h30 ven-sam ; S 6 arrêt Astor Pl). Arrivez de bonne heure dans ce petit bijou niché derrière un restaurant japonais (au même étage) pour espérer avoir une place. Le lieu est discret, élégant, avec des mixologues talentueux proposant des cocktails inventifs, et une excellente collection de whiskies. Interdit d'y rester si l'on n'occupe pas une table ou un siège au bar, vite pris d'assaut.

OTTO'S SHRUNKEN HEAD
BAR

Plan p. 444 (☎212-228-2240 ; www.ottosshrunkenhead.com ; 538 E 14th St, près d'Ave B, East Village ; 16h-1h mer-dim ; S L arrêt 1st Ave). Installez-vous sur l'une des banquettes en vinyle de ce bar rockabilly ambiance Hawaï et dégustez un *mai tai* ou un zombie dans une chope joliment kitsch (à vous pour 6 $ de plus). À l'arrière, il y a tous les soirs un concert, un stand-up, un show de drag-queens ou une autre animation. En salle, les DJ se relaient. Le tout sans droit d'entrée.

PHOENIX
BAR GAY

Plan p. 444 (☎212-477-9979 ; www.phoenixbarnyc.com ; 447 E 13th St, entre 1st Ave et Ave A, East Village ; 15h-4h ; S L arrêt 1st Ave). Né des cendres de son prédécesseur, The Bar (qui a brûlé), le Phoenix est moins "sulfureux" que par le passé, mais l'accueil est toujours aussi souriant. *Happy hour* de 14h à 20h, billard, karaoké et soirées quiz.

PROLETARIAT
BAR À BIÈRES

Plan p. 444 (www.proletariatny.com ; 102 St Marks Pl, entre Ave A et 1st Ave, East Village ; 17h-minuit lun-jeu, 16h-minuit ven, 14h-minuit sam, 14h-21h30 dim ; S L arrêt 1st Ave). Les amateurs

1. Tompkins Square Park (p. 115)
Chiens et maîtres ont plaisir à se promener dans cet espace vert au bout de St Marks Place.

2. Synagogue d'Eldridge Street (p. 116)
Le premier grand lieu de culte de la communauté juive aux États-Unis est aujourd'hui un musée.

3. Katz's Delicatessen (p. 124)
Goûtez le généreux sandwich chaud au pastrami, spécialité de la maison.

4. Lower East Side Tenement Museum (p. 111)
Découvrez la vie des immigrants dans le New York du XIXe siècle.

VIKTOR FUCHS/SHUTTERSTOCK ©

de houblon s'entassent dans ce minuscule bar équipé de 10 tabourets, immédiatement à l'ouest de Tompkins Square Park, attirés par sa gamme constamment renouvelée de bières impossibles à trouver ailleurs. Les bières artisanales de Brooklyn et du New Jersey sont la dernière vogue.

IMMIGRANT
BAR À VINS

Plan p. 444 (☎646-308-1724 ; www.theimmigrantnyc.com ; 341 E 9th St, entre 1st Ave et 2nd Ave, East Village ; ⌚16h-minuit lun-ven, 14h-minuit sam-dim ; Ⓢ L arrêt 1st Ave, 6 arrêt Astor Pl). Bar à vins et à bières dans la géométrie intimiste d'un immeuble populaire du XIXe siècle, l'Immigrant coche toutes les cases du café du coin dont on rêve, parquet au sol en plus. Le personnel, connaisseur et aimable, n'hésite pas à se mêler aux habitués tout en apportant des assiettes d'olives et des bouteilles ou des verres de vin importé.

DEATH & CO
BAR À COCKTAILS

Plan p. 444 (☎212-388-0882 ; www.deathandcompany.com ; 433 E 6th St, entre 1st Ave et Ave A, East Village ; ⌚18h-1h ; Ⓢ F arrêt 2nd Ave, L arrêt 1st Ave). Si son nom est un peu morbide, ce bar primé est bien vivant. L'intérieur élégant, aux éclairages tamisés, invite à la détente pendant que des mixologues galonnés vous concoctent des cocktails qui confinent au sublime (classiques et créations à partir de 18 $). C'est souvent bondé : laissez votre numéro et on vous rappelle quand il y a une place pour vous.

ABRAÇO
CAFÉ

Plan p. 444 (www.abraconyc.com ; 81 E 7th St, entre 1st Ave et 2nd Ave, East Village ; ⌚8h-22h mar-sam, 9h-18h dim ; Ⓢ F arrêt 2nd Ave, L arrêt 1st Ave, 6 arrêt Astor Pl). Abraço est un havre accueillant au cœur d'East Village, dans un grand espace ouvert où avaler un bon expresso (ou un *latte*) accompagné d'une petite douceur maison. Trouvez une place et appréciez l'équilibre de votre cappuccino avec une tranche du cake à l'huile d'olive, véritablement addictif.

AMOR Y AMARGO
BAR

Plan p. 444 (☎212-614-6818 ; www.amoryamargony.com ; 443 E 6th St, entre Ave A et 1st Ave, East Village ; ⌚17h-1h dim-jeu, 17h-3h ven-sam ; Ⓢ F arrêt 2nd Ave ; L arrêt 1st Ave ; 6 arrêt Astor Pl). "Amour et amer" est minuscule par sa taille mais grand par son savoir-faire en matière de cocktails, notamment pour les bitters, comme son nom l'indique. Demandez conseil au bar, vous ne serez pas déçu.

NOWHERE BAR
BAR GAY

Plan p. 444 (☎917-409-1442 ; www.nowherebarnyc.com ; 322 E 14th St, entre 1st Ave et 2nd Ave, East Village ; ⌚16h-4h lun, 14h-2h mar-jeu, 15h-4h ven-sam, 15h-2h dim ; Ⓢ L arrêt 1st Ave). Si l'éclairage est tamisé, l'accueil est lumineux. Le Nowhere regroupe tout ce qui fait un bon bar gay de quartier. Il y a un billard, des boissons costaudes mais pas chères et une **pizzeria** (plan p. 444 ; ☎212-228-2004 ; www.artichokepizza.com ; 321 E 14th St ; part 5-6 $; ⌚11h-5h) juste en face. Soirées à thèmes, comme les populaires "Macho Mondays" du lundi soir.

THE COCK
BAR GAY

Plan p. 444 (thecockbar.com ; 93 2nd Ave, entre E 5th St et E 6th St, East Village ; ⌚23h-4h lun-mar, 18h-4h mer-dim ; Ⓢ F/M arrêt 2nd Ave). Venez faire la fête jusqu'à l'aube en compagnie de grands hipsters dégingandés dans ce bar un peu glauque, fier de sa réputation d'établissement à la fois trash et chic. Des soirées à thèmes sont organisées avec artistes, DJ, serveurs drag-queens, go-go dancers et films pornographiques en boucle. Ambiance survoltée et très chaude. Espèces uniquement (entrée 10 $).

MCSORLEY'S OLD ALE HOUSE
BAR IRLANDAIS

Plan p. 444 (☎212-473-9148 ; www.mcsorleysoldalehouse.nyc ; 15 E 7th St, entre 2nd Ave et 3rd Ave, East Village ; ⌚11h-1h lun-sam, 12h-1h dim ; Ⓢ 6 arrêt Astor Pl). Fondé en 1854 (il aurait le record de la longévité ininterrompue à New York), McSorley's n'a rien du bar branché d'East Village. Vous risquez surtout d'y croiser des étudiants, des touristes et, éventuellement, des pompiers. On est quand même séduit par l'ambiance d'antan et cette bonhommie new-yorkaise d'un autre monde. Espèces uniquement.

Lower East Side

FLOWER SHOP
BAR

Plan p. 446 (☎212-257-4072 ; www.theflowershopnyc.com ; 107 Eldridge St, entre Grand St et Broome St, Lower East Side ; ⌚17h-2h mar-sam, 16h-minuit dim ; Ⓢ B/D arrêt Grand St, J/Z arrêt Bowery). Quittez l'animation de la salle façon *diner* des années 1970 et descendez au sous-sol à la déco dépareillée et un brin rétro, entre la salle de billard à papa et le chic à l'ancienne. Les photos et posters choisis au petit bonheur la chance prêtent à sourire, tranquillement installé sur l'une des banquettes à fleurs, face à un bon cocktail.

BAR GOTO — BAR À COCKTAILS

Plan p. 446 (www.bargoto.com ; 245 Eldridge St, entre E Houston St et Stanton St, Lower East Side ; ⏲17h-minuit mar-mer et dim, jusqu'à 1h jeu et 2h ven-sam ; ⓈF arrêt 2nd Ave). Kenta Goto est un mixologue méticuleux et peu conventionnel, dont les créations élégantes subjuguent les connaisseurs. On devine l'héritage japonais dans des cocktails comme l'Umami Mary (vodka, shiitaké, dashi, miso, citron, tomate et Clamato) et les plaisirs gourmets tels que les *okonomiyaki* (crêpes au chou, salées et garnies).

SEL RROSE — BAR À COCKTAILS

Plan p. 446 (☎212-226-2510 ; www.selrrose.com ; 1 Delancey St, entre Bowery et Chrystie St, Lower East Side ; ⏲16h-2h lun-jeu, 16h-4h ven, 14h-4h sam, 14h-2h dim ; ⓈB/D arrêt Grand St, F arrêt Delancey St). Idéal pour un rendez-vous amoureux, ce bar propose, dans une ambiance étonnamment calme et élégante, des cocktails bien pensés et toute une gamme de bouchées aux huîtres (*happy hour* sur les huîtres lun-ven 16h-19h). L'emplacement face au Bowery Ballroom (p. 131) est parfait pour un verre avant ou après un concert.

TEN BELLS — BAR

Plan p. 446 (☎212-228-4450 ; www.tenbellsnyc.com ; 247 Broome St, entre Ludlow St et Orchard St, Lower East Side ; ⏲17h-2h lun-ven, 15h-2h sam-dim ; ⓈF, J/M/Z arrêt Delancey St-Essex St). Ce bar à tapas discret se démarque par sa déco de style caverne, avec chandelles vacillantes, plafonds sombres en étain embossé, murs en brique et bar en U, idéal pour se faire de nouveaux amis. L'ardoise-menu accrochée au mur compte d'excellents vins au verre, qui se marient parfaitement avec les *boquerones* (anchois marinés), les *txipirones en su tinta* (calamars à l'encre de seiche) et les fromages régionaux. Venez à l'*happy hour* (17h-19h), les huîtres sont à 1 $ pièce et le pichet de vin à 18 $. L'entrée, non signalée et difficilement repérable, est située juste à côté du magasin Top Hat.

UNE AUTRE FACETTE DU NEW YORK GAY

Si Chelsea pouvait se comparer à un sportif musclé et surdoué, le Lower East Side serait son jeune frère punk et rebelle. Entre les bouges pour étudiants et les bars à cocktails, on trouve de nombreux bars gays pour ceux qui préfèrent la flanelle en laine et les looks débraillés aux débardeurs moulants et aux abdos tablette de chocolat. Nowhere et Phoenix sont de bons endroits pour se faire de nouveaux amis, tandis que le Cock (p. 128) attire une clientèle plus frivole. Les consommations y sont aussi moins chères.

ATTABOY — BAR À COCKTAILS

Plan p. 446 (www.attaboy.us ; 134 Eldridge St, entre Delancey St et Broome St, Lower East Side ; ⏲18h-4h ; ⓈB/D arrêt Grand St). Attaboy est l'un de ces innombrables établissements à l'entrée discrète et à l'atmosphère de bar clandestin de l'époque de la Prohibition, mais il tire son épingle du jeu grâce à ses excellents cocktails artisanaux (19 $). Pas de carte des boissons : les barmen, fins connaisseurs, vous guideront dans votre choix.

BEAUTY & ESSEX — BAR

Plan p. 446 (☎212-614-0146 ; www.beautyandessex.com ; 146 Essex St, entre Stanton St et Rivington St, Lower East Side ; ⏲17h-23h mar-jeu, 17h-minuit ven-sam, brunch 12h-16h dim ; ⓈF, J/M/Zarrêt Delancey St-Essex St). Cet établissement glamour est dissimulé derrière une boutique criarde de prêteur sur gages. Une fois entré, on découvre un élégant espace de 3 000 m², avec canapés et banquettes en cuir, spectaculaire éclairage aux teintes ambrées et escalier en colimaçon conduisant dans une autre zone lounge et bar. Le faste, les prix élevés et la clientèle un brin ostentatoire confèrent à l'endroit une ambiance très "Gatsby le Magnifique".

BARRIO CHINO — BAR À COCKTAILS

Plan p. 446 (☎212-228-6710 ; www.barriochinony.com ; 253 Broome St, entre Ludlow St et Orchard St, Lower East Side ; ⏲11h30-1h lun-ven, 10h-1h sam-dim ; ⓈF, J/M/Z arrêt Delancey St-Essex St). Ce petit restaurant

100% LOCAL

LES BAINS PUBLICS D'EAST VILLAGE

Depuis 1892, ces **bains publics** (plan p. 444 ; ☎212-674-9250 ; www.russianturkishbaths.com ; 268 E 10th St, entre 1st Ave et Ave A, East Village ; journée 48 $; ⏲12h-22h lun-mar et jeu-ven, 10h-22h mer, 9h-22h sam, 8h-22h dim ; S L arrêt 1st Ave, 6 arrêt Astor Pl) petits et peu engageants attirent une clientèle polyglotte et éclectique : acteurs, étudiants, couples, célibataires en quête de partenaire, habitués russes ou vieux habitants du quartier, qui se mettent en sous-vêtements (ou enfilent les shorts amples en coton, fournis) pour passer des bains de vapeur au bassin d'eau glacée, au sauna et au solarium.

Ils sont mixtes la plupart du temps (nudité interdite), mais quelques plages horaires sont réservées aux hommes ou aux femmes (nudité possible). On y prodigue aussi massages (30 min/1h 60/95 $), gommages à la boue de la mer Morte (55 $) et soins russes à base de feuilles de chêne (à partir de 40 $). Le café (8-12 $) sur place propose des plats du jour comme la saucisse polonaise et les blinis. On peut enfiler un des peignoirs fournis le temps du repas.

Une querelle, ancienne et plutôt théâtrale, oppose les deux copropriétaires David et Boris qui se répartissent les journées de gérance. Forfaits et cartes-cadeaux achetés auprès de l'un ne sont utilisables que lors des jours qui lui sont attribués. Consultez le site Internet pour connaître les heures d'ouverture et le calendrier des gérants.

mexicain se transforme volontiers en lieu de fête, où les tequilas sont à l'honneur. Vous pouvez aussi vous contenter d'une margarita à l'orange sanguine ou aux prunes noires, d'un guacamole ou de tacos au poulet. Le mardi soir, les DJ jouent des rythmes latinos.

★ OÙ SORTIR

♥ METROGRAPH — CINÉMA

Plan p. 446 (☎212-660-0312 ; www.metrograph.com ; 7 Ludlow St, entre Canal St et Hester St, Lower East Side ; billets 17 $; ⏲11h-minuit dim-mer, 11h-2h ven-sam ; 📶 ; S F arrêt East Broadway, B/D arrêt Grand St). La gentrification du Lower East Side n'a pas encore progressé jusqu'ici et les heureux propriétaires de cette Mecque du cinéma ont pu acquérir ce bâtiment à hauteur de leurs ambitions. Les deux salles sont pourvues d'un projecteur numérique dernier cri et d'un modèle ancien à bobines. La sélection pointue se décline souvent autour d'un thème : le Studio Ghibli, le provocateur Gaspar Noé, le cinéma punk…

ANYWAY CAFÉ — MUSIQUE LIVE

Plan p. 444 (☎212-533-3412 ; www.anywaycafe.com ; 34 E 2nd St, angle de 2nd Ave, East Village ; ⏲12h-2h dim-jeu, 12h-4h ven-sam ; S F arrêt 2nd Ave). Véritable adresse new-yorkaise, ce bar en sous-sol à la déco originale accueille des musiciens depuis 25 ans (pas de droit d'entrée). On y joue principalement du jazz, des grands standards au jazz-manouche et au flamenco. Propose aussi quelques plats franco-russes et infusions à la vodka dans une dizaine de parfums. Pensez à donner un pourboire pour les musiciens.

ROCKWOOD MUSIC HALL — MUSIQUE LIVE

Plan p. 446 (☎212-477-4155 ; rockwoodmusichall.com ; 196 Allen St, entre E Houston St et Stanton St, Lower East Side ; ⏲concerts à partir de 19h lun-ven, 17h sam-dim ; S F arrêt 2nd Ave). Lancée par le rockeur Ken Rockwood, cette minuscule salle de concert composée de trois scènes invite des groupes, compositeurs et interprètes. Si vous disposez d'un budget limité, préférez la scène 1, qui propose des concerts gratuits d'une heure maximum pour chaque groupe (on peut en enchaîner cinq ou plus chaque soir). Trois concerts par soir sont généralement programmés (à 19h, 21h et 22h30/23h, plus 17h le week-end).

PERFORMANCE SPACE NEW YORK — THÉÂTRE

Plan p. 444 (☎212-477-5829, billetterie 212-352-3101 ; www.performancespacenewyork.org ; 150 1st Ave, près de E 9th St, East Village ; ⏲expositions 12h-18h mer-dim ; S L arrêt 1st Ave ; 6 arrêt Astor Pl). Fondé en 1980 sous le nom de Performance Space 122, ce théâtre à la programmation avant-gardiste, installé dans une école désaffectée, abrite maintenant des espaces de représentations dernier cri, des studios d'artistes, un espace d'expositions gratuit (l'Open Room) et une terrasse sur le toit. Eric Bogosian, Meredith Monk, feu Spalding Gray et Elevator Repair Service y ont joué.

ARLENE'S GROCERY MUSIQUE LIVE

Plan p. 446 (☎212-358-1633 ; www.arlenes-grocery.net ; 95 Stanton St, entre Orchard St et Ludlow St, Lower East Side ; 10-15 $; ⏲14h-4h mer-ven, 16h-4h ven-sam ; Ⓢ F arrêt 2nd Ave). Tout le monde dans le Lower East Side connaît Arlene's Grocery (une ancienne bodega). Depuis 1995, des groupes de rock, punk et alternatif new-yorkais (entre autres) s'y succèdent : Arcade Fire, The Strokes et Lady Gaga s'y sont notamment produits. Un bar à l'étage permet de prolonger la soirée.

SLIPPER ROOM SPECTACLES

Plan p. 446 (www.slipperroom.com ; 167 Orchard St, accès via Stanton St, Lower East Side ; à partir de 10 $; ⏲ouverture des portes 1h avt spectacle ; Ⓢ F arrêt 2nd Ave). Ce club distribué sur deux niveaux propose des shows en tous genres, dont les meilleurs de New York dans la catégorie burlesque le vendredi ("Slipper Room Show" 21h30 ; 25 $) et le délicieusement scandaleux "Mr Choade's Upstairs Downstairs" (21h30 le samedi, 25 $), le plus ancien spectacle de variété à l'affiche dans Big Apple. Que vous assistiez à une débauche d'acrobaties, de glamour ou de comédie, vous ne serez pas déçu. Programmation et réductions en ligne.

LA MAMA ETC THÉÂTRE

Plan p. 444 (☎212-254-6468 ; www.lamama.org ; 74a E 4th St, entre Bowery et 2nd Ave, East Village ; 10-60 $; Ⓢ F arrêt 2nd Ave). Bastion historique de l'expérimentation théâtrale, La MaMa abrite désormais trois salles de spectacle, un café, une galerie d'art et un bâtiment annexe qui accueille des pièces d'avant-garde, des spectacles d'humour et des lectures. Pour chaque spectacle, des billets sont mis en vente à partir de 10 $ en ligne.

NUYORICAN POETS CAFÉ ARTS DU SPECTACLE

Plan p. 444 (☎212-780-9386 ; www.nuyorican.org ; 236 E 3rd St, entre Ave B et Ave C, East Village ; 5-15 $; Ⓢ F arrêt 2nd Ave). Ce lieu légendaire cumule les succès depuis 1973. Le Nuyorican accueille des soirées slam, hip-hop, théâtre, cinéma, danse et musique. Il fait partie de l'histoire d'East Village et reste à but non lucratif. Programmation et achat de billets pour les spectacles du week-end, les plus demandés, via le site Internet. Vous pouvez aussi vous lancer lors d'une soirée "open mic" du lundi (21h ; gratuit).

BOWERY BALLROOM MUSIQUE LIVE

Plan p. 446 (☎212-260-4700 ; www.bowery-ballroom.com ; 6 Delancey St, angle de Bowery, Lower East Side ; 18-30 $; Ⓢ J/Z arrêt Bowery, B/D arrêt Grand St). Cette superbe salle, de taille moyenne, offre l'acoustique et l'ambiance parfaites pour des concerts de rock indé explosifs. The Shins, Jonathan Richman, Stephen Malkmus et Patti Smith s'y sont produits.

SHOPPING

Ces deux quartiers flirtent avec l'étrange, l'obscur et l'avant-garde. Les friperies recèlent des vêtements de stylistes du monde entier, Obscura Antiques vous fournira en crânes et matériel médical de l'ère victorienne. La présence grandissante des chaînes internationales a un peu érodé l'âme singulière d'East Village et du Lower East Side, mais certaines boutiques emblématiques existent toujours, à l'image de Trash & Vaudeville (p. 132). On trouve le long de 9th St, entre 2nd Ave et 1st Ave, une belle sélection de boutiques de mode.

East Village

KIEHL'S COSMÉTIQUES

Plan p. 444 (☎212-677-3171 ; www.kiehls.com ; 109 3rd Ave, entre 13th St et 14th St, East Village ; ⏲10h-19h lun-sam, 11h-18h dim ; Ⓢ L arrêt 3rd Ave). Bienvenue dans le vaisseau amiral de cette marque qui concocte des soins pour la peau depuis 1851 (c'était alors une boutique d'apothicaire) et s'est établie à l'international. L'accueil reste personnalisé et les échantillons, très convoités, sont généreux.

TRASH & VAUDEVILLE VÊTEMENTS

Plan p. 444 (☎212-982-3590 ; www.trashandvaudeville.com ; 96 East 7th St, entre 1st Ave et Ave A, East Village ; ⏲12h-20h lun-jeu, 11h30-20h30 ven, 11h30-21h sam, 13h-19h30 dim ; Ⓢ 6 arrêt Astor Pl). Vestige des grandes heures d'East Village dans les années 1970, Trash & Vaudeville est l'adresse incontournable pour les vêtements punk, glam et rock.

C'est ici que venaient notamment s'habiller Debbie Harry et les autres célébrités du Lower East Side. Vous y croiserez encore drag-queens ou participants à une fête costumée à la recherche de chaussures, de chemises ou de teintures de cheveux les plus outrageuses possible.

CONSIGLIERE COSMÉTIQUES POUR HOMME

Plan p. 444 (☎212-777-0350 ; www.facebook.com/shopconsigliere ; 220 E 10th St, entre 1st Ave et 2nd Ave, East Village ; ⊙12h-20h lun-sam, 12h-19h dim ; Ⓢ L arrêt 1st Ave). Tout gentleman soucieux de son apparence trouvera son bonheur dans cette petite boutique où la peau, les cheveux, le corps et le visage de ces messieurs sont chouchoutés. Crème hydratante, masques, huile nourrissante pour la barbe, gommage prérasage : tout y est, avec en plus des accessoires, notamment des trousses de toilette en cuir.

VERAMEAT BIJOUX

Plan p. 444 (☎212-388-9045 ; www.verameat.com ; 315 E 9th St, entre 1st Ave et 2nd Ave, East Village ; ⊙12h-20h ; Ⓢ 6 arrêt Astor Pl, F/M arrêt 2nd Ave). Dans cette délicieuse petite boutique de 9th St, Vera Balyura crée des pièces exquises à l'humour noir. Une inspection attentive des minuscules et délicats pendentifs, bagues et bracelets précieux vous révélera des zombies, des têtes d'animaux, des dinosaures, des griffes, des dents et d'autres charmants détails gothiques.

NO RELATION VINTAGE VINTAGE

Plan p. 444 (L Train Vintage ; ☎212-228-5201 ; www.ltrainvintagenyc.com ; 204 1st Ave, entre E 12th St et 13th St, East Village ; ⊙12h-19h dim-jeu, 12h-20h ven-sam ; Ⓢ L arrêt 1st Ave). Parmi les nombreuses boutiques vintage de l'East Village, celle-ci se distingue par ses collections fournies : vestes griffées en jean et en cuir, pantalons vintage, tennis fantasques, chemises à carreaux, T-shirts aux slogans iconoclastes, blousons Teddy, pochettes, etc. Jouez des coudes : des flots de hipsters s'y pressent le week-end.

JOHN VARVATOS MODE ET ACCESSOIRES

Plan p. 444 (☎212-358-0315 ; www.johnvarvatos.com ; 315 Bowery, entre E 1st St et E 2nd St, East Village ; ⊙11h-17h lun-sam, 12h-17h dim ; Ⓢ F/M arrêt 2nd Ave ; 6 arrêt Bleecker St). Cette boutique qui occupe les anciens locaux du légendaire club punk CBGB honore l'héritage rock and roll des lieux avec des disques, du matériel hi-fi haut de gamme et des guitares électriques, aux côtés de jeans, bottes en cuir, ceintures et T-shirts graphiques. Les vendeurs, qui portent les vêtements vendus dans la boutique, affichent un style chic décontracté bien éloigné du caractère autrefois licencieux de Bowery.

A-1 RECORDS MUSIQUE

Plan p. 444 (☎212-473-2870 ; www.instagram.com/a1recordshop ; 439 E 6th St, entre 1st Ave et Ave A, East Village ; ⊙12h-20h ; Ⓢ F/M arrêt 2nd Ave). L'un des survivants parmi les nombreux disquaires qui autrefois peuplaient l'East Village, A-1, ouvert en 1996, existe depuis 25 ans. Amateurs de vinyles et DJ viennent de loin pour fouiller dans les bacs qui débordent de disques de jazz, funk ou soul.

TOKIO 7 MODE ET ACCESSOIRES

Plan p. 444 (☎212-353-8443 ; tokio7ny.com ; 83 E 7th St, près de 1st Ave, East Village ; ⊙11h-19h ; Ⓢ 6 arrêt Astor Pl). Ce dépôt-vente chic et révéré propose des vêtements de créateurs pour hommes et femmes, en bon état mais passablement coûteux. L'âme japonaise de la direction se devine à travers les pièces d'Issey Miyake et Yohji Yamamoto et vous trouverez une sélection pointue de créations signées Dolce & Gabbana, Prada, Chanel et autres stylistes.

Lower East Side

♥ RUSS & DAUGHTERS ALIMENTATION

Plan p. 446 (☎212-475-4880 ; www.russanddaughters.com ; 179 E Houston St, entre Orchard St et Allen St, Lower East Side ; ⊙8h-18h ven-mer, 8h-19h jeu ; Ⓢ F arrêt 2nd Ave). Depuis 1914, cette épicerie très appréciée fait honneur à la tradition culinaire juive d'Europe de l'Est, avec du caviar, des harengs, de l'esturgeon et, bien sûr, du *lox* (saumon confit au sel). Fièrement tenue par la famille Russ depuis plusieurs générations, elle constitue un arrêt parfait pour s'approvisionner pour un bon pique-nique ou remplir son réfrigérateur. Les mordus d'histoire et les décorateurs d'intérieur adoreront autant que les gourmets.

Non loin de là, Orchard St accueille le Russ & Daughters Cafe (p. 123), où l'on peut s'asseoir, mais il est tout aussi agréable de commander son shtetl (ou son bagel, ou son bialy) à emporter pour le savourer à côté, au

Sara D. Roosevelt Park (plan p. 446 ; croisement E Houston St et Chrystie St, Lower East Side ; S F arrêt Delancey St-Essex St).

L'aventure de Joel Russ, immigrant polonais, commença dans la rue où il vendait des harengs. Il mit toute son énergie et sa détermination au service de son projet : ouvrir son épicerie. Ce fut chose faite en 1914. En 1935, il fit de ses filles Hattie, Ida et Anne ses associées. Le "& Filles" de l'enseigne fut une première aux États-Unis.

THE PICKLE GUYS — ALIMENTATION

Plan p. 446 (212-656-9739 ; www.pickleguys.com ; 357 Grand St, à hauteur de Essex St, Lower East Side ; 10h-18h ; S F arrêt East Broadway). Titillez vos papilles avec les condiments de légumes (pickles) à l'ancienne de cette épicerie casher qui fleure bon le Lower East Side de toujours. Choisissez parmi les versions sucrées, acides, épicées ou salées : concombre, poivron, oignon, olive, gombo, mangue, chou, raifort, garniture de hot dog... Demandez à goûter au préalable.

TOP HAT — SOUVENIRS

Plan p. 446 (212-677-4240 ; www.tophatnyc.com ; 245 Broome St, entre Ludlow St et Orchard St, Lower East Side ; 12h-20h mar-sam, 11h-19h dim ; S B/D arrêt Grand St). Avec ses curiosités du monde entier, cette petite boutique fantaisiste ne cesse de surprendre : crayons à papier italiens rétro, jolis calepins en cuir miniatures, appeaux magnifiquement sculptés, etc. Si vous cherchez un disque se répétant à l'infini, une clarinette miniature, des tissus japonais, une carte froissée de la voûte céleste, ou encore des tasses et soucoupes espagnoles aux formes étonnantes, vous trouverez forcément votre bonheur dans cette boutique originale.

REFORMATION — MODE

Plan p. 446 (646-603-0832 ; www.thereformation.com ; 156 Ludlow St, entre Rivington St et Stanton St, Lower East Side ; 11h-20h lun-sam, 11h-18h dim ; S F arrêt 2nd Ave, F, J/M/Z arrêt Delancey St-Essex St). Cette élégante boutique vend des vêtements originaux, bien coupés, fabriqués selon des procédés écologiques, et à des prix raisonnables (sans être donnés) par rapport à d'autres enseignes du Lower East Side.

MOO SHOES — CHAUSSURES

Plan p. 446 (212-254-6512 ; www.mooshoes.com ; 78 Orchard St, entre Broome St et Grand St, Lower East Side ; 12h-19h lun-sam, 12h-18h dim ; S F, J/M/Z arrêt Delancey St-Essex St). Cette boutique respectueuse de la planète et des animaux vend des articles végans (chaussures, sacs à main, portefeuilles en microfibre) étonnamment élégants. Jetez un coup d'œil aux robustes sandales et sabots tendance signés Novacos, aux baskets Veja ou encore aux portefeuilles épurés Matt & Nat.

EDITH MACHINIST — MODE ET ACCESSOIRES VINTAGE

Plan p. 446 (212-979-9992 ; www.edithmachinist.com ; 104 Rivington St, entre Ludlow St et Essex St, Lower East Side ; 12h-19h mar-jeu et sam, 12h-18h dim, lun et ven ; S F, J/M/Z arrêt Delancey St-Essex St). Edith Machinist peut vous aider à adopter le style savamment négligé du Lower East Side : une touche de glamour vintage avec des bottes en cuir montantes, une robe en soie années 1930, un sac à main en croco, le tout négligemment réhaussé de quelques bijoux rétro.

ECONOMY CANDY — CONFISERIE

Plan p. 446 (212-254-1531 ; www.economycandy.com ; 108 Rivington St, à hauteur d'Essex St, Lower East Side ; 12h-17h ven-mar ; S F, J/M/Z arrêt Delancey St-Essex St). Ouverte en 1937, cette confiserie regorge de douceurs à acheter en gros ou au détail, et possède toujours de beaux distributeurs à l'ancienne. On y trouve de tout : *jelly beans*, sucettes, boules de chewing-gum, friandises Cadbury, vers de terre en gélatine et sucres d'orge pour les plus jeunes ; halva, bonbons au thé vert, brochettes nappées de chocolat, gingembre et papaye séchés pour leurs parents.

BLUESTOCKINGS — LIVRES

Plan p. 446 (212-777-6028 ; www.bluestockings.com ; 116 Suffolk St, à hauteur de Rivington St, Lower East Side ; 11h-19h ; S F, J/M/Z arrêt Delancey St-Essex St). Cette librairie indépendante LGBTQ+ permet d'élargir sa compréhension du féminisme, des questions transgenre, du mondialisme et des études afro-américaines, entre autres sujets. L'endroit abrite aussi un café végan et équitable. Des lectures et débats y sont organisés.

1. New Museum of Contemporary Art (p. 112)
Les cubes empilés de l'agence d'arcitecture tokyoïte SANAA dominent Nolita.

2. St Marks Place (p. 114)
Brownstones typiques du Lower East Side, à St Marks Place.

West Village, Chelsea et Meatpacking District

Notre sélection

❶ Des courses au Chelsea Market (p. 155) pour un pique-nique bucolique sur la mince bande de gazon de la **High Line** (p. 137), un parc suspendu au-dessus du quadrillage urbain.

❷ Un tour dans les **galeries de Chelsea** (p. 146), où sont exposés les plus grands noms du monde de l'art, comme à la Pace Gallery.

❸ Flâner au **Washington Square Park** (p. 140) : s'arrêter sous son arc de triomphe, puis s'attarder près de la fontaine et écouter les jeunes New-Yorkais bavarder.

❹ Les fascinantes expositions sur l'Himalaya et sa région du **Rubin Museum of Art** (p. 144).

❺ Le **Stonewall National Monument** (p. 141), l'un des derniers sites classés monument historique, qui commémore la nuit où la communauté LGBTQ+ a entamé la lutte pour ses droits civiques.

Pour un plan plus détaillé, reportez-vous p. 448 et 452

Bon plan Lonely Planet

Armez-vous d'un plan (ou de votre smartphone) pour vous orienter dans les petites rues de West Village, où il est difficile de se repérer. Retenez juste que 4th St fait un virage vers le nord-ouest – contrevenant au quadrillage est-ouest – et vous deviendrez vite un expert du Village.

Le top des restaurants

- Foragers Table (p. 154)
- Jeffrey's Grocery (p. 152)
- RedFarm (p. 152)
- Chelsea Market (p. 155)
- Blue Hill – Family Meal (p. 152)

Voir détails p. 145

Le top des bars et cafés

- Employees Only (p. 155)
- Buvette (p. 155)
- Pier 66 Maritime (p. 158)
- Smalls (p. 162)
- The Duplex (p. 161)

Voir détails p. 154

Le top des librairies

- Printed Matter (p. 165)
- Strand Book Store (p. 165)
- Three Lives & Company (p. 163)
- 192 Books (p. 164)

Voir détails p. 163

Découvrir West Village, Chelsea et le Meatpacking District

Ce n'est pas pour rien que ce secteur de New York est surnommé le Village. Les rues calmes s'y fraient un chemin entre les maisons en brique, se prêtant à d'infinies promenades. Le Village est plein de cachet, et la meilleure façon de découvrir ses trésors est de simplement s'y promener, puis, lorsque l'on est fatigué d'avoir arpenté ses rues pavées, de faire une pause dans un des nombreux cafés et bars.

Dans le Meatpacking District, les abattoirs qui ont donné son nom au quartier ont laissé place à d'élégantes boutiques et à des clubs dont la musique déborde dans les rues la nuit tombée. Plus au nord, Chelsea, à égale distance de West Village et de Midtown, emprunte à l'atmosphère de ses deux voisins. C'est là que se retrouve la communauté gay de la ville. Ses larges avenues sont bordées de cafés chaleureux, de bars à thèmes et de clubs à l'ambiance endiablée. Les galeries de Chelsea se trouvent à l'ouest du quartier, à partir de 20th St.

Démarrant à Gansevoort St, à l'extrémité sud du Meatpacking District, et s'étirant jusqu'à 30th St et au complexe de Hudson Yards, la High Line, promenade piétonne surélevée, est idéale pour parcourir plusieurs quartiers, profiter d'une belle vue sur l'Hudson et sur les rues alentour.

Vivre comme un New-Yorkais

- **Brunch sur 8th Avenue** Si vous êtes un homme souhaitant rencontrer d'autres hommes, mais que l'univers des bars gays ne vous attire pas, optez pour le brunch du week-end sur 8th Ave.
- **Cafés de West Village** West Village est l'une des zones résidentielles les plus agréables de Manhattan, un quartier qui regorge de charmants cafés.
- **Plongée dans le monde de l'art** Mêlez-vous aux New-Yorkais branchés en vous rendant aux expositions du moment à Chelsea. Le jeudi soir, profitez des vernissages. Dans le Meatpacking District, ne manquez pas le Whitney Museum of American Art.

Depuis/vers West Village, Chelsea et le Meatpacking District

- **Métro** 6th Ave, 7th Ave et 8th Ave sont bien pourvues en stations, mais les transports sont plus rares vers l'ouest. Prenez les lignes A, C, E ou 1, 2, 3 pour rejoindre ces quartiers et descendez à 14th St ou à W 4th St-Washington Sq.
- **Bus** Essayez le M14 ou le M8 si vous traversez la ville et voulez rejoindre les zones les plus à l'ouest de Chelsea et de West Village en transports publics.

OLIVER FOERSTNER/SHUTTERSTOCK ©

LES INCONTOURNABLES
LA HIGH LINE

Traversant le Meatpacking District à près de 10 m au-dessus de la rue, ce parc de 2,4 km est un merveilleux exemple de reconversion urbaine. Ancienne voie ferrée qui reliait le quartier des abattoirs à l'Hudson, elle se détériore et ferme dans les années 1980, avant d'être réaménagée en un ruban de verdure parsemé d'œuvres d'art, et suspendu au milieu des gratte-ciel.

Un passé industriel

Bien avant que la High Line devienne prisée des touristes enthousiastes, des familles enjouées et des New-Yorkais désireux d'échapper au fourmillement des rues, c'était une ligne de fer malfamée qui desservait quartiers industriels et abattoirs. Au début des années 1900, le côté ouest du Meatpacking District et de Chelsea était la plus grande zone industrielle de Manhattan. Les voies ferrées, alors situées au niveau de la rue, causaient de nombreux accidents parfois fatals (avec plus de 500 victimes d'accidents ferroviaires, 10th Ave était surnommée "Death Avenue", l'avenue de la mort). Dans ces conditions, la municipalité décida d'installer un réseau ferré aérien de fret ; le premier train roula sur la West Side Elevated Line en 1933. Ce projet coûta plus de 150 millions de dollars (l'équivalent d'environ 2 milliards de dollars aujourd'hui) et sa réalisation dura 5 ans. Au bout de deux décennies, l'essor du transport routier entraîna une diminution de sa fréquentation, puis l'installation se détériora dans les années 1980 avant d'être envahie par la végétation.

Les riverains signèrent alors des pétitions pour faire retirer cet affront esthétique, mais en 1999, un comité, Friends of the High Line ("les Amis de la High Line") – créé par Joshua David et Robert Hammond –, se créa avec pour projet la transformation de la voie ferrée en un espace vert suspendu.

À NE PAS MANQUER

- Les plateformes d'observation, au niveau de 17th St et de 26th St
- Le Chelsea Market
- Les sculptures contemporaines au Plinth

INFOS PRATIQUES

- Plan p. 448, A2
- ☎212-500-6035
- www.thehighline.org
- Départ Gansevoort St, Meatpacking District
- 🕒7h-23h juin-sept, 7h-22h avr-mai et oct-nov, 7h-19h déc-mars
- 🚌M14 et M23 qui longent respectivement 14th St et 23rd St, S A/C/E, L arrêt 14th St, C/E arrêt 23rd St, 7 arrêt 34th St-Hudson Yards

Les étapes de la transformation

Reliant le Meatpacking District à Midtown, la High Line a été aménagée en trois étapes. En 2009, un premier tronçon verdoyant et fleuri a été inauguré : débutant à Gansevoort St, il suit 10th St jusqu'à West 20th St. Jalonné de méridiennes, de bancs et autres fauteuils, il est rapidement devenu un lieu de manifestations culturelles et d'activités diverses, destinées pour beaucoup aux familles, de plus en plus nombreuses dans le quartier. Deux ans plus tard a été ouverte la deuxième section, qui court sur 10 *blocks* ; la troisième a été ouverte en 2014 : la High Line y dessine un grand U entre 30th St et 34th St en contournant le dépôt de locomotives West Side Rail Yards. Lorsque la voie s'engage vers l'ouest en direction de 12th Ave, elle s'élargit et offre une vue dégagée sur l'Hudson. Les rails rouillés et envahis de végétation sont encore visibles sur la passerelle (les concepteurs ont voulu préserver cette impression de nature sauvage en pleine métropole qui caractérisait le lieu avant la création du parc). Cette section est également dotée d'une aire de jeux pour enfants, faite de poutres au revêtement amortissant. Enfin, en 2019, l'aménagement du dernier tronçon de la voie ferrée d'origine a été achevé. Baptisée le Spur, cette section s'étend à l'est jusqu'à 10th Ave et est dotée d'un vaste espace d'art contemporain appelé le Plinth, où sont exposées de nouvelles œuvres tous les 18 mois (*The Brick House* de Simone Leigh, 2021).

De nombreux escaliers permettent d'accéder à la High Line, notamment au niveau de Gansevoort St, 14th St, 16th St, 17th St, 20th St, 23rd St, 26th St, 28th St, 30th St et 34th St. On trouve également des ascenseurs dans Gansevoort St, 14th St, 16th St, 23rd St et 30th St.

Un espace public unique

Certes, la High Line peut se targuer d'avoir été aux prémices de la végétalisation de Manhattan, mais son influence va bien au-delà. Tandis que West Village et Chelsea deviennent des quartiers de plus en plus résidentiels, la High Line, elle, est plus qu'un simple parc, c'est avant tout un lieu où se retrouvent familles et amis. Le long de cette coulée verte, des employés portant des T-shirts ornés du double H, le logo de la High Line, pourront vous orienter ou vous renseigner. Dans les coulisses, on s'active pour organiser des expositions artistiques publiques et des activités, surtout en été. Des visites et événements explorent des thèmes variés : histoire, horticulture, architecture, art, cuisine, etc. Programme disponible sur www.thehighline.org.

GASTRONOMIE

La High Line invite des établissements gastronomiques de la ville à installer des stands de vente ambulants. Aux beaux jours, vous y trouverez les meilleures enseignes de café et de glaces.

LES AMIS DE LA HIGH LINE

Si vous souhaitez contribuer au développement de la High Line, faites un don en ligne et devenez membre de l'association des Amis de la High Line. Les membres "Spike" bénéficient de réductions dans les boutiques du quartier, comme Diane von Furstenberg et **Amy's Bread** (plan p. 452 ; www.amysbread.com), une bonne adresse située dans le Chelsea Market.

UNE PETITE FAIM ?

Restaurants et stands de nourriture ne manquent pas dans l'enceinte en brique du Chelsea Market (p. 155), à la sortie de la High Line sur 14th St.

Envie de vous faire plaisir après une longue balade ? Rendez-vous sur le toit-terrasse Top of the Standard (p. 158) pour un cocktail guindé et une superbe vue.

CHIE INOUE/SHUTTERSTOCK ©

LES INCONTOURNABLES
WHITNEY MUSEUM OF AMERICAN ART

Son exceptionnelle collection d'art américain fait du Whitney un musée incontournable. Admirablement conçu, cet espace d'exposition intérieur et extérieur de plus de 5 800 m² abrite la plus belle collection d'art contemporain américain du XXe siècle au monde.

Le bâtiment

L'édifice, asymétrique et paré de verre, a été conçu par l'architecte italien Renzo Piano. Campé près du premier tronçon ouvert de la High Line, le Whitney s'est rapidement imposé dans le quartier sud du Meatpacking District et accueille une myriade de galeries, théâtres, salles de cours et espaces extérieurs. Une galerie est particulièrement remarquable : avec ses quelque 1 600 m², il s'agit du plus grand espace d'exposition sans poteau. Une fois la décision prise de faire déménager le musée du bâtiment construit par Marcel Breuer sur Madison Ave, il fallait bien que le nouveau bâtiment, colosse culturel de neuf étages, rivalise avec son prédécesseur. Le chantier, qui a coûté 422 millions de dollars, a débuté en 2010, et le musée a ouvert ses portes sous les acclamations du public en 2015.

La collection

La collection du Whitney comporte plus de 23 000 œuvres réalisées par plus de 3 000 artistes américains des XXe et XXIe siècles, et que bon nombre de leurs auteurs exercent encore. Parmi la collection permanente : les *Five Towers* (1986) de Sol LeWitt, plusieurs portraits sérigraphiés colorés de *Mao Tse-Tung* (1972) signés Andy Warhol, l'*Andy Warhol* (1970) d'Alice Neel, les *Three Flags* (1958) de Jasper Johns, ou encore la toile *Painting, Number 5* (1914-1915) du moderniste Marsden Hartley.

À NE PAS MANQUER

- George Bellows, *Dempsey and Firpo*
- Joseph Stella,
- *The Brooklyn Bridge : Variation on an Old Theme*
- Alexander Calder, *Calder's Circus*

INFOS PRATIQUES

- Plan p. 448, A2
- www.whitney.org
- 99 Gansevoort St, Meatpacking District
- Tarif plein/réduit 25/18 $, -18 ans gratuit, prix libre ven 19h-22h
  ⏲10h30-18h lun, mer et jeu, jusqu'à 22h ven, 11h-18h sam-dim
- S A/C/E, L arrêt 8th Ave-14th St

LES INCONTOURNABLES WASHINGTON SQUARE PARK

Ce lieu, où se trouvait autrefois le cimetière des indigents et qui était le théâtre d'exécutions publiques, fait désormais office de grand-place du Village. Entouré de riches *brownstones* et de superbes bâtiments modernes, le Washington Square Park est un des plus beaux espaces verts de New York – surtout lorsqu'on arrive par l'emblématique Stanford White Arch, au nord de la place.

Histoire

Washington Square Park a connu une histoire longue et sordide avant de devenir le jardin public modèle que nous connaissons aujourd'hui (en grande partie grâce à une rénovation de 30 millions de dollars terminée en 2014).

Ce terrain appartenait initialement aux Amérindiens qui vivaient sur l'île de Manhattan. Quand les Hollandais arrivèrent, ils les chassèrent et exploitèrent ces terres marécageuses, mais cultivables. Au milieu du XVIIe siècle, ils les cédèrent à leurs esclaves noirs qu'ils venaient d'affranchir et elles devinrent une sorte de zone tampon entre leurs colonies et les Amérindiens.

Au début du XIXe siècle, la municipalité de New York acquit le terrain pour y établir à la lisière de la ville un cimetière principalement destiné aux ouvriers indigents. Il fut vite saturé au cours d'une épidémie de fièvre jaune. Plus de 20 000 corps demeurent enterrés sous le parc aujourd'hui.

Dans les années 1830, le site fut utilisé pour des parades militaires. Il devint rapidement un jardin public pour l'élite qui faisait construire d'imposants hôtels particuliers dans les rues avoisinantes.

À NE PAS MANQUER

- Stanford White Arch
- La fontaine centrale
- Les maisons de style néoclassique autour du parc
- L'homme aux oiseaux ("The Birdman"), souvent assis sur un banc à l'entrée sud-ouest, des dizaines de pigeons perchés sur lui

INFOS PRATIQUES

- Plan p. 448, G4
- www.nycgovparks.org, washingtonsqpark.org
- 5th Ave, à hauteur de Washington Sq N, West Village
- ⏲6h-minuit
- 👪
- Ⓢ A/C/E, B/D/F/M arrêt W 4th St-Washington Sq, R/W arrêt 8th St-NYU

Théâtre politique

Washington Square Park est depuis longtemps un lieu d'expression politique, qu'il s'agisse de rassemblements de New-Yorkais contre des projets tendant à modifier l'aspect et l'usage du parc, ou de mouvements d'ampleur nationale tels que les manifestations de 1912 pour de meilleures conditions de travail.

En 2007, Barack Obama, alors candidat du Parti démocrate, y organisa un meeting en vue de s'attirer le soutien de la population. Cet événement attira une foule immense.

Stanford White Arch

Le principal monument du Washington Square Park demeure Stanford White Arch, communément appelé Washington Square Arch, qui domine le parc du haut de ses 22 m. Édifié à l'origine en bois pour célébrer le centenaire en 1889 de l'investiture de George Washington, cet arc de triomphe devint si populaire qu'on le remplaça par un arc en marbre blanc de Douvres six ans plus tard, orné de statues du général en temps de guerre et de paix. En 1916, Marcel Duchamp grimpa au sommet de l'arc par l'escalier intérieur et proclama la "République libre et indépendante de Washington Square".

À VOIR

Les amateurs d'art ne rateront sous aucun prétexte ces trois quartiers. Le Whitney Museum of American Art (Meatpacking District) vient en tête de liste, suivi par les galeries de Chelsea (du côté de W 20th St), épicentre du New York artistique. Autres sites majeurs : la High Line, ancienne voie ferrée aérienne transformée en parc, l'Hudson River Park, à côté, un coin tranquille au bord de l'eau, et le Stonewall National Monument, classé monument national par le président Obama, au centre de West Village et en face du bar éponyme.

West Village et Meatpacking District

HIGH LINE — PARC

Voir p. 137.

WHITNEY MUSEUM OF AMERICAN ART — MUSÉE

Voir p. 139.

WASHINGTON SQUARE PARK — PARC

Voir p. 140.

STONEWALL NATIONAL MONUMENT — PARC

Plan p. 448 (www.nps.gov/ston/index.htm ; W 4th St, entre Christopher St et Grove St, West Village ; 6h-18h30 ; S 1 arrêt Christopher St-Sheridan Sq ; A/C/E, B/D/F/M arrêt W 4th St-Washington Sq). En 2016, le président Barack Obama fait du Christopher Park, une petite place enclose avec des bancs et quelques brins d'herbe au cœur de West Village, un parc national et y officialise l'existence du premier monument national dédié à l'histoire du mouvement LGBTQ+. Le parc n'est pas grand, mais propice à une pause en souvenir des émeutes de Stonewall, en 1969, quand des homosexuels se révoltèrent contre les discriminations qui les ciblaient. Beaucoup considèrent cet événement comme fondateur du mouvement en faveur des droits LGBTQ+ aux États-Unis.

Tout sauf ostentatoire, le monument est simplement doté de quelques plaques commémoratives et de deux paires de minces statues blanches représentant un couple d'hommes et un couple de femmes qui se tiennent la main et discutent. Connue sous le nom de *Gay Liberation*, cette œuvre symbolise la normalisation de la vie homosexuelle. Nombreux sont ceux qui viennent s'y recueillir avec la solennité de mise.

SALMAGUNDI CLUB — GALERIE

Plan p. 448 (212-255-7740 ; www.salmagundi.org ; 47 5th Ave, entre W 11th St et 12th St, West Village ; 13h-18h lun-ven, jusqu'à 17h sam-dim ; S 4/5/6, L, N/Q/R/W arrêt 14th St-Union Sq). GRATUIT À l'écart de la scène artistique en vue de Chelsea, le Salmagundi Club dispose de plusieurs espaces d'exposition consacrés à l'art figuratif américain, installés dans un sublime bâtiment historique en grès rouge de 5th Ave, près d'Union Sq. Fondé en 1871, ce club d'amateurs d'art est l'un des plus anciens du pays et il propose tout au long de l'année ateliers, expositions, ventes aux enchères, etc.

Les salles sont grandes et accueillent des collections très diverses en style et en matière. La visite en vaut déjà le coup d'œil rien que pour le petit salon décoré avec mobilier d'époque et peintures historiques.

WHITE COLUMNS — GALERIE

Plan p. 448 (212-924-4212 ; www.whitecolumns.org ; 91 Horatio St ; 12h-18h mar-sam ; S A/C/E, L arrêt 8th Ave-14th St). GRATUIT Géographiquement, White Columns appartient au Meatpacking District, mais esthétiquement, cette galerie d'art fait partie intégrante de Chelsea. Le bâtiment épuré comporte plusieurs salles accueillant nombre d'installations et d'expositions, signées pour certaines par de grands noms comme Andres Serrano, Alice Aycock, Lorna Simpson ou encore Gordon Matta-Clark, l'un des fondateurs de la galerie.

GRACE CHURCH — ÉGLISE

Plan p. 448 (212-254-2000 ; www.gracechurchnyc.org ; 802 Broadway, à hauteur de 10th St, West Village ; 12h-17h tlj, messes mer et dim ; S R/W arrêt 8th St-NYU, 6 arrêt Astor Pl). Dessinée en 1843 par James Renwick Jr, cette église épiscopale de style néogothique fut bâtie avec du marbre taillé par les détenus de Sing Sing, une prison située à Ossining, sur l'Hudson, à près de 50 km en amont de New York. Longtemps négligée, Grace Church a enfin été magnifiquement restaurée, et classée monument national. Ses sculptures élaborées, sa haute flèche et son jardin verdoyant ne passent pas inaperçus dans ce secteur par ailleurs assez quelconque du Village. Les vitraux sont saisissants et la hauteur des voûtes en fait un lieu parfait pour les fréquents concerts qui s'y tiennent (notamment d'orgue et de musique vocale). Concerts d'orgue à 16h le samedi. Renseignez-vous sur les visites guidées gratuites à 13h le dimanche.

PIER 45

PARC

Plan p. 448 (W 10th St, au bord de l'Hudson, West Village ; S1 arrêt Christopher St-Sheridan Sq). Encore souvent appelée Christopher Street Pier, cette jetée en béton, longue de 260 m, a été superbement restaurée. Elle comprend désormais une pelouse, des parterres de fleurs, des toilettes, un café en plein air, des auvents en toile et un arrêt du New York Water Taxi dans le cadre de l'Hudson River Park (voir l'encadré ci-dessous).

Le Pier 45 séduit aujourd'hui des citadins de tous horizons : familles avec enfants la journée ou attroupements de jeunes gays en soirée (la jetée est un lieu de rendez-vous gay bien connu). L'endroit offre une vue magnifique sur l'Hudson et une agréable brise y souffle l'été. Concerts au soleil couchant et salsa les soirs d'été.

ABINGDON SQUARE

PLACE

Plan p. 448 (Hudson St, à hauteur de 12th St, West Village ; SA/C/E, L arrêt 8th Ave-14th St). Ce petit jardin (à peine 1 000 m^2) datant de 1831 est un délicieux coin de verdure, avec des buttes herbeuses, des parterres de fleurs et des sentiers sinueux. Il accueille tous les samedis un marché de producteurs très fréquenté. L'endroit est idéal pour pique-niquer à l'heure du déjeuner ou pour se reposer après avoir arpenté les petites rues de West Village.

NEW YORK UNIVERSITY

UNIVERSITÉ

Plan p. 448 (NYU ; 212-998-1212 ; www.nyu.edu ; centre d'accueil 50 W 4th St, West Village ; SA/C/E, B/D/F/M arrêt W 4th St-Washington Sq, N/R arrêt 8th St-NYU). Albert Gallatin, ancien secrétaire au Trésor sous le président

LES INCONTOURNABLES
HUDSON RIVER PARK

Une fois les beaux jours de l'industrie maritime derrière elle, la ville de New York a dû décider que faire des nombreux *piers* (jetées) qui se retrouvaient à l'abandon. C'est ainsi qu'a été créé l'Hudson River Park, qui s'étend de la pointe sud de Manhattan jusqu'à 59th St, à Midtown.

L'Hudson River Greenway, longue promenade qui longe le fleuve et la très animée West Side Hwy, invite à faire son footing ou à se balader à pied, en rollers ou à vélo. **Waterfront Bicycle Shop** (plan p. 448 ; 212-414-2453 ; www.bikeshopny.com ; 391 West St, entre W 10th St et Christopher St, West Village ; location 1 heure/la journée 10/20 $; 10h-19h ; S1 arrêt Christopher St-Sheridan Sq) est idéal pour louer des vélos. L'été, plusieurs centres nautiques louent des kayaks et proposent des excursions longues pour les plus expérimentés. On trouve aussi des terrains de beach-volley et de basket, un skatepark et des courts de tennis. Et pour les familles avec jeunes enfants, les possibilités sont légion : en particulier quatre aires de jeux, un manège (sur W 22nd St) ou encore un minigolf (sur le Pier 25, en face de West St, près de N Moore St).

Les soirs d'été, les gens du coin viennent se prélasser sur l'herbe, regardant les passants et contemplAnt le paysage. D'autres préfèrent profiter du coucher de soleil en se joignant à la foule du *Frying Pan*, un ancien bateau-phare aménagé en restaurant-bar sur le **Pier 66 Maritime** (p. 158), et en sirotant une sangria.

En mai 2021, une nouvelle "île" sur l'Hudson a été inaugurée au niveau du Pier 55. Montée sur des pilotis de béton en forme de tulipes, **Little Island** (littleisland.org ; Pier 55 à hauteur de W 13th St ; à partir de 6h ; SA/C/E, L arrêt 8th Ave-14th St) semble flotter au-dessus de l'eau. Elle accueille des jardins aménagés, des pelouses et un amphithéâtre. Grosse programmation musicale dès le printemps.

À NE PAS MANQUER

- Faire du canoë-kayak sur le fleuve
- Flâner au coucher du soleil
- Boire un verre l'été sur le *Frying Pan*
- Assister à un concert sur Little Island

INFOS PRATIQUES

- Plan p. 448, C7
- 9h-17h lun-ven 212-627-2020
- www.hudsonriverpark.org
- West Village
- 6h-1h
-
- M23, S1 arrêt Christopher St, C/E arrêt 23rd St

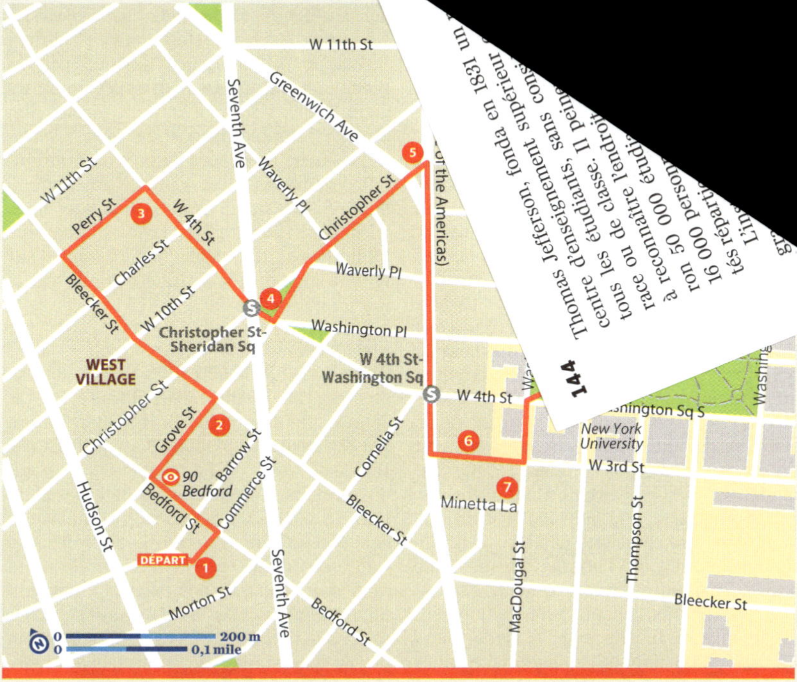

Promenade à pied
Une balade dans Greenwich Village

DÉPART COMMERCE ST
ARRIVÉE WASHINGTON SQUARE PARK
DISTANCE ET DURÉE 1,9 KM ; 1 HEURE

Les ruelles pavées de Greenwich Village invitent à l'exploration. Commencez au 1 **Cherry Lane Theatre** (p. 161), niché dans la jolie Commerce St. Fondé en 1924, c'est le plus ancien théâtre encore en activité en dehors de Broadway.

Tournez à gauche dans Bedford St et prenez à droite sur Grove St (au coin, au n° 90, vous reconnaîtrez peut-être l'immeuble de la série *Friends*) pour atteindre votre premier point de ravitaillement, 2 **Buvette** (p. 155), un bar à vins francophile idéal pour observer les passants en toute tranquillité. Ensuite, prenez à gauche et remontez Bleecker St et tournez à droite pour arriver devant un autre lieu d'une série TV iconique, 3 **66 Perry Street** – l'immeuble de Carrie Bradshaw dans *Sex and the City*.

Prenez à droite dans W 4th St et continuez jusqu'à Christopher Park, où se dresse le 4 **Stonewall National Monument** (p. 141). Au nord de ce petit espace vert se trouve le légendaire Stonewall Inn, où, en 1969, la communauté LGBTQ+ s'est soulevée contre une énième descente de police, initiant le mouvement des droits civiques pour les homosexuels.

Suivez Christopher St jusqu'à 6th Ave pour rejoindre, au nord, la 5 **Jefferson Market Library**. Construit en 1885 pour accueillir un tribunal, ce beau bâtiment en brique rouge se dresse au milieu d'un jardin tranquille. Descendez 6th Ave, puis prenez à gauche sur West 3rd St, où, sur votre gauche, vous attend le légendaire club de jazz 6 **Blue Note** (p. 162).

Prenez à droite sur MacDougal St jusqu'au célèbre 7 **Comedy Cellar** (p. 160), où se sont notamment produits Jerry Seinfeld et Amy Schumer, puis revenez sur vos pas et remontez MacDougal St pour terminer votre promenade au 8 **Washington Square Park** (p. 140), parc iconique du Village.

[illegible] petit [illegible] ouvert à [illegible] dération de [illegible] rait aujourd'hui [illegible], qui accueille envi- [illegible] ants et emploie plus de [illegible] es, avec des écoles et facul- [illegible] s sur six campus de Manhattan. [illegible] stitution ne cesse de s'étendre, au [illegible] and dam des défenseurs du patrimoine et des propriétaires de commerces, qui voient des bâtiments rachetés (ou détruits, comme l'édifice historique du théâtre Provincetown Playhouse – reconstruit finalement à l'identique en 2010, sous la pression) et remplacés par des dortoirs ou des bureaux administratifs. Certains recoins sont charmants, à l'instar de la cour verdoyante de la School of Law, tandis que d'autres se révèlent résolument modernes, tel le Skirball Center for the Performing Arts, une salle de 850 places où danse, théâtre, musique et autres arts du spectacle sont mis à l'honneur. L'université jouit par ailleurs d'une excellente réputation, en particulier pour l'enseignement du cinéma, de l'écriture, de la médecine et du droit. La School of Professional Studies and Continuing Education organise, quant à elle, des cours d'une journée ou d'un week-end – de l'histoire des États-Unis à la photographie – ouverts à tous. Une bonne formule pour rencontrer des New-Yorkais.

SHERIDAN SQUARE — PLACE

Plan p. 448 (entre Washington Pl et W 4th St, West Village ; S 1 arrêt Christopher St-Sheridan Sq). L'intérêt de ce petit triangle de verdure va au-delà de ses quelques bancs, de ses arbres et de sa grille vieillotte en fer forgé. Situé au cœur du quartier gay de Greenwich Village, il a été le témoin de tous les rassemblements, manifestations et émeutes qui ont marqué le mouvement new-yorkais pour les droits des homosexuels. Auparavant simple triangle d'asphalte, il a été transformé en jardin par les habitans dans les années 1980.

Chelsea

♥ PACE GALLERY — GALERIE

Plan p. 452 (☎212-421-3292 ; www.pacegallery.com ; 540 W 25th St, entre 10th Ave et 11th Ave, Chelsea ; ⏲10h-18h mar-sam ; S 1, C/E arrêt 23rd St). La galerie Pace dispose de huit galeries réparties dans le monde entier. Depuis plusieurs décennies elle expose des artistes de renom tels que Willem De Kooning, Barbara Hepworth et Julian Schnabel. Ne manquez surtout pas sa succursale de Chelsea, installée dans un gigantesque bâtiment de huit étages. Son impressionnante façade en pierre volcanique cache un espace de près de 7 000 m^2 qui comprend une galerie au plafond haut de 5,5 m au rez-de-chaussée, mais aussi des espaces plus privés, comme une bibliothèque de recherche accessible sur rendez-vous et une grande terrasse sur le toit du bâtiment.

RUBIN MUSEUM OF ART — MUSÉE

Plan p. 448 (☎212-620-5000 ; www.rubinmuseum.org ; 150 W 17th St, entre 6th Ave et 7th Ave, Chelsea ; tarif plein/réduit 19/14 $, -12 ans gratuit, 18h-22h ven gratuit ; ⏲10h-17h jeu, 11h-22h ven, 11h-17h sam-dim ; S 1 arrêt 18th St). Il s'agit du premier musée du monde occidental à se consacrer à l'art de l'Himalaya et des régions environnantes. Sa collection impressionnante couvre une période allant du Ve siècle jusqu'à nos jours et comprend notamment textiles brodés chinois, bodhisattvas népalais en cuivre doré, statues en pierre pakistanaises, minutieuses peintures bhoutanaises ou encore objets rituels et masques de danse de différentes régions tibétaines. Parmi les fascinantes expositions accueillies par le musée, citons la série *Shrine Room Projects* (2021), une interprétation contemporaine de l'iconographie traditionnelle et religieuse par différents artistes contemporains.

GAGOSIAN — GALERIE

Plan p. 452 (☎212-741-1111 ; www.gagosian.com ; 555 W 24th St, au niveau d'Eleventh Ave, Chelsea ; ⏲10h-18h mar-sam ; S 1, C/E arrêt 23rd St). Ici sont exposées des œuvres d'artistes de renommée internationale. Ainsi, ses expositions constamment renouvelées donnent à voir les œuvres de Jeff Koons, Damien Hirst, Andy Warhol, Jean-Michel Basquiat, Richard Serra ou Takashi Murakami, entre autres grands noms de l'art contemporain. La galerie Gagosian a de nombreuses antennes, notamment 5 autres à New York et 12 autres réparties à Londres, Paris, Hong Kong, Rome et d'autres villes.

ARTECHOUSE — GALERIE

Plan p. 452 (www.artechouse.com/nyc ; 439 W 15th St, Chelsea Market ; adulte/enfant 24/17 $; ⏲10h-21h tlj, variable selon les installations ; S A/C/E, L arrêt 8th Ave-14th St). Anciennement inutilisée, la chaufferie située sous le Chelsea Market (p. 155) est désormais occupée par Artechouse, un espace artistique immersif innovant où projections numériques et installations démesurées vous feront vivre une expérience hallucinatoire. Avec son concept immersif propice à l'émerveillement, cette galerie d'art expérimentale de plus de 500 m^2 rompt avec les galeries plus classiques de Chelsea.

CHELSEA HOTEL BÂTIMENT HISTORIQUE

Plan p. 452 (222 W 23rd St, entre 7th Ave et 8th Ave, Chelsea ; Ⓢ1, C/E arrêt 23rd St). Cet hôtel en brique rouge construit dans les années 1880 arbore de somptueux balcons en fer forgé et pas moins de 7 plaques évoquant son aura littéraire et le rôle majeur qu'il a joué dans l'histoire de la culture pop.

Les écrivains, parmi lesquels Mark Twain, Thomas Wolfe, Dylan Thomas ou Arthur Miller, furent nombreux à y descendre. Jack Kerouac y aurait écrit d'une traite *Sur la route*, Arthur C. Clarke y rédigea *2001 : L'Odyssée de l'espace*, Dylan Thomas y entama son agonie éthylique en 1953 et, en 1978, on y retrouva le cadavre de Nancy Spungen, petite amie de Sid Vicious, éphémère bassiste des Sex Pistols, qu'il aurait poignardée. Parmi les célébrités qui ont séjourné ici figurent Joni Mitchell, Patti Smith, Robert Mapplethorpe, Stanley Kubrick, Dennis Hopper, Édith Piaf, Bob Dylan et Leonard Cohen, dont la chanson *Chelsea Hotel* évoque ses ébats avec Janis Joplin (qui fréquenta également les lieux).

Malheureusement, cette époque est bel et bien révolue. Après une décennie de déboires judiciaires avec des locataires de longue date et d'incessants changements de propriétaire qui rendaient l'avenir de l'immeuble incertain, au moment de notre passage, un projet d'hôtel de luxe et de deux bars semblait en cours.

GENERAL THEOLOGICAL SEMINARY JARDINS

Plan p. 452 (☎212-243-5150 ; www.gts.edu ; 440 W 21st St, entre 9th Ave et 10th Ave, Chelsea ; ⏲10h-17h30 lun-ven ; Ⓢ1, C/E arrêt 23rd St). GRATUIT Fondé en 1817, ce séminaire est le plus ancien de l'Église épiscopale aux États-Unis. L'école, installée en plein cœur de l'agréable quartier historique de Chelsea, a fait récemment de gros efforts pour sauvegarder son atout principal : le campus paysager niché au cœur d'un quartier en pleine frénésie immobilière.

po
parcou
visiter, so
milieu de 21st

OÙ SE REST

En cherchant bien et avec u d'argent en poche, vous pour manger comme un roi à chaque repas dans ces quartiers. West Village est connu pour ses restaurants intimes, confortables et élégants, tandis que, juste à côté, le Meatpacking District est plus ostentatoire avec ses adresses à la mode où il faut y mettre le prix. Chelsea représente le juste milieu entre les deux : établissements gays et tapageurs le long de l'ultrapopulaire 8th Ave, parfaits pour voir et être vu, et cafés sur 9th Ave plus à l'ouest.

West Village et Meatpacking District

RED BAMBOO VÉGAN $

Plan p. 448 (☎212-260-7049 ; www.redbamboo-nyc.com ; 140 W 4th St, entre 6th Ave et MacDougal St, West Village ; plats 14-17 $; ⏲12h-21h lun-mar, 12h-22h mer-dim ; ✎ ; ⓈA/C/E, B/D/F/M arrêt W 4th St-Washington Sq). "Crevettes" de soja cajun, "poulet" soja à la marinade Jerk ou encore un "cheesecake" si riche qu'il est difficile d'en arriver au bout : vous trouverez tout cela et bien plus chez Red Bamboo, qui propose des versions véganes de ces spécialités asiatiques. Idéal pour les végans et végétariens en quête de nouvelles saveurs. Le salon au carrelage et au mobilier en bois simple est propice à la détente. Vous pourrez aussi sublimer cette aventure culinaire en accompagnant votre repas d'une bière artisanale ou d'un bon vin.

MAMOUN'S MOYEN-ORIENTAL $

Plan p. 448 (www.mamouns.com ; 119 MacDougal St, entre W 3rd St et Minetta Lane, West Village ; sandwichs 6,50-10 $, assiettes 9-13,50 $; ⏲11h-2h lun-mer, 11h-3h jeu, 11h-4h ven-sam, 11h-1h dim ; ⓈA/C/E, B/D/F/M arrêt W 4th St-Washington Sq). Un restaurant de falafels et de *chawarmas*, installé à Lower Manhattan. Spécialités : les plateaux et les pains pita, copieux, pas

…st de …sam, …n St). …Umber …qui doit …, le chef Tom Co… de goûter sa cuisine. … carrière parfaitement justifi… cheesecakes crémeux et acidulés, des … moelleux, des scones croustillants et des délicieux brownies de la maison.

BENNY'S BURRITOS MEXICAIN $

Plan p. 448 (☎212-633-9210 ; 113 Greenwich Ave, à l'angle de Jane St ; plats 12-15 $; ⏲12h-21h30 dim-jeu, 12h-22h ven-sam ; ✎ ; Ⓢ A/C/E, L arrêt 8th Ave-14th St). La meilleure sélection de *burritos* du quartier ! Son décor coloré aux murs décorés de peintures kitsch et ses portions généreuses séduisent une clientèle jeune et métissée. L'accueil est chaleureux mais parfois chaotique, les serveurs vous reçevant avec un petit plateau de tortillas accompagnées de sauce. Les végétariens et les végans ne seront pas déçus puisque le restaurant leur dédie une partie de sa carte.

COTENNA ITALIEN $

Plan p. 448 (☎646-861-0175 ; www.cotenna.com ; 21 Bedford St, entre Downing St et W Houston St, West Village ; *cicchetti* 14 $, pâtes 16 $; ⏲11h-minuit dim-jeu, jusqu'à 1h ven-sam ; Ⓢ1 arrêt Houston St). À l'écart dans un coin pittoresque du Village, ce restaurant intime et joliment aménagé est idéal pour un premier rendez-vous. Le menu succinct comprend des pâtes abordables (sans gluten à la demande), une belle variété de tapas italiennes (*cicchetti*) et des carpaccios, mais on peut aussi partager des assiettes de fromage et de charcuterie accompagnées d'un verre de vin ou d'un cocktail.

THELEWALA INDIEN $

Plan p. 448 (☎212-614-9100 ; www.thelewalany.com ; 112 MacDougal St, entre Bleecker St et W 3rd St, West Village ; rouleaux 5-7 $; ⏲11h30-2h

Vivre comme un New-Yorkais
Les galeries de Chelsea

Le quartier de Chelsea possède la plus grande concentration de galeries d'art de New York. Installées pour la plupart entre W 20th St et W 29th St, entre 10th Ave et 11th Ave, elles sont souvent ouvertes du mardi au samedi (les vernissages sont fréquents le jeudi soir). Le Gallery Guide (avec plan) d'Art Info est disponible gratuitement dans la plupart d'entre elles, et vous pouvez consulter le site www.chelseagalleries.nyc.

❶ Paula Cooper Gallery

Ouverte depuis 1968, la galerie **Paula** (☎212-255-1105 ; www.paulacoopergallery.com ; 524 W 26th St, entre 10th Ave et 11th Ave ; ⏲10h-18h mar-sam ; Ⓢ1, C/E arrêt 23rd St) est une icône du monde de l'art de Chelsea. Si une attention particulière est portée à l'art conceptuel et minimal, vous pourrez tout aussi bien tomber sur une photographie de Sherrie Levine ou sur une installation acoustique de Céleste Boursier-Mougenot.

❷ Pace Gallery

Local principal de la Pace Gallery (p. 144), cet immeuble de huit étages abrite des œuvres d'artistes contemporains de premier plan, comme Loie Hollowell, Sol LeWitt, David Hockney, Chuck Close et Robert Rauschenberg, exposées sur près de 7 000 m^2.

❸ Gladstone Gallery

La curatrice Barbara Gladstone s'est fait un nom sur la scène artistique new-yorkaise dans les années 1990. Aujourd'hui, sa **galerie** (☎212-206-9300 ; www.gladstonegallery.com ; 515 W 24th St, entre 10th Ave et 11th Ave ; ⏲10h-18h mar-sam ; Ⓢ1, C/E arrêt 23rd St) de Chelsa expose des artistes contemporains tels que Keith Haring, Robert Mapplethorpe ou les Britanniques Anish Kapoor et Sarah Lucas.

❹ Gagosian

Comme elle appartient à un réseau mondial d'espaces d'exposition, la galerie

Pace Gallery (p. 144)

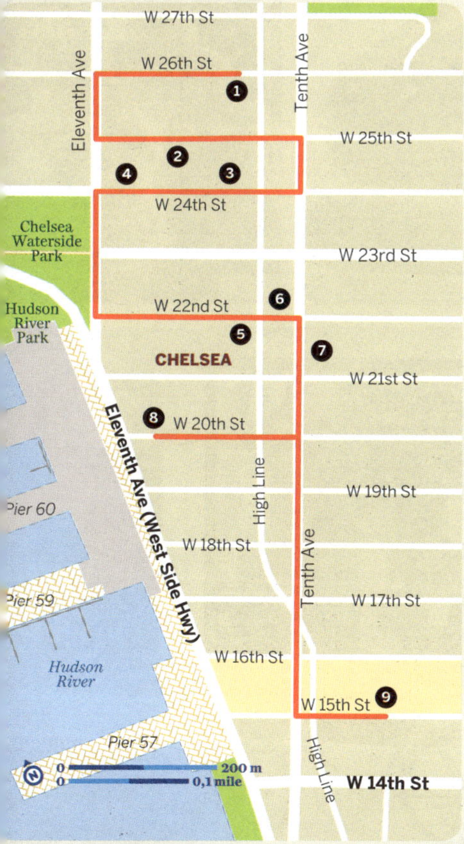

Gagosian (p. 144) offre une ambiance différente des galeries indépendantes de Chelsea. Son antenne sur 21st St accueille des installations d'envergure.

5 Matthew Marks

Connue pour exposer des artistes new-yorkais, comme Nan Goldin et Terry Winters, la galerie **Matthew Marks** (☎212-243-0200 ; www.matthewmarks.com ; 522 W 22nd St, entre 10th Ave et 11th Ave ; ⏰10h-18h mar-sam ; Ⓢ1, C/E arrêt 23rd St) est une véritable pionnière de Chelsea. Vous trouverez aussi des antennes aux 526 W 22nd St et 523 W 24th St.

6 Tía Pol

Petit restaurant de tapas basques et espagnoles, Tía Pol (p. 154) est l'endroit idéal pour recharger ses batteries et pour réfléchir à tout ce que vous avez vu dans les galeries.

7 192 Books

La façade de cette agréable petite librairie (p. 166) ne paie pas de mine, mais le lieu offre un moment de répit entre deux visites de galeries. À l'intérieur, vous trouverez un excellent choix de textes littéraires, de monographies d'artistes et de livres pour enfants.

8 David Zwirner

Acteur majeur du monde de l'art, le curateur allemand **David Zwirner** (☎212-517-8677 ; www.davidzwirner.com ; 537 W 20th St, entre 10th Ave et 11th Ave ; ⏰10h-18h mar-sam ; Ⓢ1, C/E arrêt 23rd St) a ouvert en 2013 une galerie écocertifiée sur cinq niveaux avec 2 800 m^2 d'espace d'exposition. C'est ici qu'il a monté certaines des expositions les plus plébiscitées de New York : Infinity Mirrored Room, surnaturelles installations lumineuses de Yayoi Kusama, ont engendré des files d'attente de 3 heures.

9 Artechouse

Pour vous dépayser un peu, descendez les marches du Chelsea Market pour vous rendre dans la chaufferie, où est installé Artechouse (p. 144). Les installations démesurées mêlent art et technologie et créent des expériences hallucinatoires et immersives.

1

PIERPAOLO DE GENNARO/SHUTTERSTOCK ©

2

4

MILA PARH/SHUTTERSTOCK ©

Chelsea Market (p. 155)
ınez vous régaler d'un homard et d'autres
ices dans ce haut lieu gastronomique populaire,
npli d'échoppes et de boutiques artisanales.

Washington Square Park (p. 140)
ınez au cœur du Village.

Stonewall Inn (p. 159)
ıument national où est né le mouvement
ır les droits LGBTQ+.

Buvette (p. 155)
ablez-vous dans ce bar à vins et restaurant
ıcophile pour prendre un verre et dîner.

3

GLYNNIS JONES/SHUTTERSTOCK ©

dim-jeu, 11h30-5h ven-sam ; S A/C/E, B/D/F/M arrêt W 4th St-Washington Sq). Petite adresse branchée proposant une cuisine inspirée de la street food de Kolkota (Calcutta) : délicieux rouleaux d'agneau haché, de *paneer* (fromage), d'*okras* croquantes et de bien d'autres ingrédients. Vous pourrez aussi goûter aux *chaats* (en-cas salés) ou encore au curry de pois chiches. Peu de places assises – quelques tabourets au comptoir seulement. Prenez à emporter et allez manger dans le Washington Square Park à deux pas d'ici.

MOUSTACHE MOYEN-ORIENTAL $

Plan p. 448 (212-229-2220 ; www.moustachepitza.com ; 90 Bedford St, entre Grove St et Barrow St, West Village ; sandwichs 10-18 $, plats 16-21 $, pizzas 12-20 $; 12h-minuit ; S 1 arrêt Christopher St-Sheridan Sq). Sans chichis et chaleureux, ce petit établissement propose de généreux et savoureux sandwichs (falafel, gigot d'agneau, merguez), des *pitza* fines et croustillantes, des salades acidulées et de copieuses spécialités comme l'*ouzi* (feuilleté au poulet, au riz et aux épices) et de la moussaka. Commencez par une assiette de houmous ou de *baba ghanoush* (purée d'aubergines), servie avec des pains pitas bien chauds et moelleux.

SAIGON SHACK VIETNAMIEN $

Plan p. 448 (212-228-0588 ; www.saigonshack.com ; 114 MacDougal St, entre Bleecker St et 3rd St, West Village ; plats 11-17 $; 11h-21h ; S A/C/E, B/D/F/M arrêt W 4th St-Washington Sq). Bols de phô (soupe à base de bouillon de bœuf et de nouilles de riz) fumants, *banh mi* (sandwichs baguette garnis de viande, carottes râpées marinées et coriandre) relevés et nems croustillants vous attendent dans ce restaurant à quelques pas de Washington Square Park. Les prix sont honnêtes et le service est rapide. Seul bémol : l'attente pour une table peut être longue.

CORNER BISTRO BISTROT $

Plan p. 448 (212-242-9502 ; www.cornerbistrony.com ; 331 W 4th St, entre Jane St et 12th St, West Village ; burgers 10,75-14,75 $; 10h-2h dim-mer, 10h-4h jeu-sam ; S A/C/E, L arrêt 8th Ave-14th St). Un bar à l'ancienne, avec des bières pression bon marché. Rien de particulier ? Attendez un peu d'avoir goûté au Bistro Burger, à sa viande tendre agrémentée de bacon croustillant et de fromage fondant, le tout accompagné de frites. Un bonheur !

TAÏM ISRAÉLIEN $

Plan p. 448 (212-691-1287 ; www.taimfalafel.com ; 222 Waverly Pl, entre Perry St et W 11th St, West Village ; sandwichs 9-11 $, assiettes 11-13 $; 11h-22h ; ; S 1 arrêt Christopher St-Sheridan Sq, 2/3 arrêt 14th St, A/C/E, L arrêt 8th Ave-14th St). Ce minuscule restaurant propose deux sortes de falafels parmi les meilleurs de la ville : Green (traditionnel) ou Harissa (épicé). Quel que soit votre choix, il vous sera servi dans un pain pita avec tahini, salade et cornichons, ou en assiette sur une base de houmous, de perles de couscous, de riz au cumin ou de salade.

CAFFE REGGIO CAFÉ $

Plan p. 448 (212-475-9557 ; www.caffereggio.com ; 119 MacDougal St, vers W 3rd St, West Village ; sandwichs 9,50 $; 9h-3h dim-jeu, jusqu'à 4h30 ven-sam ; S A/C/E, B/D/F/M arrêt W 4th St-Washington Sq). Avec ses toiles Renaissance et ses tables en marbre, ce café à la touche artistique est toujours aussi populaire. Au menu : viennoiseries fraîches, paninis, gâteaux, milk-shakes italiens (goûtez le “delizioso”) et savoureux café. Ouvert depuis 1927, le Reggio prétend avoir été le premier café américain à servir des cappuccinos. Si cette affirmation est discutable, il n'en reste pas moins que ceux-ci sont un régal !

PEACEFOOD VÉGAN $

Plan p. 448 (212-979-2288 ; www.peacefoodcafe.com ; 41 E 11th St, entre University Pl et Broadway, West Village ; plats 15-18 $; 11h30-21h ; ; S 4/5/6, L, N/Q/R arrêt 14th St-Union Sq). Pizzas délicieuses, légumes grillés, ravioles poêlées : chez Peacefood, on sait parler aux végétariens et aux végans. L'endroit étant bondé au coup de feu, midi et soir, il est déconseillé de s'y attarder plus que nécessaire.

JEJU NOODLE BAR CORÉEN, NOUILLES $$

Plan p. 448 (646-666-0947 ; www.jejunoodlebar.com ; 679 Greenwich St, à hauteur de Christopher St, West Village ; nouilles 19-43 $; 17h-22h mer-dim ; M8 arrêt Greenwich St-Christopher St, S 1 arrêt Christopher St-Sheridan Sq). Si le ramen (plat de nouilles accompagnées d'une soupe) s'est fait une place sur toutes les tables du monde, peut-être est-il temps de goûter à ses variations ? Sur la partie ouest plus calme de Christopher St, ce restaurant accueillant sert notamment des *ramyun* coréens. Commencez par un *hwe* (sashimi) de Saint-Jacques au *chimichurri* avant de vous délecter d'un *so ramyun* (poitrine de bœuf et nouilles dans un bouillon de veau).

WILD PIZZAS SANS GLUTEN **$$**

Plan p. 448 (☎212-929-2920 ; www.eatdrinkwild.com ; 535 Hudson St, entre Perry St et Charles St, West Village ; pizzas 18-24 $, pâtes 20-25 $; ⏲10h-23h lun-mar, 11h-23h mer-dim ; ; S1/2/3 arrêt Christopher St-Sheridan Sq). Intolérant au gluten ou au lactose ? Cette pizzeria parfaitement adaptée aux régimes alimentaires spécifiques fera votre bonheur ! En plus de proposer pizzas sans gluten garnies de ricotta aux truffes, champignons et roquette, ce restaurant "de la ferme à la table" sert des pâtes sans gluten et peut remplacer le fromage par une option végane. Toutefois, on est plutôt à l'étroit en salle et collés les uns aux autres.

MERMAID OYSTER BAR PRODUITS DE LA MER **$$**

Plan p. 448 (☎212-260-0100 ; www.themermaidnyc.com ; 79 MacDougal St, entre Bleecker St et W Houston St, West Village ; petites assiettes 12-19 $, plats 27-34 $; ⏲16h30-22h lun-sam, jusqu'à 21h30 dim ; SA/C/E, B/D/F/M arrêt W 4th St-Washington Sq). Si vous avez une soudaine envie d'huîtres et ne craignez pas la foule, jouez des coudes pour vous faire une place au bar de ce petit établissement fort apprécié. Tous les jours de 16h30 à 18h30 (toute la soirée lundi), c'est *happy hour* : de jeunes cadres accourent alors pour déguster cocktails (9 $) et huîtres (sélection du chef à 1,25 $ l'unité).

OFRENDA MEXICAIN **$$**

Plan p. 448 (☎212-924 2305 ; ofrendanyc.com ; 113 7th Ave South, près de Christopher St ; tacos 14-16 $, plats 23-29 $; ⏲16h-23h lun-ven, 11h-23h sam-dim ; S1 arrêt Christopher St-Sheridan Sq). La terrasse spacieuse, donnant sur une rue animée du Village, est l'un des atouts de ce restaurant, mais la cuisine n'est pas en reste, avec des classiques mexicains et tex mex bien exécutés. Le brunch du week-end (11h-15h30) est très prisé et contrairement à d'autres spots populaires, on peut réserver. *Happy hour* de 16h à 19h.

MURRAY'S MAC & CHEESE FROMAGE **$**

Plan p. 448 (☎347-846-0226 ; www.murraysmacandcheese.com ; 250 Bleecker St, entre Leroy St et Morton St, West Village ; sandwichs 8-14 $, macaronis 6-28 $; ⏲11h-20h ; SA/C/E, B/D/F/M arrêt W 4th St-Washington Sq). Si le bar à fromage de la la célèbre fromagerie de West Village (p. 163) a désomais déménagé à Long Island City, les amateurs de macaronis au fromage peuvent se consoler avec cette petite gargote spécialisée dans le *mac n' cheese* juste à côté du magasin. Au menu : macaronis et *melts* (sandwichs au fromage fondant), à emporter. Quelques tables sur place.

MALAPARTE ITALIEN **$$**

Plan p. 448 (☎212-255-2122 ; www.malapartenyc.com ; 753 Washington St, à hauteur de Bethune St, West Village ; plats 17-34 $; ⏲17h30-23h tlj, brunch 12h-16h sam-dim ; SA/C/E, L arrêt 8th Ave-14th St). Nichée dans un coin paisible de West Village, cette charmante trattoria de quartier sert des plats italiens simples et savamment préparés : spaghettis aux cèpes, pizzas à la pâte tendre, salade fenouil-roquette, *branzino* (bar) grillé et – bien sûr – tiramisu en dessert. Un détail fort agréable : la corbeille à pain remplie de *focacce* qui vous est servie dès que vous êtes attablé.

WESTVILLE AMÉRICAIN **$$**

Plan p. 448 (☎212-741-7971 ; www.westvillenyc.com ; 210 W 10th St, entre 4th St et Bleecker St, West Village ; plats déj 12-19 $, dîner 15-32$; ⏲11h30-21h30 tlj, brunch 10h-16h sam-dim ; S1 arrêt Christopher St-Sheridan Sq ; A/C/E, B/D/F/M arrêt W 4th St-Washington Sq ; 1/2/3 arrêt 14th St). Avec ses 7 restaurants new-yorkais, Westville a su conquérir son public avec ses plats à prix raisonnable et ses produits frais du marché. Installée dans un coin paisible et bordé d'arbres de 10th St, cette antenne de West Village offre un cadre agréable pour goûter au saumon grillé, au bol de riz ou quinoa et légumes du marché, à la salade de chou kale et aux plats du jour comme le burger de poulet *chipotle* et mozzarella.

SNACK TAVERNA GREC **$$**

Plan p. 448 (☎212-929-3499 ; www.snacktaverna.com ; 63 Bedford St, entre Morton St et Commerce St, West Village ; plats déj 14-17 $, dîner petites/grandes assiettes 14-20/26-30 $; ⏲11h30-16h30 lun-ven et 17h-22h45 tlj, brunch 11h-16h30 sam-dim ; SA/C/E, B/D/F/M arrêt W 4th St-Washington Sq, 1 arrêt Christopher St-Sheridan Sq). Cette adresse ne sert pas le typique sandwich grec, mais une sélection de délicieuses petites assiettes de saison qui accompagnent des plats du marché. Les vins régionaux n'ont rien d'exceptionnel, mais les bières méditerranéennes sont rafraîchissantes.

ALTA

TAPAS $$

Plan p. 448 (☎212-505-7777 ; www.altarestaurant.com ; 64 W 10th St, entre 5th Ave et 6th Ave, West Village ; petites assiettes 13-26 $; ⏲17h30-21h30 dim-jeu, 17h30-22h mar-jeu, 17h-22h45 ven-sam ; Ⓢ A/C/E, B/D/F/M arrêt W 4th St-Washington Sq). Cette superbe maison de ville manifeste le charme désuet du quartier : briques et poutres apparentes, lueur vacillante des bougies, immenses miroirs et cheminée romantique. Vous n'aurez que l'embarras du choix face à la longue liste des petites assiettes proposées, généreusement garnies : succulentes boulettes d'agneau, noix de saint-jacques grillées aux pistaches, aubergine japonaise à l'époisses, chèvre frit, et plat-de-côtes braisé. La liste des vins est tout aussi remarquable.

URBAN VEGAN KITCHEN

VÉGAN $$

Plan p. 448 (☎646-438-9939 ; www.urbanvegankitchen.com ; 41 Carmine St, entre Bleecker St et Bedford St, West Village ; plats 14-23 $; ⏲12h-23h lun-jeu, 12h-minuit ven, 10h-minuit sam, 10h-22h30 dim ; 🌿 ; Ⓢ A/C/E, B/D/F/M arrêt W 4th St-Washington Sq). Ambiance détendue et plats végans à tomber sont au rendez-vous ! Au brunch, on se régale de poulet façon végane, avec gaufres, chou kale à l'ail et aïoli moutarde-sirop d'érable, et au dîner de doubles tacos au seitan.

♥ JEFFREY'S GROCERY

PRODUITS DE LA MER $$$

Plan p. 448 (☎646-398-7630 ; www.jeffreysgrocery.com ; 172 Waverly Pl, à hauteur de Christopher St, West Village ; plateaux de fruits de mer 65-145 $, plats 25-34 $; ⏲11h30-15h30 lun-ven et 17h-22h tlj, jusqu'à 23h mar-sam ; Ⓢ 1 arrêt Christopher St-Sheridan Sq). Les produits de la mer tiennent la vedette dans cette institution de West Village : vous y trouverez un bar à huîtres, de beaux plateaux de fruits de mer et des plats joliment préparés (moules et curry vert, lait de coco et fines herbes, sandwich de raie panée au panko et toast de caviar). *Happy hour* sur les huîtres entre 15h30 et 17h30 en semaine et brunch le week-end.

♥ REDFARM

FUSION $$$

Plan p. 448 (☎212-792-9700 ; www.redfarmnyc.com ; 529 Hudson St, entre W 10th St et Charles St, West Village ; plats 22-54 $, raviolis 15,50-21 $; ⏲17h-21h mar-ven, 16h-22h sam, 16h-21h dim ; Ⓢ 1 to Christopher St-Sheridan Sq, A/C/E, B/D/F/M arrêt W 4th St-Washington Sq). Venez vivre une expérience unique dans cette petite adresse en effervescence, où la cuisine chinoise est élevée au rang d'œuvre d'art. La bruschetta de thon en dés et aubergine, le poulet fumé à la peau croustillante et à l'ail, ainsi que les nems au pastrami figurent parmi les plats les plus surprenants qui mélangent différentes cuisines avec brio. Citons également le homard sauté aux œufs et au porc haché, les tartelettes de filet mignon de Kowloon et les ravioles croustillantes de canard et de crabe. Réservation vivement recommandée.

Au sous-sol, **Decoy** (17h-23h tlj), petite sœur discrète de RedFarm, est spécialisé dans le canard laqué. En général moins fréquenté, il prend les réservations pour un petit nombre de convives (2 à 7 personnes), à la condition de commander le menu canard laqué à 125 $ par personne. Les convives prennent place autour de la longue table centrale ; une poignée de places au bar sans réservation pour les chanceux (plats à la carte dans ce cas).

♥ BLUE HILL – FAMILY MEAL

AMÉRICAIN $$$

Plan p. 448 (☎212-539-1776 ; www.bluehillfarm.com ; 75 Washington Pl, entre 6th Ave et Washington Sq W, West Village ; menu fixe 115 $/pers ; ⏲17h30-23h jeu-dim ; Ⓢ A/C/E, B/D/F/M arrêt W 4th St-Washington Sq). Adresse destinée aux adeptes aisés du Slow Food, le Blue Hill a été l'un des pionniers du mouvement locavore. Le talentueux chef Dan Barber, originaire d'une famille de fermiers du Massachusetts, utilise des produits issus d'exploitations locales pour élaborer ses plats très appréciés, à partager "comme à la maison".

Attendez-vous à des légumes bien mûrs et parfaitement assaisonnés qui relèvent le goût d'une lotte de Montauk ou d'un poulet de la Blue Hill Farm. Installé en sous-sol dans un ancien *speakeasy* d'un coin pittoresque de West Village, le restaurant est à la fois chic et tranquille. Réservation et tenue "élégante décontractée" conseillées. Venez à plusieurs : dans l'esprit "famille" de la maison, les groupes de plus de 2 personnes sont privilégiés. Photos et portables interdits en salle.

ROSEMARY'S

ITALIEN $$

Plan p. 448 (☎212-647-1818 ; www.rosemarysnyc.com ; 18 Greenwich Ave, à hauteur de

W 10th St, West Village ; plats 17-29 $, menu déj 2 plats 24 $; ⏲12h-22h tlj, brunch 10h-16h sam-dim ; S1 arrêt Christopher St-Sheridan Sq). Cet établissement, un des hauts lieux gastronomiques du moment à West Village, sert une cuisine italienne de qualité concoctée avec les produits de son jardin urbain et de sa ferme de la vallée de l'Hudson. Des betteraves servies avec des légumes verts amers et des noisettes jusqu'au porc de la "Meiller Farm" accompagné de fruits à la moutarde d'orange, toute la carte est fantastique.

Certains des produits sont cultivés maison, ou plutôt sur la maison : sur le toit du restaurant se trouve un jardin dernier cri où poussent feuilles de pissenlit croustillantes, courgettes replètes et tomates alléchantes. Réservez ou arrivez tôt.

SUSHI NAKAZAWA SUSHIS **$$$**

Plan p. 448 (☎212-924-2212 ; www.sushinakazawa.com ; 23 Commerce St, entre Bedford St et 7th Ave, West Village ; menus 120 et 150 $; ⏲11h45-14h (comptoir) et 17h-22h tlj ; S1 arrêt Christopher St-Sheridan Sq). Dans ce petit restaurant plébiscité dès son ouverture en 2013, les prix sont élevés, mais en valent la peine. Peu de libre arbitre est laissé au client : les menus de 20 plats à prix fixe sont entièrement créés par le chef Daisuke Nakazawa, qui a fait ses armes auprès de Jiro Ono, sans doute le plus grand maître des sushis au monde. Le restaurant a été auréolé d'une étoile au Michelin. Réservations ouvertes 15 jours à l'avance.

MINETTA TAVERN BISTROT **$$$**

Plan p. 448 (☎212-475-3850 ; www.minettatavernny.com ; 113 MacDougal St, à hauteur de Minetta Lane, West Village ; plats 24-42 $; ⏲17h-minuit tlj et 12h-15h30 jeu-ven ; SA/C/E, B/D/F/M arrêt W 4th St-Washington Sq). Les banquettes en cuir rouge, l'éclairage chaleureux, les boiseries et les photos noir et blanc sur les murs vous donneront sûrement envie d'entrer dans ce bistrot, qui sert une cuisine savoureuse – os à moelle à la poêle, poulet fermier rôti et moules fraîches. Pensez à réserver, ou venez tôt les soirs de semaine, car le lieu est souvent bondé.

BAR SIX FRANCO-MAROCAIN **$$**

Plan p. 448 (☎212-691-1363; www.barsixnyc.com ; 502 6th Ave, à hauteur de W 13th St ; plats 15-46 $; ⏲12h-23h ; S1/2/3 arrêt 14th St). Sympathique bistrot au cadre chaleureux et à la cuisine d'inspiration française et marocaine. On y sert des classiques comme la soupe à l'oignon gratinée et un savoureux tajine de poulet. Demandez une table dans la salle du fond, plus agréable.

CAFE CLUNY BISTROT **$$$**

Plan p. 448 (☎212-255-6900 ; www.cafecluny.com ; 284 W 12th St, à l'angle de W 12th St et W 4th St, West Village ; plats 20-44 $; ⏲11h-23h lun-ven, 10h-23h sam-dim ; S A/C/E, L arrêt 8th Ave-14th St). Un air de Paris au cœur de West Village, avec chaises de bistrot et banquettes en cuir, et une sélection de plats alléchants. La cuisine combine des classiques hexagonaux avec une touche américaine pour un résultat réussi.

Chelsea

L'ARTE DEL GELATO GLACES **$**

Plan p. 452 (☎212-366-0570 ; www.lartedelgelato.com ; Chelsea Market, 75 9th Ave, entre W 15th St et W 16th St, Chelsea ; glace 6-9 $, barquette 16 $; ⏲11h-21h tlj ; SA/C/E, L arrêt 8th Ave-14th St). Avec plus de 20 parfums de glace artisanale faite chaque jour, L'Arte del Gelato saura ravir les papilles des amateurs de sucrés ! En-cas idéal à grignoter en flânant sur la High Line – L'Arte del Gelato a d'ailleurs un petit chariot de glaces sur la coulée verte.

CHELSEA SQUARE DINER DINER **$**

Plan p. 452 (☎212-691-5400 ; 368 W 23rd St, sur 9th Ave, Chelsea ; plats petit-déj 11-24 $, déj et dîner 10-43 $; ⏲24h/24 ; S1, C/E arrêt 23rd St). Un des meilleurs et plus vastes *diners* à l'ancienne de la ville, idéalement situé au cœur du quartier des bars de Chelsea. En journée, les habitués y dégustent leur club-sandwich à la dinde, pendant que les fêtards du quartier engloutissent leur omelette après une longue nuit en boîte.

JUN-MEN RAMEN BAR RAMEN **$$**

Plan p. 452 (☎646-852-6787 ; www.junmenramen.com ; 249 9th Ave, entre 25th St et 26th St, Chelsea ; ramen 19-22 $; ⏲11h30-15h mar-dim et 17h-21h30 mar-jeu, 17h-22h ven-sam, 17h-21h dim ; S1, C/E arrêt 23rd St). Ce minuscule restaurant de ramen ultramoderne sert de délicieux bols de nouilles à l'épaule de porc, au miso épicé ou aux champignons (avec oursins). Ne manquez pas les amuse-bouche : le ceviche de sériole du Japon et les petits pains au porc grillé sont exceptionnels. Service rapide. On profite aussi du spectacle de l'habileté des cuisiniers. La file d'attente peut être longue ; arrivez tôt.

COOKSHOP AMÉRICAIN $$

Plan p. 452 (☎212-924-4440 ; www.cookshopny.com ; 156 10th Ave, au niveau de W 20th St, Chelsea ; plats brunch 15-25 $, déj 16-32 $, dîner 22-34 $; ⌚12h-22h lun, 12h-23h mar-ven, 10h-23h sam, 10h-22h dim ; ✎ ; Ⓢ1, C/E arrêt 23rd St). Idéal pour prendre un brunch avant (ou après) une promenade sur la verdoyante High Line de l'autre côté de la rue, Cookshop est un endroit animé. Excellent service. Cocktails exquis (essayez le Blushing Monk), pains parfaits, tables en extérieur pour les beaux jours et plats inventifs à base d'œufs font de ce restaurant l'un des plus plébiscités de Chelsea.

Outre le brunch, cette adresse propose aussi de très bons dîners : raie en croûte (farine de maïs) et palourdes en escabèche, pommes de terre persillées au piment, ainsi qu'une sélection végétarienne bien pensée.

TÍA POL TAPAS $$

Plan p. 452 (☎212-675-8805 ; www.tiapol.com ; 205 10th Ave, entre 22nd St et 23rd St ; assiettes de tapas 5-16 $; ⌚17h-23h mar-ven, 12h-23h sam, 12h-16h dim ; Ⓢ1, C/E arrêt 23rd St). Une foule d'habitués se presse chez Tía Pol pour déguster de succulentes tapas espagnoles et basques dans son petit local. La carte des vins est de qualité et le grand choix de tapas est très tentant : pois chiches frits, calamars à l'encre de seiche avec du riz, coques au vin blanc et à l'ail, truite à la navarraise au jambon serrano.

LOBSTER PLACE POISSONNERIE-TRAITEUR $$

Plan p. 452 (☎212-255 5672; www.lobsterplace.com ; Chelsea Market, 75 9th Ave, terrasse 448 W 16th St ; plats 12-18,50 $, *lobster roll* 22-27 $; ⌚11h-21h ; ⓈA/C/E, L arrêt 8th Ave-14th St). Installée dans le Chelsea Market (voir l'encadré ci-contre), cette poissonnerie, l'une des meilleures de la ville, vend aussi des plats cuisinés (sushis, sashimis, burger de saumon ou *fish & shrimps*) et de délicieuses soupes du jour (3 ou 4 recettes au choix) vraiment bon marché et préparées avec du poisson et des coquillages de première qualité. On peut manger aux petites tables installées à la sortie, ou bien sur la High Line, face au soleil couchant. Parmi les spécialités de la maison : la chaudrée de palourdes et la bisque de homard (5,50 $ la petite, 8,95 $ la grande – vraiment énorme et servie dans un bol de pain).

♥ FORAGERS TABLE AMÉRICAIN $$$

Plan p. 452 (☎212-243-8888 ; www.foragersmarket.com/restaurant ; 300 W 22nd St, sur 8th Ave, Chelsea ; plats 20-39 $; ⌚8h-22h ; ✎ ; Ⓢ1, C/E arrêt 23rd St). La plupart des ingrédients de la carte (de saison) viennent de la ferme de 11 ha que les propriétaires de ce restaurant exceptionnel possèdent dans la vallée de l'Hudson. La carte change régulièrement ; dernièrement, on pouvait se laisser tenter par un magret de canard poêlé et des poires pochées, des papardelles aux champignons, au sherry et aux amandes grillées, ainsi qu'un steak de chou-fleur avec tahini de patate douce et oignons rouges.

Juste à côté se tient le **marché** (8h-22h lun-sam, jusqu'à 21h dim), aux étals remplis de produits bio, de fruits et légumes frais, de fromages et de desserts divins. De 8h à 15h30 du lundi au vendredi, il est possible de déguster les produits que vous y avez acheté à une table du restaurant. À côté également, un **caviste** propose une excellente sélection de vins de petits producteurs, bio et en biodynamie.

OÙ PRENDRE UN VERRE ET FAIRE LA FÊTE

C'est sans doute dans ces rues, où l'hédonisme est roi, que vous trouverez la plus grande concentration de bars et de clubs de toute la ville. Préférez l'ouest de West Village : plus vous vous rapprochez de l'Hudson, moins vous risquez de tomber dans des bars envahis par les fraternités de New York University. En général, on trouve toujours son bonheur dans les rues tortueuses à l'ouest de 6th Ave. Le Meatpacking District recèle de clubs spacieux et modernes, à l'entrée barrée d'un cordon de velours et aux longues cartes de cocktails. Le bruit y est parfois assourdissant. Chelsea reste l'épicentre de la communauté gay, mais il y en a aussi pour tous les goûts : vous y trouverez aussi des *speakeasies* huppés et des bars quelque peu défraîchis.

West Village et Meatpacking District

EMPLOYEES ONLY BAR

Plan p. 448 (212-242-3021 ; www.employeesonlynyc.com ; 510 Hudson St, entre W 10th St et Christopher St, West Village ; 18h-4h ; S 1 arrêt Christopher St-Sheridan Sq). Caché derrière un discret auvent vert sur Hudson St, ce bar à cocktails divin se distingue des autres. Experts en cocktails, les barmen concoctent des mélanges étonnants comme le Ginger Smash. L'intérieur Art déco tout en boiseries donne une atmosphère très chic. Ouverte jusqu'à 3h30, la cuisine fait aussi l'attrait de l'adresse : citons les entrées à base d'os à moelle ou de gnocchis aux shiitaké sauce madère, et les saucisses épicées et *cavatelli* à la roquette (plats 20-36 $).

HAPPIEST HOUR BAR À COCKTAILS

Plan p. 448 (www.happiesthournyc.com ; 121 W 10th St, entre Greenwich St et 6th Ave, West Village ; 17h-minuit mar-mer, 17h-3h jeu-ven, 14h-3h sam, 15h-minuit dim ; S A/C/E, B/D/F/M arrêt W 4th St, 1 arrêt Christopher St-Sheridan Sq). Ce bar décontracté, orné de motifs tikis, de papier peint à palmiers et de pop art des années 1960 présente une carte des boissons originale qui offre une version chic du cocktail de plage fruité (14 $). Le sous-sol abrite le **Slowly Shirley** (www.slowlyshirley.com), de style Art déco, où déguster avec élégance des boissons élaborées.

BUVETTE RESTO-BAR À VINS

Plan p. 448 (212-255-3590 ; www.ilovebuvette.com ; 42 Grove St, entre Bedford St et Bleecker St, West Village ; plats déj et dîner 12-20 $, plats brunch 16-20 $; 8h-23h dim-jeu, 8h-minuit ven-sam ; S 1 arrêt Christopher St-Sheridan Sq, A/C/E, B/D/F/M arrêt W 4th St-Washington Sq). Fréquenté par des habitués, des couples et des amateurs de théâtre, ce bar à vins et restaurant francophile animé est l'endroit idéal pour prendre un verre de brouilly, de bandol ou de corbières, siroter un pastis ou passer à table après une balade dans les ruelles de West Village. Au brunch, vous pourrez choisir parmi une sélection de croque-monsieur, d'"œufs vapeur", de gaufres et de viennoiseries.

LES INCONTOURNABLES
CHELSEA MARKET

Exemple accompli de reconversion et de préservation du patrimoine, le Chelsea Market est installé dans une ancienne usine Nabisco – où a été inventé le célèbre biscuit Oreo –, désormais transformée en un marché couvert qui plaît aux gourmets et aux fashionistas. Vous aurez le choix entre plus d'une vingtaine d'enseignes de restauration, dont Mokbar (ramen à la coréenne), Bar Suzette (crêpes), Num Pang (sandwichs cambodgiens) et Doughnuttery (mini-donuts nappés de glaçage). Si vous voulez vraiment vous faire plaisir, vous pouvez aussi goûter aux fruits de mer de première qualité chez Cull & Pistol ou au Lobster Place (voir ci-contre), ou bien arrêtez-vous chez Friedmans Lunch pour de la comfort food américaine haut de gamme.

Jetez un œil à Imports from Marrakesh, boutique spécialisée dans les articles marocains (lampes, poufs, tapis...), et aux derniers best-sellers chez Posman Books. Débusquez une nouvelle tenue ou un accessoire pour la maison à Anthropologie, ou une bonne bouteille chez Chelsea Wine grâce aux conseils d'un caviste expert. Côté 10th Ave, Artists and Fleas est une galerie où stylistes et artisans locaux vendent leurs créations – l'endroit parfait pour s'offrir un portefeuille original, des lunettes de soleil tendance ou des bijoux fantaisie.

À NE PAS MANQUER

- Takumi Taco
- Doughnuttery
- Artists and Fleas

INFOS PRATIQUES

- Plan p. 452, D5
- www.chelseamarket.com
- 75 9th Ave, entre W 15th St et W 16th St, Chelsea
- 7h-2h lun-sam, 8h-22h dim
- S A/C/E, L arrêt 8th Ave-14th St

MARIE'S CRISIS PIANO-BAR GAY

Plan p. 448 (www.mariescrisiscafe.com ; 59 Grove St, entre 7th Ave et Bleecker St, West Village ; 16h-4h ; S1 arrêt Christopher St-Sheridan Sq ; A/C/E, B/D/F/M arrêt W 4th St-Washington Sq). Reines de Broadway vieillissantes, jeunes gays débarqués de province, touristes gloussantes et autres fans de comédies musicales se retrouvent ici autour du piano et poussent la chansonnette. Ils sont parfois rejoints par des célébrités de passage. Ambiance bon enfant. N'oubliez pas le chapeau pour les artistes !

UNCOMMONS CAFÉ-JEUX

Plan p. 448 (646-543-9215 ; www.uncommonsnyc.com ; 230 Thompson St, entre W 3rd St et Bleecker St, West Village ; 11h-23h dim-jeu, 11h-minuit ven-sam ; ; SA/C/E, B/D/F/M arrêt W 4th St-Washington Sq). Mordu de jeux de société ? Ce café est fait pour vous : une participation de 15 $/pers vous donnera accès à une large collection de jeux de plateau nouveaux, classiques ou méconnus (également disponibles à la vente). L'atmosphère est joyeuse et la place ne manque pas, même s'il y a foule à certaines heures.

BELL BOOK & CANDLE GASTROPUB

Plan p. 448 (212-414-2355 ; www.bbandcnyc.com ; 141 W 10th St, entre Waverley Pl et Greenwich Ave ; 16h-tard mer-dim, fermeture cuisine vers 22h ; SA/C/E, B/D/F/M arrêt W 4th St-Washington Sq, 1 arrêt Christopher St-Sheridan Sq). Ce pub gastronomique éclairé aux chandelles propose des cocktails originaux et une longue liste de vins, soutenus par une solide cuisine de pub à base de produits de saison – dont certains poussent directement sur le toit. Une clientèle de *millennials* se réunit autour du petit comptoir bondé (pour les huîtres à 1 $ et l'*happy hour* tôt en soirée), mais le fond recèle bien plus de places assises, avec des box idéals pour les groupes plus nombreux.

ARIA WEST VILLAGE BAR À TAPAS

Plan p. 448 (212-242-4233 ; www.facebook.com/ariawestvillage ; 14-16 Bedford St, à hauteur de Downing St, West Village ; 11h30-22h30 lun-mer, 12h-22h30 jeu, 11h-23h ven-sam, 11h30-23h dim ; S1 arrêt Houston St, A/C/E, B/D/F/M arrêt 4th St-Washington Sq). Cet accueillant bar à tapas, aux tables en bois, bar carrelé, murs de briques et poutres apparentes, sert un bon choix de vins au verre, notamment bio. Parmi les *cicchetti* (tapas italiennes, 14 $) servis dans des assiettes à partager, nous recommandons les dattes fourrées au gorgonzola, les cakes de crabe et les calamars.

VIN SUR VINGT BAR À VINS

Plan p. 448 (212-924-4442 ; vsvwinebars.com ; 201 W 11th St, entre 7th Ave et Waverly Pl, West Village ; 16h-1h dim-mer, jusqu'à 2h jeu-sam ; SA/C/E, L arrêt 8th Ave-14th St). Un lieu paisible non loin de l'agitation de 7th Ave, Vin Sur Vingt est un petit bar à vins français où l'on peut s'asseoir au comptoir ou aux tables désuètes à deux places. Attention : si vous venez pour l'apéritif, vous serez inévitablement tenté de rester dîner pour goûter aux spécialités françaises de la maison, notamment les cassolettes de bœuf bourguignon, ratatouille ou cassoulet (plats 12-21 $).

LE BAIN CLUB, ROOFTOP

Plan p. 448 (212-645-4646 ; www.lebainnewyork.com ; The Standard, 848 Washington St, à hauteur de 13th St, Meatpacking District ; 22h-4h mer-jeu, 16h-4h ven, 14h-4h sam, 14h-minuit dim ; SA/C/E, L arrêt 8th Ave-14th St). Perché sur le toit de l'ultrabranché Standard Hotel (p. 349), ce club accueille des fêtes toutes plus clinquantes les unes que les autres chaque soir de la semaine. Vue panoramique sur la *skyline* new-yorkaise, Jacuzzi géant sur la piste de danse. Des DJ légendaires tels que Tony Humphries et Danny Krivit font danser une clientèle éclectique qui s'enivre de boissons coûteuses.

124 OLD RABBIT CLUB BAR À BIÈRES

Plan p. 448 (646-781-9646 ; www.rabbitclubnyc.com ; 124 Mac-Dougal St, à hauteur de Minetta Lane, West Village ; 18h-2h dim-jeu, jusqu'à 4h ven-sam ; SA/C/E, B/D/F/M arrêt W 4th St-Washington Sq, 1 arrêt Houston St). Vous vous féliciterez sûrement d'avoir trouvé ce bar bien caché (un indice : guettez le petit écriteau *Rabbit* au-dessus de la porte). Une fois à l'intérieur de ce lieu étroit aux allures de cave et à l'ambiance tranquille, asseyez-vous au comptoir à la lumière tamisée et offrez-vous une bière d'importation parmi les dizaines proposées.

LITTLE BRANCH BAR

Plan p. 448 (212-929-4360 ; 22 7th Ave, à hauteur de Leroy St, West Village ; 18h-minuit dim-mar, 18h-1h mer-jeu, 18h-2h ven-sam ; S1 arrêt Houston St ; A/C/E, B/D/F/M arrêt 4th St-Washington Sq). Sans les files d'attente

CULTURE CAFÉ

New York n'est plus une ville de second plan en matière de café de qualité. Des maîtres torréfacteurs de renom ont réinventé cet art. Pour goûter à l'ambiance des cafés classiques comme à ceux d'avant-garde, West Village est un bon point de départ.

Stumptown Coffee Roasters (plan p. 448 ; ☎347-414-7802 ; www.stumptowncoffee.com ; 30 W 8th St, à hauteur de MacDougal St, West Village ; ⏲6h30-19h ; Ⓢ A/C/E, B/D/F/M arrêt W 4th St-Washington Sq). Avec ses breuvages merveilleusement préparés, cette brûlerie réputée de Portland contribue à réinventer l'univers du café new-yorkais. Plafond à caissons et comptoir en bois de noyer – l'intérieur est élégant, mais les rares tables sont souvent prises d'assaut par des clients pianotant sur leurs ordinateurs portables.

Joe Coffee Company (plan p. 448 ; ☎212-924-6750 ; www.joecoffeecompany.com ; 141 Waverly Pl, à hauteur de Gay St, West Village ; ⏲7h-20h lun-ven ; Ⓢ A/C/E, B/D/F/M arrêt W 4th St-Washington Sq). En plein sur la bucolique Waverly Pl, cet établissement qui ne désemplit pas sert un fabuleux café : le meilleur de New York, selon certains.

Blue Bottle Coffee (plan p. 460 ; www.bluebottlecoffee.com ; 20 Hudson Yards, au niveau de W 30th St ; ⏲7h-18h lun-ven, 8h-18h sam-dim ; Ⓢ 7 arrêt 34th St-Hudson Yards). Originaire d'Oakland, la chaîne californienne a été adoptée avec enthousiasme par les New-Yorkais. Cette brûlerie "troisième vague" huppée utilise balances et thermomètres pour vous assurer un expresso parfait. Elle dispose de plusieurs antennes en ville, dont une dans le complexe d'Hudson Yards, donnant sur la High Line et le futuriste centre culturel The Shed (p. 212) à la coque de verre coulissante.

le soir, jamais vous ne devineriez que derrière la porte métallique de ce bâtiment en brique se cache un bar. Quelques marches à descendre et vous voilà dans une salle tout droit sortie de la Prohibition. Les clients trinquent et sirotent des cocktails de maître. Concerts de jazz du dimanche au jeudi soir.

KETTLE OF FISH — BAR

Plan p. 448 (☎212-414-2278 ; www.kettleoffishnyc.com ; 59 Christopher St, près de 7th Ave, West Village ; ⏲15h-4h lun-ven, à partir de 14h sam-dim ; Ⓢ 1 arrêt Christopher St-Sheridan Sq, A/C/E, B/D/F/M arrêt W 4th St-Washington Sq). L'ancien QG de Jack Kerouac, meublé de canapés et de fauteuils moelleux. C'est à la fois un tripot, un café des sports et un bar gay, et tout le monde y trouve sa place sans problème.

ART BAR — BAR

Plan p. 448 (☎212-727-0244 ; www.artbar.com ; 52 8th Ave, près de Horatio St, Meatpacking District ; ⏲16h-4h ; Ⓢ A/C/E, L arrêt 8th Ave-14th St). Une clientèle bohème fréquente ce bar, qui ne paie pas de mine au premier abord (tables collées au comptoir), mais a davantage à offrir dans le fond de la salle. Commandez l'une des boissons du jour (généralement des martinis) et installez-vous sur les canapés, placés sous une immense fresque représentant la Cène et sur laquelle figurent, entre autres, James Dean et Marilyn Monroe.

TROY LIQUOR BAR — BAR LOUNGE

Plan p. 448 (☎212-699-2410 ; www.troyliquorbar.com ; 675 Hudson St, à hauteur de W 13th St, entrée sur W 13th St, Meatpacking District ; ⏲18h-minuit mer, jusqu'à 2h jeu et 4h ven-sam ; Ⓢ A/C/E, L arrêt 8th St-14th St). Situé sous le Bill's Bar & Burger, dans le Meatpacking District, ce bar porté sur le rock indé est tapissé de graffitis. Disputez un match de baby-foot ou installez-vous dans l'une des alcôves sur un canapé confortable avec votre cocktail rétro.

CELLAR DOG — BAR BILLARD-JAZZ

Plan p. 448 (☎212-675-6056 ; www.cellardog.net ; 75 Christopher St, entre 7th Ave et Bleeker St, West Village ; entrée mer, jeu, dim/ven-sam 5/10 $ après 18h ; ⏲16h-4h mer-dim ; Ⓢ 1 arrêt Christopher St-Sheridan Sq, A/C/E, B/D/F/M arrêt W 4th St-Washington Sq). Les cocktails à 16 $ et les boutiques branchées de Greenwich Village vous dépriment ? Il est peut-être temps de faire un tour dans ce bar en sous-sol où une clientèle jeune et sans artifices joue au billard, au shuffleboard (jeu de palets), voire au ping-pong, sur fond de concerts jazz (jusqu'à 2h ven-sam).

VOL DE NUIT BAR À BIÈRES

Plan p. 448 (☎212-982-3388 ; www.voldenuitbar.com ; 148 W 4th St, entre 6th Ave et MacDougal St ; ⏲16h-minuit dim-jeu, 16h-3h ven-sam ; Ⓢ A/C/E, B/D/F/M arrêt W 4th St-Washington Sq). Un discret (ouvrez l'œil !) petit bar à bières belges servant des Delirium Tremens à la pression et une petite dizaine de marques à la bouteille telles que Duvel ou Lindemans Framboise. Vous pouvez commander des moules-frites, à partager sur la terrasse, dans le salon, autour des tables collectives ou sous les lampes rouges du bar.

TOP OF THE STANDARD BAR

Plan p. 448 (☎212-645-7600 ; www.standardhotels.com ; The Standard, 848 Washington St, à hauteur de W 13th St, Meatpacking District ; ⏲16h-minuit ; Ⓢ A/C/E, L arrêt 8th Ave-14th St). En fin d'après-midi, venez d'abord prendre un thé ou un petit verre avant d'entamer la soirée avec des cocktails. En cas de fringale, vous pourrez commander de petites assiettes (12-20 $), notamment des ravioles de petits pois ou des crevettes marocaines avec raisins au vinaigre et yaourt grec. Cerise sur le gâteau : la superbe vue sur la ville et les concerts de jazz.

WHITE HORSE TAVERN BAR

Plan p. 448 (☎212-989-3956 ; www.whitehorsetavern1880.com ; 567 Hudson St, à hauteur de W 11th St, West Village ; ⏲16h-minuit lun-mer, 16h-2h jeu-ven, 12h-2h sam, 12h-minuit dim ; Ⓢ 1 arrêt Christopher St-Sheridan Sq). Ouvert depuis 1880 (il s'agirait du deuxième bar le plus ancien de NYC), ce bar, véritable institution de West Village, est désormais très touristique. Toutefois, cela n'ôte rien à l'atmosphère de pub de l'établissement au plafond en étain repoussé décoré de lustres ornés de chevaux blancs où Dylan Thomas et Jack Kerouac aimaient prendre un verre.

BRASS MONKEY BAR À BIÈRES

Plan p. 448 (☎212-675-6686 ; www.brassmonkeynyc.com ; 55 Little W 12th St, à hauteur de Washington St, Meatpacking District ; ⏲16h-1h mer-jeu, 16h-2h ven, 13h-2h sam, 15h-21h dim ; Ⓢ A/C/E, L arrêt 8th St-14th St). Contrairement à beaucoup de bars du Meatpacking District qui s'adressent avant tout aux *fashion victims*, le Monkey attire les vrais amateurs de bière. On y est tout de suite à son aise, avec ses trois étages, son plancher qui craque et sa longue carte de bières (locales, d'importation ou artisanales) et de scotchs. Toit-terrasse avec vue sur l'Hudson, parfait pour les beaux jours.

ONE IF BY LAND, TWO IF BY SEA BAR

Plan p. 448 (☎212-255-8649 ; www.oneifbyland.com ; 17 Barrow St, entre 7th Ave et W 4th St ; ⏲17h30-21h30 dim-jeu, 17h15-22h30 ven et sam ; Ⓢ 1 arrêt Christopher St-Sheridan Sq, A/C/E, B/D/F/M arrêt W 4th St-Washington Sq). Célèbre pour son bœuf Wellington et son cadre ultra-romantique (dîner aux chandelles, feu de cheminée crépitant, nappes blanches et rideaux de velours...) dans l'ancienne remise à calèches d'Aaron Burr, cette adresse est sans doute la plus populaire de New York pour les rendez-vous galants. C'est aussi un bar tranquille, idéal pour prendre un verre à l'abri de l'agitation urbaine.

Chelsea

GALLOW GREEN BAR

Plan p. 452 (☎212-564-1662 ; www.mckittrickhotel.com/gallow-green ; 542 W 27th St, entre 10th Ave et 11th Ave, Chelsea ; ⏲17h-23h dim-mer, 17h-minuit jeu, 17h-1h ven-sam ; Ⓢ 1, C/E arrêt 23rd St, 1 arrêt 28th St). Personnel en costume d'époque, musique live presque tous les soirs, décor luxuriant et savoureux cocktails à base de rhum : tenu par l'équipe créative de la pièce de théâtre à succès *Sleep No More* (p. 160), le Gallow Green est un bar sur le toit débordant de verdure, avec treilles, glycine, plantes grimpantes et guirlandes lumineuses, qui offre un agréable prolongement au spectacle. Réservation vivement recommandée.

L'hiver, le Gallow Green ouvre les portes de son "Lodge", un chalet douillet à la décoration intérieure étonnante : les pièces sont remplies de livres, de lits superposés et de tapis en fourrure, avec un fauteuil à bascule et une cheminée. Une escapade sylvestre en plein Manhattan.

PIER 66 MARITIME BAR

Plan p. 452 (☎212-989-6363 ; www.pier66maritime.com, fryingpan.com ; Pier 66, à hauteur de W 26th St, Chelsea ; ⏲12h-minuit mai-sept et beaux jours avr et oct ; Ⓢ 1, C/E arrêt 23rd St). Sauvé du fond des mers (ou du moins de la baie de Chesapeake), le *Frying Pan*, emblématique bateau-phare rouge du Pier 66,

BARS GAYS ET LESBIENS

Cubbyhole (plan p. 448 ; ☎212-243-9041 ; www.cubbyholebar.com ; 281 W 12th St, sur W 4th St, West Village ; ⏲16h-4h lun-ven, à partir de 14h sam-dim ; Ⓢ A/C/E, L arrêt 8th Ave-14th St). Ce bar de West Village se revendique "ouvert aux lesbiennes, gays et hétéros depuis 1994". Surtout fréquenté par des lesbiennes, le bar au plafond chargé de lanternes, jouets et objets en tous genres accueille aussi tous ceux qui veulent prendre un verre et sont en mal de compagnie. Excellent juke-box, sympathiques barmen et clientèle d'habitués, qui viennent pour faire des rencontres et discuter plus que pour draguer.

Eagle NYC (plan p. 452 ; ☎646-473-1866 ; www.eagle-ny.com ; 554 W 28th St, entre 10th Ave et 11th Ave, Chelsea ; ⏲22h-4h lun-sam, à partir de 17h dim ; Ⓢ 1, C/E arrêt 23rd St). Ce club est très apprécié des amateurs de cuir. Plongés dans une atmosphère sombre et mystérieuse, ses deux étages et sa terrasse sur le toit sont idéals pour danser, boire et draguer sans retenue. Les nuits à thèmes étant fréquentes, mieux vaut se renseigner sur le site Internet pour venir avec la tenue appropriée (qui peut être sans tenue du tout !).

Gym Sportsbar (plan p. 452 ; ☎212-337-2439 ; www.gymsportsbar.com ; 167 8th Ave ; ⏲16h-2h lun-jeu, 16h-4h ven, à partir de 13h sam, jusqu'à 2h dim ; Ⓢ A/C/E, L arrêt 8th Ave-14th St). Au cœur de la célèbre vie nocturne gay de Chelsea, Gym Sportsbar offre une ambiance plus bon enfant que d'autres à sa clientèle LGBTQ+. Personnel accueillant, boissons bon marché, billard au fond, salon fumeur devant, et des TV partout qui retransmettent différents sports selon la saison. En semaine, pendant l'*happy hour*, vous bénéficiez de deux verres pour le prix d'un.

Henrietta Hudson (plan p. 448 ; ☎212-924-3347 ; www.henriettahudson.com ; 438 Hudson St, au niveau de Morton St, West Village ; ⏲16h-2h lun-mar, 16h-4h mer-dim ; Ⓢ 1 arrêt Houston St). Ce bar lesbien est pris d'assaut par toutes sortes de jeunes femmes, qui viennent pour la plupart du New Jersey et de Long Island, pour profiter de soirées à thèmes où officient d'excellents DJ (hip-hop, house, rock, etc.). *Happy hour* tous les jours de 16h à 19h.

Julius' (plan p. 448 ; ☎877-746-0528; www.juliusbarny.com ; 159 W 10th St, sur Waverly Pl, West Village ; ⏲13h-4h lun-ven, 12h-4h sam-dim ; Ⓢ 1 arrêt Christopher St-Sheridan Sq, A/C/E, B/D/F/M arrêt W 4th St-Washington Sq). S'il fait partie des bars gays les plus anciens de New York, le Julius' ne se départit pourtant pas de son côté rafraîchissant et sans prétention. La clientèle est un mélange de vieux militants homosexuels et de jeunes arrivistes en tenue négligée. En face du bar, les cuisines servent des plats sans prétention : pour un burger, un *grilled-cheese* ou un sandwich au poulet, vous n'y mettrez pas plus de 6 $.

Stonewall Inn (plan p. 448 ; ☎212-488-2705 ; www.thestonewallinnnyc.com ; 53 Christopher St, à côté de Christopher Park, West Village ; ⏲14h-4h lun-mer, à partir de 12h jeu-dim ; Ⓢ 1 arrêt Christopher St-Sheridan Sq). Site des émeutes de 1969 et lieu de naissance du mouvement pour les droits de la communauté LGBTQ+, Stonewall est un monument national et, de fait, un lieu de pèlerinage. Malgré son rayonnement international, l'endroit est chaleureux et ne paie pas de mine. Les membres de la communauté LGBTQ+ (et leurs alliés) viennent y prendre du bon temps lors des soirées spéciales années 1990 ou bingo drag.

Monster (plan p. 448 ; ☎212-924-3558 ; www.monsterbarnyc.com ; 80 Grove St, à hauteur de Sheridan Sq, West Village ; ⏲16h-4h lun-ven, à partir de 14h sam-dim ; Ⓢ 1 arrêt Christopher St-Sheridan Sq, A/C/E, B/D/F/M arrêt W 4th St-Washington Sq). Ce bar gay à l'ancienne comprend une petite piste de danse, en bas, ainsi qu'un piano-bar et un espace cabaret. Les soirées à thèmes, pleines d'entrain, vont des fêtes latinos aux soirées drag-queens.

Ty's (plan p. 448 ; ☎212-741-9641 ; www.tys.nyc ; 114 Christopher St, entre Bedford St et Bleecker St, West Village ; ⏲14h-2h lun-mer, jusqu'à 3h jeu, jusqu'à 4h ven-sam, 13h-3h dim ; Ⓢ 1 arrêt Christopher St-Sheridan Sq A/C/E, B/D/F/M arrêt W 4th St-Washington Sq). Si les bars gays de New York ont la réputation de s'adresser à une clientèle de jeunes à la plastique de mannequin, à West Village, les esprits sont beaucoup plus ouverts. Ty's par exemple, un pilier du quartier depuis les années 1970, est un endroit sympathique, à la clientèle plutôt mûre, où les boissons sont à des prix compétitifs.

et son bar sur deux niveaux sont parfaits pour un verre en début de soirée. Par beau temps, la jetée en bois attire les foules, qui lézardent sur les chaises longues et sirotent quelques bières fraîches (7 $ la bière artisanale ; 25 $ le pichet).

Vous pouvez aussi y venir pour les burgers (13 $) préparés sur le gril ou pour vous détendre au bord de l'eau et profiter de la vue splendide sur Jersey City. En avril et octobre, le bar ouvre quand la température dépasse 65°F (18°C).

THE TIPPLER BAR À COCKTAILS

Plan p. 452 (☎917-261-7949 ; www.thetippler.com ; 425 W 15th St, au sous-sol du Chelsea Market, Chelsea ; ⏲17h-minuit ; ⓈA/C/E, L arrêt 8th Ave-14th St). Avec un intérieur tout en bois et brique, vestiges du passé industriel du bâtiment, ce bar situé sous le Chelsea Market propose des cocktails préparés avec soin (16 $) et d'intéressantes bières artisanales. Côté décoration, des matériaux vintage récupérés, par exemple, sur un vieux château d'eau de NYC ou sur la High Line non loin de là créent un espace chaleureux et décontracté.

BATHTUB GIN BAR À COCKTAILS

Plan p. 452 (☎646-559-1671 ; www.bathtubginnyc.com ; 132 9th Ave, entre W 18th St et W 19th St, Chelsea ; ⏲17h-2h mar-jeu et dim, 17h-3h ven-sam ; ⓈA/C/E, L arrêt 8th Ave-14th St, 1, C/E arrêt 23rd St, 1 arrêt 18th St). Parmi les bars de type clandestin en vogue à New York, le Bathtub Gin se distingue avec sa porte d'entrée dissimulée dans le mur du Stone Street Coffee Shop (repérez le panneau "Stone Street Standard"). Atmosphère détendue, douce musique et personnel aimable en font un endroit idéal pour déguster des cocktails entre amis.

PETER MCMANUS CAFE BAR

Plan p. 452 (☎917-261-5504 ; www.petermcmanuscafe.com ; 152 7th Ave, à hauteur de 19th St, Chelsea ; ⏲12h-4h, fermeture cuisine minuit dim-mer, 1h jeu-sam ; Ⓢ1 arrêt 18th St ; C/E arrêt 23rd St). Ce bar, où l'on sert des pressions depuis les années 1930, est tenu par les descendants de son fondateur et fait un peu figure de musée de famille : photos anciennes, vieille cabine téléphonique, verrerie Tiffany. On peut aussi s'installer dans une alcôve verte pour y grignoter des en-cas gras à souhait.

OÙ SORTIR

♥ SLEEP NO MORE THÉÂTRE INTERACTIF

Plan p. 452 (☎billetterie 212-904-1880 ; www.sleepnomorenyc.com ; 530 W 27th St, entre 20th Ave et 11th Ave, Chelsea ; billets à partir de 100 $, à partir de 13 ans ; ⏲début du spectacle 17h-20h tlj sauf mar, matinées à partir de 15h sam ; Ⓢ1, C/E arrêt 23rd St). Figurant parmi les œuvres théâtrales les plus participatives jamais conçues, *Sleep No More* est une adaptation libre de *Macbeth* qui tend vers le film noir. Les représentations sont données dans plusieurs entrepôts de Chelsea qui ont été réaménagés pour ressembler au "McKittrick Hotel" (clin d'œil à *Sueurs froides* de Hitchcock) des années 1930. Autre référence à l'univers hitchcockien : le jazz bar s'appelle Manderley, du nom de la célèbre demeure de l'adaptation du classique *Rebecca* signé Daphné du Maurier.

Au cours de cette aventure née à Londres dont chaque participant est le héros, le public peut se promener librement dans les pièces minutieusement décorées (salle de bal, cimetière, atelier de taxidermie) et interagir avec les acteurs, qui jouent diverses scènes confinant à l'étrange et à l'osé. Attention : vous devrez laisser à l'entrée veste, sac, téléphone portable et autres, et vous porterez un masque. Les enfants de moins de 18 ans (moins de 13 ans non autorisés) doivent être accompagnés.

IFC CENTER CINÉMA

Plan p. 448 (☎212-924-7771 ; www.ifccenter.com ; 323 6th Ave, à hauteur de W 3rd St, West Village ; billets adulte/enfant 17/14 $; 📶 ; ⓈA/C/E, B/D/F/M arrêt W 4th St-Washington Sq). Ce cinéma d'art et d'essai installé dans les locaux de New York University présente des grands classiques, du cinéma étranger et de nouveaux films indé. Courts-métrages, documentaires, remakes, films d'auteur, classiques le week-end et cycles thématiques (par exemple "Films cultes" : *Shining*, *Taxi Driver*, *Aliens*, à minuit).

COMEDY CELLAR COMEDY CLUB

Plan p. 448 (☎212-254-3480 ; www.comedycellar.com ; 117 MacDougal St, entre W 3rd St et Minetta Lane, West Village ; billets 14-25 $; ⏲début des spectacles 19h30-23h30 lun-jeu et dim, 19h-0h30 ven-sam ; ⓈA/C/E, B/D/F/M arrêt W 4th St-Washington Sq). Installé de longue date sous le café Olive Tree dans West Village, ce *comedy club* intimiste accueille sur scène des habitués talentueux

(Colin Quinn, Judah Friedlander, Wanda Sykes). Certaines célébrités, comme Dave Chappelle, Jerry Seinfeld ou Amy Schumer, font parfois leur apparition. Le succès grandissant de ce club a donné naissance à d'autres antennes à Las Vegas et dans le **Village Underground** (☎212-777-7745 ; 130 W 3rd St ; thevillageunderground.com ; Ⓢ A/C/E, B/D/F/M arrêt W 4th St-Washington Sq), à l'angle de W 3rd St.

ATLANTIC THEATER COMPANY THÉÂTRE

Plan p. 452 (☎212-691-5919, billetterie 646-989-7996 ; www.atlantictheater.org ; Linda Gross Theater, 336 W 20th St, entre 8th Ave et 9th Ave, Chelsea ; Ⓢ 1, C/E arrêt 23rd St, 1 arrêt 18th St). Fondé en 1985 par David Mamet et William H. Macy, l'Atlantic Theater est un lieu clé de l'off-Broadway. En 30 ans, il a accueilli de nombreux lauréats des Tony Awards et des Drama Desk Awards.

NEW YORK LIVE ARTS DANSE

Plan p. 452 (☎212-691-6500 ; www.newyorkliverarts.org ; 219 W 19th St, entre 7th Ave et 8th Ave, Chelsea ; Ⓢ 1 arrêt 18th St). Le directeur artistique de ce centre de danse raffiné, Bill T. Jones, programme plus de 100 représentations expérimentales et contemporaines sur l'année. Des troupes internationales venues de Serbie, d'Afrique du Sud ou encore de Corée y apportent de nouvelles œuvres, et les spectacles sont souvent précédés ou suivis de discussions avec les chorégraphes ou les danseurs.

GOTHAM COMEDY CLUB STAND-UP

Plan p. 452 (☎212-367-9000 ; www.gothamcomedyclub.com ; 208 W 23rd St, entre 7th Ave et 8th Ave, Chelsea ; Ⓢ 1, C/E arrêt 23rd St). Cette antichambre de la gloire pour les humoristes accueille régulièrement des grands noms, ainsi que le Gotham All-Stars Show. Ce club présente toujours des comiques qui se sont fait les dents sur la chaîne HBO, ou dans des émissions comme *The Tonight Show with Jimmy Fallon* et *The Late Show with Stephen Colbert*.

(LE) POISSON ROUGE MUSIQUE LIVE

Plan p. 448 (☎212-505-3474 ; www.lpr.com ; 158 Bleecker St, entre Sullivan St et Thompson St, West Village ; Ⓢ A/C/E, B/D/F/M arrêt W 4th St-Washington Sq). Cet espace artistique conceptuel accueille une programmation musicale live éclectique : Deerhunter, Gary Bartz et Yo La Tengo s'y sont par exemple produits ces dernières années. Entre classique, folk ou opéra, l'expérimentation et le mélange des genres sont à l'honneur.

THE KITCHEN THÉÂTRE, DANSE

Plan p. 452 (☎212-255-5793 ; www.thekitchen.org ; 512 W 19th St, entre 10th Ave et 11th Ave, Chelsea ; Ⓢ A/C/E, L arrêt 8th Ave-14th St). Ce lieu expérimental aux allures de loft de l'ouest de Chelsea accueille des pièces avant-gardistes, des performances musicales et des lectures, qui permettent de découvrir la production contemporaine new-yorkaise.

THE DUPLEX CABARET

Plan p. 448 (☎212-255-5438 ; www.theduplex.com ; 61 Christopher St, à hauteur de 7th Ave, West Village ; 10-25 $; ⏲début des spectacles 19h, 21h30 ; Ⓢ 1 arrêt Christopher St-Sheridan Sq ; A/C/E, B/D/F/M arrêt W 4th St-Washington Sq). Depuis 1950, cabaret, spectacles comiques et danse kitsch sont au programme du légendaire Duplex (Woody Allen, Barbra Streisand, Joan Rivers ont foulé ses planches). Des photos de Joan Rivers tapissent les murs et les artistes se plaisent à imiter son style impertinent faisant la part belle à l'autodénigrement – et n'hésitent pas à lancer quelques vannes à des membres du public (déconseillé aux timides !). Entrée gratuite le jeudi pour la soirée piano-bar Village Spotlight (22h-2h) animée par le pianiste Darius Frowner.

BAR NEXT DOOR JAZZ

Plan p. 448 (☎212-529-5945 ; www.lalanternacaffe.com ; 129 MacDougal St, entre W 3rd St et W 4th St, West Village ; 12-15 $; ⏲18h-2h dim-jeu, 18h-3h ven-sam ; Ⓢ A/C/E, B/D/F/M arrêt W 4th St-Washington Sq). Plafonds bas, briques apparentes, éclairage romantique, cet établissement situé au sous-sol d'une maison restaurée est l'un des lieux les plus agréables du quartier. On y joue du jazz tous les soirs et il est possible de profiter du savoureux menu italien du restaurant au-dessus, La Lanterna di Vittorio.

CHERRY LANE THEATRE THÉÂTRE

Plan p. 448 (www.cherrylanetheatre.org ; 38 Commerce St, à hauteur de Bedford St, West Village ; Ⓢ 1 arrêt Christopher St-Sheridan Sq). Petit théâtre plein de charme, le Cherry Lane a une histoire longue et remarquable. Créé par la poétesse Edna St. Vincent Millay en 1924, il a porté la voix de nombreux dramaturges et acteurs au fil des ans ; c'est d'ailleurs sur ses planches que les premières pièces des géniaux Harold Pinter et Edward Albee ont fait leurs débuts. Des lectures, des pièces et des représentations de *spoken word* (sorte de slam avec accompagnement musical) sont programmées en alternance.

JOYCE THEATER — DANSE

Plan p. 452 (☎212-691-9740, billetterie 212-242-0800 ; www.joyce.org ; 175 8th Ave, à hauteur de W 19th St, Chelsea ; Ⓢ1 arrêt 18th St, 1, C/E arrêt 23rd St, A/C/E, L arrêt 8th Ave-14th St). Très prisée des mordus de danse pour l'excellente visibilité de la scène et ses productions décalées, cette salle intime de 472 places logée dans un ancien cinéma Art déco rénové accueille des compagnies traditionnelles modernes comme Martha Graham, Stephen Petronio Company ou Parsons Dance, ainsi que des compagnies stars mondiales, telles que DanceBrazil, Ballet Hispanico ou la MalPaso Dance Company.

55 BAR — JAZZ

Plan p. 448 (☎212-929-9883 ; www.55bar.com ; 55 Christopher St, à hauteur de 7th Ave, West Village ; 15 $; ⏲généralement 18h30 et 21h30 ; Ⓢ1 arrêt Christopher St-Sheridan Sq). Pas besoin de s'endimancher ni de payer un prix exorbitant pour assister à un concert dans ce bar jazz accueillant en sous-sol qui date de la Prohibition. Deux concerts chaque soir, donnés par des artistes de qualité en résidence, des blues bands ou Mike Stern, le génial guitariste de Miles Davis dans les années 1980. Deux consommations au minimum.

ANGELIKA FILM CENTER — CINÉMA

Plan p. 448 (☎212-995-2570 ; www.facebook.com/angelikafilmNY ; 18 W Houston St, à hauteur de Mercer St, West Village ; adulte/enfant 18/16 $; 👪 ; ⓈB/D/F/M arrêt Broadway-Lafayette St). L'Angelika Film Center est spécialisé dans les films étrangers et indépendants. Le fracas du métro tout proche, les longues

WEST VILLAGE, TERRE DE JAZZ

Avec les performances de haute volée qui sont données dans ses clubs en sous-sol et ses music-halls raffinés, West Village reste l'épicentre de la scène jazz de New York.

Blue Note (plan p. 448 ; ☎212-475-8592 ; www.bluenotejazz.com ; 131 W 3rd St, entre 6th Ave et MacDougal St, West Village ; ⏲billetterie 10h-18h, ouverture des portes 18h et 22h ; ⓈA/C/E, B/D/F/M arrêt W 4th St-Washington Sq). Depuis son ouverture en 1981, des pointures telles que Sarah Vaughan, Lionel Hampton et Dizzy Gillespie ont foulé les planches du Blue Note, l'un des meilleurs clubs de jazz de tout NYC. L'entrée coûte entre 20 et 45 $ si vous restez au bar et entre 35-55 $ si vous prenez une table, mais les prix grimpent les soirs où jouent les grandes stars. Renseignez-vous sur le brunch jazz du dimanche (11h30 et 13h30), suspendu depuis la pandémie de Covid-19.

Village Vanguard (plan p. 448 ; ☎212-255-4037, billetterie 1-800-210-0689 ; www.villagevanguard.com ; 178 7th Ave S, entre W 11th St et Perry St, West Village ; entrée environ 35-40 $; ⏲19h30-0h30 ; Ⓢ1/2/3 arrêt 14th St, A/C/E, L arrêt 8th Ave-14th St). Sans doute le club de jazz le plus prestigieux de toute la ville, le Vanguard a vu défiler tous les plus grands noms des 50 dernières années. Ouvert en 1935, il a d'abord accueilli des représentations de poésie *beat* et de musique folk ; s'il revient de temps à autre à ses racines, le club accueille désormais surtout des concerts de jazz. Depuis 1996, le Vanguard Jazz Orchestra joue tous les lundis soir.

Smalls (plan p. 448 ; ☎646-476-4346 ; www.smallslive.com ; 183 W 10th St, entre W 4th St et 7th Ave S, West Village ; entrée sans/avec réservation 25/35-40 $; ⏲ouverture des portes 19h ; Ⓢ1 arrêt Christopher St-Sheridan Sq ; A/C/E, B/D/F/M W arrêt 4th St-Washington Sq). Bien nommée, cette petite salle de jazz en sous-sol accueille tous les soirs des groupes de jazz variés. On peut temporairement quitter les lieux pour aller manger un morceau (pas de cuisine au Smalls). Ne ratez pas les bœufs des samedis et dimanches après-midi.

Mezzrow (plan p. 448 ; ☎646-476-4346 ; www.mezzrow.com ; 163 W 10th St, à hauteur de 7th Ave, West Village ; même tarifs que Smalls ; ⏲ouverture des portes 19h ; Ⓢ1 arrêt Christopher St-Sheridan Sq). Depuis 2014, New-Yorkais et touristes continuent de saluer l'ouverture de cette cave intimiste tenue par la même équipe que le Smalls, situé non loin. L'entrée donne d'ailleurs aussi accès à ce dernier (voir ci-dessus) dans la même soirée.

files d'attente et le son laissant parfois à désirer n'entament pas le plaisir de l'expérience. Le café spacieux est agréable et la beauté du bâtiment de style Beaux-Arts dessiné par Stanford White est indéniable.

SHOPPING

West Village regorge de magasins et boutiques vendant des articles uniques et pleins de charme. La clientèle fortunée se cantonne aux magasins de grandes marques installés sur Bleecker St, entre Bank St et W 10th St. À Chelsea, vous trouverez antiquaires, vendeurs d'art, boutiques de mode à petits prix ou kitsch, enseignes de grande distribution, mais aussi librairies et friperies. À ne pas manquer dans le quartier : le Chelsea Market, hall immense rempli d'échoppes proposant produits alimentaires de qualité et articles de mode et d'intérieur de bonne facture. Du côté du Meatpacking District, tout est question d'élégance, d'espace et de chic industriel : dans ses boutiques coûteuses, l'acheteur sérieux trouvera les habits de créateurs avant-gardistes.

West Village et Meatpacking District

MURRAY'S CHEESE ALIMENTATION

Plan p. 448 (212-243-3289 ; www.murrayscheese.com ; 254 Bleecker St, entre Morton St et Leroy St, West Village ; 10h-18h ; S A/C/E, B/D/F/M arrêt W 4th St-Washington Sq, 1 arrêt Christopher St-Sheridan Sq). Fondée en 1940 par Murray Greenberg, vétéran de la guerre d'Espagne, cette fromagerie est l'une des meilleures de la ville. Rob Kaufelt, l'ancien propriétaire, est connu pour savoir dénicher les meilleurs fromages du monde entier. Vous y trouverez aussi (et pourrez goûter) toutes sortes de fromages affinés dans des caves sur place et dans le Queens.

THE MEADOW CHOCOLAT

Plan p. 448 (212-645-4633 ; www.themeadow.com ; 523 Hudson St, entre W 10th St et Charles St, West Village ; 11h-20h ; S 1 arrêt Christopher St-Sheridan Sq). Dans cette jolie petite boutique tranquille, succursale du magasin de Portland, vous pourrez acheter du chocolat d'origine, du sel de qualité, du miel et d'autres produits d'épicerie. Le propriétaire sélectionne des chocolats exquis à travers le monde (il est également l'auteur d'un livre de 300 pages sur le sel). On vous offrira peut-être un chocolat chaud crémeux (fait sur place) ou du pop-corn généreusement saupoudré de sel à la truffe. Après 10 ans dans West Village, la boutique a déménagé en 2021 au 240 Mulberry St, dans Nolita.

LAHN MODE ET ACCESSOIRES

Plan p. 448 (212-639-3379 ; shoplahn.com ; 9 Greenwich Ave, entre Christopher St et W 10th St, West Village ; 11h-19h30 lun-sam, 12h-18h dim ; S A/C/E, B/D/F/M arrêt W 4th St-Washington Sq, 1 arrêt Christopher St-Sheridan Sq). Cette ravissante petite boutique indépendante (anciennement Personnel of New York) vend des vêtements de créateurs pour femmes. Vous y trouverez notamment des robes Laurence Bras et Kurt Lyle faciles à porter, des chemisiers et des pulls Sœur, des pantalons évasés Bellerose, ainsi que des bijoux, chapeaux, lunettes de soleil et autres accessoires pointus pour agrémenter vos tenues.

BEACON'S CLOSET VINTAGE

Plan p. 448 (917-261-4863 ; www.beaconscloset.com ; 10 W 13th St, entre 5th Ave et 6th Ave, West Village ; 11h-20h ; S L, N/Q/R/W, 4/5/6 arrêt 14th St-Union Sq). Chez Beacon's, qui a trois autres antennes à Brooklyn, un bon choix de vêtements de seconde main en très bon état, à l'esthétique résolument hipster et brooklynoise, vous attend. Les friperies étant rares dans le quartier, ce magasin n'en est que plus attrayant.

GREENWICH LETTERPRESS PAPETERIE, SOUVENIRS

Plan p. 448 (212-989-7464 ; greenwichletterpress.com ; 15 Christopher St, à hauteur de Gay St, West Village ; 11h-19h mar-sam, 12h-18h dim ; S 1 arrêt Christopher St-Sheridan Sq, A/C/E, B/D/F/M arrêt W 4th St, 1/2/3 arrêt 14th St). Fondée par deux sœurs, cette adorable papeterie est spécialisée dans les faire-part de mariage et autres cartes personnalisées. De quoi changer des classiques cartes postales de l'Empire State Building.

THREE LIVES & COMPANY LIVRES

Plan p. 448 (212-741-2069 ; www.threelives.com ; 154 W 10th St, entre 7th Ave et Waverly Pl, West Village ; 10h-19h lun-sam, 12h-19h dim ; S 1 arrêt Christopher St-Sheridan Sq, A/C/E,

B/D/F/M arrêt W 4th St-Washington Sq). Cette librairie de quartier hors du commun est un lieu merveilleux tenu par des personnes extrêmement cultivées. Une plongée magique dans le monde des mots.

ODIN MODE ET ACCESSOIRES

Plan p. 448 (☎212-243-4724 ; www.odinnewyork.com ; 106 Greenwich Ave, entre W 13th St et W 12th St, West Village ; ⏲12h-20h lun-sam, 12h-19h dim ; Ⓢ A/C/E, L arrêt 8th St-14th St, 1/2/3 arrêt 14th St). Nommé ainsi d'après un puissant dieu nordique, Odin offre une touche de magie aux hommes en quête d'un nouveau look. Sur les portants de cette boutique animée, vous verrez des vêtements signés Dickies, Acne Studios ou encore Second Layer, ainsi que ceux de créateurs prometteurs. Côté accessoires, vous trouverez des chapeaux Albertus Swanepoel, des lunettes de soleil Oliver Peoples et des bijoux Nikolai Rose.

MCNULTY'S TEA & COFFEE CO, INC THÉ ET CAFÉ

Plan p. 448 (☎212-242-5351 ; www.mcnultys.com ; 109 Christopher St, entre Bleecker St et Hudson St, West Village ; ⏲10h-19h lun-sam, 11h-17h dim ; Ⓢ 1 arrêt Christopher St-Sheridan Sq). Une touche d'élégance dans une rue plutôt licencieuse. Avec son parquet patiné, ses odorants sacs de grains de café et ses grands bocaux de thé, McNulty's évoque un âge révolu du Village. On vend ici depuis 1895 des thés et des cafés de qualité.

C.O. BIGELOW APOTHECARY COSMÉTIQUES

Plan p. 448 (☎212-533-2700 ; www.bigelowchemists.com ; 414 6th Ave, entre 8th St et 9th St, West Village ; ⏲9h-19h lun-sam, 9h-17h30 dim ; Ⓢ 1 arrêt Christopher St-Sheridan Sq, A/C/E, B/D/F/M arrêt W 4th St-Washington Sq). Avec ses étagères d'apothicaire en bois, son sol en mosaïque et ses chandeliers en laiton, la “plus vieille droguerie d'Amérique” (établie en 1838) a la faveur des New-Yorkais. Un magasin où trouver une lotion haut de gamme, un masque pour le visage, un savon bio, une bombe de bain ou n'importe quel article de toilette. Et rien ne vous empêche de jouer à tester divers soins de luxe... pour finalement repartir avec un tube de dentifrice.

FORBIDDEN PLANET BD

Plan p. 448 (☎212-473-1576 ; www.fpnyc.com, www.facebook.com/fpnyc ; 832 Broadway, entre E 12th St et E 13 St, West Village ; ⏲10h-18h lun-mar, 10h-20h mer-dim ; Ⓢ L, N/Q/R/W, 4/5/6 arrêt 14th St-Union Sq). Laissez parler le fan de science-fiction et d'*heroic fantasy* qui est en vous et prenez le temps de flâner parmi BD, mangas, romans graphiques, posters et jouets. *Star Wars* et *Docteur Who* côtoient les derniers succès de la BD indépendante. Consultez la page Facebook de la librairie pour connaître les dates des dédicaces et autres événements.

THE EVOLUTION STORE CADEAUX ET SOUVENIRS

Plan p. 448 (☎212-343-1114 ; www.theevolutionstore.com ; 687 Broadway, entre W 3rd St et W 4th St ; ⏲11h-19h ; Ⓢ R/W arrêt 8th Ave-NYU ; 6 arrêt Astor Pl). Vous êtes à la recherche d'une tête réduite ou d'un scarabée séché ? Les vitrines de cette adresse populaire à SoHo sont remplies de curiosités de ce genre, venues du monde entier. Magasin immense fourmillant souvent d'activité, surtout les week-ends, où les curieux qui font les boutiques s'y aventurent.

Chelsea

♥ SCREAMING MIMIS VINTAGE

Plan p. 448 (☎212-677-6464 ; www.screamingmimis.com ; 240 W 14th St, entre 7th Ave et 8th Ave, Chelsea ; ⏲12h-20h lun-sam, 13h-19h dim ; Ⓢ A/C/E, L arrêt 8th Ave-14th St). Amateur de mode vintage, de vêtements griffés et rares ou de costumes originaux, cette fantastique boutique vous fera succomber avec sa superbe sélection d'articles rangés par décennie (des années 1940 à 1990). Cardigans en laine ornés de perles, minirobes en daim, fourrures fluo, go-go boots en cuir blanc, accessoires et bijoux ; la collection est en excellent état. Les prix sont assez élevés, mais ne vous privez pas du plaisir de fureter entre les portants.

192 BOOKS LIVRES

Plan p. 452 (☎212-255-4022 ; www.192books.com ; 192 10th Ave, entre W 21st St et W 22nd St ; ⏲11h-19h ; Ⓢ 1, C/E arrêt 23rd St). Nichée dans le quartier des galeries, cette petite librairie indépendante dispose de bons rayons fiction, histoire, voyages, arts et critiques. Les expositions temporaires, durant lesquelles les propriétaires mettent en avant des livres dédiés au thème en question ou à l'artiste exposé, valent le coup d'œil. Lectures régulièrement organisées avec des auteurs et intellectuels de renom.

PRINTED MATTER

LIVRES

Plan p. 452 (☎212-925-0325 ; www.printedmatter.org ; 231 11th Ave, entre 25th St et 26th St, Chelsea ; ⏱11h-19h lun-sam, 11h-18h dim ; Ⓢ7 arrêt 34th St-Hudson Yards, 1 arrêt 28th St). Cette merveilleuse petite librairie se consacre aux monographies d'artistes en édition limitée et à d'étranges magazines. Rien ici qui ne sorte de l'ordinaire. Les étagères sont remplies de manifestes incendiaires, d'essais critiques sur la BD, de folioscopes où Jésus apparaît derrière un code-barres et de guides pratiques écrits par des détenus.

HOUSING WORKS THRIFT SHOP

VINTAGE

Plan p. 452 (☎718-838-5050 ; www.housingworks.org ; 143 W 17th St, entre 6th Ave et 7th Ave, Chelsea ; ⏱11h-19h lun-sam, 12h-17h dim ; Ⓢ1 arrêt 18th St). Avec sa jolie vitrine, cette enseigne, qui dispose d'une dizaine d'autres antennes réparties dans la ville, ressemble plus à un magasin classique qu'à une friperie. Les habits, accessoires, meubles, livres et disques proposés ont un excellent rapport qualité/prix. Vous y trouverez des vêtements de créateurs d'occasion à prix cassés. Les bénéfices sont reversés à une association qui aide les sans-abri atteints du VIH et du sida.

INA

VINTAGE

Plan p. 452 (☎212-334-6572 ; www.inanyc.com ; 207 West 18th St, entre 7th Ave et 8th Ave, Chelsea ; ⏱12h-19h ; Ⓢ1 arrêt 18th St). Petit mais élégant, ce dépôt-vente propose vêtements et accessoires d'occasion en très bon état. Les prix sont élevés, mais en fouillant un peu, on y trouve parfois une perle rare. Le personnel n'est pas toujours aimable.

100% LOCAL

POUR LES BIBLIOPHILES

Légendaire et chère au cœur des New-Yorkais, **Strand Book Store** (☎212-473-1452 ; www.strandbooks.com ; 828 Broadway, à hauteur de E 12th St, West Village ; ⏱10h-20h ; ⓈL, N/Q/R/W, 4/5/6 arrêt 14th St-Union Sq) est la référence intellectuelle du centre-ville : le pays des merveilles pour des générations de bibliophiles qui peuvent y rester des heures, un sac à l'effigie du magasin au bout du bras. Ouvert depuis 1927, Strand renferme plus de 2,5 millions de volumes sur près de 30 km de rayonnages – un dédale réparti sur trois niveaux !

Jetez un coup d'œil au vaste rayon de littérature américaine au rez-de-chaussée et aux nombreux produits dérivés proposés (coques d'iPhone, tote bags, besaces militaires, sacs en bandoulière).

SPORTS ET ACTIVITÉS

CHELSEA PIERS

COMPLEXE SPORTIF

Plan p. 452 (☎212-336-6666 ; www.chelseapiers.com ; Piers 59 à 62, à hauteur de W 23rd St, Chelsea ; ⏱ouverture à partir de : fitness 5h30/8h sem/week-end, escalade 13h/10h, piscine 7h/8h ; golf 7h-minuit, patinoire 13h30-17h ven-lun, bowling 16h-23h lun-jeu, jusqu'à 1h ven, 12h-1h sam, 12h-minuit dim ; 👪 ; 🚌M23 arrêt 12th Ave-W 23 St, Ⓢ1, C/E arrêt 23rd St). Cet immense complexe sportif au bord de l'eau réveillera l'athlète qui sommeille en vous. Profitez du practice de golf de 4 étages, lancez-vous sur la patinoire couverte (Sky Rink) ou tentez quelques strikes au bowling à l'atmosphère jazzy. Le complexe comprend aussi un terrain de basket (Hoop City), une école de voile pour enfants, des cages de frappe pour les amateurs de base-ball, un immense gymnase, une piscine couverte et des murs d'escalade.

Le Multi-Sport Passport, qui donne accès au gymnase, à la piscine, au practice de golf, à la patinoire et aux cages de frappe en plus de donner droit à la location gratuite de chaussures de bowling, est disponible au guichet du practice de golf pour 60 $. Plusieurs stands vendent des sandwichs et des pizzas, pour mieux récupérer ce que vous venez de perdre. Bien que le complexe soit coupé du reste de la ville par la très passante West Side Hwy (11th Ave), il présente assez d'arguments pour attirer les foules.

Le bus M23, qui s'arrête devant l'entrée principale, vous évitera d'avoir à remonter pas moins de quatre avenues depuis la station de métro. Autre possibilité : les taxis qui stationnent à l'extérieur (attention, ils sont rares en dehors des heures d'affluence).

NEW YORK GALLERY TOURS

CIRCUITS

Plan p. 452 (☎212-946-1548 ; www.nygallerytours.com ; 526 W 26th St, à hauteur de 10th Ave, Chelsea ; visites organisées 29 $/pers, visites privées 30 $/pers (avec acompte de 300 $) ; ⏱visites organisées sam, visites privées 11h-18h mar-sam ; S1, C/E arrêt 23rd St). Entre toutes les superbes galeries d'art moderne à Chelsea, il y a tant à voir ! Mais par où commencer ? Cet excellent circuit guidé vous permettra d'en visiter plusieurs et de profiter d'explications éclairées.

SCHOONER ADIRONDACK CROISIÈRES

Plan p. 452 (☎212-627-1825 ; www.sail-nyc.com ; Chelsea Piers Complex, Pier 62 à hauteur de W 22nd St, Chelsea ; croisières 48-142 $; S1, C/E arrêt 23rd St). Le deux-mâts *Adirondack* arpente la baie de New York quatre fois par jour, de mai à novembre, pour des circuits de 1 heure 45 à 3 heures 30 (54-106 $). Les yachts style années 1920 *Manhattan* (25 m) et *Manhattan II* (30 m) croisent toute la semaine. Renseignez-vous par téléphone ou sur Internet pour les horaires et les tarifs.

TRAPEZE SCHOOL NEW YORK ACROBATIES

Plan p. 448 (TSNY ; ☎212-242-8769 ; newyork.trapezeschool.com ; Pier 40, à hauteur de West Side Hwy, West Village ; cours 65-75 $; ⏲mai-oct ; S1 arrêt Houston St). Découvrez le trapéziste qui sommeille en vous sous le chapiteau de cette école de cirque située non loin du fleuve, sur le Pier 40. Elle dispose aussi d'installations couvertes pour des cours toute l'année à South Williamsburg (Brooklyn). Consultez le site Web pour les horaires et les lieux de cours.

WEST 4TH STREET BASKETBALL COURTS BASKET

Plan p. 448 (6th Ave, entre 3rd St et 4th St, West Village ; SA/C/E, B/D/F/M arrêt W 4th St-Washington Sq). Également appelé "The Cage" (la cage), ce petit terrain de basket entouré de grillage accueille des matchs endiablés. Si ce terrain est plus touristique que le Rucker Park à Harlem, cela fait aussi partie de son charme : les matchs qui se tiennent ici, au cœur du Village, attirent un énorme public survolté qui n'hésite pas à siffler ou à encourager les joueurs expérimentés. La saison bat son plein en été, avec les matchs quotidiens de la W 4th St Summer Pro-Classic League.

1

CREATIVE FAMILY/SHUTTERSTOCK.COM ©

2

KRISTI BLOKHIN/SHUTTERSTOCK.COM ©

1. Little Island (p. 142)
Une nouvelle île artificielle au pied du Pier 55.

2. Chelsea Market (p. 155)
L'ancienne usine de biscuit Oreo transformée en marché pour *foodistas*.

Union Square, Flatiron District et Gramercy

Notre sélection

❶ Le curieux **Flatiron** (p. 171) à la forme triangulaire singulière, l'un des bâtiments les plus photographiés de New York.

❷ Observer la foule éclectique de New-Yorkais sur **Union Square** (p. 170), place animée qui se mue en un charmant marché de Noël dès la fin novembre.

❸ Les produits frais et les friandises artisanales de l'**Union Square Greenmarket** (p. 171), marché de producteurs réputé et rendez-vous des gourmets.

❹ Les cocktails divins du **Raines Law Room** (p. 176), bar sombre à la décoration cuir luxueuse qui semble appartenir à une autre époque.

❺ Un voyage culinaire italien à **Eataly** (p. 173), haut lieu gourmet abritant un food hall gigantesque ultrapopulaire, un marché, un bar en *rooftop* et un restaurant.

Pour un plan plus détaillé, reportez-vous p. 454

Découvrir Union Square, le Flatiron District et Gramercy

Le secteur étant peu étendu, le plus simple est d'utiliser comme points d'ancrage ses deux lieux principaux : Union Square (p. 170) et le Madison Square Park (p. 171). À Union Square, vous sentirez l'influence du Village et des universités (la NYU est juste au sud, et la New School juste à l'ouest) à travers les cafés, les manifestants agitant des pancartes et les musiciens de rue. Selon le sens dans lequel vous l'empruntez, 14th St vous mènera à East Village ou West Village.

En vous dirigeant vers 23rd St, vous découvrirez le célèbre Flatiron (p. 171), qui domine le quartier commerçant auquel il a donné son nom. On y trouve de nombreux restaurants bondés à l'heure du déjeuner et des bars très fréquentés à la sortie des bureaux. À l'est, Gramercy est surtout résidentiel, mais accueille des restaurants animés.

Dans le Madison Square Park, les experts en relations publiques discutent autour de cafés au lait, les avocats surmenés fuient le bureau pour un moment de répit.

Vivre comme un New-Yorkais

- **Union Sq Holiday Market** Chaque année aux alentours de Thanksgiving (du 18 novembre au 24 décembre environ, tlj de 11h à 20h), 150 kiosques s'installent autour de Union Square pour un marché de Noël sonnant le début des festivités de fin d'année.
- **Épiceries fines** Eataly (p. 173) est appréciée des amateurs de produits italiens, mais au quotidien, les New-Yorkais fréquentent plus couramment Whole Foods, un supermarché promouvant une alimentation saine, à l'extrémité sud d'Union Square.

Depuis/vers Union Square, le Flatiron District et Gramercy

- **Métro** De nombreuses lignes convergent vers Union Square, ralliant l'est de Manhattan (lignes 4/5/6), Williamsburg (ligne L) ou encore le Queens (lignes N/Q/R). La L mène également à l'ouest. La ligne Q assure une liaison express avec Herald Square et Times Square.
- **Bus** Les M14A et M14D Select Bus Service (SBS) circulent le long de 14th St, et le M23 le long de 23rd St. Préférez le bus au métro si vous ralliez différents endroits dans l'est de Manhattan.

Bon plan Lonely Planet

La foule peut être dense à Union Sq, notamment sur 14th St. Si vous êtes pressé ou souhaitez vous déplacer à pied, passez par 13th St, vous gagnerez du temps.

Le top des restaurants

- Eleven Madison Park (p. 175)
- Maialino (p. 175)
- Gramercy Tavern (p. 176)
- The Clocktower (p. 175)
- Cosme (p. 175)

Voir détails p. 173

Le top des bars et cafés

- Flatiron Room (p. 176)
- Raines Law Room (p. 176)
- Serra (p. 176)
- Old Town Bar (p. 177)
- Lillie's Victorian Establishment (p. 177)

Voir détails p. 176

Le top des boutiques

- Union Square Greenmarket (p. 171)
- Fishs Eddy (p. 178)
- ABC Carpet & Home (p. 178)
- Bedford Cheese Shop (p. 178)
- Books of Wonder (p. 178)

Voir détails p. 178

LES INCONTOURNABLES UNION SQUARE

Union Square est un melting-pot grouillant d'activité. Entre les marches de pierre et le jardin se pressent aussi bien des cadres en costume-cravate prenant l'air pendant leur pause déjeuner, que des joueurs de percussions et de jeunes skateurs s'entraînant dans les escaliers du coin sud-est.

Opulence et protestation

Ouverte en 1839, cette place est vite devenue un lieu de ralliement pour les habitants des demeures environnantes. La création de salles de concert et de sociétés artistiques a renforcé l'atmosphère culturelle, et les boutiques de luxe ont rapidement envahi Broadway, surnommé "The Ladies' Mile".

Lorsque la guerre de Sécession éclata, ce vaste lieu public devint le théâtre de manifestations en tous genres, des syndicalistes aux militants politiques. Au plus fort de la Première Guerre mondiale, il n'était plus guère utilisé, permettant à de nombreuses organisations à vocation politique et sociale d'occuper le terrain, parmi lesquelles l'American Civil Liberties Union (ACLU ; Union américaine des libertés civiles), les Partis communiste et socialiste et le Ladies' Garment Workers Union (Syndicat des travailleuses de l'industrie textile). Bien des décennies plus tard, Union Square est toujours un lieu populaire de rassemblements à caractère politique et social, en plus d'accueillir l'un des meilleurs marchés fermiers réguliers de la ville.

Pour une vue imprenable sur Union Square et l'Empire State Building, rendez-vous chez DSW, magasin de chaussures discount installé au 2e étage d'un bâtiment à l'extrémité sud de la place ou dans le café du supermarché Whole Foods voisin.

À NE PAS MANQUER

- Le marché de producteurs (voir page ci-contre)
- Le *Metronome*, horloge climatique
- La vue depuis le magasin de chaussures DSW
- Les animations de rue

INFOS PRATIQUES

- Plan p. 454, D4
- www.unionsquarenyc.org
- 17th St, entre Broadway et Park Ave South, Union Sq
- S 4/5/6, N/Q/R, L arrêt 14th St-Union Sq

La Factory

Simultanément lieu des élégances et de la contestation politique, Union Square acquit une troisième dimension, artistique cette fois, voire franchement hippie, lorsque Andy Warhol déménagea son atelier, la Factory, au 33 Union Sq West, au 6e étage du Decker Building. C'est là que le 3 juin 1968, une écrivaine en colère, Valerie Solanas, blessa grièvement Warhol de trois coups de feu. Le rez-de-chaussée du bâtiment abrite désormais une chaîne de confiseries…

Le *Metronome* à l'heure du climat

En vous promenant sur Union Square, vous remarquerez des sculptures temporaires fantaisistes. Parmi les monuments permanents : une imposante statue équestre de George Washington (une des plus anciennes œuvres d'art publiques de New York) et une statue de Gandhi. Du côté sud-est de la place, une énorme installation artistique attire les regards dubitatifs, quand elle n'est pas simplement ignorée, des passants. Représentation symbolique du temps, le *Metronome* se compose de deux éléments : un dispositif qui crache de la vapeur à midi et minuit à travers des cercles concentriques ; et une horloge digitale qui affichait à l'origine 15 chiffres à décomposer en deux séries de sept – en partant de la gauche, l'heure actuelle (heures, minutes, secondes et dizième de seconde) et, en partant de la droite, en sens inverse, le temps restant de la journée ; le chiffre du milieu représentant un centième de seconde, symbole de la frénésie du rythme de la ville. Depuis 2020, les chiffres ont changé. Ils indiquent à présent le temps qu'il nous reste avant le point de non-retour du changement climatique. Le compte à rebours a commencé…

À VOIR

Quoique pauvres en lieux à visiter, Union Square et ses alentours débordent de vie, entre artistes de rue, hommes d'affaires pressés et étals de produits appétissants. Au nord-ouest s'étendent les rues distinguées de Gramercy, tandis qu'au nord, à Madison Square Garden, chiens et écureuils côtoient installations d'art, lectures publiques et un célèbre petit kiosque à burgers.

UNION SQUARE — PLACE

Voir p. 170.

UNION SQUARE GREENMARKET — MARCHÉ

Plan p. 454 (212-788-7900 ; www.grownyc.org/unionsquaregreenmarket ; E 17th St, entre Broadway et Park Ave S ; 8h-18h lun, mer, ven et sam ; S 4/5/6, N/Q/R/W, L arrêt 14th St-Union Sq). Ce marché est sans doute le plus connu de la ville. Ouvrez-vous l'appétit en flânant parmi les étals qui vendent de tout, des fruits et légumes issus de fermes de l'État de New York aux pains artisanaux, fromages et cidre.

MADISON SQUARE PARK — PARC

Plan p. 454 (212-520-7600 ; www.madisonsquarepark.org ; E 23rd St à 26th St, entre 5th Ave et Madison Ave ; 6h-minuit ; ; S R/W, F/M, 6 arrêt 23rd St). Ce parc marquait la limite nord de Manhattan avant l'explosion démographique que connut l'île au lendemain de la guerre de Sécession. Aujourd'hui, cette oasis particulièrement bienvenue au milieu du rythme effréné de Manhattan, comprend une populaire aire de jeux pour enfants, un espace canin, et le premier des restaurants de burgers **Shake Shack** (plan p. 454 ; 646-889-6600 ; www.shakeshack.com ; burgers 5,50-11 $; 11h-22h). C'est aussi l'un des parcs accueillant le plus de manifestations culturelles, avec des installations thématiques et, aux beaux jours, diverses activités, notamment des débats littéraires et des concerts (programmation disponible sur le site Web).

D'ici, vous pourrez admirer les célèbres bâtiments environnants, notamment l'iconique Flatiron (voir l'encadré ci-dessous) au sud-ouest, la Metropolitan Life Tower au sud-est, ainsi que le New York Life

LES INCONTOURNABLES
FLATIRON BUILDING

Conçu par Daniel Burnham, ce bâtiment de 20 étages construit en 1902 a une forme étroite et triangulaire caractéristique, évoquant une étrave. Sa façade ornementée de style Beaux-Arts en calcaire et terre cuite, sur une structure en acier, révèle toute sa complexité à mesure que le regard s'y attarde. Jusqu'en 1909, le Flatiron fut le plus grand immeuble du monde.

La société de presse Frank A. Munsey fut l'une des premières locataires du bâtiment, au 18e étage, où elle installa le *Munsey's Magazine*, qui publia les écrits de O. Henry. Ses rêveries, ainsi que les peintures de John Sloan et les photographies d'Alfred Stieglitz, ont su immortaliser le Flatiron de l'époque, tout comme l'actrice Katharine Hepburn, qui déclara au cours d'une interview télévisée qu'elle aimerait susciter autant d'admiration que ce majestueux building.

Il est prévu de transformer le Flatiron en un luxueux cinq-étoiles, mais les travaux devront attendre que les derniers locataires aient quitté les lieux de leur plein gré. Entre-temps, le rez-de-chaussée de la "proue" du bâtiment a été converti en un espace artistique vitré. Lors d'une précédente installation, le tableau d'Edward Hopper *Nighthawks* (*Noctambules*, 1942) y fut reconstitué en 3D et à échelle humaine, son *diner* angulaire présentant une ressemblance frappante avec la forme du Flatiron.

À NE PAS MANQUER

- La vue de la façade depuis le Madison Square Park
- Une observation plus attentive pour apprécier les subtils détails extérieurs
- L'espace artistique à la proue du Flatiron

INFOS PRATIQUES

- Plan p. 454, C2
- Broadway, angle 5th Ave et 23rd St, Flatiron District
- S N/R, F/M, 6 arrêt 23rd St

LES INCONTOURNABLES GRAMERCY PARK

Les premiers colons hollandais de Manhattan avaient baptisé l'actuel quartier de Gramercy *Krom Moerasje* ("petit marais tordu"), car il était jadis en partie recouvert par un marécage. Celui-ci fut asséché en 1831, lorsque l'avocat et fonctionnaire Samuel Ruggles acheta la terre. On divisa alors la parcelle en 108 lots, dont 42 furent dévolus à un jardin à l'anglaise privé et confiés à perpétuité aux résidents des 66 lots restants.

Près de deux siècles plus tard, le parc est toujours à usage privé. Les seuls non-résidents autorisés à y pénétrer furent les soldats de l'Union durant les émeutes de la circonscription (Draft Riots), en 1863.

Dans les années 1920, plusieurs des maisons qui bordaient le parc furent détruites et remplacées par de grands immeubles de logement. Celles qui subsistent ont été transformées en appartements ou en clubs privés comme le National Arts Club, dont l'élégance témoigne du prestige du quartier. Gramercy Park a de fait accueilli nombre de résidents illustres : entre 1847 et 1869, le n°4 Gramercy Park W fut habité par l'éditeur américain James Harper. Comme les réverbères qui en ornent toujours la façade l'indiquent, il fut maire de New York (de 1844 à 1845).

À NE PAS MANQUER

- L'épatante architecture des bâtiments environnants, à l'occasion d'une promenade tranquille
- Une exposition au National Arts Club (voir ci-dessous)

INFOS PRATIQUES

- Plan p. 454, D3
- E 20th St, entre Park Ave et 3rd Ave
- S N/R, 6 arrêt 23rd St

Insurance Building, surmonté d'une pyramide en or, au nord-est. De 1876 à 1882, le bras portant la torche de la statue de la Liberté a été exposé dans le parc. Le premier Madison Square Garden fut construit ic en 1879, sur Madison Ave, à hauteur de 26th St.

Dans le coin sud-est du parc, vous trouverez quelques-unes des rares toilettes publiques autonettoyantes de la ville (25 ¢).

NATIONAL ARTS CLUB — CENTRE CULTUREL

Plan p. 454 (☎212-475-3424 ; www.nationalartsclub.org ; 15 Gramercy Park S ; ⏲expositions 10h-17h tlj ; S N/R, 6 arrêt 23rd St). GRATUIT Fondé en 1898 pour promouvoir l'art, le National Arts Club organise des expositions (gratuit en semaine ; programme des événements et soirées sur le site Internet). Le bâtiment est l'œuvre de Calvert Vaux, l'un des concepteurs de Central Park. Le salon orné de tableaux est surmonté d'une magnifique verrière en vitrail. La demeure appartenait autrefois à Samuel J. Tilden, gouverneur de New York et candidat démocrate à la présidence des États-Unis en 1876.

THEODORE ROOSEVELT BIRTHPLACE — ÉDIFICE HISTORIQUE

Plan p. 454 (☎212-260-1616 ; www.nps.gov/thrb ; 28 E 20th St, entre Broadway et Park Ave S ; ⏲centre des visiteurs 9h-17h, visites guidées de 40 min 10h, 11h, 13h, 14h, 15h et 16h mar-sam ; S R/W, 6 arrêt 23rd St). GRATUIT Il ne s'agit pas réellement de la maison natale du 26e président des États-Unis, la demeure ayant été démolie de son vivant. Mais le bâtiment actuel, qui a retrouvé le mobilier d'origine de la résidence, en est une reconstitution fidèle effectuée par ses proches.

METROPOLITAN LIFE TOWER — ÉDIFICE HISTORIQUE

Plan p. 454 (1 Madison Ave, entre E 23rd St et 24th St ; S N/R, F/M, 6 arrêt 23rd St). Achevée en 1909, cette tour de 213 m de haut qui domine l'angle sud-est de Madison Square est l'œuvre de Napoléon LeBrun, architecte d'origine française né à Philadelphie. Les italophiles auront sans doute une impression de déjà-vu : LeBrun s'inspira en effet du campanile de la place Saint-Marc, à Venise.

OÙ SE RESTAURER

Dans ces trois quartiers, les occasions de se régaler ne manquent pas, d'autant que l'un des meilleurs marchés fermiers se trouve à Union Square et est ouvert toute l'année. Vous y trouverez des restaurants très réputés (et chers), mais aussi quelques options plus économiques.

BURGER AND LOBSTER FLATIRON — BURGER ET HOMARD $$

Plan p. 454 (646-833 7532 ; www.burgerandlobster.com ; 39 W 19th St, entre 5th Ave et 6th Ave ; plats 16-32 $; 12h-22h dim-jeu, 12h-23h ven-sam ; S 6, R/W arrêt 23rd St, 1 arrêt 18th St). Dans cet immense restaurant au décor rutilant mais chic, la carte est simple. Pour 20-32 $, on a le choix entre un burger ou un homard – bouilli ou grillé –, accompagné de frites et de salade. Le restaurant est très vite bondé les soirs de week-end mais on pourra profiter d'un verre au bar – cocktails, bières et vins – en attendant son tour.

TACOMBI CAFÉ EL PRESIDENTE — MEXICAIN $

Plan p. 454 (212-242-3491 ; www.tacombi.com ; 30 W 24th St, entre 5th Ave et 6th Ave ; tacos 4,50-7,50 $, quesadillas 6-9 $; 11h-23h tlj ; ; S F/M, R/W arrêt 23rd St). Ce café comme on en trouve à Mexico sert une délicieuse street food mexicaine, à accompagner de jus de fruits ou de cocktails. Nous recommandons les *esquites* (maïs grillé au fromage *cotija* et à la sauce chipotle, servi dans une tasse en carton) et les succulents tacos.

♥ THAI VILLA — THAÏLANDAIS $$

Plan p. 454 (212-802 9999 ; www.thaivillanyc.com ; 5 E 19th St, entre 5th Ave et Broadway ; 11h30-22h15 dim-jeu, 11h30-22h30 ven-sam ; plats autour de 14 $; S 6, R/W arrêt 23rd St). Une adresse coup de cœur tant pour son cadre enchanteur – boiseries, fontaines, lustres rutilants... – que pour sa carte, où s'alignent les classiques de la gastronomie thaïlandaise, tous savamment exécutés et très abordables, comme le *pad thai* ou le *panang curry*. Réservation conseillée.

EISENBERG'S SANDWICH SHOP — DINER $

Plan p. 454 (415-345-2303 ; www.eisenbergsnyc.com ; 174 5th Ave, entre W 22nd St et 23rd St ; plats brunch 5-13 $, sandwichs 8,50-15 $; 7h30-18h lun-ven, 11h-15h sam-dim ; ; S R/W arrêt 23rd St). Vision cocasse sur cette avenue jalonnée d'immeubles huppés, ce *diner* à l'ancienne calme et confortable sert une cuisine juive traditionnelle (foie haché, sandwich au pastrami, salade de thon) et de copieux petits-déjeuners. Accoudé au long comptoir, mêlez-vous à une faune éclectique de clients qui ne jurent que par un bon pain de viande (*meatloaf*) ou une bonne portion d'œufs brouillés.

BAR JAMÓN — TAPAS $$

Plan p. 454 (212-253-2773 ; www.casamononyc.com ; 125 E 17th St, entre Irving Pl et 3rd Ave, Gramercy ; tapas 5-24 $; 17h-2h lun-ven, 12h-2h sam-dim ; S 4/5/6, N/Q/R/W, L arrêt 14th St-Union Sq). À deux pas de son grand frère étoilé, Casa Mono (p. 176), se trouve ce sympathique petit bar avec tables communes, lui aussi tenu par Mario Batali. Ici, vous pourrez humer et siroter des vins d'Espagne tout en grignotant de délicieuses tapas d'inspiration catalane, comme le chorizo et les poivrons marinés ou encore le calamar avec une excellente tapenade.

EATALY — TEMPLE CULINAIRE ITALIEN $$

Plan p. 454 (212-229-2560 ; www.eataly.com ; 200 5th Ave, à hauteur de W 23rd St ; 9h-22h tlj ; ; S R/W, F/M, 6 arrêt 23rd St). L'élégant et immense magasin de Mario Batali est un véritable temple de la gastronomie italienne. Des tables permettent de se poser pour se régaler aussi bien de *crudo* (poisson cru) et de *fritto misto* (légumes frits) que de pâtes et de pizzas. Vous pouvez aussi vous contenter d'un expresso au comptoir et succomber à un cannoli garni sur mesure, avant d'aller fouiller les rayons pour vous composer un pique-nique à l'italienne.

Autres atouts d'Eataly : son bar-restaurant sur le toit, Serra (p. 176), ainsi qu'un vaste programme de cours de cuisine et de dégustation. Rendez-vous sur le site Web pour plus de renseignements.

MAX BRENNER — CHOCOLATS $$

Plan p. 454 (646-467-8803 ; www.maxbrenner.com ; 841 Broadway, entre 13th St et 14th St, Union Square ; plats 16-26 $, desserts autour de 16 $; 12h-23h lun-mer, 12h-minuit jeu, 11h-minuit ven, 10h-minuit sam, 11h-23h dim ; S 4/5/6, N/Q/R/W, L arrêt 14th St-Union Sq). Avec l'Australien Max Brenner et son café-chocolaterie, les gourmands sont gâtés ! Assouvissez toutes vos envies de chocolat, avec par exemple un martini au chocolat, une crêpe banane-chocolat au beurre de cacahuètes, une

Promenade à pied
En passant par le Square

DÉPART UNION SQUARE
ARRIVÉE MADISON SQUARE PARK
DISTANCE ET DURÉE 1,9 KM ; 1 HEURE

Partez d' 1 **Union Square** (p. 170), toujours animée – ne ratez pas les joueurs d'échecs aguerris, au sud de la place –, puis parcourez les étals de produits frais et artisanaux du 2 **Greenmarket** (p. 171).

Non loin de là se trouvent deux des plus anciens bars de New York : sur 18th St, l' 3 **Old Town Bar** (p. 177), ouvert depuis 1892, a conservé son intérieur tout en bois et miroirs. Rejoignez ensuite Irving Pl, où la 4 **Pete's Tavern** (p. 177) étanche la soif des New-Yorkais depuis 1864. Remontez Irving Pl pour voir le Chrysler Building derrière les grilles de 5 **Gramercy Park** (p. 172), le seul parc privé de la ville (les riverains ont une clé). Prenez à gauche sur 20th St, vous dépasserez deux clubs privés sélects installés dans des bâtiments d'architecture classique. Le 6 **Players Club** a été fondé en 1888 par Edwin Booth, célèbre acteur de son temps (sa statue trône dans Gramercy Park) et frère de l'assassin du président Lincoln, John Wilkes. Créé 10 ans plus tard dans l'ancienne demeure du gouverneur Samuel Tilden, le 7 **National Arts Club** (p. 172) accueille désormais des expositions à visiter gratuitement.

Au carrefour entre Broadway et E 20th St se dresse le vénérable 8 **Lord & Taylor Building** (racheté en 2021 par Amazon) qui accueillait auparavant le célèbre grand magasin Midtown. De style second Empire, cet édifice trône dans un quartier qui comptait autrefois bon nombre de grands magasins, d'où son ancien surnom : "Ladies' Mile".

Dirigez-vous ensuite au nord sur Broadway jusqu'au croisement avec 5th Ave, où se dresse le saisissant 9 **Flatiron** (p. 171), conçu par l'architecte Daniel Burnham. Approchez-vous pour admirer sa façade ornée de terre cuite, puis traversez pour avoir une meilleure vue. Enfin, achetez quelques délicieuses spécialités italiennes à emporter dans le temple de la gastronomie italienne 10 **Eataly** (p. 173) pour un pique-nique au vert au 11 **Madison Square Park** (p. 171).

fondue ou encore des truffes artisanales. L'établissement propose aussi des plats de brunch (jusqu'à 16h) et une carte salée.

MAIALINO — ITALIEN $$$

Plan p. 454 (212-777-2410 ; www.maialinonyc.com ; Gramercy Park Hotel, 2 Lexington Ave, à hauteur de 21st St, Gramercy ; plats 24-58 $; 7h30-10h, 12h-14h et 17h30-22h30 lun-jeu, jusqu'à 23h ven, 10h-14h et 17h30-23h sam, jusqu'à 22h30 dim ; S 6, R/W arrêt 23rd St). Les inconditionnels du restaurant de Danny Meyer réservent leur table jusqu'à un mois à l'avance. Les meilleures places sont néanmoins celles du bar (sans réservation), où vous serez servi par un personnel amical et expert. La bonne cuisine italienne rustique de Maialino est élaborée à partir de produits frais, issus de l'Union Square Greenmarket voisin (p. 171).

ELEVEN MADISON PARK — AMÉRICAIN ÉTOILÉ $$$

Plan p. 454 (212-889-0905 ; www.elevenmadisonpark.com ; 11 Madison Ave, entre 24th St et 25th St ; menu dégustation 8-10 plats restaurant/6 plats bar 335/175 $; sur réservation ; ; S R/W, 6 arrêt 23rd St). L'Eleven Madison Park figure toujours en tête des classements des meilleurs restaurants. Emblème d'une cuisine américaine moderne et durable, c'est aussi l'un des 5 restaurants new-yorkais à arborer 3 étoiles au Michelin. La cuisine du chef Daniel Humm allie un souci extrême du détail à beaucoup de créativité et de fantaisie.

Profondément transformé par l'épidémie de Covid-19, le chef a fait évoluer sa carte vers un menu totalement végétarien, explorant de nouveaux horizons comme la fermentation et les bouillons. Les plats servis au bar sont une sélection du menu dégustation principal. Pour chaque couvert, 5 repas sont distribués aux plus démunis. Les réservations ouvrent le premier du mois pour le mois suivant, soyez dans les starting-blocks. Tenue élégante de rigueur.

CRAFT — AMÉRICAIN $$$

Plan p. 454 (212-780-0880 ; www.craftrestaurant.com ; 43 E 19th St, entre Broadway et Park Ave S ; plats 27-63 $; 17h30-21h30 mar-jeu, 17h30-22h ven, 17h-22h sam ; ; S 4/5/6, N/Q/R/W, L arrêt 14th St-Union Sq). Cet établissement haut de gamme animé se fait l'ambassadeur des petits producteurs, transformant le fruit de leur labeur en plats raffinés. Poulpe braisé à point, noix de saint-jacques fondantes ou ravioles demi-lunes au potiron nappées de beurre noisette à la sauge et de parmesan : le goût est au rendez-vous. Pensez à réserver.

THE CLOCKTOWER — BRITANNIQUE $$$

Plan p. 454 (212-413-4300 ; www.theclocktowernyc.com ; 5 Madison Ave, entre 23rd St et 24th St ; plats 28-68 $; 17h-22h mar-sam ; ; S F/M, R/W, 6 arrêt 23rd St). Très sélect, ce restaurant niché dans la célèbre Metropolitan Life Tower a le vent en poupe. Dirigé par le chef étoilé Jason Atherton, il illustre le meilleur du savoir-faire britannique. L'intérieur tout en bois et stuc offre un cadre élégant pour se régaler de mets raffinés tels que le cabillaud au beurre blanc sur un lit de chou rôti, le risotto aux truffes ou le “mac' n' cheese” à la joue de bœuf.

ABC KITCHEN — AMÉRICAIN $$$

Plan p. 454 (212-475-5829 ; www.abckitchennyc.com ; 35 E 18th St, à hauteur de Broadway ; pizzas 19-26 $, plats 27-36 $; 17h-23h tlj, brunch 11h-15h sam-dim ; ; S 4/5/6, N/Q/R, L arrêt 14th St-Union Sq). Avec des airs de galerie et de ferme rustique tout à la fois, cet établissement adepte du développement durable est l'avatar gastronomique d'ABC Carpet & Home (p. 178), grand magasin d'articles de maison chics. Le bio tutoie la grande cuisine avec des plats comme le homard du Maine rôti au four à bois avec vinaigrette citron-piment et le confit de porc croustillant accompagné de marmelade de bacon et navets braisés. Également de succulentes pizzas au blé complet.

COSME — MEXICAIN $$$

Plan p. 454 (212-913-9659 ; www.cosmenyc.com ; 35 E 21st St, entre Broadway et Park Ave S ; plats 19-29 $; 17h30-21h30 tlj et 12h-15h sam-dim ; ; S R/W, 6 arrêt 23rd St). Dans ce restaurant raffiné aux tons sombres, les chefs Enrique Olvera et Gustavo Garnica mettent à l'honneur la grande cuisine mexicaine. Au menu : coquilles Saint-Jacques délicates avec avocat et jicama, chou chinois et pourpier accompagnés d'une sauce *mole* verte, guacamole aux herbes, ou encore les fameuses *carnitas* de canard qui font ici fureur ! Réservez ou tentez votre chance au bar, qui ne prend pas de réservation.

GRAMERCY TAVERN AMÉRICAIN $$$

Plan p. 454 (☎212-477-0777 ; www.gramercytavern.com ; 42 E 20th St, entre Broadway et Park Ave St ; plats taverne 32-36 $, menu dégustation 148 $, accord mets-vins suppl 85 $; ⏲taverne 17h-23h dim-mer, jusqu'à 23h30 jeu-sam, et 11h30-16h ven-dim, Dining Room 17h-21h dim-mer, jusqu'à 21h30 jeu-sam ; 📶 ; Ⓢ R/W, 6 arrêt 23rd St). Ingrédients locaux et de saison sont au menu de cette vénérable institution pleine d'atmosphère (une étoile au Michelin), au charme rustique chic, avec chandeliers en cuivre, fresques et compositions florales spectaculaires. Deux salles au choix : la taverne (quelques tables sans réservation), qui propose un menu à la carte et des plats grillés au feu de bois, ou la salle à manger huppée (The Dining Room), où l'on sert un menu dégustation de 5 plats plus raffiné. Service remarquable dans les deux salles. Réservation conseillée.

CASA MONO TAPAS $$$

Plan p. 454 (☎212-253-2773 ; www.casamononyc.com ; 52 Irving Pl, entre 17th St et 18th St, Gramercy ; assiette de tapas 9-50 $; ⏲12h-22h ; Ⓢ 4/5/6, N/Q/R/W, L arrêt 14th St-Union Sq). Autre succès du restaurateur Mario Batali et du chef Andy Nusser, la Casa Mono, étoilée au Michelin, dispose d'un grand comptoir, d'où vous pourrez regarder les chefs préparer vos tapas. Pour plus d'intimité, installez-vous à une table. Dans tous les cas, préparez-vous à une explosion de saveurs avec, par exemple, des œufs crémeux et de l'oursin, des noix, du citron vert et de l'huile d'anchois.

OÙ PRENDRE UN VERRE ET FAIRE LA FÊTE

Cocktails virtuoses et vins robustes se bousculent sur les cartes des bars et des lounges d'Union Square, Flatiron District et Gramercy. Ces coins n'abondent pas en bars, mais les quelques établissements que vous y trouverez – bars *rooftop*, *speakeasies* et bars d'hôtels originaux – respirent l'élégance et la convivialité. Si vous êtes plutôt pub irlandais sans prétention, rendez-vous sur 3rd Ave, au nord de 14th St.

RAINES LAW ROOM BAR À COCKTAILS

Plan p. 454 (www.raineslawroom.com ; 48 W 17th St, entre 5th Ave et 6th Ave ; ⏲17h-1h lun-mer, 17h-2h jeu-ven, 16h-2h sam, 16h-1h dim ; Ⓢ F/M arrêt 14th St ; L arrêt 6th Ave, 1 arrêt 18th St). Rideaux en velours, banquettes en cuir capitonnées, papier peint rétro, briques apparentes et cocktails réalisés d'une main experte à partir de spiritueux idéalement vieillis : rien n'est laissé au hasard dans ce bar. Dehors, rien ne marque l'entrée du bar ; repérez le n°48 et sonnez. L'atmosphère est d'une autre époque : parez-vous de vos plus beaux atours. Réservation recommandée.

SERRA ROOFTOP

Plan p. 454 (☎212-937-8910 ; www.eataly.com ; 200 5th Ave, à hauteur de W 23rd St ; plats 16-39 $; ⏲11h30-22h dim-jeu, 11h30-23h ven-sam ; Ⓢ F/M, R/W, 6 arrêt 23rd St). Le joyau de la grande épicerie italienne, Eataly (p. 173), est son *beer garden* sur le toit, tapi entre les tours de bureaux du Flatiron District. Le thème change souvent dans ce bar à bières ; il pourra ainsi avoir des airs de plage méditerranéenne, puis ressembler à une retraite alpine le mois suivant. Le cadre reste magnifique et les plats et boissons sont d'aussi bonne qualité que ce qui est servi à l'étage du dessous.

FLATIRON ROOM BAR À COCKTAILS

Plan p. 454 (☎212-725-3860 ; www.theflatironroom.com ; 37 W 26th St, entre 6th Ave et Broadway ; ⏲17h-2h mar-sam, jusqu'à minuit dim-lun ; Ⓢ R/W arrêt 28th St, F/M arrêt 23rd St). Papier peint rétro, lustre et plafond à caissons peint constituent le cadre élégant de ce bar, dont les alcôves joliment éclairées sont chargées de whiskies recherchés. Les cocktails raffinés se marient à merveille avec les coûteuses assiettes à partager, garnies notamment d'œufs mimosa et de rillettes de canard ou encore d'huîtres fumées et de charcuterie. Concerts presque tous les soirs (bluegrass, jazz, etc.). Réservation vivement recommandée.

IRVING FARM ROASTERS CAFÉ

Plan p. 454 (☎212-206-0707 ; www.irvingfarm.com ; 71 Irving Pl, entre 18th St et 19th St, Gramercy ; ⏲7h-20h lun-ven, 8h-20h sam-dim ; Ⓢ 4/5/6, N/Q/R/W, L arrêt 14th St-Union Sq). Geeks pianotant sur leur clavier et groupes d'amis ou d'universitaires en grande discussion : ce café ne désemplit pas. Les grains de café cueillis à la main sont torréfiés avec amour dans une ferme de la vallée de l'Hudson (à environ 140 km de New York), et servis accompagnés de délicieux croissants de la Balthazar Bakery, de muesli, d'œufs, de bagels et de sandwichs toastés.

OLD TOWN BAR BAR

Plan p. 454 (☎212-529-6732 ; www.oldtownbar.com ; 45 E 18th St, entre Broadway et Park Ave S ; ⏲11h30-minuit lun-mar, 11h30-0h30 mer-sam, 13h-21h30 dim ; 📶 ; Ⓢ4/5/6, N/Q/R/W, L arrêt 14th St-Union Sq). L'Old Town Bar est un classique. Son côté *old school* fait d'ailleurs de lui un lieu de tournage très prisé pour les films et séries TV (et même le clip vidéo de “Bad Girl” de Madonna). La plupart des clients se glissent dans un box en bois confortable et commandent une bière et un burger (à partir de 12,50 $).

BOXERS NYC BAR GAY

Plan p. 454 (☎212-255-5082 ; www.boxersnyc.com ; 37 W 20th St, entre 5th Ave et 6th Ave ; ⏲16h-2h lun-jeu, 16h-4h ven, 13h-4h sam, 13h-2h dim ; ⓈF/M, R/W, 6 arrêt 23rd St). Bières et rencontres promettent d'être nombreuses dans ce bar sportif gay au cœur du Flatiron District : matchs de football américain à la télé, Buffalo wings au comptoir et serveurs torse nu qui polissent l'embout des queues de billard. Le mardi, c'est soirée karaoké : réveillez la diva qui est en vous !

LILLIE'S VICTORIAN ESTABLISHMENT BAR

Plan p. 454 (☎212-337-1970 ; www.lilliesnyc.com ; 13 E 17th St, entre Broadway et 5th Ave ; ⏲16h-2h lun-ven, 11h30-2h sam-dim ; Ⓢ4/5/6, L, N/Q/R/W arrêt 14th St-Union Sq). C'est le genre d'endroit que le nom résume à merveille. Le Lillie's vous ramènera à l'époque des jupons et des montres à gousset, avec ses plafonds hauts et leurs motifs en étain, ses banquettes matelassées de velours rouge et ses murs couverts de photographies vintage encadrées de dorures extravagantes. Sans tomber dans l'imitation factice, le Lillie's a tout d'un bar traditionnel de la haute société irlandaise. Plats de pub typiques, comme le *shepherd's pie*, renforcent l'illusion.

PETE'S TAVERN BAR

Plan p. 454 (☎212-473-7676 ; www.petestavern.com ; 129 E 18th St, à hauteur d'Irving Pl ; ⏲16h-2h lun-ven, 12h-2h sam-dim ; Ⓢ4/5/6, N/Q/R/W, L arrêt 14th St-Union Sq). Avec ses miroirs du XIXe siècle, son plafond en métal gaufré et son comptoir en palissandre, ce bar au décor sombre et à l'ambiance particulière, qui a ouvert ses portes en 1864, est un grand classique new-yorkais. Au menu, vous trouverez notamment un honnête hamburger à la côte de bœuf, ainsi qu'une sélection de 17 bières pression. Clientèle hétéroclite de couples sortant du théâtre et parfois de célébrités de passage (en attestent les photos près des toilettes).

BEAUTY BAR BAR INSOLITE

Plan p. 454 (☎212-539-1389 ; thebeautybar.com ; 231 E 14th St, près de 2nd Ave ; ⏲17h-4h lun-ven, 14h-4h sam-dim ; Ⓢ4/5/6, N/Q/R/W, L arrêt 14th St-Union Sq). Ce bar unique en son genre a conservé la décoration (et les casques chauffants très sixties !) du salon de coiffure qui s'y tenait autrefois. À l'avant, un “dive bar rétro”, à l'arrière, une piste de danse où, passé 22h, les DJ mixent surtout des tubes des années 1960 à 1990. Pour 10 $, les “manucure hours” (18h-23h lun-ven, 15h-23h sam-dim) vous donnent droit à une manucure accompagnée d'une boisson. Parfait pour une sortie entre copines !

☆ OÙ SORTIR

PEOPLES IMPROV THEATER – THE PIT LOFT COMEDY CLUB

Plan p. 460 (The PIT ; ☎212-244-1722, cours 212-563-7488 ; www.thepit-nyc.com ; 154 W 29th St, Chelsea ; 📶 ; Ⓢ1/2 arrêt 28th St). Ce *comedy club* bouillonnant vend du rire à des prix très accessibles. Au programme : one-man-shows, improvisations, sketchs et comédies musicales. Depuis la pandémie de Covid-19, le PIT (anciennement situé au 123 E 24th St, à Gramercy) a déménagé dans son annexe de Chelsea, The PIT Loft (154 W 29th St). Le PIT Loft propose aussi des cours, notamment des ateliers d'improvisation, de sketch et de stand-up de 2 heures (30 $).

IRVING PLAZA MUSIQUE LIVE

Plan p. 454 (☎212-777-6800 ; www.irvingplaza.com ; 17 Irving Pl, à hauteur de 15th St ; Ⓢ4/5/6, N/Q/R, L arrêt 14th St-Union Sq). En activité depuis 1978, l'Irving Plaza a vu défiler les Ramones, Bob Dylan, U2, Pearl Jam... Aujourd'hui la scène accueille des concerts rock et pop plus éclectiques, comme

Sleater-Kinney (punk indé féministe) ou le groupe de hard-rock Disturbed. Espace agréable autour de la scène et bonne visibilité depuis la mezzanine.

SHOPPING

Librairies de livres rares, fromageries artisanales, marchés fermiers parmi les plus populaires de New York : boutiques originales et autres curiosités jalonnent ces quartiers. Toutefois, il y a désormais autant de grandes chaînes que de boutiques indépendantes – surtout aux abords d'Union Square jusqu'à 6th Ave. En revanche, sur 14th St (plutôt du côté est), une véritable aventure de shopping vous attend : magasins de guitares, de meubles ou d'articles de sport, perruquiers ou encore salons de tatouage, vous y trouverez de tout ! Si ce sont les chaînes de magasins – Zara, Banana Republic, Club Monaco, J Crew, Anthropologie et Intermix – qui vous intéressent et que vous avez un budget shopping moyen ou conséquent, dirigez-vous plutôt au nord, sur 5th Ave.

FISHS EDDY — ARTICLES DE MAISON

Plan p. 454 (☎212-420-9020 ; www.fishseddy.com ; 889 Broadway, à hauteur de E 19th St ; ⌚10h-21h lun-ven, 10h-20h sam-dim ; S R/W, 6 arrêt 23rd St). Depuis des années, les conceptions irrévérencieuses et de qualité de Fishs Eddy sont incontournables chez les New-Yorkais branchés. Ici, c'est un raz-de-marée de tasses, assiettes, torchons, carafes et de tout ce qui va dans un vaisselier. Contrastes élégants de couleurs vives ou motifs délicieusement extravagants, il y en a pour tous les goûts ! Les produits des lignes Brooklynese (*Cawfee, Shuguh, Sawlt* etc.) et Skyline font d'excellents souvenirs.

ABC CARPET & HOME — ARTICLES DE MAISON

Plan p. 454 (☎212-473-3000 ; www.abchome.com ; 888 Broadway, à hauteur de E 19th St, Flatiron District ; ⌚11h-18h tlj ; S 4/5/6, N/Q/R/W, L arrêt 14th St-Union Sq). Mecque des architectes et décorateurs d'intérieur en quête de nouvelles idées, ce temple du bon goût sur sept niveaux déborde de meubles et d'accessoires de toutes tailles. Vous y trouverez bibelots et bijoux, ainsi que du mobilier de qualité, des luminaires design, des objets en céramique, des plaids et des tapis anciens. Durant la période de Noël, le magasin est un ravissement pour les yeux.

RENT THE RUNWAY — MODE

Plan p. 454 (www.renttherunway.com ; 30 W 15th St, entre 5th Ave et 6th Ave, Union Square ; ⌚8h-21h lun-ven, jusqu'à 20h sam et 19h dim ; S L, F/M arrêt 14th St-6th Ave ; 4/5/6, L, N/Q/R/W arrêt 14th St-Union Sq). Magasin phare de cette enseigne de location de vêtements. Une profusion d'articles de grands noms de la mode (Narciso Rodriguez, Emanuel Ungaro, Nicole Miller, Diane von Furstenberg...) à louer pour une occasion (mariage, vacances, soirée...) ou juste pour le plaisir. Parfait si vous avez embarqué léger mais que vous désirez faire sensation.

BEDFORD CHEESE SHOP — ALIMENTATION

Plan p. 454 (☎718-395-3080 ; bedfordcheeseshop.com ; 67 Irving Pl, entre E 18th St et E 19th St ; ⌚9h-19h tlj ; S 4/5/6, N/Q/R/W, L arrêt 14th St-Union Sq). Fromage américain au lait cru lavé à l'absinthe, chèvre australien infusé à l'ail... Voilà le genre de trouvailles que vous pourriez bien faire parmi les 200 variétés que présente cette annexe de la plus célèbre fromagerie de Brooklyn. Vous y trouverez également de la charcuterie artisanale, de délicieux produits de traiteur et des sandwichs (12,50 $), mais aussi un éventail de mets *made in Brooklyn*.

BOOKS OF WONDER — LIVRES

Plan p. 454 (☎212-989-3270 ; www.booksofwonder.com ; 42 W 17th St, entre 5th Ave et 6th Ave, Flatiron District ; ⌚11h-18h tlj ; 👪 ; S F/M arrêt 14th St, L arrêt 6th Ave). Cette fabuleuse librairie est spécialisée dans les ouvrages pour la jeunesse. Sont également en vente des affiches et des illustrations en tirage limité.

PARAGON SPORTING GOODS — SPORT ET PLEIN AIR

Plan p. 454 (☎212-255-8036 ; www.paragonsports.com ; 867 Broadway, à l'angle de E 18th St, Union Sq ; ⌚11h-19h dim-ven, 10h30-19h sam ; S 4/5/6, L, N/Q/R/W arrêt 14th St-Union Sq). Cet immense magasin d'angle sur trois niveaux approvisionne les New-Yorkais en articles de sport depuis 1908. Vous y trouverez le matériel nécessaire pour pratiquer un sport collectif ou en solo, aller à la plage, voyager ou camper. Le rayon chaussures dispose d'appareils capables d'analyser votre démarche pour trouver la chaussure de running adaptée.

SPORTS ET ACTIVITÉS

SPIN TENNIS DE TABLE

Plan p. 454 (☎212-982 8802 ; www.wearespin.com ; 48 E 23rd St, près de Park Ave South ; ⊙16h-22h lun-mer, 16h-minuit jeu-ven, 14h-minuit sam, 14h-20h dim ; table 49 $ l'heure ; S 6 arrêt 23rd St, N/Q/R/W arrêt East 23rd St). Selon l'actrice et propriétaire Susan Sarandon, jouer au ping-pong serait le meilleur moyen de tisser des liens. S'il est donc largement fréquenté par les *beautiful people* du quartier qui viennent y élargir leur réseau professionnel, cet établissement cosy et branché est aussi un bon endroit pour travailler son coup droit entre amis, autour d'un verre (bières à partir de 5 $), d'une salade ou d'une pizza.

NEW YORK CITY AUDUBON ORNITHOLOGIE

Plan p. 454 (☎212-691-7483 ; www.nycaudubon.org ; 71 W 23rd St, Suite 1523, à hauteur de 6th Ave, Flatiron District ; sorties gratuit-180 $; S F/M arrêt 23rd St). Toute l'année, cette association organise des excursions d'ornithologie (on y observe aussi les phoques et oiseaux aquatiques dans la baie de New York et les aigles dans l'Hudson Valley), ainsi que des conférences et des cours d'initiation. Les promenades organisées dans Central Park et Prospect Park ont beaucoup de succès ; réservez sur le site Web.

Midtown

MIDTOWN EAST | 5TH AVE | MIDTOWN WEST ET TIMES SQUARE | MIDTOWN EAST ET 5TH AVE

Notre sélection

❶ L'incroyable vue depuis la terrasse d'observation du Top of the Rock et la visite des studios historiques de la chaîne de télévision NBC, au **Rockefeller Center** (p. 193).

❷ Les tableaux de Warhol, Picasso, Matisse et Rothko au **MoMA** (p. 187), référence absolue en matière d'art moderne, complétés d'une pause gourmande dans l'un de ses cafés, ou d'un dîner dans son restaurant étoilé (p. 203).

❸ L'effervescence de **Bryant Park** (p. 196), un havre de verdure parfait pour dîner, regarder un film sous les étoiles ou simplement lézarder.

❹ Écouter de grands musiciens faire vibrer l'espace du **Jazz at Lincoln Center** (p. 207) en appréciant une vue spectaculaire.

❺ **Broadway** (p. 184), pour voir un spectacle à l'énergie communicative.

Pour un plan plus détaillé, reportez-vous p. 456 et p. 460

Découvrir Midtown

Vaste et plein d'énergie, Midtown se découvre idéalement à pied. La partie la plus élégante de 5th Ave (au nord de 50th St) constitue une introduction parfaite : on y trouve Tiffany & Co, le Plaza Hotel (p. 353), le MoMA (p. 187), ou encore Top of the Rock (p. 198) au Rockefeller Center. Une journée à Midtown East permet de découvrir les manuscrits rares de la Morgan Library & Museum (p. 195), l'architecture Beaux-Arts de la gare de Grand Central (p. 189), le hall Art déco du Chrysler Building (p. 191) et le siège des Nations unies (p. 195). Par temps de pluie, on se réfugiera sous les dorures de la New York Public Library (p. 196).

À l'ouest, les mordus de design et de mode apprécieront le Museum of Arts & Design (p. 200) et le Museum at FIT (p. 200). Entre les deux s'étend l'iconique Times Square (p. 182). Là, un kiosque TKTS (p. 184) permet d'acheter des billets à tarif réduit pour les spectacles de Broadway. Plus à l'ouest s'étend Hell's Kitchen, réputé pour ses bons restaurants et ses établissements gays.

Vivre comme un New-Yorkais

- **Bars de quartier** Boissons corsées et ambiance détendue vous attendent au Jimmy's Corner (p. 206) ou au Rudy's Bar & Grill (p. 206).
- **Théâtre** Playwrights Horizons (p. 210) et Second Stage (p. 212) offrent une programmation novatrice.
- **Cuisine** Joignez-vous à la clientèle éclectique du Margon (p. 201) pour un dîner cubain, ou goûtez aux mets traditionnels juifs du traiteur Ess-a-Bagel (p. 200).
- **Cinéma** Pique-niquez devant un film en plein air durant le Bryant Park Summer Film Festival (p. 198).
- **Spectacles de drag-queens** Applaudissez les meilleures drag-queens de New York au Hardware (p. 207) ou à l'Industry (p.207).

Depuis/vers Midtown

- **Métro** Times Sq-42nd St, Grand Central-42nd St et 34th St-Herald Sq sont les principales stations d'interconnexion du métro à Midtown. Les lignes A/C/E et 1/2/3 traversent Midtown West, et les 4/5/6 Midtown East également du nord au sud. Les lignes centrales B/D/F/M suivent 6th Ave, tandis que les lignes N/Q/R/W longent Broadway. Enfin, les lignes 7, E et M permettent des traversées est-ouest du quartier.
- **Bus** Utiles pour les extrêmes ouest et est de Midtown. Les lignes concernées sont la M11 (vers le nord sur 10th Ave et vers le sud sur 9th Ave), les M101, M102 et M103 (vers le nord sur 3rd Ave et vers le sud sur Lexington Ave) et la M15 (vers le nord sur 1st Ave et vers le sud sur 2nd Ave). Par ailleurs, des bus traversent Midtown d'est en ouest sur 34th St et 42nd St.

Bon plan Lonely Planet

Pour profiter des grandes tables de Midtown sans vous ruiner, misez sur les formules déjeuner. Parmi ceux qui en proposent figure Le Bernardin (p. 203), trois-étoiles au guide Michelin, avec des plats repris du menu du soir. Le délai de réservation à prévoir varie selon les restaurants. Il faut parfois s'y prendre un mois à l'avance pour obtenir une table au Bernardin, qui propose des réservations en ligne.

Le top des restaurants

- Le Bernardin (p. 203)
- The Modern (p. 203)
- Totto Ramen Hell's Kitchen (p. 201)
- Hangawi (p. 201)

Voir détails p. 200

Le top des bars et cafés

- Robert (p. 205)
- Bar SixtyFive (p. 205)
- Rum House (p. 206)
- Flaming Saddles (p. 207)
- The Campbell (p. 205)

Voir détails p. 203

Le top des plus belles vues

- Top of the Rock (p. 198)
- Bar SixtyFive (p. 205)
- Empire State Building (p. 185)
- Top of the Strand (p. 205)
- Franklin D. Roosevelt Four Freedoms Park (p. 195)

LES INCONTOURNABLES
TIMES SQUARE

Qu'on l'aime ou qu'on la déteste, l'intersection de Broadway et de 7th Ave, plus connue sous le nom de Times Square, constitue le cœur de New York. C'est un torrent incessant et hypnotique de lumières scintillantes, de panneaux d'affichage gigantesques et d'énergie urbaine à l'état brut qui semble ne jamais tarir. Times Square vibre presque autant de vie au petit matin qu'en plein après-midi.

Un cœur hyperactif

C'est le New York des fantasmes collectifs – le lieu où Al Jolson rencontre le succès dans *Le Chanteur de jazz* (1927), où le photojournaliste Alfred Eisenstaedt a immortalisé le baiser volé par un marin à une jeune femme le jour de la capitulation du Japon en 1945, et qu'Alicia Keys et Jay-Z évoquent avec lyrisme comme une "jungle de béton".

Pendant plusieurs décennies, le rêve fut plutôt ici un cauchemar sordide. Sous l'effet de la crise économique du début des années 1930, puis de la Seconde Guerre mondiale, des enseignes lumineuses s'éteignirent, des commerces mirent la clé sous la porte et des grands hôtels furent convertis en immeubles d'habitations peu recommandables. Bien que le Theater District voisin ait survécu, ses respectables théâtres jouxtaient dans les années 1970 des cinémas pornos et des boîtes de strip-tease. Times Square était devenu un quartier malfamé, où régnait une forte criminalité. Tout cela changea avec l'arrivée du maire Rudolph Giuliani qui, dans les années 1990, accrut les effectifs policiers et parvint à faire revenir des magasins, des restaurants et des attractions "respectables". À l'aube du nouveau millénaire, Times Square était redevenu un lieu fréquentable, qui accueille aujourd'hui 50 millions de visiteurs par an.

À NE PAS MANQUER

- Observer Times Square depuis les marches du kiosque TKTS
- Un spectacle à Broadway
- Un verre au R Lounge (p. 206)
- La place dans son ensemble, qui clignote de toutes parts

INFOS PRATIQUES

- Plan p. 460, E5
- www.timessquarenyc.org
- Broadway, à hauteur de 7th Ave
- S N/Q/R/W, S, 1/2/3, 7 arrêt Times Sq-42nd St

New York Times et Saint-Sylvestre

Au début du XXe siècle, Times Square était un carrefour comme les autres appelé Longacre Square. Mais un accord passé entre deux amis – le pionnier du métro August Belmont et le patron du *New York Times* Adolph Ochs – changea la donne. Belmont, qui dirigeait la construction de la première ligne de métro de la ville, de Lower Manhattan à Harlem, avait l'intuition qu'un pôle commercial dans Midtown encouragerait les gens à emprunter la ligne et optimiserait sa rentabilité. Cherchant à attirer l'activité dans cette zone, il s'adressa à Ochs, soulignant que le déplacement des activités du quotidien à Broadway et sur 42nd St serait doublement bénéfique pour le journal : une station de métro sur place permettrait une distribution plus rapide du quotidien dans la ville, mais aussi plus large grâce à l'afflux des usagers. Il convainquit même le maire, George B. McClellan Jr, de rebaptiser la place en l'honneur du journal. Durant l'hiver 1904-1905, la station de métro et le nouveau siège du *Times* dans l'immeuble One Times Square furent inaugurés.

Pour célébrer l'événement, le *Times* organisa une fête pour le Nouvel An 1905, et des feux d'artifice furent tirés depuis son toit. En 1907, la place était si densément bâtie que les feux d'artifice étaient devenus dangereux. Le journal dut alors trouver un autre moyen d'attirer les foules : une sphère de 320 kg en bois et en fer descendit du toit du One Times Square pour accueillir l'année 1908.

Près d'un million de personnes se rassemblent encore à Times Square chaque année à la Saint-Sylvestre pour regarder un globe de cristal Waterford descendre le long d'un mât à minuit. Aujourd'hui, on oublierait presque que derrière sa carapace de panneaux publicitaires, le bâtiment du One Times Square existe toujours. Pour savoir à quoi il ressemblait dans les années 1910, allez voir la DeWitt Wallace Periodical Room de la New York Public Library (p. 196) : une peinture de Richard Haas représente Times Square à l'époque du tramway.

L'arrivée du théâtre à Times Square

La première salle du quartier fut l'Empire (aujourd'hui disparu), inauguré en 1893 et situé sur Broadway entre 40th St et 41st St. Deux ans plus tard, Oscar Hammerstein, fabricant de cigares et auteur de comédies à ses heures, ouvrit l'Olympia, également sur Broadway, avant de lancer en 1900 le Republic – devenu le **New Victory** (plan p. 460 ; ☎646-223-3010 ; www.newvictory.org ; 209 W 42nd St, entre 7th Ave et 8th Ave ; 👪 ; Ⓢ N/Q/R/W, S, 1/2/3, 7 arrêt Times Sq-42nd St ; A/C/E arrêt 42nd St-Port Authority Bus Terminal), un théâtre pour enfants. S'ensuivit l'apparition de nouvelles salles, dont le **New Amsterdam Theatre** (Aladdin ;

BON À SAVOIR

En 2017, des aires de restauration en plein air ont été créées à l'intersection de Broadway et de W 43rd St et W 47th St. On peut donc aujourd'hui s'asseoir à la lumière des néons, une bière et un taco à la main. Il y a aussi un **guichet d'information touristique** (plan p. 460 ; ☎212-484-1222 ; www.timessquarenyc.org ; Broadway Plaza, à hauteur de W 45th St ; ⏲8h-17h ; Ⓢ N/Q/R/W, S, 1/2/3, 7, A/C/E arrêt Times Sq-42nd St).

PAUSE AVEC VUE

Prenez un verre au R Lounge de l'hôtel Renaissance (p. 206) et profitez de la vue imprenable qu'offrent ses grandes baies vitrées sur les lumières de Times Square.

UNE PETITE FAIM ?

Entre l'affluence touristique et la confusion générale qui y règne, Times Square ne se prête pas à un bon repas. Margon (p. 201), à trois *blocks* à l'est, sert de délicieux sandwichs *cubano*.

plan p. 460 ; ☎866-870-2717 ; www.newamsterdamtheatre.com ; 214 W 42nd St, entre 7th Ave et 8th Ave ; ⏱billetterie 9h-20h lun-ven, 10h-20h sam, 10h-18h30 dim ; ♿ ; Ⓢ N/Q/R/W, S, 1/2/3, 7 arrêt Times Sq-42nd St ; A/C/E arrêt 42nd St-Port Authority Bus Terminal) et le **Lyceum Theatre** (plan p. 460 ; www.shubert.nyc/theatres/lyceum ; 149 W 45th St, entre 6th Ave et 7th Ave ; Ⓢ N/R/W arrêt 49th St).

Le Broadway des années 1920 était connu pour ses comédies musicales enlevées associant généralement variétés et music-hall, à l'origine d'airs célèbres comme *Let's Misbehave* de Cole Porter. À la même époque, le Theater District devenait un lieu d'expression pour les dramaturges américains émergents. L'un des plus grands était Eugene O'Neill (1888-1953). Né à Times Square, dans l'hôtel Barrett (1500 Broadway, disparu), il choisit ce lieu pour la première de nombre de ses œuvres, notamment *Derrière l'horizon* et *Anna Christie,* qui toutes deux reçurent le prix Pulitzer. Son succès à Broadway ouvrit la voie à d'autres grands auteurs américains comme Tennessee Williams, Arthur Miller et Edward Albee, tous salués pour leur talent lors de la cérémonie annuelle des Tony Awards, fondée en 1947.

Broadway la magnifique

Des dizaines de théâtres de Broadway et off-Broadway proposent une programmation allant des comédies musicales à gros budget à des pièces de théâtre classiques ou modernes. À moins que vous ne souhaitiez voir un spectacle en particulier, le meilleur moyen d'acheter des billets, et le plus avantageux, est de faire la queue au **kiosque TKTS** (plan p. 460 ; www.tdf.org/tkts ; Broadway, à hauteur de W 47th St, Midtown ; ⏱15h-20h lun-mar et jeu-ven, 11h-20h mer et sam, 11h-19h dim ; Ⓢ N/Q/R/W, S, 1/2/3, 7 arrêt Times Sq-42nd St), "under the red steps", immanquable grâce à son toit composé de 27 marches rouge rubis lumineuses s'élevant à 5 m au-dessus de Father Duffy Sq, où vous pourrez avoir des places à moitié prix pour le jour même. Vous pouvez aussi télécharger gratuitement l'application TKTS qui indique en temps réel les spectacles disponibles et permet de bénéficier également de réductions depuis son smartphone. Ayez toujours un second choix au cas où le premier ne pourrait être satisfait, et n'achetez jamais de billets à des vendeurs à la sauvette. La file d'attente est généralement plus courte après 17h30, mais il y a aussi deux autres kiosques, moins fréquentés, à South Street Seaport (p. 63) et au Lincoln Center (p. 235).

Times Square aujourd'hui

Emblématique esplanade en forme de sablier et hommage incontournable à l'effervescence métropolitaine, Times Square est presque aussi éclairé à 2 heures du matin qu'à midi. La place fourmille constamment de passants, confirmant que New York est une ville qui ne dort jamais. Tout le monde n'apprécie pas, mais il est difficile de ne pas être ébloui devant cette courte portion de Broadway aux panneaux publicitaires s'élevant vers le sommet des gratte-ciel, tandis que scintillent les panneaux éclairés de LED vantant spectacles et comédies musicales. Dans la foule, venue des quatre coins de la planète, se mêlent des personnages aussi divers que l'amusant Elmo, de *1, rue Sésame*, la solennelle statue de la Liberté, les populaires héros Marvel ou l'étonnant Naked Cowboy. Les performances artistiques et célébrations annuelles y sont fréquentes.

Brill Building

À l'angle nord-ouest de Broadway et de 49th St, le **Brill Building** (plan p. 460 ; 1619 Broadway, à hauteur de W 49th S, Ⓢ N/R/W arrêt 49th St, 1, C/E arrêt 50th St) est un édifice Art déco d'apparence modeste, dont le rez-de-chaussée a été converti en magasin. Il fut pourtant l'épicentre de la création de chansons à succès du XXe siècle. En 1962, plus de 160 noms de l'industrie musicale – auteurs-compositeurs, managers, maisons de disques et agents – travaillaient ici. Les artistes pouvaient tout à la fois y créer une chanson, engager des musiciens, enregistrer une démo et trouver un producteur. Notez l'imposante porte dorée surmontée du buste d'Alan Lefcourt, hommage de l'architecte Abraham Lefcourt à son fils défunt.

LES INCONTOURNABLES
EMPIRE STATE BUILDING

Le Chrysler Building est peut-être plus beau, le One World Trade Center est plus haut, mais la star des gratte-ciel de New York reste l'Empire State Building. Figurante de prestige d'une centaine de films, de *King Kong* à *Independence Day*, la tour Art déco de l'ESB est une véritable star du cinéma et son ascension est une expérience new-yorkaise au sens pur.

Des chiffres édifiants

Les chiffres sont ahurissants : 10 millions de briques, 60 000 tonnes d'acier, 6 400 fenêtres et 30 472 m² de marbre. Sa construction, sur le site d'origine de l'hôtel Waldorf-Astoria, fut achevée en un temps record de 410 jours, nécessita sept millions d'heures de main-d'œuvre et coûta pas moins de 41 millions de dollars. Cela peut sembler beaucoup, mais c'était bien en deçà de son budget de 50 millions. Ce colosse en pierre calcaire de 102 étages et près de 443 m de hauteur (antenne comprise) fut inauguré le 1er mai 1931. Des générations plus tard, la réplique de Deborah Kerr à Cary Grant dans *Elle et lui* sonne toujours aussi juste : l'Empire State Building est ce qui, à New York, "approche le plus du paradis".

Plateformes d'observation

À moins que vous ne soyez Ann Darrow (la malheureuse femme enlevée par King Kong) ou sujet au vertige, monter au sommet de l'Empire State Building devrait vous donner le sourire. Il y a deux plateformes d'observation. Celle du 86e étage est en extérieur et dotée de longues-vues (désormais gratuites) permettant de zoomer sur un détail ou un autre de l'effervescente métropole. Celle du 102e étage

À NE PAS MANQUER

- Les plateformes d'observation au coucher du soleil
- Les concerts de jazz du jeudi au samedi soir
- Le hall d'entrée Art déco et son bas-relief en aluminium

INFOS PRATIQUES

- Plan p. 456, B7
- www.esbnyc.com/fr
- 20 W 34th St, entre 5th Ave et 6th Ave
- Plateforme du 86e ét. adulte/enfant 42/36 $, avec plateforme du 102e ét. 75/69 $
- 8h-2h, dernier ascenseur 1h15
- S 6 arrêt 33rd St, B/D/F/M, N/Q/R/W arrêt 34th St-Herald Sq

NOS CONSEILS

Pour éviter les files d'attente, arrivez soit très tôt (vers 8h), soit très tard, ou achetez votre billet en ligne pour 2 $ de plus.

Ajoutez 7 $ pour un billet au coucher du soleil depuis la plateforme du 86e étage (9 $ pour le 102e étage).

Au 86e étage, de 19h à 22h du jeudi au samedi, de début septembre à fin mai, la vue sur les lumières de la ville est accompagnée du son d'un guitariste.

Téléchargez l'application de l'Empire State Building (gratuite avec votre entrée) ou écoutez la version audio en vous connectant gratuitement au Wi-Fi.

UNE PETITE FAIM ?

Koreatown, le quartier coréen, n'est qu'à quelques minutes de marche : vous y trouverez de nombreux restaurants coréens dans 32nd St, dont le paisible Hangawi (p. 201).

Sinon, marchez vers le nord pour déjeuner au Bryant Park Grill (p. 198).

se trouve en intérieur, au sommet de l'édifice. Elle est la deuxième plus haute de New York (après celle du One World Trade Center), et ses immenses baies vitrées offrent une vue fabuleuse sur les cinq *boroughs* (et les quatre États limitrophes par temps dégagé) – particulièrement spectaculaire quand la ville revêt sa tenue de nuit, dans les dernières lueurs du crépuscule.

Un rêve ambitieux

Depuis la plateforme d'observation du 102e étage, une porte verrouillée dépourvue d'inscription conduit à une étroite terrasse initialement conçue pour amarrer des dirigeables. Ce rêve était porté par l'ancien gouverneur de New York Alfred E. Smith, candidat malheureux de l'élection présidentielle de 1928, qui fut nommé à la tête du projet de l'Empire State Building. Lorsque l'architecte William Van Alen dévoila la flèche secrète du Chrysler Building, Smith répliqua en annonçant que le sommet de l'Empire State Building arborerait un mât d'amarrage encore plus haut pour les aéronefs transatlantiques. Le projet semblait viable sur le papier, mais omettait deux points : les dirigeables doivent être amarrés à leurs deux extrémités (et pas seulement à l'avant comme le prévoyait le plan) et les vents, à cette altitude, rendaient l'amarrage impossible. Toutefois, en septembre 1931, le *New York Evening Journal* parvint à amarrer un zeppelin et à distribuer une pile de journaux fraîchement imprimés dans Lower Manhattan. Ce fut la seule fois où un dirigeable y fut amarré. Des années plus tard, l'histoire du building fut liée, de façon tragique, à celle d'un avion : en 1945, par une journée de brouillard, un bombardier B25 s'écrasa accidentellement contre le 79e étage, tuant 14 personnes.

Code couleur

Depuis 1976, les 30 derniers étages sont illuminés chaque soir d'une palette de couleurs différente, en fonction des saisons, des fêtes et d'événements sportifs, étudiants ou caritatifs : orange, blanc et vert pour la Saint-Patrick ; bleu et blanc pour Hanoukka ; blanc, rouge et vert pour Noël ; couleurs de l'arc-en-ciel pour le week-end de la Gay Pride en juin. Consultez le site Internet pour connaître les dates et la signification des différentes couleurs.

Les tours rivales

L'Empire State Building a été dessiné par le prolifique cabinet d'architectes Shreve, Lamb & Harmon. Le gratte-ciel du **500 5th Ave** fait partie des autres projets menés par le cabinet. Haut de 212 m, il a été achevé la même année, en 1931. Pour comparer ces gigantesques édifices, gagnez l'angle nord-est de 5th Ave et de 40th St.

LES INCONTOURNABLES
MUSEUM OF MODERN ART

Superstar de la scène artistique moderne, le Museum of Modern Art (MoMA) renferme de nombreuses œuvres de grands maîtres, notamment Van Gogh, Matisse, Picasso, Warhol, Cassatt, Gauguin, Mondrian, Pollock et Bourgeois. Depuis sa création en 1929, le musée a rassemblé près de 200 000 pièces témoignant de la créativité de la fin du XIXe siècle jusqu'à nos jours. Un véritable paradis pour les amateurs d'art, et une passionnante formation accélérée pour les non-initiés.

Les temps forts de la collection

Le MoMa change une partie de son exposition permanente tous les six mois, si bien qu'il est difficile de prédire ce que vous y verrez exactement. Toutefois, *La Nuit étoilée* de Van Gogh devrait être présente, entourée d'une foule de photographes amateurs, tout comme *La Danse (I)* de Matisse, *Les Demoiselles d'Avignon* de Picasso et *La Bohémienne endormie* du Douanier Rousseau. Sans oublier des œuvres américaines emblématiques telles que les *32 Boîtes de soupes Campbell* et *Marilyn Monroe dorée* de Warhol ainsi que l'émouvant *New York Movie* de Hopper.

Rénové en 2019 par le cabinet d'architecture Diller Scofidio + Renfro, le musée s'est agrandi de 3 700 m². La collection permanente, conçue comme un grand panorama de l'art moderne, explore un grand nombre de disciplines (photographie, vidéo, architecture, design industriel...) réparties par périodes : au niveau 5 les années 1880 à 1940, au niveau 4 les années 1940 à 1970 et, au niveau 2, les années 1970 à nos jours. Le niveau 3 abrite des expositions temporaires, tandis que le Kravi Studio du niveau 4, inauguré en octobre 2019, est dédié à l'art vivant expérimental.

À NE PAS MANQUER

- *La Nuit étoilée* de Van Gogh
- Une pause au jardin de sculptures Abby Aldrich Rockefeller
- Un dîner au deux-étoiles The Modern
- Le MoMA Book & Design Store

INFOS PRATIQUES

- Plan p. 460, G2
- 212-708-9400
- www.moma.org
- 11 W 53rd St, entre 5th Ave et 6th Ave
- Tarif plein/réduit 25/14-18 $, -16 ans gratuit, ven gratuit 17h30-21h
- 13h-17h30 lun, 10h30-17h30 mar-dim, jusqu'à 19h sam, dernière entrée 1 heure avt la fermeture
-
- S E, M arrêt 5th Ave-53rd St, F arrêt 57th St

RENCONTRES CULTURELLES

Le musée organise tous les jours des lectures, débats, projections, performances et ateliers en présence d'artistes. Programmation sur la page "What's on/ Events" du site Internet du MoMA.

NOTRE CONSEIL

Téléchargez gratuitement l'application du musée (disponible en français) avant votre venue.

UNE PETITE PAUSE ?

Les restaurants du MoMA jouissent d'une excellente réputation. Pour manger dans une ambiance décontractée, optez pour la cafétéria du 2e étage, **Cafe 2** (plan p. 460 ; ☎212-333-1299 ; www.moma.org/visit/eating ; plats 12-20 $; 11h-16h mar-dim ;) ou pour la terrasse du **Garden Bar** (www.moma.org/visit/eating ; plats 13 $; 11h-17h dim-ven, jusqu'à 16h30 dim) dans le jardin de sculptures.

Pour une ambiance plus formelle, choisissez le Terrace Café (p. 203) du 6e étage et sa terrasse donnant sur 53rd St.

De manière générale, le musée est moins fréquenté les lundis et mardis (sauf jours fériés), mais il est souvent noir de monde le vendredi soir et le week-end, ce qui rend la visite moins agréable.

L'expressionnisme abstrait

L'un des points forts de la collection du MoMA est l'expressionnisme abstrait, un mouvement radical né à New York dans les années 1940 qui connut son apogée une décennie plus tard. Définie par son penchant pour l'individualisme irrévérencieux et les œuvres monumentales, l'"école de New York" a contribué à faire de la métropole l'épicentre de l'art contemporain. Parmi les œuvres qui l'incarnent figurent *No. 10* de Rothko, *One* (*Number 31*, 1950) de Pollock, *Jacob's Ladder* (1957) d'Helen Frankenthaler et *Sans titre* (1949) de De Kooning.

Le jardin de sculptures Abby Aldrich Rockefeller

La rénovation unanimement saluée du musée en 2004 par l'architecte Yoshio Taniguchi a permis de restaurer le jardin de sculptures, qui a retrouvé sa forme initiale, dotée d'une perspective plus large, conçue par Philip Johnson en 1953. Ce dernier décrivait cet espace comme une "sorte de salle en plein air" et aux beaux jours, c'est effectivement l'impression qu'il donne. Une figure qui ne semble pas se lasser de cet agréable endroit est *La Rivière* d'Aristide Maillol, une sculpture féminine plus vraie que nature déjà présente dans le jardin d'origine de Johnson. Elle est en bonne compagnie, avec d'autres œuvres d'artistes comme Matisse, Giacometti, Calder et Picasso. Au-dessus de l'extrémité est du jardin se trouve la *Water Tower*, une installation en résine translucide de la plasticienne britannique Rachel Whiteread.

Projections de films

En plus d'être un palais d'arts visuels, le MoMA possède une collection de plus de 22 000 films, comprenant aussi bien les œuvres documentaires des frères Maysles que chacune des animations Pixar, dont une sélection bien pensée est projetée au public. Les projections sont incluses dans le billet du musée, mais il faut tout de même demander un billet pour le film choisi.

LES INCONTOURNABLES
GRAND CENTRAL TERMINAL

Se sentant menacé par l'ouverture de Penn Station, le magnat des transports Cornelius Vanderbilt décida de transformer sa gare de Grand Central Depot en un monumental bijou d'architecture du XXe siècle. Grand Central Terminal ("Grand Central Station" ou juste "Grand Central", pour les New-Yorkais) est de fait devenu le plus époustouflant édifice d'inspiration Beaux-Arts de New York. Son tourbillon de lustres, de marbre, de bars et de restaurants historiques est une fenêtre sur une époque où voyages en train et romantisme allaient de pair.

La façade de 42nd Street

Revêtue de granit de Stony Creek (Connecticut) dans sa partie basse, et de pierre calcaire de l'Indiana dans sa partie haute, la superbe façade de Grand Central est couronnée par la plus grande sculpture monumentale du pays, *The Glory of Commerce* (aussi nommée *Transportation*). Dessinée par le sculpteur français Jules Félix Coutan, cette œuvre de 15 m de haut fut réalisée à Long Island City par deux artisans locaux respectés, Donnelly et Ricci. Une fois terminée, elle fut hissée morceau par morceau, en 1914. La vedette en est Mercure, dieu romain des voyageurs et du commerce, avec son couvre-chef doté d'ailes. À sa gauche, Hercule est représenté dans une position exceptionnellement tranquille, tandis que Minerve, la gardienne antique des villes, observe le tumulte de 42nd St. L'horloge sous le pied de Mercure contient la plus grande pièce de vitrail Tiffany au monde.

À NE PAS MANQUER

- La façade principale de style Beaux-Arts
- La fresque céleste de Paul César Helleu
- Les huîtres à savourer sous le plafond voûté signé Rafael Guastavino
- La galerie des Murmures
- Un cocktail au Campbell

INFOS PRATIQUES

- Plan p. 456, C5
- www.grandcentralterminal.com
- 89 E 42nd St, à hauteur de Park Ave
- 5h15-2h
- S, 4/5/6, 7 arrêt Grand Central-42nd St, Metro North arrêt Grand Central

VISITES GUIDÉES

La **Municipal Art Society** (plan p. 456 ; ☎212-464-8255 ; www.mas.org ; visites 1h15 adulte/enfant à partir de 30/20 $) organise des visites de Grand Central tous les jours à 12h30. Départ face au quai 29, dans le Main Concourse.

Le **Grand Central Partnership** (plan p. 456 ; www.grandcentralpartnership.nyc) GRATUIT propose des visites (1 heure 30) gratuites et sans réservation de la gare et du quartier le vendredi. Départ à 12h30 au 120 Park Ave (angle sud-ouest de E 42nd St et Park Ave).

MARCHÉ

Avec ses produits frais et ses délices artisanaux sur 70 m de long, le très animé Grand Central Market (p. 215) fait le bonheur des usagers de la gare.

Le hall principal

Le hall de Grand Central (Main Concourse), son principal atout, tient plus d'une salle de bal que d'un lieu de transit. Les sols sont en marbre rose du Tennessee et les guichets d'époque en marbre de Botticino. Le plafond voûté est d'une beauté céleste, avec sa fresque turquoise et dorée représentant huit constellations... à l'envers. Une erreur ? Apparemment non : son créateur français, le peintre Paul César Helleu, souhaitait décrire les étoiles du point de vue de Dieu, et donc en regardant vers la Terre depuis le ciel. La peinture de la fresque d'origine fut réalisée par les artistes new-yorkais J. Monroe Hewlett et Charles Basing. Abîmé par l'humidité, le plafond fut fidèlement repeint (malheureusement sans utiliser la technique spécifique de la fresque) par Charles Gulbrandsen en 1944. Dans les années 1990, cependant, la peinture était de nouveau endommagée. Le cabinet d'architectes Beyer Blinder Belle la restaura, non sans laisser une petite tache de suie (à l'angle nord-ouest, sous la constellation du Cancer) pour témoigner du travail accompli.

La Galerie des murmures, l'Oyster Bar & Restaurant et le Campbell

Le palier voûté situé sous la passerelle reliant les halls principaux et Vanderbilt comporte l'un des éléments les plus originaux de Grand Central : la Galerie des murmures (Whispering Gallery). Si vous êtes deux, placez-vous dans le creux de piliers diagonalement opposés, et chuchotez quelque chose. Si votre partenaire vous demande en mariage (ce qui arrive souvent !), fêtez cela avec une coupe de champagne au Grand Central Oyster Bar & Restaurant (p. 201). Dans cet endroit superbe – à la voûte carrelée conçue par l'ingénieur d'origine catalane Rafael Guastavino – les meilleures places sont au bar, face aux ouvreurs d'huîtres. À côté du restaurant, un ascenseur conduit à un autre joyau historique : le bar délicieusement snob The Campbell (p. 205).

Le secret du Président

Sous l'hôtel Waldorf-Astoria se trouve le quai 61, un recoin méconnu de Grand Central. L'endroit n'avait en revanche aucun secret pour Franklin D. Roosevelt, qui fit bon usage de son monte-charge pour dissimuler au public son fauteuil roulant. À son arrivée en gare, le président était conduit directement le long du quai puis dans le monte-charge... ni vu ni connu.

LES INCONTOURNABLES
CHRYSLER BUILDING

Haut de 77 étages, le Chrysler Building éclipse la plupart des autres gratte-ciel. Dessiné par William Van Alen en 1930, c'est l'exemple le plus spectaculaire d'architecture Art déco new-yorkaise. Bâti pour abriter le siège de l'empire automobile de Walter P. Chrysler, cet ambitieux édifice à 15 millions de dollars reste l'un des symboles de New York.

Le hall

Bien que le Chrysler Building n'abrite ni restaurant ni plateforme d'observation, son hall somptueux baigné d'une lumière ambrée compense largement cette absence. Le style en vogue au moment de sa construction, pendant les années jazz, se retrouve dans son architecture – le bois sombre exotique et le marbre contrastent avec l'acier clinquant de l'Amérique industrielle. Les ascenseurs au placage élaboré sont particulièrement beaux : motifs de lotus égyptiens incrustés en frêne japonais, noyer oriental et prunier cubain. Quand les portes s'ouvrent, on s'attend presque à voir Bette Davis sortir en se pavanant. Le plafond est décoré d'une œuvre d'Edward Trumbull intitulée *Transport and Human Endeavor*, censée être la plus grande fresque du monde (29,56 m × 30,48 m). Sa représentation des immeubles, des avions et des ouvriers assidus des chaînes de montage de Chrysler met en scène la promesse merveilleuse qu'évoquaient alors l'industrie et la modernité.

La flèche

Composée de sept arcs concentriques figurant le soleil levant, et haute de 56 m, la flèche du Chrysler Building est à la fois le fruit d'une vengeance et d'une prouesse de l'ingénierie

À NE PAS MANQUER

- La fresque du hall d'entrée
- La flèche signée William Van Alen
- Les ornements de la façade
- La vue depuis l'angle de 3rd Ave et 44th St, et depuis l'Empire State Building
- Les bas-reliefs de Chambellan et Delamarre sur le Chanin Building

INFOS PRATIQUES

- Plan p. 456, C5
- 405 Lexington Ave, à hauteur de E 42nd St
- Hall 7h-18h30 lun-ven
- S S, 4/5/6, 7 arrêt Grand Central-42nd St

CREMASTER 3

Le hall et la flèche du Chrysler Building apparaissent dans *Cremaster 3* (2002), film avant-gardiste du plasticien et réalisateur primé Matthew Barney. Troisième volet d'un projet cinématographique épique en cinq parties, il présente une vision surréaliste de la construction du gratte-ciel mêlant mythologie irlandaise et éléments caractéristiques des films de zombies et de gangsters. Plus d'informations sur www.cremaster.net.

UNE PETITE FAIM ?

Pour un casse-croûte rapide, rejoignez **99 Cent Fresh Pizza** (☎212-661-6221 ; www.99centsfreshpizzanyc.com ; 473 Lexington Ave, à hauteur de 46th St ; part de pizza 2 $; ⏲10h-4h30 ; Ⓢ S, 4/5/6, 7 arrêt Grand Central-42nd St) à quelques *blocks* de là.

Pour un repas plus calme et plus chic, tournez dans la rue suivante et découvrez **Sparks** (☎212-687-4855 ; www.sparkssteakhouse.com ; 210 E 46th St, entre 2nd Ave et 3rd Ave ; plats 23-60 $; ⏲12h-22h30 lun-mer, 12h-23h jeu-ven, 16h-23h sam ; wifi ; Ⓢ S, 4/5/6, 7 arrêt Grand Central-42nd St), une steakhouse feutrée jadis fréquentée par les gangsters.

moderne. Construit en secret dans la cage d'escalier, l'ensemble de 60 m (surnommé "le vertex") fut dressé à travers un faux toit et installé en seulement 1 heure 30 – au grand dam de l'architecte H. Craig Severance, qui pensait que son gratte-ciel de la Manhattan Company (aujourd'hui propriété de la Trump Organization) sur Wall St allait être le plus haut du monde. Cela fut d'autant plus humiliant que Severance s'était brouillé avec son ancien collègue Van Alen. Severance fut peut-être vengé lorsque l'Empire State Building, plus haut encore, fut inauguré en 1931. L'édifice de Van Alen n'en demeure pas moins, aujourd'hui encore, emblématique de l'audace architecturale du XXe siècle.

Les gargouilles

Si la flèche est la star du bâtiment, les gargouilles jouent des seconds rôles remarqués. Aux angles du 61e étage, quatre paires d'aigles en acier étincelant donnent à l'édifice un air quasi gothique, rehaussé de lignes angulaires résolument Art déco. Au 31e étage, de gigantesques enjoliveurs ailés rappellent les bouchons de radiateur des voitures Chrysler de la fin des années 1920. Pour admirer les gargouilles depuis la rue, placez-vous à l'angle de Lexington Ave et de 43th St.

Le joyau voisin

Juste en face du Chrysler Building, à l'angle sud-ouest de Lexington Ave et de 42nd St, se trouve un autre bijou Art déco : le **Chanin Building** (plan p. 456 ; 122 E 42nd St, à hauteur de Lexington Ave, Midtown East ; Ⓢ S, 4/5/6, 7 arrêt Grand Central-42nd St). Achevée en 1929, cette tour de 56 étages en brique et en terre cuite est l'œuvre d'un architecte non certifié, Irwin S. Chanin, qui s'associa au cabinet Sloan & Robertson, légalement reconnu, pour réaliser son rêve. Cependant, son principal intérêt réside dans les délicats bas-reliefs à la base de l'immeuble créés par Rene Chambellan et Jacques Delamarre. Tandis que les oiseaux et les poissons donnent un côté fantaisiste à la frise inférieure, la frise supérieure en terre cuite leur vole la vedette avec ses somptueux motifs végétaux.

Cloud Club

Le célèbre Cloud Club se nichait en haut du Chrysler Building de 1930 à 1979. Au nombre de ses habitués figuraient John D. Rockefeller, le magnat de l'édition Condé Montrose Nast et la légende de la boxe Gene Tunney. Établi aux étages 66 à 68, ce lieu à la rencontre du style Art déco et de l'esprit pavillon de chasse comportait un bar, des salles à manger (dont une salle privée pour Walter Chrysler), des cuisines, un salon de coiffure pour hommes et un vestiaire doté d'armoires secrètes pour cacher l'alcool pendant la Prohibition.

LES INCONTOURNABLES ROCKEFELLER CENTER

Cette "ville dans la ville" de 9 ha, dont la construction dura 9 ans, fut inaugurée en pleine crise économique de 1929. C'était le premier lieu du pays où étaient associés commerces, espaces de loisirs et bureaux – un ensemble moderniste composé d'immeubles (dont aujourd'hui 14 sont les bâtiments Art déco d'origine), de cours extérieures et de grandes enseignes.

Top of the Rock

Il y a des panoramas, et puis il y a *le* panorama. Au sommet du Comcast Building (ex-GE Building), au 30 Rockefeller Plaza, la plateforme de Top of the Rock offre au 70e étage une vue époustouflante sur les gratte-ciel de Midtown, et notamment l'Empire State Building. Si possible, allez-y juste avant le coucher du soleil pour voir la ville revêtir son habit de lumière. (Acheter son billet plus tôt dans la journée ou sur Internet vous évitera la cohue de fin d'après-midi.)

Œuvres d'art publiques

Le Rockefeller Center est orné d'œuvres commandées dans les années 1930 à 30 grands artistes, autour du thème "L'homme à la croisée des chemins regarde l'avenir avec incertitude mais espoir". Paul Manship a réalisé le *Prométhée* de 5,5 m qui surplombe la place en contrebas et Lee Lawrie l'*Atlas* de 7 m portant la Terre devant l'International Building (630 5th Ave). *News,* d'Isamu Noguchi, est situé au-dessus de l'entrée de l'Associated Press Building (50 Rockefeller Plaza), tandis que la peinture murale *American Progress* de José Maria Sert trône dans le hall du 30 Rockefeller Plaza, où elle remplace la fresque originale de l'artiste mexicain Diego Rivera, détruite après avoir été rejetée par les Rockefeller au motif qu'elle comportait des éléments d'"imagerie communiste" (une copie est exposée au Palacio de Bellas Artes de Mexico).

À NE PAS MANQUER

- La vue depuis le Top of the Rock au coucher du soleil
- La fresque *American Progress* de José Maria Sert
- Le plateau d'enregistrement du *Saturday Night Live*
- La patinoire du Rockefeller Center

INFOS PRATIQUES

- Plan p. 456, B3
- www.rockefellercenter.com
- De 5th Ave à 6th Ave, entre W 48th St et 51st St
- Top of the Rock adulte/enfant 40/34 $, coucher du soleil 10 $ supp
- Top of the Rock ⏲10h-22h, dernier ascenseur 21h10
- Ⓢ B/D/F/M arrêt 47th St-50th St-Rockefeller Center

Visite des studios de la NBC

La série télévisée 30 Rock tient son nom du 30 Rockefeller Plaza, qui abrite le siège de la chaîne NBC. La **visite des studios** (plan p. 456 ; ☎212-664-3700 ; thetouratnbcstudios.com ; 30 Rockefeller Plaza, entrée au niveau du 1250 6th Ave ; visite 1 heure adulte/enfant 33/29 $, enfants -6 ans non admis ; ⏲8h20-14h20 lun-jeu, 8h20-17h ven, 8h20-19h sam-dim, horaires étendus en été ; Ⓢ B/D/F/M arrêt 47th St-50th St-Rockefeller Center) dure 1 heure et inclut généralement une visite du Studio 8H, où est enregistrée la célèbre émission *Saturday Night Live*. Pause toilette interdite et réservation en ligne fortement recommandée. De l'autre côté de 49th St, face à la place, se trouve le studio tout en verre de la matinale du *Today Show* (7h-11h en semaine). Pour y assister au premier rang, présentez-vous dès 6h au 35 W 48th St.

Rockefeller Plaza

Pour les fêtes de fin d'année, un immense sapin de Noël est dressé sur la place et illuminé lors d'une cérémonie très attendue. Cette tradition remonte aux années 1930, quand les ouvriers dressaient un petit sapin sur le chantier. Au pied de l'arbre, **The Rink** (p. 216) est la patinoire la plus célèbre de la ville. L'endroit est magique mais relativement petit et bondé. Venez à l'ouverture (9h). L'été, la patinoire devient un café.

LES INCONTOURNABLES ROOSEVELT ISLAND

Mince langue de terre de 3 km s'étirant au milieu de l'East River entre Manhattan et le Queens, Roosevelt Island est longtemps restée très peu visitée. Touristes et New-Yorkais ne s'y rendaient guère que pour la vue qu'offre le bref voyage en téléphérique qui y mène. Mais depuis 2012, un superbe parc créé à son extrémité sud leur donne une excellente raison de s'y rendre.

À l'origine...

Le peuple amérindien Canarsie appelait cette minuscule bande de terre Minnahanonck ("île agréable"). Il la vendit en 1633 avec d'autres parcelles aux Néerlandais, qui l'utilisèrent pour l'élevage de bétail et la rebaptisèrent Varckens Eylandt ("île aux porcs"). Lorsque les Anglais prirent le contrôle du secteur, l'îlot fut octroyé au shérif de New York, John Manning. Après sa mort, Mrs Blackwell, sa petite-fille, en hérita, et à partir des années 1680, il porta le nom de Blackwell's Island. En 1828, la ville en fit l'acquisition en vue d'y loger divers "indésirables". On y bâtit une prison, un asile psychiatrique (la tour de l'**Octagon**, aujourd'hui au cœur d'un complexe résidentiel, qui se tient toujours à son extrémité nord) et le **Renwick Smallpox Hospital**, destiné aux malades de la variole, dont la sinistre façade en ruine se dresse encore dans la moitié sud de l'île. Au milieu du XXe siècle, la plupart des établissements de ce que l'on appelait Welfare Island ("île du bien-être") avaient été fermés ou abandonnés. Dans les années 1970, la ville entama une réhabilitation de l'île, la renomma en l'honneur du président Franklin D. Roosevelt, et fit ériger le long de sa seule route une série d'immeubles d'appartements brutalistes tous identiques. Pendant des années, Roosevelt Island n'eut pas grand-chose d'autre à offrir aux visiteurs que sa vue sur Manhattan, et les ruines du vieil hôpital.

À NE PAS MANQUER

- Le Franklin D. Roosevelt Four Freedoms Park
- La vue depuis la plateforme d'observation
- Le (court) trajet en téléphérique
- Les ruines du Renwick Smallpox Hospital

INFOS PRATIQUES

- Plan p. 456, G2
- www.rihs.us
- Téléphérique 2,75 $ par trajet (MetroCard)
- S F arrêt Roosevelt Island ; téléphérique (Roosevelt Island Aerial Tramway), gare de départ à l'angle de 2nd Ave et E 60th St

Le souvenir d'un président

L'île fit enfin son entrée sur la scène architecturale en 2012, lorsqu'un parc de 1,6 ha assorti d'un mémorial (page ci-conte) fut ouvert à son extrémité sud, en l'honneur du président Franklin D. Roosevelt. Conçu par Louis Kahn dès 1972, cet aménagement avait été interrompu dans les années 1970 par le décès de ce dernier et la quasi-faillite de la ville. William vanden Heuvel, ancien ambassadeur des États-Unis et président de l'association gestionnaire du parc, a redonné vie au projet après des années de collecte de fonds et de campagnes.

Une pépinière de talents

Depuis 2017, un nouvel avenir se dessine pour l'île avec l'ouverture d'un campus universitaire centré sur les nouvelles technologies : **Cornell Tech**, née d'un partenariat entre la Cornell University (membre de la Ivy League) et Technion (Institut de technologie d'Israël, à Haïfa). Chantier de 2 milliards de dollars dont 2 phases sont encore à venir et qui devrait être achevé en 2037, ce campus "du futur" occupera presque 5 ha et devrait accueillir à terme 2 000 étudiants. Selon certains, il devrait créer des milliers d'emplois et injecter des milliards de dollars dans l'économie locale.

À VOIR

Midtown brille de multiples attractions de premier plan, entre Times Square, ses écrans géants et ses illuminations, le MoMA – temple de l'art moderne –, l'Empire State Building et le Rockefeller Center avec leurs terrasses panoramiques, et le siège des Nations unies. Mais ces incontournables sont l'arbre qui cache la forêt. En témoignent la Morgan Library and Museum, avec ses merveilleux manuscrits et ses salles somptueuses, le musée gratuit du FIT, consacré à l'industrie de la mode, ou encore St Patrick's Cathedral, de style néogothique.

Midtown East

GRAND CENTRAL TERMINAL — ÉDIFICE HISTORIQUE

Voir p. 189.

CHRYSLER BUILDING — ÉDIFICE HISTORIQUE

Voir p. 191.

ROOSEVELT ISLAND — ÎLE ET PARC

Voir page ci-contre.

MORGAN LIBRARY & MUSEUM — CENTRE CULTUREL ET MUSÉE

Plan p. 456 (212-685-0008 ; www.themorgan.org ; 225 Madison Ave, à hauteur de 36th St, Midtown East ; adulte/enfant 22 $/gratuit, gratuit ven 14h-17h ; 10h30-17h mer-dim ; S 6 arrêt 33rd St). Occupant notamment une demeure qui appartint au magnat de l'acier J. P. Morgan, ce somptueux centre culturel et musée renferme une extraordinaire collection de manuscrits, de tapisseries et de livres (dont trois bibles de Gutenberg). Le bureau de J. P. Morgan, orné d'œuvres d'art de la Renaissance italienne et hollandaise, n'est surpassé que par sa bibliothèque personnelle (East Room), une extraordinaire salle voûtée arborant des rayonnages en noyer, une tapisserie hollandaise du XVIe siècle et un plafond où sont représentés les signes du zodiaque. Les expositions temporaires sont souvent passionnantes, tout comme les événements culturels régulièrement organisés sur place. Audioguides gratuits.

SIÈGE DES NATIONS UNIES — ÉDIFICE HISTORIQUE

Plan p. 456 (212-963-4475 ; www.un.org/visit ; entrée visiteurs 1st Ave à hauteur de 46th St, Midtown East ; visite guidée adulte/enfant 22/12 $, accès aux jardins gratuit sam et dim mars-déc ; visites 9h-16h45 lun-ven, centre des visiteurs également ouvert 10h-16h45 sam et dim ; S S, 4/5/6, 7 arrêt Grand Central-42nd St). Bienvenue au quartier général de l'Organisation des Nations unies, l'instance chargée du maintien de la paix et de la sécurité dans le monde, ainsi que du respect du droit international et des droits de l'homme. Si le bâtiment du Secrétariat dessiné par Le Corbusier n'est pas accessible, les visites guidées d'une heure incluent en revanche la salle de l'Assemblée générale rénovée, la salle du Conseil de sécurité, la salle du Conseil de tutelle, la salle du Conseil économique et social, ainsi que des expositions relatives au travail de l'ONU et aux œuvres d'art offertes par les États membres. Pour les visites en semaine, vous devez avoir réservé en ligne (interdit aux moins de 5 ans ; pièce d'identité avec photo obligatoire).

L'accès au centre des visiteurs est libre le week-end (entrée par 43rd St). Au nord du complexe, situé en territoire international, un parc tranquille abrite *Reclining Figure*, de Henry Moore, ainsi que plusieurs autres sculptures sur le thème de la paix.

FRANKLIN D. ROOSEVELT FOUR FREEDOMS PARK — MÉMORIAL

Plan p. 456 (212-204-8831 ; www.fdrfourfreedomspark.org ; Roosevelt Island ; 9h-19h mer-lun avr-sept, 9h-17h mer-lun oct-mars ; S F arrêt Roosevelt Island, Roosevelt Island). GRATUIT Design spectaculaire, inspiration présidentielle et perspective inhabituelle sur la *skyline* new-yorkaise : voici le triple atout du séduisant Franklin D. Roosevelt Four Freedoms Park. Installé à la pointe sud de Roosevelt Island, sur l'East River, ce remarquable monument rend hommage au 32e président des États-Unis et à son discours sur l'État de l'Union, en 1941. Aussi impressionnant par sa taille que par son esthétique, ce site lumineux encadré de granit ne fut achevé qu'en 2012, soit 38 ans après la disparition de l'architecte Louis Kahn, qui l'avait dessiné en 1973.

Une volée de marches majestueuses et épurées conduit à un triangle de verdure, une pelouse bordée de tilleuls qui descend en pente douce jusqu'à une ronde-bosse en bronze de la tête de Roosevelt, œuvre du sculpteur américain Jo Davidson. De part et d'autre, un mur de granit arbore le vibrant discours du président, gravé à la main et exprimant son désir d'un monde fondé sur quatre libertés essentielles : la liberté d'expression, de culte, mais aussi de vivre à l'abri du besoin et de la peur. Ce mur sépare également la sculpture d'une sereine plateforme d'observation ("The Room"), accrochée à la pointe extrême de l'île. La combinaison du clapotis des vagues et de la *skyline* est parfaitement hypnotisante. Face aux marches de l'entrée du parc, les vestiges gothiques d'un hôpital destiné aux malades de la variole ne font que souligner la modernité architecturale du site.

La ligne F du métro vous conduira jusqu'à Roosevelt Island. Toutefois, il est nettement plus amusant de prendre le **téléphérique** (Roosevelt Island Aerial Tramway ; ☎212-832-4583 ; www.rioc.ny.gov/tramtransportation.htm ; gare de départ à l'angle de 2nd Ave et E 60th St ; aller simple 2,75 $ (MetroCard) ; ⌚ttes les 7-15 min 6h-2h dim-jeu, 6h-3h30 ven-sam ; Ⓢ N/Q/R, 4/5/6 arrêt Lexington Ave-59th St) au-dessus de l'East River (4 minutes), avec une vue exceptionnelle sur les gratte-ciel de Manhattan. Le monument est à 15 minutes à pied des stations de téléphérique et de métro, en marchant vers le sud.

JAPAN SOCIETY — CENTRE CULTUREL

Plan p. 456 (☎212-832-1155 ; www.japansociety.org ; 333 E 47th St, entre 1st Ave et 2nd Ave, Midtown East ; adulte/enfant 12/10 $, gratuit ven 18h-21h ; ⌚12h-19h mar-jeu, 11h-21h ven, 11h-17h sam-dim ; Ⓢ S, 4/5/6, 7 arrêt Grand Central-42nd St). Les belles expositions temporaires d'œuvres d'art, de textile et de design japonais traditionnels ou contemporains sont le grand attrait de ce centre culturel apaisant, qui abrite des jardins et des bassins intérieurs. Cinéma, danse et théâtre sont programmés dans la salle de spectacle. Pour aller plus loin, vous pouvez également consulter le fonds de la bibliothèque de recherche, riche de 14 000 volumes, ou assister à l'un des nombreux ateliers ou conférences.

⦿ 5th Avenue

EMPIRE STATE BUILDING — OBSERVATOIRE, ÉDIFICE HISTORIQUE

Voir p. 185.

ROCKEFELLER CENTER — ÉDIFICE HISTORIQUE

Voir p. 193.

NEW YORK PUBLIC LIBRARY — ÉDIFICE HISTORIQUE

Plan p. 456 (Stephen A. Schwarzman Building ; ☎917-275-6975 ; www.nypl.org ; 476 5th Ave à hauteur de W 42nd St ; ⌚10h-18h lun et jeu-sam, 10h-20h mar-mer, 13h-17h dim, visites guidées 11h et 14h lun-sam/Rose Main Reading Room 10h et 13h30 lun-sam, 15h dim ; 📶 ; Ⓢ B/D/F/M arrêt 42nd St-Bryant Park, 7 arrêt 5th Ave). GRATUIT Fidèlement gardé par Patience et Fortitude (les célèbres lions en marbre surveillant 5th Ave), ce somptueux édifice de style Beaux-Arts est l'un des meilleurs sites se visitant gratuitement à New York. Lors de son ouverture en 1911, la bibliothèque phare de la ville était le plus grand bâtiment en marbre jamais érigé aux États-Unis. Sa salle de lecture principale, la **Rose Main Reading Room**, dont l'immense plafond à caissons est à couper le souffle, a été récemment rénovée. Tout le monde peut venir y travailler, profitant de ce qui est sûrement le plus somptueux espace de coworking au monde.

Ne manquez pas d'admirer les autres salles, comme la **DeWitt Wallace Periodical Room** (1er niveau). Cet extraordinaire édifice renferme des manuscrits précieux de tous les grands auteurs anglo-saxons, ainsi qu'un exemplaire original de la Déclaration d'indépendance et une bible de Gutenberg. L'exceptionnel **département des cartes** (Map Division) compte une collection de quelque 431 000 cartes, et 16 000 atlas et livres de cartographie dont les plus anciens datent du XVe siècle. Pour découvrir comme il se doit cet univers de livres, d'art et d'ornements architecturaux, participez à l'une des **visites gratuites** qui partent d'Astor Hall, ou demandez un **audioguide gratuit** à l'accueil (également dans l'Astor Hall).

Les multiples antennes de la bibliothèque publique de la ville proposent des conférences, des séminaires et des ateliers, sur des sujets touchant aussi bien à l'art contemporain qu'aux œuvres de Jane Austen. Les plus intéressants se tiennent sur le site principal de 42nd St. Consultez le site de la bibliothèque pour en savoir plus.

BRYANT PARK — PARC

Plan p. 456 (☎212-768-4242 ; bryantpark.org ; 42nd St, entre 5th Ave et 6th Ave, Midtown West ; ⌚7h-22h mars-mai et sept-nov, 7h-23h juin-août, horaires réduits déc-fév ; 📶 ; Ⓢ B/D/F/M arrêt 42nd St-Bryant Park, 7 arrêt 5th Ave). Kiosques-cafés à l'européenne, jeux d'échecs en plein air, projections de films en été et patinage

LES GRATTE-CIEL DE MIDTOWN

Outre l'Empire State Building et le Chrysler Building, Midtown comporte une belle collection de joyaux modernistes ou postmodernes s'élançant dans le ciel de New York.

Seagram Building (1956-1958 ; 157 m). Immeuble de 38 étages, le **Seagram Building** (plan p. 456 ; 100 E 53rd St, à hauteur de Park Ave, Midtown East ; S 6 arrêt 51st St, E, M arrêt 5th Ave-53rd St) est l'un des plus beaux exemples du style international. Son architecte principal, Ludwig Mies van der Rohe, fut recommandé pour le projet par Arthur Drexler, alors chargé de l'architecture au MoMA. Le podium bas, les colonnes et le bardage couleur bronze témoignent de lointaines inspirations de l'architecture grecque.

Lever House (1950-1952 ; 93 m). En 1952, la **Lever House** (plan p. 456 ; 390 Park Ave, entre E 53rd St et E 54th St, Midtown East ; S E, M arrêt 5th Ave-53rd St) était à la pointe de la modernité. L'immeuble du secrétariat des Nations unies était le seul autre gratte-ciel à arborer un revêtement en verre – une innovation qui allait redéfinir l'architecture urbaine. La forme de ce bâtiment de 21 étages était tout aussi audacieuse, composée d'une tour élancée posée sur une base peu élevée. La cour ouverte est équipée de bancs en marbre réalisés par le sculpteur nippo-américain Isamu Noguchi, tandis que le hall est décoré d'œuvres d'art contemporaines spécialement réalisées pour les lieux.

Citigroup Center (1974-1977 ; 279 m). Avec son toit à pan coupé et sa façade rayée, le **Citigroup Center** (plan p. 456 ; 601 Lexington Ave, à hauteur de E 53rd St, Midtown East ; S 6 arrêt 51st St, E, M arrêt Lexington Ave-53rd St) de Hugh Stubbins marquait une rupture avec la sobriété des couvertures plates du style international. Le plus impressionnant demeure toutefois ses piliers en croix, hauts de huit étages, qui surélèvent la base de la tour de 59 étages. Cette configuration inhabituelle permit de construire l'église luthérienne Saint-Pierre à l'angle nord-ouest du site pour remplacer l'édifice néogothique d'origine démoli lors de la construction du gratte-ciel. Le podcast *99% Invisible* propose un épisode fascinant sur les dangereux défauts structurels du gratte-ciel, décelés (et corrigés) après la construction (99percentinvisible.org/episode/structural-integrity).

Hearst Tower (2003-2006 ; 182 m). Cette **tour** (plan p. 460 ; 949 8th Ave, entre 56th St et 57th St, Midtown West ; S A/C, B/D, 1 arrêt 59th St-Columbus Circle) de 46 étages est l'un des joyaux de l'architecture contemporaine new-yorkaise. C'est aussi l'une des plus vertes, puisque 90% environ de l'acier qui la compose provient du recyclage. Conçue par Foster & Partners (Norman Foster) , elle présente un entrelacement de losanges de verre qui rappellent les alvéoles d'une ruche. La tour s'élève sur une base construite en 1928 par John Urban pour accueillir le siège de Hearst Magazines. Dans le hall, *Riverlines*, œuvre de Richard Long haute de 21 m, a été réalisée avec de la vase issue de l'Hudson, et de l'Avon, en Grande-Bretagne.

Bank of America Tower (2004-1009 ; 366 m). Dessinée par Cookfox Architects, cette **tour** (One Bryant Park ; plan p. 460 ; www.durst.org ; 6th Ave, à hauteur de W 42nd St ; S B/D/F/M arrêt 42nd St-Bryant Park) compte 58 étages, dont trois en sous-sol. Elle se distingue par son habillage en verre, ses pans coupés et sa flèche de 77 m, mais aussi par la mise en œuvre de technologies respectueuses de l'environnement poussées : elle est équipée d'une centrale de cogénération qui produit 65% de l'électricité nécessaire au fonctionnement de l'immeuble, de filtres à air détectant le CO_2 et d'ascenseurs pour éviter les trajets à vide. Au rez-de-chaussée, l'Urban Garden Room (accès libre, 8h-20h) est un hall vitré et végétalisé où les New-Yorkais viennent volontiers s'abriter par temps de pluie.

432 Park Avenue (2011-2015 ; 425 m). Étonnamment fine et élancée, cette **tour résidentielle** (plan p. 456 ; www.432parkavenue.com ; S N/Q/R arrêt Lexington Ave-59th St) de 425 m de haut, signée de l'architecte uruguayen Rafael Viñoly, a coûté 1,3 milliard $. Sa façade épurée, blanche et cubique, inspirée d'une corbeille à papier du designer autrichien Josef Hoffman datant de 1905, surplombe Midtown tel un tasseau géant incroyablement fin. À l'heure actuelle, seul le One World Trade Center la surpasse en hauteur si l'on tient compte de l'antenne de ce dernier (hors antenne, le 432 Park Avenue le dépasse de 8,5 m).

sur glace en hiver... Difficile de croire que cette oasis de verdure était, dans les années 1970, un lieu mal-famé surnommé "Needle Park" (le parc des seringues). Niché derrière le spectaculaire bâtiment Beaux-Arts de la New York Public Library, Bryant Park offre un cadre original pour oublier un temps la frénésie de Midtown. Envie d'apprendre l'italien, le yoga ou la jonglerie, de vous joindre à un atelier de peinture ou encore d'observer les oiseaux ? Ici, à chaque jour son lot d'activités insolites. Entre autres attractions, citons **Le Carrousel** (plan p. 456 ; www.bryantpark.org/amenities/le-carrousel ; W 40th St, à hauteur de 6th Ave ; 3 $/tour ; 11h-20h juin-oct, 11h-19h jan et mars-mai, voir site pour reste de l'année), un manège d'inspiration française fabriqué à Brooklyn.

Le parc accueille également des manifestations comme le **Bryant Park Summer Film Festival** (mi-juin à août) GRATUIT, apprécié des New-Yorkais qui le combinent à un pique-nique après le travail. En fin d'année, l'endroit se mue en paradis hivernal, avec son marché de Noël et sa populaire patinoire. Au printemps, de nombreux mariages sont célébrés dans le ravissant **Bryant Park Grill** (plan p. 456 ; 212-840-6500 ; bryantparkgrillnyc.com ; plats 20-49 $, brunch week-end 28,50 $; 11h30-15h30 et 17h-23h avr-déc, horaires réduits jan-mars ;). Sauf lorsque l'établissement est privatisé, son bar en terrasse permet de siroter un cocktail à la tombée de la nuit. Juste à côté se trouve le **Bryant Park Café** (plan p. 456 ; 212-840-6500 ; 11h30-22h30 mi-avr à nov), plus décontracté, une terrasse très populaire à la sortie des bureaux, ouvert de mi-avril à novembre.

TOP OF THE ROCK — POINT DE VUE

Plan p. 456 (212-698-2000, numéro gratuit 877-692-7625 ; www.topoftherocknyc.com ; 30 Rockefeller Plaza, entrée sur W 50th St, entre 5th Ave et 6th Ave ; adulte/enfant 40/34 $, coucher du soleil 10 $ supp ; 10h-22h, dernier ascenseur à 21h10 ; S B/D/F/M arrêt 47th St-50th St-Rockefeller Center). Inaugurée en 1933 et conçue dans un style rappelant les populaires transatlantiques de l'époque, cette plateforme d'observation en plein air est juchée au 70e étage du 30 Rockefeller Plaza (ex-GE Building), la plus haute tour du Rockefeller Center. Le Top of the Rock présente plusieurs avantages par rapport à l'Empire State Building (p. 185) : moins fréquenté, le lieu offre une plateforme d'observation plus spacieuse (à l'extérieur comme à l'intérieur) et permet... d'admirer l'Empire State Building. Avant d'y monter, vous pourrez voir au 2e étage une exposition sur le célèbre philanthrope à l'origine de cet ensemble architectural Art déco.

Si vous avez plus de 21 ans, vous pourrez bénéficier d'une vue semblable au Bar SixtyFive (p. 205) du 65e étage, sans avoir à payer l'accès du Top of the Rock.

ST PATRICK'S CATHEDRAL — CATHÉDRALE

Plan p. 456 (212-753-2261 ; www.saintpatrickscathedral.org ; 5th Ave entre E 50th St et 51st St ; 6h30-20h45 ; S B/D/F/M arrêt 47th St-50th St-Rockefeller Center, E/M arrêt 5th Ave-53rd St). Rutilante depuis sa rénovation en 2015 moyennant 200 millions de dollars, la plus grande cathédrale catholique des États-Unis illumine de nouveau 5th Ave de toute sa splendeur néogothique. Elle fut construite entre 1858 et 1879 pour environ 2 millions de dollars de l'époque. Les deux flèches de la façade furent ajoutées en 1888. À l'intérieur, admirez l'autel Tiffany & Co qui resplendit sous un orgue de 7 000 tuyaux, et la magnifique rosace de Charles Connick au-dessus de l'entrée de 5th Ave. Des visites guidées sans réservation sont parfois organisées (détails sur le site Internet).

PALEY CENTER FOR MEDIA — CENTRE CULTUREL

Plan p. 456 (212-621-6600 ; www.paleycenter.org ; 25 W 52nd St, entre 5th Ave et 6th Ave ; participation conseillée adulte/enfant 10/5 $; 12h-18h mer et ven-dim, 12h-20h jeu ; S E, M arrêt 5th Ave-53rd St). GRATUIT Ce paradis de la culture pop propose plus de 160 000 émissions de télévision et de radio du monde entier dans son catalogue informatique. Revivre ses émissions télévisées favorites sur l'une des consoles du centre par une journée pluvieuse est un véritable régal, tout comme les excellents festivals, projections, conférences et spectacles organisés régulièrement.

Midtown West et Times Square

TIMES SQUARE — QUARTIER

Voir p. 182.

MUSEUM OF MODERN ART (MOMA) — MUSÉE

Voir p. 187.

HUDSON YARDS

Après six ans de travaux et 25 milliards $ d'investissement, un premier pan du mégaprojet immobilier **Hudson Yards** (plan p. 460 ; ☎646-954-3100 ; www.hudsonyardsnewyork.com ; de W 30th St à W 34th St, entre 10th Ave et 12th Ave, Midtown West ; Ⓢ7 arrêt 34th St-Hudson Yards) est finalement sorti de terre. Dans ce nouveau quartier, on peut désormais admirer cinq gratte-ciel de verre abritant bureaux et appartements de luxe autour d'une place impeccable. On y trouve aussi un **centre commercial** (plan p. 460 ; ☎646-954-3150 ; 10th Ave à hauteur de W 31st St, Midtown ; ⊙boutiques 10h-21h lun-sam, 11h-19h dim, horaires divers pour les restaurants ;) de sept étages abritant tables et boutiques chics ; le centre artistique The Shed (p. 212) ; et le Vessel (p. 200), une construction fascinante faite d'un entrelacs d'escaliers donnant sur l'Hudson. En somme, on se croirait davantage à Dubaï qu'à New York !

Ses détracteurs y voient un quartier d'affaires sans âme conçu pour les plus riches ; ses défenseurs saluent une ville dans la ville insufflant une nouvelle vie dans les confins ouest désindustrialisés de Midtown. Les flots de visiteurs qui aboutissent ici après avoir remonté la High Line y explorent le Vessel et les magasins. Si une exposition est programmée, The Shed mérite le coup d'œil, tout comme l'espace de restauration espagnole Mercado Little Spain (p. 202). Cela étant, Hudson Yards présente peu d'intérêt si ce n'est son architecture. **The Edge** (www.edgenyc.com) offre tout de même quelques sensations fortes : cette grande plateforme située au 101e étage d'un immeuble et s'avançant au-dessus du vide est la plus haute terrasse d'observation en plein air de la ville (adulte/enfant à partir de 36/31 $).

La seconde phase du projet, qui prévoit davantage de bureaux et de tours résidentielles, une grande place et une école élémentaire dans la moitié ouest de Hudson Yards, devrait voir le jour en 2024.

♥ RADIO CITY MUSIC HALL — ÉDIFICE HISTORIQUE

Plan p. 460 (www.radiocity.com ; 1260 6th Ave, à hauteur de W 50th St ; visites adulte/enfant 31/27 $; ⊙visites 9h30-17h ; ; ⓈB/D/F/M arrêt 47th St-50th St-Rockefeller Center). Cette impressionnante salle de spectacle Art déco est le résultat du rêve conjoint de John D. Rockefeller, de David Sarnoff – directeur de Radio Corporation of America – et du producteur de music-hall Samuel Lionel Rothafel, dit “Roxy”, de créer une salle de spectacle de qualité accessible à tous. Elle fut inaugurée le 23 décembre 1932 par un spectacle à l'extravagance grandiose mettant en scène les Roxyettes, ronflante troupe de danseuses (connue aujourd'hui sous le nom de Rockettes). Des **visites guidées** (1 heure 15) permettent d'admirer, entre autres, le monumental auditorium, les délicates peintures murales de Witold Gordon – *The History of Cosmetics*, ode à la femme et au maquillage – dans le salon des femmes, et la Roxy Suite, à l'atmosphère très VIP, qui a vu passer des légendes comme Elton John et Alfred Hitchcock.

Attention, depuis que la salle est gérée par l'équipe du Madison Square Garden, l'ambiance n'a plus rien à voir avec le glamour d'antan. Pourtant, les artistes qui se produisent ici sont souvent fabuleux : Lauryn Hill, Rufus Wainwright, Aretha Franklin, Dolly Parton, etc. Et même si la plupart des New-Yorkais lèvent les yeux au ciel en entendant le mot “Rockettes”, les amateurs de kitsch et de paillettes seront sûrement emballés par les chorégraphies du **spectacle de Noël** joué tous les ans par la troupe.

Il est possible d'acheter ses billets de spectacle le jour même, à l'entrée de 6th Ave, ou à l'avance sur Internet – dans les deux cas, attendez-vous à une longue file d'attente pour entrer, car le spectacle attire les foules ! On peut généralement s'inscrire le jour même pour la visite guidée, qui part de l'entrée située à l'angle de W 50th St.

INTREPID SEA, AIR & SPACE MUSEUM — MUSÉE

Plan p. 460 (☎877-957-7447, 212-245-0072 ; www.intrepidmuseum.org ; Pier 86, 12th Ave à hauteur de W 46th St ; adulte/enfant 33/24 $; ⊙10h-17h lun-ven, 10h-18h sam-dim avr-oct, 10h-17h tlj nov-mars ; ; M42, M50 vers l'ouest arrêt 12th Ave, ⓈA/C/E arrêt 42nd St-Port

Authority Bus Terminal). Ce musée militaire interactif est installé sur l'*Intrepid*, un imposant porte-avions de l'US Navy qui a servi pendant la Seconde Guerre mondiale et la guerre du Vietnam, et qui a survécu aux bombes et aux attaques kamikazes. On découvre son histoire à travers des vidéos, divers objets et la visite des lieux de vie de l'équipage, restés inchangés. Sur le pont d'envol, des chasseurs et des hélicoptères militaires vous donneront peut-être envie d'expérimenter les simulateurs de vol du musée. Des expositions temporaires thématiques enrichissent l'expérience. Même si l'on n'est pas porté sur l'armée, c'est un musée aussi fascinant qu'impressionnant.

MUSEUM AT FIT
MUSÉE

Plan p. 460 (212-217-4558 ; www.fitnyc.edu/museum ; 227 W 27th St, à hauteur de 7th Ave, Midtown West ; 12h-20h mer-ven, 10h-17h sam-dim ; S 1 arrêt 28th St). GRATUIT Les amoureux de la mode ne manqueront pas de jeter un œil au superbe Fashion Institute of Technology (FIT), qui abrite l'une des plus riches collections de vêtements, de textiles et d'accessoires au monde, soit plus de 50 000 pièces datant du XVIIIe siècle à nos jours. Le musée de l'école accueille des expositions temporaires avant-gardistes où sont présentés à la fois des pièces de la collection permanente et des trésors prêtés. Outre les expositions y sont également organisés des projections de films et des débats, notamment avec des stylistes et des critiques.

MUSEUM OF ARTS & DESIGN
MUSÉE

Plan p. 460 (MAD ; 212-299-7777 ; madmuseum.org ; 2 Columbus Circle, entre 8th Ave et Broadway ; adulte/enfant 16 $/gratuit, participation libre jeu 18h-21h ; 10h-18h mar-mer et sam-dim, 10h-21h jeu ; S A/C, B/D, 1 arrêt 59th St-Columbus Circle). La magnifique collection de design et d'artisanat (verre soufflé, bois sculpté, bijoux élaborés en métal) du MAD se déploie sur quatre niveaux. Ses expositions temporaires – l'une d'entre elles transformait des fake news en œuvres d'art – sont innovantes. Au 6e étage, on rencontre dans leur atelier les artistes en résidence. Certains dimanches, des professionnels animent une visite du musée adaptée aux enfants, suivie d'ateliers interactifs en lien avec les expositions. La boutique vend de fabuleuses pièces de joaillerie contemporaine, et au 9e étage le bar-restaurant Robert (p. 205) est idéal pour boire un cocktail en admirant la vue.

THE VESSEL
ARCHITECTURE

Plan p. 460 (332-204-8500 ; www.hudsonyardsnewyork.com ; Hudson Yards, W 31st St derrière 10th Ave, Midtown ; 10h-21h ; S 7 arrêt 34th St-Hudson Yards). GRATUIT Sur la place centrale du complexe de Hudson Yards, "le Vaisseau" est un ouvrage controversé de 45 m de haut. Sorte d'immense ruche ajourée couleur cuivre, cet édifice que l'on dit inspiré des puits à degrés traditionnels de l'Inde, est un enchevêtrement de 154 escaliers offrant, au sommet de ses huit étages, une vue inédite sur l'Hudson (et un bon exercice pour les cuisses). L'entrée est gratuite, mais il faut réserver un créneau horaire sur Internet, ou grâce à votre smartphone en utilisant les guichets digitaux au pied de l'édifice. À l'heure où nous écrivons ces lignes, l'édifice est fermé au public pour des raisons de sécurité et pourrait ne pas rouvrir.

OÙ SE RESTAURER

Si Midtown ne manque pas de restaurants étoilés, il est difficile d'y trouver un bon repas abordable. Le quartier étant le plus touristique de New York, peu d'habitants s'y restaurent et l'on y trouve essentiellement des chaînes médiocres et des attrape-touristes – notamment à Times Square et dans le Theater District. Heureusement, vous aurez tout de même le choix entre les restaurants indiens du secteur de "Curry Hill" (dans Lexington Avenue, grosso modo entre 28th St et 33rd St), les illustres ramens (nouilles japonaises) de W 52nd St, un speakeasy servant des burgers, une table coréenne végétarienne et bien d'autres adresses.

Midtown East et 5th Avenue

ESS-A-BAGEL
ÉPICERIE FINE

Plan p. 456 (212-980-1010 ; www.ess-a-bagel.com ; 831 3rd Ave, à hauteur de E 51st St, Midtown East ; bagels 3,50-11 $; 6h-17h ; S 6 arrêt 51st St, E/M arrêt Lexington Ave-53rd St). Se bagels frais et savoureux ont fait de cette épicerie casher une véritable institution. Sélectionnez votre pain et faites votre choix parmi une kyrielle de fromages frais et autres garnitures. Un grand classique, leur bagel “signature” : fromage frais à l'oignon vert, saumon fumé, câpres, tomate et oignon rouge (14,50 $). Si le temps s'y prête, vous pouvez déguster votre bagel dans le joli Greenacre Park (à droite sur 51st St).

THE SMITH — AMÉRICAIN $$

Plan p. 456 (☎212-644-2700 ; thesmithrestaurant.com ; 956 2nd Ave, à hauteur de E 51st St, Midtown East ; plats 22-33 $; ⏲11h30-22h lun-mar, 11h30-23h mer-ven, 9h30-23h sam, 9h-22h dim ; Wi-Fi ; Ⓢ6, E/M arrêt 51st St). Dans un décor industriel chic, cette brasserie décontractée et branchée possède un bar animé et propose une cuisine de qualité. L'essentiel des mets est préparé sur place, avec des menus de saison mêlant les saveurs rétro d'inspiration américaine et italienne : chips épicées au bleu fondu, poulet frit épicé avec salade de chou kale, ou encore œufs à la sicilienne avec artichauts, épinards et sauce tomate épicée.

HANGAWI — CORÉEN $$

Plan p. 456 (☎212-213-0077 ; www.hangawirestaurant.com ; 12 E 32nd St, entre 5th Ave et Madison Ave ; plats déj 13-29 $, dîner 20-30 $; ⏲17h-22h lun-jeu, jusqu'à 22h30 ven, 13h-22h30 sam, 13h-22h dim ; 🌿 ; ⓈB/D/F/M, N/Q/R/W arrêt 34th St-Herald Sq). Ce restaurant sert de délicieuses spécialités coréennes végétariennes. Déchaussez-vous à l'entrée et glissez-vous dans son atmosphère zen à la musique apaisante : assis sur des coussins, vous dégusterez des mets travaillés tels des champignons shiitaké farcis, des crêpes kimchi-champignons ou une onctueuse marmite de tofu à la sauce au gingembre. Formule déjeuner complète (4 plats) à 26 $.

GRAND CENTRAL OYSTER BAR & RESTAURANT — PRODUITS DE LA MER $$$

Plan p. 456 (☎212-490-6650 ; www.oysterbarny.com ; niveau inférieur, Grand Central Terminal, 89 E 42nd St, à hauteur de Park Ave ; huîtres 2-4 $, plats 22-43 $; ⏲11h30-20h30 lun-ven ; ⓈS, 4/5/6, 7 arrêt Grand Central-42nd St). Sous sa voûte carrelée conçue par l'ingénieur catalan Rafael Guastavino, ce bar-restaurant animé situé au cœur de Grand Central jouit d'un charme certain. Passez les tables classiques installées sur votre gauche en entrant et gagnez les véritables places de choix : d'élégantes tables communes, sur la droite, où l'on enchaîne joyeusement les huîtres à mesure que les employés les ouvrent.

La plupart des New-Yorkais viennent pour la vingtaine de variétés d'huîtres proposées (la sélection est écrite au-dessus du bar), mais on y trouve aussi un vaste choix de poissons (servis dans les deux parties du restaurant). Les plats sont simples et délicats, et les produits de la mer cuisinés avec expertise dans des portions généreuses.

Midtown West et Times Square

♥ TOTTO RAMEN HELL'S KITCHEN — JAPONAIS $

Plan p. 460 (☎646-596-9056 ; www.tottoramen.com ; 464 W 51st St, entre 9th Ave et 10th Ave ; ramen 14-24 $; ⏲12h-22h ; 🌿 ; ⓈC/E arrêt 50th St). L'enseigne ne compte plus que deux établissements dans Midtown, celui d'origine (au 366 W 52nd St), à une rue de celui-ci et tout aussi minuscule, a fermé. Les puristes se retrouvent donc désormais ici. Notez votre nom et le nombre de convives sur le tabelau à l'entrée et attendez votre tour. Le *char siu* (porc) fondant est sublimé dans des plats comme les ramens au miso (nouilles en bouillon avec pâte de soja fermentée, œuf, échalote, germes de soja, oignon et pâte de piment maison).

BURGER JOINT — BURGERS $

Plan p. 460 (☎212-708-7414 ; www.burgerjointny.com ; Parker New York, 119 W 56th St, entre 6th Ave et 7th Ave ; burgers 9-17 $; ⏲11h-22h ; 🌿 ; ⓈF arrêt 57th St). Avec pour seul indice un petit néon en forme de hamburger, ce restaurant aux allures de bar clandestin se cache derrière le rideau du hall de l'hôtel Parker New York. S'il n'est plus aussi tendance et secret qu'autrefois (en témoigne la file d'attente), il propose toujours la même formule gagnante : murs tapissés de graffitis, box rétro et personnel branché servant d'excellents burgers.

MARGON — CUBAIN $

Plan p. 460 (☎212-354-5013 ; www.order-margon.com ; 136 W 46th St, entre 6th Ave et 7th Ave ; sandwichs 6-13 $, plats 12-14,50 $; ⏲7h-16h30 lun-sam ; ⓈB/D/F/M arrêt 47th St-

50th St-Rockefeller Center). On se croirait dans les années 1970 dans ce restaurant cubain toujours bondé, où la déco orange et la cuisine riche en graisse ne se sont jamais démodées. Son légendaire sandwich *cubano* (sorte de panini généreusement garni de rôti de porc, de salami, de fromage, de cornichons, de sauce *mojo* et de mayonnaise) est plus qu'excellent.

SOUVLAKI GR GREC $

Plan p. 460 (☎212-974-7482 ; www.souvlakigr.com ; 162 W 56th St, à hauteur de 7th Ave ; plats 10-23 $, assiette 3 *mezze* 22,75 $; ⏲11h-21h30 ; Ⓢ N/Q/R/W arrêt 57th St-7th Ave). Quittez Manhattan pour la Méditerranée : en foulant le sol en pierre de ce restaurant grec de Midtown dominé par des tonalités de bleu et de blanc, vous aurez vraiment l'impression d'avoir changé de continent. Des guirlandes de fleurs sont suspendues au-dessus du bar, et comme le nom l'indique, vous vous délecterez ici de souvlakis irréprochables (17-23 $), entre autres spécialités grecques.

MERCADO LITTLE SPAIN ESPACE CULINAIRE ESPAGNOL $$

Plan p. 460 (☎646-495-1242 ; www.littlespain.com ; 501 W 30th St, à hauteur de 10th Ave, Hudson Yards, Midtown ; plats à partir de 12 $; ⏲11h-21h ; ✍ ; Ⓢ 7 arrêt 34th St-Hudson Yards). Le virtuose des fourneaux José Andrés s'est lui aussi lancé dans la tendance des *food hall* à l'européenne – à l'image d'Eataly (p. 173) et Le District (p. 79) – en créant cet effervescent marché à l'espagnole situé dans Hudson Yards. Divers bars et restaurants, auxquels s'ajoute une dizaine de stands, y servent toute une gamme de mets espagnols : *jamón*, paella, tapas, fruits de mer, *pasteles* (pâtisseries), vins, etc.

DON ANTONIO PIZZAS $$

Plan p. 460 (☎646-719-1043 ; www.donantoniopizza.com ; 309 W 50th St, entre 8th Ave et 9th Ave, Midtown West ; pizzas 13-25 $; ⏲11h30-15h30 et 16h30-23h lun-jeu, 11h30-23h ven-sam, 11h30-22h30 dim ; Ⓢ C/E, 1 arrêt 50th St). Haut lieu pour les amateurs de vraies pizzas napolitaines, ce restaurant est le petit frère de la célèbre pizzeria Starita, située au pied du Vésuve. La version new-yorkaise comprend un bar où l'on peut dîner ou siroter un cocktail, mais les pizzas suivent à la lettre la tradition napolitaine : une pâte à la fois moelleuse et fine, légèrement brûlée par endroits, et une sauce faite à partir de tomates bien mûres. Toutes les pizzas peuvent être réalisées sur une pâte au blé complet par la cheffe pizzaiola Giorgia Caporuscio, qui peut les décliner également en version sans gluten.

DHABA INDIEN $$

Plan p. 456 (☎212-679-1284 ; www.dhabanyc.com ; 108 Lexington Ave, entre E 27th St et E 28th St ; plats 13-24 $; ⏲11h-23h30 lun-sam, 11h-23h dim ; ✍ ; Ⓢ 6 arrêt 28th St). Dans le micro-quartier de Murray Hill (alias Curry Hill), où la cuisine du sous-continent est présente partout, Dhaba sublime les saveurs de manière unique. Parmi ses plats vedettes, le *lasoni gobi* (chou-fleur frit, tomates et épices) est délicieusement piquant et croustillant, et le *murgh bharta* (poulet émincé cuit avec de l'aubergine fumée) incroyablement savoureux.

DANJI CORÉEN $$

Plan p. 460 (☎212-586-2880 ; www.danjinyc.com ; 346 W 52nd St, entre 8th Ave et 9th Ave, Midtown West ; plats 16-48 $, menu dégustation 68 $/pers ; ⏲17h-21h mar-jeu et dim, 17h-22h ven-sam ; ✍ ; Ⓢ C/E, 1 arrêt 50th St). Les créations coréennes alléchantes du jeune chef vedette Hooni Kim sont servies dans un espace douillet aux murs blanchis à la chaux. Le menu du midi fait la part belle au *bibimbap* (plat traditionnel coréen à base de riz) ; celui du soir, plus fourni, comprend des assiettes de différentes tailles. Mais la spécialité, un *bulgogi* de bœuf servi sur de délicieux petits pains beurrés et grillés, est proposée au déjeuner comme au dîner. Venez de bonne heure, ou armez-vous de patience. Menu végétarien sur demande.

TERRACE CAFE CAFÉ $$

Plan p. 460 (☎212-708-9400 ; www.moma.org/visit/eating ; Museum of Modern Art, 11 W 53rd St, entre 5th Ave et 6th Ave, 6e niveau ; petites assiettes 8-21 $; ⏲11h-16h lun-jeu, 11h-17h ven ; 📶 ; Ⓢ E, M arrêt 5th Ave-53rd St). Dans un décor de cafétéria chic, ce restaurant du MoMA sert des petites assiettes de mets américains de saison, des cocktails, du vin et de la bière. Installez-vous à l'intérieur, parmi les œuvres de Kerstin Brätsch, ou sur la terrasse face aux gratte-ciel de 53rd St.

VIRGIL'S REAL BARBECUE GRILLADES $$

Plan p. 460 (☎212-921-9494 ; www.virgilsbbq.com ; 152 W 44th St, entre Broadway et 6th Ave, Midtown West ; plats 18-44 $; ⏲11h30-23h lun-jeu, 11h30-minuit ven-sam, 11h30-23h dim ; 📶 ; Ⓢ N/Q/R, S, 1/2/3, 7 arrêt Times Sq-42nd St). Le Virgil célèbre les grillades américaines sous toutes leurs formes, des travers de porc façon Memphis à l'escalope de poulet frite de Géorgie, en passant par les tranches de bœuf à la texane ou le maousse T-bone d'Angus de 500 g. Les viandes, fumées avec un mélange de bois de chêne, de caryer et d'arbres fruitiers, sont si savoureuses qu'on s'en lèche les doigts.

♥ THE MODERN FRANÇAIS **$$$**

Plan p. 460 (☎212-333-1220 ; www.themodernnyc.com ; 9 W 53rd St, entre 5th Ave et 6th Ave ; dîner 6 plats 188 $; ⏲restaurant à partir de 18h mar-sam, Bar Room 11h30-14h30 et 17h-21h mar-sam ; 📶 ; Ⓢ E, M arrêt 5th Ave-53rd St). Salué par deux étoiles au Michelin, le Modern, restaurant gastronomique du MoMA, propose des créations sophistiquées et inventives, comme la tarte au foie gras ou le gâteau au beurre de cacahuète et au céleri. Le service est agréable, dans un espace très lumineux, avec de hautes baies vitrées donnant sur le jardin de sculptures du musée.

Si vos moyens sont limités, optez pour une formule moins onéreuse (menu 3 plats 75 $) au Bar Room adjacent : le lieu est très agréable également, avec un éclairage tamisé. Le Modern dispose de sa propre entrée dans W 53rd St. Réservez un mois à l'avance pour le restaurant. Les fans de *Sex and the City* se souviendront peut-être que Carrie annonça ici son mariage imminent avec Mr. Big.

♥ LE BERNARDIN PRODUITS DE LA MER **$$$**

Plan p. 460 (☎212-554-1515 ; www.le-bernardin.com ; 155 W 51st St, entre 6th Ave et 7th Ave ; menu déj/dîner 115/185 $, menu dégustation 280 $, végétarien 220 $; ⏲déj 12h-13h30 lun-ven, dîner à partir de 17h lun-sam ; Ⓢ 1 arrêt 50th St, B/D, E arrêt 7th Ave). Bien que son décor ait été subtilement revu pour attirer une "clientèle plus jeune" (le superbe triptyque sur le thème de la tempête est signé Ran Ortner, originaire de Brooklyn), ce restaurant triplement étoilé au Michelin reste une référence de la gastronomie de luxe. À la barre, le célèbre chef français Éric Ripert, dont la cuisine de la mer, faussement simple, frise souvent le sublime.

Choisissez le menu trois plats au déjeuner (115 $) ou quatre au dîner (185 $) ou optez pour l'un des deux menus dégustation si vous avez le temps et le budget nécessaires. Les nombreux mets sont divisés en trois catégories ("presque cru", "à peine cuisiné" et "légèrement travaillé"), et la plupart sont d'une délicieuse complexité. Réservez au moins quatre semaines à l'avance pour le dîner et deux pour le déjeuner.

LES KIMCHI DE KOREATOWN

Si vous avez une fringale de *kimchi* (légumes fermentés aux piments, plat de base de la cuisine coréenne) direction "Koreatown", sur W 32nd St, entre 5th Ave et le croisement de 6th Ave et Broadway. Le quartier regorge de magasins, de salons de coiffure, de spas et de restaurants coréens, ces derniers occupant souvent deux niveaux. Certains ont migré vers l'est, sur 5th Ave, 31st St, 32nd St et 33rd St. Koreatown foisonne aussi de bars et de karaokés, et ses rues sont animées jusque tard dans la nuit.

TABOON MÉDITERRANÉEN **$$$**

Plan p. 460 (☎212-713-0271 ; www.taboononline.com ; 773 10th Ave, à hauteur de 52nd St, Midtown West ; mezze 13-24 $, plats 28-40 $; ⏲17h-23h lun-ven, 11h-15h30 et 17h-23h sam, jusqu'à 22h dim ; Ⓢ C/E, 1 arrêt 50th St). En arabe, *taboon* signifie four à bois, et c'est la première chose que vous verrez en franchissant le rideau qui donne sur ce lieu chaleureux, à la fois chic et décontracté. Parmi les élégants qui fréquentent les théâtres voisins et les malabars de Hell's Kitchen, vous dégusterez une cuisine d'inspiration méditerranéenne, comme de délicieuses crevettes à l'ail et au citron, ou un *burek* (œuf mollet dans une pâte filo croustillante) arrosé d'huile de truffe, ainsi que de délicieux petits pains cuits sur place. Réservation hautement conseillée.

OÙ PRENDRE UN VERRE ET FAIRE LA FÊTE

Touristes émerveillés, fêtards invétérés, fans de cocktails… les nuits de Manhattan ont de quoi satisfaire tout le monde. Les débits de boisson de Times Square sont un peu moins modernes que

Promenade à pied
Sites phares de Midtown

DÉPART GRAND CENTRAL TERMINAL
ARRIVÉE ROCKEFELLER CENTER
DISTANCE ET DURÉE 2,9 KM ; 3 HEURES 30

Commencez par la superbe architecture Beaux-Arts de **1 Grand Central Terminal** (p. 189) : admirez le plafond constellé du hall principal, échangez des mots doux dans la Whispering Gallery et achetez quelques délices au Grand Central Market.

Sortez côté Lexington Ave et parcourez un *block* vers l'est dans 44th St jusqu'à Third Ave pour admirer le **2 Chrysler Building** (p. 191), chef-d'œuvre des années 1930 signé William Van Alen. Dans 42nd St, pénétrez dans son somptueux hall Art déco, paré de bois exotiques et de marbre, et doté de ce qui est probablement le plus grand plafond peint au monde.

En passant devant le très Art déco **3 Chanin Building** (p. 192), à la façade richement ornée, poursuivez vers l'ouest et la majuesteuse **4 New York Public Library** (p. 196). Jetez un coup d'œil à la spectaculaire salle de lecture principale, puis laissez vous tenter par **5 Bryant Park** (p. 196). À l'angle nord-ouest de 42nd St et de 6th Ave se dresse la **6 Bank of America Tower** (p. 197), l'un des plus hauts gratte-ciel de la ville.

Remontez 6th Ave vers le nord jusqu'à 47th St. Là, le **7 Diamond District** compte plus de 2 600 bijouteries indépendantes ; des lampadaires en forme de diamants se dressent à chaque bout de la rue. Observez le tourbillon de marchands autour de vous et marchez vers 5th Ave. Tournez à gauche sur 5th Ave et visitez la splendide **8 St Patrick's Cathedral** (p. 198), dont l'impressionnante rosace est l'œuvre de l'artiste américain Charles Connick.

Dernière étape, le **9 Rockefeller Center** (p. 193) est un magnifique ensemble de gratte-ciel et de sculptures Art déco. Accédez à la place principale et à sa statue dorée de Prométhée. Deux possibilités s'offrent ensuite à vous : rallier le 70e étage du 30 Rockefeller Plaza pour admirer l'incroyable panorama du **10 Top of the Rock** (p. 198) ou, en fin d'après-midi, monter siroter un cocktail au **11 Bar SixtyFive** (page ci-contre), en contemplant l'Empire State Building.

ceux que l'on trouve dans l'ouest du quartier, mais ils comptent des pubs historiques et repaires opulents parmi les plus charmants de la ville. Midtown West rassemble autant de vastes bars à cocktails que de petites adresses sans prétention, et même un bar gay de musique country. Enfin, non loin des théâtres de Broadway, on étanche sa soif dans les secteurs de 7th Ave, Times Square et Hell's Kitchen.

Midtown East et 5th Avenue

THE CAMPBELL BAR À COCKTAILS

Plan p. 456 (212-297-1781 ; www.thecampbellnyc.com ; Grand Central Terminal, Hall D, 89 E 42nd St ; 16h-minuit lun-sam ; S S, 4/5/6, 7 arrêt Grand Central-42nd St). En 1923, cette vaste salle était le bureau de l'homme d'affaires John W. Campbell. Elle servit ensuite de centre d'aiguillage, de prison et d'armurerie avant de sombrer dans l'oubli... pour renaître en 2017, retrouvant sa splendeur d'antan, son superbe plafond peint à la main et le coffre-fort original de Campbell encastré dans la cheminée. En sirotant votre cocktail, vous aurez le sentiment d'attendre l'arrivée de Rockefeller ou de Carnegie.

Du jeudi au samedi, mieux vaut réserver sa table. L'adresse n'est pas simple à trouver : prenez l'ascenseur situé dans le couloir adjacent au Grand Central Oyster Bar & Restaurant (p. 201).

LITTLE COLLINS CAFÉ

Plan p. 456 (212-308-1969 ; www.littlecollinsnyc.com ; 708 3rd Ave, entre E 44th St et E 45th St, Midtown East ; 7h-16h lun-ven, 8h-16h sam-dim ; S E, M arrêt 53rd St, S, 4/5/6, 7 arrêt Grand Central-42nd St). Le copropriétaire des lieux, un expatrié australien nommé Leon Unglik, importe ici ce qui fait la réputation des cafés de son Melbourne natal : décontraction raffinée, espaces accueillants, excellent café et cuisine tout aussi savoureuse. Little Collins – du nom d'une rue de Melbourne – abrite la toute première Modbar de NYC, une machine à expressos dont les percolateurs high-tech évoquent une élégante machine à bière pression chromée. Ne manquez pas le "Smash" ("écrasé") d'avocat (11 $). Le lait et la crème sont servis dans des bouteilles miniatures.

M… et Ti…

BAR SIX…

Plan p. 456 … com/bar-six… entrée par W… 16h-21h dim, fe… 50th St-Rocke… perché au 65e … du Rockefeller … haut point de vu… …ée soit gratuite. Le … impressionnant, mais on s'y … parfois à l'étroit aux heures d'affluence : les clients n'ayant pas réservé consomment alors debout au centre de la salle. Mieux vaut réserver une table près de la fenêtre.

BAR CENTRALE BAR

Plan p. 460 (212-581-3130 ; www.barcentrale.nyc ; 324 W 46th St, entre 8th Ave et 9th Ave, Midtown West ; 17h-23h30 mar-sam ; S A/C/E arrêt 42nd St-Port Authority). Installé dans une vieille *brownstone*, ce bar difficile à repérer (il se trouve en fait en haut de l'escalier situé à gauche du restaurant Joe Allen's) est est très prisé des comédiens de Broadway, qui viennent souvent ici après leur représentation pour se détendre en écoutant du jazz. On ne peut rester dans cet établissement intime que si l'on a une place assise, et il peut donc être judicieux de réserver (jusqu'à une semaine à l'avance).

TOP OF THE STRAND ROOFTOP

Plan p. 456 (646-368-7032 ; www.topofthestrand.com ; Marriott Vacation Club Pulse, 33 W 37th St, entre 5th Ave et 6th Ave, Midtown East ; 17h-1h mar-sam, 17h-minuit dim-lun ; ; S B/D/F/M, N/Q/R arrêt 34th St). Pour vivre un moment très new-yorkais, montez au bar situé sur le toit-terrasse du Marriott Vacation Club Pulse (plus communément appelé le Strand Hotel) et commandez un cocktail infusé "sous vide". Doté de confortables *cabañas*, d'une clientèle de tous âges et d'une verrière coulissante en verre, il offre une vue inoubliable sur l'Empire State Building.

ROBERT BAR À COCKTAILS

Plan p. 460 (212-299-7730 ; www.robertnyc.com ; Museum of Arts & Design, 2 Columbus Circle, entre 8th Ave et Broadway ; 12h-20h mar-mer et jeu-ven, 12h-20h30 ven-sam ; S A/C, B/D, 1 arrêt

… u 9e étage du … t américain chic … vaut surtout pour la … conseillons d'y venir en … ou après le dîner pour … ntral Park en sirotant un Mad … tan (bourbon, vermouth à l'orange … guine et cerises à l'eau-de-vie), installé … ur un canapé. Concerts de jazz (consultez le site Internet).

THE WAYLON — BAR

Plan p. 460 (☎212-265-0010 ; www.thewaylon.com ; 736 10th Ave, à hauteur de W 50th St ; ⏲12h-4h ; Ⓢ C/E arrêt 50th St). Tous en piste ! Venez célébrer le Sud profond dans ce bar aux airs de saloon, où l'on danse sur de la musique country diffusée par un juke-box. Au bar, whisky américain, tequila, et en-cas tels que le *frito pie* à la texane (chips de maïs recouvertes de chili con carne et de fromage) ou le sandwich au porc effiloché. Concerts de musique country le jeudi de 20h à 23h.

STUMPTOWN COFFEE ROASTERS — CAFÉ

Plan p. 456 (☎855-711-3385 ; www.stumptown-coffee.com ; Ace Hotel New York, 18 W 29th St, entre Broadway et 5th Ave ; ⏲7h-15h lun-ven, 8h-16h sam-dim ; Ⓢ R/W arrêt 28th St). En voyant les barmen branchés au look faussement négligé, on pourrait se croire à Williamsburg, mais ce café est l'antenne de Manhattan du plus célèbre torréfacteur de Portland. Et pour boire un véritable expresso, il faut souvent être prêt à patienter un peu. Une fois votre nectar obtenu, installez-vous confortablement dans le hall du Ace Hotel (p. 351) dans lequel il est installé.

RUM HOUSE — BAR À COCKTAILS

Plan p. 460 (☎646-490-6924 ; www.therumhousenyc.com ; 228 W 47th St, entre Broadway et 8th Ave ; ⏲16h-1h dim-jeu, jusqu'à 2h ven-sam ; Ⓢ N/R/W arrêt 49th St). Ce bar qui respire un New York d'antan remis au goût du jour est réputé pour son choix de whiskies et de rhums, à déguster purs ou sous forme de délicieux cocktails comme la puissante piña colada "The Escape". Des musiciens jouent sur place tous les soirs, du pianiste solo aux joyeux trios de jazz en passant par les divas aux chansons mélancoliques. Ici, le personnel s'applique dans la préparation des cocktails : soyez patient.

R LOUNGE — BAR

Plan p. 460 (Renaissance Hotel ; ☎212-261-5114 ; www.rloungetimessquare.com ; Two Times Square, 714 7th Ave, à hauteur de W 48th St ; ⏲17h-22h30 dim-lun, 17h-23h mar-jeu, 17h-23h30 ven-sam ; Ⓢ N/R/W arrêt 49th St). Ce n'est pas le lieu le plus tendance pour boire un verre, mais ce bar d'hôtel aux grandes baies vitrées, offre une vue spectaculaires sur Times Square.

JIMMY'S CORNER — BAR

Plan p. 460 (☎212-221-9510 ; www.facebook.com/jimmyscornernyc ; 140 W 44th St, entre 6th Ave et 7th Ave ; ⏲11h30-4h lun-ven, 12h30-4h sam, 15h30-4h dim ; Ⓢ N/Q/R/W, 1/2/3, 7 arrêt 42nd St-Times Sq, B/D/F/M arrêt 42nd St-Bryant Park). Ce bar accueillant et sans prétention est tenu par un ancien entraîneur de boxe, comme le laissent deviner les photos de pugilistes – célèbres ou non – accrochées au mur. Le juke-box, qui diffuse aussi bien de la soul que du Miles Davis, reste suffisamment discret pour que l'on puisse bavarder entre amis. La salle, profonde et étroite, semble aménagée dans un wagon.

RUDY'S BAR & GRILL — BAR

Plan p. 460 (☎646-707-0890 ; www.rudysbarnyc.com ; 627 9th Ave, à hauteur de W 44th St, Midtown West ; ⏲12h-4h ; 📶 ; Ⓢ A/C/E arrêt 42nd St-Port Authority Bus Terminal). Un cochon vêtu d'une veste rouge marque l'entrée de ce bar sombre à l'ancienne – le plus sympathique de Hell's Kitchen – où l'on enchaîne les pichets de bière bon marché dans des box rouges semi-circulaires. La clientèle, variée, vient flirter ou regarder des matchs des Knicks (basket) au son d'une musique rock classique. Hot dogs offerts à chaque tournée.

☆ OÙ SORTIR

♥ RICHARD RODGERS THEATRE — THÉÂTRE

Plan p. 460 (Hamilton ; ☎212-221-1211 ; www.hamiltonmusical.com ; 226 W 46th St, entre 7th Ave et 8th Ave ; ⏲10h-18h lun-sam ; Ⓢ N/R/W arrêt 49th St). Ce théâtre ouvert en 1926 est exceptionnel à plusieurs égards. D'abord, il fut le premier à faire entrer tous ses spectateurs par les mêmes portes (les détenteurs des billets les moins chers passaient autrefois par une entrée séparée). Ensuite, sa

BARS GAYS DE HELL'S KITCHEN

Industry (plan p. 460 ; ☎646-476-2747 ; www.industry-bar.com ; 355 W 52nd St, entre 8th Ave et 9th Ave ; ⏲17h-4h ; Ⓢ C/E, 1 arrêt 50th St). Cet ancien garage abrite désormais l'un des meilleurs bars gays de Hell's Kitchen – un espace élégant de 370 m² avec de beaux salons, un billard et une scène accueillant d'excellentes drag-queens. Venez entre 17h et 21h pour profiter de deux verres pour le prix d'un, ou plus tard pour faire la fête parmi une foule de jolis garçons. Paiement en espèces uniquement.

Hardware (plan p. 460 ; ☎212-924-9885 ; www.hardware-bar.com ; 697 10th Ave, entre 47th St et 48th St, Midtown West ; ⏲14h-4h ; Ⓢ C/E arrêt 50th St). Ce bar d'apparence anodine dans l'ouest de Hell's Kitchen accueille certains des meilleurs spectacles de drag-queens de New York. Des reines de la nuit locales et internationales s'y produisent chaque soir et les après-midi du week-end pour le "Skinny Brunch" (pas de nourriture, mais des mimosas et Bloody Mary à 6 $).

Flaming Saddles (plan p. 460 ; ☎212-713-0481 ; www.flamingsaddles.com/nyc ; 793 9th Ave, entre W 52nd St et W 53rd St, Midtown West ; ⏲15h-4h lun-ven, 12h-4h sam-dim ; Ⓢ C/E arrêt 50th St). Un bar gay country dans Midtown ! On y voit de séduisants barmen danser en jean moulant sur le bar au son de la musique country, des cow-boys urbains en herbe, le tout dans une ambiance virile. Enfilez vos bottes pour une soirée endiablée ! Cuisine tex-mex pour les petits creux et *happy hour* sur certains cocktails chaque soir.

Boxers NYC HK (plan p. 460 ; ☎212-951-1518 ; boxersnyc.com/hk). Matchs de football américain à la TV, poulet épicé, serveurs torse nu, terrasse sur le toit : ce bar sportif gay a bien des atouts.Celui du 742 9th Ave a fermé ses portes en 2020 mais devrait rouvrir une nouvelle adresse en 2022 dans Hell's Kitchen, dans un lieu sur 3 étages, avec toit-terrasse et *happy hour* tous les soirs jusqu'à 21h. En attendant, pour les plus pressés, le premier Boxers NYC de la chaîne (p. 177) se trouve dans le Flatiron District.

salle est reconnue pour avoir accueilli le plus de pièces et de comédies musicales récompensées aux Tony Awards. Véritable phénomène de société, encensée par les époux Obama, la comédie musicale *Hamilton* de Lin-Manuel Miranda y affiche complet depuis juillet 2015. Racontant sur fond de rythmes hip-hop contemporains l'histoire d'Alexander Hamilton, immigré orphelin devenu premier secrétaire du Trésor américain, le spectacle a remporté onze Tony Awards (dont celui de la meilleure comédie musicale), un Grammy pour sa bande-son trois fois disque de platine, et un prix Pulitzer dans la catégorie œuvre théâtrale.

Réservez au moins six mois à l'avance ou attendez-vous à un prix très élevé sur le site Internet. Sinon, participez à la loterie accessible sur www.luckyseat.com ou sur l'application Hamilton (eh oui, le spectacle a un tel succès qu'il a sa propre application !). Les gagnants obtiendront une ou deux places au premier rang pour 10 $.

♥ JAZZ AT LINCOLN CENTER — JAZZ

Plan p. 460 (☎réservations Dizzy's Club 212-258-9595, billetterie Rose Theater et Appel Room 212-721-6500 ; www.jazz.org ; Time Warner Center, 10 Columbus Circle, Broadway, à hauteur de W 59th St ; Ⓢ A/C, B/D, 1 arrêt 59th St-Columbus Circle). Tout en haut du Time Warner Center, le Jazz at Lincoln Center est composé de trois salles dernier cri : le **Rose Theater**, de taille moyenne ; l'**Appel Room**, panoramique et vitrée ; et le **Dizzy's Club**, à l'ambiance intime, qui accueille régulièrement des spectacles le soir (entrée 5-45 $). La qualité des concerts est souvent exceptionnelle et la vue sur Central Park éblouissante.

♥ CARNEGIE HALL — CONCERTS

Plan p. 460 (☎212-247-7800 ; www.carnegiehall.org ; 881 7th Ave, à hauteur de W 57th St ; visite guidée adulte/enfant 17/12 $; ⏲visites guidées 11h30, 12h30, 14h et 15h lun-ven, 11h30 et 12h30 sam sept-juin ; Ⓢ N/R/W arrêt 57th St-7th Ave).

1

JEFF WHYTE/SHUTTERSTOCK ©

EQROY/SHUTTERSTOCK ©

1. The Vessel (p. 200)
Faites un peu d'exercice en explorant ce réseau de 154 escaliers dans Hudson Yards.

2. Top of the Rock (p. 198)
Profitez de la vue extraordinaire sur Manhattan depuis le 70e étage du Rockefeller Center.

3. Intrepid Sea, Air & Space Museum (p. 199)
Embarquez dans le simulateur de vol de ce musée très interactif consacré aux armées.

4. Bryant Park (p. 196)
Jouez aux échecs, apprenez une nouvelle langue ou faites du yoga dans une oasis de verdure.

LET GO MEDIA/SHUTTERSTOCK ©

Si cette salle de concert mythique n'est ni la plus grande ni la plus majestueuse du monde, c'est indéniablement l'une des meilleures du point de vue de l'acoustique et l'une des plus connues. L'**auditorium Isaac Stern** voit se produire de grands interprètes d'opéra, de jazz et de folk, tandis que le très populaire **Zankel Hall** accueille des concerts plus pointus de jazz, de pop, de musique classique et de musiques du monde. Plus intime, le **Weill Recital Hall** accueille quant à lui des concerts de musique de chambre ou de jeunes artistes et des tables rondes.

De septembre à juin, le Carnegie Hall propose des **visites guidées** d'une heure apportant un éclairage sur la riche histoire du lieu. Les heures varient suivant les horaires des spectacles et des répétitions : consultez le site Internet au préalable. On y trouve aussi le **Rose Museum**, qui revient sur l'illustre histoire du lieu au moyen de véritables trésors d'archives (11h-16h30 ; fermé fin juil à mi-sept).

♥ BIRDLAND — JAZZ

Plan p. 460 (☎212-581-3080 ; www.birdlandjazz.com ; 315 W 44th St, entre 8th Ave et 9th Ave ; 25-50 $; ⏲17h-1h ; 📶 ; Ⓢ A/C/E arrêt 42nd St-Port Authority Bus Terminal). Cette salle de légende aux allures chics doit son nom à Charlie Parker, surnommé "Bird", qui tenait la vedette de cette scène alors située sur 52nd St, de même que Miles Davis et Thelonious Monk, entre autres. Leurs portraits sont accrochés aux murs. Désormais installé dans 44th St, le club à l'atmosphère intimiste accueille notamment un big band électrisant le vendredi à 17h30.

SIGNATURE THEATRE — THÉÂTRE

Plan p. 460 (The Pershing Square Signature Center ; ☎212-967-1913, billetterie 212-244-7529 ; www.signaturetheatre.org ; 480 W 42nd St, entre 9th Ave et 10th Ave, Midtown West ; Ⓢ A/C/E arrêt 42nd St-Port Authority Bus Terminal). Dans ses locaux conçus par Frank Gehry – comprenant trois salles de théâtre, une librairie et un café –, le Signature Theatre se consacre à l'œuvre de ses dramaturges en résidence, d'hier ou d'aujourd'hui. Parmi eux ont figuré Tony Kushner, Edward Albee, Anna Deavere Smith et Kenneth Lonergan. Outre les spectacles, le théâtre propose des rencontres avec des dramaturges, des metteurs en scène, des décorateurs et des acteurs. Réservez vos places au moins un mois à l'avance.

EUGENE O'NEILL THEATRE — THÉÂTRE

Plan p. 460 (The Book of Mormon ; ☎212-840-0479, billetterie 888-985-9421 ; www.bookofmormonbroadway.com ; 230 W 49th St, entre Broadway Ave et 8th Ave ; ⏲billetterie 10h-20h lun-sam, 12h-19h dim ; Ⓢ N/R/W arrêt 49th St, 1 arrêt 50th St, C/E arrêt 50th St). En moins d'un siècle d'existence, ce théâtre a connu une programmation aussi changeante – passant de la familiale comédie musicale *Annie* à la sulfureuse *Cage aux poules* (*The Best Little Whorehouse in Texas*) – que ses propriétaires. Il appartint au dramaturge Neil Simon avant d'être vendu à ses propriétaires actuels, Jujamcyn Theaters, en 1982.

Subversive et hilarante, *The Book of Mormon*, une satire musicale cinglante, est l'œuvre des créateurs de *South Park* et de Robert Lopez, coauteur de la comédie musicale *Avenue Q*. Récompensée par neuf Tony Awards, elle raconte l'histoire de deux mormons naïfs en mission pour "sauver" un village ougandais. Réservez au moins trois mois à l'avance pour pouvoir choisir votre place et votre fourchette de prix, ou prenez le risque de payer plus cher à la dernière minute. Vous pouvez aussi tenter votre chance avec la loterie en ligne (www.luckyseat.com). Les gagnants, dont les noms sont dévoilés deux heures avant le lever de rideau, peuvent alors acheter des billets à 45 $. Dans la foulée, un nombre limité de places debout sont vendues 27 $ à la billetterie (sous réserve de disponibilité ; il y a généralement la queue).

PLAYWRIGHTS HORIZONS — THÉÂTRE

Plan p. 460 (☎212-564-1235 ; www.playwrightshorizons.org ; 416 W 42nd St, entre 9th Ave et 10th Ave, Midtown West ; Ⓢ A/C/E arrêt 42nd St-Port Authority Bus Terminal). Une scène idéale pour découvrir avant tout le monde des pièces de théâtre contemporaines américaines qui pourraient devenir de grands succès. Certaines des pièces produites ici au cours de dernières années ont remporté des prix prestigieux. On a notamment pu y applaudir *The Flick* d'Annie Baker (lauréat du prix Pulitzer), *Lobby Hero*, de Kenneth Lonergan, *Clybourne Park*, de Bruce Norris (lauréat d'un Tony Award), ainsi que *I Am My Own Wife* et *Grey Gardens* de Doug Wright.

100% LOCAL

BONNES AFFAIRES À BROADWAY

À moins de réserver plusieurs mois à l'avance, les comédies musicales incontournables de Broadway peuvent atteindre des prix astronomiques. Tous les jours, le fournisseur de billets dégriffés TKTS (p. 184) propose des tarifs très intéressants, mais rarement pour les spectacles les plus courus. Pour ces derniers, le mieux est de se rendre directement à la billetterie du théâtre et d'espérer un billet de dernière minute à prix réduit.

Pour nombre de spectacles les plus populaires – dont *Hamilton* (p. 206) et *The Book of Mormon* (page ci-contre) – des tirages au sort sont organisés, généralement via leur site Internet ou sur www.luckyseat.com, voire aux théâtres mêmes. Si votre nom est pioché, vous pourrez acheter des places à prix cassés. Malheureusement, ces billets sont en nombre limité et la demande est si forte qu'en obtenir tient du coup de chance.

D'autres productions prévoient des billets de dernière minute en nombre limité, disponibles à l'ouverture de la billetterie. Là encore, l'offre réduite et la demande élevée se traduisent par de longues files d'attente matinales.

Plusieurs théâtres proposent aussi des billets "SRO" (Standing Room Only), qui permettent d'assister au spectacle debout à des endroits numérotés. Ces emplacements, de la largeur d'un siège standard, sont généralement situés derrière l'orchestre. Hélas, ces billets dégriffés (ils peuvent coûter 27-40 $) ne sont généralement disponibles qu'en cas de spectacle à guichets fermés. S'il n'existe aucun moyen infaillible de prédire pareille éventualité, sachez que *Hamilton* et *The Book of Mormon* affichent souvent complet. Les politiques des théâtres pouvant évoluer, consultez le site Internet du spectacle qui vous intéresse avant de vous rendre sur place.

LYRIC THEATRE — THÉÂTRE

Plan p. 460 (Harry Potter and the Cursed Child ; ☎855-551-9777 ; www.lyricbroadway.com ; 214 W 43rd St, entre 7th Ave et 8th Ave, Midtown West ; ⏲billetterie 10h-18h lun-dim, 10h-19h mar-ven ; ⓈN/Q/R, S, 1/2/3, 7 arrêt 42nd St-Times Sq). Les façades de deux demeures centenaires de Broadway cachent un théâtre moderne inauguré en 1997 dans le cadre d'un grand projet de rénovation de 42nd St. On y joue actuellement la pièce *Harry Potter and the Cursed Child* (divisée en deux parties), un immense succès qui attire les fans de tous âges et a remporté six Tony Awards.

GERSHWIN THEATRE — THÉÂTRE

Plan p. 460 (Wicked ; ☎212-586-6510 ; www.wickedthemusical.com ; 222 W 51st St, entre Broadway Ave et 8th Ave, Midtown West ; ⓈC/E, 1 arrêt 50th St). Initialement nommé Uris Theatre, c'est l'un des plus grands théâtres de Broadway, avec presque 2 000 places. Il a produit l'un des plus grands échecs du genre (*Via Galactica*, du compositeur de *Hair*, déprogrammée en 1972 après 7 représentations en entraînant une perte de plus d'un million de dollars), mais aussi de nombreux succès, parmi lesquels *Chantons sous la pluie*, *Oklahoma!* et actuellement la comédie musicale multi-récompensée *Wicked*, inspirée du *Magicien d'Oz*.

MINSKOFF THEATRE — THÉÂTRE

Plan p. 460 (Le Roi Lion ; ☎212-869-0550 ; www.lionking.com ; 200 W 45th St, à hauteur de 7th Ave, Midtown West ; ⏲billetterie 10h-20h lun-sam, 11h-18h30 dim ; ♿ ; ⓈN/Q/R, S, 1/2/3, 7 arrêt Times Sq-42nd St). Depuis 1973, l'immense Minskoff Theatre est le cadre de spectacles, concours de beauté et autres événements. On y joue actuellement *Le Roi Lion* de Disney.

ROUNDABOUT THEATRE COMPANY — THÉÂTRE

Plan p. 460 (☎212-719-1300 ; www.roundabouttheatre.org ; 111 W 46th St, entre 6th Ave et 7th Ave, Midtown West ; ⓈN/Q/R arrêt 49th St, B/D/F/M arrêt 47th St-50th St). Le Harold and Miriam Steinberg Center for Theatre abrite deux théâtres modernes, où la Roundabout Theatre Company se produit dans des pièces célèbres ou inédites, des classiques et des comédies musicales. La compagnie crée aussi des productions dans leur théâtre de W 42nd St, l'**American Airlines Theatre**, au **Stephen Sondheim Theatre** sur W 43rd St et au **Studio 54** sur W 54th St.

MADISON SQUARE GARDEN SPORT, CONCERTS

Plan p. 460 (MSG, "the Garden" ; www.thegarden.com ; 4 Pennsylvania Plaza, 7th Ave entre 31st St et 33rd St ; S A/C/E, 1/2/3 arrêt 34th St-Penn Station). Cette salle, la plus grande de la ville, fait partie d'un complexe abritant aussi la gare de Penn Station (p. 400). C'est là que vous pourrez voir de grands noms en concert. C'est aussi un centre sportif où se tiennent les matchs des basketteurs des **New York Knicks** (www.nba.com/knicks) et des **New York Liberty** (liberty.wnba.com), ainsi que de l'équipe de hockey des **New York Rangers** (www.nhl.com/rangers). Sans oublier des rencontres de boxe et le concours canin annuel du **Westminster Kennel Club Dog Show** (www.westminsterkennelclub.org) !

THE SHED CENTRE CULTUREL ET ARTISTIQUE

Plan p. 460 (646-455-3494 ; www.theshed.org ; 545 W 30th St, à hauteur de 10th Ave, Hudson Yards, Midtown ; exposition tarif plein/réduit 10-25/18 $ selon expo, gratuit -18 ans ; expositions 11h-18h dim, mer et jeu, jusqu'à 20h ven-sam ; S 7 arrêt 34th St-Hudson Yards). Conçu par le cabinet Diller Scofidio + Renfro, cet édifice qui semble recouvert d'un édredon douillet monté sur rails, pour une infinité d'adaptations possibles, est le plus intéressant du complexe d'Hudson Yards. Deux espaces de performance et deux galeries y accueillent des œuvres inédites dans des disciplines variées. On y trouve aussi une librairie d'art et un vaste bar lounge. La saison inaugurale a vu se produire des artistes aussi divers que Björk, Renee Fleming, Boots Riley, Trisha Donnelly, Arvo Pärt et Sia.

AUGUST WILSON THEATRE THÉÂTRE

Plan p. 460 (212-840-0479, billetterie 888-985-9421 ; www.jujamcyn.com ; 245 W 52nd St, entre Broadway et 8th Ave, Midtown West ; billetterie 10h-18h lun-sam ; S 1 arrêt 50th St, B/D, E arrêt 7th Ave). Ce théâtre de 1 200 places, bâti en 1925, s'est vu baptiser du nom du dramaturge August Wilson, lauréat du prix Pulitzer, juste après son décès en 2005. Sa scène accueille actuellement *Funny Girl*, l'adaptation musicale de la vie de Fanny Brice, star de cabaret des années 1920 – adaptée au cinéma en 1968, avec Barbra Streisand et Omar Sharif.

AMBASSADOR THEATRE THÉÂTRE

Plan p. 460 (Chicago ; billetterie 212-239-6200 ; chicagothemusical.com ; 219 W 49th St, entre Broadway Ave et 8th Ave ; billetterie 10h-20h30 lun-sam, 12h-19h30 dim ; S N/R/W arrêt 49th St, 1, C/E arrêt 50th St). Monument des années 1920, l'Ambassador Theater fut construit de biais afin d'optimiser sa capacité d'accueil. On y donne actuellement le grand classique de la comédie musicale, *Chicago*, l'un des spectacles les plus joués et les plus populaires de Broadway.

DON'T TELL MAMA CABARET

Plan p. 460 (piano-bar 212-757-0788, cabaret 646-637-2806 ; www.donttellmamanyc.com ; 343 W 46th St, entre 8th Ave et 9th Ave, Midtown West ; 16h-2h30 dim-jeu, 16h-3h30 ven-sam ; S N/Q/R, S, 1/2/3, 7 arrêt Times Sq-42nd St). Piano-bar et cabaret hors du commun, le Don't Tell Mama est une petite salle qui existe depuis maintenant 40 ans. Les artistes qu'elle accueille ne sont pas de grands noms, mais de vrais amoureux de la scène qui donnent tout à chaque représentation, et le personnel chanteur participe à l'animation.

SECOND STAGE THEATER THÉÂTRE

Plan p. 460 (Tony Kiser Theater ; billetterie 212-246-4422 ; 2st.com ; 305 W 43rd St, à hauteur de 8th Ave, Midtown West ; billetterie 12h-18h ; S A/C/E arrêt 42nd St-Port Authority Bus Terminal). Il s'agit de l'une des deux salles gérées par le Second Stage Theater, compagnie à but non lucratif réputée pour mettre en scène les œuvres de talentueux auteurs émergents, ainsi que de noms plus connus. Les amateurs de théâtre américain contemporain de qualité trouveront ici leur bonheur.

CAROLINE'S ON BROADWAY CABARET COMIQUE

Plan p. 460 (212-757-4100 ; www.carolines.com ; 1626 Broadway, à hauteur de 50th St, Midtown West ; 18-60 $; S N/R/W arrêt 49th St, 1, C/E arrêt 50th St). Cette belle et grande salle est apparue dans de nombreux films, et de grands noms s'y produisent. Idéal pour croiser des stars américaines de comédies et de sitcoms.

NEW YORK CITY CENTER DANSE

Plan p. 460 (billetterie 212-581-1212 ; www.nycitycenter.org ; 131 W 55th St, entre 6th Ave et 7th Ave, Midtown West ; billetterie 12h-20h lun-sam, 12h-19h30 dim ; ⓈN/Q/R arrêt 57th St-7th Ave). Surmonté d'un dôme rouge, cet édifice de style mauresque accueille des troupes de danse (comme l'Alvin Ailey American Dance Theater), des pièces de théâtre, le New York Flamenco Festival en février ou en mars, et le populaire Fall for Dance Festival en septembre ou en octobre.

SHOPPING

C'est à Midtown que se trouvent les mythiques artères commerciales de Madison Ave et 5th Ave, le quartier des diamantaires de W 47th St et une variété impressionnante de boutiques vendant de tout, des livres rares aux photos de

ASSISTER AUX ÉMISSIONS TÉLÉVISÉES

Vous souhaitez faire partie du public de l'une des émissions américaines les plus célèbres ? À New York, vous êtes au bon endroit. Suivez les instructions ci-dessous pour participer à certains des enregistrements les plus prisés.

Saturday Night Live (www.nbc.com/saturday-night-live). Il est difficile de faire partie du public de cette émission, l'une des plus regardées du pays. Vous pouvez tenter votre chance au tirage au sort organisé à l'automne. Envoyez un e-mail à snltickets@nbcuni.com en août ou faites la queue au Rockefeller Plaza (côté 48th St) à 7h un jour d'émission – on y distribue alors des billets permettant d'être placé sur une liste d'attente *(stand-by tickets)*. Vous devrez choisir entre la répétition générale de 20h ou l'émission en direct, à 23h30. Prévoyez d'avoir une pièce d'identité avec photo lors de la remise du billet, et au moment de l'émission. Les spectateurs doivent être âgés de 16 ans au minimum.

The Late Show with Stephen Colbert Les billets pour cette émission tardive à succès peuvent s'acheter en ligne, mais ils sont bien souvent épuisés le jour même de leur mise en vente. Consultez le compte Twitter officiel du *Late Show* (@colbertlateshow) et sa page Facebook pour connaître les dates, généralement annoncées un à deux mois à l'avance. Même si vous parvenez à réserver des places, il vous faudra arriver à l'**Ed Sullivan Theater** (plan p. 460 ; www.showclix.com/event/thelateshowwithstephencolbert ; 1697 Broadway, entre W 53rd St et W 54th St) pas plus tard qu'à 14h le jour de l'enregistrement. Les places attribuées à la réservation étant plus nombreuses que celles réellement disponibles, vous pouvez même arriver plus tôt pour augmenter vos chances d'entrer. Les enregistrements du *Late Show* ont lieu du lundi au vendredi à 17h. Les spectateurs doivent être âgés de 18 ans minimum.

The Daily Show with Trevor Noah (plan p. 460 ; www.showclix.com/event/thedailyshowwithtrevornoah ; 733 11th Ave, entre W 51st St et W 52nd St). Inscrivez-vous en ligne pour pouvoir assister à l'enregistrement de cette populaire parodie de journal télévisé. Pour chaque émission, les réservations s'ouvrent progressivement quelques semaines avant l'enregistrement, et il convient donc de consulter régulièrement le site. Les enregistrements ont lieu de 18h à 20h30, du lundi au jeudi. L'accueil du public commence à 16h, et mieux vaut ne pas arriver plus tard pour être sûr d'entrer. Les spectateurs doivent être âgés de 18 ans minimum.

Last Week Tonight with John Oliver Les places pour l'émission d'actualité de ce Britannique à l'humour mordant sont disponibles sur www.lastweektickets.com jusqu'à un mois avant le jour de l'enregistrement. Celui-ci a lieu le dimanche à 18h30 au **CBS Broadcast Center** (plan p. 460 ; www.lastweektickets.com ; 528 W 57th St, entre 10th Ave et 11th Ave) et les spectateurs, âgés de 18 ans minimum, doivent arriver au moins 40 minutes à l'avance.

Full Frontal with Samantha Bee (www.theblacklistnyc.com/ffshow.htm). Samantha Bee enchaîne les critiques acerbes et hilarantes sur les hommes politiques et faiseurs de scandales qui font les gros titres de la presse. Son émission est enregistrée le mercredi à 17h45. Billets disponibles en ligne.

Pour en savoir plus sur les différentes émissions, consultez les sites des chaînes de TV ou www.nycgo.com/articles/tv-show-tapings.

stars hollywoodiennes dédicacées, en passant par des manteaux de créateurs. Pour faire vous-même vos vêtements, explorez les immenses magasins de tissus et merceries de Garment District (autour de 7th Ave et 37th St). À Times Square, les loyers astronomiques ne font peur ni aux boutiques de souvenirs ni aux géants tels que Disney et M&M's. Plus bas, à Herald Square, Macy's est l'un des plus vastes magasins du monde.

Midtown East et 5th Avenue

ARGOSY — LIVRES

Plan p. 456 (212-753-4455 ; www.argosybooks.com ; 116 E 59th St, entre Park Ave et Lexington Ave, Midtown East, 11h-18h lun-sam ; S 4/5/6 arrêt 59th St, N/Q/R arrêt Lexington Ave-59th St). Les commerces de ce genre se font aussi rares que les livres qu'ils renferment : depuis 1925, cette librairie d'occasion récupère des cartes et livres anciens, dont des monographies d'art. On y trouve aussi une intéressante collection de souvenirs de Hollywood : lettres personnelles, contrats, livres ou clichés publicitaires dédicacés. Les prix vont du très cher au bradé.

SAKS FIFTH AVENUE — GRAND MAGASIN

Plan p. 456 (212-753-4000 ; www.saksfifthavenue.com ; 611 5th Ave, à hauteur de E 50th St ; 11h-19h lun-sam, 12h-18h dim ; S B/D/F/M arrêt 47th St-50th St-Rockefeller Center, E, M arrêt 5th Ave-53rd St). Avec plus de 60 000 m² d'espace de vente répartis sur 10 étages, le principal magasin Saks abrite le Shoe Salon, le plus grand magasin de chaussures pour femmes de la ville. Le lieu se distingue par sa section hommes et son étage beauté rénovés, son salon de coloration Joel Warren et sa sélection de marques à la pointe de la mode. Les soldes de janvier chez Saks sont légendaires.

BLOOMINGDALE'S — GRAND MAGASIN

Plan p. 456 (212-705-2000 ; www.bloomingdales.com ; 1000 3rd Ave, à hauteur de E 59th St ; 11h-20h lun-sam, 11h-19h dim ; ; S 4/5/6 arrêt 59th St, N/R/W arrêt Lexington Ave-59th St). L'immense "Bloomies" est aux grands magasins ce que le Metropolitan Museum est aux musées : mythique, gigantesque, incontournable... et bondé. Arpentez ses rayons pour découvrir vêtements et chaussures provenant des plus grands couturiers américains et internationaux, ainsi que de jeunes créateurs. Pour recharger vos batteries, vous trouverez notamment une boutique Magnolia Bakery, le paradis du cupcake.

GRAND CENTRAL MARKET — MARCHÉ

Plan p. 456 (www.grandcentralterminal.com/market ; Grand Central Terminal, Lexington Ave, à hauteur de 42nd St, Midtown East ; 8h-19h lun-ven, 11h-17h sam-dim ; S S, 4/5/6, 7 arrêt Grand Central-42nd St). On ne va pas à Grand Central Station que pour prendre le train. La gare abrite aussi une galerie de 70 m de long, bordée de superbes stands de produits frais et de mets artisanaux : pain de campagne, tartes aux fruits, sushis, tourtes au poulet, pâte de coing espagnole, thé en vrac, antipasti, café en grains... Il y a même un étal de Murray's Cheese (p. 163) vendant de délicieux fromages.

NEW YORK TRANSIT MUSEUM STORE — SOUVENIRS

Plan p. 456 (212-878-0106 ; www.nytransitmuseumstore.com ; Grand Central Terminal, 89 E 42nd St, à hauteur de Park Ave, Midtown East ; 11h30-18h mer-ven ; S S, 4/5/6, 7 arrêt Grand Central-42nd St). Dans Grand Central, près de la salle d'attente Station Master's Office, cette boutique vend des souvenirs originaux sur le thème des transports new-yorkais : mugs, T-shirts et couvre-chefs ornés de votre ligne de métro préférée, bijoux faits de vieux jetons, sacs, trousses, trains miniatures et bien d'autres curiosités.

Midtown West et Times Square

MOMA MUSEUM & DESIGN STORES — SOUVENIRS

Plan p. 460 (212-708-9700 ; www.momastore.org ; 11 W 53rd St, entre 5th Ave et 6th Ave ; 10h30-18h dim-ven, jusqu'à 19h sam ; S E, M arrêt 5th Ave-53rd St). Récemment rénové, le magasin très design du MoMA (p. 187) est idéal pour trouver de beaux souvenirs. Il rassemble d'excellents livres (sur l'art, l'architecture ou encore la culture populaire, avec une section pour enfants), des affiches et toutes sortes d'articles originaux. De l'autre côté de la rue, le **MoMA Design Store** (10h-18h30 tlj) vend meubles, objets pour la maison, bijoux, sacs et souvenirs arty.

BERGDORF GOODMAN GRAND MAGASIN

Plan p. 456 (☎212-753-7300 ; www.bergdorfgoodman.com ; 754 5th Ave, entre W 57th St et 58th St ; ⏲11h-19h lun-mer, 11h-20h jeu-sam, 11h-18h dim ; Ⓢ N/Q/R/W arrêt 5th Ave-59th St, F arrêt 57th St). Le “BG”, installé ici depuis 1928, n'est pas uniquement apprécié pour ses vitrines de Noël (les plus belles de la ville), il est aussi à la pointe en matière de marques grâce à sa directrice Linda Fargo, l'une des femmes les plus influentes de la mode, surnommée “les yeux de Bergdorf Goodman”. Rendez-vous des dames de la haute société, ce magasin est notamment couru pour ses collections exclusives et son rayon de souliers pour femmes. Le magasin pour hommes est de l'autre côté de la rue.

FINE & DANDY MODE ET ACCESSOIRES

Plan p. 460 (☎212-247-4847 ; www.fineanddandyshop.com ; 445 W 49th St, entre 9th Ave et 10th Ave, Midtown West ; ⏲12h-18h mer-lun ; Ⓢ C/E arrêt 50th St). Ce tout petit magasin de vêtements pour gentlemen est spécialisé dans les accessoires de mode à l'ancienne : nœuds papillon, lavallières, bretelles brodées, boutons de manchettes et épingles à cravate y côtoient canotiers, casquettes plates, étuis à cigarettes et chaînes de montre à gousset (et même des guêtres !). Vous n'aurez jamais vu autant de tweed et de motifs à carreaux dans un même lieu !

FAO SCHWARZ JOUETS

Plan p. 456 (☎800-326-8638 ; www.faoschwarz.com ; 30 Rockefeller Plaza ; ⏲11h-20h ; 👪 ; Ⓢ B/D/F/M arrêt 47th St-50th St-Rockefeller Center). En 2015, les New-Yorkais ont pleuré la fermeture de ce magasin de jouets historique de 5th Ave ouvert en 1862, qui figure notamment dans le film *Big* (1988), dans lequel Tom Hanks saute sur les touches de son clavier de piano géant. Il a heureusement rouvert en 2018 dans le Rockefeller Center, plus réjouissant que jamais, son célèbre clavier trônant à l'étage.

NEPENTHES NEW YORK MODE ET ACCESSOIRES

Plan p. 460 (☎212-643-9540 ; www.nepenthesny.com ; 307 W 38th St, entre 8th Ave et 9th Ave ; ⏲12h-19h lun-sam, 12h-17h dim ; Ⓢ A/C/E arrêt 42nd St-Port Authority Bus Terminal). Installée dans un ancien atelier de couture du Garment District, cette coopérative japonaise culte vend des marques pour hommes comme Engineered Garments et Needles, réputées pour leur souci du détail et leur production artisanale. On notera l'influence des vêtements de travail vintage. Parmi les accessoires figurent des sacs, des cartables, des gants, des chapeaux, des lunettes et des chaussures.

B&H PHOTO VIDEO MATÉRIEL ÉLECTRONIQUE

Plan p. 460 (☎212-239-7765, 800-221-5743 ; www.bhphotovideo.com ; 420 9th Ave, entre W 33rd St et 34th St ; ⏲9h-19h lun-jeu, 9h-14h ven, 10h-18h dim, fermé sam ; Ⓢ A/C/E arrêt 34th St-Penn Station). Visiter ce magasin très populaire est une expérience en soi. Immense et bondé, il est peuplé de vendeurs juifs hassidiques vêtus de noir et très au fait en matière de technologie. Les articles que vous choisissez sont placés dans des tubes de plastique et hissés au plafond où un tapis roulant les achemine jusqu'aux caisses (où vous ferez à nouveau la queue).

MACY'S GRAND MAGASIN

Plan p. 460 (☎212-695-4400 ; www.macys.com ; 151 W 34th St, à hauteur de Broadway, Midtown West ; ⏲11h-22h lun-mer et ven-sam, 11h-21h jeu et dim ; Ⓢ B/D/F/M, N/Q/R/W arrêt 34th St-Herald Sq, A/C/E arrêt Penn Station). Occupant presque un *block* entier à lui seul, ce grand magasin – le plus vaste des États-Unis – propose des articles de mode, du mobilier, des ustensiles de cuisine, du linge de maison, etc. Plutôt que des produits de luxe, on y trouve surtout des marques grand public et des grands noms de la cosmétique. Le bâtiment abrite également un comptoir d'information du NYC Information Center (p. 410) distribuant des plans gratuits de la ville et des bons de réduction de 10% pour les touristes (prévoyez une carte d'identité valide).

SPORTS ET ACTIVITÉS

CENTRAL PARK BIKE TOURS LOCATION DE VÉLOS

(☎212-541-8759 ; www.centralparkbiketours.com ; 203 W 58th St, à hauteur de 7th Ave ; location adulte 2 heures/journée (tarif Web) 19/34 $, visites 2 heures adulte/enfant 34/24,50 $; ⏲location 8h-20h tlj, visites 9h, 10h, 13h et 16h ; Ⓢ A/C, B/D, 1 arrêt 59th St-Columbus Circle).

Cette enseigne loue toutes sortes de bons vélos (dont des électriques) et organise des promenades de 2 heures dans Central Park et dans le quartier de Brooklyn Bridge. Réduction de 30% sur les promenades en réservant sur le site Internet.

MANHATTAN COMMUNITY BOATHOUSE — KAYAK

Plan p. 460 (www.manhattancommunityboathouse.org ; Pier 96, à hauteur de W 56th St, Hudson River Park ; 10h-18h sam-dim juin à mi-oct, et 17h30-19h30 lun-mer juin-août ; M12 arrêt 12th Ave/56th St, S A/C, B/D, 1 arrêt 59th St-Columbus Circle). GRATUIT Envie de pagayer sur le majestueux fleuve Hudson ? Vous pouvez le faire gratuitement les week-ends d'été en vous présentant à ce hangar à bateaux géré par des bénévoles. Cours de technique et de sécurité également gratuits.

THE RINK AT ROCKEFELLER CENTER — PATINOIRE

Plan p. 456 (212-771-7200 ; www.rockefellercenter.com/attractions/the-rink-at-rockefeller-center ; Rockefeller Center, 5th Ave, entre W 49th St et 50th St ; tarif plein/enfant -6 ans 20-54/8-22 $, location de patins 10 $; 9h-minuit mi-oct à avr ; S B/D/F/M 47th St-50th St-Rockefeller Center). De mi-octobre ou début novembre à avril, Rockefeller Plaza accueille la plus célèbre patinoire de New York. Installée au pied des 70 étages Art déco du Rockefeller Center (p. 193), elle est agrémentée et d'un immense sapin de Noël durant les fêtes. Les tarifs varient du simple au double selon la date et l'heure.

Upper East Side

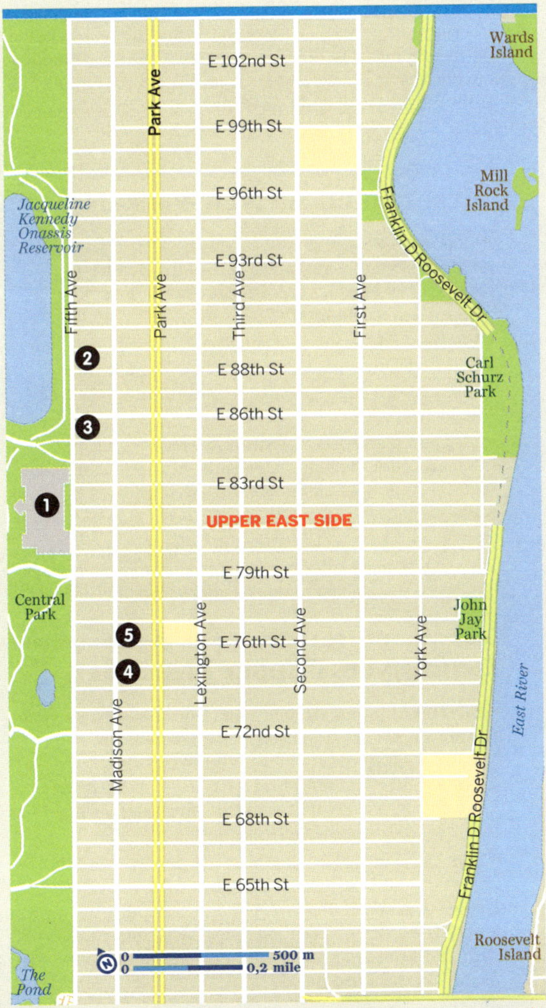

Pour un plan plus détaillé, reportez-vous p. 462

Notre sélection

❶ Quelques heures (ou jours) à flâner parmi les trésors inestimables du **Metropolitan Museum of Art** (p. 220).

❷ La rampe en spirale du **musée Guggenheim** (p. 219), chef-d'œuvre architectural de Frank Lloyd Wright, à suivre pour découvrir la dernière installation d'art moderne présentée au musée.

❸ Les tableaux dorés de Gustav Klimt à la **Neue Galerie** (p. 224), puis un déjeuner de spécialités viennoises dans l'élégant café du musée.

❹ Les chefs-d'œuvre de la Frick Collection, à voir sous un nouveau jour jusqu'en 2023 à la **Frick Madison** (p. 224), dans le bâtiment brutaliste de Marcel Breuer.

❺ Un cocktail en début de soirée à l'élégant **Bemelmans Bar** (p. 228), dont les peintures murales rappellent la grande époque du jazz à New York.

Bon plan Lonely Planet

L'Upper East Side est synonyme d'opulence à l'ancienne, surtout dans le périmètre qui va de 60th St à 86th St, entre Park Ave et 5th Ave. Si vous cherchez des adresses plus abordables où manger ou prendre un verre, essayez l'est de Lexington Ave. 1st Ave, 2nd Ave et 3rd Ave sont bordées d'enseignes de quartier moins chères.

Le top des restaurants

- Tanoshi (p. 228)
- Levain Bakery (p. 226)
- Papaya King (p. 226)
- Café Sabarsky (p. 227)
- Sfoglia (p. 227)

Voir détails p. 226

Le top des bars et cafés

- Bemelmans Bar (p. 228)
- UES NYC (p. 228)
- Pony Bar (p. 230)
- The Jeffrey (p. 230)
- Caledonia (p. 230)
- The Auction House (p. 230)

Voir détails p. 228

Le top des boutiques

- Blue Tree (p. 231)
- Tiny Doll House (p. 231)
- Michael's (p. 232)
- Mary Arnold Toys (p. 231)
- Albertine (p. 231)

Voir détails p. 231

Découvrir l'Upper East Side

Il y a de multiples façons de découvrir ce vaste quartier bourgeois. Commencez par descendre sur 5th Ave, surnommée "Museum Mile", depuis 96th St. Cette avenue est jalonnée d'hôtels particuliers anciens et d'institutions culturelles prestigieuses. Commencez tôt si possible : la seule visite du Metropolitan Museum of Art prend facilement la matinée. Entrez dans Central Park au sud de la 79th St et mêlez-vous aux foules venues pique-niquer ou s'allonger dans l'herbe de Cedar Hill. Dirigez-vous au sud jusqu'à la statue d'Alice au pays des merveilles, puis allez faire une pause sur un banc face aux petits bateaux voguant sur le bassin de Conservatory Water.

Au niveau de 72nd St, filez à l'est jusqu'à Madison Ave et bifurquez au sud, où vous pourrez admirer les vitrines extravagantes des boutiques de luxe Cartier, Prada ou encore Oscar de la Renta. Cette balade est émaillée de cafés à l'ancienne et de superbes restaurants. Bienvenue dans l'Upper East Side !

Vivre comme un New-Yorkais

- **Déjeuner avec le gratin** Le quartier est célèbre pour ses élégantes fortunées, arborant d'énormes sacs de luxe. Vous les croiserez croiserez sûrement au Sant Ambroeus (p. 227).
- **Lèche-vitrines jusqu'à plus soif** Envie du meilleur, mais pas les moyens ? Évitez les boutiques de luxe et préférez les dépôts-ventes haut de gamme comme Michael's (p. 232).
- **Le plein d'énergie** Savourez *macchiato* au top et viennoiseries fraîches au Sant Ambroeus Coffee Bar (p. 227) ou au très viennois Café Sabarsky (p. 227).
- **Pique-nique au parc** Composez votre propre assiette de charcuterie chez le traiteur de référence Schaller & Weber (p. 226) et allez la déguster au Carl Schurz Park (p. 225) à l'est, face à une vue superbe sur l'East River.

Depuis/vers l'Upper East Side

- **Métro** Les lignes 4/5/6 circulent nord-sud en suivant Lexington Ave, et la ligne Q dessert Lexington Ave et 63rd St, avant de remonter 2nd Ave jusqu'à 72nd St, 86th St et 96th St. La ligne F s'arrête aussi à Lexington Ave-63rd St avant de bifurquer vers Roosevelt Island et le Queens.
- **Bus** Les lignes M1, M2, M3 et M4 descendent 5th Ave (et remontent Madison Ave). Le bus M15, qui remonte 1st Ave et descend 2nd Ave, est pratique pour rejoindre les coins est de l'Upper East Side. Dans 66th St, 72nd St, 79th St, 86th St et 96th St, des bus relient l'Upper East Side à l'Upper West Side.

LES INCONTOURNABLES
GUGGENHEIM MUSEUM

Véritable sculpture en lui-même, le bâtiment en spirale conçu par l'architecte Frank Lloyd Wright éclipse presque la collection d'art du XXe siècle qu'il abrite. Avant même son ouverture, il fut tourné en ridicule par certains critiques, mais acclamé par d'autres, qui y virent d'emblée une icône architecturale. Depuis son ouverture, ce bâtiment hors du commun a figuré dans nombre de cartes postales, films et émissions télévisées.

Des origines abstraites

Le musée est né de la collection de Solomon R. Guggenheim, un magnat new-yorkais de l'industrie minière qui commença à acquérir des œuvres d'art abstrait à la soixantaine, sur les recommandations d'une baronne allemande excentrique du nom de Hilla Rebay. En 1939, Guggenheim ouvrit un musée temporaire dirigé par Hilla Rebay dans 54th St, baptisé musée de la Peinture non figurative. Ses murs étaient tendus de velours gris et on le visitait sur fond de musique classique et de vapeurs d'encens. Quatre ans plus tard, les partenaires chargèrent Wright de construire un lieu permanent pour accueillir la collection.

Comme tout projet d'aménagement à New York, celui-ci mit longtemps à se concrétiser. La construction fut retardée de presque treize ans à cause des contraintes budgétaires, de la Seconde Guerre mondiale et de l'indignation du voisinage à l'idée qu'un énorme ovni en béton atterrisse près de chez eux. Elle fut finalement achevée en 1959, après la disparition de Guggenheim et de Wright.

À NE PAS MANQUER

- Les expositions temporaires dans la Rotonde
- Le brunch au Wright
- La boutique du musée

INFOS PRATIQUES

- Plan p. 462, A3
- ☎212-423-3500
- www.guggenheim.org
- 1071 5th Ave, à hauteur de E 89th St
- Tarif plein/réduit 25/18 $, gratuit -12 ans, prix libre en espèces sam 16h-18h et tte la journée un sam/mois
- ⏲11h-18h jeu-lun
- 👪
- S 4/5/6, Q arrêt 86th St

Une pluie de critiques

Lorsque le Guggenheim ouvrit ses portes en octobre 1959, le droit d'entrée s'élevait à 50 ¢ et les œuvres exposées étaient signées de Kandinsky, Alexander Calder ou encore des expressionnistes abstraits Franz Kline et Willem De Kooning. L'édifice fut attaqué par le *New York Times*, mais d'autres ne tardèrent pas à en faire l'éloge en le présentant comme l'"un des plus beaux bâtiments d'Amérique". Intentionnellement ou non, Wright avait donné à la ville l'un de ses édifices les plus emblématiques.

Le musée aujourd'hui

Lors d'une rénovation réalisée au début des années 1990, on ajouta à l'est une tour de huit étages offrant plus de 4 750 m² d'espace d'exposition supplémentaire. Ces espaces présentent des œuvres de la collection permanente, tandis que la spirale de la Rotonde est occupée par les expositions temporaires. Le musée abrite notamment des œuvres de Kandinsky, Picasso et Jackson Pollock. Au fil du temps, la collection s'est enrichie de tableaux de Monet, Van Gogh et Degas, de sculptures de Brancusi, de photos de Robert Mapplethorpe et d'œuvres surréalistes majeures offertes par la nièce de Guggenheim, Peggy.

Visiter le musée

La rampe hélicoïdale du bâtiment principal accueille des expositions temporaires d'art moderne et contemporain. Wright souhaitait que les visiteurs montent au sommet de l'édifice, puis redescendent en parcourant les rampes, mais l'ascenseur exigu ne le permet pas. Les expositions sont donc installées de bas en haut.

LES INCONTOURNABLES
METROPOLITAN MUSEUM OF ART

Cet immense musée encyclopédique, fondé en 1870, abrite l'une des plus vastes et importantes collections d'art du monde, avec plus de deux millions de pièces, des temples égyptiens à la peinture américaine. Le "Met" attire plus de six millions de visiteurs par an dans ses 68 800 m² de galeries, qui en font le plus grand site touristique de New York. Prévoyez donc d'y passer un certain temps.

Art égyptien

Le musée présente une collection incomparable d'œuvres égyptiennes antiques, dont certaines datent du paléolithique. Situées au nord du grand hall, les 39 salles égyptiennes s'ouvrent de manière spectaculaire sur l'un des joyaux du Met : le **tombeau de Perneb** (prince et prêtre ayant vécu vers 2300 av. J.-C.), un tombeau en roche calcaire de l'Ancien Empire. Il est entouré d'un réseau de salles exposant stèles funéraires, reliefs sculptés et fragments de pyramides Ne manquez pas les fascinantes miniatures de la **tombe de Méketrê**, figurines en argile censées aider le défunt dans l'au-delà, dans la salle 105. Poursuivez la visite jusqu'au **temple de Dendour** (salle 131), édifice en grès dédié à la déesse Isis offert aux États-Unis par l'Égypte en 1965. Exposé dans un atrium lumineux aux côtés d'un bassin, il est incontournable s'il s'agit de votre première visite.

Peintures européennes

Au 2e niveau, les salles de peintures européennes abritent une remarquable collection de chefs-d'œuvre, parmi lesquels plus de 1 700 toiles couvrant une période d'environ

À NE PAS MANQUER

- Le temple de Dendour
- Les tableaux du Caravage, du Greco et de Vermeer...
- La salle d'art islamique de Damas

INFOS PRATIQUES

- Plan p. 462, A5
- ☎212-535-7710
- www.metmuseum.org
- 1000 5th Ave, à hauteur de E 82nd St
- tarif plein/réduit 25/12-17 $, gratuit -12 ans, inclut accès au Met Cloisters (p. 260) le même jour
- ⏲10h-17h mar et jeu, 10h-21h ven-sam
- 👪
- S 4/5/6, Q arrêt 86th St, 6 arrêt 77th St

600 ans depuis le XIIIe siècle. On y rencontre tous les artistes de renom, de Duccio à Rembrandt. Au moment de notre passage, les verrières de ces galeries étaient en train d'être remplacées pour améliorer la qualité de la lumière. Après ces travaux, les heures passées à admirer les œuvres n'en seront que plus agréables.

Art islamique

Dans l'angle sud-est du 2e niveau, au fil de 15 salles incroyables, la section consacrée aux arts de l'Islam expose une vaste collection d'art du Moyen-Orient, ainsi que d'Asie centrale et du Sud. Outre des vêtements, objets décoratifs profanes et des manuscrits, vous pourrez y admirer un magnifique mihrab (alcôve de prière) du XIVe siècle carrelé de céramiques bleues, blanches et jaunes aux motifs raffinés provenant d'Iran (salle 455). Parmi les pièces remarquables figurent également de superbes textiles ottomans (salle 459), les reconstitutions d'une **cour médiévale marocaine** (salle 456) et d'une **pièce de réception** du XVIIIe siècle provenant de Damas (salle 461).

Aile américaine

Dans l'angle nord-ouest, sur deux niveaux, l'Aile américaine présente une grande variété d'objets d'art décoratif et d'œuvres d'art couvrant toute l'histoire des États-Unis, des portraits de l'époque coloniale aux chefs-d'œuvre de l'Hudson River School, sans oublier l'imposant *Washington traversant le Delaware* d'Emanuel Leutze (salle 760). La collection permanente manque cependant cruellement d'œuvres amérindiennes. Lors de la saison 2018-2019, le musée a accueilli une superbe exposition temporaire avec 116 œuvres – comprenant sculptures, peintures, étoffes et habits – provenant de plus de 50 tribus indigènes d'Amérique du Nord. Elles avaient été données et prêtées par la Diker Collection, qui est considérée comme la plus grande collection privée d'art amérindien des États-Unis.

Art de l'Antiquité gréco-romaine

Les 27 salles consacrées à l'Antiquité gréco-romaine sont une autre merveille du Met. Depuis le grand hall, un passage conduit les visiteurs à travers une salle voûtée encadrée par des sculptures grecques de bustes, avant de déboucher sur l'un des plus beaux espaces du musée : la **cour des sculptures gréco-romaines** (salle 162), claire et spacieuse, emplie de représentations en marbre de dieux et de personnages historiques. La statue d'un Hercule barbu (68-98), drapé d'une peau de lion, est très impressionnante.

POUR LES ENFANTS

Les enfants apprécient généralement les salles égyptiennes, africaines et océaniennes, ainsi que la collection d'armes et d'armures médiévales. Le musée organise des événements pour le jeune public (consultez le site Internet) et distribue une brochure spécialement conçue à son intention.

LA MASCOTTE DU MET

Dans la salle 111, vous verrez un petit hippopotame bleu en faïence, qui fut déposé dans une tombe égyptienne il y a 3 900 ans. Surnommé "William", il est la mascotte officieuse du Met. Dans la **boutique du musée** au niveau 1, vous pourrez acheter peluches et figurines à son effigie, entre autres souvenirs.

UNE PETITE FAIM ?

Au rez-de-chaussée **The Eatery** (⏲11h-16h jeu-mar) propose salades, soupes, pizzas, sandwichs et desserts, ainsi que des boissons, à déguster dans un cadre décontracté et sans chichis.

Envie d'admirer la ville un cocktail à la main ? Rendez-vous sur le toit du musée, au Cantor Roof Garden Bar (p. 230).

Metropolitan Museum of Art

PLAN D'ATTAQUE

Depuis le grand hall, traversez les galeries égyptiennes jusqu'au ❶ **temple de Dendour**, présenté dans une vaste galerie aux parois vitrées. Après avoir déambulé dans la Charles Engelhard Court, haut atrium ensoleillé rempli de sculptures américaines, visitez les galeries des Armes et armures et admirer le minutieux travail apporté à l'❷ **armure d'Henri II de France** (XVIe siècle). Dans la galerie 371 voisine, quatre cavaliers en selle sont cuirassés de pied en cap. De retour dans l'aile américaine, direction le 2e niveau pour s'arrêter devant la toile ❸ **Washington traversant le Delaware**. On y trouve aussi une étourdissante collection de chefs-d'œuvre européens ; notamment ceux du Caravage (galerie 621), comme ❹ **Le Reniement de saint Pierre**. Traversez par la section photo jusqu'aux peintures et sculptures européennes des XIXe et XXe siècles pour voir les Monet, Renoir, Van Gogh et Gauguin. Dans la galerie 822, le ❺ **Champ de blé avec cyprès** a été peint par Van Gogh juste après sa célèbre *Nuit étoilée* (exposée au Museum of Modern Art). À proximité, dans les galeries d'art islamique, on trouve un ❻ **mihrab** (niche de prières) très travaillé, près d'un patio médiéval marocain avec une fontaine gargouillante (salle 456). Descendez l'escalier jusqu'aux trésors grecs et romains antiques. Dans la plus grande galerie, un sarcophage de marbre richement sculpté, ❼ **Le Triomphe de Dionysos et des saisons**. À côté, dans les salles consacrées à l'Océanie, vous pourrez admirer l'art tribal de Nouvelle-Guinée, dont trois ❽ **masques funéraires asmats** ; en levant la tête, vous verrez le plafond peint d'une maison de cérémonie kwoma. Continuez vers les galeries d'art moderne et contemporain pour voir des œuvres d'O'Keeffe, Dalí, Miró, Hopper et autres ; la toile cubiste de Picasso ❾ **La Bouteille de rhum** est dans la galerie 905.

Pour une pause bien méritée, prenez l'ascenseur jusqu'au Cantor Roof Garden Bar, l'été, ou essayez l'élégant Petrie Court Cafe.

Le Reniement de saint Pierre Galerie 621
Peint par le Caravage durant les derniers mois de sa courte vie mouvementée, ce tableau magnifique est un chef-d'œuvre narratif.

Champ de blé avec cyprès Galerie 822
Van Gogh l'a peint lors d'une période de production enfiévrée, à l'été 1889, au cours d'un séjour volontaire dans un asile proche d'Arles, en France.

Mihrab Galerie 455
Composée d'éclats de carreaux vernissés, cette niche à prières en mosaïque richement décorée du VIIIe siècle, provenant d'Iran, est un des ornements architecturaux religieux les plus raffinés au monde.

La Bouteille de rhum Galerie 905
Cette toile fut peinte par Picasso en 1911, lorsqu'il développa en compagnie de Georges Braque le style cubiste.

Masque funéraire asmat Galerie 354
Porté lors des danses rituelles du peuple Asmat, ce type de costume de Nouvelle-Guinée représentait l'esprit d'une personne morte depuis peu.

Le Triomphe de Dionysos et des saisons Galerie 162
Sur ce sarcophage en marbre, le dieu Dionysos, assis sur une panthère, est entouré de quatre sculptures représentant l'hiver, le printemps, l'été et l'automne.

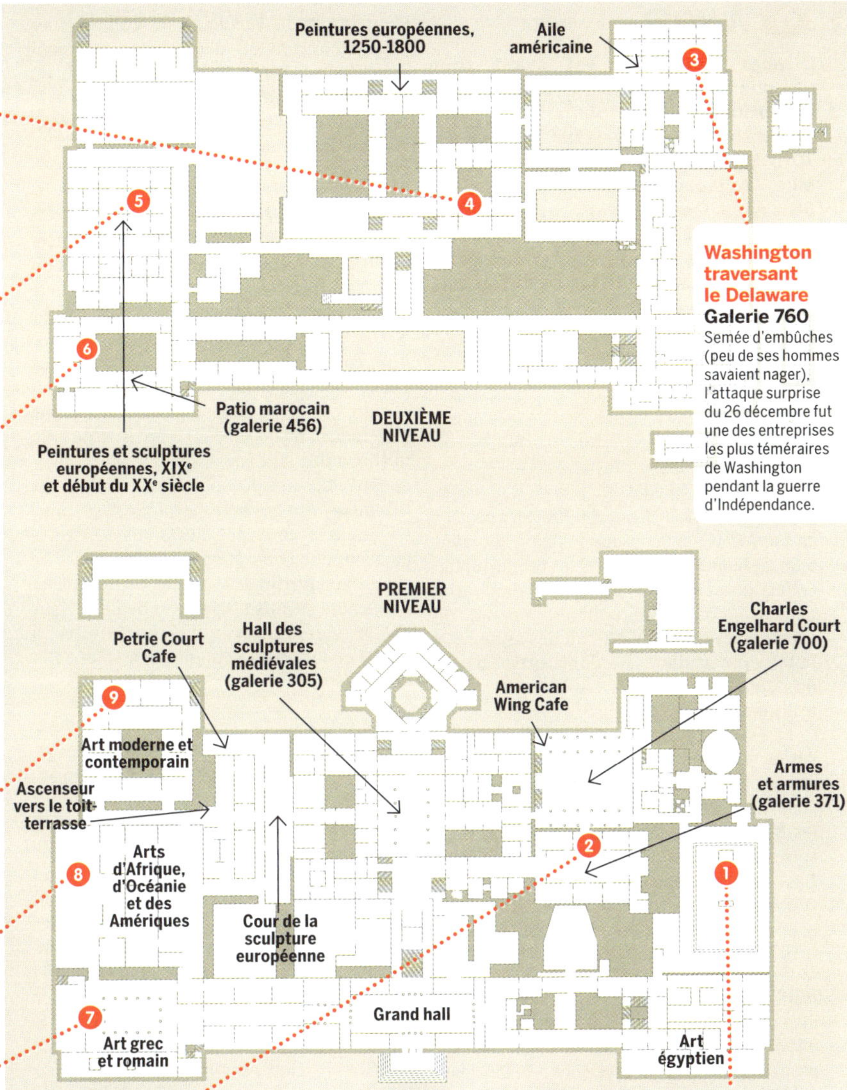

Washington traversant le Delaware
Galerie 760
Semée d'embûches (peu de ses hommes savaient nager), l'attaque surprise du 26 décembre fut une des entreprises les plus téméraires de Washington pendant la guerre d'Indépendance.

Entrée principale sur 5th Ave à la hauteur de 82nd St

© THE METROPOLITAN MUSEUM OF ART, NEW YORK

Armure d'Henri II de France
Galerie 374
De près, les rinceaux touffus dévoilent créatures, dieux et guerriers, dont Apollon enlevant la nymphe Daphné sur ses épaules.

Temple de Dendour **Galerie 131**
Empereur romain et préfet d'Égypte, Auguste fit construire de nombreux temples en l'honneur de divinités égyptiennes, et celui-ci est une des œuvres incontournables du Met.

© THE METROPOLITAN MUSEUM OF ART, NEW YORK

À VOIR

L'Upper East Side est avant tout un quartier résidentiel. À de rares exceptions près, la plupart des sites à voir sont concentrés sur 5th Ave, de 70th St à 93rd St, le célèbre Museum Mile. Adjacent à la rive ouest de 5th Ave, Central Park est délimité par un muret en pierre. Si le temps le permet, vous pourrez passer une belle journée à alterner visites de musées et balades dans la nature.

METROPOLITAN MUSEUM OF ART MUSÉE

Voir p. 220.

GUGGENHEIM MUSEUM MUSÉE

Voir p. 219.

♥ FRICK COLLECTION MUSÉE

Plan p. 462 (www.frick.org ; 1 E 70th St, à hauteur de 5th Ave ; fermé jusqu'en 2023 ; S 6 arrêt 68th St-Hunter College). Cette remarquable collection d'art est présentée dans une demeure construite pour le magnat de l'acier Henry Clay Frick, l'un des nombreux hôtels particuliers bordant cette partie de 5th Ave, autrefois baptisée "rue des millionnaires".

La Frick Collection est fermée pour rénovation jusqu'en 2023. Pendant les travaux, sa spectaculaire collection d'art est à voir sous un nouveau jour à la Frick Madison (ex-Met Breuer), son nouveau site temporaire sur Madison Avenue (voir ci-dessous). Les amateurs de musique classique qui y venaient pour les concerts du dimanche soir devront patienter jusqu'à la réouverture du site originel.

FRICK MADISON MUSÉE

Plan p. 462 (☎212-288-0700 ; www.frick.org ; 945 Madison Ave, à hauteur de E 75th St ; tarif plein/réduit 22/12 $, prix libre 16h-18h jeu ; 10h-18h jeu-dim ; S 6 arrêt 77th St, Q arrêt 72nd St). Depuis le printemps 2021, la Frick Madison a ouvert ses portes en lieu et place du Met Breuer (définitivement fermé), dans le bâtiment brutaliste (1966) de Marcel Breuer, qui l'avait conçu pour le Whitney Museum. Les chefs-d'œuvre de la Frick Collection y sont exposés sur 3 niveaux avec une muséographie repensée (chronologiquement et par région). Que ce soient les peintures des maîtres européens (Titien, Vermeer, Rembrandt, Bruegel, Van Dick, Bellini, Goya, Vélasquez, Gainsborough, Turner...), la sculpture, les arts décoratifs ou des trésors rarement exposés, on les découvre ici comme on ne les avait jamais vus, dans un contexte moderne et un décor épuré à l'extrême qui les met superbement en valeur.

COOPER-HEWITT SMITHSONIAN DESIGN MUSEUM MUSÉE

Plan p. 462 (☎212-849-2950 ; www.cooperhewitt.org ; 2 E 91st St à hauteur de 5th Ave ; tarif plein/réduit 18/12 $, gratuit -18 ans, prix libre 18h-21h sam ; 10h-18h dim-ven, 10h-21h sam ; S 4/5/6 arrêt 86th St). Filiale de la Smithsonian Institution de Washington, ce musée est le seul du pays consacré à la fois au design ancien et contemporain. Il occupe la demeure de 64 pièces construite pour le milliardaire Andrew Carnegie entre 1899 et 1902. Les 210 000 objets qui composent l'éblouissante collection, habilement mise en valeur, recouvrent 3 000 ans d'histoire et occupent trois étages du bâtiment. Le splendide **jardin** est ouvert au public et accessible depuis 90th St ou de l'intérieur du musée. Visites guidées gratuites à 11h30 et 13h30 en semaine et à 13h et 15h le week-end.

NEUE GALERIE MUSÉE

Plan p. 462 (☎212-994-9493 ; www.neuegalerie.org ; 1048 5th Ave à hauteur de E 86th St ; tarif plein/réduit 25/12 $, 1er ven du mois gratuit 16h-19h ; 11h-18h jeu-lun ; S 4/5/6, Q arrêt 86th St). Cet hôtel particulier restauré, construit à partir de 1914 par Carrère et Hastings, met à l'honneur l'art allemand et autrichien. Y sont ainsi exposées des œuvres de Paul Klee et Ernst Ludwig Kirchner, ainsi que d'incroyables collections de Gustav Klimt et d'Egon Schiele. Le musée s'enorgueillit de présenter, au 2e niveau, le portrait doré d'Adele Bloch-Bauer (1907) par Gustav Klimt, acquis pour le musée par le magnat des cosmétiques Ronald Lauder pour 135 millions de dollars. Un film de 2015, *La Femme au tableau* avec Helen Mirren, conte la passionnante histoire de cette œuvre.

Malgré sa petite taille, l'endroit est magnifique avec ses escaliers en colimaçon et ses rampes en fer forgé. Par ailleurs, le musée dispose d'un charmant restaurant au rez-de-chaussée, le Café Sabarsky (p. 227). Au sous-sol, le **Café Fledermaus** a la même carte et permet de désengorger le restaurant. Pour éviter la foule, ne venez pas le week-end, ni le premier vendredi du mois (entrée gratuite). Notez que les enfants de moins de 12 ans ne sont pas admis dans le musée en dehors des quelques dimanches matin ouverts aux familles.

GRACIE MANSION — ÉDIFICE HISTORIQUE

Plan p. 462 (☎212-676-3060 ; www.nyc.gov/gracie ; East End Ave à hauteur de E 88th St ; 7 $; ⏲visites guidées 10h, 11h et 17h lun ; SQ arrêt 86th St). GRATUIT Cette demeure de style fédéral fut la maison secondaire du négociant Archibald Gracie, qui la fit construire en 1799. Depuis 1942, les maires de New York et leurs familles y résident (Michael Bloomberg lui préféra toutefois sa fastueuse adresse de l'Upper East Side). La maison a été agrandie et rénovée au fil des ans. Pour voir l'intérieur, il vous faudra réserver en ligne l'une des visites guidées hebdomadaires (moins fréquentes en période de vacances) d'une heure.

Longeant l'East River, le domaine de 4,4 ha a été aménagé en un parc agréable, le **Carl Schurz Park**. Nombreux sont ceux qui viennent y courir ou promener leur chien. Pourtant méconnue, sa jolie promenade, d'où vous aurez une vue grandiose sur l'East River, les îles environnantes et le Triborough Bridge, est l'un des attraits méconnus de l'Upper East Side.

ASIA SOCIETY & MUSEUM — MUSÉE

Plan p. 462 (☎212-288-6400 ; www.asiasociety.org ; 725 Park Ave, à l'angle de E 70th St ; tarif plein/réduit 12/7 $, gratuit -16 ans, gratuit ven 18h-21h sept-juin ; ⏲11h-18h mar-dim, 11h-21h ven mi-sept à juin ; S6 arrêt 68th St-Hunter College ; SQ arrêt 72nd St). Fondé en 1956 par John D. Rockefeller III, avide collectionneur d'art asiatique, ce centre culturel accueille des expositions passionnantes (art bouddhique du Myanmar, rétrospectives d'artistes chinois majeurs, art contemporain d'Asie du Sud-Est), ainsi que des sculptures jaïnes d'Inde et des peintures bouddhiques du Népal. Visites guidées (comprises dans le prix d'entrée) à 14h du mardi au dimanche toute l'année et à 18h30 le vendredi (sauf l'été). Le musée est généralement fermé environ trois semaines en juillet et en août pour les changements d'expositions.

JEWISH MUSEUM — MUSÉE

Plan p. 462 (☎212-423-3200 ; www.thejewishmuseum.org ; 1109 5th Ave entre E 92nd St et 93rd St ; tarif plein/réduit 18/8-12 $, gratuit -18 ans, gratuit sam, prix libre jeu 17h-20h ; ⏲11h-18h lun et jeu, 11h-16h ven, 10h-18h sam-dim ; 👪 ; SQ, 6 arrêt 96th St). Situé dans un hôtel particulier de style néogothique français érigé en 1908, ce musée renferme 30 000 objets relatifs au judaïsme, notamment des plaques ornementales pour la Torah et des lampes de cérémonie pour Hanoukka, mais aussi des sculptures, peintures et objets d'art décoratifs. À défaut de présenter une exposition historique dédiée à la communauté juive new-yorkaise, le musée organise d'excellentes expositions temporaires, parmi lesquelles des rétrospectives consacrées à des personnalités majeures comme Art Spiegelman ou Leonard Cohen et des manifestations d'ampleur internationale centrées sur des sommités telles que Marc Chagall et Modigliani.

TEMPLE EMANU-EL — SYNAGOGUE

Plan p. 462 (☎212-744-1400 ; www.emanuelnyc.org ; 1 E 65th St, à hauteur de 5th Ave ; ⏲visites 10h-16h dim-jeu ; S6 arrêt 68th St-Hunter College). GRATUIT Fondée en 1845, la première synagogue réformée de New York fut achevée en 1929. Aujourd'hui l'un des plus grands lieux de culte israélites au monde, cet imposant édifice de style roman de plus de 53 m de long et 30 m de haut est doté d'un plafond éblouissant peint à la main et orné de décorations en or. Appelez avant votre venue, car la synagogue est régulièrement fermée au public pour cause de funérailles ou autres événements. Les offices (18h le vendredi et 10h30 le samedi) sont ouvert à tous.

MUSEUM OF THE CITY OF NEW YORK — MUSÉE

Plan p. 462 (☎212-534-1672 ; www.mcny.org ; 1220 5th Ave entre E 103rd St et 104th St ; don suggéré 20 $, gratuit -20 ans ; ⏲10h-18h ; S6 arrêt 103rd St). Installé dans une demeure néocoloniale d'architecture georgienne en haut du Museum Mile, ce musée s'intéresse au passé, au présent et à l'avenir de New York. Ne manquez pas *Timescapes* (au 2e niveau), un film de 28 minutes qui retrace le développement de la cité, du minuscule comptoir colonial des premiers temps à la métropole florissante.

OÙ SE RESTAURER

Dans les restaurants chics, où on converse à voix basse et où tout est très formel, habillez-vous en conséquence. Préférez les restaurants plus accessibles et vous serez non seulement surpris de toutes les options qui s'offrent à vous, mais aussi de l'ambiance détendue et sympathique qui y règne.

LEVAIN BAKERY — BOULANGERIE $

Plan p. 462 (☎917-464-5578 ; www.levainbakery.com ; 1484 3rd Ave, entre E 83rd St et E 84th St ; cookies 4 $; ⏲7h-21h ; Ⓢ4/5/6 arrêt 86th St). Levain est réputé pour ses délicieux et généreux cookies, véritables monstres d'environ 170 g chacun proposés en 4 parfums : noix et pépites de chocolat, pépites de chocolat noir, pépites de chocolat noir et beurre de cacahuètes et enfin raisins secs et flocons d'avoine. Réservez-vous un créneau pour ces plaisirs gourmands.

PAPAYA KING — HOT DOGS $

Plan p. 462 (☎212-369-0648 ; papayaking.com ; 179 E 86th St, à hauteur de 3rd Ave ; hot dogs 3-4,50 $; ⏲8h-minuit ; Ⓢ4/5/6, Q arrêt 86th St). Papaya King, *la* boutique d'origine qui existe depuis 1932, plus de 40 ans avant la naissance de sa rivale côté ouest, Gray's Papaya (p. 245), a vu nombre de New-Yorkais converger vers ses néons en quête d'un en-cas goûteux et bon marché à base de hot dogs et de jus de papaye frais. Pourquoi la papaye ? Les panneaux aux murs vous expliqueront tout. Essayez le "Homerun", à la choucroute et aux petits oignons à la new-yorkaise.

JG MELON — PUB $

Plan p. 462 (☎212-744-0585 ; jgmelon-nyc.com ; 1291 3rd Ave, à hauteur de E 74th St ; plats 8,50-33 $; ⏲11h30-3h lun-sam, 11h30-1h dim ; ⓈQ arrêt 72nd St). Depuis 1972, ce pub animé régale les New-Yorkais avec ses boissons à prix raisonnable et ses savoureux burgers à l'ancienne (à partir de 12 $). Aussi apprécié pour sa cuisine que pour ses boissons (le Bloody Mary est excellent), il se remplit vite à la sortie des bureaux. Paiement en espèces uniquement.

EJ'S LUNCHEONETTE — DINER $

Plan p. 462 (☎212-472-0600 ; www.ejsluncheonette.com ; 1271 3rd Ave, à hauteur de 73rd St ; petit-déj 7,50-19,50 $, plats 11,50-22 $; ⏲8h-22h ; 👪 ; ⓈQ arrêt 72nd St). Quand les habitants de l'Upper East Side ont envie de *comfort food*, c'est à cette adresse qu'ils se rendent. La conversation va toujours bon train dans ce charmant restaurant rétro bien établi. À l'intérieur, box en chrome poli des années 1940 aux tons turquoise et tables en Formica. Au menu : œufs brouillés aérés, burgers, sandwichs ou encore pain de viande à la sauce aux champignons.

SCHALLER & WEBER — CHARCUTERIE $

Plan p. 462 (☎212-879-3047 ; schallerweber.com ; 1654 2nd Ave, angle E 86th St ; saucisses à partir de 10 $ les 340 g ; ⏲10h-20h lun-sam, 12h-18h dim ; ⓈQ, 4/5/6 arrêt 86th St). Ce charcutier-traiteur primé est un vestige de l'époque où le quartier de Yorkville était majoritairement peuplé d'Allemands. On y vend plus de 15 sortes de saucisses, faites dans sa fabrique de Pennsylvanie – classiques *bauernwurst* ou *weisswurst* allemandes, *bratwurst* de poulet ou au cheddar, *bangers* irlandaises, *kielbasa* polonaises –, ainsi que d'autres produits importés d'Europe : fromage, pickles, condiments, chocolat, vin et bière.

LA ESQUINA TAQUERÍA — MEXICAIN $

Plan p. 462 (The Corner ; ☎646-613-7100 ; esquinanyc.com ; 1420 2nd Ave, angle E 73rd St ; tacos 4,50 $; ⏲12h-20h30 dim-jeu, jusqu'à 21h ven-sam ; ✎ ; ⓈQ arrêt 72nd St). Une chaîne de nouvelles *taquerías* branchées au décor astucieusement rétro – elles ressemblent toutes à des *diners* des années 1950 –, dont la carte mexicaine présente des versions modernes, mais authentiques de quesadillas de poulet, de tacos d'épaule d'agneau *barbacoa*, *elote callejero* (maïs grillé, mayonnaise, fromage et piment en poudre) et de *tortilla soup*. Populaire et bon marché.

WILLIAM GREENBERG DESSERTS — BOULANGERIE $

Plan p. 462 (☎212-861-1340 ; www.wmgreenbergdesserts.com ; 1100 Madison Ave, entre E 82nd St et 83rd St ; pâtisseries à partir de 1,75 $; ⏲8h-18h30 lun-ven, 8h-18h sam, 10h-16h dim ; 👪 ; Ⓢ4/5/6 arrêt 86th St). Venez goûter aux fameux black-and-white cookies new-yorkais – génoise ronde au glaçage moitié chocolat noir, moitié vanille – dans cette célèbre boulangerie de Manhattan. Également disponibles : boîtes de mini-gâteaux, *egg creams* (boisson typique à base de lait, soda et sirop) et brownies divins. Uniquement à emporter.

HEIDI'S HOUSE BY THE SIDE OF THE ROAD AMÉRICAIN $$

Plan p. 462 (212-249-0069 ; www.heidishouse.net ; 308 E 78th St, entre 1st Ave et 2nd Ave ; plats 19-33 $; 17h-23h lun-ven, 16h-minuit sam-dim ; S 4/6 arrêt 77th St). Très apprécié des habitants, ce bar-restaurant qui détonne dans l'UES (ce n'est pas une critique) met les petits plats dans les grands avec sa cuisine généreuse. Il propose ainsi plusieurs délicieuses versions de mac 'n' cheese (avec bacon issu de "cochons bien nourris", chorizo, homard, champignons et huile de truffe blanche, etc.), un excellent burger et des plats du jour tels que l'entrecôte avec caviar de tomates et piments jalapeño, ou encore ragoût de poulet.

SFOGLIA ITALIEN $$

Plan p. 462 (212-831-1402 ; www.sfogliarestaurant.com ; 1402 Lexington Ave, entre E 92nd St et 93rd St ; plats 22-44 $; 17h30-22h mar-sam, 17h30-21h30 dim et lun ; S 4/6 arrêt 96th St). Les fins gourmets passeront une excellente soirée dans ce restaurant italien chic et branché. Certes, les *pappardelle alla bolognese* prennent des libertés avec la tradition (il s'agit normalement de tagliatelle) mais sont excellentes ! Le poulet au citron *al mattone* (cuit sous une brique) frôle la perfection.

DRUNKEN MUNKEY INDIEN $$

Plan p. 462 (646-998-4600 ; www.drunkenmunkeynyc.com ; 338 E 92nd St, entre 1st Ave et 2nd Ave ; plats 13-28 $; 16h-minuit lun-ven, 12h-minuit sam-dim ; ; S Q, 6 arrêt 96th St). Avec son papier peint à fleurs, ses poignées de porte en forme de balle de cricket et son personnel en tenue pimpante, cet établissement évoque le Bombay colonial. Les lustres en forme de singes donnent une touche de fantaisie à l'établissement, mais ici on ne plaisante pas avec les cocktails maison (majoritairement à base de gin, sans surprise) et les délicieux curries. Les plats anglo-indiens – côtelettes d'agneau masala de Bombay, porc vindaloo de Goa, etc. – sont bien épicés. Réservation conseillée.

SANT AMBROEUS ITALIEN $$

Plan p. 462 (212-570-2211 ; www.santambroeus.com ; 1000 Madison Ave, entre E 77th et E 78th St ; paninis 12-13 $, plats 23-76 $; 8h-22h lun-ven, 9h-22h sam-dim ; ; S 6 arrêt 77th St). Derrière une façade sobre se cache ce bistrot-café milanais au charme suranné. À l'avant, au long comptoir en granit, vous pourrez commander cappuccinos voluptueux, pâtisseries et petits paninis (toastés et fourrés au jambon cotto et au prosciutto San Daniele DOP). Au fond, l'élégant salon sert des spécialités d'Italie du Nord, comme l'escalope de veau panée ou le risotto et les *tagliatelle al ragù*. Goûtez aussi sa glace réputée.

Par ailleurs, expressos, pâtisseries et paninis sont aussi servis dans le café du même nom, **Sant Ambroeus Coffee Bar** (plan p. 462 ; 212-339-4051 ; www.santambroeus.com ; 540 Park Ave, entrée via E 61st St ; 7h-19h lun-ven, 8h-19h sam-dim ; S F, Q arrêt Lexington Ave-63rd St, 4/5/6 arrêt 59th St), situé dans le Loews Regency Hotel.

THE WRIGHT AMÉRICAIN $$

Plan p. 462 (212-427-5690 ; www.guggenheim.org ; Guggenheim Museum, 1071 5th Ave, à hauteur de E 89th St ; plats 20-27 $; 10h30-17h lun-dim ; ; S 4/5/6, Q arrêt 86th St). Installé dans le musée Guggenheim (p. 219), le Wright propose des plats tels que beignets de chou-rave, pâtes faites maison et saumon grillé (le menu change souvent). Sa cuisine est toutefois éclipsée par le cadre d'un blanc éclatant à l'esthétique moderniste. Depuis 2017, quatre collages magistraux de Sarah Crowner sont accrochés dans la salle. Brunch le week-end. À l'heure où nous écrivons ses lignes, le Wright est fermé temporairement ; il devrait réouvrir en avril 2022.

CAFÉ SABARSKY AUTRICHIEN $$

Plan p. 462 (212-288-0665 ; www.neuegalerie.org/cafes/sabarsky ; 1048 5th Ave, à hauteur de E 86th St ; plats 19-36 $; 9h-18h lun, 9h-21h jeu-dim ; S 4/5/6 arrêt 86th St). La file d'attente peut être longue devant cet établissement très convoité de la Neue Galerie, qui évoque la Vienne opulente du début du XXe siècle, où les spécialités autrichiennes signées par le chef étoilé Christopher Engel – crêpes à la truite fumée, goulasch, Bratwürste (saucisses) grillées, etc. – sont toutes impeccablement dressées. Le menu propose également une grande variété d'alléchantes pâtisseries, notamment une divine Sachertorte (génoise au chocolat noir garnie de confiture d'abricots).

TANOSHI SUSHIS $$$

Plan p. 462 (☎917-265-8254 ; www.tanoshisushi-nyc.com ; 1372 York Ave, entre E 73rd et E 74th St ; sélection de sushis du chef déj 55-60 $, dîner 105-109 $; ⌚services 11h30, 12h15, 13h et 13h45 lun-sam, 18h, 19h30 et 21h lun-dim ; Ⓢ Q arrêt 72nd St). Il est difficile de décrocher l'un des 22 tabourets de cette minuscule adresse prisée, qui ne fait que 3 services chronométrés par soir (4 le midi). Si le cadre est modeste, un festival de saveurs vous attend : pétoncles de Hokkaido, flocons de varech ou irrésistibles *uni* (oursins). Le menu est 100% sushis, et 100% *omakase* (sélection du chef). Prévoyez d'apporter votre bouteille de bière, saké ou autre ("Bring Your Own"). Réservez bien en avance, uniquement en ligne.

DANIEL ET DANIEL BOULUD KITCHEN (DBK) FRANÇAIS $$$

Plan p. 462 (☎Daniel 212-288-0033, DBK 646-831-4587 ; www.danielboulud.com ; 60 E 65th St, entre Park Ave et Madison Ave ; menu dégustation végétarien 7 plats 275 $; ⌚17h-22h mar-dim ; 🖉 ; Ⓢ 6 arrêt 68th St-Hunter College). La pandémie a tout bouleversé : le fameux Café Boulud a dû fermer, pour trouver une nouvelle adresse dans le quartier. Et dès 2020, son chef, le français étoilé Daniel Boulud, a lancé **Daniel Boulud Kitchen** (DBK) pour proposer ses plats fétiches de saison (côtes de bœuf braisées pour 4 à 275 $, bouillabaisse...) à déguster chez soi. Autrement, si votre portefeuille le permet, faites une folie au très chic Daniel, où sont aussi préparés les plats de DBK.

LEXINGTON CANDY SHOP DINER $

Plan p. 462 (☎212-288-0057 ; www.lexingtoncandyshop.net ; 1226 Lexington Ave, à hauteur de E 83rd St ; plats 12-22 $; ⌚7h-19h lun-ven, 8h-19h sam, 8h-18h dim ; Ⓢ 4/5/6, Q arrêt 86th St). Fondé en 1925, ce *diner* charmant aussi apprécié des New-Yorkais que des touristes pour son ambiance de bar de quartier incarne le NYC d'un temps révolu. Faufilez-vous dans une alcôve ou prenez place devant le long comptoir pour un classique : burger, sandwich au thon ou milk-shake – également des *egg creams* (eau pétillante, lait et sirop aromatisé) concoctés directement à la fontaine à soda à l'ancienne.

OÙ PRENDRE UN VERRE ET FAIRE LA FÊTE

Historiquement, prendre un verre dans l'Upper East Side était synonyme d'adresses de luxe ou de bars sportifs pour étudiants. Les temps changent et des bars à cocktails branchés et des gastropubs élégants ont vu le jour ces dernières années, surtout le long de la 2nd Ave Subway (ligne T), en pleine mutation.

UES NYC BAR À COCKTAILS

Plan p. 462 (☎646-559-5889 ; www.theuesnyc.com ; 1707 2nd Ave, entre E 88th St et 89th St ; ⌚17h-tard lun-sam ; Ⓢ Q arrêt 86th St). En journée, vous pourrez y déguster de délicieuses glaces ; la nuit, ce glacier coloré prend des airs de bar clandestin. Les cocktails (16 $) tiennent tous leur nom de lieux iconiques de l'Upper East Side ("Meet me at the Met", "2nd Avenue Subway", etc.). Code vestimentaire strict : pas de baskets, casquette, tongs, jeans déchirés et T-shirts.

L'entrée de ce local faiblement éclairé est dissimulée près des bacs à glace à l'arrière du magasin (il faut trouver l'interrupteur). Le dimanche, le lieu se transforme en cinéma à partir de 20h et le code vestimentaire ne s'applique plus.

BEMELMANS BAR BAR LOUNGE

Plan p. 462 (☎212-570-7120 ; www.thecarlyle.com ; Carlyle Hotel, 35 E 76th St, à hauteur de Madison Ave ; ⌚12h-minuit dim-lun, 12h-0h30 mar-jeu, 12h-1h ven-sam ; Ⓢ 6 arrêt 77th St). Installez-vous sur une banquette en cuir et appréciez l'élégance d'antan de ce bar légendaire et de son plafond doré à l'or fin 24 carats, et profitez des morceaux joués par le pianiste sur le demi-queue...

JOE COFFEE CAFÉ

Plan p. 462 (☎212-288-0700 ; www.frick.org/visit/cafe ; Frick Madison, 945 Madison Ave, sous-sol, à hauteur de E 75th St ; ⌚café 10h-18h jeu-dim ; 📶 ; Ⓢ 6 arrêt 77th St, Q arrêt 72nd St). Oubliez qu'il s'agit d'un café de musée au sein du Frick Madison (p. 224) : le Joe Coffee est un agréable lounge qui met en lumière l'extravagance architecturale de l'édifice. Installez-vous au comptoir en marbre ou lovez-vous dans un fauteuil moderniste pour contempler cette cathédrale de béton

Promenade à pied **Balade cinéphile**

DÉPART BLOOMINGDALE'S
ARRIVÉE METROPOLITAN MUSEUM OF ART
DISTANCE ET DURÉE 2,5 KM ; 2 HEURES

Revivez des scènes de films célèbres au fil des lieux qui leur ont servi de décor. Démarrez de 1 **Bloomingdale's** (p. 214), où Darryl Hannah et Tom Hanks fracassent des téléviseurs dans *Splash* (1984) et où Dustin Hoffman hèle un taxi dans *Tootsie* (1982). Plus à l'ouest, au 10 E 60th St se trouve l'emplacement de l'ancien 2 **Copacabana** (devenu un restaurant chic), une boîte de nuit qui accueille Ray Liotta et Lorraine Bracco dans *Les Affranchis* (1990), et un avocat incarné par Sean Penn dans *L'Impasse* (1993).

Continuez à l'ouest jusqu'à 3 **Central Park** (p. 236), qui apparaît dans *La Famille Tenenbaum* (2001), *S.O.S. Fantômes* (1984), *Pieds nus dans le parc* (1967) ou *Léon* (1994). Dirigez-vous ensuite vers l'est jusqu'à Park Ave. Au 620 Park Ave, au niveau de 65th St, vous verrez l'immeuble qui abrite l' 4 **appartement de John Malkovich** dans *Dans la peau de John Malkovich* de Charlie Kaufman (1999). Six *blocks* au nord, prenez ensuite à l'est jusqu'au 171 E 71st St, où se trouve l'hôtel particulier et l' 5 **appartement de Holly Golightly** qui apparaissent dans *Diamants sur canapé* (1961). En continuant vers l'est jusqu'à 3rd Ave, vous tomberez sur 6 **JG Melon** (p. 226) à l'angle de 74th St qui, en plus d'être un bon endroit pour un burger et une bière, est le lieu d'une entrevue entre Dustin Hoffman et Meryl Streep dans *Kramer contre Kramer* (1979).

Dirigez-vous à l'ouest jusqu'à Madison Ave pour rejoindre le très chic 7 **Carlyle Hotel**, à l'angle de 76th St, où Woody Allen et Dianne Wiest ont un rendez-vous qui tourne au désastre dans *Hannah et ses sœurs* (1986). De là, remontez encore un peu Madison Ave avant de bifurquer à l'ouest pour atteindre le 8 **1030 5th Ave**, où Carrie Bradshaw (Sarah Jessica Parker) et Mr Big (Chris Noth) partagent un appartement dans *Sex and the City 2* (2010). Enfin, traversez la rue et vous arriverez devant le 9 **Metropolitan Museum of Art** (p. 220) à l'angle de 82nd St et de 5th Ave, où Angie Dickinson fait une rencontre fatale dans *Pulsions* (1980) et où Billy Crystal drague Meg Ryan dans *Quand Harry rencontre Sally* (1989).

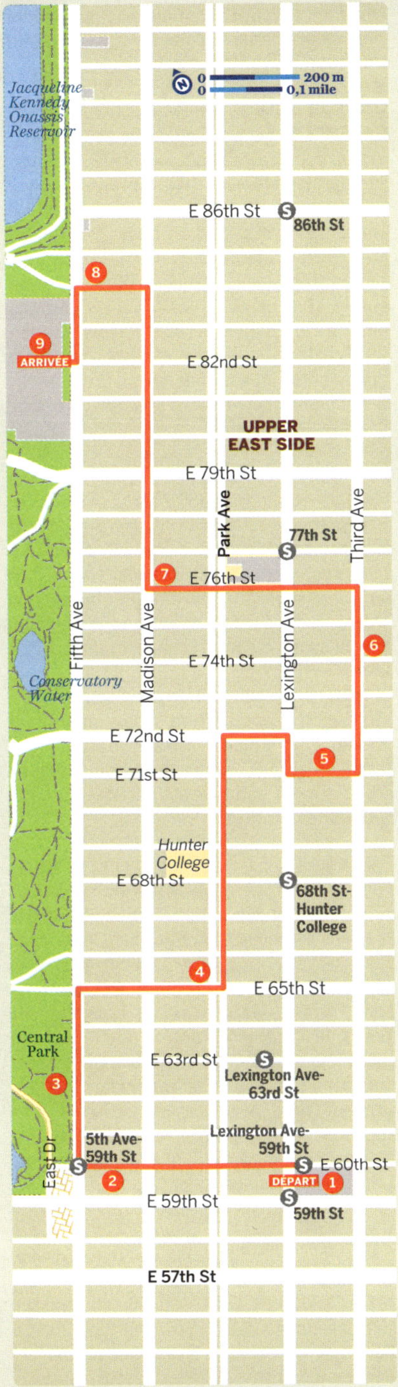

sur deux niveaux ainsi que le gigantesque mur vitré menant à un jardin encastré : une oasis sous Madison Ave.

CANTOR ROOF GARDEN BAR ROOFTOP

Plan p. 462 (www.metmuseum.org/visit/dining ; Metropolitan Museum, 1000 5th Ave, 5e niv, à hauteur de E 82nd St ; 11h-16h30 dim-jeu, 11h-20h15 ven et sam mi-avr à oct ; ; S 4/5/6 arrêt 86th St). Même les New-Yorkais les plus blasés trouvent le cadre idyllique : perché sur le Met, ce bar surplombe la canopée de Central Park et permet d'avoir une vue imprenable sur le parc et la *skyline* de la ville. Ici, le coucher de soleil fait tourner beaucoup de têtes – à moins que ce ne soit la faute des martinis.

THE JEFFREY BIÈRE ARTISANALE

Plan p. 462 (212-355-2337 ; www.thejeffreynyc.com ; 311 E 60th St, entre 1st Ave et 2nd Ave ; 16h-23h lun-mer, 16h-minuit jeu, 12h-minuit ven-sam, 12h-23h dim ; S N/R/W arrêt Lexington Ave-59th St). À l'ombre du Queensboro Bridge, juste en dessous du téléphérique de Roosevelt Island, ce bar à bières artisanales et à cocktails se remplit chaque soir à la sortie des bureaux. Une adresse sans prétention : pas un hipster en vue. Le système de tirage rotatif unique fait couler 26 bières pression à flots. Allez siroter votre petite mousse dans le merveilleux jardin.

PONY BAR BIÈRE ARTISANALE

Plan p. 462 (212-288-0090 ; www.theponybar.com ; 1444 1st Ave, entre E 75th St et 76th St ; 15h-minuit lun-mer, 15h-1h jeu, 12h-3h ven-sam, 12h-minuit dim ; S Q/R arrêt 72nd St). Meilleure adresse en matière de bière artisanale de tout l'Upper Manhattan, le Pony Bar ne sert que des bières américaines (notamment des ales conditionnées en fût) et met surtout à l'honneur les brasseries de l'État de New York. Avec ses 20 tireuses et son intérieur tout en bois (comptoir, sièges, fûts, canoë, etc.), ce bar est un véritable paradis du houblon local.

CALEDONIA BAR

Plan p. 462 (212-734-4300 ; www.caledoniabar.com ; 1609 2nd Ave, entre E 83rd St et E 84th St ; 17h-2h lun-mer, 17h-4h jeu, 16h-4h ven-sam, 16h-minuit dim ; S Q, 4/5/6 arrêt 86th St). Ce bar sans prétention à l'éclairage tamisé est dédié au whisky écossais, avec un choix de plus de 100 single malts (Highlands, Islands, Islay, Lowlands ou Speyside), quelques *blends* et même des whiskies américains, irlandais et japonais. Les barmen sont connaisseurs et vous conseilleront avec plaisir. *Happy hour* jusqu'à 19h en semaine.

ETHYL'S ALCOHOL & FOOD BAR

Plan p. 462 (212-300-4132 ; www.ethylsalcohol.com ; 1629 2nd Ave, entre E 84th St et E 85th St ; 17h-2h lun-mer, 17h-4h jeu, 16h-4h ven-sam, 16h-2h dim ; S Q/R arrêt 86th St). Ce bar original à la déco inspirée des années 1970 rappelle l'époque rude et bohème du New York d'antan, avant que le CBGB, célèbre club punk, ne devienne une boutique de mode. Les cocktails à 14 $ sont en revanche bien contemporains. Musique des années 1960 ou 1970 tous les soirs (groupes ou DJ), go-go dancers et spectacles burlesques certains soirs. L'adresse tire une certaine fierté de son burger *Fi-Dolla* – à 5 dollars, donc (5,99 $).

THE DAISY BAR

Plan p. 462 (646-964-5756 ; www.thedaisynyc.com ; 1641 2nd Ave, angle E 85th St ; 16h-1h lun-mer, 16h-4h jeu-ven, 10h-4h sam, 10h-1h dim ; S Q, 4/5/6 arrêt 86th St). Gastropub chic, le Daisy propose des cocktails maison et une cuisine de bar inventive et de saison, à l'image de la poitrine de porc avec œufs pochés et vinaigrette moutarde-cumin et des fusilli et ragù de queue de bœuf. Contrairement à la majorité des bars de l'Upper East Side, pas d'écran TV ou de groupes de fêtards bruyants : l'endroit est paisible, avec éclairage tamisé, des touches Art déco, une bonne bande-son, des barmen habiles et une clientèle sympathique.

THE AUCTION HOUSE BAR

Plan p. 462 (212-427-4458 ; www.theauctionhousenyc.com ; 300 E 89th St, à hauteur de 2nd Ave ; 17h-2h mar-jeu, 17h-4h ven-sam ; S Q arrêt 86th St). Derrière des portes bordeaux se cache un bar éclairé aux chandelles, parfait pour se détendre en sirotant un excellent cocktail au coin du feu. Les salles sont meublées de canapés de style victorien et de chaises ultraconfortables, et les murs parés de miroirs au cadre doré.

OÙ SORTIR

92ND STREET Y — CENTRE CULTUREL

Plan p. 462 (212-415-5500 ; www.92y.org ; 1395 Lexington Ave à hauteur de E 92nd St ; billetterie 30 min avant le spectacle ; ; S Q, 6 arrêt 96th St). Outre son large éventail de concerts, de spectacles de danse et de lectures, ce centre culturel à but non lucratif organise d'excellents débats, des conférences et des événements pour toute la famille. Parmi les invités ayant déjà foulé cette scène, citons le violoncelliste Yo-Yo Ma et l'écrivain Salman Rushdie.

CAFÉ CARLYLE — JAZZ

Plan p. 462 (212-744-1600 ; www.cafecarlyle-newyork.com ; Carlyle Hotel, 35 E 76th St, à hauteur de Madison Ave ; entrée 75-225 $, 2 plats minimum 80 $; spectacles 20h45 et 22h45 lun-sam, fermé début jan et juil à début sept ; S 6 arrêt 77th St). Ce club réputé niché dans le Carlyle Hotel attire des musiciens de premier ordre. Le droit d'entrée n'inclut ni boisson ni nourriture, et un montant minimum de consommations est demandé. Tenue "chic" exigée : messieurs, portez une veste.

SHOPPING

Madison Ave n'est pas pour les petits joueurs. Entre 60th St et 72nd St, elle est bordée de boutiques parmi les plus chics du monde, avec les magasins phares des plus grandes marques telles que Gucci, Prada ou Cartier. Quelques dépôts-ventes permettent de faire des affaires avec des vêtements de créateurs à peine portés. Plus à l'est, des boutiques plus généralistes, mais qui restent chics, bordent Lexington Ave, 3rd Ave et 2nd Ave. On y trouve de tout : cosmétiques, mode, livres ou cadeaux originaux.

TINY DOLL HOUSE — ART ET ARTISANAT

Plan p. 462 (212-744-3719 ; www.tinydoll-housenewyorkcity.com ; 314 E 78th St ; 11h-17h lun-ven, 11h-16h sam ; S 4/6 arrêt 77th St). Si la maison de poupées de Carrie Stettheimer exposée au Museum of the City of New York (p. 225) a piqué votre intérêt ou si vous êtes en quête de la maison de poupées de vos rêves, cette boutique, la seule de tout New York dédiée aux maisons de poupées et aux accessoires miniatures, vous intéressera. Le grand choix de styles (victorien, Chippendale, contemporain, etc.) et l'attention portée aux détails laissent sans voix. Même si ce genre d'objets n'est pas facile à ramener dans sa valise, la boutique, créée par Leslie Edelman il y a plus de 30 ans, vaut le coup d'œil.

BLUE TREE — MODE ET ACCESSOIRES

Plan p. 462 (212-369-2583 ; www.bluetreeny.bigcartel.com ; 1283 Madison Ave, entre E 91st St et 92nd St ; 11h-18h ; S 4/5/6 arrêt 86th St). Cette charmante (mais onéreuse) petite boutique tenue par l'actrice Phoebe Cates Kline (elle a joué dans *Gremlins*) propose un délicat assortiment de vêtements pour femmes, bijoux, écharpes en cachemire, objets en Plexiglas, accessoires fantaisie et autres éléments de décoration originaux.

ALBERTINE — LIVRES

Plan p. 462 (332-228-2238 ; www.albertine.com ; 972 5th Ave, entre E 78th St et 79th St ; 10h-18h dim ; S 4/5/6 arrêt 86th St). Cette magnifique librairie sur deux niveaux, qui a ouvert en 2014 à l'initiative des services culturels de l'ambassade de France, ravit tous les amoureux de littérature française. Vous y trouverez des titres de fiction, documents et littérature jeunesse en français, mais aussi de grands classiques français traduits et des éditions rares de Diderot et Rousseau.

MARY ARNOLD TOYS — JOUETS

Plan p. 462 (212-744-8510 ; www.maryarnold-toys.com ; 1178 Lexington Ave, entre E 80th St et E 81st St ; 9h-18h lun-ven, 10h-18h sam, 10h-17h dim ; ; S 4/5/6 arrêt 86th St). Depuis plusieurs générations, les enfants du quartier passent beaucoup de temps dans les rayons de ce magasin de jouets, ouvert en 1931. Le choix semble illimité : peluches, figurines de super-héros, coffrets scientifiques, jeux de plateau, loisirs créatifs, jouets éducatifs – et même des appareils photo Lomo, pour les amateurs de photographie rétro.

Le site Internet détaille les animations mensuelles gratuites, comme des chasses au trésor ou des ateliers de construction en Lego.

DIPTYQUE — BOUGIES, PARFUMS

Plan p. 462 (212-879-3330 ; www.diptyqueparis.com ; 971 Madison Ave, angle E 76th St ; 11h-19h lun-sam, 12h-18h dim ; S 6 arrêt 77th St). Cette petite marque de luxe française, connue pour ses bougies parfumées et ses parfums unisexes, exporte le chic parisien jusque sur Madison Ave. On ressort de cette oasis olfactive parfumé de rose, de glycine, de jasmin, de cyprès ou de santal.

MICHAEL'S

VÊTEMENTS

Plan p. 462 (☎212-737-7273 ; www.michaelsconsignment.com ; 1125 Madison Ave, entre E 84th St et 85th St ; ⏲10h-18h mar-sam ; Ⓢ6 arrêt 77th St). Née dans les années 1950, cette boutique d'occasion très réputée a déménagé en 2018 et donne désormais sur la rue. Les marques de luxe – Chanel, Gucci, Prada ou encore Jimmy Choo – y tiennent toujours le haut du pavé. Presque tous les articles datent de moins de deux ans. Les prix sont élevés, mais cela reste moins coûteux que le neuf.

SHAKESPEARE & CO

LIVRES

Plan p. 462 (☎212-772-3400 ; www.shakeandco.com ; 939 Lexington Ave, à hauteur de E 69th St ; ⏲9h-20h lun-sam, 10h-18h dim ; 📶 ; Ⓢ6 arrêt 68th St-Hunter College). Sans rapport avec l'enseigne parisienne du même nom, cette librairie indépendante est l'une des meilleures de New York. On y trouve un vaste choix de romans ou d'essais contemporains, de livres d'art et d'histoire, et une collection de périodiques réduite, mais originale. Une Espresso Book Machine permet d'imprimer des titres à la demande. Sur le devant, un petit café propose boissons chaudes et repas légers.

Upper West Side et Central Park

Notre sélection

❶ Une journée à **Central Park** (p. 236), à l'écart de la folie urbaine : pique-nique sur la pelouse de Sheep Meadow, balade en barque sur le lac et promenade le long de la majestueuse Literary Walk.

❷ Une immersion artistique au **Lincoln Center** (p. 235), qui présente d'excellents opéras, ballets, concerts classiques, films et pièces de théâtre.

❸ Une promenade au milieu des gigantesques dinosaures de l'**American Museum of Natural History** (p. 241), où vous pourrez aussi toucher du doigt la surface criblée de trous de la plus grande météorite des États-Unis.

❹ Un pèlerinage au Tibet grâce aux peintures du **Nicholas Roerich Museum** (p. 240), bel hôtel particulier du XIXe siècle.

❺ Un footing, du vélo ou une simple promenade le long de l'Hudson au **Riverside Park** (p. 240), tandis que le soleil se couche sur la rive opposée.

Pour un plan plus détaillé, reportez-vous p. 464

Bon plan Lonely Planet

Le meilleur moyen d'arpenter les 340 ha du parc est le vélo. Vous pourrez en louer chez **Central Park Bike Tours** (p. 251) et **Toga Bike Shop** (p. 252). La boucle complète de Central Park fait 10 km (la partie nord est plus bosselée que le sud). Vous trouverez toutes sortes de renseignements et un plan des sentiers du parc sur le site Internet de la Central Park Conservancy (www.centralparknyc.org).

Le top des restaurants

- Absolute Bagels (p. 244)
- Cafe Luxembourg (p. 245)
- Awadh (p. 245)
- Jin Ramen (p. 244)
- Jacob's Pickles (p. 245)

Voir détails p. 244

Le top des bars et cafés

- The Dead Poet (p. 248)
- Empire Rooftop (p. 247)
- Prohibition (p. 248)
- Irving Farm Roasters (p. 247)

Voir détails p. 247

Le top de la musique

- Metropolitan Opera House (p. 248)
- SummerStage (p. 249)
- Smoke (p. 250)
- Beacon Theatre (p. 250)

Voir détails p. 248

Découvrir l'Upper West Side et Central Park

La zone correspondant au centre-ouest de Manhattan est étendue. La meilleure façon de l'aborder dépend de ce que vous souhaitez visiter. Vous avez des enfants ? Épatez-les avec une visite de l'American Museum of Natural History (p. 241), suivie d'une découverte des merveilles de Central Park (p. 236). La rue parallèle au parc, Central Park West, est bordée d'immeubles d'appartements somptueux. Si les arts vous passionnent, ne manquez pas le Lincoln Center (page ci-contre) et les inoubliables spectacles du Metropolitan Opera, du New York Philharmonic et du New York City Ballet. Vous préférez flâner ? Explorez Broadway et les rues avoisinantes : au nord de 70st St, le secteur abonde en architectures remarquables et en boutiques animées. On trouvera un espace vert plus calme au Riverside Park (p. 240), en bordure ouest de Manhattan, avec de longues promenades agréables et la vue sur l'Hudson, particulièrement belle au coucher du soleil.

Vivre comme un New-Yorkais

- **Poisson** Saumon fumé, hareng mariné, esturgeon charnu : rien n'est plus Upper West Side que d'aller humer les saveurs marines chez Zabar's (p. 250) ou Barney Greengrass (p. 245).
- **Détente à Central Park** À Central Park (p. 236), les touristes se hâtent entre les sites à visiter. Les New-Yorkais, eux, choisissent un petit coin de verdure avec vue et regardent le monde défiler.
- **Cinéma** Le programme de qualité du Film at Lincoln Center (p. 249) fait le bonheur des cinéphiles de Manhattan.
- **En-cas nocturnes** Rien n'est plus new-yorkais que d'éponger les excès éthyliques de la soirée en s'offrant un hot dog chez Gray's Papaya (p. 245) à 2h du matin.

Depuis/vers l'Upper West Side et Central Park

- **Métro** Les lignes 1, 2 et 3 sont pratiques pour les quartiers séparant Broadway et le fleuve, les lignes B et C conviennent mieux pour les musées et Central Park. Les lignes A/C, B/D et 1 s'arrêtent à Columbus Circle et 59th St, à l'angle sud-ouest de Central Park, et de là partent vers le nord ; la ligne N/R/W part vers le sud-est. Les lignes 2 et 3 s'arrêtent à l'entrée nord, dans Harlem.
- **Bus** Le M104 longe Broadway ; le M10 suit la jolie lisière ouest du parc. Les lignes perpendiculaires à la hauteur de 66th St, 72nd St, 79th St, 86th St et 96th St traversent le parc vers l'Upper East Side, avec des arrêts à Central Park West et 5th Ave mais pas dans le parc.

LES INCONTOURNABLES
LINCOLN CENTER

Cet ensemble rectiligne de temples modernistes réunit plusieurs des salles mythiques de Manhattan et accueille les plus beaux opéras, ballets et concerts symphoniques de New York. Ce vaste complexe de 6,5 ha réunit plusieurs autres lieux, dont deux théâtres, deux cinémathèques et une célèbre école du spectacle, la Juilliard School.

Construction et reconstruction

La décision prise dans les années 1950 de détruire le quartier majoritairement afro-américain de San Juan Hill (immortalisé par le fil musical *West Side Story*, tourné juste avant l'arrivée des bulldozers) pour construire cet ensemble fut largement controversée. Sur le plan architectural également, le Lincoln Center reçut nombre de critiques, portant sur son aspect de forteresse, son classicisme et son acoustique très moyenne. Le cinquantenaire du centre en 2009-2010 a fourni l'occasion à Diller Scofidio + Renfro, entre autres agences d'architecture, de redessiner un Lincoln Center plus contemporain, attendu et bien accueilli.

À voir

Ne manquez pas les trois édifices d'inspiration classique du **Metropolitan Opera** (les murs du foyer s'ornent de fresques aux couleurs vives peintes par Marc Chagall), du **David Geffen Hall** et du **David H. Koch Theater**, signé Philip Johnson. Ils bordent la place centrale, sur Columbus Ave, entre 62nd St et 65th St. Au centre de celle-ci, la **fontaine Revson** est un spectacle à elle seule. quand elle se pare de son éclairage nocturne.

Plusieurs bâtiments rénovés méritent le coup d'œil, notamment l'**Alice Tully Hall**, avec sa façade translucide et anguleuse très contemporaine, et le **David Rubenstein Atrium** (plan p. 464 ; ☎212-721-6500 ; www.lincolncenter.org/atrium/ ; 61 W 62nd St, à hauteur de Broadway ; ⏲atrium 8h-22h lun-ven, à partir de 9h sam et dim, billetterie 12h-19h lun-sam, 12h-17h dim ; Ⓢ1 arrêt 66th St-Lincoln Center), un lieu public situé derrière l'Empire Hotel, avec un espace salon (Wi-Fi gratuit), un café et un bureau d'information. Le jeudi soir, des événements gratuits s'y déroulent, et les visites guidées du Lincoln Center partent d'ici.

Représentations et projections

Chaque soir, le Lincoln Center donne plusieurs spectacles, et plus encore en été, lorsque le **Lincoln Center Out of Doors** (série de spectacles de danse et de concerts) et le **Midsummer Night Swing** (bal sous les étoiles) invitent la culture en extérieur. Pour des détails sur les billets et la programmation – qui va de l'opéra à la danse en passant par le théâtre et le ballet – consultez le site Internet.

À NE PAS MANQUER

- Fontaine Revson
- Les peintures murales de Marc Chagall
- Et bien sûr une représentation !

INFOS PRATIQUES

- Plan p. 464, B7
- ☎212-875-5456, visites guidées 212-875-5350
- www.lincolncenter.org
- Columbus Ave, entre W 62nd St et 66th St
- Visites guidées tarif plein/étudiant 25/20 $
- ⏲visites guidées 11h30 et 13h30 lun-sam, 15h dim
- 👪
- Ⓢ1, 2, 3 arrêt 66th St-Lincoln Center, A/C, B/D arrêt 59th St-Columbus Circle

LES INCONTOURNABLES CENTRAL PARK

Avec ses 340 ha de pelouses, de petits lacs, de mares et de bois, Central Park semble être une œuvre spontanée de la nature. Mais rien n'est plus faux : ce "jardin public" dessiné par Frederick Law Olmsted et Calvert Vaux est le fruit du travail de milliers d'ouvriers, qui ont charrié maints tombereaux de terre et de matériaux pour assécher les marécages et niveler les affleurements rocheux.

Naissance d'un parc

Dans les années 1850, on trouvait dans cette partie de Manhattan des élevages de cochons, une décharge, un site d'équarrissage et un village afro-américain. Il fallut vingt ans à 20 000 ouvriers pour transformer ce terrain en parc. Aujourd'hui, Central Park compte plus de 24 000 arbres, 55 ha de bois, 21 terrains de jeux et 7 plans d'eau. Quelque 38 millions de visiteurs le fréquentent chaque année.

Bethesda Terrace et le Mall

Depuis longtemps, les galeries couvertes de **Bethesda Terrace** (66th St arrêt 72nd St ; S B, C arrêt 72nd St) et la superbe **Bethesda Fountain** (S B, C arrêt 72nd St), à la hauteur de 72nd St, font office de point de rencontre pour les New-Yorkais. Au sud se situe le fameux **Mall** (Literary Walk ; entre 67th St et 72nd St ; 6h-1h ; S N/R/W arrêt 5th Ave-59th St), promenade bordée de majestueux ormes d'Amérique qui apparaît dans bon nombre de films. La partie sud du Mall, appelée **Literary Walk**, est jalonnée de statues d'auteurs célèbres.

Zoo de Central Park

Ce petit **zoo** (plan p. 464 ; 212-439-6500 ; www.centralparkzoo.com ; 64th St, à hauteur de 5th Ave ; adulte/enfant 20/15 $, sans cinéma 4-D 14/9 $; 10h-17h lun-ven, 10h-17h30 sam-dim avr-oct, 10h-16h30 nov-mars ; S N/R arrêt 5th Ave-59th St), rendu célèbre par le film d'animation

À NE PAS MANQUER

- Le Mall
- Le Jackie O Reservoir
- La fontaine Bethesda
- Le Conservatory Garden

INFOS PRATIQUES

- Plan p. 464, D5
- www.centralparknyc.org
- De 59th St à 110th St, entre Central Park West et 5th Ave
- 6h-1h
- S A/C, B/D n'importe quel arrêt entre 59th St-Columbus Circle et Cathedral Pkwy (110th St)

de DreamWorks *Madagascar*, héberge manchots, léopards des neiges et lémuriens. Le repas des otaries et des manchots vaut le coup d'œil. Juste à côté, le **Tisch Children's Zoo** fait le bonheur des plus petits, qui peuvent y caresser alpagas et chèvres nubiennes.

Conservatory Water et statue d'Alice

Au nord du zoo, à la hauteur de 74th St, des bateaux à voile miniatures voguent sur les eaux de Conservatory Water, tandis que les enfants escaladent une statue d'Alice au pays des merveilles représentée trônant sur un champignon. À l'ouest du bassin, de juin à septembre, tous les samedis à 11h, c'est l'heure du conte, au pied de la statue de Hans Christian Andersen (www.hcastorycenter.org).

Great Lawn et Ramble

Immortalisée par le concert de Simon et Garfunkel en 1981, la **Great Lawn** (plan p. 464 ; entre 79nd St et 85th St ; ⏲avr à mi-nov ; Ⓢ B, C arrêt 86th St) est un immense tapis vert au centre du parc, bordé de terrains de base-ball et de platanes. Au sud-est se dressent le Delacorte Theater (p. 250), qui accueille chaque été le festival Shakespeare in the Park, et le Belvedere Castle (p. 252), idéal pour observer les oiseaux. Plus au sud, les frondaisons du **Ramble** (plan p. 464 ; entre 73rd St et 78th St ; Ⓢ B,C arrêt 81st St-Museum of Natural History) font le bonheur des ornithologues amateurs. À l'extrémité sud-est, le Loeb Boathouse (p. 252) abrite un restaurant au bord de l'eau, loue des barques et propose des promenades en gondole.

Réservoir Jacqueline Kennedy Onassis

Le réservoir occupe presque toute la largeur du parc au niveau de 90th St, et reflète la silhouette des gratte-ciel alentour. Aux beaux jours, d'innombrables joggeurs courent sur le chemin qui en fait le tour (2,5 km). Tout près, à la hauteur du croisement entre 5th Ave et 90th St, se dresse une statue de Fred Lebow, fondateur du marathon de New York, en train de regarder sa montre.

Strawberry Fields

Ce **jardin** (plan p. 464 ; à hauteur de W 72nd St ; Ⓢ C, B arrêt 72nd St) en forme de larme est un mémorial en hommage à l'ex-Beatle John Lennon, qui vivait et a été abattu juste en face, dans le **Dakota Building** (plan p. 464 ; 1 W 72nd St, Central Park West ; Ⓢ B, C arrêt 72nd St). Le jardin, imaginé et en partie financé par sa veuve Yoko Ono, se compose d'un bosquet d'ormes et d'une mosaïque noir et blanc arborant le mot “Imagine”. Un audioguide du jardin, enregistré par Yoko Ono, est disponible sur soundcloud.com/centralparkorg/strawberry-fields-yoko-ono.

LE CONSERVATORY GARDEN

Sans joggeurs ni cyclistes ni musiciens, les 2,5 ha de ce **jardin** (5th Ave à hauteur de E 105th St ; Ⓢ 6 arrêt 103rd St) offrent l'une des oasis de tranquillité du parc : c'est un bel endroit, plein de pommiers et de buis, et rempli de fleurs dès le printemps. Vous pourrez profiter d'un niveau de tranquillité comparable et observer un maximum d'oiseaux en venant à Central Park peu après l'aube.

UNE PETITE FAIM ?

Composez votre pique-nique gastronomique chez Zabar's (p. 250) ou chez **Eli's Essentials** (☎646-755-3999 ; www.elizabar.com ; 1270 Madison Ave, à hauteur de E 91st St ; buffet au poids 3,70 $/100 gr, sandwichs à partir de 7,50 $; ⏲8h-17h ; 📶🖉 ; Ⓢ 6 arrêt 96th St), tous deux proches du parc. Eli's Essentials se transforme en bar à vins le soir venu (à partir de 17h).

Dans le parc, vous pouvez manger dehors au **Pain Quotidien** (www.lepain quotidien.com ; Mineral Springs Pavilion, Central Park, vers West Dr ; plats 7,50-17 $; ⏲7h-19h, ferme plus tôt en hiver ; 📶🖉👪 ; Ⓢ B, C arrêt 72nd St) ou préférer l'adresse plus chic du Loeb Boathouse (p. 252).

Central Park

LE POUMON DE NEW YORK

Ce rectangle de verdure qui occupe le cœur de Manhattan est une création du milieu du XIXe siècle, les édiles ayant décidé de remodeler cette ingrate terre marécageuse pour en faire le paysage idyllique que vous voyez aujourd'hui. Depuis qu'il est officiellement devenu Central Park, il a drainé des New-Yorkais de tous bords et de toutes classes. Les riches y ont fait admirer leurs belles voitures dans les années 1860, les pauvres y sont venus aux concerts gratuits du dimanche dans les années 1880, et les opposants à la guerre du Vietnam y ont manifesté dans les années 1960. Depuis, des légions de New-Yorkais – sans parler des voyageurs des quatre coins du monde – affluent pour se promener, pique-niquer, prendre le soleil, jouer et assister à des concerts ou des pièces de Shakespeare. La nature variée du terrain permet toutes sortes d'activités. De paisibles buttes boisées

Loeb Boathouse

Ce pavillon au bord de l'eau offre l'un des cadres new-yorkais les plus idylliques pour un repas. Vous pouvez louer canots ou vélos et même embarquer sur une gondole vénitienne.

Conservatory Garden

Seul jardin classique de Central Park, c'est un havre de paix. Du côté nord, les chrysanthèmes fleurissent fin octobre. Au sud, le plus grand pommier du parc pousse près de la Burnett Fountain.

STUDIOLASKA/SHUTTERSTOCK © FOUNTAIN SCULPTOR: BESSIE POTTER VONNOH

Réservoir Jacqueline Kennedy Onassis

Ce plan d'eau de 43 ha couvre environ un huitième du parc. À l'origine, il fournissait de l'eau potable à la ville. Aujourd'hui, c'est un endroit idéal pour observer les oiseaux aquatiques.

LULU AND ISABELLE/SHUTTERSTOCK ©

Belvedere Castle

Véritable folie dans le goût victorien, ce château d'allure néogothique fut construit en 1869 par l'un des deux architectes de Central Park, Calvert Vaux. Le point de vue sur la ville est incomparable

ominent le nord. Au sud, le réservoir est le
errain de prédilection des joggeurs. Jardins
alien, anglais, français, un zoo et de multiples
lans d'eau diversifient le paysage. Sous le
oleil, Sheep Meadow, "pré" favori du Tout-New
ork qui vient s'y prélasser, révèle tout son
clat. Central Park est bien plus qu'un espace
ert. C'est le vaste jardin particulier d'une ville
ppelée New York.

FAITS ET CHIFFRES

- Architectes-paysagistes : Frederick Law Olmsted et Calvert Vaux.
- La construction a commencé en 1858.
- Le parc couvre 340 ha.
- Des centaines de films y ont été tournés, de *Chercheuses d'or* (*Gold Diggers* ; 1933), grand succès de l'après-Grande Dépression, au film-catastrophe *Cloverfield* (2008).

Conservatory Water

Aux beaux jours, a surface de cet étang se couvre de petits bateaux, tout comme dans les jardins parisiens de l'époque aussmannienne dont se sont inspirés ses concepteurs. C'est le royaume des courses e bateaux miniatures.

Fontaine Bethesda

Au nombre des plus grandes fontaines de New York, cette œuvre (1868) de la féministe bohème Emma Stebbins est surmontée par l'ange des eaux soutenu par quatre chérubins.

trawberry elds

ptisé du nom la chanson des atles "Strawberry elds Forever", ce din fait face au kota Building. e mosaïque rend mmage à John nnon, tué de l'autre té de la rue, en bas chez lui. Sa veuve, ko Ono, a participé ancièrement à sa éation.

Le Mall/ Literary Walk

Seule ligne droite du parc, cette promenade dans le goût parisien est bordée de statues de figures littéraires (Robert Burns, Shakespeare) et d'ormes américains, devenus fort rares.

À VOIR

Par le passé, le quartier de l'ouest de Central Park voyait se mêler des communautés afro-américaines, latinos et juives allemandes. Mais la gentrification a fait son œuvre au cours des dernières décennies : vous aurez désormais plus de chance d'y croiser artistes, jeunes cadres et poussettes. Les grandes chaînes sans charme s'alignent sur Broadway, mais le reste du quartier est un véritable paradis architectural, où vous apercevrez des bâtiments dans les styles Beaux-Arts, baroque, néogothique ou d'après-guerre. Certains des immeubles les plus chics de tout NYC – y compris le Dakota Building, où a vécu et devant lequel fut assassiné John Lennon – se dressent du côté de Central Park West.

CENTRAL PARK — PARC

Voir p. 236.

LINCOLN CENTER — CENTRE CULTUREL

Voir p. 235.

♥ NICHOLAS ROERICH MUSEUM — MUSÉE

Plan p. 464 (☎212-864-7752 ; www.roerich.org ; 319 W 107th St, entre Riverside Dr et Broadway ; ⏲12h-16h mar-dim ; Ⓢ1 arrêt Cathedral Pkwy 110 St). GRATUIT Ce fascinant petit musée installé dans une *townhouse* de trois étages datant de 1898 est l'un des secrets les mieux gardés de la ville. Il renferme plus de 150 tableaux du prolifique Nicholas Konstantinovich Roerich (1874-1947), poète, philosophe et peintre d'origine russe, notamment de saisissants paysages de l'Himalaya, où il s'installa avec sa famille en 1928. De fait, ses paysages de montagnes sont réellement stupéfiants : pics tibétains glacés aux nuances de bleu, de blanc, de vert et de violet, quelque part entre Georgia O'Keeffe et Rockwell Kent.

NEW YORK HISTORICAL SOCIETY — MUSÉE

Plan p. 464 (☎212-873-3400 ; www.nyhistory.org ; 170 Central Park West, à hauteur de W 77th St ; adulte/enfant 22/6 $, don libre 18h-20h ven, bibliothèque en accès libre ; ⏲11h-17h mer-jeu et sam-dim, 11h-20h ven ; 👪 ; ⓈB, C arrêt 81st St-Museum of Natural History). Fondé en 1804 pour conserver les objets historiques et culturels de la ville, le musée le plus ancien de New York abrite une collection de plus de 60 000 objets curieux et décalés, allant du fauteuil d'investiture de George Washington à une coupelle à glace Tiffany du XIXe siècle (dorée, bien entendu). Parmi les autres trésors de sa collection permanente, citons une prothèse orthopédique de Franklin D. Roosevelt, et même une porte couverte de graffitis des années 1970 appartenant au photographe Jack Stewart (avec des tags de graffeurs célèbres comme Tracy 168). Un plafond peint par Keith Haring en 1986, *Pop Shop*, accueille le visiteur dans le hall.

Le musée a abordé le XXIe siècle avec une vigueur renouvelée. Redessiné, avec une esthétique moderne et épurée qui met l'accent sur la technologie interactive, le bâtiment abrite plusieurs musées en un. Le 4e niveau est désormais occupé par le Center for Women's History, unique en son genre dans un grand musée américain, qui fait partie du Henry Luce III Center réaménagé. Il accueille aussi un musée pour les enfants, des conférences et autres activités éducatives. En 2020, le musée a accueilli une reconstitution du Bureau ovale (Oval Office, bureau occupé par le président dans la Maison-Blanche) ainsi qu'une nouvelle exposition permanente dédiée aux présidents américains.

RIVERSIDE PARK — PARC

Plan p. 464 (☎212-870-3070 ; www.riversideparknyc.org ; Riverside Dr, entre W 59th St et 155th St ; ⏲6h-1h ; 👪 ; Ⓢ1/2/3 n'importe quel arrêt entre 72nd St et 125th St). Conçu par les créateurs de Central Park, Frederick Law Olmsted et Calvert Vaux, ce beau ruban de verdure s'étend le long de l'Hudson et vers le nord de l'Upper West Side, entre W 59th St et 155th St. Pistes cyclables et aires de jeux en font le rendez-vous des familles. Vue depuis le parc, la rive de l'Hudson du côté New Jersey semble bien jolie.

Au sud du parc, le café-terrasse **Pier i Café** (plan p. 464 ; ☎212-362-4450 ; piericafe.com ; au pied de la West Side Hwy, à hauteur de W 70th St ; plats 13-24 $; ⏲8h-minuit mai-oct, fermeture plus tôt par temps frais avr, mai et oct ; Ⓢ1/2/3 arrêt 72nd St) offre une halte idéale pour prendre un verre ou manger un morceau dans une ambiance détendue au bord de l'eau.

AMERICAN FOLK ART MUSEUM — MUSÉE

Plan p. 464 (☎212-595-9533 ; www.folkartmuseum.org ; 2 Lincoln Sq, Columbus Ave, entre W 65th St et 66th St ; ⏲11h30-18h mar-dim ;

LES INCONTOURNABLES
AMERICAN MUSEUM OF NATURAL HISTORY

Fondé en 1869, ce grand classique des musées new-yorkais abrite une collection de plus de 34 millions de pièces, ainsi qu'un planétarium ultramoderne. D'octobre à mai, il accueille le **Butterfly Conservatory**, une serre à papillons comptant plus de 500 papillons du monde entier (suppl 5/3,50 $ par adulte/enfant). Référence mondiale, la section Fossil Halls expose près de 600 fossiles, dont le squelette d'un énorme mammouth et le terrifiant *Tyrannosaurus rex*.

De nombreuses sections sont consacrées aux animaux, d'autres aux pierres précieuses, et un cinéma IMAX programme des films sur les phénomènes naturels. Dans le Milstein Hall of Ocean Life, vous visionnerez des dioramas sur l'écologie, le climat et la protection de la nature, sous l'œil d'une gigantesque baleine bleue (30 m) factice suspendue au-dessus de vos têtes. À l'une des entrées, vous serez accueilli par un canoë de 19 m, sculpté par les Haida de Colombie-Britannique au XIXe siècle.

Pour les amoureux de l'espace, le Rose Center For Earth & Space constitue le clou du spectacle. Derrière sa superbe façade de verre, il abrite, dans une mise en scène saisissante, différentes salles dédiées à la compréhension de l'univers, sans oublier le planétarium. Projeté à intervalles réguliers, le film *Dark Universe* explore les mystères et merveilles du cosmos.

Le musée est bondé le week-end. Préférez les jours de semaine et venez tôt.

À NE PAS MANQUER

- Le *Tyrannosaurus rex* (4e étage)
- Le Hall of Ocean Life (1er étage)
- Le Hayden Big Bang Theater (2e étage)

INFOS PRATIQUES

- Plan p. 464, C5
- 212-769-5100
- www.amnh.org
- Central Park West, à hauteur de W 79th St
- tarif plein/réduit/enfant 23/18/13 $
- 10h-17h30 mer-dim
- S C arrêt 81st St-Museum of Natural History, 1 arrêt 79th St

S 1 arrêt 66th St-Lincoln Center). GRATUIT Ce petit musée présente des expositions temporaires qui emplissent ses trois minuscules galeries. On a notamment pu y découvrir des couvre-lits confectionnés par des soldats du XIXe siècle et les sculptures d'anciens forts d'esclaves d'un célèbre fabricant de cercueils ghanéen. Sa boutique de souvenirs propose des objets uniques et chics : livres, bijoux, accessoires, foulards, bibelots, etc. Concerts gratuits le mercredi (à 14h) et le vendredi (à 17h30).

STRAUS PARK — PARC

Plan p. 464 (www.nycgovparks.org ; Broadway, entre W 106th St et 107th St ; 6h-1h ; S 1 arrêt 103rd St ou 110th St). Ce petit triangle de verdure est consacré à la mémoire d'Ida et Isidor Straus, couple fortuné (Isidor était le propriétaire de Macy's) qui mourut ensemble sur le *Titanic* en 1912, quand Ida refusa d'embarquer sur un canot de sauvetage pour rester avec son mari. Une citation biblique de circonstance est gravée dans une exèdre de granit : "Aimés et chéris pendant leur vie, ils ne furent pas séparés dans la mort." Le parc doit à ses nombreux bancs à l'ombre d'être fréquenté quand il fait chaud.

CHILDREN'S MUSEUM OF MANHATTAN — MUSÉE

Plan p. 464 (212-721-1223 ; www.cmom.org ; 212 W 83rd St, entre Amsterdam Ave et Broadway ; 15 $; 10h-17h mer-dim ; S B, C arrêt 81st St-Museum of Natural History, 1 arrêt 86th St). Dans ce petit musée, les expositions sont interactives et adaptées aux enfants de moins de 10 ans. Certains espaces de découverte ont été spécifiquement conçus pour les tout-petits et favorisent le jeu – c'est notamment le cas d'expositions très appréciées comme le Talking Dragon et *Dora l'exploratrice*. Le musée est aussi rempli de salles à thème et est doté d'un mur de 2,5 m sur lequel vos bambins pourront peindre avec les doigts. À l'extérieur, l'exposition aquatique *Dynamic* H_2O présente de façon ludique, par des jeux d'eau, le réseau d'aqueducs et d'approvisionnement en eau de NYC (fermé par mauvais temps).

1

RMBARRICARTE/GETTY IMAGES ©

2

4

EILEEN_10/SHUTTERSTOCK ©

Loeb Boathouse (p. 247 et p. 251)
:entral Park, après un bon repas dans
restaurant au bord de l'eau, louez une barque.

Lincoln Center (p. 235)
:tains des plus beaux spectacles de la ville
nt donnés ici.

American Folk Art Museum
. 240)
s expositions fascinantes vous feront découvrir
t populaire américain au fil des siècles.

American Museum of Natural
istory (p. 241)
ıez contempler les créatures préhistoriques
xplorer les mystères du cosmos dans ce
sée apprécié des petits et des grands.

PIO3/SHUTTERSTOCK ©

OÙ SE RESTAURER

L'Upper West Side n'est pas particulièrement renommé pour sa scène gastronomique, mais on y trouve néanmoins de quoi satisfaire tous les goûts, des savoureux bagels au cassoulet, en passant par la cuisine américaine dernier cri. Au nord du Lincoln Center, Broadway, Amsterdam Ave et Columbus Ave sont toutes bien pourvues en cafés indépendants et en restaurants de quartier.

♥ABSOLUTE BAGELS — BAGELS $

Plan p. 464 (☎212-932-2052 ; 2788 Broadway, entre W 107th St et 108th St ; bagels 1-8 $; ⏰6h-19h sam-lun, 6h-22h mar-ven ; Ⓢ1 arrêt Cathedral Parkway 110th St). Tenue par des Thaïlandais, cette boutique a de quoi surprendre. Mais une chose est sûre à voir les clients s'y ruer : on trouve ici des bagels qui comptent parmi les meilleurs de la ville. La décoration n'a rien d'exceptionnel et le café n'est pas bon, mais seuls les bagels comptent : moelleux à souhait, avec une croûte parfaite. Un vrai régal. Espèces uniquement.

♥ÉPICERIE BOULUD — TRAITEUR $

Plan p. 464 (☎212-595-9606 ; www.epicerieboulud.com ; 1900 Broadway, à hauteur de W 64th St ; sandwichs 10-15 $; ⏰8h-16h30 ; 📶🖉 ; Ⓢ1 arrêt 66th St-Lincoln Center). Les produits du célèbre chef Daniel Boulud n'ont rien d'ordinaire. Oubliez le pain de seigle-jambon, ici, on peut commander du confit de cochon de lait, une ciabatta grillée au jambon de Paris et au gruyère ou une bavette au paprika, aux oignons caramélisés et à la moutarde aux trois graines...

CAFE LALO — DESSERTS $

Plan p. 464 (☎212-496-6031 ; www.cafelalo.com ; 201 W 83rd St, entre Amsterdam Ave et Columbus Ave ; desserts 4-11 $; ⏰9h-1h lun-jeu, 9h-3h ven-sam, 9h-1h ; Ⓢ1 arrêt 79th St, B, C arrêt 81st St-Museum of Natural History). Les affiches françaises rétro et les tables de bistrot en marbre donnent à cette institution de l'Upper West Side une ambiance de café parisien. Mais au-delà du décor, on vient avant tout ici pour l'étourdissante variété de desserts : choisissez (si vous le pouvez) entre la trentaine de gâteaux différents, 23 parfums de cheesecake, 10 sortes de tartes, une douzaine de tartes aux fruits, des cookies, des pâtisseries, le sabayon ou encore la mousse au chocolat...

JIN RAMEN — JAPONAIS $

Plan p. 464 (☎646-657-0755 ; www.jinramen.com ; 462 Amsterdam Ave, entre W 82nd et 83rd St ; plats 14-20 $; ⏰11h-15h30 et 17h-22h ; 🖉 ; Ⓢ1 arrêt 79th St). Ce petit restaurant animé situé sur Amsterdam Ave sert de merveilleux bols de ramen fumants. Le *tonkotsu ramen* (au bouillon de porc) est très populaire, mais la carte compte aussi des ramens végétariens. En entrée, ne manquez pas les piments *shishito*, les petits pains au porc et la salade *hijiki*. Les boiseries rustiques, les ampoules nues et les éléments industriels rouges donnent au lieu une ambiance très cosy.

SILVER MOON BAKERY — BOULANGERIE $

Plan p. 464 (☎212-866-4717 ; www.silvermoonbakery.com ; 2740 Broadway, à hauteur de W 105th St ; pâtisseries 4-6,50 $; ⏰8h-19h ; Ⓢ1 arrêt 103rd St). Une horde de clients vient attendre dans cette boulangerie-pâtisserie de Morningside Heights pour les plaisirs sucrés de Judith Norell, qui a délaissé son clavecin pour s'inscrire en école de boulangerie à Paris, avant d'ouvrir Silver Moon.

Si certains clament que sa *challah* (brioche de tradition juive) est la meilleure de New York, ses baguettes, tartes aux fruits et muffins ont aussi acquis une solide réputation – laissez-vous tenter par le muffin Morning Glory, à base de pommes, carottes, raisins secs, noix de coco, graines de tournesol et épices. Les tables dans la rue sont idéales pour profiter d'une matinée ensoleillée.

HUMMUS PLACE — ORIENTAL $

Plan p. 464 (☎212-799-3335 ; www.hummusplace.com ; 305 Amsterdam Ave, entre W 74th St et 75th St ; plats déj 13,50-17 $, dîner 15-18 $; ⏰11h30-20h30 ; 🖉 ; Ⓢ1/2/3 arrêt 72nd St). Si sa façade ne paie pas de mine, ce restaurant tenu par des Israéliens n'est pourtant pas dépourvu de charme : juste en dessous du niveau de la rue, 8 tables font face à une petite cuisine ouverte. Les incroyables assiettes de houmous, servies chaudes avec divers accompagnements – champignons, pois chiches, ragoût de fèves à l'œuf – attirent une clientèle nombreuse. Salades, *shakshuka* et feuilles de vigne farcies délicieuses.

PEACEFOOD CAFE
VÉGAN **$**

Plan p. 464 (☎212-362-2266 ; www.peacefoodcafe.com ; 460 Amsterdam Ave, à hauteur de W 82nd St ; plats 10-18 $; ⏲11h30-21h ; 📶✍ ; Ⓢ1 arrêt 79th St). Vaste et lumineux, ce havre végétalien sert un populaire panini au seitan frit (préparé avec de la focaccia maison et garni de pâte de noix de cajou, de roquette, de tomates et de pesto), ainsi que des pizzas, des assiettes de légumes rôtis et une excellente salade de quinoa. Sans oublier les suggestions du jour, options sans gluten, jus énergétiques, somptueux desserts et le dîner plus copieux servi de 17h à 22h (plats 18 $).

GRAY'S PAPAYA
HOT DOGS **$**

Plan p. 464 (☎212-799-0243 ; www.facebook.com/grayspapayanyc ; 2090 Broadway, à hauteur de W 72nd St, entrée par Amsterdam Ave ; hot dog 2,95 $; ⏲24h/24 ; Ⓢ1/2/3, B, C, arrêt 72nd St). C'est un grand classique new-yorkais que de s'échouer dans ce restaurant – fondé par un ancien associé de Papaya King (p. 226), son rival côté est – pour éponger un excès de bière. On y déguste, debout, des hot dogs tout simplement délicieux, dans une lumière crue et des couleurs très années 1970.

JACOB'S PICKLES
AMÉRICAIN **$$**

Plan p. 464 (☎212-470-5566 ; www.jacobspickles.com ; 509 Amsterdam Ave, entre W 84th St et 85th St ; plats 12-24 $; ⏲10h-2h lun-jeu, 10h-4h ven, 9h-4h sam, 9h-2h dim ; Ⓢ1 arrêt 86th St). Ce restaurant bon vivant, tamisé et animé donne ses lettres de noblesse aux pickles. Outre les concombres au vinaigre et consorts, vous y trouverez une cuisine consistante et ultracopieuse – tacos de poisson-chat, poulet et pancakes, mac 'n' cheese. Délicieux *Southern biscuits* (petits sandwichs au babeurre, du Sud des États-Unis). Plus d'une vingtaine de bières artisanales brassées dans le pays.

AWADH
NORD DE L'INDE **$$**

Plan p. 464 (☎646-861-3241 ; www.awadhnyc.com ; 2588 Broadway, entre W 97th St et 98th St ; plats 11-26 $; ⏲17h-22h tlj et 12h-15h ven-dim ; Ⓢ1/2/3 arrêt 96th St). Ce restaurant assez chic propose une cuisine du nord de l'Inde et s'inscrit dans la tradition culinaire de Lucknow et des Nawabs. Le chef Gaurav Anand vous transportera en Inde avec ses *galouti* kebabs divins (galettes d'agneau haché fondant aux épices, grand classique de la street food de Lucknow) et ses spécialités *dum phukt* – viande et/ou riz cuit à la vapeur dans un pot d'argile scellé. Tout est délicieux. Laissez-vous tenter par l'*Awadh gosht biryani*, un plat à base d'agneau tendre et de riz qui vous emmènera directement dans le nord de l'Inde. Si vous souhaitez manger vraiment épicé, signalez-le et les cuisiniers se feront plaisir sur le piment. Réservation conseillée.

BLOSSOM ON COLUMBUS
VÉGAN **$$**

Plan p. 464 (☎212-875-2600 ; www.blossomnyc.com ; 507 Columbus Ave, entre W 84th St et 85th St ; pizzas à partir de 20 $, plats 23-25 $; ⏲12h-21h dim-jeu, 12h-22h ven-sam ; ✍ ; ⓈB, C, 1 arrêt 86th St). Le décor élégant et moderne de ce restaurant végan haut de gamme élève encore un peu plus haut la carte végétalienne. Optez pour le "tout-légume", comme l'assiette de betteraves rouges et jaunes rôties, la salade de pois chiches, cranberries et chou kale, ou pour un plat plus "carné" comme les côtelettes de seitan poêlées au vin blanc, citron et câpres.

BARNEY GREENGRASS
TRAITEUR **$$**

Plan p. 464 (☎212-724-4707 ; www.barneygreengrass.com ; 541 Amsterdam Ave, à hauteur de W 86th St ; sandwichs 5,25-25 $, plats 11-28 $, assiettes de poisson fumé 37-59 $; ⏲traiteur 8h-18h mar-dim, café 8h30-16h mar-ven, 8h30-17h sam-dim ; Ⓢ1 arrêt 86th St). Autoproclamé "roi de l'esturgeon", Barney Greengrass sert toujours les mêmes plats généreux d'œufs et de saumon fumé, de caviar et de babkas au chocolat fondant, qui ont fait son renom dès son ouverture, il y a plus d'un siècle. Le matin, installez-vous au milieu des comptoirs bondés pour faire le plein d'énergie en toute décontraction, ou bien venez déjeuner dans le café adjacent.

♥ CAFE LUXEMBOURG
BRASSERIE **$$$**

Plan p. 464 (☎212-873-7411 ; www.cafeluxembourg.com ; 200 W 70th St, entre Amsterdam Ave et West End Ave ; plats 14-36 $; ⏲11h-15h30 et 17h-23h, brunch 10h-15h30 sam-dim ; Ⓢ1/2/3 arrêt 72nd St). Bistrot français par excellence, l'endroit est très fréquenté par les New-Yorkais et cela n'a rien de surprenant : le cadre dégage une élégance discrète, le personnel est on ne peut plus aimable et, pour couronner le tout, le menu est divin. Les classiques – steak tartare, moules-frites, poulet rôti et son jus – sont de vrais plats de maîtres. Non loin du Lincoln Center : parfait pour un repas avant une représentation.

Promenade à pied
Central Park

DÉPART DAKOTA BUILDING
ARRIVÉE DAKOTA BUILDING
DISTANCE ET DURÉE 4 KM ; 2 HEURES

Véritable monument à ciel ouvert, Central Park figure parmi les espaces verts les plus célèbres au monde. Il s'étend sur 341 ha, le long de 51 rues. La courte promenade proposée ici est notamment idéale pour vous familiariser avec le parc en famille.

Pénétrez dans le parc par W 72nd St, face au 1 **Dakota Building** (p. 237) – où a vécu et a été assassiné (en bas de chez lui, en 1980) John Lennon. En face, à l'entrée du parc, se trouve un mémorial qui lui rend hommage, le 2 **Strawberry Fields** (p. 237). Continuez sur environ 600 m et vous atteindrez, au cœur du parc, la 3 **Bethesda Fountain** (p. 236), fontaine néoclassique construite en 1868. C'est un point de rencontre populaire et l'un des sites les plus photographiés du parc. Prenez au nord en longeant la rive du lac, traversez le plus long pont du parc, le romantique 4 **Bow Bridge**, en fer forgé, et vous arriverez devant le 5 **Ramble** (p. 237), une zone densément boisée de 15 ha.

Au nord, vous verrez le 6 **Belvedere Castle**, un château du XIXe siècle d'où vous pourrez observer les oiseaux. Un petit creux ? Revenez sur vos pas en repartant en direction du lac sur près de 500 m et vous pourrez recharger vos batteries au 7 **Loeb Boathouse** (page ci-contre). Poursuivez ensuite au sud sur 500 m, et vous voilà face au 8 **Mall** (p. 236), une promenade dont la partie sud est surnommée Literary Walk. Toujours en direction du sud, faites environ 300 m jusqu'à la 9 **statue de Balto**. Adorée des enfants, cette statue en bronze immortalise un chien héroïque ayant parcouru 1 014 km pour délivrer des médicaments pendant l'épidémie de diphtérie de 1925 en Alaska. Continuez au sud et vous atteindrez le 10 **Central Park Carousel**, qui amuse petits et grands depuis 1871 (même si le manège a été remplacé) – vous entendrez sa musique de loin. Repartez en direction du nord pour retourner au pied du Dakota Building avec sa musique en tête.

BOULUD SUD MÉDITERRANÉEN $$$

Plan p. 464 (☎212-595-1313 ; www.bouludsud.com ; 20 W 64th St, entre Broadway et Central Park West ; menu "pré-théâtre" 3 plats 17h-19h mer-sam 75 $, plats 34-60 $; ⏲17h-21h30 mer-jeu et dim, 17h-22h ven-sam ; Ⓢ1 arrêt 66th St-Lincoln Center, A/C, B/D arrêt 59th St-Columbus Circle). Lambris de poirier et tons jaune et gris donnent un côté très années 1960, à la *Mad Men*, à ce restaurant où Daniel Boulud sert une cuisine méditerranéenne et nord-africaine. Ici, avec les tajines marocains, la *shakshouka* verte épicée ou encore les linguine au citron et au safran de Sardaigne, l'accent est mis sur les fruits de mer, légumes et épices régionales. Formule dîner avant-spectacle avantageuse.

THE SMITH AMÉRICAIN $$$

Plan p. 464 (☎212-496-5700 ; thesmithrestaurant.com ; 1900 Broadway, à hauteur de W 63rd St ; plats 19-49 $; ⏲11h30-23h lun-ven, 9h30-23h sam, 9h30-22h dim ; 📶 ; Ⓢ1 arrêt 66th St-Lincoln Center, A/C, B/D arrêt 59th St-Columbus Circle). Installé parmi les restaurants qui s'alignent face au Lincoln Center, ce bistrot en effervescence constante sert des plats généreux de qualité qui varient selon les saisons. Citons les crevettes grillées et le taboulé de quinoa, le burger à la raclette sauce au poivre vert et les short ribs sauce ragù. Bar à crudités, grand choix de boissons. Possibilité de manger dehors par beau temps.

LAKESIDE RESTAURANT AT LOEB BOATHOUSE AMÉRICAIN $$$

Plan p. 464 (☎212-517-2233 ; www.thecentralparkboathouse.com ; Central Park Lake, près de E 74th St ; plats déj 29-36 $, plats brunch 21-34 $; ⏲restaurant 17h30-21h30 lun-ven, 18h-21h30 sam-dim avr-nov, 12h-16h lun-ven nov-mars, brunch 9h30-15h45 sam-dim tte l'année ; ⓈB, C arrêt 72nd St, 6 arrêt 77th St). Situé à la pointe est de Central Park Lake, le centre nautique du parc jouit d'une vue dégagée sur Midtown. La cuisine est généralement bonne (notamment le *crabcake* ; 23 $) mais le service pas toujours à la hauteur.

Pour profiter du cadre sans vous ruiner, optez plutôt pour le bar-terrasse, juste à côté, où vous pourrez siroter un cocktail face au lac. En hiver, le bar intérieur (sur votre gauche en entrant) permet de prendre un verre en profitant de la vue. Le café express plus austère est plus en retrait mais offre tout de même une vue partielle sur le lac.

OÙ PRENDRE UN VERRE ET FAIRE LA FÊTE

Quartier très familial, l'Upper West Side n'est pas exactement la destination privilégiée des fêtards. Ici, vous trouverez surtout des restaurants et cafés qui se transforment en bars à la nuit tombée. Le quartier abrite cependant un bar à cocktails qui vaut le détour et l'un des plus grands bars sur un toit-terrasse de tout Manhattan.

PLOWSHARES COFFEE CAFÉ

Plan p. 464 (www.plowsharescoffee.com ; 2730 Broadway, entre W 104th St et 105th St ; ⏲8h-16h lun-ven, 8h-18h30 sam-dim ; Ⓢ1 arrêt 103rd St). Plowshares a fait irruption dans l'univers du café new-yorkais en 2008, quand ce petit paradis de l'expresso a vu le jour dans le quartier de Bloomingdale, dans l'UWS. Ici, le café est fait avec le nec plus ultra des machines à expresso : une Slayer rare, fabriquée à la main, à 18 000 $. Un bonheur pour les fanas de caféine.

EMPIRE ROOFTOP ROOFTOP

Plan p. 464 (212-265-2600 ; www.theempirerooftop.com ; 44 W 63 St, à hauteur de Broadway ; ⏲14h-23h lun-mar, 14h-1h mer-ven, 12h-1h sam, 12h-23h dim ; 📶 ; Ⓢ1 arrêt 66th St-Lincoln Center). Aménagé sur le toit-terrasse de l'Empire Hotel, ce bar raffiné est l'un des lieux les plus vastes (750 m^2) – et l'un des plus onéreux – de New York pour prendre un verre en tutoyant le ciel. En hiver, vous pourrez profiter de l'endroit depuis l'aile coiffée d'un toit en verre, agrémentée de palmiers et de canapés. Toit rétractable en été et plusieurs terrasses.

IRVING FARM ROASTERS CAFÉ

Plan p. 464 (☎212-206-0779 ; www.irvingfarm.com ; 224 W 79th St, entre Broadway et Amsterdam Ave ; ⏲7h30-16h lun-ven, 8h-17h sam-dim ; Ⓢ1 arrêt 79th St). Nichée derrière une petite façade en rez-de-chaussée, l'annexe dans l'Upper West Side de cette chaîne locale de cafés dispose derrière son comptoir d'une salle éclairée par une verrière. Plats légers à savourer avec un expresso ou une bière pression fraîche. Pas de Wi-Fi.

OWL'S TAIL BAR À COCKTAILS

Plan p. 464 (☎646-609-3906 ; www.owlstail.com ; 215 W 75th St, entre Broadway et Amsterdam Ave ; ⏲16h30-23h30 mar-jeu, 16h30-0h30 ven,

15h-0h30 sam, 14h-22h dim ; 📶 ; S1/2/3 arrêt 72nd St). Canapés moelleux, sol carrelé et luminaires de style industriel : dans ce bar à cocktails très chic, on se croirait davantage dans le centre de New York que dans l'Upper West Side. Les chouettes (*owl*) sont à l'honneur dans des œuvres évoquant la côte Nord-Ouest, des sculptures en bois et une fresque extraordinaire. Comptoir en "L" idéal pour siroter un cocktail à la mode comme le Bicycle Thief (Campari, gin, pamplemousse, citron, sirop de sucre et eau gazeuse).

THE DEAD POET — BAR

Plan p. 464 (☎212-595-5670 ; www.thedeadpoet.com ; 450 Amsterdam Ave, entre W 81st St et 82nd St ; ⏰14h-4h lun-jeu, 13h-4h ven, 12h-4h sam-dim ; 📶 ; S1 arrêt 79th St). Un pub étroit, lambrissé d'acajou, apprécié des habitants du quartier. Servir la Guinness y est une affaire sérieuse, et les cocktails portent des noms d'anciens maîtres de la rime, comme le Walt Whitman (13 $) et la sangria de rhum aux épices Pablo Neruda (13 $). D'humeur aventureuse ? Commandez le cocktail de la maison, Dead Poet (15 $), composition secrète de 7 alcools – et vous pourrez même garder le verre.

GEBHARD'S BEER CULTURE — BIÈRE ARTISANALE

Plan p. 464 (www.beerculture.nyc/gebhards ; 228 W 72nd St, entre West End Ave et Broadway ; ⏰15h-2h lun-ven, 14h-minuit sam, 12h-22h dim ; S1/2/3 arrêt 72nd St). L'une des adresses favorites des amateurs de houblon dans l'Upper West Side. La plupart des 16 bières artisanales à la pression sont produites à New York, mais certaines viennent de Californie, du Canada et d'ailleurs. Les burgers, tacos, hot dogs et autres classiques de pub permettent d'éponger les excès de houblon. Seconde antenne à Hell's Kitchen.

PROHIBITION — BAR

Plan p. 464 (☎212-579-3100 ; www.prohibition.net ; 503 Columbus Ave, entre W 84th St et 85th St ; ⏰16h30-1h dim-mar, jusqu'à 1h30 mer, 2h jeu, 3h ven-sam ; 📶 ; SB, C arrêt 86th St). Tous les soirs, ce bar animé accueille un groupe de musique dans la salle principale (le volume est supportable). Dans l'arrière-salle, pas de concert (il est parfois retransmis sur écran), mais un billard.

☆ OÙ SORTIR

♥ METROPOLITAN OPERA HOUSE — OPÉRA

Plan p. 464 (☎billetterie 212-362-6000 ; www.metopera.org ; Lincoln Center, Columbus Ave, à hauteur de W 64th St ; billets 25-480 $; ⏰billetterie 10h-22h lun-sam, 12h-18h dim ; S1 arrêt 66th St-Lincoln Center). Ici, dans la résidence de la principale compagnie d'opéra de New York, vous pourrez entendre des classiques tels que *La Bohème, Madame Butterfly* et *Macbeth*. Le Metropolitan Opera accueille aussi des créations et des reprises d'œuvres plus contemporaines, comme *The Death of Klinghoffer* de John Adams. La saison dure de septembre à mai.

Le prix des billets débute à 25 $ et peut approcher les 500 $. Les places dans les loges peuvent être une affaire, mais la visibilité y est très mauvaise, à moins d'être juste au-dessus de la scène.

À partir de 10h le jour du spectacle, il est possible d'obtenir des places debout, très bon marché (20-30 $) mais sans grande visibilité.

Pour les fans d'opéra fauchés, des billets de dernière minute à 25 $ sont mis en vente du lundi au vendredi à 12h et le samedi à 14h, en ligne uniquement. Les billets pour les séances en matinée ne sont disponibles à la vente que 4 heures avant le spectacle.

La boutique vaut le coup d'œil, pour l'amusant bric-à-brac de souvenirs sur le thème de l'opéra dont elle regorge (comme des jumelles) et pour sa collection très complète d'œuvres de musique classique – dont beaucoup ont été données au Met.

Si vous voulez découvrir l'envers du décor, le **Met Opera Guild** (☎212-769-7028 ; metguild.org) organise des visites guidées (35 $) en semaine à 15h et le dimanche à 10h30 et à 13h30 pendant la saison.

Le Metropolitan Opera, installé dans 39th St depuis sa création en 1883, a déménagé dans le Lincoln Center en 1966, il y a plus de 50 ans.

♥ NEW YORK CITY BALLET — DANSE

Plan p. 464 (☎billetterie 212-496-0600 ; www.nycballet.com ; Lincoln Center, Columbus Ave à hauteur de W 63rd St ; billets 39-204 $; ⏰billetterie 10h-19h30 lun, 10h-20h30 mar-sam, 11h30-19h30 dim ; 👪 ; S1 arrêt 66th St-Lincoln Center). Cette prestigieuse compagnie a d'abord été dirigée par le chorégraphe russe de

SPECTACLES D'ÉTÉ À CENTRAL PARK

Aux beaux jours, Central Park devient le théâtre d'une longue série d'événements culturels, pour la plupart gratuits. **Shakespeare in the Park** (publictheater.org/programs/free-shakespeare-in-the-park ; juin-août ; A/B/C arrêt 81st St-Museum of Natural History), programmation gratuite et en plein air de pièces shakespeariennes, organisée par le Public Theater, et les concerts gratuits de **SummerStage** (cityparksfoundation.org/summerstage ; Rumsey Playfield, Central Park, accès via 5th Ave et 69th St ; mai-oct ; ; 6 arrêt 68th St-Hunter College) GRATUIT, sont les plus populaires.

Les billets pour Shakespeare in the Park sont distribués à partir de 12h pour la représentation du soir même, mais si vous voulez être sûr d'obtenir une place, faites la queue à partir de 8h, en apportant de quoi vous asseoir. À plusieurs, veillez à être tous physiquement dans la queue : il ne sera délivré de billet qu'aux personnes présentes et les retardataires n'ont pas le droit de se glisser dans la file. Notez que pour bénéficier de billets gratuits, vous devez obtenir au préalable et présenter un Public Theater Patron ID (gratuit) ; faites la demande en ligne sur www.publictheater.org.

Les sites des concerts de SummerStage ouvrent généralement 1 heure 30 avant le début du spectacle. S'il s'agit d'artistes très connus, présentez-vous bien à l'avance pour avoir une chance d'entrer.

renom George Balanchine pendant les années 1940. De nos jours, il s'agit de la plus grande compagnie de ballet du pays. Elle se produit pas moins de 23 semaines par an sur la scène du David H. Koch Theater au Lincoln Center. Des billets pour le jour même sont réservés aux moins de 30 ans (30 $). Le temps fort de la saison est le *Casse-Noisette*, donné chaque fin d'année (ouverture de la billetterie en septembre : réservez bien à l'avance).

FILM AT LINCOLN CENTER — CINÉMA

Plan p. 464 (212-875-5600, billetterie Elinor Bunin Munroe Film Center 212-875-5232, Walter Reade Theater 212-875-5601 ; www.filmlinc.com ; 165 et 144 W 65th St, Lincoln Center, entre Broadway et Amsterdam Ave ; tarif plein/réduit 15/12 $; 1 arrêt 66th St-Lincoln Center). Documentaires, longs-métrages, cinéma indépendant, réalisations étrangères ou films d'avant-garde : avec son fonds d'une richesse inestimable, le Film at Lincoln Center est l'un des plus beaux trésors de New York pour les cinéphiles. Les projections se déroulent dans deux lieux, l'**Elinor Bunin Munroe Film Center**, expérimental et intimiste, et le **Walter Reade Theater**, réputé pour le confort de ses fauteuils.

AMERICAN BALLET THEATRE — DANSE

Plan p. 464 (212-477-3030 ; www.abt.org ; Lincoln Center, David H. Koch Theater, W 64th St, à hauteur de Columbus Ave ; 1 arrêt 66th St-Lincoln Center). Fondée en 1937, cette compagnie itinérante donne chaque année (au printemps, souvent en mai) des spectacles du répertoire classique au Metropolitan Opera House. Quelques représentations sur la scène du David H. Koch Theater ont lieu à l'automne.

NEW YORK PHILHARMONIC — MUSIQUE CLASSIQUE

Plan p. 464 (212-875-5656 ; nyphil.org ; Lincoln Center, Columbus Ave, à hauteur de W 65th St ; billets 39-372 $; ; 1 arrêt 66th St-Lincoln Center). Créé en 1842, le plus ancien orchestre professionnel des États-Unis donne chaque année sa saison au David Geffen Hall. En rénovation jusqu'à l'automne 2022, les concerts seront donnés dans deux autres salles dans l'intervalle : le Alice Tully Hall (plan p. 464), dans le Juilliard Building, et le Rose Theater au Jazz at Lincoln Center (p. 207).

Jaap van Zweden a succédé à Alan Gilbert à la direction musicale en 2018. Le répertoire est vaste, des compositeurs classiques aux contemporains, et la programmation compte aussi des concerts jeune public.

Si votre budget est serré, vous pouvez assister à une des répétitions publiques organisées chaque mois (9h45-12h30) le jour du concert de la Philharmonie (22 $, réservation en ligne, par e-mail ou téléphone 3 $ supp). Des places moins chères avec visibilité resteinte sont aussi disponibles (34,50-46,50 $). Par ailleurs, un nombre limité de billets à prix réduits est réservé aux étudiants jusqu'à 10 jours avant la représentation ("Student Rush Tickets", 18,50 $), de même que des "Senior Rush Tickets", pour les plus de 62 ans, le jour même du spectacle (☎212-875-5656). Rendez-vous sur le site Web pour plus d'informations.

DELACORTE THEATER THÉÂTRE

Plan p. 464 (☎212-539-8500 ; www.publictheater.org ; Central Park, entrée au niveau de W 81st St ; S B, C arrêt 81st St-Museum of Natural History). Chaque été, le Public Theater (p. 104) prend possession des lieux pour donner des représentations gratuites lors du festival **Shakespeare in the Park** (voir l'encadré p. 249), fondé par Joseph Papp en 1954, avant même que soit construit ce beau théâtre en plein air. En général, les pièces sont éblouissantes et l'expérience est magique. Faire la queue pour les billets est un rite de passage pour tous ceux qui découvrent la ville.

BEACON THEATRE CONCERTS

Plan p. 464 (☎212-465-6000, 212-465-6225 ; www.beacontheatre.com ; 2124 Broadway, entre W 74th St et 75th St ; ⏲billetterie 11h-19h lun-sam ; S 1/2/3 arrêt 72nd St). D'une taille idéale avec ses 2 829 places (offrant toutes une bonne visibilité), cette salle datant de 1928 accueille un flux continu d'artistes célèbres, de ZZ Top à Bob Dylan en passant par les Rolling Stones, ainsi que des comiques comme Jerry Seinfeld. Une restauration en 2009 a redonné tout leur éclat aux ors de son intérieur, qui mêle styles grec, romain, Renaissance et rococo.

SMOKE JAZZ

Plan p. 464 (☎212-864-6662 ; www.smokejazz.com ; 2751 Broadway entre W 105th St et 106th St ; ⏲17h30-3h lun-sam, 11h-3h dim ; S 1 arrêt 103rd St). Ce club de jazz luxueux mais détendu, avec sofas confortables et excellente visibilité, programme des classiques ainsi que des artistes chéris des New-Yorkais comme George Coleman et Wynton Marsalis. Entrée entre 15 et 40 $, sans compter le dîner (si vous vous installez au comptoir, vous devrez dépenser au moins 20 $). Achetez vos billets en ligne pour les concerts du week-end.

Du mercredi au dimanche, à partir de minuit environ, vous pouvez profiter de concerts gratuits (entrée libre, mais consommation à hauteur de 20 $ exigée).

SHOPPING

La section de Broadway qui traverse l'Upper West Side a été envahie par les magasins de chaînes. Dirigez-vous plutôt au nord pour trouver des boutiques originales, notamment sur et aux alentours de Columbus Ave.

♥ZABAR'S ALIMENTATION

Plan p. 464 (☎212-787-2000 ; www.zabars.com ; 2245 Broadway, à hauteur de W 80th St ; ⏲8h-19h30 lun-sam, 9h-18h dim, café 8h-17h lun-sam, 9h-17h dim ; S 1 arrêt 79th St). Bastion gourmet casher, ce vaste marché fait partie intégrante de la vie du quartier depuis les années 1930 : divins fromages, viande, olives, caviar, poisson fumé, marinade, fruits secs, noix et plats préparés, notamment de moelleux *knishes* (beignets de pomme de terre d'Europe de l'Est ; 3 $).

Les allées étroites et bondées peuvent vite transformer votre shopping en parcours du combattant. En entrant, prenez un ticket numéroté aux différents comptoirs – l'attente peut être longue. À l'étage, le rayon articles ménagers est peu fréquenté. Juste à la sortie du magasin, un petit café propose yaourts glacés, paninis et café maison.

ICON STYLE VINTAGE

Plan p. 464 (☎212-799-0029 ; www.iconstyle.net ; 104 W 70th St, près de Columbus Ave ; ⏲11h-18h mar-dim ; S 1/2/3 arrêt 72nd St). Cette géniale petite boutique vintage est spécialisée en bijoux anciens de qualité et bijoux fantaisie datant des années 1700 à 1970, mais aussi en robes, gants, sacs et chapeaux, tous choisis avec soin. La moitié de la boutique est composée d'un mur d'apothicaire restauré avec soin, où les objets sont présentés dans des tiroirs ouverts.

STRAND AT COLUMBUS AVENUE LIVRES

Plan p. 464 (☎212-212-473-1452 ; www.strandbooks.com ; 450 Columbus Ave, entre W 81 St et 82nd St ; ⏲11h-19h lun-jeu, 10h-20h ven-sam, 9h-18h dim ; 👪 ; S B, C jusqu'à 81st St-Museum of Natural History). Les adeptes de Book Culture (www.bookculture.com) se rabattront sur ses autres enseignes en ville, car c'est désormais Strand, la librairie si chère au cœur des New-Yorkais, qui a ouvert une antenne en son lieu et place, sur Colombus Avenue. L'accent est mis sur une combinaison excitante de livres neufs, anciens et rares en tout genre, et il y a une section enfants au sous-sol. Comme son prédécesseur, Strand "at Columbus" programme également toute une série d'événements.

MAGPIE ARTISANAT

Plan p. 464 (☎212-579-3003 ; magpienewyork.com ; 488 Amsterdam Ave, entre W 83rd St et 84th St ; ⏲11h-19h lun-sam, 11h-18h dim ; S1 arrêt 86th St). Cette charmante petite boutique propose toutes sortes d'objets écologiques, notamment d'élégants articles de papeterie, des bougies en cire d'abeille, des mugs peints à la main, des écharpes en coton bio, colliers en résine recyclée, carnets en feutrine artisanale et puzzles 3D en bois. La plupart sont issus du commerce équitable, faits de matériaux durables, ou conçus et fabriqués localement.

WEST SIDE KIDS JOUETS

Plan p. 464 (☎212-496-7282 ; www.westsidekidsnyc.com ; 498 Amsterdam Ave, à hauteur de W 84th St ; ⏲11h-18h lun-sam, 12h-17h dim ; S1 arrêt 86th St). Cette boutique de jouets propose une large gamme d'activités manuelles et de jeux à la fois amusants et éducatifs, ainsi que des puzzles, instruments de musique miniatures, kits du petit scientifique, mallettes de magie, trains en bois à l'ancienne et livres pour enfants sur New York.

GRAND BAZAAR NYC MARCHÉ

Plan p. 464 (☎212-239-3025 ; www.grandbazaarnyc.org ; 100 W 77th St Columbus Ave ; ⏲10h-17h dim ; SB, C arrêt 81st St-Museum of Natural History, 1 arrêt 79th St). L'un des plus anciens marchés aux puces de la ville, le Grand Bazaar (ex-GreenFlea Market) est parfait pour chiner le dimanche matin. On y trouve un peu de tout : meubles vintage ou contemporains, cartes anciennes, lunettes, écharpes tissées main, bijoux artisanaux…

WESTSIDER RECORDS MUSIQUE

Plan p. 464 (☎212-874-1588 ; www.westsiderbooks.com ; 233 W 72nd St, entre Broadway et West End Ave ; ⏲11h-19h lun-jeu, 11h-21h ven-sam, 12h-18h dim ; S1/2/3 arrêt 72nd St). Avec plus de 30 000 vinyles, cette boutique couvre tout du funk au jazz et au classique, ainsi que l'opéra, les comédies musicales, les BO de films et autres curiosités. Un bon endroit pour perdre la notion du temps, tout comme sa **librairie** (plan p. 464 ; ☎212-362-0706 ; 2246 Broadway, entre W 80th St et 81st St ; ⏲10h-21h ; S1 arrêt 79th St).

SPORTS ET ACTIVITÉS

CENTRAL PARK BIKE TOURS VÉLO

Plan p. 464 (☎212-541-8759 ; www.centralparkbiketours.com ; 203 W 58th St, entre Broadway et 7th Ave ; location 1 heure/journée adulte à partir de 10,50/31,50 $, enfant 8,40/24,50 $; ⏲8h-20h ; ; S1/2/3 arrêt 59th St-Columbus Circle). Enseigne officielle de location de vélos des NYC Parks, elle dispose de plus de 3 000 vélos répartis dans 12 endroits différents en ville (impossible de rater les employés en T-shirts verts aux abords du parc). Cette antenne du sud de Central Park est l'un des deux emplacements sur 58th St où vous pourrez louer un vélo. Visites guidées du parc (adulte/enfant 34,30/24,50 $). Casque et cadenas inclus.

WOLLMAN SKATING RINK PATIN À GLACE

Plan p. 464 (☎212-439-6900 ; www.wollmanskatingrink.com ; Central Park, entre E 62nd St et 63rd St ; adulte lun-jeu 14 $, ven-dim 23 $, enfant 6 $, location patins 11 $; ⏲10h-14h30 lun-mar, 10h-22h mer-jeu, 10h-23h ven-sam, 10h-21h dim mi-nov à début avr ; ; SF arrêt 57th St, N/R/W arrêt 5th Ave-59th St). Plus grande que celle du Rockefeller Center (p. 193), cette patinoire située à la bordure sud-est de Central Park a également une incroyable vue, et il est possible d'y patiner sans limite de temps. Location de casier 7 $; tarif spectateur 6 $. Espèces uniquement.

CHARLES A. DANA CONSERVANCY CENTER OBSERVATION DES OISEAUX, PLEIN AIR

Plan p. 464 (☎347-443-0656 ; www.centralparknyc.org ; Central Park, à hauteur de E 110 St ; ⏲9h-19h mi-juin à mi-août, 10h-17h mi-août à mi-juin ; ; S1/2/3, B, C arrêt 72nd St). Une manière judicieuse d'intéresser les enfants à l'observation des oiseaux : empruntez le kit découverte (*Discovery Kit*) disponible au Dana Discovery Center, dans le coin nord est de Central Park. Il contient des jumelles, un livre sur les oiseaux, du papier et des crayons de couleur. On peut aussi y emprunter des jeux de plein air comme la pétanque, le lancer d'anneau ou le Mölkky. Pièce d'identité requise.

LOEB BOATHOUSE KAYAK, VÉLO

Plan p. 464 (☎212-517-2233 ; www.thecentralparkboathouse.com ; Central Park, entre 74th St et 75th St ; location bateau 20 $/h, 5 $/15 min supp ; ⏲10h-crépuscule avr-nov ; ; SB, C arrêt 72nd St, 6 arrêt 77th St). Le centre nautique de Central Park dispose de 100 barques, ainsi que d'une gondole à la vénitienne de 6 places pour ceux qui préfèrent ne pas avoir à ramer (50 $ les 30 minutes, réservations auprès du restaurant). Les gilets de sauvetage sont inclus dans la location ; vous devrez présenter une pièce d'identité et laisser une caution de 20 $. Espèces uniquement.

TOGA BIKE SHOP — VÉLO

Plan p. 464 (☎212-799-9625 ; www.togabikes.com ; 110 West End Ave, entre W 64th St et 65th St ; location 24h vélo hybride/de route 35/150 $; ⏲11h-19h lun-ven, 10h-18h sam, 11h-18h dim ; S 1 arrêt 66th St-Lincoln Center). Cette boutique de vélos sympathique, en activité depuis 50 ans, est bien située, juste à côté de la piste cyclable de l'Hudson River et à quelques rues seulement de Central Park. On y loue des vélos hybrides ou de route (pas de vélos pour enfants). Le casque est inclus dans la location.

CENTRAL PARK CONSERVANCY — MARCHE À PIED

Plan p. 464 (☎212-310-6600 ; www.centralparknyc.org/tours ; départ des promenades E 72nd St, à hauteur de 5th Ave). L'association à but non lucratif qui contribue à l'entretien de Central Park propose aussi une large gamme de circuits guidés à pied dans le parc. La plupart sont payants (comme “Heart of the Park”, qui permet de découvrir les incontournables) ; ils coûtent 15 $ et doivent être réservés. Les circuits partent de différents lieux dans le parc ; consultez le programme sur le site Internet.

Harlem et Upper Manhattan

MORNINGSIDE HEIGHTS | HARLEM | EAST HARLEM | HAMILTON HEIGHTS ET SUGAR HILL | WASHINGTON HEIGHTS ET INWOOD | HAMILTON HEIGHTS | INWOOD

Pour un plan plus détaillé, reportez-vous p. 466

Notre sélection

❶ Les trésors de la **Cathedral Church of St John the Divine** (p. 255), le plus grand lieu de culte des États-Unis, toujours inachevé.

❷ Un tour au **Studio Museum in Harlem** (p. 257), un petit musée très bien conçu, pour voir le monde à travers les yeux des Afro-Américains.

❸ Remonter le temps au **Met Cloisters** (p. 260), assemblage d'éléments architecturaux importés pierre par pierre depuis l'Europe, renfermant tapisseries flamandes et chefs-d'œuvre du Moyen Âge.

❹ Le meilleur de la diaspora latino-américaine au **Museo del Barrio** (p. 259).

❺ L'excellente soirée Amateur Night à l'**Apollo Theater** (p. 258), la salle de concert mythique de Harlem.

Bons plans Lonely Planet

Les habitants du nord de Manhattan restent souvent entre eux, fréquentant restaurants, boutiques et bars locaux. Plutôt tranquilles le matin en semaine, ces quartiers s'animent le soir et le week-end.

Pour tirer le meilleur parti de votre journée, visitez l'un des musées ou sites historiques l'après-midi, puis flânez jusqu'à l'heure du dîner, au moment où l'animation bat son plein.

Le top des restaurants

- Red Rooster (p. 264)
- Seasoned Vegan (p. 263)
- Dinosaur Bar-B-Que (p. 263)
- Sylvia's (p. 263)
- BLVD Bistro (p. 263)

Voir détails p. 261

Le top des bars et cafés

- Silvana (p. 266)
- Shrine (p. 266)
- 67 Orange St (p. 266)
- Ginny's Supper Club (p. 266)

Voir détails p. 266

Le top des clubs de jazz

- Marjorie Eliot's Parlor Jazz (p. 267)
- Apollo Theater (p. 258)
- Ginny's Supper Club (p. 266)

Voir détails p. 267

Découvrir Harlem et Upper Manhattan

Upper Manhattan – c'est-à-dire la moitié nord de Manhattan – est un vaste territoire, avec des lieux d'intérêt éloignés les uns des autres. Faute de métro, il faudra prendre le bus. Choisissez un quartier (voire deux quartiers voisins) et tenez-vous-y. Si vous aimez les villes qui ont gardé un côté rural, visitez Inwood, ses parcs donnant sur l'Hudson et son superbe musée (p. 260). Descendez West Side jusqu'à la gigantesque Cathedral Church of St John the Divine, puis baladez-vous au milieu des érudits de l'université de Columbia (p. 258). L'imposant nouveau campus de Manhattanville et le City College sont séparés de Harlem par St Nicholas Park. Vous préférez l'ambiance urbaine ? Direction Harlem et Hamilton Heights, bastion de la culture afro-américaine, avec sa cuisine relevée, ses bars animés et ses merveilles architecturales. Le cœur de Harlem bat au croisement de Malcolm X Blvd et de 125th St. À noter que si nombre de grandes avenues de Harlem ont été rebaptisées du nom d'éminents Afro-Américains, beaucoup de résidents continuent de les appeler par leur nom d'origine. Par exemple, Malcolm X Blvd est souvent encore appelé Lenox Ave.

Vivre comme un New-Yorkais

- **Question de style** Cap sur Harlem Haberdashery (p. 267) pour les vêtements, Flamekeepers Hat Club (p. 267) pour chapeaux (masculins) et casquettes, puis Atmos (p. 267) pour des baskets au style unique.
- **Musique** Morningside Heights réserve le plus de surprises, mais il y a aussi les concerts de la Riverside Church (p. 259), de la Cathedral Church of St John the Divine (page ci-contre) et de la Columbia University (p. 258).
- **Balade** Par beau temps, vous verrez les résidents du quartier marcher, courir ou pédaler au Inwood Hill Park (p. 261).

Depuis/vers Harlem et Upper Manhattan

- **Métro** 125th St, l'artère principale de Harlem, n'est qu'à un arrêt de la station de métro 59th St-Columbus Circle dans Midtown par les lignes A et D. On peut accéder à d'autres zones de Harlem et du nord de Manhattan avec les lignes A/C, B/D, 1/2/3 et 4/5/6.
- **Bus** De nombreuses lignes sillonnent les principales avenues entre le nord et le sud de Manhattan. Le bus M10 parcourt un itinéraire assez touristique du côté ouest de Central Park, jusqu'à Harlem. Les M100 et M101 circulent d'est en ouest sur la 125th St.

LES INCONTOURNABLES
CATHEDRAL CHURCH OF ST JOHN THE DIVINE

Le plus grand lieu de culte des États-Unis n'est pas encore achevé, et ne le sera probablement pas de sitôt. Mais cette magnifique cathédrale de l'Église épiscopale des États-Unis impose néanmoins le respect avec sa façade gothique ouvragée, ses puissantes orgues à l'ancienne et sa nef aux dimensions extravagantes, deux fois plus large que celle de l'abbaye de Westminster, à Londres.

Une histoire inachevée

La première pierre de cette cathédrale fut posée le jour de la Saint-Jean 1892. La construction ne se déroula pas sans encombre : les ingénieurs durent faire creuser jusqu'à 21 m pour atteindre la roche à laquelle arrimer l'édifice. Les architectes se succédèrent, rappelés à Dieu ou renvoyés, avant que le plan roman d'origine ne soit abandonné en 1911 au profit d'un plus vaste projet d'inspiration gothique.

Faute de fonds, les travaux furent interrompus à de nombreuses reprises. La tour nord n'a toujours pas vu le jour, tandis qu'un dôme "temporaire", couvert de tuiles en terre cuite en 1909, domine toujours la croisée du transept. En 2001, un incendie a causé d'importants dommages, notamment au bras nord du transept, qui n'a toujours pas été reconstruit.

S'il est un jour achevé, ce sanctuaire de 183 m de long deviendra la troisième cathédrale du monde en termes de taille, après les basiliques Saint-Pierre de Rome et Notre-Dame-de-la-Paix à Yamoussoukro (Côte d'Ivoire).

Le tarif d'entrée de la cathédrale a été temporairement baissé à 5 $ pour tous les visiteurs, du fait de son accès réduit pour cause de travaux et de Covid-19.

À NE PAS MANQUER

- Les sculptures du portail ouest
- La Grande Rosace
- Les grandes orgues
- Le triptyque de Keith Haring

INFOS PRATIQUES

- Plan p. 466, B6
- ☎ visites 212-316-7540
- www.stjohndivine.org
- 1047 Amsterdam Ave niveau W 112th St, Morningside Heights
- Tarif plein/réduit 10/8 $, "Highlights tour" 15/12 $, "Vertical tour" 20/18 $
- ⌚9h30-15h lun-ven, 9h30-17h ven, 10h-17h dim
- Ⓢ B, C, 1 arrêt 110th St-Cathedral Pkwy

MOUVEMENT DES DROITS CIVIQUES

La cathédrale fut impliquée dans le mouvement de lutte pour les droits civiques dès le début des années 1950, et la communauté des fidèles travaille régulièrement sur des sujets ayant trait à l'inégalité. C'est aussi, depuis longtemps, un lieu de culture où sont donnés conférences, concerts et expositions. Elle a aussi été le cadre des services funéraires de New-Yorkais célèbres comme le trompettiste Louis Armstrong, la militante et poétesse Audre Lorde, et l'artiste Keith Haring.

UNE PETITE FAIM ?

Joignez-vous aux étudiants de l'université de Columbia pour savourer de délicieux classiques américains au Community Food & Juice (p. 263).

Rassasiez-vous chez **Tom's Restaurant** (plan p. 466 ; ✆212-864-6137 ; www.tomsrestaurant.net ; 2880 Broadway, à hauteur de 112th St ; plats 10-15 $, sandwichs 6-9,50 $; ⏲7h-1h mar-jeu, 24h/24 ven-lun ; ; S1 arrêt 110th St), un *diner* très apprécié.

Visite de la cathédrale

Deux visites guidées d'une heure sont proposées : le classique “Highlights Tour” (⏲13h mer et ven, 11h et 13h sam) et le vertigineux “Vertical Tour” (⏲14h ven, 12h et 14h sam), qui vous fera grimper jusqu'au toit de la cathédrale (prévoyez une lampe torche). Parmi les offices à ne pas manquer, citons la Bénédiction des animaux (chacun venant avec son animal de compagnie), le premier dimanche d'octobre, et la Bénédiction des vélos, un samedi de fin ou mi-avril, qui voit les cyclistes locaux débarquer sur des vélos en tous genres.

Triptyque de Keith Haring

Derrière le chœur se dresse un triptyque en bronze et or blanc intitulé *La Vie du Christ*. C'est l'une des dernières œuvres de l'artiste pop Keith Haring (1958-1990), mort à l'âge de 31 ans.

Grandes orgues

Le **Great Organ**, qui fait partie des orgues les plus puissantes au monde, fut installé en 1911 avant d'être agrandi puis reconstruit en 1952. Il compte 8 500 tuyaux disposés sur 141 rangs. Endommagé par l'incendie de 2001, il a nécessité cinq années de restauration minutieuse.

Nef

Illuminée par la **Grande Rosace** (la *Great Rose Window*, le plus grand vitrail du pays), la nef arbore deux séries magistrales de tapisseries du XVIIe siècle. Les tapisseries Barberini (du nom de leur commanditaire, le cardinal Francesco Barberini, neveu du pape Urbain VIII) dépeignent des scènes de la vie du Christ, tandis que celle de la manufacture anglaise de *Mortlake* figure les *Actes des Apôtres* d'après des cartons de Raphaël.

Sculptures du portail

Les deux rangées de sculptures du porche central ouest ont été réalisées dans les années 1980 et 1990 par l'artiste britannique Simon Verity. Sur le pilier du milieu trône saint Jean en personne, auteur du Livre de la Révélation – remarquez les quatre cavaliers de l'Apocalypse à ses pieds. Le thème de la dévastation est omniprésent, mais le piédestal de la statue de Jérémie (3e à droite) est particulièrement troublant car y est figurée la destruction de gratte-ciel new-yorkais, dont les Twin Towers.

LES INCONTOURNABLES
STUDIO MUSEUM IN HARLEM

Depuis plus de 40 ans, ce lieu unique où sont exposées les œuvres de grands artistes afro-américains joue un rôle culturel essentiel à Harlem. Lieu de rencontre et de dialogue, il rassemble les acteurs de la culture locale autour d'événements variés : expositions, projections, conférences...

Les artistes afro-américains à l'honneur

La collection permanente compte moins de 2 000 œuvres mais de grande qualité. Le Studio Museum est par ailleurs un soutien important pour les artistes afro-américains, qui sont plus de 400 à y être exposés. On y découvre notamment des tableaux du peintre Jacob Lawrence, des clichés de Gordon Parks et des collages de Romare Bearden – des artistes également exposés dans les plus grands musées des États-Unis. Toute une nouvelle génération y est aussi représentée, avec notamment Njideka Akunyili Crosby, née au Nigeria et lauréate en 2017 du prix MacArthur Genius pour ses grands tableaux exprimant la complexité de l'identité au carrefour de plusieurs cultures avec un mélange de collage, de photographie et de peinture.

Un nouveau départ

Le musée bénéficiera bientôt d'un nouveau bâtiment, imaginé par David Adjaye et le cabinet Cooper Robertson, qui devrait voir le jour à son emplacement actuel courant 2022. Entre-temps, les œuvres sont exposées au Studio Museum 127, un espace situé au 429 W 127th St, entre Amsterdam Ave et Convent Ave.

À NE PAS MANQUER

- Les expositions temporaires
- Les photographies de James VanDerZee
- La boutique de souvenirs très complète

INFOS PRATIQUES

- Plan p. 466, C5
- ☎212-864-4500
- www.studiomuseum.org
- 144 W 125th St, à hauteur de Adam Clayton Powell Jr Blvd, Harlem
- Don suggéré 7 $, gratuit dim
- ⏲12h-21h jeu-ven, 10h-18h sam, 12h-18h dim
- Ⓢ2/3 arrêt 125th St

À VOIR

El Museo del Barrio, dans East Harlem, est le haut lieu de la culture latino, tandis que le Harlem's Studio Museum et le Schomburg Center for Research in Black Culture portent haut l'étendard de la communauté afro-américaine. Au sud-ouest, Columbia University et la plus grande cathédrale des États-Unis dominent Morningside Heights. À la faveur de la "renaissance" de Harlem, sa lisière nord a été surnommée Sugar Hill (la colline en sucre), allusion à la "douce vie" qu'y coulait l'élite du quartier. Plus au nord encore, Washington Heights doit son nom au premier président du pays, qui y avait bâti un fort pendant la guerre d'Indépendance. Quant à la pointe de Manhattan, elle est coiffée par Inwood et son magnifique musée d'Art médiéval.

Morningside Heights

CATHEDRAL CHURCH OF ST JOHN THE DIVINE — CATHÉDRALE

Voir p. 255.

COLUMBIA UNIVERSITY — UNIVERSITÉ

Plan p. 466 (www.columbia.edu ; Ⓢ1 arrêt W 116th St-Columbia University). L'université de Columbia fait partie du club très sélect des universités de recherches de l'Ivy League. Fondée en 1754 dans Lower Manhattan, sous le nom de King's College, puis renommée Columbia University en 1896, elle est devenue l'une des plus grandes institutions de recherche au monde. Elle occupe depuis 1897 son site actuel (un ancien asile d'aliénés), où son campus enclavé dégage une ambiance guindée et où se déroulent de nombreux événements culturels.

Le principal point d'intérêt est sa **grande cour** (sur College Walk, à la hauteur de 116th St), entourée de divers édifices de style Renaissance italienne. On peut y voir sur la partie nord la statue de l'*Alma Mater*, bras ouverts, devant la Low Memorial Library. À l'est de College Walk, à l'angle d'Amsterdam Ave, se dresse Hamilton Hall, site majeur du soulèvement étudiant de 1968.

Le mieux pour visiter la zone est de télécharger la visite audioguidée proposée par l'historien de l'architecture Andrew Dolkart sur le site de l'université (www.

LES INCONTOURNABLES
APOLLO THEATER

Au-delà de sa portée historique, l'Apollo Theater témoigne de l'incroyable héritage musical de Harlem. Créée à l'origine pour accueillir un cabaret burlesque réservé aux Blancs, cette salle néoclassique se réinventa en 1934 avec "Jazz à la carte". Bientôt, tous les grands artistes noirs montèrent sur sa scène, de Duke Ellington et Louis Armstrong à Count Basie et Billie Holiday.

L'Apollo initia également la légendaire "Amateur Night". Parmi la longue liste de participants alors anonymes, citons Ella Fitzgerald, Jimi Hendrix, les Jackson 5 ou encore Lauryn Hill. Cette manifestation a toujours lieu les mercredis soir, et le public surexcité vaut presque autant le déplacement que les artistes. L'Apollo propose aussi un passionnant programme annuel composé de musique, de danse, de *master classes* et de manifestations exceptionnelles.

Si les visites guidées sont réservées aux groupes de 20 personnes minimum, avec réservation préalable, rien ne vous empêche d'en rejoindre une en fonction des disponibilités. Ne ratez pas le Tree of Hope (l'Arbre de l'espoir), fragment d'un orme porte-bonheur qui existait naguère et que les artistes touchent avant d'entrer en scène.

À NE PAS MANQUER

- L'Amateur Night
- Les visites guidées
- Le Tree of Hope

INFOS PRATIQUES

- Plan p. 466, C5
- ☎billetterie 800-982-2787, visites 212-531-5337
- www.apollotheater.org
- ⏲billetterie 10h-18h lun-ven, 12h-17h sam
- 253 W 125th St, entre Frederick Douglass Blvd et Adam Clayton Powell Jr Blvd, Harlem
- Billets à partir de 24 $
- ⓈA/B/C/D, 2/3 arrêt 125th St

columbia.edu/content/self-guided-walking-tour.html).

GENERAL ULYSSES S. GRANT NATIONAL MEMORIAL MÉMORIAL

Plan p. 466 (212-666-1640 ; www.nps.gov/gegr ; Riverside Dr, à hauteur de 122nd St ; Morningside Heights ; 10h-17h mer-dim ; S1 arrêt 125th St). GRATUIT Communément appelé Grant's Tomb (le tombeau de Grant), ce monument renferme la dépouille du héros de la guerre de Sécession, le président Ulysses S. Grant, et celle de sa femme Julia. Achevée en 1897, 12 ans après sa mort, la structure en granit est le plus grand mausolée d'Amérique. Une galerie retrace les événements majeurs de la vie de celui qui fut général et homme d'État. Les visites guidées proposées par des rangers à différents moments de la journée sont l'occasion d'en apprendre davantage.

Dix-sept bancs ornés de mosaïque, dessinés dans le style de Gaudí par l'artiste chilien Pedro Silva dans les années 1970, entourent le mausolée.

RIVERSIDE CHURCH ÉGLISE

Plan p. 466 (212-870-6700 ; www.trcnyc.org ; 490 Riverside Dr, à hauteur de 120th St ; Morningside Heights ; visite guidée 15 $; 8h-17h ; S1 arrêt 116th St). Cette belle et imposante église néogothique fut édifiée par la famille Rockefeller en 1930. Bien que la sobriété de l'intérieur évoque le style gothique italien, les vitraux de l'avant-nef sont en fait flamands et datent du XVIe siècle. Les 74 cloches du carillon, assorties d'un bourdon de 20 tonnes, entrent en action le dimanche à 10h30 (prélude) et 15h (récital). On peut les entendre carillonner depuis le Sakura Park voisin. Des visites guidées du clocher (à partir de 12 ans) sont organisées à 11h et 14h du mercredi au samedi et le dimanche à 14h30. Des offices interconfessionnels sont célébrés le dimanche à 10h45.

Harlem

STUDIO MUSEUM IN HARLEM MUSÉE

Voir p. 257.

SCHOMBURG CENTER FOR RESEARCH IN BLACK CULTURE CENTRE CULTUREL

Plan p. 466 (917-275-6975 ; www.nypl.org/locations/schomburg ; 515 Malcolm X Blvd, à hauteur de 135th St, Harlem ; 10h-18h lun-mer et ven-sam ; S2/3 arrêt 135th St). GRATUIT La plus grande collection de documents, livres rares et photographies relatifs à l'histoire et à la culture noire américaine réunie aux États-Unis est gérée dans ce centre de recherche par la New York Public Library. Elle porte le nom de l'activiste noir d'origine portoricaine Arthur Schomburg, qui a réuni un ensemble singulier de manuscrits, récits d'esclaves et autres objets d'importance. Expositions, conférences et projections de films s'y tiennent régulièrement.

100% LOCAL

555 EDGECOMBE AVE

Achevé en 1916, le **555 Edgecombe Ave** (plan p. 466 ; 555 Edgecombe Ave, à hauteur de 160th St, Washington Heights ; SA/C arrêt 163rd St-Amsterdam Ave, 1 arrêt 157th St), un immense ensemble en brique de style Beaux-Arts, fut la première résidence de luxe de Washington Heights. Il comptait un concierge, une entrée de service et pas moins de trois ascenseurs. D'abord réservé à des locataires blancs, le complexe épousa l'évolution du secteur, finissant par abriter une majorité noire dans les années 1940.

Sa liste de locataires a compté plusieurs grands noms, dont le boxeur Joe Louis et des pointures du jazz comme Duke Ellington et Billy Strayhorn. Aujourd'hui, la musicienne Marjorie Eliot (p. 267) ouvre ses portes au public pour de délicieuses sessions de jazz.

East Harlem

EL MUSEO DEL BARRIO MUSÉE

Plan p. 466 (212-831-7272 ; www.elmuseo.org ; 1230 5th Ave entre 104th St et 105th St, East Harlem ; don suggéré tarif plein/réduit 9/5 $, gratuit -12 ans ; 11h-18h mer-sam, 12h-17h dim ; S6 arrêt 103rd St). *Bienvenida* dans l'une des grandes institutions culturelles latino-américaines de New York. Outre un judicieux programme d'expositions temporaires couvrant divers médias, El Museo propose une impressionnante collection permanente composée d'art précolombien

LES MESSES GOSPEL DE HARLEM

Des bus entiers de voyageurs se déversent à Harlem tous les dimanches pour assister à une messe gospel. Et les touristes sont parfois plus nombreux dans l'assemblée que les fidèles. Aussi certaines églises leur refusent-elles l'entrée, faute de place. Les bavardages pendant les sermons, les départs en pleine messe et les tenues souvent déplacées des touristes agacent les fidèles. Les églises respectent néanmoins leur mission première d'accueil. Assister à une messe implique quelques obligations : habillez-vous décemment, ne prenez pas de photos et ne quittez pas l'office avant la fin. Sachez aussi que la plupart des églises n'acceptent pas les sacs à dos volumineux.

Les services du dimanche commencent généralement à 10h ou à 11h et peuvent durer 2 heures ou plus. Voici quelques églises parmi une soixantaine dans Harlem. La plus célèbre de la ville est l'**Abyssinian Baptist Church** (plan p. 466 ; ☎212-862-7474 ; www.abyssinian.org ; 132 Odell Clark Pl, entre Adam Clayton Powell Jr Blvd et Malcolm X Blvd, Harlem ; ⌚messe gospel pr touristes 11h30 dim mi-sept à juil – temporairement suspendue à l'heure de nos recherches ; Ⓢ2/3 arrêt 135th St), dont les magnifiques services gospel dominicaux se révèlent animés et émouvants. Il faut venir au moins 1 heure avant l'office pour faire la queue, et bien respecter les règles d'admission : débardeurs, tongs, shorts, leggings et sacs à dos sont strictement interdits. Parmi les autres églises, citons la **Canaan Baptist Church** (plan p. 466 ; ☎212-866-0301 ; www.canaanbaptistcoc.comg ; 132 W 116th St, entre Adam Clayton Powell Jr Blvd et Malcolm X Blvd, Harlem ; ⌚messe 10h dim ; 👪 ; Ⓢ2/3 arrêt 116th St), église de quartier fondée en 1932, et la **Convent Avenue Baptist Church** (plan p. 466 ; ☎212-234-6767 ; www.conventchurch.org ; 420 W 145th St, à hauteur de Convent Ave, Hamilton Heights ; ⌚messes 8h et 11h dim ; ⓈA/C, B/D ou 1 arrêt 145th St), où se tiennent des services baptistes traditionnels depuis les années 1940.

Si l'aspect religieux vous intéresse moins que le côté musical et festif, rendez-vous à un brunch gospel organisé le dimanche par nombre d'établissements de Harlem, comme chez Sylvia's (p. 263) ou au Ginny's Supper Club (p. 266).

et d'artisanat traditionnel, sans oublier un fonds d'art contemporain signé d'artistes latinos.

Le musée abrite des œuvres d'artistes connus, tel le surréaliste chilien Roberto Matta, ou de créateurs contemporains établis, comme Félix González-Torres et Pepón Osorio.

⊙ Hamilton Heights et Sugar Hill

HAMILTON GRANGE ÉDIFICE HISTORIQUE

Plan p. 466 (☎646-548-2310 ; www.nps.gov/hagr ; St Nicholas Park, à hauteur de 141st St ; ⌚9h-17h mer-dim, visite guidée 10h, 11h et 14h ; ⓈA/C, B/D arrêt 145th St). GRATUIT Au début des années 1800, cette retraite campagnarde de style fédéral, située au cœur d'un domaine de quelque 13 ha, était la propriété de l'un des pères fondateurs des États-Unis, Alexander Hamilton. Celui-ci ne profita de sa demeure que deux ans, sa vie ayant été écourtée par un duel perdu contre son adversaire politique, Aaron Burr. Initialement construit dans Convent Ave avant d'être transféré ici en 2008, ce bâtiment a vu sa fréquentation augmenter de près de 75% grâce à la comédie musicale de Lin-Manuel Miranda, *Hamilton*.

HAMILTON HEIGHTS HISTORIC DISTRICT QUARTIER

Plan p. 466 (Convent Ave et Hamilton Tce, entre 141st St et 145th St, Hamilton Heights ; ⓈA/C, B/D arrêt 145th St). Parallèles, Convent Ave et Hamilton Tce délimitent une rangée de maisons de ville en calcaire et grès rouge édifiées entre 1866 et 1931, les emblématiques *brownstones*. Les cinéphiles reconnaîtront l'édifice à tourelle (angle sud-est de Convent Ave et de 144st Ave) qui apparaît dans *La Famille Tenenbaum*, de Wes Anderson.

⊙ Washington Heights et Inwood

♥**MET CLOISTERS** MUSÉE

(☎212-923-3700 ; www.metmuseum.org/cloisters ; 99 Margaret Corbin Dr, Fort Tryon Park ; tarif plein/

réduit 25/12-17 $, gratuit -12 ans, inclut l'accès au Metropolitan Museum le même jour ; ⏲10h-16h30 tlj sauf mer ; Ⓢ A arrêt 190th St). Perché sur une colline dominant l'Hudson, ce musée a été construit dans les années 1930 pour abriter les trésors médiévaux du Metropolitan Museum. C'est un curieux puzzle architectural, constitué à partir de divers monastères européens. Ainsi pour les cloîtres, qui ont donné son nom au musée et dans lesquels ont été reconstitués des jardins médiévaux : leurs éléments proviennent des cloîtres français de Saint-Michel de Cuxa, Saint-Guilhem-le-Désert, Trie-sur-Baïse, Bonnefont-en-Comminges et Froville. Les fresques, tapisseries et tableaux sont présentés dans des galeries, reliées entre elles par de majestueuses voûtes coiffées de toits mauresques en terre cuite, et disposées autour du cloître de Cuxa. Parmi les nombreuses perles rares figurent *La Chasse à la licorne* (1495-1505), une envoûtante tapisserie, et le triptyque de l'Annonciation (ou triptyque de Mérode), du XVe siècle.

Le billet donne accès le même jour au Metropolitan Museum of Art (p. 220). Attention : si la station de métro Dyckman St semble bien la plus proche du musée, un escalier raide et glissant les sépare ; descendez plutôt à 190th St et traversez le parc pour rejoindre l'entrée.

INWOOD HILL PARK PARC

(www.nycgovparks.org/parks/inwoodhillpark ; Dyckman St, à hauteur de l'Hudson River, Inwood ; ⏲6h-1h ; Ⓢ A arrêt Inwood-207th St). Ce parc de 80 ha renferme la dernière zone naturelle de forêt et de marais salants de Manhattan. Des Amérindiens y vivaient très certainement au XVIIe siècle. Vous pourrez y emprunter ses sentiers vallonnés, vous allonger sur l'herbe ou observer les lieux assis sur un banc. Les aigles d'Amérique ont élu domicile au sommet des arbres. Les week-ends d'été, joignez-vous aux New-Yorkais qui viennent profiter des barbecues publics.

MORRIS-JUMEL MANSION MUSEUM ÉDIFICE HISTORIQUE

Plan p. 466 (☎212-923-8008 ; www.morrisjumel.org ; 65 Jumel Tce, à hauteur de 160th St, Washington Heights ; adulte/enfant 10 $/gratuit ; ⏲13h-16h jeu-dim, parc 10h-17h tlj ; Ⓢ C arrêt 163rd St-Amsterdam Ave). Retraite campagnarde bâtie en 1765 pour Roger et Mary Morris, un officier britannique et sa femme, cette demeure à colonnade est la plus vieille maison de Manhattan. Elle est aussi connue pour avoir servi de quartier général à George Washington après avoir été saisie par l'Armée continentale, en 1776. La résidence a gardé une grande partie de son mobilier d'origine, notamment un lit qui aurait appartenu à Napoléon. Des visites guidées de l'extérieur du manoir et du parc sont organisées à 11h du vendredi au dimanche (16 $).

SYLVAN TERRACE SITE HISTORIQUE

Plan p. 466 (Sylvan Tce, Washington Heights ; Ⓢ C arrêt 163rd St-Amsterdam Ave). Ces maisons de carte postale, en bois, avec perrons étroits et portes savamment lambrissées, constituent le premier projet de logements abordables destinés aux ouvriers de New York. La rue est éclairée par les becs de gaz d'origine, de la fin du XIXe siècle. Les pavés sont belges, et non d'origine hollandaise comme à Lower Manhattan et à Brooklyn.

OÙ SE RESTAURER

La cuisine de Harlem s'appuie sur les saveurs des États du Sud et mêle tradition et inventivité, tout en accordant une place croissante à la gastronomie internationale. Fréquenté par les étudiants et les enseignants de Columbia University, Morningside Heights abrite des *diners* bon marché ouverts tard le soir et des bistrots conviviaux. Frederick Douglass Blvd, Adam Clayton Powell Jr Blvd et Malcolm X Blvd (Lenox Ave) sont de plus en plus fréquentés par les gourmets, qui viennent y découvrir un nombre croissant de cafés et restaurants originaux.

Morningside Heights

PISTICCI ITALIEN **$$**

Plan p. 466 (☎212-932-3500 ; www.pisticcinyc.com ; 125 La Salle St, Morningside Heights ; plats déj 12-16 $, dîner 17-28 $; ⏲17h-21h30 lun-mar, 12h-21h30 mer-ven, 11h-22h sam, 11h-21h30 dim ; 🍸 ; Ⓢ 1 arrêt 125th St). 🍃 Quand le temps se gâte, Pisticci offre un refuge agréable, avec ses deux salles confortables baignées d'une lumière douce, son papier peint à fleurs et ses globes lumineux au-dessus du bar. Les

VAUT LE DÉTOUR

LE BRONX

Le Bronx est un vaste *borough*, dont les nombreux sites d'intérêt sont éloignés les uns des autres. Mieux vaut donc se concentrer sur un ou deux secteurs contigus en particulier. Par exemple, on peut combiner une balade au zoo du Bronx ou au jardin botanique et une exploration d'Arthur Ave, dans le Belmont voisin. De même, une visite du Yankee Stadium peut être suivie d'un tour au Bronx Museum. De là, par le métro (ligne B/D), on rejoint rapidement la maison d'Edgar Allan Poe. Celle-ci n'est qu'à une courte marche (300 m) de la station Kingsbridge Rd (à l'ouest), d'où la ligne 6 vous mènera au cimetière Woodlawn. Parmi les incontournables :

- Un match de base-ball dans l'un des stades les plus célèbres du pays : le **Yankee Stadium** (plan p. 466 ; 212-926-5337 ; www.mlb.com/yankees ; 1 E 161st St, à hauteur de River Ave ; visite 25 $, réservation en ligne 20 $; S B/D, 4 arrêt 161st St-Yankee Stadium).
- Les 20 ha de somptueux espaces verts du **Jardin botanique** (New York Botanical Garden ; 718-817-8716 ; www.nybg.org ; 2900 Southern Blvd ; pass intégral adulte/enfant 30/15 $; 10h-18h mar-dim ; ; Metro-North arrêt Botanical Garden), particulièrement beaux au printemps.
- Nature encore, mais dans un autre style, avec le plus que centenaire **zoo du Bronx** (718-220-5100 ; www.bronxzoo.com ; 2300 Southern Blvd ; pass intégral adulte/enfant 31/23 $, entrée classique sans les attractions 25/17 $, 10 $ mer ; 10h-17h lun-ven, 10h-17h30 sam-dim avr-oct, 10h-16h30 nov-mars ; S 2, 5 arrêt West Farms Sq-E Tremont Ave).
- Visite culturelle, maintenant, au **Bronx Museum** (plan p. 466 ; 718-681-6000 ; www.bronxmuseum.org ; 1040 Grand Concourse, à hauteur de 165th St ; 11h-18h mer-jeu, sam-dim, jusqu'à 20h ven ; S B/D arrêt 167th St) GRATUIT, aussi fascinant qu'inattendu.
- Un moment de tranquillité en compagnie de Duke Ellington et Herman Melville dans le superbe **Woodlawn Cemetery** (718-920-0500 ; www.thewoodlawncemetery.org ; Webster Ave, à hauteur de E 233rd St ; 8h30-16h30 ; S 4 arrêt Woodlawn).
- Une plongée dans les récits sombres du grand écrivain américain au **Edgar Allan Poe Cottage** (718-881-8900 ; www.bronxhistoricalsociety.org/poe-cottage ; 2640 Grand Concourse, à hauteur de Kingsbridge Rd ; tarif plein/réduit 5/3 $; 10h-15h jeu-ven, jusqu'à 16h sam, 13h-17h dim ; S B/D arrêt Kingsbridge Rd).
- Les soirs d'été, un tour au son de groupes de musiques parmi les étals de nourriture du **marché de nuit du Bronx** (Bronx Night Market ; www.thebronxnightmarket.com ; Fordham Plaza, à hauteur de E Fordham Rd ; plats à partir de 5 $; 16h-22h 1er sam du mois mai-oct ; S B/D arrêt Fordham Rd, Metro-North arrêt Fordham).

Lorsque la faim se fait sentir, Arthur Ave (à Belmont) déploie ses restaurants et traiteurs italiens au charme d'antan, prêts à servir leurs délices du Vieux Monde. Quelques (très bonnes) idées : un sandwich mozzarella-prosciutto à la **Casa della Mozzarella** (718-364-3867 ; www.facebook.com/casadellamozzarella ; 604 E 187th St, au niveau d'Arthur Ave ; sandwichs 6-13 $; 7h30-18h lun-sam, jusqu'à 13h dim ; S B/D arrêt Fordham Rd, Metro-North arrêt Fordham), une pizza au **Zero Otto Nove** (718-220-1027 ; www.zeroottonove.com/locations/bronx ; 2357 Arthur Ave, à hauteur de 186th St ; pizzas 11-19 $, plats déj 18-30 $, dîner 20-34 $; 12h-14h30 et 16h30-22h mar-jeu, jusqu'à 23h ven-sam, 13h-21h dim ; ; S B/D arrêt Fordham Rd, Metro-North arrêt Fordham) et une variété incroyable de spécialités au **Tra Di Noi** (718-295-1784 ; www.tradinoi.com ; 622 E 187th St ; plats déj 12-20 $, dîner 16-22 $; 12h-21h mar-dim ; S B/D arrêt Fordham Rd, Metro North arrêt Fordham).

Ensuite, direction le sud et le quartier de Mott Haven pour découvrir une agréable librairie indépendante doublée d'un bar à vins : **The Lit. Bar** (plan p. 466 ; 347-955-3610 ; www.thelitbar.com ; 131 Alexander Ave ; 12h-18 mar-dim ; S 6 arrêt 3rd Avenue-138th St). Enfin, gagnez non loin de là, la **Bronx Brewery** (718-402-1000 ; www.thebronxbrewery.com ; 856 E 136th St, entre Willow Ave et Walnut Ave ; 16h-20h lun-mer, 16h-22h jeu, 15h-23h ven, 12h-23h sam, 12h-20h dim ; S 6 arrêt Cypress Ave) qui sert des pizzas cuites au feu de bois et des bières artisanales locales.

cocktails originaux (15 $) ouvrent l'appétit, en attendant les délicieux plats italiens et surprises du jour, comme le tilapia au four. La plupart des légumes viennent de la ferme de Pisticci, et la qualité est au rendez-vous !

COMMUNITY FOOD & JUICE AMÉRICAIN $$

Plan p. 466 (☎212-665-2800 ; www.communityrestaurant.com ; 2893 Broadway, entre 112th St et 113th St, Morningside Heights ; sandwichs 12-17 $, plats brunch 12-18 $, dîner 12-28 $; ⏲9h-21h ; ; S1 arrêt 110th St). Spacieux et convivial, le Community est le temple du brunch. Pour ne pas attendre trop longtemps vos œufs brouillés aux légumes ou votre croustillante tartine saucisse-œuf, prenez place avant 10h30. Encore mieux : évitez la foule du week-end et venez en semaine dîner aux chandelles. Les pancakes aux myrtilles et le burger aux légumes sont à tomber.

Harlem

SEASONED VEGAN VÉGAN $

Plan p. 466 (☎212-222-0092 ; www.seasonedvegan.com ; 55 St Nicholas Ave, à hauteur de 113th St, Harlem ; sandwichs et wraps 12-14 $; plats 10-25 $; ⏲17h-22h mar-ven, 13h-22h sam, 16h-21h dim ; ; S2/3 arrêt 110th St ou 116th St). Aux commandes de Seasoned Vegan, on trouve une mère et son fils qui ont acquis une réputation méritée grâce à leurs délicieuses déclinaisons de la *soul food* (cuisine du Sud, mais aussi, pour eux, du cœur). Les recettes sont 100% bio, casher et végétariennes, comme les grillades de lotus et de soja mariné, les *po'boys* aux patates douces et le *mac'n'cheese* au lait de cajou.

AMY RUTH'S CUISINE DU SUD $

Plan p. 466 (☎212-280 8779 ; amyruths.com ; 113 W 116th St, près de Malcolm X Blvd ; ⏲11h-21h30 lun-jeu, 11h-23h ven-sam, 11h-22h dim ; plats 16-27 $; S2, 3, B, C 116th St). Très bonne adresse de cuisine soul food, plus économique et moins touristique que Sylvia's (voir ci-après). Les plats portent le nom d'illustres Afro-Américains, notamment le plat phare de la carte, The President Barack Obama (poulet frit, rôti ou BBQ ; 20,50 $). Au brunch, les gaufres salées (gigantesques) sont une option délicieuse : partagez ! Cadre simple et agréable, service souriant et clientèle de quartier.

SYLVIA'S CUISINE DU SUD $$

Plan p. 466 (☎212-996-0660 ; www.sylviasrestaurant.com ; 328 Malcolm X Blvd, entre 126th St et 127th St, Harlem ; plats 15-28 $; ⏲11h-20h dim-jeu, 11h-22h ven-sam ; S2/3 arrêt 125th St). Cette institution fondée par Sylvia Woods en 1962 attire bien au-delà du quartier (on y a déjà vu plusieurs présidents) grâce à son éblouissante cuisine maison du Sud : poulet ou crevettes frites, *mac'n'cheese* au four, poisson-chat à la panure de maïs, et incomparables feuilles de chou vert en accompagnement. Brunch gospel le dimanche. Réservez pour ne pas avoir à jouer des coudes pour trouver une table.

MAISON HARLEM FRANÇAIS $$

Plan p. 466 (☎212-222-9224 ; www.maisonharlem.com ; 341 St Nicholas Ave, à hauteur de 127th St, Harlem ; plats 18-34 $; ⏲12h-23h lun-jeu, 11h-23h ven-dim ; ; SA/C, B/D arrêt 125th St). Dirigé par deux Français, ce bar-bistrot en vogue est comme une deuxième maison pour les résidents du quartier, qui viennent à toute heure déguster des classiques français : pain perdu, soupe à l'oignon, confit de canard. Le week-end, un DJ enflamme la piste de danse.

BLVD BISTRO AMÉRICAIN $$

Plan p. 466 (☎212-678-6200 ; www.boulevardbistrony.com ; 2149 Frederick Douglass Blvd, à hauteur de 116th St, Harlem ; plats 16-28 $; ⏲12h-22h mar-jeu, 12h-23h ven-sam, 10h-20h dim ; ; S2/3 arrêt 125th St). Cette adresse minuscule et animée utilise des produits de saison pour élaborer une *soul food* représentant la quintessence du Sud, mais subtilement revisitée. Le chef Carlos Swepson, natif du Mississippi, célèbre ses racines avec des plats comme les pancakes au babeurre gorgés de myrtilles, les macaronis aux sept fromages et au bacon fumé, sans compter un pain brioché avec une crème à la saucisse.

DINOSAUR BAR-B-QUE BARBECUE $$

Plan p. 466 (☎212-694-1777 ; www.dinosaurbarbque.com ; 700 W 125th St, à hauteur de 12th Ave, Harlem ; plats 13-34 $; ⏲16h-22h mar-mer, 12h-22h jeu-sam, 12h-21h dim ; ; S1 arrêt 125th St). Dans cette enseigne à la clientèle éclectique, offrez-vous une côte de porc fumée, un énorme pavé de bœuf, un hamburger, ou bien un plat de poulet grillé légèrement relevé. Parmi les très rares options végétariennes figure une fabuleuse version créole d'œufs à la diable.

REVERENCE FUSION $$$

Plan p. 466 (www.reverence.nyc ; 2592 Frederick Douglass Blvd ; menu dégustation 7 plats 150 $, menu Sunday Supper 5-7 plats 98 $; 18h-22h30 mar-sam ; S A/B/C arrêt 135 St). Pionnier du mouvement des restaurants underground à San Francisco, le chef Russell Jackson a débarqué à New York en 2019 avec un menu dégustation composé de 5 à 7 mets aux influences asiatiques, françaises et latino-américaines. Les oursins à la péruvienne cuisinés au beurre de shiso (herbe japonaise) ou les gougères farcies au tofu et aux baies confites s'y apprécient sur le moment, les photos étant interdites. Le Sunday Supper, servi le dimanche tôt (17h), propose un menu dégustation pesco-végétarien (œufs, poissons et fruits de mer possibles) de 5 à 7 plats à prix doux.

RED ROOSTER AMÉRICAIN $$$

Plan p. 466 (212-792-9001 ; www.redroosterharlem.com ; 310 Malcolm X Blvd, entre W 125th St et 126th St, Harlem ; plats 21-36 $; 12h-21h lun-jeu, 12h-21h45 ven-sam, 11h-21h dim ; S 2/3 arrêt 125th St). Dans cette brasserie à la coolitude désinvolte, le chef Marcus Samuelsson propose des plats simples mais raffinés, rehaussés de saveurs du monde. Le *mac'n'cheese* est associé au homard, le *blackened catfish* (poisson-chat frit aux herbes et épices) est accompagné de pickles de mangue, et les boulettes de viande à la suédoise sont un clin d'œil au pays où Samuelsson a grandi. Côté bar, l'ambiance animée par un DJ est aussi agréable que la cuisine : on y fait encore la fête après minuit le week-end.

Hamilton Heights

HARLEM PUBLIC AMÉRICAIN $

Plan p. 466 (212-939-9404 ; www.harlempublic.com ; 3612 Broadway, à hauteur de 149th St, Hamilton Heights ; plats 13-17 $; 11h-minuit, jusqu'à tard sam-dim ; S 1, A/C, B/D arrêt 145th St). Hipsters au bar, musique funk en fond musical et succulents plats de bar : voilà planté le décor de votre soirée au Harlem Public. Complétez votre exploration du quartier par un plat aussi appétissant que généreux (sandwich au crabe, assiette de poutine...), accompagné

Vivre comme un New-Yorkais
L'âme de Harlem

À la fois animé, expansif, sombre et mélancolique, ce quartier où Billie Holiday chanta si souvent, où Ralph Ellison écrivit son roman-fleuve sur la vérité et l'intolérance (*Homme invisible, pour qui chantes-tu ?*) et où l'artiste Romare Bearden composa ses premiers collages constitue le recoin le plus profond de l'âme new-yorkaise.

1 Malcolm Shabazz Harlem Market

Allez musarder dans ce modeste **marché** (plan p. 466 ; www.facebook.com/malcolmshabazzharlem ; 52 W 116th St, entre Malcolm X Blvd et 5th Ave, Harlem ; 10h-21h, jusqu'à 20h jeu et dim ; ; S 2/3 arrêt 116th St) GRATUIT semi-couvert géré par la mosquée Malcolm Shabazz, cadre des prêches de Malcolm X. Vous y trouverez bijoux, textiles, tambours, articles de maroquinerie et huiles venus d'Afrique.

2 Sylvia's

Grâce à son incontournable cuisine traditionnelle du Sud, le Sylvia's (p. 263) attire New-Yorkais, touristes et célébrités depuis les années 1960. Les plats sont divins et le brunch gospel du dimanche est un événement en soi.

3 Strivers' Row

Strivers' Row (plan p. 466 ; W 138th St et 139th St, entre Frederick Douglass Blvd et Adam Clayton Powell Jr Blvd, Harlem ; S B, C arrêt 135th St) qui couvre 138th St et 139th St, compte de belles maisons mitoyennes des années 1890. Dans les années 1920, l'arrivée des premiers Afro-Américains dans le quartier lui valut son surnom d'"allée des courageux". Ces édifices ont vu passer quelques-uns des plus grands noms de Harlem, dont les auteurs-compositeurs Eubie Blake et Noble Sissle, le bluesman WC Handy ou encore le chanteur Bill "Bojangles" Robinson.

4 Shrine

Pilier de la vie nocturne de Harlem, le Shrine (p. 266) ne paie pas de mine vu de l'extérieur, mais sa petite scène accueille une programmation musicale incroyablement variée. Calypso, afro-

Apollo Theater (p. 258)

punk, électro française, jazz latino, soul… les groupes s'enchaînent chaque soir, la bière n'est pas chère et la clientèle est éclectique.

5 Apollo Theater

"Là où les étoiles naissent et les légendes s'écrivent." Une des meilleures salles de concert (p. 258) de Harlem. Ella Fitzgerald y fit ses débuts en novembre 1934, lors de l'une des premières "soirées amateurs". Plus de 87 ans plus tard, l'Amateur Night, avec son public électrique, est toujours programmée le mercredi soir, de février à novembre.

6 Flamekeepers Hat Club

L'âge d'or de Harlem revit grâce à cette boutique (p. 267) accueillante où s'alignent d'élégants chapeaux et casquettes. Le propriétaire, Marc Williamson, a le chic pour trouver le bon couvre-chef, quelles que soient la personne et la forme de son visage.

7 Minton's Playhouse

Lieu de naissance du be-bop, ce restaurant-club de jazz (p. 267) a vu se produire des pointures comme Thelonious Monk, Dizzy Gillespie et Charlie Parker. Classé au patrimoine historique de la ville, c'est un lieu chic où l'on se met sur son trente-et-un pour profiter du talent des musiciens tout en savourant une exquise cuisine du Sud.

[redacted]

[redacted] PRENDRE UN VERRE ET FAIRE LA FÊTE

Les quartiers de Manhattan situés au-dessus de 125th St ne sont pas vraiment réputés pour leurs bars. Mais depuis peu, plusieurs adresses remarquables servant de bonnes bières artisanales ou programmant des musiciens redonnent vie aux nuits de Harlem.

♥ SHRINE — BAR

Plan p. 466 (☎212-690-7807 ; www.shrinenyc.com ; 2271 Adam Clayton Powell Jr Blvd, entre 133rd St et 134th St, Harlem ; ⏲16h-4h ; S 2/3 arrêt 135th St). Peu engageant au premier abord, ce bar chaleureux est l'un des meilleurs lieux de Harlem (voire de New York) pour écouter de la musique live sans avoir à payer d'entrée. Chaque jour, sa petite scène accueille des groupes de blues, reggae, afro-beat, funk ou rock indé. La bière est bon marché et la clientèle aussi éclectique que la musique.

SILVANA — BAR

Plan p. 466 (☎646-692-4935 ; www.silvana-nyc.com ; 300 W 116th St, Harlem ; ⏲café 8h-22h, bar 16h-4h ; S 2/3 arrêt 116th St). Un attrayant café-boutique moyen-oriental, où sont préparés houmous et falafels. Dans le club au sous-sol, les habitants du quartier se retrouvent dans une ambiance décontractée pour siroter un cocktail, écouter des concerts (à partir de 18h) ou des DJ sets. Programmation éclectique alternant jazz, son cubain, reggae et punk gitan des Balkans.

GINNY'S SUPPER CLUB — BAR À COCKTAILS

Plan p. 466 (☎212-421-3821 ; www.ginnyssupperclub.com ; 310 Malcolm X Blvd, entre W 125th St et 126th St, Harlem ; entrée 25 $; ⏲18h-minuit jeu, jusqu'à 3h ven-sam, brunch 10h30-15h dim ; S 2/3 arrêt 125th St). Ce club au cadre rappelant l'époque de la Prohibition, situé en sous-sol, est toujours rempli d'une clientèle sur son trente-et-un sirotant des cocktails, grignotant des en-cas en provenance du Red Rooster (p. 264), à l'étage, et dansant au son d'un groupe de jazz à partir de 19h30, [redacted] mercredi au samedi. Ne manquez pas le brunch gospel dominical.

HARLEM HOPS — BIÈRE ARTISANALE

Plan p. 466 (☎646-998-3444 ; www.harlemhops.com ; 2268 Adam Clayton Powell Jr Blvd, entre 133th St et 134th St, Harlem ; ⏲15h-23h ; wifi ; S 2/3 arrêt 135th St). Le seul bar à bières de Harlem entièrement détenu par des Afro-Américains arbore fièrement le nom de son quartier sur son plafond illuminé. Il sert des saucisses et des tourtes à la viande (dont une au bœuf, au piment et aux épices africaines). Les bières sont principalement issues de productions limitées.

67 ORANGE STREET — BAR À COCKTAILS

Plan p. 466 (☎212-662-2030 ; www.67orangestreet.com ; 2082 Frederick Douglass Blvd, entre 112th St et 113th St ; ⏲17h-minuit dim-jeu, jusqu'à 2h ven-sam ; S B, C arrêt 116th St). Cet établissement tire son nom de la rue où a ouvert le premier bar tenu par un Noir (en 1840 !). Ambiance agréable, décor style bar clandestin, et cocktails joliment réalisés. Les briques apparentes, la flamme vacillante des bougies et les œuvres originales exposées aux murs offrent un cadre parfait pour se laisser envoûter par les élixirs, comme le gin au romarin, à base de gin infusé dans du rooibos.

THE CHIPPED CUP — CAFÉ

Plan p. 466 (☎212-368-8881 ; www.chippedcupcoffee.com ; 3610 Broadway, entre 148th St et 149th St, Hamilton Heights ; ⏲6h-18h lun-ven, 8h-18h sam-dim ; wifi ; S 1, A/C, B/D arrêt 145th St). Dans ce repaire cosy de hipsters, écrivains et étudiants amateurs de café viennent tapoter sur leur portable parmi les délicates tasses de thé, les romans usagés et les œuvres originales accrochées aux murs. S'il fait beau, profitez du jardin verdoyant situé à l'arrière.

HARLEM TAVERN — BAR SPORTIF

Plan p. 466 (☎212-866-4500 ; www.harlemtavern.com ; 2153 Frederick Douglass Blvd, à hauteur de W 116th St ; plats 14-18 $; ⏲12h-minuit dim-jeu, 12h-1h ven-sam ; S B, C arrêt 116th St). Idéal pour suivre un match, ce bar couvre nombre d'événements sportifs américains. On pourra ainsi assister aux play-off de basket tout en buvant une bière et en mangeant un burger ou un plat de pub de type *chicken wings*, tacos ou calamars frits. *Beer garden* et *happy hour* de 16h à 19h.

OÙ SORTIR

MARJORIE ELIOT'S PARLOR JAZZ
JAZZ

Plan p. 466 (☎212-781-6595 ; 555 Edgecombe Ave, app 3F, à hauteur de 160th St, Washington Heights ; don apprécié, généralement 20 $; 15h30 dim ; S A/C arrêt 163 rd St-Amsterdam Ave, 1 arrêt 157th St). GRATUIT Tous les dimanches à 15h30, la délicieuse madame Eliot offre des bœufs de jazz, en toute intimité, dans son propre appartement. Dédiés à ses fils disparus, ces concerts informels voient une équipe de musiciens talentueux enchanter les visiteurs du monde entier. Arrivez de bonne heure, car le rendez-vous est apprécié et il y a généralement la queue dès 14h45.

MINTON'S PLAYHOUSE
JAZZ

Plan p. 466 (☎212-243-2222 ; www.mintonsharlem.com ; 206 W 118th St, entre St Nicholas Ave et Adam Clayton Powell Jr Blvd ; entrée 20-25 $, plus 20 $ minimum de consommation ; 18h-minuit mer-dim, sessions 20h et 22h ; S B/C, 2/3 arrêt 116th St). Ce restaurant-club de jazz, lieu de naissance du be-bop, est un des hauts lieux de la musique live. Toutes les pointures du jazz, de Dizzy Gillespie à Louis Armstrong, ont joué ici. Le dîner (plats 19-48 $), dans la salle à l'ambiance tamisée, est une expérience inoubliable. Réservez, mettez-vous sur votre trente-et-un et savourez la cuisine du Sud, aux sons doux-amers du jazz.

MAYSLES DOCUMENTARY CENTER
CINÉMA

Plan p. 466 (☎646-853-1296 ; www.maysles.org ; 343 Malcolm X Blvd, entre 127th St et 128th St, Harlem ; don suggéré 10 $; S 2/3 arrêt 125th St). Dans ce petit cinéma d'art et d'essai fondé par le réalisateur Albert Maysles sont projetés documentaires et films indépendants – notamment des œuvres de grande qualité en provenance d'Afrique. Spectacles, conférences et rencontres avec des réalisateurs sont également organisés.

AMORE OPERA
OPÉRA

Plan p. 466 (☎347-948-4588 ; www.amoreopera.org ; Riverside Theatre, 91 Claremont Ave, entre 120th St et 122nd St ; billets à partir de 40 $; S 1 arrêt 116th St ou 125th St). Cette compagnie, fondée par d'anciens membres de l'Amato Opera (aujourd'hui dissous), joue de grands classiques comme *La Flûte enchantée*, *La Bohème*, *Le Mikado* ou *Hansel et Gretel* au Riverside Theatre. Les places y sont bien moins chères et le cadre plus intimiste que dans la plupart des salles d'opéra.

SHOPPING

HARLEM HABERDASHERY
MODE

Plan p. 466 (☎646-707-0070 ; www.harlemhaberdashery.com ; 245 Malcolm X Blvd, entre 122nd St et 123rd St, Harlem ; 12h-19h lun-sam ; S 2/3 arrêt 125th St). Messieurs, mettez votre garde-robe au goût du jour dans cette boutique ultrabranchée de Harlem – Jay-Z et LeBron James comptent parmi ses clients –, qui recèle des trésors dans tous les styles. Sweats, T-shirts, baskets chics, élégants chapeaux, vestes en cuir, lunettes de soleil et objets de décoration forment la sélection, toujours changeante, des articles proposés ici. La boutique vend même ses propres alcools artisanaux.

FLAMEKEEPERS HAT CLUB
MODE

Plan p. 466 (☎212-531-3542 ; www.flamekeepershatclub.com ; 273 W 121st St, à hauteur de St Nicholas Ave, Harlem ; 12h-18h mer-sam, 12h-16h dim ; S A/C, B/D arrêt 125th St). Ajoutez la touche finale à votre look grâce aux créations de l'accueillant Marc Williamson, styliste originaire de Harlem. Faits de fourrure, de feutre de laine ou de paille, ses couvre-chefs en tous genres (fédoras, pork pies, casquettes plates, bérets...), ornés de patchs ou de rubans, sont cousus et travaillés à la main. Les prix vont de 110 à 1 000 $.

REVOLUTION BOOKS
LIVRES

Plan p. 466 (☎212-691-3345 ; www.revolutionbooksnyc.org ; 437 Malcolm X Blvd, à hauteur de 132nd St, Harlem ; 14h-19h mar-dim ; S 2/3 arrêt 135th St). Cette librairie à l'indépendance revendiquée met à l'honneur les livres traitant de problèmes sociaux, de politique, de la question du genre ou des droits de l'homme. Lectures, débats et rencontres avec les auteurs environ une fois par semaine (programme sur le site Web).

ATMOS
CHAUSSURES

Plan p. 466 (☎212-666-2242 ; www.atmosny.com ; 203 W 125th St, à hauteur de Adam Clayton Powell Jr Blvd ; 11h-19h lun-sam, 12h-17h dim ; S A/C, B/D, 2/3 arrêt 125th St). Les fans de sneakers courent chez Atmos pour habiller leurs pieds. Temple des baskets haut de gamme, des éditions limitées et des rééditions, la boutique de Harlem représente des marques comme Nike, Puma et K-Swiss.

SPORTS ET ACTIVITÉS

RIVERBANK STATE PARK — SPORTS

Plan p. 466 (Denny Farrell Riverbank State Park ; 212-694-3600 ; www.parks.ny.gov/parks/93 ; 679 Riverside Drive, entrée au niveau de 145th St, à hauteur de Riverside Dr, Hamilton Heights ; piscine adulte/enfant 2/1 $, salle de fitness 5 $, patinage 5/3 $, rollers 1,50 $, location rollers ou patins 6 $; 6h-23h, horaires variables selon les lieux ; S 1 arrêt 145th St). Cet ensemble de cinq bâtiments occupe plus de 11 ha. Il comprend un bassin olympique, un bassin à ciel ouvert, une salle de gym, des terrains de basket, des courts de tennis, une piste de course autour d'un terrain de football, une aire pour les enfants, et une piste de roller (printemps-été). Sans oublier la patinoire, de novembre à mars.

TREAD — LOCATION DE VÉLO

(212-544-7055 ; www.treadbikeshop.com ; 250 Dyckman St, Inwood ; location 8/30 $ par heure/jour ; 11h-18h ; S A arrêt Dyckman St). Située à Inwood Hill Park, juste à côté de la New York Greenway Bike Trail, cette boutique de location est parfaite si vous voulez parcourir à vélo les longs sentiers sinueux du nord de Manhattan.

Brooklyn

BROOKLYN HEIGHTS, DOWNTOWN BROOKLYN ET DUMBO | BOERUM HILL, COBBLE HILL, CARROLL GARDENS ET RED HOOK | FORT GREENE, CLINTON HILL ET BED-STUY | PARK SLOPE, GOWANUS ET SUNSET PARK | PROSPECT HEIGHTS, CROWN HEIGHTS ET FLATBUSH | WILLIAMSBURG, GREENPOINT ET BUSHWICK | CONEY ISLAND ET BRIGHTON BEACH

Pour un plan plus détaillé, reportez-vous p. 468, 470, 472, 475 et 476

Notre sélection

❶ Un footing, du vélo, du roller, de l'escalade ou un simple moment détente au coucher du soleil au **Brooklyn Bridge Park** (p. 272), idéalement situé le long de l'East River.

❷ Les quelque 240 ha de bois, de pelouses et de lacs de **Prospect Park** (p. 273), considéré comme leur chef-d'œuvre par les paysagistes Vaux et Olmsted, auteurs entre autres de Central Park.

❸ La collection prodigieuse du **Brooklyn Museum** (p. 274), allant de l'Antiquité égyptienne aux avant-gardistes féministes des années 1970.

❹ Un saut dans le passé à **Coney Island** (p. 284), avec ses montagnes russes en bois, sa promenade de bord de mer, ses fresques colorées et sa douce ambiance de kermesse.

❺ Les allées entières de fripes, vinyles, antiquités, articles de maison et autre bric-à-brac du **Brooklyn Flea** (p. 309), marché aux puces de Brooklyn.

Bon plan Lonely Planet

Envie de goûter au New York d'antan ? Partez pour Brighton Beach. Sous le métro aérien, au cœur du trépidant quartier russe de Little Odessa, Brighton Beach Avenue aligne épiceries et grands magasins proposant poissons fumés et pirojki (chaussons salés). Dans la rue, une population bigarrée parle toutes les langues de la terre. Les conversations sont partiellement masquées par le bruit des trains juste au-dessus. Vous êtes bel et bien à New York !

Le top des restaurants

Voir détails p. 285

Le top des bars et cafés

Voir détails p. 297

Le top des espaces verts

Voir détails p. 275

Découvrir Brooklyn

Avec plus de 2,6 millions d'habitants répartis sur 184 km^2, Brooklyn est un univers à part avec ses charmantes maisons de grès rouge, ses magnifiques parcs paysagers, ses galeries d'art très pointues ou ses parcs d'attractions.

Pour une visite d'un jour, mieux vaut s'en tenir à un quartier. South Brooklyn offre une plongée dans l'Histoire et de jolis points de vue sur Manhattan. Prospect Park vaut largement Central Park (en plus petit), et les quartiers résidentiels alentour sont l'occasion d'une belle balade architecturale, d'un peu de shopping et de quelques pauses-café. Autres sites majeurs : le superbe Brooklyn Museum et le jardin botanique.

Les amateurs de parcs d'attractions à l'ancienne et de balades en bord de plage apprécieront Coney Island. Le soir, direction Williamsburg, qui fourmille de bars et de restaurants, ou Greenpoint et Bushwick, où nombre de troquets accueillent des concerts.

Vivre comme un New-Yorkais

- **Prospect Park** Joignez-vous aux promeneurs de ce superbe parc (p. 273), à moins que vous ne préfériez une tournée des cafés et du lèche-vitrines sur 5th Ave.
- **Marchés de producteurs** Faites le plein de produits frais aux marchés du samedi : Grand Army Plaza (p. 309), Fort Greene Park (p. 309), Borough Hall, McCarren Park (p. 283).
- **Détente** Direction le Brooklyn Bridge Park (p. 272) pour une partie de basket-ball improvisé, une balade tranquille, un vélo au bord du fleuve, etc.
- **Rock'n'roll** Williamsburg et Bushwick sont des hauts lieux du rock indé.

Depuis/vers Brooklyn

- **Métro** Brooklyn est desservi par 17 lignes, passant toutes par Downtown. Depuis Manhattan, les principales sont A/C, 2/3, 4/5, B/D/F, N/R/Q et L. La ligne G fait la liaison entre le Queens et Brooklyn, depuis Long Island City jusqu'au sud de Prospect Park.
- **Bus** B61 ou B57 à destination de Red Hook. Le B62 relie le centre de Brooklyn à Williamsburg/Greenpoint.
- **Bateau** Le **NYC Ferry** (plan p. 468 ; www.ferry.nyc ; S 10th St, à hauteur de Kent Ave, Williamsburg ; aller simple 2,75 $; B32, Q59 arrêt Kent Ave, S J/M/Z arrêt Marcy Ave) dessert Brooklyn depuis Wall St et E 34th St à Manhattan. Il marque l'arrêt à Dumbo, Williamsburg, Greenpoint, Sunset Park et au Brooklyn Navy Yard.
- **Taxi** Les "Boro taxis", vert pomme, peuvent prendre des passagers partout sauf dans Manhattan, pour des courses n'importe où dans NYC. À héler dans la rue ou réserver via l'appli mobile Curb.

LES INCONTOURNABLES
BROOKLYN BRIDGE

Le pont de Brooklyn, star des photos d'un séjour à New York et véritable prouesse technologique, fut inauguré en 1883. À l'époque, ses 486 m de long et sa structure à suspension en acier étaient respectivement un record et une première mondiale. Ce superbe exemple d'urbanisme entre Brooklyn et Manhattan inspira divers artistes… et continue de nous émerveiller.

Le noir bilan du pont de Brooklyn

On doit les plans du pont à un ingénieur d'origine allemande, John Roebling. Il mourut avant le début des travaux, qui allaient durer 14 ans. Son fils, Washington Roebling, prit le relais, mais un accident de décompression lors de la phase d'installation sous-marine de la tour ouest le laissa paralysé. Son épouse, Emily Warren Roebling, mathématicienne et ingénieure, supervisa le chantier en son nom et dut faire face aux dépassements de budget et aux plaintes de la classe politique. Si les Roebling furent directement affectés, on déplora au moins 27 morts parmi les ouvriers. L'ouverture du pont en 1883 se solda par une tragédie au sixième jour : un goulot d'étranglement se forma dans les escaliers bondés après qu'une rumeur d'effondrement lancée par plaisanterie déclencha un mouvement de panique. Des dizaines de personnes furent blessées et 12 moururent piétinées.

LE SAVIEZ-VOUS ?

- En mai 1884, l'entrepreneur de spectacles de cirque Phineas Taylor Barnum fit marcher 21 éléphants sur le pont pour en prouver la solidité.

INFOS PRATIQUES

- Plan p. 475, B1
- S 4/5/6 arrêt Brooklyn Bridge-City Hall, J/Z arrêt Chambers St, R/W arrêt City Hall, S 2/3 arrêt Clark St, A/F arrêt High St-Brooklyn Bridge Station

La traversée du pont

Incontournable, la promenade piétonnière jouit d'un horizon dégagé sur Lower Manhattan et les points de vue situés sous les pylônes sont dotés de panneaux retraçant l'histoire du panorama. La traversée d'environ 1,5 km vous prendra 20 à 40 minutes en fonction du nombre d'arrêts que vous ferez pour admirer le paysage.

LES INCONTOURNABLES
BROOKLYN BRIDGE PARK

Ce parc de 34 ha, aménagé sur 2,1 km le long de l'East River, est un bel exemple de renouveau urbain. De Jay St (Dumbo) à l'extrémité ouest d'Atlantic Ave (Cobble Hill), il a revitalisé une rive et ses jetées à l'abandon. Il offre aujourd'hui à tous, flâneurs, touristes et familles, un agréable paysage et diverses activités.

Empire Fulton Ferry

Cette partie du parc, délimitée par les ponts de Brooklyn et de Manhattan, au nord de Dumbo, jouit de grandes pelouses donnant sur l'East River. Jardin paysagé sillonné d'allées, il abrite le charmant Jane's Carousel (p. 275), manège datant de 1922 et restauré avec soin. À son extrémité, l'Empire Stores (p. 276), ensemble d'anciens entrepôts datant de la guerre de Sécession, accueille des restaurants, des boutiques et le théâtre d'avant-garde St Ann's Warehouse (p. 304), à la programmation largement applaudie.

Pier 1

Pique-nique, jeux, photographie : les trois pelouses du Pier 1 (le plus imposant du parc), au sud du Brooklyn Bridge invitent à tout cela. Beaucoup d'événements gratuits y sont organisés de mai à août, dont des soirées cinéma avec Manhattan pour toile de fond, de la danse, des cours de yoga et des activités pour les enfants. Consultez le site pour en savoir plus. Au nord, prenez le ferry East River (ER) ou le South Brooklyn (SB) de **NYC Ferry** (plan p. 475 ; www.ferry.nyc ; Pier 1 ; adulte aller simple 2,75 $) pour rejoindre Manhattan.

Pier 6

Place aux enfants à l'extrémité sud du parc, en retrait d'Atlantic Ave. Entre les parterres de fleurs et les pelouses, le Pier 6 abrite des aires de jeux avec bacs à sable, jets d'eau, toboggans aquatiques, balançoires, etc. On y trouve aussi des terrains de volley et quelques restaurants (ouverts de mai à octobre), comme la pizzeria Fornino (p. 282), dont la terrasse sur le toit est idéale au coucher du soleil.

À NE PAS MANQUER

- La traversée du Brooklyn Bridge
- L'occasion de photographier deux ponts emblématiques de New York
- Le coucher du soleil à l'Empire Fulton Ferry

INFOS PRATIQUES

- Plan p. 475, A1
- www.brooklynbridgepark.org
- East River Waterfront, entre Atlantic Ave et John St, Brooklyn Heights/Dumbo
- 6h-1h, 6h-22h ou 8h-23h certaines sections
- B63 arrêt Pier 6/ Brooklyn Bridge Park, B25 arrêt Old Fulton St/ Elizabeth Pl, Ferry East River ou South Brooklyn arrêt Dumbo/Pier 1, S A/C arrêt High St-Brooklyn Bridge, 2/3 arrêt Clark St, F arrêt York St

Et aussi...

Au sud de Manhattan Bridge, **Main Street Park** dispose d'une aire de jeux à thème marin, d'un mur d'escalade, d'une plage de galets, d'une aire pour chiens et d'un centre de sensibilisation à l'environnement.

Le **Squibb Park Bridge** permet de rejoindre Brooklyn Heights à pied, depuis Columbia Heights, entre Middagh St et Cranberry, jusqu'au Pier 1. La passerelle en bois, abîmée, a été remplacée par une version en acier en 2020.

Le **Pier 2** a la faveur des sportifs, avec une piste de roller, des équipements de plein air en libre accès, des terrains de pétanque, de handball, de basket et de jeu de palets. On peut aussi y faire du kayak gratuitement (trois fois par semaine de juin à août). Le **Pier 3** invite à la détente, entre pelouses et marches en granit, quand le **Pier 4** jouit d'une petite plage pour tremper les pieds dans l'East River ou s'y aventurer à pédalo. Au niveau du **Pier 5**, retrouvez des terrains de sport et pistes cyclables, une aire de pique-nique ombragée avec des barbecues. Offrez-vous une glace au kiosque d'**Ample Hills**.

LES INCONTOURNABLES
PROSPECT PARK

À New York, on ne parle presque que de Central Park. Ses concepteurs du XIXe siècle, Frederick Olmsted et Calvert Vaux, considéraient pourtant Prospect Park comme leur véritable chef d'œuvre. Avec ses ponts en pierre voûtés, son lac, sa prairie et son bois (le seul à Brooklyn), il a en effet de quoi séduire. Ouvert en 1867, ce parc de 236 ha accueille 10 millions de visiteurs par an.

Grand Army Plaza

D'aucuns disent qu'il y a un peu de Paris dans cette place monumentale au croisement de Flatbush Ave et Prospect Park West. Elle marque le début de l'Eastern Pkwy et l'entrée du parc. Son arc de triomphe, érigé dans les années 1890, célèbre les soldats de l'Union engagés dans la guerre de Sécession. Un marché de producteurs (voir l'encadré p. 309) s'y tient tous les samedis de 8h à 16h.

Long Meadow

Cette prairie dont l'étendue est inégalée dans les parcs du pays se déroule sur 1,8 km. Elle commence au sud de l'entrée officielle, à Grand Army Plaza. Long Meadow est une ode à la flânerie. On y joue au ballon ou au cerf-volant, près de chiens courant en liberté. À l'extrême sud, **Picnic House** dispose d'un snack et de toilettes publiques.

À NE PAS MANQUER

- Audubon Center et pavillon nautique
- Long Meadow
- Lullwater Creek

INFOS PRATIQUES

- Plan p. 475, E3
- www.prospectpark.org
- Grand Army Plaza
- 6h-1h
- S 2/3 arrêt Grand Army Plaza, F, G arrêt 15th St-Prospect Park, B, Q arrêt Prospect Park, Q arrêt Parkside Ave

Children's Corner

Près de Flatbush Ave, le Children's Corner recèle un magnifique **carrousel** (1/5 tickets 2,50/11,50 $; 12h-17h jeu-dim et jours fériés) datant de 1912 et tout droit venu de Coney Island. Au nord-est, la **Lefferts Historic House** (plan p. 472 ; www.prospectpark.org/lefferts ; adulte/enfant 3 $/gratuit ; 12h-17h jeu-dim, avr-juin et sept-oct, 12h-18h juill-août, 12h-16h sam-dim nov-déc), reconstitution d'une ferme néerlandaise comme on en trouvait à Brooklyn au XVIIIe siècle, était fermée pour rénovations lors de nos recherches. Le **Prospect Park Zoo** (plan p. 472 ; www.prospectparkzoo.com ; adulte/enfant 10/7 $, gratuit -3 ans ; 10h-17h tlj avr-oct, 10h-16h30 nov-mar) abrite quant à lui des otaries, des pandas roux, des wallabies et un enclos où aller à la rencontre des animaux.

LeFrak Center at Lakeside

Voici 10 ha pour s'amuser en toutes saisons. Le **LeFrak Center** (plan p. 472 ; www.lakesideprospectpark.com ; 171 East Dr, près d'Ocean Ave et Parkside Ave ; patinoire/piste rollers 7,25-10 $, loc patins/rollers 7 $, loc kayak ou bateau 16-36 $/heure, loc vélo 13-18 $/heure, 33-45 $/jour ; horaires variables) permet de se dépenser pleinement. De fin mars à mi-octobre, il y a des kayaks et pédalos, des sentiers pour marcher et faire du roller, des vélos à louer et, quand il fait très chaud, des jets d'eau pour les enfants. Le café-terrasse ombragé propose des rafraîchissements. L'hiver, place au patin, en intérieur et en extérieur.

Prospect Park Audubon Center et Boathouse

Situé sur un bras nord du lac, l'Audubon Center, logé dans le pittoresque pavillon nautique de 1905 (*Boathouse*), propose diverses activités (observation des oiseaux, cours de yoga gratuits, expos artistiques, activités manuelles pour enfants). C'est aussi le point de départ de sentiers de randonnée quadrillant la forêt. Celui de 1,8 km longeant **Lullwater Creek** est charmant. Un autre, plus court, pénètre dans Midwood et permet de voir les plus vieux arbres du parc. Pour les itinéraires, consultez le site ou renseignez-vous au pavillon du lac.

LES INCONTOURNABLES
BROOKLYN MUSEUM

Lorsqu'ils imaginèrent ce bâtiment de style Beaux-Arts au début des années 1890, les architectes du prolifique cabinet McKim, Mead & White voulaient en faire le plus vaste musée au monde. Aujourd'hui, c'est le troisième plus grand de New York. Ses plus de 50 000 m² accueillent des expositions d'art antique, des intérieurs fastueux datant du XIXe siècle et des œuvres contemporaines.

Art égyptien

Il ne faut pas manquer la collection d'art égyptien, couvrant 5 millénaires, qui occupe les salles du 3e niveau, bas-reliefs et portraits de l'époque romaine compris. Certaines pièces proviennent des fouilles (toujours en cours) menées par le musée en Égypte. On y voit sarcophages, momies et objets rituels. Admirez la plaque de Wilbour (1352-1336 av. J.-C.), fragment de roche calcaire sur laquelle demeurent gravés les profils de la reine Néfertiti et d'un homme, vraisemblablement Akhenaton (père de Toutankhamon).

Art américain

Ne boudez pas le 5e niveau : c'est là que se trouve l'impressionnante collection d'art américain. On peut y voir le célèbre portrait en pied de George Washington par Gilbert Stuart, *Late Afternoon, New York, Winter* peint par Frederick Childe Hassam en 1900, ou encore des aquarelles du portraitiste John Singer Sargent (fin du XIXe siècle).

Artistes féminines

Il est rare qu'un grand musée public consacre un espace permanent aux œuvres d'artistes féminines. Au 4e niveau, l'Elizabeth Sackler Center for Feminist Art leur dédie un espace passionnant de 770 m² où l'art se fait témoin de la société et de l'histoire. On y présente des réalisations d'artistes radicales noires, des créations vidéo, des photographies. Au cœur de la galerie, l'installation de Judy Chicago *The Dinner Party* (1979) fascine, avec son immense table triangulaire prévue pour 39 convives femmes célèbres. L'œuvre dégage à la fois force et intimité.

À savoir

Ce musée regroupant plus de 1,5 million d'objets abrite aussi d'intéressantes galeries dédiées à la sculpture africaine, à l'art islamique, aux textiles latino-américains ou à l'art contemporain. Pour jeter un œil dans les coulisses, montez aux Visible Storage et Study Center (5e niveau) : les cubes vitrés laissent voir une foule de trésors, des lampes Tiffany aux céramiques de Brooklyn, en passant par des vélos anciens ou des témoins de l'ère coloniale hispanique.

Le premier samedi de chaque mois (sauf en septembre), le musée reste ouvert jusqu'à 23h et organise une soirée gratuite où se mêlent art, performances et concerts (avec parfois même une piste de danse). Un franc succès auprès des familles. Mis en pause lors de nos recherches, les First Saturdays devaient reprendre au printemps 2022 ; renseignez-vous.

À NE PAS MANQUER

- Galerie funéraire égyptienne
- *The Dinner Party*
- La collection américaine
- Le Visible Storage-Study Center

INFOS PRATIQUES

- Plan p. 472, F3
- ☎718-638-5000
- www.brooklynmuseum.org
- 200 Eastern Pkwy, Prospect Park
- Tarif plein/réduit 16/10 $, gratuit -20 ans
- 11h-18h mer, jeu et dim, 11h-20h ven-sam, 11h-23h 1er sam du mois (sauf sept)
- S 2/3 arrêt Eastern Pkwy-Brooklyn Museum

À VOIR

Brooklyn Heights, Downtown Brooklyn et Dumbo

Cet ensemble de quartiers au bord de l'eau occupe l'ancien cœur industriel de Brooklyn. Si les entrepôts et jetées ont été réhabilités, l'endroit conserve un charme très XIXe siècle.

Après le lancement de la connexion en ferry entre Brooklyn et Manhattan, les New-Yorkais aisés se firent construire de magnifiques demeures dans le quartier de **Brooklyn Heights**. Les jetées sont aujourd'hui des lieux de loisirs, flanqués de pelouses ouvertes sur Manhattan, en face. À l'est, **Dumbo** (acronyme de "Down under the Manhattan Bridge overpass", soit "sous le pont routier du Manhattan Bridge") et ses rues pavées. Au-delà, Vinegar Hill recèle quelques tables singulières. Au sud se trouve le **centre**, où les commerces et entreprises florissants sont adossés à de grandes résidences dardant haut vers le ciel.

BROOKLYN BRIDGE — PONT

Voir p. 271.

BROOKLYN BRIDGE PARK — PARC

Voir p. 272.

JANE'S CAROUSEL — MANÈGE ANCIEN

Plan p. 475 (☎718-222-2502 ; www.janescarousel.com ; à hauteur de Dock St, Brooklyn Bridge Park, Dumbo ; ticket 2 $; ⏲11h-18h50 tlj sauf mar mi-mai à mi-sept, 11h-17h50 jeu-dim mi-sept à mi-mai ; 👪 ; ⓈF arrêt York St, A/C arrêt High St-Brooklyn Bridge). C'est l'attraction phare du nord du Brooklyn Bridge Park (p. 272) : un carrousel à l'ancienne, construit en 1922 par la Philadelphia Toboggan Company. Le manège a été acquis en 1984 par une artiste locale, Jane Walentas, qui a passé vingt ans à restaurer le plus fidèlement possible les motifs peints sur les pièces en bois. On lui a accordé un emplacement en or, entre les deux ponts les plus photographiés de New York.

Ce carrousel, composé de 48 chevaux, deux chars et 1 200 ampoules, est le premier du genre à être porté au Registre national des monuments historiques. Un trésor toujours en état de marche, abrité sous un lumineux pavillon en acrylique signé de l'architecte star Jean Nouvel.

BROOKLYN HISTORICAL SOCIETY — MUSÉE

Plan p. 475 (☎718-222-4111 ; www.brooklynhistory.org ; 128 Pierrepont St, Brooklyn Heights ; prix suggéré adulte/enfant 10 $/gratuit ; ⏲12h-17h mer-dim ; ⓈR arrêt Court St, 2/3, 4/5 arrêt Borough Hall). Le Brooklyn d'antan est encore bien vivant dans cette maison majestueuse et emblématique, construite en 1881, dont la façade s'orne de superbes éléments en terre cuite. Elle abrite un musée consacré au *borough*. La collection comprend une rare carte de New York de 1770 et une copie de la Proclamation d'émancipation signée par Abraham Lincoln. Les expositions sur l'histoire et la vie à Brooklyn changent régulièrement. Allez ensuite flâner entre les rayons de l'**Othmer Library**, rassemblant près de 33 000 livres. Admirez son balcon d'origine (XIXe siècle) en frêne noir.

La **boutique** (ouverte tous les jours de 12h à 17h), dans l'entrée, recèle de nombreux livres sur Brooklyn et objets chics.

La société organise régulièrement des expositions et promenades dans le quartier. Consultez le site.

BROOKLYN HEIGHTS PROMENADE — POINT DE VUE

Plan p. 475 (www.nycgovparks.org ; entre Orange St et Remsen St, Brooklyn Heights ; ⏲24h/24 ; ⓈN/R/W arrêt Court St, 2/3 arrêt Clark St, A/C arrêt High St-Brooklyn Bridge). Six rues orientées est-ouest du quartier cossu de Brooklyn Heights (telles que Montague St et Clark St) mènent au site incontournable des lieux : une esplanade pavée offrant une vue imprenable sur la *skyline* de Manhattan, loin du brouhaha de la Brooklyn-Queens Expressway (BQE) qu'elle surplombe. Ces 548 m de poésie urbaine sont férocement défendus par les habitants, qui tiennent à les préserver du béton. Idéal pour une balade au coucher du soleil.

Un pont piéton à l'allure innovante, le **Squibb Park Bridge**, relie l'extrémité nord de la promenade de Brooklyn Heights au Pier 1 du Brooklyn Bridge Park (p. 272).

NEW YORK TRANSIT MUSEUM — MUSÉE

Plan p. 475 (☎718-694-1600 ; www.mta.info/mta/museum ; 99 Schermerhorn St, à hauteur de Boerum Pl, Downtown Brooklyn ; adulte/enfant 10/5 $; ⏲10h-16h mar-ven, 11h-17h sam-dim ; 👪 ; Ⓢ2/3, 4/5 arrêt Borough Hall, R arrêt Jay St-MetroTech). Installé dans une ancienne station de 1936 (et hors service depuis 1946), ce musée revient sur l'histoire centenaire du

100% LOCAL

À CHACUN(E) SON MANHATTAN BRIDGE

La foule se rassemble au croisement de Front St et Washington St pour photographier le pont de Manhattan, qui encadre magnifiquement l'Empire State Building de ses poutres métalliques. La vue est un petit bonheur, les jeux de coudes beaucoup moins. Allez-y tôt si vous tenez à prendre cette photo ou, mieux encore, trouvez un autre angle depuis l'un des parcs situés entre les ponts de Brooklyn et de Manhattan.

métro et s'adresse résolument aux enfants. Au sous-sol, sur le quai, vous pouvez déambuler dans 20 wagons d'origine et voitures surélevées remontant à 1907. Les expositions temporaires éclairent l'histoire fascinante du métro, de sa fastidieuse construction à l'art de la cartographie.

EMPIRE STORES BÂTIMENT HISTORIQUE

Plan p. 475 (www.empirestoresdumbo.com ; 53-83 Water St, Dumbo ; 8h-19h30, Time Out Market 11h-22h dim-jeu, 11h-23h ven-sam ; B25 arrêt Water St/Main St, S F arrêt York St, A/C arrêt High St). Construits à l'issue de la guerre de Sécession, les Empire Stores sont un vestige du passé industriel de Brooklyn, au bord de l'eau. Il y avait là 4,8 km d'entrepôts en brique débordant de café, de sucre et de tabac. La structure et l'architecture d'origine ont été conservées et transformées en allées marchandes et espaces culturels sur 33 400 m².

Le marché gourmet **Time Out Market**, avec ses avocado toasts, sa cuisine fusion mexicaine, son restaurant de ramen étoilé (Mr Taka Ramen), ses chefs et mixologistes stars et ses commerces de bouche triés sur le volet, est le point d'orgue de la visite. Tout en haut, profitez de la vue depuis la terrasse en *rooftop*.

Boerum Hill, Cobble Hill, Carroll Gardens et Red Hook

Cobble Hill et **Boerum Hill** (respectivement à l'ouest et à l'est de Court St), ne nourrissent pas vraiment la curiosité culturelle, mais les plaisirs de la bonne chère y sont contentés. On y trouve des restaurants "comme à la maison" et des bars très accueillants. En prime, on peut y admirer des demeures du XIXe siècle. **Carroll Gardens** (au sud) est un petit bijou de *brownstones*, restaurants et rues ombragées.

Plus au sud encore, **Red Hook**, relativement en marge du reste, fut l'une des premières zones colonisées par les Européens (les Néerlandais la baptisèrent "Roodey Hoek", "crochet rouge" à cause de sa forme et de son sol rougeâtre). Des galeries y occupent d'anciens entrepôts et l'on s'y régale de fruits de mer et viandes grillées.

RED HOOK WINERY DOMAINE VITICOLE

Plan p. 470 (347-689-2432 ; www.redhookwinery.com ; 175 Van Dyke St, Pier 41, Suite 325a, Red Hook ; 12h-18h lun, jeu et dim, 12h-20h ven-sam ; S F arrêt Smith St-9th St, puis B61 arrêt Van Brunt St/Beard St). Goûtez aux crus des environs de New York au milieu des fûts dans ce lieu épuré où les amateurs de chardonnay viennent égayer leurs papilles. Le raisin pousse à Finger Lakes et Long Island avant d'être transformé ici. Le cabernet sauvignon et le riesling sont encore meilleurs au bord de l'eau.

COFFEY PARK PARC

Plan p. 470 (www.nycgovparks.org/parks/coffey-park ; Verona St, entre Richards St et Dwight St, Red Hook ; 6h-1h ; ; S F arrêt Smith St-9th St puis B61 arrêt Van Brunt St/King St). GRATUIT Ce grand square de quartier, au cœur de Red Hook, est bordé d'arbres et de haies. Sur les pelouses, place aux pique-niques en famille, avant ou après une partie de basket ou un tour sur les balançoires.

Baptisé d'après un notable local d'origine irlandaise, Coffey Park accueille aussi des concerts dans le cadre du festival Summer Stage ainsi que d'autres événements gratuits.

THE INVISIBLE DOG CENTRE ARTISTIQUE

Plan p. 470 (347-560-3641 ; www.theinvisibledog.org ; 51 Bergen St, entre Smith St et Court St, Boerum Hill ; 13h-19h jeu-sam, 13h-17h dim ; S F, G arrêt Bergen St). GRATUIT Dans une usine (1863) de Smith St reconvertie, l'Invisible Dog est un centre artistique pluridisciplinaire incarnant l'âme créative de Brooklyn. Consultez la programmation sur le site Internet. Des expos gratuites ont régulièrement lieu dans ce cadre agréable distribué sur trois niveaux, dont les murs bruts subliment les œuvres.

Promenade à pied
Brownstones et ponts

DÉPART ST GEORGE HOTEL
ARRIVÉE JANE'S CAROUSEL
DISTANCE ET DURÉE 3,2 KM ; 2 HEURES

Brooklyn Heights et ses environs offrent deux avantages : des sites historiques et une vue sublime sur Manhattan. Votre parcours commence à l'angle de Clark St et de Henry St, au pied du 1 **St George Hotel** construit entre 1885 et 1930, qui fut alors le plus vaste établissement hôtelier new-yorkais. Des scènes du film *Le Parrain* y furent tournées.

Deux rues au nord, au niveau d'Orange St, la 2 **Plymouth Church** eut pour premier pasteur en 1847 Henry Ward Beecher, dont les prêches abolitionnistes attirèrent beaucoup de fidèles. Prolongez votre chemin vers l'ouest dans Orange St jusqu'à Willow St. Obliquez dans celle-ci au sud pour découvrir au n°70 la 3 **maison de Truman Capote**, où il écrivit *Petit-Déjeuner chez Tiffany* (1958). Vers le sud, tournez à droite dans Pierrepont St, puis dans 4 **Montague Tce**, une rue bordée de *brownstones*. C'est au n° 5 que Thomas Wolfe écrivit *Le Temps et le Fleuve* (1935).

Prenez ensuite Remsen St sur la gauche puis Hicks St à droite et encore Joralemon St à droite, avec son alignement de maisons couleur brique, vert et bleu poudré. Passez sous la voie express et, en sortant, admirez le 5 **Pier 5**, qui dépend du Brooklyn Bridge Park. Cet espace vert au bord de l'eau est sillonné d'allées piétonnes et pistes cyclables. Prenez à droite, contournez par le nord les aires de pique-nique et de barbecue puis la petite plage de sable du 6 **Pier 4**. Faites un léger détour pour admirer les pelouses arborées du 7 **Pier 3**. Atteignez le Pier 2 puis le Pier 1 et contemplez la vue spectaculaire sur Manhattan, en face. À l'extrémité sud du 8 **Pier 1** se trouve un marais salant.

Le 9 **Fulton Ferry Landing** est à quelques pas. C'est ici que George Washington se retira pendant la bataille de Long Island en 1776. De là, suivez Water St sous le 10 **pont de Brooklyn** (p. 271), inauguré en 1883. Passez devant les entrepôts en brique des 11 **Empire Stores** (p. 276), qui datent de la guerre de Sécession. Vous pourrez manger un bout avec vue sur son *rooftop*. La promenade se termine à l'Empire Fulton Ferry, qui accueille le beau manège 12 **Jane's Carousel** (p. 275), datant de 1922.

nton

grès rouge (*brown-*
turels et scène gastro-
e : voilà de quoi est fait
s quartiers, dont le passé
pourtant marqué de sang et

reene s'étend à l'est de Downtown
yn, au-delà de Flatbush Ave. Ce quar-
très vert abrite une figure de proue
lturelle : la Brooklyn Academy of Music (BAM ; p. 303). Au nord, le Brooklyn Navy Yard est un chantier naval qui a récemment repris du galon. Un peu plus à l'est, il a pour voisin la festive **Clinton Hill**, chère au poète Walt Whitman. **Bedford-Stuyvesant** ("Bed-Stuy"), enfin, est le cœur afro-américain de Brooklyn.

MUSEUM OF CONTEMPORARY AFRICAN DIASPORAN ARTS — MUSÉE

Plan p. 470 (MoCADA ; ☎718-230-0492 ; mocada.org ; 80 Hanson Pl, à hauteur de S Portland Ave, Fort Greene ; tarif plein/réduit 10/5 $, enfant gratuit ; ⏲galeries centrales 12h-19h mer, ven-sam, 12h-20h jeu, 12h-18h dim, galeries extérieures 10h-19h lun-ven ; Ⓢ C arrêt Lafayette Ave ; B/D, N/Q/R, 2/3 4/5 arrêt Atlantic Ave-Barclays Center). Ce petit musée installé dans un bâtiment en brique rouge propose des œuvres invitant invariablement à la réflexion. On s'y frotte à de vraies questions sociales et politiques : celles auxquelles la diaspora africaine fait face. Au travers de l'art contemporain, de la photographie ou de créations multimédias, le musée vise à valoriser traditions et cultures érodées par la colonisation et l'esclavage. Il propose aussi des performances artistiques, des soirées musicales, des conférences et des débats avec des artistes. Ne manquez pas de visiter la boutique pour découvrir des œuvres d'art uniques, bijoux, vêtements et objets de déco conçus par des créateurs contemporains.

BRIC — CENTRE ARTISTIQUE

Plan p. 470 (☎718-683-5600 ; www.bricartsmedia.org ; 647 Fulton St, angle Rockwell Pl, Fort Greene ; ⏲galerie 11h-19h mar-ven, 11h-17h sam-dim ; Ⓢ B, Q/R arrêt DeKalb Ave, 2/3, 4/5 arrêt Nevins St). Avec ses 3 700 m², BRIC est un pilier de l'art à Brooklyn. On lui doit notamment le festival estival gratuit **Celebrate Brooklyn!** (Prospect Park Bandshell, près de Prospect Park W et 11th St, Park Slope ; ⏲juin-mi-août). Le centre artistique pluridisciplinaire programme expositions d'art, événements médiatiques et un large éventail de manifestations culturelles – slam, théâtre, concert, danse – dans une salle de 400 places. Une verrerie expose ses œuvres dans le bâtiment voisin.

FORT GREENE PARK — PARC

Plan p. 470 (www.fortgreenepark.org ; entre Myrtle Ave et DeKalb Ave, Washington Park et St Edwards St, Fort Greene ; ⏲6h-1h ; 👪 ; Ⓢ B, Q/R arrêt DeKalb Ave, C arrêt Lafayette St, G arrêt Fulton St). Ce parc de 12 ha est chargé d'histoire. Des forts datant de la guerre de l'Indépendance et de celle de 1812 se dressaient jadis à son emplacement. Il fut le premier parc ouvert à Brooklyn, en 1847 – une mesure soutenue par Walt Whitman, alors rédacteur en chef du *Brooklyn Daily Eagle*. En 1896, Calvert Vaux et Frederick Olmsted (à qui l'on doit Central Park et Prospect Park) s'attachèrent à le redessiner. Il est aujourd'hui apprécié pour ses terrains de tennis et autres sports de balle, ainsi que son aire de jeux.

Au centre du parc se dresse le **Prison Ship Martyrs' Monument**. Avec 45,4 m, cette colonne dorique dessinée par Stanford White (du très en vue cabinet d'architecture McKim, Mead & White) était la plus haute du monde lors de sa construction. Elle rend hommage depuis 1905 aux 11 500 prisonniers de guerre américains morts en captivité dans les navires britanniques lors de la guerre d'Indépendance. Certains sont enterrés dans une crypte, sous le monument.

Des animations pour enfants, des promenades historiques guidées et des cours de yoga, entre autres activités, sont organisés en premier lieu en été.

Si vous passez par là un samedi, jetez un œil au marché de produits frais régionaux (p. 309), qui se tient toute l'année dans la partie sud-est du parc. En automne (de septembre à mi-novembre), il se double d'un **marché artisanal** où des artistes indépendants locaux vendent le fruit de leur travail.

KINGS COUNTY DISTILLERY — DISTILLERIE

Plan p. 475 (☎347-689-4211 ; www.kingscountydistillery.com ; 299 Sands St, à hauteur de Navy St, Brooklyn Navy Yard ; visite guidée 45/75 min 20/30 $; ⏲visites 15h mer-jeu, 15h et 17h ven, 15h, 17h et 19h sam, 16h dim, salle de dégustation 14h-22h lun-ven, 12h-22h sam,

12h-20h dim ; B62, B67 arrêt Sands St/Navy St, S F arrêt York St). Cette distillerie de whisky occupe un bâtiment de 1899 des chantiers navals de Brooklyn. Elle utilise un grain local pour produire un whisky artisanal à la fois doux et puissant. La **visite guidée** de 45 minutes retrace le processus de distillation jusqu'à la mise en bouteille, tout en évoquant les guerres du whisky qui, parties de Vinegar Hill, à côté, ravagèrent Brooklyn au XIXe siècle. La version "Top Shelf" de 75 minutes, se complète d'une dégustation. Avec ou sans visite, offrez-vous une dégustation ou un cocktail dans la salle de dégustation, **The Gatehouses Tasting Room**, très agréable.

BLDG 92 — MUSÉE

(718-907-5932 ; www.bldg92.org ; 63 Flushing Ave, à hauteur de Carlton Ave, Brooklyn Navy Yard ; 9h-19h lun-ven ; B57, B69 arrêt Cumberland St/Flushing Ave, S G arrêt Fulton St, F arrêt York St). GRATUIT Musée aménagé au sein du **Brooklyn Navy Yard** (surnommé The Yard), le BLDG 92 raconte Brooklyn, des chantiers navals aux entrepreneurs d'aujourd'hui. Trois niveaux se partagent les expositions consacrées à la construction navale, intimement liée à l'identité de ce *borough*. On y rencontre des personnages hauts en couleur. Aux soudeuses de l'époque qui travaillaient 10 heures par jour et réclamèrent l'égalité salariale entre femmes et hommes, nous tirons notre chapeau. Renseignez-vous sur le site Internet pour les visites guidées.

Park Slope, Gowanus et Sunset Park

Manhattan a son Upper West Side ; Brooklyn a **Park Slope**, avec ses demeures en *brownstone* ouvertes sur des rues bordées d'arbres. Cet ancien quartier ouvrier est aujourd'hui habité par de jeunes familles et des créateurs profitant ici d'un brunch, là des jolies boutiques ou des pelouses du très charmant Prospect Park (p. 273). À l'ouest **Gowanus** ne manque pas de personnalité. Son canal nauséabond a même inspiré une histoire de monstre vengeur. Au sud de 3rd Ave, voisine du joli cimetière historique de Green-Wood (voir l'encadré p. 280), se trouvent **Greenwood Heights** et **Sunset Park**. Rien de notable sur place, mais des hôtels offrant un excellent rapport qualité/prix.

PROSPECT PARK — PARC

Voir p. 273.

SUNSET PARK — PARC

Plan p. 472 (www.nycgovparks.org/parks/sunset-park ; entre 41st St et 44th St, et 5th Ave et 7th Ave ; 6h-1h ; ; B63 arrêt 42nd St ou 44th St, S R arrêt 45th St, D/N arrêt 36th St). Un superbe lieu de détente. En été, les familles viennent se rafraîchir dans la piscine olympique extérieure, et les enfants adorent l'aire de jeux, grande et moderne. Le parc est assez petit pour être parcouru à pied, assez grand pour pique-niquer ou se reposer, et offre une vue superbe sur la baie et la statue de la Liberté depuis son point le plus haut. Un cadre sympatique pour une partie de basket ou de volley.

Prospect Heights, Crown Heights et Flatbush

Les quartiers situés à l'est et au sud de Prospect Park (p. 273) sont très agréables et riches en bonnes tables. De là, on rejoint aisément des sites incontournables tels que le Brooklyn Museum (p. 274) et le jardin botanique.

Prospect Heights accueille principalement des familles et de jeunes actifs. Les restaurants sont cachés çà et là. Eastern Pkwy, large et bordée d'arbres, fuit à travers **Crown Heights**, ancien quartier caribéen et afro-américain abritant une forte communauté juive hassidique. À l'est et au sud se trouvent **Prospect Lefferts Gardens** et **Ditmas Park**, des quartiers tranquilles avec nombre de superbes *brownstones* du XIXe siècle. Juste en dessous, voici **Flatbush**, fondé par les Néerlandais au milieu du XVIIe siècle, aujourd'hui mâtiné de cultures caribéenne et haïtienne, mais moins intéressant que ses voisins.

BROOKLYN MUSEUM — MUSÉE

Voir p. 274.

♥ BROOKLYN BOTANIC GARDEN — JARDIN

Plan p. 472 (718-623-7200 ; www.bbg.org ; 150 Eastern Pkwy, Prospect Park ; tarif plein/réduit 18/12 $, gratuit -12 ans, participation libre mar-ven déc-fév ; 8h-18h mar-ven, 10h-18h sam-dim mars-oct, 10h30-15h30 mar-dim nov-fév ; ; S 2/3 arrêt Eastern Pkwy-Brooklyn Museum, B, Q arrêt Prospect Park). Ouvert en 1911, cet écrin naturel de 21 ha n'est que splendeur.

VAUT LE DÉTOUR

PROMENADE DANS LE CIMETIÈRE DE GREEN-WOOD

L'un des sites les plus pittoresques de Brooklyn, le **Green-Wood Cemetery** (plan p. 472 ; ☎718-768-7300 ; www.green-wood.com ; 500 25th St, à hauteur de 5th Ave, Greenwood Heights ; ⏰8h-17h oct-mars, 7h-19h avr-sept ; P ; S R arrêt 25th St) GRATUIT, situé sur le point le plus haut de Brooklyn, couvre 202 ha de collines verdoyantes, plantées de plus de 7 000 arbres dont certains ont plus de 150 ans. Un paisible réseau de routes et de sentiers en pente relie une myriade de tombes, de mausolées, de lacs et de parcelles de forêt.

Cimetière campagnard ouvert face à Manhattan en 1838, Green-Wood est la dernière demeure de plus de 560 000 personnes, parmi lesquelles de grands noms américains : les inventeurs Samuel Morse et Elias Howe, l'abolitionniste Henry Ward Beecher, le créateur Louis Comfort Tiffany, l'artiste Jean-Michel Basquiat ou encore Susan Smith McKinney-Steward, première femme afro-américaine de New York à avoir obtenu un diplôme de médecine.

Montez jusqu'à **Battle Hill**, point culminant des lieux, théâtre de la défaite de l'armée continentale de George Washington contre les troupes britanniques aidées de mercenaires allemands, à l'issue de la bataille de Long-Island (bataille de Brooklyn) en 1776. La haute statue de Minerve (2 m), déesse romaine de la Sagesse, salue du bras droit la statue de la Liberté qui lui fait face à quelques kilomètres de là par-delà le port. Tout près sont inhumés le chef d'orchestre Leonard Bernstein et l'ancien président-propriétaire des Brooklyn Dodgers, Charles Ebbets.

L'accès est gratuit, tout comme les plans, disponibles à l'entrée. Une visite de 2 heures en trolley (un bus ancien vert) se tient le samedi à 13h (30 $/pers, réservation en ligne conseillée). Les cris assourdissants qui retentissent à l'entrée sont dus aux perruches qui nichent dans les recoins du majestueux portail gothique. Elles ont colonisé les lieux après s'être échappées d'une caisse arrivée à l'aéroport dans les années 1960.

Conseil : en été, n'oubliez pas votre lotion antimoustique.

Il abrite des milliers d'arbres et de plantes, ainsi qu'un **jardin japonais**, où les tortues barbotent au pied d'un sanctuaire shinto. Le meilleur moment pour le visiter est fin avril ou début mai, lorsque fleurissent les cerisiers (un cadeau du Japon), célébrés par le Sakura Matsuri, la **fête des Cerisiers en fleur** (⏰fin avr/début mai). L'automne, avec ses feux d'artifice dans les feuillages, est aussi très beau.

Des allées quadrillent le site et permettent de découvrir tour à tour la flore locale, ses bonsaïs, une débauche de glycines spectaculaires et d'azalées, un jardin des senteurs, une mare aux nénuphars, une roseraie, des pavillons de plantes tropicales et désertiques, et bien d'autres splendeurs végétales. Le **Discovery Garden** offre un espace de découverte interactif ouvert aux familles, où sont organisées des activités pour tous les âges. On apprécie aussi le café et sa terrasse.

Il y a trois entrées. La plus accessible se trouve immédiatement à l'ouest du Brooklyn Museum (p. 274). L'entrée côté Washington Ave (au niveau de President St) mène à un **centre d'accueil des visiteurs** construit selon des principes écologiques, avec un toit vert célébrant la diversité du règne végétal. On peut également y accéder par le nord de la station Prospect Park, à l'angle d'Empire Blvd et de Flatbush Ave.

WEEKSVILLE HERITAGE CENTER — ÉDIFICE HISTORIQUE

(☎718-756-5250 ; www.weeksvillesociety.org ; 158 Buffalo Ave, entre St Marks Ave et Bergen St, Crown Heights ; visite tarif plein/étudiant 8/6 $, gratuit -10 ans ; ⏰9h30-18h mar-ven, visites guidées 16h mar et jeu, 14h30 mer, 13h30 et 15h ven, 12h, 13h30, 15h sam ; S A/C arrêt Ralph Ave, 2/3 Utica Ave). En 1838, l'esclave affranchi James Weeks acquit cette étendue de terre aux confins de Brooklyn pour développer une communauté noire d'entrepreneurs, de docteurs, d'ouvriers et d'artisans libres. Avec le temps, le village fut absorbé par Brooklyn. Il reste aujourd'hui trois maisons de bois, les Hunterfly Road Houses, qui se visitent.

Des expositions gratuites sont proposées durant les heures d'ouverture, mais la visite guidée (45 min) est bien plus fascinante.

BROOKLYN CHILDREN'S MUSEUM MUSÉE

(☎718-735-4400 ; www.brooklynkids.org ; 145 Brooklyn Ave, à hauteur de St Marks Ave, Crown Heights ; 13 $, gratuit jeu 14h-17h ; ⌚10h-17h mar-mer et ven, 10h-18h jeu, 10h-19h sam-dim ; 👪 ; Ⓢ A/C arrêt Kingston Ave- Throop Ave, 2/3 arrêt Kingston Ave). Mais que cache ce bâtiment jaune vif en forme de L ? Un musée fondé en 1899 – le premier aux États-Unis – que les enfants adorent. La collection inclut près de 30 000 objets culturels (instruments de musique, masques et poupées) et des spécimens d'histoire naturelle : pierres, minéraux, squelette complet d'éléphant d'Asie... Un musée à l'image de Brooklyn, avec sa bodega reconstituée, sa pizzeria et son marché caribéen, où les enfants sont invités à se mettre en scène. Le toit végétalisé accueille des aires de jeux : un vrai bonheur !

WYCKOFF HOUSE MUSEUM SITE HISTORIQUE

(☎718-629-5400 ; wyckoffmuseum.org ; 5816 Clarendon Rd, à hauteur de E 59th St, East Flatbush ; tarif plein/réduit 5/3 $, gratuit -10 ans, gratuit 3e sam du mois 11h-16h ; ⌚13h-16h ven-sam, sur rdv mar-jeu ; Ⓢ 2, 5 arrêt Newkirk Ave puis 🚌 B8 arrêt Kings Hwy St). Édifiée en 1652, la Pieter Claesen Wyckoff House est le plus ancien bâtiment de New York City et l'un des plus vieux du pays. C'est une ferme de style colonial hollandais, aux deux pans de toit asymétriques et aux murs de bardeaux. À l'extérieur, un potager partagé. Découvrez l'histoire des lieux, avec leurs transformations aux XVIIIe et XIXe siècles, et de la famille, à la faveur d'une visite guidée (généralement toutes les 30 min). Le 3e samedi du mois, lors des Open Family Days, des activités spécifiques aux familles sont proposées (et l'entrée est gratuite).

À East Flatbush, à 1 bonne heure de Downtown Brooklyn en transports en commun (et donc plutôt réservé aux férus d'histoire).

Williamsburg, Greenpoint et Bushwick

Qui n'a pas en tête des images de jeunes barbus, de salons de tatouage, de bars animés et de pédaleurs militants montés sur leur vélo à pignon fixe ? **Williamsburg** s'est bel et bien embourgeoisé. Artistes et étudiants se sont installés dans ce quartier au passé industriel. Depuis la fin des années 1990, ses rues revitalisées sont prises d'assaut par les promoteurs et les loyers flambent. Le street art, les cafés sans prétention et les lieux de vie nocturne d'avant-garde y ont encore droit de cité, conférant un supplément d'âme à ce quartier fascinant. Le nouveau venu sur la scène du cool est désormais **Bushwick**, à l'est. Au nord, **Greenpoint**, la "Petite Pologne" de Brooklyn, vit, elle aussi, une certaine gentrification, avec suffisamment de restos et bars modestes pour rappeler ses racines ouvrières cosmopolites.

CITY RELIQUARY MUSÉE

Plan p. 468 (☎718-782-4842 ; www.cityreliquary.org ; 370 Metropolitan Ave, près de Havemeyer St,

100% LOCAL

STREET ART À BUSHWICK

Leader au classement du quartier le plus cool de Brooklyn, Bushwick dispose d'un atout maître : le **Bushwick Collective** (www.instagram.com/thebushwickcollective ; Bushwick ; Ⓢ L arrêt Jefferson St) GRATUIT, une exposition à ciel ouvert de fresques signées des artistes les plus talentueux de New York et d'ailleurs. Les œuvres changent régulièrement ; on les trouve principalement le long de Jefferson St et de Troutman St, entre Cypress Ave et Knickerbocker Ave, ainsi que le long de Gardner Ave (au nord de Flushing Ave). Vous verrez d'autres œuvres autour de la station Morgan Ave (ligne L), notamment sur Seigel St et Grattan St.

Avis aux amateurs de pizzas et aux fêtards : c'est à deux pas de Roberta's (p. 296) et du Pine Box Rock Shop (p. 302).

Quoique généralement sûr, Bushwick connaît des épisodes de criminalité ; restez attentif à ce qui se passe autour de vous, surtout le soir et le week-end.

Vivre comme un New-Yorkais
De Fort Greene à Prospect Park

Les deux plus beaux espaces verts de Brooklyn sont à l'honneur avec cette promenade de 5,6 km. Elle part de Fort Greene Park, chargé d'histoire, puis vous emmène à la découverte des cafés et lieux emblématiques de Clinton Hill et Bed-Stuy, avant de s'achever à l'orée du très vaste Prospect Park.

❶ Fort Greene Park

Les 12 ha du Fort Greene Park (p. 278) sont un bel endroit pour commencer la journée. Le Prison Ship Martyrs' Monument, au sommet d'une colline, jouit d'un horizon dégagé sur Manhattan. Un marché fermier et locavore vous attend au sud-est du parc le samedi matin, avec des fromages, pains, gâteaux et produits de saison.

❷ Cafés et brownstones

Fort Greene, c'est aussi l'agréable quartier autour du parc. DeKalb Ave, l'une de ses principales artères commerçantes, le long de l'extrémité sud du parc, est bordée de restaurants. Les petites allées alentour comptent parmi les plus charmantes de Brooklyn. Depuis la pointe sud-ouest du parc, enfoncez-vous au-delà de DeKalb Ave et rejoignez Lafayette Ave pour déguster des tapas en toute convivialité chez Olea (p. 291).

❸ Clinton Hill

Suivez Lafayette Ave vers l'est et, à mesure que vous progressez dans Clinton Hill, laissez-vous surprendre par des édifices tels que le **temple maçonnique** (à l'angle de Clermont Ave) datant de 1906.

❹ Portrait de Notorious B.I.G.

Après moins de 10 minutes de marche, vous voici dans le quartier de Bed-Stuy. Descendez Bedford Ave vers le sud et allez à la rencontre, quelques *blocks* plus loin, du fils chéri de Bed-Stuy : Christopher Wallace, plus connu sous le nom de Notorious B.I.G., légende du hip-hop. "Biggie" vous regarde depuis la **fresque**, à l'angle de Quincy St, sauvée de justesse de la destruction par un comité de soutien.

❺ Museum of African Art

À un peu moins de quatre *blocks* vers le sud, voici un haut lieu d'art africain traditionnel et contemporain. Si vous y passez en semaine, entrez dans le **musée** (✆ 646-338-2748 ; www.bedstuymuseum.org ; 1157 Bedford Ave, Ste 1, Bed-Stuy ; participation libre ; ⏲10h-15h lun-ven, visite guidée sur rdv) pour y admirer

Clinton Hill (p. 276)

parures de tête, masques cérémoniels et bien d'autres trésors venus du continent africain.

❻ Pause gourmande à Bed-Stuy

Le quartier de Bed-Stuy est riche de diverses cultures afro-américaines. Il abrite aussi de très bonnes tables. Faites un détour chez Peaches (p. 291) pour recharger vos batteries avec un brunch aux accents du Sud, ou continuez directement sur Franklin Ave.

❼ Franklin Avenue

Il fait bon arpenter en une vingtaine de minutes cette avenue jalonnée de cafés animés et d'agréables bars. Elle vous conduira jusqu'aux abords de Prospect Park. En chemin, étanchez votre soif avec un cocktail chez Butter & Scotch (p. 300).

❽ Prospect Park

À l'ouest, juste derrière le *block*, repose la vaste étendue verte de Prospect Park. Place à l'émerveillement au fabuleux jardin botanique (p. 279) ou simplement à la flânerie dans les allées du parc. Vous avez à portée de main les bars et restaurants de Classon Ave et Washington Ave.

i… ex… ten… réce… ces c… confe… poussi… métro… figure… peep-sho… et, pourqu… …itez le site Web… …mations).

BROOKLYN … LIBRARY GALERIE

Plan p. 468 (☎718-388-7941 ; brooklynartlibrary.org ; 28 Frost St, entre Union Ave et Lorimer St, Williamsburg ; ⏲10h-18h mer-dim ; Ⓢ L arrêt Lorimer St). GRATUIT Invitez-vous dans l'esprit foisonnant d'artistes, professionnels ou amateurs, dont la Brooklyn Art Library rassemble plus de 50 000 carnets de croquis. Aux murs, on s'émerveille devant les créations graphiques, les collages, la poésie, la BD irrévérencieuse, les démonstrations d'art plastique, les essais à la première personne… Sur les tables, des paniers avec des croquis que les visiteurs peuvent consulter à loisir (ne vous servez pas sur les étagères). À l'heure où nous écrivons ces lignes, la bibliothèque ne se visite que sur rendez-vous (mer-ven) ; renseignez-vous sur la réapplication des horaires habituels.

N'hésitez pas à apporter votre pierre à l'édifice si vous êtes inspiré. Des carnets sont en vente (30 $ pour le 5×7cm qui fera de vous un artiste ; 35 $ pour qu'il soit numérisé et rejoigne la bibliothèque numérique), à noircir à l'envi : vous pourrez ensuite envoyer le fruit de votre travail à la bibliothèque (vous pouvez le poster depuis chez vous) qui l'ajoutera à sa collection. Plus de 130 pays sont ainsi déjà représentés. Envie de marquer votre passage de façon plus immédiate ? Prenez une photo dans la cabine sur place : elle rejoindra la collection.

MCCARREN PARK PARC

Plan p. 468 (☎718-965-6580 ; www.nycgovparks.org/parks/mccarren-park ; N 12th St, à hauteur de Bedford Ave, Williamsburg ; ⏲piscine 11h-15h et 16h-19h fin mai-début sept ; 👪 ; Ⓢ G arrêt Nassau Ave, L arrêt Bedford Ave). Voici 14 ha de verdure où pique-niquer, organiser un

[redacted]URNABLES
[redacted]LAND : FÊTE FORAINE GÉANTE

[redacted]m résonne dans la culture américaine [redacted]fêtes surannées en bord de mer, et est [redacted]ns le monde entier de parc d'attractions [redacted]se ouvrière, de plage et de fête foraine du début [redacted] siècle. Déserté pendant des décennies, le kitsch [redacted]e l'endroit connaît un regain d'intérêt aujourd'hui. Ce n'est pas la gloire d'antan, mais touristes et riverains reviennent profiter des montagnes russes, des vendeurs de hot dogs et de bière, à déguster en bord de mer.

Luna Park (plan p. 476 ; www.lunaparknyc.com ; 1000 Surf Ave, à hauteur de W 10th St ; ⏲avr-oct ; Ⓢ D/F, N/Q arrêt Coney Island-Stillwell Ave), un des parcs d'attractions les plus fréquentés de Coney Island, abrite ces époustouflantes montagnes russes en bois de 1927 connues sous le nom de Cyclone (10 $). Elles atteignent la vitesse de 96 km/h et chutent presque à la verticale. Non loin de là, culminant à 45 m et habillée de rose et vert menthe, la grande roue **Deno's Wonder Wheel** (plan p. 476 ; ☎718-372-2592 ; www.denoswonderwheel.com ; 1025 Riegelmann Boardwalk, à hauteur de W 12th St ; tour 10 $; ⏲à partir de 12h tlj juil-août, sam-dim avr-juin, sept-oct ; 👪 ; Ⓢ D/F, N/Q arrêt Coney Island-Stillwell Ave) fait le bonheur des New-Yorkais depuis 1920 et offre une vue splendide sur Coney Island.

À NE PAS MANQUER

- Le Cyclone
- Une bière fraîche au Ruby's
- Les hot dogs de chez Nathan's Famous (p. 296)

INFOS PRATIQUES

- Plan p. 476, C2
- Surf Ave et Boardwalk, entre W 15th St et W 8th St
- Ⓢ D/F, N/Q arrêt Coney Island-Stillwell Ave

barbecue ou bronzer en maillot l'été. Si la chaleur est accablante, pourquoi ne pas se rendre à l'immense piscine d'époque qui a rouvert en 2012 après presque trente ans d'inactivité ? Venez tôt pour éviter la foule. Cinéma en plein air et concerts gratuits le mercredi en juillet et août (renseignements sur www.summerscreen.org).

EAST RIVER STATE PARK — PARC

Plan p. 468 (Marsha P. Johnson State Park ; www.parks.ny.gov/parks/155 ; Kent Ave, entre N 7th St et N 9th St, Williamsburg ; ⏲9h-21h mai-sept, 9h-19h oct-avr ; 🚌B32 arrêt Kent Ave/N 6th St, Ⓢ L arrêt Bedford Ave). Renommé Marsha P. Johnson State Park en 2020 en l'honneur de la militante noire transgenre, pionnière de la lutte pour les droits des personnes LGBTQ+, ce parc de presque 3 ha au bord de l'eau est un petit poumon vert avec une vue sublime sur Manhattan et les vestiges pavés des anciens docks. De nombreux événements y sont organisés l'été. Il y a des tables de pique-nique, des aires de jeux, et parfois des concerts. Un ferry rallie Governors Island (voir l'encadré p. 74), et toute l'année le parc est desservi par la ligne East River de **NYC Ferry** (plan p. 468 ; www.ferry.nyc ; N 6th St, N 6th St, N 5th St Pier & Park, après Kent Ave, Williamsburg ; aller simple 2,75 $; 🚌B32 arrêt N 6th St, Ⓢ L arrêt Bedford Ave).

Animaux de compagnie non admis. Les samedis d'été, place au Smorgasburg (voir l'encadré p. 290), le plus grand marché culinaire du pays.

BROOKLYN BREWERY — BRASSERIE

Plan p. 468 (☎718-486-7422 ; www.brooklynbrewery.com ; 79 N 11th St, entre Berry St et Wythe Ave, Williamsburg ; visite guidée 21 $, dim gratuit ; ⏲salle de dégustation 16h-21h lun-mer, 16h-22h jeu, 14h-22h ven, 12h-23h sam, 12h-20h dim, visites 16h15 et 18h lun-jeu, 15h, 16h et 18h ven, ttes les heures 13h-18h dim ; Ⓢ L arrêt Bedford Ave). Vestige d'une époque où cette partie de New York concentrait les brasseries, la Brooklyn Brewery brasse et sert de savoureuses mousses artisanales. Il est également possible d'arpenter ses locaux. Les visites de 45 minutes comprennent la dégustation de trois bières, un rappel historique et un aperçu de la brasserie. Réservez sur Internet. Attention, les sandales et talons sont interdits.

Le dimanche, les visites sont gratuites (pas de réservation, 25 min), mais n'incluent pas de dégustation ; achetez vos rafraîchissements au bar. Il est alors aussi possible de décliner la visite et de passer l'après-midi dans la salle de dégustation.

La brasserie doit son logo au graphiste new-yorkais Milton Glaser. Outre un pourcentage sur les bénéfices, l'auteur du célébrissime "I love New York" y bénéficie de bières gratuites à vie !

WILLIAMSBURG BRIDGE PONT

Plan p. 468 (www.nyc.gov/html/dot/html/infrastructure/williamsburg-bridge.shtml ; S 5th St, Williamsburg ; S J/M/Z arrêt Marcy Ave). Érigé en 1903 pour raccorder Williamsburg au Lower East Side, ce pont suspendu en acier contribua à faire de cette partie de la ville un dynamique centre industriel. À l'époque, c'était le plus long pont suspendu au monde, un géant de 488 m d'envergure avec des tours d'acier. Si le pont de Brooklyn flatte davantage l'œil, la voie piétonne et la piste cyclable du pont de Williamsburg offrent une très belle vue sur Manhattan et l'East River. Il relie en outre deux quartiers comptant de très nombreux bars et restaurants.

Coney Island et Brighton Beach

À 1 heure de métro du centre de Manhattan, Coney Island a longtemps été le quartier de détente le plus populaire de New York. Après des décennies de marasme, la redynamisation de cette partie de la ville a fait revenir les estivants en quête de hot dogs, de montagnes russes, de matchs de base-ball de la ligue mineure et de balades au bord de l'eau. Le long de la promenade, à l'est, se trouve Brighton Beach, surnommée "Little Odessa" pour sa forte concentration d'Ukrainiens et de Russes. Sous le métro aérien, la bruyante rue principale, Brighton Beach Avenue, étale ses boutiques, restaurants et cafés slaves.

CONEY ART WALLS STREET ART

Plan p. 476 (www.coneyartwalls.com, www.instagram.com/coneyislandartwalls ; 3050 Stillwell Ave, derrière Surf Ave, Coney Island ; 12h-20h juin-sept ; S D/F, N/Q arrêt Coney Island-Stillwell Ave). GRATUIT Ce musée en plein air présente 38 œuvres de street art : des pans de murs parés à chaque saison de fresques colorées par des artistes de renom ou émergents venus du monde entier, parmi lesquels ceux de la première heure, comme Daze ou Lee Quiñones. Le week-end, des *food trucks* et des concerts transforment le tout en fête de rue reine d'Instagram.

OÙ SE RESTAURER

L'identité culinaire de Brooklyn, quoique difficile à définir avec une précision d'horloger, existe bel et bien. Sinon, pourquoi les habitants de Manhattan se donneraient-ils tant de mal pour venir dîner au fin fond du Kings County ? Ici, des chefs fervents et ambitieux ont mis au point un sous-genre de restaurant : petit, rétro, centré sur le client et sur les produits locaux. Williamsburg et Greenpoint sont peut-être les plus variés, suivis par le trio Carroll Gardens-Cobble Hill-Park Slope. Et il faut aussi saluer les quelques pépites de Fort Greene, Clinton Hill et Bed-Stuy. De Sunset Park à Brighton Beach, on ne sait plus où donner de la tête et des papilles.

Brooklyn Heights, Downtown Brooklyn et Dumbo

DEKALB MARKET HALL ESPACE CULINAIRE $

Plan p. 475 (929-359-6555 ; www.dekalbmarkethall.com ; City Point, 445 Albee Sq W, à hauteur de DeKalb Ave, Downtown Brooklyn ; en-cas à partir de 6 $, plats à partir de 12 $; 11h-21h, comptoirs petit-déj 8h-16h ; ; S B, Q/R arrêt DeKalb Ave, 2/3 arrêt Hoyt St, A/C, G arrêt Hoyt-Schermerhorn). La plus vaste aire de restauration de Brooklyn rassemble plus de 40 comptoirs de street food et repas gourmets à emporter, au sous-sol du centre commercial City Point. Qu'allez-vous choisir ? Des *pierogi* (sorte de ravioli polonais) faits main et une bière, des churros, une crêpe, un *arepa* (sandwich au pain de maïs), une pâtisserie à la française, un taco, un bagel généreux ? L'une des meilleures adresses dans le cœur de Brooklyn pour manger sur le pouce.

GOVINDA'S VEGETARIAN LUNCH INDIEN, VÉGÉTARIEN $

Plan p. 475 (718-855-6714 ; iskconnyc.com/govindas-vegetarian-lunch ; 305 Schermerhorn St, entre Bond St et Nevins St, Downtown Brooklyn ;

1/2/3/4 items 5/7/9/10 $, repas complet 12 $; 12h-15h lun-ven ; ; S 2/3, 4/5 arrêt St ; A/C, G arrêt Hoyt-Schermerhorn St). Ce buffet végétarien vous attend au sous-sol du temple Hare Krishna. Les salariés du quartier viennent y déjeuner au calme. En plat du jour, vous pourrez par exemple déguster des boulettes végétariennes ou une purée de courge et son brocoli épicé. Suggestions véganes chaque jour.

JULIANA'S

PIZZA **$$**

Plan p. 475 (718-596-6700 ; julianaspizza.com ; 19 Old Fulton St, entre Water St et Front St, Brooklyn Heights ; pizzas 14-25 $, plus supp au choix, spéciales 25-32 $; 11h30-21h, fermé 15h15-16h ; ; S A/C arrêt High St-Brooklyn Bridge). Le maestro Patsy Grimaldi, fondateur de la célèbre pizzeria Grimaldi's (voir l'encadré ci-contre) est de retour à Brooklyn avec ses délicieuses pizzas, fines et croustillantes, dans des variations à la fois classiques et innovantes, comme la N°1 : mozzarella, *scamorza affumicata* (fromage de vache italien), pancetta, échalote, truffe blanche et huile d'olive. La pizzeria ferme durant 45 minutes tous les après-midis, le temps de relancer le four à charbon.

ALMAR

ITALIEN **$$**

Plan p. 475 (718-855-5288 ; www.almardumbo.com ; 111 Front St, entre Adams St et Washington St, Dumbo ; plats 18-52 $; 17h30-22h30 lun-mar et ven-sam, jusqu'à 21h30 mer et 22h jeu ; S F arrêt York St, A/C arrêt High St-Brooklyn Bridge). Dans un décor faisant la part belle au bois, ce restaurant chaleureux sert d'excellentes *pasta*. Le poisson grillé et la parmigiana d'aubergines sont délicieux. Si vous aimez les pâtes, ne ratez pas la divine recette à l'agneau et aux olives ou les *cavatelli* aux fruits de mer et tomates cerises. Si le brunch est rétabli lors de votre venue, optez pour la brioche et son "œuf nuage".

SUPERFINE

AMÉRICAIN **$$**

Plan p. 475 (718-243-9005 ; www.superfine.nyc ; 126 Front St, à hauteur de Pearl St, Dumbo ; plats 14-33 $; 12h-23h mer-sam, 11h-23h dim, "Taco Tuesday" 14h-23h mar, bar plus tard ; S F arrêt York St). Resto décontracté, avec brique apparente, Superfine est connu pour son brunch du dimanche, où les habitués sirotent leur Bloody Mary bercés par les sons du DJ. Au menu, tacos, burgers et sandwichs au déjeuner. Le soir, c'est ambiance bistrot, avec steak de bœuf (nourri à l'herbe) sauce poivre ou spaghettis carbonara. Locavore, avec des produits de saison.

FORNINO AT PIER 6

ITALIEN **$$**

Plan p. 475 (718-422-1107 ; www.fornino.com ; Pier 6, Brooklyn Bridge Park ; pizzas 15-16 $; 10h-minuit mars-oct ; B63 arrêt Brooklyn Bridge Park/Pier 6, S 2/3, 4/5 arrêt Borough Hall ; R arrêt Court St). De mars à octobre, Fornino sert d'excellentes pizzas cuites au feu de bois, des sandwichs, de la bière et des plats italiens directement sur le Pier (quai) 6. Les tables de pique-nique, sur le toit-terrasse (superbe vue sur Lower Manhattan), sont très prisées des groupes.

Le restaurant ouvre dès le mois de mars, si le temps le permet (consultez le compte Instagram), mais ferme complètement en hiver – si vous ne pouvez attendre les beaux jours, retrouvez les pizzas de Fornino au Time Out Market (p. 276). Bases sans gluten possibles.

THE RIVER CAFE

AMÉRICAIN **$$$**

Plan p. 475 (718-522-5200 ; www.rivercafe.com ; 1 Water St, à hauteur d'Old Fulton St, Brooklyn Heights ; menu 175 $; 17h30-23h mer-dim ; S A/C arrêt High St-Brooklyn Bridge). Petit trésor flottant au pied du Brooklyn Bridge, ce restaurant étoilé au Michelin jouit d'un panorama splendide sur Manhattan et propose une cuisine américaine moderne exécutée avec brio. Mention spéciale pour le bœuf de Kobe en tartare, le poulet et sa farce à la truffe, le magret de canard et son glaçage à la myrtille ou le homard canadien poché. Ambiance romantique et sophistiquée (veste de rigueur pour les messieurs).

VINEGAR HILL HOUSE

AMÉRICAIN **$$$**

Plan p. 475 (718-522-1018 ; www.vinegarhillhouse.com ; 72 Hudson Ave, entre Water St et Front St, Vinegar Hill ; plats dîner 26-35 $, brunch 16-18 $; 17h30-21h30 mer-jeu, 17h30-22h ven-sam, jusqu'à 21h dim, brunch 10h-15h sam-dim ; B62 arrêt York Ave/Navy St, S F arrêt York St). Niché dans le secteur excentré de Vinegar Hill (à l'est de Dumbo), cet établissement accueillant est décoré de bric et de broc. Mais ne vous méprenez pas : les produits sont extrafrais et les plats goûtus, à l'image du poulet cuit dans une cocotte en fonte avec ses échalotes et sa sauce au xérès, ou l'agneau aux rigatonis et fromage au lait de brebis. Cocktails artisanaux à base d'amaro à la rhubarbe et de cidre, pour un effet des plus rafraîchissants.

LES REINES DES PIZZAS DE BROOKLYN

Entre autres icônes new-yorkaises – métros bruyants, gratte-ciel, néons... –, il y a les pizzas. Savoureuses, variées, elles se dégustent un peu partout, entières comme à la part. Voici les meilleures enseignes :

Di Fara Pizza (☎718-258-1367 ; www.difarapizzany.com ; 1424 Ave J, angle E 15th St, Midwood ; part de pizza 5-6 $, supp 1-2 $, pizza entière 30-40 $; ⏲12h-20h mar-dim ; Ⓢ Q arrêt Ave J). Depuis 1965, cette pizzeria de Midwood restée dans son jus, sous la houlette de Dom DeMarco, régale tout le monde.

Totonno's (plan p. 476 ; ☎718-372-8606 ; www.totonnosconeyisland.com ; 1524 Neptune Ave, à hauteur de W 16th St, Coney Island ; pizzas 20-23 $, supp 2,50 $; ⏲12h-20h jeu-dim ; ✎ ; Ⓢ D/F, N/Q arrêt Coney Island-Stillwell Ave). Cette pizzeria familiale ancestrale de Coney Island enfourne des pizzas jusqu'à ce qu'il n'y ait plus de pâte.

Grimaldi's (plan p. 475 ; ☎718-858-4300 ; www.grimaldispizzeria.com ; 1 Front St, à l'angle d'Old Fulton St, Brooklyn Heights ; pizzas 20-24 $, spéciales 23-31 $; ⏲11h30-21h dim-jeu, jusqu'à 22h ven-sam ; Ⓢ A/C arrêt High St-Brooklyn Bridge). Des pizzas de légende (à se ressasser en faisant la queue...) qui attirent les touristes à Brooklyn Heights.

Juliana's (p. 286). Le pizzaiolo légendaire Patsy Grimaldi a fait un retour acclamé à Brooklyn en 2013.

Lucali (p. 290). Ce pizzaiolo de Carroll Gardens a commencé à faire des pizzas napolitaines pour s'amuser !

Roberta's (p. 296). C'est divin, c'est cuit au four et c'est au croisement de Bushwick et East Williamsburg.

Vous souhaitez faire la tournée des pizzerias ? Inscrivez-vous à un circuit de **Scott's Pizza Tours** (☎212-913-9903 ; www.scottspizzatours.com ; circuits et pizzas à partir de 59 $) qui vous mènera à pied ou en bus aux fours en brique les plus réputés de la ville, où la mozzarella est reine.

Boerum Hill, Cobble Hill, Carroll Gardens et Red Hook

♥ FOB — PHILIPPIN $

Plan p. 470 (☎718-852-8994 ; www.fobbrooklyn.com ; 271 Smith St, Carroll Gardens ; plats 18-28 $; ⏲17h30-22h30 tlj et 11h-15h sam-dim ; Ⓢ F, G arrêt Bergen St ou Carroll St). Les produits tout droit sortis du bateau (Fresh Off the Boat) sont cuits au barbecue avec amour, à la mode des Philippines. Le service est chaleureux, ce qui ajoute au plaisir des côtelettes braisées à la bière, du flet grillé dans sa feuille de banane ou des brochettes de porc en sauce. Le thé sucré aux perles de tapioca complète le tout. Décontracté mais impeccable pour une soirée à deux, surtout en terrasse.

FOB est aussi l'une des meilleures tables de Brooklyn pour un brunch (pâté chaud à la moutarde, poisson fumé, riz aillé et œufs frits).

MILE END — TRAITEUR $

Plan p. 470 (☎718-852-7510 ; www.mileenddeli.com ; 97a Hoyt St, Boerum Hill ; bagels 4,50-13 $, sandwichs 10-22 $; ⏲8h-21h lun-ven, 9h-21h sam-dim ; Ⓢ A/C/G arrêt Hoyt Schermerhorn). En pénétrant dans cette petite épicerie de Boerum Hill aux murs de brique, le goût des salaisons vient presque en bouche. Prenez place à une table commune et goûtez les *latkes* (galettes de pomme de terre), à la crème aigre et sauce à la pomme, ou le bœuf fumé au seigle et à la moutarde (17 $). Le pain est moelleux et la viande fond dans la bouche.

HOMETOWN BAR-B-QUE — BARBECUE $$

Plan p. 470 (☎347-294-4644 ; www.hometownbarbque.com ; 454 Van Brunt St, Red Hook ; viande 14-22 $, accompagnements 6-12 $; ⏲12h-22h mar-dim, 12h-23h ven-sam ; Ⓢ F, G arrêt Smith St-9th St puis 🚌 B61 arrêt Van Brunt St/Van Dyke St). Les amateurs d'agneau, d'effiloché ou de poitrine de porc se pressent ici, à Red Hook, pour savourer une viande juteuse cuite au barbecue, dans une

1

MATT MUNRO/LONELY PLANET ©

2

1. Radegast Hall & Biergarten (p. 301)
Ambiance *Biergarten* allemand du XXe siècle pour ce bar animé de Williamsburg.

2. Brooklyn Museum (p. 274)
Il impressionne par sa vaste collection, d'art égyptien et d'étoffes d'Amérique latine, entre autres.

3. Vue sur le Manhattan Bridge (p. 276)
Photographiez le célèbre pont dans son écrin d'architecture urbaine le long de Washington St.

4. Coney Island (p. 284)
Grimpez dans les montagnes russes en bois de cette fête foraine délicieusement surannée puis baladez-vous sur sa promenade.

4

PHOTRAVEL_RU/SHUTTERSTOCK ©

JUANA NUNEZ/SHUTTERSTOCK ©

TTSTUDIO/SHUTTERSTOCK ©

100% LOCAL

LE SMORGASBURG : TOUR DU MONDE GASTRONOMIQUE

Le plus important **marché culinaire** (www.smorgasburg.com ; plats à partir de 10 $; Williamsburg 11h-18h sam, Prospect Park 11h-18h dim, fermé l'hiver ;) de Brooklyn (voire des États-Unis) rassemble plus de 100 stands de street food tous plus alléchants les uns que les autres, des calamars farcis au meilleur de la cuisine afghane, des burgers de ramen aux pizzas façon cupcakes. Accompagnez vos *arepas* (sandwichs au pain de maïs) d'une limonade à la lavande. Les cartes bancaires sont très largement acceptées.

Le lieu peut changer selon les saisons, consultez le site Web. Le Smorg se tient depuis plusieurs années à Williamsburg, dans l'East River State Park (p. 116) le samedi, et à Prospect Park près de Lakeside (p. 273) le dimanche.

ambiance décontractée. Posez votre plateau (chargé de côtelettes, saucisses italiennes, pain au maïs et autres accompagnements) sur l'une des tables conviviales en bois ou commandez un cocktail artisanal au bar. Musique live le vendredi ou samedi.

RED HOOK LOBSTER POUND — FRUITS DE MER $$

Plan p. 470 (718-858-7650 ; www.redhooklobster.com ; 284 Van Brunt St, Red Hook ; *lobster rolls* 32-34 $, plats 19-33 $; 12h-21h dim-jeu, 12h-22h ven-sam ; B61 arrêt Van Brunt St et Verona St). Voici la maison mère des *food trucks* que l'on croise dans New York. Ambiance marine, avec ses lames de bois chaulées et son papier peint aux motifs de homards. Les recettes de la mer sont typiques de la région ou revisitées, à l'image du homard façon mac 'n' cheese. Les homards du Maine attendent leur tour à l'entrée. *Happy hour* sur les huîtres en semaine de 16h à 18h (huîtres 1 $, boisson 5 $).

♥ BUTTERMILK CHANNEL — AMÉRICAIN $$

Plan p. 470 (718-852-8490 ; www.buttermilkchannelnyc.com ; 524 Court St, à hauteur de Huntington St, Carroll Gardens ; plats déj 15-30 $, dîner 18-34 $, brunch 13-22 $; 11h30-23h lun-jeu, 11h30-minuit ven, 10h-15h (brunch) et 17h-minuit sam-dim ; S F, G arrêt Smith St-9th St). Quand les bons petits plats se font très bons : bienvenue chez Buttermilk Channel, adresse prisée du quartier. Le brunch, qui attire la foule le week-end, est sublimé par son pain perdu et ses pancakes noyés dans le sirop. Au dîner, c'est poulet frit au babeurre ou meatloaf de canard. Belle liste de cocktails. L'établissement tire son nom du passage entre Brooklyn et Governors Island.

LUCALI — PIZZERIA $$

Plan p. 470 (718-858-4086 ; www.lucalibrooklyn.com ; 575 Henry St, à hauteur de Carroll St, Carroll Gardens ; pizza 24 $, calzone grand/petit 22/12 $, garniture 3 $; 17h45-23h mer-lun ; ; B57 arrêt Court St et President St, S F, G arrêt Carroll St). Le Lucali semble modeste, pourtant on y sert parmi les meilleures pizzas de New York grâce au virtuose Mark Iacono, et réussir à y obtenir une table est une aventure en soi. Taille unique, pâte souple et croustillante, sauce tomate et mozzarella fraîches. Le choix de garnitures est réduit mais l'ensemble fleure bon Brooklyn. On peut apporter son vin ou sa bière (BYO). La *longue* attente est largement justifiée. Arrivez avant 17h (16h-16h15 si vous espérez être au premier service !) pour vous inscrire sur la liste d'attente – vous pouvez aller boire un verre et on vous appellera. Espèces uniquement.

FRANKIES 457 SPUNTINO — ITALIEN $$

Plan p. 470 (718-403-0033 ; www.frankiesspuntino.com ; 457 Court St, entre 4th Pl et Luquer St, Carroll Gardens ; sandwichs 14-18 $, plats 18-28 $; 16h-22h lun-mar, 12h-22h mer-dim, jusqu'à 23h ven-sam ; ; S F, G arrêt Smith St-9th St). Couples, familles, et une foule d'habitants de Manhattan attendent patiemment leurs *cavatelli* à la saucisse épicée ou leurs gnocchis à la ricotta dans ce restaurant très apprécié du quartier.

Fort Greene, Clinton Hill et Bed-Stuy

♥ MISS ADA — MÉDITERRANÉEN $$$

Plan p. 470 (917-909-1023 ; www.missadanyc.com ; 184 DeKalb Ave, à hauteur de Carlton Ave, Fort Greene ; plats 18-28 $; 17h30-22h mar-jeu, 17h-22h ven-dim, brunch 11h-14h30 sam-dim ; ; S G arrêt Fulton St, G arrêt Clinton Ave-Washington Ave, B, Q/R arrêt DeKalb Ave). Le propriétaire et chef Tomer Blechman s'inspire des traditions méditerranéennes et recettes de son pays, Israël. On y goûte du poulpe à l'aubergine, du saumon aux épices ou de la *shakshuka* (œufs cuits dans une tomate épicée et accompagnés de fromage de chèvre). Les herbes aromatiques viennent du jardin, où on peut déjeuner en terrasse l'été. Et Miss Ada ? Il s'agit en réalité de *misada*, "restaurant" en hébreu. Il faut réserver longtemps en avance.

PEACHES KITCHEN & BAR CUISINE DU SUD **$$**

(☎718-942-4162 ; www.peachesbrooklyn.com ; 393 Lewis Ave, à hauteur de MacDonough St, Bed-Stuy ; plats 17-23 $; ⏲11h-21h lun-jeu, 11h-22h ven-sam, 10h-21h dim ; Ⓢ A/C arrêt Utica Ave). Atmosphère chaleureuse et recettes du Sud – poisson-chat en croûte de maïs ou sandwich po'boy aux crevettes – ont convaincu une clientèle fidèle. Les crevettes aux gruau et champignons crémeux sont un classique à toute heure, quand l'omelette à la saucisse de dinde et le pain perdu et son muesli croquant sont les stars du brunch. L'offre végétarienne se limite à des burgers et à quelques accompagnements.

OLEA MÉDITERRANÉEN **$$$**

Plan p. 470 (☎718-643-7003 ; www.oleabrooklyn.com ; 171 Lafayette Ave, au niveau d'Adelphi St, Fort Greene ; plats brunch 12-19 $, dîner 18-29 $; ⏲11h-22h lun-jeu, 11h-22h30 ven, 10h-22h30 sam, 10h-22h dim ; 🖉 ; Ⓢ C arrêt Lafayette Ave, G arrêt Clinton Ave-Washington Ave). Le cadre est simple, mais Olea attire les foules avec des plats façon tapas à la hauteur de leurs promesses. Les brunchs ont un parfum de Grèce (goûtez au plat baptisé "green eggs and lamb") quand le dîner est plutôt à l'heure espagnole (paella, fromage manchego, *patatas bravas*...), avec quelques incartades italiennes et grecques.

ROMAN'S ITALIEN **$$$**

Plan p. 470 (☎718-622-5300 ; www.romansnyc.com ; 243 Dekalb Ave, entre Clermont Ave et Vanderbilt Ave, Fort Greene ; plats déj 18-28 $, dîner 25-40 $; ⏲17h-22h30 tlj et 11h-15h sam-dim ; 🚌 B38, B69 arrêt Vanderbilt Ave/DeKalb Ave, Ⓢ G arrêt Clinton Ave-Washington Ave). Que l'on soit venu seul siroter un cocktail "sour" ou "bitter" au bar, ou à plusieurs pour remplir les grandes tables d'habitués, tout le monde est le bienvenu chez Roman's. Les plats italiens de saison – comme le thon jaune aux riz noir et aubergines ou les fusilli butternut et pancetta – font l'unanimité.

Park Slope, Gowanus et Sunset Park

AMPLE HILLS CREAMERY GLACIER **$**

Plan p. 472 (☎347-294-4409 ; www.amplehills.com ; 305 Nevins St, à hauteur de Union St, Gowanus ; glaces à partir de 4,75 $; ⏲14h-21h lun-jeu, 14h-22h ven, 13h-22h sam, 13h-21h dim ; 📶 🖉 ; Ⓢ R arrêt Union St, F, G arrêt Carroll St). Cette échoppe vend les glaces préparées dans l'usine locale de la marque, à Red Hook. Laissez-vous surprendre par les parfums : miel, quatre-quarts, mangue végane et cerise-citron vert. La spécialité de la boutique, "It Came from Gowanus", débauche de chocolat et d'éclats de cookies et de brownies, s'inspire des profondeurs du canal du même nom. Installez-vous sur le toit-terrasse.

♥ **FOUR & TWENTY BLACKBIRDS** PÂTISSERIE **$**

Plan p. 472 (☎718-499-2917 ; www.birdsblack.com ; 439 3rd Ave, angle 8th St, Gowanus ; part de tarte 6 $, tarte 44 $; ⏲8h-18h lun-ven, 9h-19h sam, 10h-19h dim ; 📶 ; Ⓢ R arrêt 9th St). Suivant l'exemple de leur grand-mère, les sœurs Emily et Melissa Elsen confectionnent les meilleures tartes de NYC à grand renfort de fruits de la région et de produits bio. On s'y régale à toute heure de recettes évoluant au fil des saisons : pomme et caramel au beurre salé, lavande-miel... Avec un bon café Stumptown.

KORZO EUROPE DE L'EST **$$**

Plan p. 472 (☎718-499-1199 ; www.korzorestaurant.com ; 667 5th Ave, entre 19th St et 20th St, Greenwood Heights ; plats 17-34 $; ⏲12h-22h lun-ven, 11h-22h sam-dim ; Ⓢ R arrêt Prospect Ave). L'histoire de Korzo commence sur les pentes enneigées de l'ancienne Tchécoslovaquie et se poursuit avec la passion des propriétaires pour les *halusky* (gnocchis façon Europe de l'Est). La carte jongle aisément entre recettes traditionnelles (*pierogi*, saucisses, goulasch...), burgers et *fish and chips* panés à la bière (une référence à Brooklyn). Les cocktails apportent un supplément de chaleur, à l'image du très végétal "Beet'Tini", au gingembre.

BABA'S PIEROGIES EUROPE DE L'EST **$**

Plan p. 472 (☎718-222-0777 ; www.babasbk.com ; 295 3rd Ave, à hauteur de Carroll St, Gowanus ; 5/9 raviolis à partir de 10,50/14,50 $; ⏲11h30-21h ; 🖉 ; Ⓢ R arrêt Union St). Recette familiale

LIVRES DE CUISINE DE BROOKLYN

Produits locaux d'agriculture durable et créativité débridée sont les marques de fabrique de la nouvelle scène culinaire de Brooklyn. Pour découvrir les secrets de cette cuisine – et, mieux encore, la savourer chez vous – tournez-vous vers ces titres (en anglais) :

- *The New Brooklyn Cookbook* (2010). Recettes, histoires et conseils culinaires de 31 des meilleurs restaurants de Brooklyn.
- *Roberta's Cookbook* (2013). Pétoncles au jus de prune, *orecchiette* au ragoût de queue de bœuf et succulentes pizzas.
- *Four and Twenty Blackbirds Pie Book* (2013). Ces alléchantes recettes des sœurs Elsen vous transformeront en maître pâtissier.
- *Franny's: Simple, Seasonal, Italian* (2013). Une référence pour préparer soi-même d'inoubliables pizzas, pâtes et glaces.
- *The Frankies Spuntino Kitchen Companion & Cooking Manual* (2010). Un superbe livre de cuisine fourmillant de recettes italo-américaines revisitées.
- *Brooklyn Brew Shop's Beer Making Book* (2011). Un manuel facile pour brasser sa propre bière.
- *One Girl Cookie* (2012). *Whoopie pies* tendres et fondantes... entre autres gourmandises.
- *The Mile End Cookbook* (2012). Une réinterprétation de la cuisine juive traditionnelle.
- *The Macaroni's in the Basement* (2014). La cuisine italo-américaine dans le Brooklyn d'après-guerre.
- *Butter & Scotch: Recipes from Brooklyn's Favorite Bar & Bakery* (2016). Recettes gourmandes pour amateurs de gâteaux et cocktails.
- *Veganomicon: 10th Anniversary Edition* (2017). Isa Chandra Moskowitz, cheffe reconnue de Brooklyn, explique comment concocter de bons petits plats végans comme on en trouve dans son restaurant d'East Williamsburg.

Pour l'actualité de la scène gastronomique de Brooklyn, consultez *Edible Brooklyn* (www.ediblebrooklyn.com).

bien gardée pour ces généreux *pierogi* (raviolis polonais ; ici recette héritée de la *baba* slovaque, Julia) déclinés en fromage-pomme de terre, épinards-feta ou même mac 'n' cheese à la cuisson parfaite. Recettes véganes également, par exemple choucroute ou pomme de terre.

KING DAVID TACOS — TACOS $

Plan p. 472 (☎929-367-8226 ; www.kingdavidtacos.com ; Grand Army Plaza, Prospect Park ; tacos 4,50 $; ⏰7h30-11h30 lun-ven, 7h30-14h sam, 8h-13h dim ; 🌱 ; Ⓢ2/3 arrêt Grand Army Plaza). Originaire du Texas, Liz Solomon trouvait qu'il manquait une chose à New York : un vrai petit-déjeuner de tacos. En 2017, elle a décidé d'y remédier. Son petit comptoir ambulant sur Grand Army Plaza met chaque jour en valeur quatre recettes (bacon, chorizo, œufs, haricots). Option végétarienne avec le chili *non* carne. On y sert aussi du café infusé à froid.

BAKED IN BROOKLYN — BOULANGERIE-PÂTISSERIE $

Plan p. 472 (☎718-788-3164 ; www.bakedinbrooklynny.com ; 755 5th Ave, entre 25th St et 26th St, Greenwood Heights ; pâtisseries à partir de 2,50 $; ⏰7h-19h lun-sam, 8h-16h dim ; ⓈR arrêt 25th St). L'adresse numéro un de cette célèbre marque locale n'est pas bien grande, mais elle déborde de roulés à la cannelle, croissants au beurre et autres viennoiseries ou cookies gourmands ! Il y a aussi du café : parfait le matin ou pour une pause après avoir visité le Green-Wood Cemetery (voir l'encadré p. 280), en face.

SIDECAR — AMÉRICAIN $$

Plan p. 472 (☎718-369-0077 ; www.sidecarbrooklyn.com ; 560 5th Ave, entre 15th St et 16th St, Park Slope ; plats 16-27 $; ⏰17h-23h lun-jeu, 17h-minuit ven-sam, 17h-23h dim ; ⓈR arrêt Prospect Ave). La cuisine américaine haut de gamme est à l'honneur dans ce restaurant d'atmosphère aux plafonds ouvragés et aux banquettes en cuir. Les recettes traditionnelles sont revisitées, à l'image du poulet frit et sa purée de légumes-racines, ou de la salade club avec gruyère, dinde, pomme et tomates séchées.

LOT 2 AMÉRICAIN **$$**

Plan p. 472 (☎718-499-5623 ; www.lot2restaurant.com ; 687 6th Ave, entre 19th St et 20th St, Greenwood Heights ; plats 18-32 $; ⌚18h-22h mer-jeu, 18h-22h30 ven-sam, 17h-21h30 dim ; 🚌B63, B67, B69 arrêt 18th St, Ⓢ R arrêt Prospect Ave). Un restaurant simple et intimiste, situé au sud de Park Slope, à Greenwood Heights. Le menu est succinct mais riche en saveurs, avec des plats de cuisine familiale à base de produits locaux. Ne manquez pas le sandwich chaud au fromage (cheddar, provolone et parmesan), les briques de poulet et pesto d'orties ou le délicieux burger et ses frites épaisses cuites dans la graisse de canard. Le menu du samedi ou du dimanche (3 plats, adulte/enfant 35/17 $) est une affaire (pas de réservation).

Prospect Heights, Crown Heights et Flatbush

♥ **AMPLE HILLS CREAMERY** GLACIER **$**

Plan p. 472 (☎718-483-8199 ; www.amplehills.com ; 623 Vanderbilt Ave, à hauteur de St Marks Ave, Prospect Heights ; glaces à partir de 4,50-7 $; ⌚14h-22h lun-jeu, 13h-23h ven-sam, 13h-22h dim ; Ⓢ B, Q arrêt 7th Ave, 2/3 arrêt Grand Army Plaza). Ample Hills tire son nom d'un vers de Walt Whitman et sa carte des glaces, à base de produits bio, est tout un poème. Chaque adresse a son parfum star. À Prospect Heights, le "Commodore", aux notes salées, avec miel et chips enrobées de chocolat. Tout est fait maison, avec de la crème et du lait frais (sans hormones), au sein de l'usine locale de Red Hook.

CATFISH CAJUN **$$**

Plan p. 472 (☎347-305-3233 ; www.catfishnyc.com ; 1433 Bedford Ave, entre Prospect Ave et Park Pl, Crown Heights ; plats 14-18 $; ⌚17h-23h lun-jeu, 17h-minuit ven, 11h-minuit sam, 11h-23h dim, bar jusqu'à tard ; Ⓢ 2/3, 4/5 arrêt Franklin Ave, A/C arrêt Nostrand Ave). Du cajun de haut vol dans les assiettes, de l'humeur joyeuse en salle : Catfish propose des crevettes au gruau, du jambalaya (andouille, légumes, riz épicé) ou encore de l'effiloché de porc braisé à la bière. Les portions sont généreuses et vous laisseraient presque sans appétit pour le bread pudding imbibé de bourbon. Ce serait dommage.

Les cocktails sont tentants, avec leurs alcools rétro comme l'absinthe ou le vermouth sucré, qui côtoient le whisky. *Happy hour* de 17h à 19h en semaine.

♥ **DOUGH** BOULANGERIE-PÂTISSERIE **$**

Plan p. 472 (☎718-540-9440 ; www.doughdoughnuts.com ; 646 Vanderbilt Ave, angle Park Pl ; donuts environ 3 $; ⌚9h-19h lun-sam, 9h-18h dim ; Ⓢ B, Q arrêt 7th Ave, 2/3 arrêt Grand Army Plaza). La minuscule boulangerie de Bed-Stuy a fermé en 2020... pour rouvrir à Prospect Heights, au plus grand bonheur de ses habitants. Dough fait du doughnut une œuvre d'art, toujours frais, léger et si généreux. La pâte briochée est levée à deux reprises, frite puis sublimée par différents parfums et glaçages : caramel de chocolat au beurre salé, fruit de la Passion, confiture de lait, hibiscus...

CHUKO JAPONAIS **$**

Plan p. 472 (☎347-425-9570 ; www.chukobk.com ; 565 Vanderbilt Ave, angle Pacific St, Prospect Heights ; ramen 16 $; ⌚17h30-22h dim-jeu, jusqu'à 22h ven-sam, et 12h-15h sam-dim ; 🖉 ; Ⓢ B/Q arrêt 7th Ave ; 2/3 arrêt Bergen St). Ce restaurant contemporain et minimaliste a apporté ses ramens de qualité dans Prospect Heights. Bols fumants aux nouilles *al dente* et bouillons parfumés – choisissez entre la version au rôti de porc (remarquable) ou le végétarien, très nourrissant. Les amuse-bouche valent vraiment le détour, notamment les ailes de poulet sel-poivre et les choux de Bruxelles croustillants.

LINCOLN STATION CAFÉ-RESTAURANT **$**

Plan p. 472 (☎718-399-2211 ; www.stationfoods.com ; 409 Lincoln Pl, près de Washington Ave, Prospect Heights ; sandwichs 11-13 $, plats 11-19 $; ⌚7h30-21h lun-ven, 8h-21h sam-dim ; 📶👪 ; Ⓢ 2/3 arrêt Eastern Pkwy-Brooklyn Museum). À mi-chemin entre le bistrot rétro et le café chic, le Lincoln Station, habillé de brique, propose une grande table centrale toujours remplie d'une clientèle bière à la main attendant son sandwich avocat-cheddar ou sa pièce de bœuf sauce au bleu. En soirée, la cuisine mitonne également du poulet rôti, un chili d'agneau et des lasagnes végétariennes.

L'adresse est tout indiquée lors d'une balade au Brooklyn Museum (p. 274), au jardin botanique (p. 279) et à Prospect Park (p. 273), non loin de là. Mention très bien à l'espace interdit aux ordinateurs, souvent omniprésents ailleurs.

TOM'S RESTAURANT DINER $

Plan p. 472 (☎718-636-9738 ; www.tomsbrooklyn.com ; 782 Washington Ave, à hauteur de Sterling Pl, Prospect Heights ; plats 8-14 $; ⏲7h-21h lun-sam, 8h-21h dim ; Ⓢ2/3 arrêt Eastern Pkwy-Brooklyn Museum). Ouvert depuis 1936, ce petit restaurant à la déco rétro fleure bon le Brooklyn d'antan avec sa cuisine généreuse, à trois *blocks* du Brooklyn Museum (p. 274). Le petit-déjeuner est servi en continu et ça ne rigole pas : omelette aux épinards, frites maison, cakes au crabe et pancakes myrtilles-ricotta aux zestes de citron, sans égal. Sans oublier l'emblématique *egg cream* (lait, eau gazeuse, sirop de chocolat et chantilly). Espèces uniquement.

♥OLMSTED AMÉRICAIN $$$

Plan p. 472 (☎718-552-2610 ; www.olmstednyc.com ; 659 Vanderbilt Ave, entre Prospect Pl et Park Pl, Prospect Heights ; assiettes petites 14-24 $, grandes 30-36 $; ⏲17h-21h30 mer-dim ; ⓈB, Q arrêt 7th Ave). Les recettes du chef Greg Baxtrom, qui a fait ses classes chez les meilleurs, sont inspirées et de saison. On y vient même depuis Manhattan. Poitrine de porc aux pissenlits, crêpes de carotte, saint-jacques aux chanterelles : il est rare que les saveurs ne soient pas fantastiques. La plupart des produits viennent du potager, près de la terrasse, où il fait prendre un verre ou finir son dessert.

CHERYL'S GLOBAL SOUL FUSION $$

Plan p. 472 (☎347-529-2855 ; www.cherylsglobalsoul.com ; 236 Underhill Ave, entre Eastern Pkwy et St Johns Pl, Prospect Heights ; sandwichs 8-17 $, plats dîner 16-25 $; ⏲8h-16h lun, 8h-22h mar-jeu et dim, 8h-23h ven-sam ; 👪 ; Ⓢ2/3 arrêt Eastern Pkwy-Brooklyn Museum). À l'angle du Brooklyn Museum (p. 274) et du jardin botanique (p. 279), cette adresse souvent saluée sert une cuisine simple et cosmopolite, dans un intérieur en bois et brique : tajine marocain, entrecôte à la coréenne, poulet comme en Jamaïque, moules au curry thaï, quiche maison et sandwichs savoureux. Options végétariennes et menu enfant. Beaucoup d'attente pour le brunch du week-end.

SCREAMER'S PIZZA PIZZERIA VÉGANE $

Plan p. 472 (☎718-623-6000 ; www.screamers-pizzeria.com ; 685 Franklin Ave, à hauteur de Prospect Pl, Crown Heights ; parts à partir de 4 $; ⏲12h-minuit ; 🌶 ; Ⓢ2/3, 4/5 arrêt Franklin Ave). Difficile de casser les codes dans une ville où la pizza est reine. Pourtant, ce petit resto coloré et animé a su fidéliser sa clientèle avec ses recettes entièrement véganes : ricotta à base d'amandes, chorizo végan, salami de seitan et autres garnitures végétales.

Williamsburg, Greenpoint et Bushwick

KARCZMA POLONAIS $

Hors plan p. 468 (☎718-349-1744 ; karczmabrooklyn.com ; 136 Greenpoint Ave, Greenpoint ; plats 11-17 $; ⏲12h-22h30 lun-jeu, 12h-23h30 ven-sam, 12h-22h dim ; ⓈG arrêt Greenpoint Ave). Rien de mieux que cette table façon taverne pour se frotter à l'âme polonaise de Greenpoint. Installez-vous sur une banquette, imprégnez-vous de la déco rustique et commandez une soupe aigre dans un bol en pain épais, du jarret de porc à la bière, des *kielbasa* (saucisses) ou des *pierogi*, raviolis garnis de pomme de terre. Plats du jour roboratifs en semaine (14,50 $). Gardez un peu de place pour la bière pression polonaise.

DUN-WELL DOUGHNUTS VÉGAN $

Plan p. 468 (☎347-294-0871 ; www.dunwell-doughnuts.com ; 222 Montrose Ave, à hauteur de Bushwick Ave, East Williamsburg ; donuts 3-3,50 $; ⏲8h-18h ; 📶🌶 ; ⓈL arrêt Montrose Ave). “Les meilleurs doughnuts végans et artisanaux de Brooklyn” : la promesse très hipster se confirme à la dégustation. Ces donuts presque aussi légers que des croissants sont confectionnés chaque jour avec des produits bio. Côté parfums, citons : pain perdu à la myrtille, lait de poule, citron et graines de pavot, crousti-potiron, cannelle et sucre, éclats de vanille et chocolat-cacahuètes.

PETER PAN DONUT & PASTRY SHOP BOULANGERIE-PÂTISSERIE $

Plan p. 468 (☎718-389-3676 ; peterpandonuts.com ; 727 Manhattan Ave, entre Norman Ave et Meserole Ave, Greenpoint ; donuts à partir de 1,50 $; ⏲4h30-18h lun-mer, 4h30-19h jeu-ven, 5h-19h sam, 5h30-18h dim ; ⓈG arrêt Nassau Ave). Situé sur l'artère principale de

Greenpoint, Peter Pan ne fait pas dans la fantaisie : ici, les donuts sont fondants, les recettes peaufinées au fil du temps. Les autres délices ne déçoivent pas non plus. Il y a aussi des bagels et des rolls maison pour le petit-déjeuner (celui toasté, au pavot et garni de bacon, œuf et fromage est un régal). L'ensemble est très bon marché. Espèces uniquement.

BUTCHER'S DAUGHTER
VÉGÉTARIEN $

Plan p. 468 (☎347-763-1421 ; www.thebutchersdaughter.com ; 271 Metropolitan Ave, entre Driggs Ave et Roebling St, Williamsburg ; plats 14-22 $; ⏲8h-21h dim-jeu, 8h-22h ven-sam ; 🖉 ; ⓈL arrêt Bedford Ave). La “fille du boucher” est une adresse 100% végétarienne. La salle est baignée de lumière et les plats (la plupart végans) font du bien au corps et à l'âme. Les amoureux du brunch clament leur amour au pain perdu, aux gaufres sans gluten et à l'avocado toast au curry, accompagnés de jus vitaminés ou d'un expresso à tomber. Service efficace et emplacement idéal pour voir et être vu : tout le monde s'y retrouve le week-end.

CHAMPS DINER
VÉGAN $

Plan p. 468 (☎718-599-2743 ; www.champsdiner.com ; 197 Meserole St, entre Humboldt St et Bushwick Ave, East Williamsburg ; petit-déj 11-17 $, sandwichs et burgers 12-20 $; ⏲10h-22h ; 🖉 ; ⓈL arrêt Montrose Ave). Un *diner* typiquement américain à la mode hipster d'East Williamsburg. L'originalité se découvre sur la carte, composée de grands classiques tels que le steak au fromage de Philadelphie, le poulet de Nashville ou les burritos… mais façon végane. Savourez du tofu brouillé ou du pain perdu, buvez un milk-shake parfum cookie ou votre café avec un nuage de lait de noisette, de soja ou d'avoine.

Le week-end, il y a la queue pour le brunch. Si vous n'avez pas la patience, offrez-vous celui de chez **Tradesman** (plan p. 468 ; ☎718-386-5300 ; www.tradesmanbar.com ; 222 Bushwick Ave , à hauteur de Meserole St, East Williamsburg ; ⏲16h-23hh lun-jeu, 14h-23h ven, 12h-23h sam-dim ; 📶 ; ⓈL arrêt Montrose Ave), un peu plus loin à l'angle.

LITTLE SKIPS EAST
CAFÉ $

(☎718-484-1555 ; www.littleskips.nyc ; 1643 Broadway, Bushwick ; en-cas et sandwichs 8-14 $; ⏲7h-20h lun-ven, 8h-20h sam-dim ; 📶🖉 ; ⓈJ arrêt Halsey St, J/Z Chauncey St). Dans un cadre décontracté mais très travaillé, avec grandes baies vitrées, longue table en bois et comptoir carrelé de blanc, Little Skips East met un point d'honneur à servir un excellent café. La cuisine, respectueuse de la planète, sert des plats *healthy* et végétariens comme le club-sandwich végan, la soupe d'artichaut froide ou l'inévitable *avocado toast*, ainsi que des pâtisseries maison.

♥ MODERN LOVE
VÉGAN $$

Plan p. 468 (☎929-298-0626 ; www.modernlovebrooklyn.com ; 317 Union Ave, à hauteur de S 1st St, East Williamsburg ; plats brunch 16-18 $, dîner 18-24 $; ⏲17h-22h lun-jeu, 17h-23h ven, 12h-23h sam, 12h-22h dim ; 🖉 ; ⓈG arrêt Metropolitan Ave, L arrêt Lorimer St). L'arrivée de la célèbre cheffe Isa Chandra Moskowitz et de ses bons petits plats élégants et végans a été applaudie de toutes parts à Williamsburg. Le restaurant est idéal pour une soirée en amoureux, avec son éclairage tamisé et son service irréprochable. Côté plats, citons les “mac 'n' shews” (au fromage de noix de cajou crémeux), la poutine truffée et une salade barbecue coréenne à tomber, au tofu et au kimchi. Mieux vaut réserver.

♥ ZENKICHI
JAPONAIS $$$

Plan p. 468 (☎718-388-8985 ; www.zenkichi.com ; 77 N 6th St, à hauteur de Wythe Ave, Williamsburg ; menu dégustation végétarien/classique 65/75 $; ⏲17h30-23h30 dim-jeu, 17h30-minuit ven-sam ; 🖉 ; ⓈL arrêt Bedford Ave). Créé par un chef tokyoïte en proie au mal du pays, ce restaurant à l'ambiance feutrée promet de la tranquillité et de la délectation à part égales. Glissez-vous sur l'une des banquettes intimistes, commandez l'*omakase*, menu dégustation de 8 plats – décliné en versions végétarienne et sans gluten –, et laissez-vous surprendre et charmer par le tofu soyeux, le cabillaud mariné au miso, les sashimis de saison… .

♥ FETTE SAU
GRILLADES $$

Plan p. 468 (☎718-963-3404 ; www.fettesaubbq.com ; 354 Metropolitan Ave, entre Havemeyer St et Roebling St, Williamsburg ; viande 12-15 $ les 230 g, accompagnements 4-7,50 $; ⏲16h-22h mar, 12h-22h mer-sam, 12h-21h dim ; ⓈL arrêt Bedford Ave). Pas de chichis ici, mais un vrai respect de la viande au barbecue. Le “gros porc”, malgré un nom peu engageant, est la meilleure adresse de Brooklyn en la matière. Le ciment au sol et la disposition des lieux évoquent le garage qu'était avant ce restaurant. Ici, on partage les tables sur tréteaux et on paie au poids. Bienvenue aux amoureux de poulet fumé, de l'effiloché de porc, de la poitrine de bœuf et des saucisses à la sauce épicées aux anchois !

FIVE LEAVES AMÉRICANO-AUSTRALIEN **$$**

Plan p. 468 (☎718-383-5345 ; www.fiveleavesny.com ; 18 Bedford Ave, à hauteur de Lorimer St, Greenpoint ; plats petit-déj/brunch 10-18 $, plats déj 17-20 $, dîner 18-32 $; ⏲8h-23h ; 🚌B48, B62 arrêt Lorimer St, Ⓢ G arrêt Nassau Ave). Institution de la scène gastronomique de Greenpoint, le Five Leaves attire une foule hétéroclite de fidèles, qui s'installent en terrasse ou dans la salle au style rétro. Le matin, venez goûter aux pancakes à la ricotta, au pamplemousse rôti et au délicieux expresso. Au déjeuner, on y sert salades, burgers et sandwichs BLT accompagnés de frites à la truffe, ainsi que quelques *aussie rolls*, clin d'œil discret aux racines australiennes de l'un des fondateurs du lieu, l'acteur disparu Heath Ledger. La carte des cocktails est également très tentante.

RABBITHOLE BISTROT **$$**

Plan p. 468 (☎718-782-0910 ; www.rabbitholerestaurant.com ; 352 Bedford Ave, entre S 3rd St et 4th St, Williamsburg ; plats dîner 16-27 $, brunch 15-20 $; ⏲16h-22h lun-mar et jeu, 16h-23h ven, 10h-23h sam, 10h-17h dim ; 🖉 ; 🚌B62 arrêt S 4th St, Ⓢ J/M/Z arrêt Marcy Ave). Douce ambiance champêtre et éclectique pour ce bistronomique, avec son parquet massif, ses briques apparentes, ses plantes vertes, sa déco dépareillée et son plafond recouvert d'étain. C'est bon, c'est cosy, on s'y sent bien. Le week-end, le brunch est servi jusqu'à 17h, les pâtisseries sont maison et y on trouve des classiques new-yorkais tels que les œufs Bénédicte et le pain perdu au mascarpone.

PAULIE GEE'S PIZZERIA **$$**

(☎347-987-3747 ; www.pauliegee.com ; 60 Greenpoint Ave, entre West St et Franklin St, Greenpoint ; pizzas 15-21 $; ⏲18h-22h lun-jeu, 18h-23h ven, 17h-23h sam, 17h-22h dim ; 🖉👪 ; Ⓢ G arrêt Greenpoint Ave). La meilleure pizzeria de Greenpoint évoque une cabane douillette dans les bois, éclairée à la bougie, avec un fond sonore *old school*. On s'y régale de recettes à pâte fine. Les versions véganes et les desserts sortent avec brio des sentiers battus, avec par exemple la ricotta aux noix de cajou, la saucisse de fenouil et le pesto de kale. Et la pizza-dessert, le cheesecake et la tarte végans ? On dit oui ! Pour les pressés, pizzas à la part au 110 Franklin St.

OKONOMI & YUJI RAMEN JAPONAIS **$$**

Plan p. 468 (☎929-295-0480 ; www.okonomibk.com ; 150 Ainslie St, entre Lorimer St et Leonard St, Williamsburg ; formule déj 21-35 $, ramen 17-24 $; ⏲10h30-19h dim-jeu, jusqu'à 21h sam-dim ; Ⓢ L arrêt Lorimer St ; G arrêt Metropolitan Ave). Pour un petit-déjeuner original ou un déjeuner rafraîchissant, faites un pèlerinage dans ce délicieux restaurant bardé de bois. Le jour, c'est Okonomi, avec uniquement des formules : un petit plat de légumes, un œuf cocotte, du riz aux sept céréales et du poisson (quatre préparations au choix) et du thé vert. Le soir, place à Yuji Ramen (des nouilles, donc). Sans réservation.

♥ **ROBERTA'S** PIZZERIA **$$**

Plan p. 468 (☎718-417-1118 ; www.robertaspizza.com ; 261 Moore St, près de Bogart St, Bushwick ; pizzas 16-23 $; ⏲12h-22h, bar 17h-23h ; 🖉 ; Ⓢ L arrêt Morgan Ave). Ce restaurant installé dans un ancien entrepôt a bénéficié d'une rénovation branchée et s'est fait un nom à Brooklyn pour ses divines pizzas. L'équipe n'est pas pressée, mais on est conquis par ce qui sort du four en brique. Les recettes sont bien pensées et les ingrédients de premier choix. La margarita est sublime. Audacieux ? Tentez par exemple la "Beatmaster" (gorgonzola, saucisse et piment).

MARLOW & SONS AMÉRICAIN **$$**

Plan p. 468 (☎718-384-1441 ; www.marlowandsons.com ; 81 Broadway, entre Berry St et Wythe Ave, Williamsburg ; plats déj 15-18 $, dîner 34-36 $; ⏲8h-21h, bar à partir de 17h mer-dim ; Ⓢ J/Z, M arrêt Marcy Ave). Bois omniprésent, éclairage doux : on se croirait à la campagne. Pourtant il y a de l'animation en soirée chez Marlow & Sons : les clients viennent boire un excellent cocktail, se régaler d'huîtres ou piocher dans la carte locavore (poisson grillé, pancakes de chou aigre, thon fondant et sa brioche...). Il y a la queue pour le brunch, mais vous pouvez réserver.

Coney Island et Brighton Beach

NATHAN'S FAMOUS HOT DOGS **$**

Plan p. 476 (☎718-333-2202 ; www.nathansfamous.com ; 1310 Surf Ave, à hauteur de Stillwell Ave, Coney Island ; hot dogs à partir de 5,69 $; ⏲10h-23h dim-jeu, 10h-minuit ven-sam ; 📶 ; Ⓢ D/F arrêt Coney Island-Stillwell Ave).

Le hot dog a été inventé à Coney Island en 1867. Impossible donc de faire l'impasse lors de votre visite ! Voyez les choses en grand et filez chez Nathan's, fondé par un immigrant polonais en 1916. La carte propose aussi des chaudrées de palourdes, des bâtonnets de poulet frits et autres réjouissances.

OÙ PRENDRE UN VERRE ET FAIRE LA FÊTE

Pubs, comptoirs en tous genres, bars à cocktails, troquets de quartier : on trouve de tout à Brooklyn, y compris des établissements des années 1920 et 1930. Williamsburg concentre à lui seul une bonne part de l'animation, mais les autres quartiers ont l'avantage d'être moins pris d'assaut et d'afficher une ambiance décontractée. Testez Bushwick pour des lieux sympas et moins connus, Boerum Hill et Cobble Hill pour faire la fête avec les habitants du quartier et Gowanus pour une ambiance très locale.

Brooklyn Heights, Downtown Brooklyn et Dumbo

MONTERO BAR & GRILL — BAR

Plan p. 475 (☎646-729-4129 ; 73 Atlantic Ave, à hauteur de Hicks St, Brooklyn Heights ; ⏲12h-4h ; Ⓢ2/3, 4/5 arrêt Borough Hall). De l'enseigne en néon sortie d'une autre époque à la déco marine éclectique – clin d'œil aux hommes de la mer qui venaient ici s'en jeter une –, rien ne manque dans ce bar de dockers où la Pabst coule à flots, qui a traversé les décennies sans broncher. Côté musique, on est plus dans les soirées karaoké (jeu-sam) les chants de marins…

FLOYD — BAR

Plan p. 475 (☎718-858-5810 ; www.floydny.com ; 131 Atlantic Ave, entre Henry St et Clinton St, Brooklyn Heights ; ⏲16h-4h lun-ven, 13h-4h sam, 13h-2h dim ; Wi-Fi ; 🚌B61, B63 arrêt Atlantic Ave/Henry St, Ⓢ2/3, 4/5 arrêt Borough Hall ; R arrêt Court St). Ce bar à la devanture de verre est un repaire de jeunes qui flirtent et s'enlacent sur des canapés élimés tandis que d'autres éclusent leurs bières autour d'un terrain de pétanque intérieur de 12 m (gratuit ; premier arrivé, premier à jouer, sauf lors des soirs de compétition). On se plaît dans cette ambiance de village d'une autre époque.

Boerum Hill, Cobble Hill, Carroll Gardens et Red Hook

CLOVER CLUB — BAR À COCKTAILS

Plan p. 470 (☎718-855-7939 ; cloverclubny.com ; 210 Smith St, près de Baltic St, Cobble Hill ; ⏲16h-minuit lun-ven, 12h-minuit sam-dim ; 🚌B57 arrêt Smith St et Douglass St, ⓈF, G arrêt Bergen St). Ce bar à l'élégance rétro s'y connaît en matière de cocktails, mais sait rester humble. Taillez la bavette autour de fabuleux mélanges tropicaux, de nectars à la lavande et aux poivrons ou de classiques de l'*happy hour* (16h à 19h du lundi au vendredi) tel le Rhubarb Spritz, à 8 $. Les versions sans alcool ne sont pas en reste, avec la fleur de sureau, l'agave ou le pois mange-tout en parfums stars.

♥ SUNNY'S — BAR

Plan p. 470 (☎718-625-8211 ; www.sunnysredhook.com ; 253 Conover St, entre Beard St et Reed St, Red Hook ; ⏲15h-minuit lun-mar, 15h-1h mer-jeu, 14h-2h ven, 12h-2h sam, 12h-minuit dim, concerts 20h-22h mar-dim ; ⓈF, G arrêt Carroll St puis 🚌B61 arrêt Van Dyke St/Van Brunt St). Bien implanté depuis la fin des années 1800, le Sunny's cultive une atmosphère dans son jus avec ses objets d'inspiration marine. Il ne manque que les bigorneaux ! Les dockers ont quitté les lieux il y a bien longtemps, mais les habitués comme les nouveaux venus entonnent volontiers un petit chant marin, en salle ou sur la terrasse. Des concerts endiablés de bluegrass ou de banjo animent le bar certains soirs de la semaine (consultez le programme sur le site Internet).

Fort Greene, Clinton Hill et Bed-Stuy

BLACK FOREST BROOKLYN — BAR À BIÈRES

Plan p. 470 (☎718-935-0300 ; www.blackforest-brooklyn.com ; 733 Fulton St, entre S Elliot Pl et S Portland Ave, Fort Greene ; ⏲12h-22h dim-jeu, 12h-23h ven-sam ; ⓈG arrêt Fulton St, A, C arrêt

Vivre comme un New-Yorkais
Explorer Williamsburg

Aujourd'hui épicentre des soirées de Brooklyn, Williamsburg doit son parcours aux immigrés de la classe ouvrière venus d'Amérique latine, d'Italie et de Pologne. Cet ancien quartier bohème a vu les artistes désargentés partir en quête de loyers moins chers à Bushwick, abandonnant immeubles flambant neufs et *brownstones* retapées à des jeunes cadres et à des familles de bobos. Il y a beaucoup à découvrir, des bars à cocktails aux boutiques proposant les créations d'artisans de Brooklyn.

❶ Vert avec vue

Derrière son allure industrielle, le **Domino Park** (plan p. 468 ; www.dominopark.com ; River St, entre S 2nd St et S 3rd St ; 6h-1h ; ; B32, Q59 arrêt Kent Ave/S 1st St) dissimule des terrains de pétanque, une aire de jeux et des allées en hauteur pour admirer à loisir les rives de Manhattan.

❷ Bière citadine

Il fut un temps où Williamsburg était le quartier des brasseurs. Dans leur droite lignée, la Brooklyn Brewery (p. 284) sert des blondes charpentées et des IPA en complément de ses visites guidées de 45 minutes alliant histoire et techniques de production.

❸ Habillez-vous hipster

Intrigué et envieux du style éclectique des habitants de Brooklyn ? Cherchez l'inspiration et créez votre propre style à la friperie **Buffalo Exchange** (plan p. 468 ; 718-384-6901 ; www.buffaloexchange.com ; 504 Driggs Ave, à hauteur de N 9th St ; 11h-20h lun-sam, 11h-19h dim ; S L arrêt Bedford Ave).

❹ Mémoire de la ville

Poussez la porte du City Reliquary (p. 281), musée débordant de souvenirs estampillés NYC, entre cartes postales anciennes et rétrospectives de l'Exposition universelle de 1939.

Domino Park (p. 298)

5 Un dernier verre ?

Remontez à nouveau le cours du temps chez Maison Premiere (p. 300), où l'on savoure cocktails sur mesure, huîtres et autres délices dans une ambiance méridionale.

6 Les splendeurs de l'artisanat

Le week-end, parcourez les allées de l'Artists & Fleas (p. 309), un dédale de stands où des artisans locaux présentent leurs créations : bijoux, accessoires, vêtements, décoration, cosmétiques, savons, objets ménagers...

7 Festival de saveurs

Le week-end également, terminez votre promenade par un tour au marché de street food Smorgasburg (voir l'encadré p. 290), sur les bords de l'East River. Là, vous attend un festival de saveurs du monde, et, le samedi, un marché aux puces où faire de belles trouvailles.

Lafayette Ave). Ce bar à bières traditionnel revisité façon branchée a été imaginé par deux Allemands de Brooklyn originaires de la Forêt-Noire. Poutres et brique apparentes, serveurs en chemise à carreaux et vaste choix de bières allemandes ou du cru. Goûtez-les toutes lors d'une dégustation de 13 références accompagnée d'un plateau de saucisses. À la carte également, des *schnitzel* (escalopes panées), des *spätzle* (pâtes) et du goulasch, avec quelques recettes végétariennes (champignons à la bière) et des flammekueches, bien sûr. Autre adresse à Boerum Hill, sur Smith St.

Park Slope, Gowanus et Sunset Park

UNION HALL BAR

Plan p. 472 (718-638-4400 ; www.unionhallny.com ; 702 Union St, près de 5th Ave, Park Slope ; 16h-2h lun-jeu, 16h-4h ven, 12h-4h sam, 12h-2h dim ; S R arrêt Union St). Curieux de vivre une authentique virée nocturne à la brooklynite ? Vous êtes au bon endroit. Ce bar avec cheminée double face, bibliothèques, fauteuils en cuir et deux grands boulodromes d'intérieur est installé dans un ancien entrepôt. Concerts et spectacles comiques au sous-sol.

SEA WITCH BAR

Plan p. 472 (347-227-7166 ; seawitchnyc.com ; 703 5th Ave, entre 21st St et 22nd St, Greenwood Heights ; 17h-2h lun-jeu, 16h-4h ven, 14h-4h sam, 14h-2h dim, cuisine jusqu'à minuit ; B63 arrêt 5th Ave/21st St, S R arrêt 25th St). Le Sea Witch a meilleure allure que les habituels bars à l'ambiance marine. La clientèle discute en mode décontracté devant la sirène peinte sur le mur et les bouteilles faisant office de lampes. Un aquarium du plus bel effet domine le bar : trouvez Nemo entre les bières brassées à Brooklyn (20 références à la pression) et les cocktails au mezcal. La terrasse au mileu de laquelle coule un ruisseau, avec tortues et poissons rouges, inviterait presque à la méditation.

ROYAL PALMS BAR

Plan p. 472 (347-223-4410 ; www.royalpalmsshuffle.com ; 514 Union St, entre 3rd Ave et Nevins St, Gowanus ; 18h-23h lun-mer, 18h-minuit jeu, 18h-2h ven, 14h-2h sam, 14h-20h dim ; S R arrêt Union St). Envie de sport sans transpirer ? Installez-vous au bar et imaginez-vous en Floride. Cet espace de

1 600 m² propose 10 shuffleboards (jeu de palets ; 50 $/h) de taille officielle – soit de la taille d'une piste de bowling – ainsi que des jeux de société géants (Jenga, Puissance 4). Le bar sert des bières à la pression et des cocktails, et un *food truck* différent chaque semaine fournit des en-cas copieux. À partir de 21 ans.

GREENWOOD PARK BEER GARDEN

Plan p. 472 (☎718-499-7999 ; www.greenwoodparkbk.com ; 555 7th Ave, entre 19th St et 20th St, Greenwood Heights ; ⏰12h-2h dim-jeu, 12h-3h ven-sam, horaires réduits en hiver ; 📶👪 ; 🚌B67, B69 arrêt 18th St, Ⓢ F, G arrêt 15th St-Prospect Park). *So Brooklyn* ! À l'angle du Green-Wood Cemetery (voir l'encadré p. 280), ce vaste bar à bières de 1 200 m² doté d'un grand *beer garden* (avec terrains de pétanque !) s'est taillé un look de station-service et garage à l'ancienne. Au son du rock, on y vient en famille la journée. Après 19h, accès réservé aux 21 ans et plus. Espèces uniquement.

GINGER'S BAR BAR LESBIEN

Plan p. 472 (☎718-788-0924 ; 363 5th Ave, à hauteur de 5th St, Park Slope ; ⏰17h-5h mar-ven, 14h-4h sam-dim ; Ⓢ F, G, R arrêt 4th Ave-9th St). Ce bar habillé de bleu et jaune vifs est le lieu de rencontre de la communauté lesbienne du quartier. L'équipe est amicale et on aime le jukebox, le photomaton, le billard et la petite terrasse aux beaux jours. *Happy hour* tous les jours de 17h à 20h. Espèces uniquement.

🍷 Prospect Heights, Crown Heights et Flatbush

♥ BUTTER & SCOTCH BAR-PÂTISSERIE

Plan p. 472 (☎347-405-6266 ; www.butterandscotch.com ; 818 Franklin Ave, entre Eastern Pkwy et Union St, Crown Heights ; ⏰17h-minuit lun-jeu, 15h-2h ven, 12h-2h sam, 12h-minuit dim ; Ⓢ 2/3, 4/5 arrêt Franklin Ave). Avec des cocktails dont les noms défient le patriarcat, on devine que ce temple des délices porte haut le flambeau du féminisme. Ses directrices ont également un penchant pour les gâteaux d'anniversaire et savent concocter des piña coladas véganes à se pâmer. Parmi les petits plaisirs, citons les cookies au White Russians (vodka et lait), les cocktails à accompagner de s'mores (biscuits, chocolat, guimauve) et les tartes gourmandes au citron vert.

WEATHER UP BAR À COCKTAILS

Plan p. 472 (www.weatherupnyc.com ; 589 Vanderbilt Ave, à hauteur de Dean St, Prospect Heights ; ⏰17h-minuit mar-jeu, 17h-2h ven, 16h-2h sam, 16h-minuit dim ; Ⓢ 2/3 arrêt Bergen St, B, Q arrêt 7th Ave). Première étape : repérez l'entrée. Ensuite, suivez la lumière (tamisée) jusque dans la salle en bois sombre et carreaux de céramique et joignez-vous à l'élégante foule amatrice de cocktails. Les sièges du bar offrent une place de choix pour assister au show des barmen, mais les confortables box du fond ne sont pas mal non plus pour déguster un cocktail de saison. Ambiance treille feuillue et bougies dans le patio. Paiement en espèces.

FRIENDS AND LOVERS BAR

Plan p. 472 (☎917-979-3060 ; www.fnlbk.com ; 641 Classon St, entre Pacific St et Dean St, Crown Heights ; ⏰18h-minuit mer, 18h-2h jeu, 18h-4h ven-sam ; Ⓢ A/C arrêt Franklin Ave). Buvez jeunesse, dans ce bar sans prétention qui reçoit des humoristes (généralement le mercredi – consultez la programmation en ligne). *Happy hour* jusqu'à 21h (dont personne ne se prive) du mercredi au samedi, avec une bière + un shot à petit prix. Espèces uniquement.

🍷 Williamsburg, Greenpoint et Bushwick

♥ HOUSE OF YES CLUB

(www.houseofyes.org ; 2 Wyckoff Ave, à hauteur de Jefferson St, Bushwick ; entrée 0-60 $; ⏰18h30/22h-tard mer-sam, plus 1 dim/mois ; Ⓢ L arrêt Jefferson St). On trouve de tout dans cet ancien entrepôt, très fréquenté, qui se décline entre deux scènes, trois bars et une cour couverte où se déroulent certains des événements nocturnes et soirées thématiques les plus créatifs de Brooklyn. On peut ainsi y admirer des performances de cirque aérien, des groupes punk, des shows burlesques, des performances d'artistes ou des DJ comme le grand Jellybean Benítez jouant des airs de disco, soul, house et autres styles.

♥ MAISON PREMIERE BAR À COCKTAILS

Plan p. 468 (☎347-889-5710 ; maisonpremiere.com ; 298 Bedford Ave, entre S 1st St et Grand St, Williamsburg ; ⏰16h-1h dim-jeu, 14h-3h ven, 12h-3h sam, 12h-1h dim ; Ⓢ L arrêt Bedford Ave). Perché sur un tabouret chez Maison

Premiere, on est séduit par ce bar à huîtres et cocktails qui fleure bon La Nouvelle-Orléans. L'équipe porte des bretelles, les murs sont ornés de photos anciennes et l'éclairage est aussi doux que le son des shakers dans lesquels sont préparés des Spring Pimm's et autres gimlets (gin et citron vert). Assiettes apéritives aux saveurs marines. Adorable terrasse.

PARTNERS COFFEE CAFÉ

Plan p. 468 (☎347-586-0063 ; www.partnerscoffee.com ; 125 N 6th St, entre Bedford Ave et Berry St, Williamsburg ; ⏱7h30-18h ; 📶 ; Ⓢ L arrêt Bedford Ave). Vitrine principale d'une petite chaîne de torréfaction, Partners propose du café filtre fraîchement préparé à la main, du café onctueux à la mousse de lait et un *cortado* (expresso avec un trait de lait) qui ne manque pas de punch. Certes, on y retrouve les règles implicites d'un café de Williamsburg (touche industrielle et free-lances tapotant sur leur portable...), mais il reste plaisant de s'y attarder.

RADEGAST HALL & BIERGARTEN BAR À BIÈRES

Plan p. 468 (☎718-963-3973 ; www.radegasthall.com ; 113 N 3rd St, à hauteur de Berry St, Williamsburg ; ⏱12h-1h lun-jeu, 12h-4h ven, 11h-4h sam, 11h-1h dim ; Ⓢ L arrêt Bedford Ave). Cette version revisitée d'un *Biergarten* allemand du début du XXe siècle a de sérieux arguments à faire valoir : le bel entrepôt en briques sous une longue verrière d'acier, le très vaste choix de bières européennes et locales, les Schnitzel et le goulasch mitonnés en cuisine (plats 15-28 $), les tablées festives et les concerts gratuits en soirée en font un authentique lieu de rendez-vous à Williamsburg, le tout sous le regard d'un noble poêle prussien.

SPUYTEN DUYVIL BAR

Plan p. 468 (☎718-963-4140 ; www.instagram.com/spuytenduyvilnyc ; 359 Metropolitan Ave, entre Havemeyer St et Roebling St, Williamsburg ; ⏱17h-minuit lun-ven, 16h-minuit sam-dim ; Ⓢ L arrêt Lorimer St, G arrêt Metropolitan Ave). La déco de ce bar sans prétention semble sortie d'un vide-grenier : plafonds pourpres décorés de métal, étagères de livres, vélo ancien accroché au mur et mobilier d'occasion dépareillé. Ici, on parle bière, belge surtout, et on le fait bien. L'équipe est connaisseuse et pourra vous orienter vers des références danoises ou même des cidres normands. Si la liste de bières "rares et obscures" vous creuse l'appétit, il y a les plateaux de fromage et charcuterie (à partir de 8 $) importés. Grande terrasse ombragée aux beaux jours.

ROCKA ROLLA BAR

Plan p. 468 (www.instagram.com/rockarolla_bk ; 486 Metropolitan Ave, à hauteur de Rodney St, Williamsburg ; ⏱12h-4h ; Ⓢ G arrêt Metropolitan Ave, L arrêt Lorimer St). Avec ses logos des Misfits, son trophée de bison, bien sûr, son "Judas Priest" en néon, ce bar qui porte le nom du premier album des Judas Priest transpire le rock. Les boissons ne sont pas chères et le brouhaha couvre difficilement le son des guitares dans les enceintes. L'ambiance est brute, mais suffisamment sympa pour ne pas rebuter les timides.

MOONLIGHT MILE BAR À COCKTAILS

(☎718-389-3904 ; www.themoonlightmilegpt.com ; 200 Franklin St, à hauteur d'India St, Greenpoint ; ⏱16h-minuit lun-ven, 15h-minuit sam, 14h-minuit dim ; Ⓢ G arrêt Greenpoint Ave). Derrière le bar, une rangée de bouteilles de whisky. Elles viennent agrémenter les recettes classiques et les créations maison de cet agréable bar à cocktails, sous la houlette experte de mixologues souriants (mention spéciale pour le "Foggy Moutain Manhattan"). Ceux que le whisky ne convainc pas auront de quoi se réjouir avec les bières brunes et IPA, cidres à l'orange sanguine et vins au verre.

THE ROOKERY BAR

(☎718-483-8048 ; www.therookerybar.com ; 425 Troutman St, entre St Nicholas Ave et Wyckoff Ave, Bushwick ; ⏱12h-4h lun-ven, 11h-4h sam-dim ; Ⓢ L arrêt Jefferson St). Dominé par un imposant, mais néanmoins accueillant, zinc en forme de fer à cheval au centre de la pièce, le Rookery n'oublie pas son passé industriel. L'endroit, précédé d'un *beer garden* pour les chaudes journées, est chaleureux et contemporain. Pintes de bière à la pression, whiskies et carte de cocktails originaux, parfois épicés. *Happy hours* thématiques (moules le lundi, tacos le mardi, "récupération" le week-end... avec Bloody Mary et Mimosas à 5 $ de 11h à 17h !)

SPRITZENHAUS33 BAR À BIÈRES

Plan p. 468 (☎347-987-4632 ; www.spritzenhaus33.com ; 33 Nassau Ave, à hauteur de Guernsey St, Greenpoint ; ⏱16h-4h lun-mer, 12h-4h jeu-dim ; Ⓢ G arrêt Nassau Ave). Les amateurs de bière adoreront cet endroit à l'allure industrielle. Aux confins du

McCarren Park, ce bar à bières de 550 m² propose une vingtaine de bières à la pression et des dizaines d'autres choix en bouteilles. Les bières artisanales allemandes, belges et américaines prédominent et la carte propose des en-cas à base de saucisses (hot-dogs/*curry wurst*), à accompagner de frites ou de bretzels et d'un grand choix de sauces.

BAR BLONDEAU BAR

Plan p. 468 (☎718-460-8006 ; www.lemonsbk.com ; Wythe Hotel, 6e ét, 80 Wythe Ave, à hauteur de N 11th St, Williamsburg ; ⏲17h-minuit lun-mer, 17h-1h jeu, 17h-2h ven, 12h-2h sam, 12h-minuit dim ; Ⓢ L arrêt Bedford Ave, G arrêt Nassau Ave). Ouvert à l'été 2021, ce bar surplombant le Wythe Hotel (p. 357) arbore des boiseries ensoleillées embrassant un décor tiré à quatre épingles. De larges baies vitrées donnant sur la *skyline* de Manhattan consolent ceux qui n'auraient pas trouvé de place sur le toit-terrasse. Cocktails (17 $), sélection de vins naturels (15-22 $ le verre), et carte d'inspiration française, espagnole et portugaise tournée vers la mer (hormis les toasts de raclette !). C'est chic, et les prix s'en ressentent.

HOTEL DELMANO BAR À COCKTAILS

Plan p. 468 (☎718-387-1945 ; www.hoteldelmano.com ; 82 Berry St, à hauteur de N 9th St, Williamsburg ; ⏲17h-2h lun-jeu, 17h-3h ven, 14h-3h sam, 14h-2h dim ; Ⓢ L arrêt Bedford Ave). Ambiance New York d'antan pour ce bar à cocktails à l'élégance naturelle, dans son jus, avec ses vieux miroirs, son parquet brut, ses boiseries sombres et ses lustres d'époque. Glissez-vous sur une banquette ou installez-vous au bar tout en marbre pour consulter la carte des vins (100 références) et admirer les serveurs attentifs secouer leur shaker d'un bras musclé. Au programme, breuvages au bourbon, concoctions à base de gin et d'eau de rose et autres mélanges de saison.

BOSSA NOVA CIVIC CLUB CLUB TECHNO

(☎718-443-1271 ; www.facebook.com/bossanovacivicclub ; 1271 Myrtle Ave, à hauteur de Hart St, Bushwick ; ⏲19h-4h ; Ⓢ M arrêt Central Ave). Voici une autre raison de ne plus quitter Brooklyn : ce petit club est l'endroit génial pour se lâcher sur les morceaux house et techno des DJ. La déco est lointainement tropicale, la sono excellente et les prix très corrects. La clientèle festive vient avant tout danser. Passé minuit, l'entrée est à 10 $ le vendredi et le samedi.

SEY COFFEE CAFÉ

Plan p. 468 (www.seycoffee.com ; 18 Grattan St, East Williamsburg ; ⏲7h-17h lun-ven, 8h-17h sam-dim ; 📶 ; Ⓢ L arrêt Morgan Ave). Nous n'affirmons pas qu'il s'agit du "meilleur café de Williamsburg" à la légère, surtout avec une telle concurrence alentour. Mais le sens du détail presque obsessionnel qui règne chez SEY produit des nectars irréprochables, avec une jolie présentation, dans une salle baignée de lumière.

PINE BOX ROCK SHOP BAR

Plan p. 468 (☎718-366-6311 ; www.pineboxrockshop.com ; 12 Grattan St, entre Morgan Ave et Bogart St, East Williamsburg ; ⏲16h-minuit lun-jeu, 16h-2h ven, 12h-2h sam, 12h-minuit dim ; Ⓢ L arrêt Morgan Ave). On s'amuse bien dans cette ancienne fabrique de cercueils tenue par un chaleureux couple de musiciens végans. Il y a une bonne douzaine de bières à la pression et le Bloody Mary (végan) bien épicé reçoit tous les honneurs. Aux murs, des œuvres d'artistes locaux. Des spectacles d'humour, des soirées open-mic et des concerts sont organisés dans la salle du fond.

BLUE BOTTLE COFFEE CAFÉ

Plan p. 468 (☎510-653-3394 ; www.bluebottlecoffee.com ; 76 N 4th St, Williamsburg ; cafés 4-5 $; ⏲7h-19h ; 📶 ; Ⓢ L arrêt Bedford Ave). Si ce torréfacteur de la côte ouest à tant de succès, ce n'est pas sans raison. Tout est concocté à la commande (il vous faudra être un peu patient) sur du matériel Probat, référence en la matière.

CLEM'S BAR

Plan p. 468 (☎718-387-9617 ; www.clemsbrooklyn.com ; 264 Grand St, à hauteur de Roebling St, Williamsburg ; ⏲15h-3h lun-jeu, 14h-3h ven, 13h-3h sam-dim ; Ⓢ L arrêt Lorimer St, G arrêt Metropolitan Ave). Rock et meubles vintage attendent les clients de ce bar sympathique de Williamsburg. Les serveurs vous accueillent derrière le long comptoir, sous l'œil des trophées de sangliers prenant la poussière. Quelques tables à l'extérieur pour observer les passants en été.

BERRY PARK ROOFTOP

Plan p. 468 (☎718-782-2829 ; www.berryparkbk.com ; 4 Berry St, à hauteur de N 14th St, Williamsburg ; ⏲17h-1h lun-ven, 12h-2h30 sam, 12h-1h dim, horaires réduits en hiver ; Ⓢ G arrêt Nassau Ave,

L arrêt Bedford Ave). Un bar, du sport et un toit-terrasse : tout le monde dit oui. Il y a plusieurs écrans géants pour regarder le foot (classique et américain) et 14 bières à la pression pour accompagner les matchs. Le vendredi et le samedi soir, ambiance club avec des DJ et, depuis le *rooftop*, une vue sur Manhattan en habits de nuit.

Coney Island et Brighton Beach

RUBY'S BAR & GRILL BAR

Plan p. 476 (☎718-975-7829 ; www.rubysbar.com ; 1213 Riegelmann Boardwalk, entre Stillwell Ave et W 12th St, Coney Island ; ⏲10h30-22h lun-jeu, 11h-1h ven, 11h-minuit sam-dim avr-sept, week-end seulement en oct ; ⓈD/F, N/Q arrêt Coney Island-Stillwell Ave). Du nom de son créateur, Ruby Jacobs, le plus vieux (et l'unique) bar du front de mer de Coney Island est une institution, ouverte en 1934, et dans la famille Jacobs depuis 1972. Un peu aseptisé de nos jours, mais toujours sympa pour boire une bière face aux vagues et aux passants.

OÙ SORTIR

♥ BROOKLYN ACADEMY OF MUSIC ARTS DE LA SCÈNE

Plan p. 470 (BAM ; ☎718-636-4100 ; www.bam.org ; 30 Lafayette Ave, à hauteur de Ashland Pl, Fort Greene ; 📶 ; ⓈB/D, N/Q/R, 2/3, 4/5 arrêt Atlantic Ave-Barclays Center). Fondée en 1861 (l'année où éclata la guerre de Sécession) la BAM est le plus ancien établissement du pays dédié aux arts du spectacle. Avec plusieurs scènes disséminées autour de Fort Greene, elle est fière de présenter des opéras, de la danse moderne, de la musique, du cinéma et du théâtre à l'âme novatrice, des ballets "rétro-modernes" du Mark Morris Group aux créations multimédias de Laurie Anderson en passant par du Shakespeare avant-gardiste. Le rire et les enfants ne sont pas en reste non plus.

Le Peter Jay Sharp Building, un bâtiment de style Renaissance italienne de 1908, est l'antre du **Howard Gilman Opera House**, qui propose entre autres de l'opéra, de la danse et des concerts. Les quatre salles du **Rose Cinemas** (Peter Jay Sharp Building ; billets adulte/enfant 16/11 $) présentent en exclusivité des films indépendants et étrangers dans de splendides cinémas semblant sortis d'une autre époque. Le vendredi et le samedi, des groupes de free-jazz, de R&B et de pop se produisent au **BAM Café**, le bar-restaurant de la BAM.

À côté du Sharp Building se trouvent le **BAM Fisher** (www.bam.org/fisher ; 321 Ashland Pl, à hauteur de Lafayette Ave) et sa salle plus intimiste de 250 places.

Sur Fulton St, à un *block* plus au nord, le **Harvey Theater** (651 Fulton St, à hauteur de Rockwell Pl ; ⓈB, Q/R arrêt DeKalb Ave, 2/3, 4/5 arrêt Nevins St), surnommé le "Harvey", produit d'excellentes pièces contemporaines et, parfois, des interprétations radicales des classiques. Le Harvey est connecté à la **Rudin Family Gallery**, galerie d'art contemporain de la BAM ouverte en 2019, et inclut le **Steinberg Screen**, salle à l'écran géant pour voir et revoir les classiques à leur mesure. Les 3 salles forment l'ensemble culturel BAM Strong.

D'octobre à décembre, la BAM accueille le très remarqué **Next Wave Festival** (billet à partir de 20 $). Durant 10 semaines, il célèbre la danse, la musique, le théâtre et le cinéma d'avant-garde, les arts visuels et multimédias, dans les différentes salles de la BAM. Réservez les places bien à l'avance.

♥ ST ANN'S WAREHOUSE THÉÂTRE

Plan p. 475 (☎718-254-8779 ; www.stannswarehouse.org ; 45 Water St, à hauteur d'Old Dock St, Dumbo ; 🚌B25 arrêt Water ST/Main St, ⓈA/C arrêt High St-Brooklyn Bridge, F arrêt York St). La compagnie avant-gardiste St Ann a pris possession de ce beau bâtiment en brique rouge, un ancien entrepôt de tabac datant de la guerre de Sécession. Le "warehouse" ("entrepôt) est un théâtre high-tech modulable de 320 places – idéal pour des pièces de théâtre, des concerts et des représentations de danse et de marionnettes qui cassent les codes.

♥ BARBÈS MUSIQUE LIVE

Plan p. 472 (☎347-422-0248 ; www.barbesbrooklyn.com ; 376 9th St, à hauteur de 6th Ave, Park Slope ; participation concerts 10 $; ⏲17h-2h lun-ven, 14h-2h sam-dim ; ⓈF, G arrêt 7th Ave, R arrêt 4th Ave-9th St). Le Barbès est tenu par des musiciens français installés de longue date à Brooklyn. Concerts tous les soirs, avec une programmation d'un éclectisme réjouissant : cuivres des Balkans, opéra contemporain, rythmes afro-péruviens, funk d'Afrique de l'Ouest, etc.

AGENDA

Consultez les sites **Brooklyn Based** (brooklynbased.com), **Greenpointers** (greenpointers.com) et **Bushwick Daily** (bushwickdaily.com) pour vous tenir au courant des événements.

NATIONAL SAWDUST MUSIQUE LIVE

Plan p. 468 (646-779-8455 ; nationalsawdust.org ; 80 N 6th St, entrée au niveau de Wythe Ave, Williamsburg ; ; B32 arrêt Wythe Ave-N 6th St, L arrêt Bedford Ave). Recouvert de fresques aux couleurs vives, cet espace artistique dernier cri dédié au classique et à la musique nouvelle n'a plus rien de la scierie qu'il était il y a bien longtemps. Des artistes aussi divers que les Pussy Riot et Yo La Tengo s'y sont produits. L'intérieur accueille des opéras sur fond de projections multimédias, du jazz de big band électro-acoustique, des concerts de compositeurs expérimentaux et autres genres assez confidentiels.

BELL HOUSE MUSIQUE LIVE

Plan p. 472 (718-643-6510 ; www.thebellhouseny.com ; 149 7th St, entre 2nd Ave et 3rd Ave, Gowanus ; à partir de 17h, *happy hour* 17h-19h lun-ven ; ; F, G, R arrêt 4th Ave-9th St). À Gowanus, cet entrepôt des années 1920 propose une programmation pointue de concerts et d'animations : rock indé, DJ sets, concours de slam (soirées Moth StorySLAM), humoristes, spectacles burlesques… La salle peut accueillir 500 personnes sous ses grandes poutres. On est en outre charmé par les bougies, les fauteuils en cuir et le bar en chêne du petit Front Lounge.

JALOPY THEATRE MUSIQUE LIVE

Plan p. 470 (718-395-3214 ; www.jalopytheatre.org ; 315 Columbia St, entre Hamilton Ave et Woodhull St, Columbia St Waterfront District ; 16h-21h lun, 12h-minuit mar-dim ; ; F, G arrêt Carroll St puis B61 to Columbia St/Carroll St). À la fois bar, salle de concert et école de musique, ce lieu posté sur la frange de Carroll Gardens et Red Hook est bien joyeux. On peut y mettre la main à la pâte ou profiter d'un concert de bluegrass, de country, de klezmer ou de ukulélé. En bonus, il y a par exemple des soirées open-mic (le mardi) ou du blues et du folk au Roots 'n' Ruckus (le mercredi). Consultez le site Internet.

NITEHAWK CINEMA CINÉMA

Plan p. 468 (718-782-8370 ; nitehawkcinema.com ; 136 Metropolitan Ave, entre Berry St et Wythe St, Williamsburg ; billet 15 $, plats 15-17 $; billetterie ouverte 30 min avt 1re séance lun-ven et 11h sam-dim ; L arrêt Bedford Ave). Ce cinéma de 3 salles propose une programmation de qualité (films nouveaux et indépendants) et bénéficie d'une bonne sonorisation et de sièges confortables. Sa vraie originalité : on peut boire et manger durant la projection, grâce à un service ultradiscret. Tacos au confit de canard, sandwichs végans façon effiloché de porc, assiettes à partager et cocktails inspirés du film projeté, à l'image de l'"Ennui-sur-Blasé" pour le film *The French Dispatch* ou du carpaccio à la vinaigrette de truffe et champagne pour *House of Gucci* !

ALAMO DRAFTHOUSE CINÉMA

Plan p. 475 (718-513-2547 ; www.drafthouse.com ; 445 Albee Sq W, à hauteur de DeKalb Ave, Downtown Brooklyn ; billet 23,50 $; billetterie ouverte 45 min avt 1re séance ; B, Q/R arrêt DeKalb Ave, 2/3 arrêt Hoyt St, A/C, G arrêt Hoyt-Schermerhorn). L'adresse new-yorkaise de cette enseigne texane propose des nouveautés et des projections spéciales sur écran géant, avec fauteuils moelleux et petites tables sur lesquelles on vous sert boissons (bières, daiquiris), burgers végans et sandwichs à l'effiloché de porc.

LITTLEFIELD SPECTACLES

Plan p. 472 (www.littlefieldnyc.com ; 635 Sackett St, entre 3rd Ave et 4th Ave, Gowanus ; billets à partir de 10-12 $; R arrêt Union St). Aménagé dans un ancien entrepôt de textile de 575 m², ce centre culturel programme des concerts et spectacles très variés (one-man-show, lectures, pièces, danse, cinéma, quiz). Consultez la programmation en ligne. À partir de 21 ans.

KINGS THEATRE MUSIQUE LIVE, SPECTACLES

Plan p. 472 (billetterie 800-745-3000, 718-856-5464 ; kingstheatre.com ; 1027 Flatbush Ave, à hauteur de Tilden Ave, Flatbush ; 2, 5 arrêt Beverly Rd). Vestige enchanteur d'un cinéma antérieur à la crise de 1929, le Kings Theatre, ouvert en 1929, est une superbe salle de concert et de spectacles. Laissé à l'abandon dans les années 1970, il a bénéficié d'une belle rénovation en 2015. L'auditorium rouge et or, les plafonds peints, les tapis d'époque et les fauteuils moelleux ont retrouvé leurs lettres de noblesse. Ballet russe, concerts rock, spectacles de stand-up, projections de films d'horreur y sont par exemple à l'affiche.

MCU PARK BASE-BALL

Plan p. 476 (☎718-372-5596 ; www.brooklyncyclones.com ; 1904 Surf Ave, à hauteur de W 17th St, Coney Island ; billets 10-19 $; Ⓢ D/F, N/Q arrêt Coney Island-Stillwell Ave). Équipe de base-ball de ligue mineure appartenant à la New York-Penn League, les Brooklyn Cyclones sont les rivaux des Staten Island Yankees et s'entraînent dans ce stade longeant la promenade de Coney Island, au bord de la mer.

THEATER FOR A NEW AUDIENCE AU POLONSKY SHAKESPEARE CENTER ARTS DE LA SCÈNE

Plan p. 470 (TFANA ; ☎212-229-2819 ; www.tfana.org ; 262 Ashland Pl, angle Fulton St, Fort Greene ; ⏲billetterie 12h-19h lun-sam ; Ⓢ 2/3, 4/5 arrêt Nevins St, B, Q/R arrêt Dekalb Ave). Situé dans le quartier culturel la Brooklyn Academy of Music (BAM ; voir p. 303), ce théâtre ouvert en 2013 occupe un bâtiment écoresponsable et ultramoderne inspiré du Cottesloe Theatre de Londres. On y joue Shakespeare, Ibsen et Strindberg dans des mises en scène d'avant-garde, ainsi que des œuvres plus récentes d'auteurs dramatiques comme Richard Maxwell et sa compagnie, les New York City Players. Billets New Deal à 20 $ pour les moins de 30 ans et les étudiants.

PUPPETWORKS MARIONNETTES

Plan p. 472 (☎718-965-3391 ; www.puppetworks.org ; 338 6th Ave, à hauteur de 4th St, Park Slope ; adulte/enfant 11/10 $; 👪 ; Ⓢ F, G arrêt 4th Ave). Cette compagnie associative met en scène de merveilleux spectacles de marionnettes dans un minuscule théâtre de Park Slope, qui lui valent les hourras des critiques en culottes courtes. Découvrez *La Belle et la bête*, *Le Roi Grenouille* et (bien sûr) *Pinocchio* en marionnettes. Les séances ont généralement lieu à 12h30 et 14h30 le samedi et le dimanche. Espèces uniquement.

MUSIC HALL OF WILLIAMSBURG MUSIQUE LIVE

Plan p. 468 (☎718-486-5400 ; www.musichallofwilliamsburg.com ; 66 N 6th St, entre Whyte Ave et Kent Ave, Williamsburg ; billets environ 15-25 $; Ⓢ L arrêt Bedford Ave). Cette célèbre salle de Williamsburg est *le* lieu où écouter des groupes indé à Brooklyn. De They Might Be Giants à Teenage Fanclub et Kendrick Lamar, nombreux sont ceux qui ont joué dans cette salle de prédilection de passage à New York. L'ambiance est plutôt intimiste (550 places) et la programmation hebdomadaire très variée.

EASTVILLE COMEDY CLUB COMEDY CLUB

Plan p. 470 (☎347-889-5226 ; eastvillecomedy.com ; 487 Atlantic Ave, entre Nevins St et Third Ave, Boerum Hill ; billets 10-20 $; Ⓢ 2, 3, 4, 5 arrêt Nevins St ou Ⓢ Atlantic Terminal). Le bar est accueillant et la programmation variée dans ce *comedy club* de quartier où l'on rit de bon cœur. Des grands noms se mêlent parfois aux jeunes talents locaux. Pendant les représentations, on peut commander du pop-corn et autres gourmandises pour accompagner une bière ou un verre de vin. Pas de consommation minimum.

WARSAW MUSIQUE LIVE

Plan p. 468 (☎212-777-6800 ; www.warsawconcerts.com ; 261 Driggs Ave, Polish National Home, à hauteur d'Eckford St, Greenpoint ; 🚌B43 arrêt Graham Ave/Driggs Ave, Ⓢ G arrêt Nassau Ave, L arrêt Bedford Ave). Quel est le point commun entre les *pierogi* (raviolis polonais) et le punk rock ? Cette scène très dynamique au sein de la très sympathique Polish National Home ! L'ancienne salle de bal se prête bien aux concerts, qu'il s'agisse de death metal, de folk-rock mongol ou de funk sensuelle. On vous sert des *bigos* (mijoté de chou), des sandwichs à la saucisse et des bières sous les boules à facettes. Espèces uniquement.

KNITTING FACTORY MUSIQUE LIVE

Plan p. 468 (☎347-529-6696 ; bk.knittingfactory.com ; 361 Metropolitan Ave, à hauteur de Havemeyer St, Williamsburg ; billets 10-30 $; Ⓢ L arrêt Lorimer St, G arrêt Metropolitan Ave). Longtemps connu pour ses représentations folk, indé et expérimentales, le Knitting Factory est l'adresse incontournable pour écouter du rock des années 1990, de l'afropunk, du karaoké sur de la musique emo ou des humoristes. La scène est petite et chaleureuse. Une pièce séparée par une vitre, insonorisée et dotée d'un bar permet de voir les groupes sur scène tout en reposant ses tympans.

BARGEMUSIC MUSIQUE CLASSIQUE

Plan p. 475 (☎718-624-4924 ; www.bargemusic.org ; Fulton Ferry Landing, Brooklyn Heights ; billets tarif plein/réduit à partir de 35/20 $; Ⓢ A/C arrêt High St-Brooklyn Bridge). Amarrée à quai, cette péniche de la fin du XIXe siècle offre une salle exceptionnelle de 125 places aux amateurs de musique classique. C'est une institution adulée depuis plus de 40 ans, offrant de superbes vues sur l'East River et Manhattan. Les concerts durent entre 1 heure et 1 heure 30. Pas de toilettes sur place, prenez vos précautions au Brooklyn Bridge Park. Gardez un œil sur les concerts de musique de chambre gratuits "Music in Motion", le samedi à 16h (entrée 15h45, 1 heure ; pas de réservation).

BARCLAYS CENTER BASKET

Plan p. 472 (☎917-618-6100 ; www.barclayscenter.com ; 620 Atlantic Ave, angle Flatbush Ave, Prospect Heights ; Ⓢ B/D, N/Q/R, 2/3, 4/5 arrêt Atlantic Ave-Barclays Center). Les Brooklyn Nets de la NBA (ex-New Jersey Nets) sont chez eux dans ce stade dernier cri. Le palais omnisports accueille aussi des tournois de boxe et de catch professionnels, et des têtes d'affiche en tournée (The Strokes, Elton John, The Weeknd...).

SHOPPING

Quelles que soient vos habitudes et vos envies, Brooklyn les comblera. Dumbo, Williamsburg et Greenpoint ne sont que boutiques de déco, de mobilier rétro et de mode, librairies et échoppes de disques indés. Au sud de Brooklyn, vous aurez de quoi vous faire plaisir autour de Boerum et Cobble Hills, avec leurs boutiques de créateurs. Atlantic Ave, qui s'étend d'est en ouest, est dominée par les antiquaires et brocanteurs, tandis que Park Slope met l'accent sur la mode décontractée.

Brooklyn Heights, Downtown Brooklyn et Dumbo

POWERHOUSE ARENA LIVRES

Plan p. 475 (☎718-666-3049 ; www.powerhousearena.com ; 28 Adams St, angle Water St, Dumbo ; ⏲10h-19h ; 📶 ; Ⓢ A/C arrêt High St-Brooklyn Bridge, F arrêt York St). On aime le ton décalé et la sélection pointue de cartes de vœux, souvenirs et livres (des tatouages aux albums pour enfants) de Powerhouse Arena, bien au chaud sous le Manhattan Bridge. Il est toujours agréable de faire un tour dans ce haut lieu de la culture à Brooklyn, où sont organisées des expos, des soirées de lancement et des animations créatives.

SAHADI'S ALIMENTATION

Plan p. 475 (☎718-624-4550 ; sahadis.com ; 187 Atlantic Ave, entre Court St et Clinton St, Brooklyn Heights ; ⏲11h-19h lun-sam ; Ⓢ 2/3, 4/5 arrêt Borough Hall). On est d'emblée enveloppé par le doux parfum des épices et du café fraîchement torréfié qui émane de cette malle aux trésors moyen-orientale. Le bar à olives ne compte pas moins d'une vingtaine de références, aux côtés de montagnes de pains, fromages, fruits à coque et houmous. Parfait pour un pique-nique au Brooklyn Bridge Park (p. 272).

FULTON MALL DESTINATION SHOPPING

Plan p. 475 (Fulton St, de Boerum Pl à Flatbush Ave, Downtown Brooklyn ; Ⓢ A/C, F, R arrêt Jay St-Metrotech, B, Q/R arrêt DeKalb Ave, 2/3, 4/5 arrêt Nevins St). S'étirant sur huit blocks entre Boerum Pl et Flatbush Ave, cette zone commerciale en partie piétonne – uniquement traversée par des bus et des véhicules de livraison – a fait ses preuves, depuis le temps. On y trouve de tout, des grands magasins comme Macy's aux champions locaux comme Dr Jays. Les enseignes de chaînes internationales telles H&M, Gap, Banana Republic et Nordstrom attirent leur lot de consommateurs tandis que les magasins de jouets et fast-food sur place séduisent les familles.

Boerum Hill, Cobble Hill, Carroll Gardens et Red Hook

BOOKS ARE MAGIC LIVRES

Plan p. 470 (☎718-246-2665 ; www.booksaremagic.net ; 225 Smith St, à hauteur de Butler St, Carroll Gardens ; ⏲10h-18h ; 👪 ; Ⓢ F, G arrêt Bergen St). Ouverte en 2017 par la romancière Emma Straub et son mari graphiste, cette librairie indépendante a conquis le cœur des lecteurs à Brooklyn. Et pas seulement pour ses choix littéraires judicieux, mais aussi pour les événements qui y sont organisés, comme les rencontres ou les débats. Papeterie et accessoires en vente également.

TWISTED LILY PARFUMERIE

Plan p. 470 (☎347-529-4681 ; www.twistedlily.com ; 360 Atlantic Ave, entre Bond St et Hoyt St, Boerum Hill ; ⏲12h-19h mar-dim ; SF, G arrêt Hoyt-Schermerhorn). Laissez-vous charmer par les senteurs originales venues des quatre coins du monde : amande, sauge sclarée, fleur d'oranger… Dans cette "boutique de fragrances et apothicaire", on saura vous conseiller et trouver le parfum, la bougie odorante et les cosmétiques dont vous rêviez.

BLACK GOLD RECORDS MUSIQUE

Plan p. 470 (☎347-227-8227 ; www.blackgoldbrooklyn.com ; 461 Court St, entre 4th Pl et Luquer St, Carroll Gardens ; ⏲7h-20h lun-ven, 8h-20h sam-dim ; SF, G arrêt Smith St-9th St). Disques, antiquités et trophées de chasse vous attendent dans cette belle et sombre malle aux trésors. Lancez un vinyle (du disco au funk en passant par le heavy metal) et avalez une tasse de café sacrément bon, moulu et préparé rien que pour vous. Idéal pour rapporter chez soi un jeu de société vintage… ou un castor empaillé.

THE BROOKLYN STRATEGIST JEUX DE SOCIÉTÉ

Plan p. 470 (☎718-576-3035 ; www.thebrooklynstrategist.com ; 333 Court St, entre Sackett St et Union St, Carroll Gardens ; ⏲8h-21h lun-ven, 11h-21h sam, 11h-18h dim ; 👪 ; SF, G arrêt Carroll St). Que vous soyez plus Catane ou échecs, vous trouverez votre bonheur dans ce magasin de jeux de société… qui est plus qu'un magasin. Pour 10 $ par personne, la ludothèque met à disposition ses centaines de jeux pour quatre heures de plaisir. Des tournois d'échecs (et autres) ont lieu le mardi soir. Un petit café est là pour vous aider à tenir le coup. Pensez-y pour les jours de pluie.

Fort Greene, Clinton Hill et Bed-Stuy

GREENLIGHT BOOKSTORE LIVRES

Plan p. 470 (☎718-246-0200 ; www.greenlightbookstore.com ; 686 Fulton St, à hauteur de S Portland Ave, Fort Greene ; ⏲10h-20h ; SC arrêt Lafayette Ave, B/D, N/Q/R, 2/3, 4/5 arrêt Atlantic Ave-Barclays Ctr). Cette librairie indépendante tient le haut du pavé depuis plus de dix ans. Son secret pour résister face aux enseignes de vente en ligne ? Un personnel accueillant et bibliophile, une excellente sélection de livres pour enfants et d'ouvrages signés d'auteurs locaux, des lectures et des conférences, ainsi qu'une clientèle fidèle ayant délaissé les achats en ligne. Et puis pas mal de livres sur Brooklyn et New York.

BROOKLYN AU FIL DES PAGES

Brooklyn a l'âme littéraire, et ses enfants ont dessiné le visage de la littérature américain. De nombreux auteurs y vivent encore. Voici quelques lectures incontournables d'auteurs de Brooklyn passés et présents :

- *Feuilles d'herbe* (1855 ; Les Belles Lettres) : la lettre d'amour que Walt Whitman écrit à New York, "Crossing Brooklyn Ferry" ("Sur le bac de Brooklyn"), est une ode à la vie particulièrement poignante.
- *Le Lys de Brooklyn* (1943 ; Babelio) : saisissant roman d'apprentissage de Betty Smith qui se déroule dans les immeubles sordides de Williamsburg.
- *Le Choix de Sophie* (1979 ; Babelio) : ce roman à succès de William Styron dresse le portrait de trois protagonistes marqués par la guerre et vivant dans une pension de Flatbush.
- *Les Orphelins de Brooklyn* (1999 ; Babelio) : un conte sombre et génial de Jonathan Lethem sur les quartiers malfamés près de Carroll Gardens et d'autres zones de Brooklyn.
- *Manhattan Beach* (2017 ; Babelio) : la vie d'un jeune homme sur le chantier naval de Brooklyn pendant la Seconde Guerre mondiale, par Jennifer Egan, prix Pulitzer 2011.
- Brooklyn est aussi le quartier d'élection de Jonathan Safran Foer (*Tout est illuminé*, 2002, Points Seuil ; *Extrêmement fort et incroyablement près*, 2005, Points Seuil).

Park Slope, Gowanus et Sunset Park

BEACON'S CLOSET VINTAGE

Plan p. 472 (718-230-1630 ; beaconscloset.com ; 92 Ave, à hauteur de Warren St, Park Slope ; 12h-20h lun-ven, 11h-20h sam-dim ; S 2/3 arrêt Bergen St, B, Q arrêt 7th Ave). Parcourez les portants de vêtements aux couleurs flashy, les accessoires et chaussures tape-à-l'œil de cet incontournable thrift-store new-yorkais.

D'autres magasins existent : un à West Village (p. 163), plus grand, et deux autres à Greenpoint et à Bushwick (ci-contre).

BROOKLYN SUPERHERO SUPPLY CO CADEAUX ET SOUVENIRS

Plan p. 472 (718-499-9884 ; www.superherosupplies.com ; 372 5th Ave, entre 5th St et 6th St, Park Slope ; 12h-18h mar-dim ; ; S F, G, R arrêt 4th Ave-9th St). Capes, masques, ceintures à gadgets, lunettes d'invisibilité, seau d'antimatière et autres équipements pour apprentis superhéros garnissent les rayons de ce magasin désopilant. Les bénéfices sont reversés à 826NYC, une organisation qui aide les étudiants en animant des ateliers d'écriture et de littérature (la salle de classe est cachée derrière une étagère).

LEROY'S PLACE GALERIE

Plan p. 472 (718-369-4200 ; www.leroysplace.com ; 353 7th Ave, entre 10th St et 11th St, Park Slope ; 12h-19h mar-dim ; ; S F, G arrêt 7th Ave). Est-ce une galerie, une boutique ou un espace événementiel ? Qu'importe : ici, place au jeu ! On pose dans des installations artistiques, on achète un joli bijou ou un T-shirt loufoque et on amuse les enfants avec les marionnettes de monstres XXL.

Williamsburg, Greenpoint et Bushwick

QUIMBY'S BOOKSTORE NYC LIVRES

Plan p. 468 (quimbysnyc.com ; 536 Metropolitan Ave, entre Union Ave et Lorimer St, Williamsburg ; 11h-20h lun-sam, 12h-19h dim ; S G arrêt Metropolitan Ave, L arrêt Lorimer St). Librairie à l'âme rebelle, cette cousine de la boutique indé de Chicago met en lumière des auteurs de Brooklyn et propose des œuvres de la contre-culture autour du voyage, des sciences occultes, de la vie LGBTQ+, de la musique, etc. Ses rayonnages proposent aussi des cartes postales ultra-humoristiques, des cahiers de poésie, des planches de phrénologie, des scarabées naturalisés, des ouvrages à tirages confidentiels... Tout ce dont peut rêver un consommateur anarchiste. Événements hebdomadaires, lectures et expos photos notamment.

CATBIRD BIJOUX

Plan p. 468 (718-599-3457 ; www.catbirdnyc.com ; 219 Bedford Ave, entre N 4th St et N 5th St, Williamsburg ; 11h-19h ; S L arrêt Bedford Ave). Spécialisé dans les bijoux délicats, comme les bagues en pierre de lune et les colliers et bracelets de chevilles simples et charmants, Catbird est un incontournable de l'artisanat *made in Williamsburg*. La petite boutique vend les créations réalisées à quelques rues de là, ainsi que des pièces de bijoutiers indépendants et du monde entier. Tout est en or (recyclé ou éthique) ou en argent, et les pierres précieuses d'origine "sans conflit".

DESERT ISLAND COMICS LIVRES

Plan p. 468 (718-388-5087 ; www.desertislandbrooklyn.com ; 540 Metropolitan Ave, entre Union Ave et Lorimer St, Williamsburg ; 14h-19h lun, 12h-20h mar-dim ; ; S L arrêt Lorimer St, G arrêt Metropolitan Ave). Toute la valeur (et la pérennité) d'un magasin de BD tient dans le savoir de ses vendeurs. Desert Island s'en sort haut la main. L'accueil est jovial et le conseil très sûr, ce qui facilite la navigation dans les rayons chargés de centaines de volumes, de romans graphiques, productions locales, imprimés en tous genres, jeux, carnets d'artistes faits main... Au son des vinyles lancés sur la platine à l'arrière du local.

BEACON'S CLOSET VINTAGE

Plan p. 468 (718-486-0816 ; www.beaconscloset.com ; 74 Guernsey St, entre Nassau Ave et Norman Ave, Greenpoint ; 11h-20h ; S G arrêt Nassau Ave). Cette friperie de 510 m² est un trésor et une gageure. Organisés par couleurs, ses portants circulaires de manteaux, robes, hauts en polyester et T-shirts des années 1990 exigent patience et détermination. Les plus patients y trouveront aussi des chaussures à sequins, chemises en flanelle, chapeaux, sacs à main, bijoux en toc et lunettes de soleil rétro.

Il y a d'autres adresses à **Bushwick** (plan p. 468 ; 718-417-5683 ; www.beaconscloset.com ;

23 Bogart St, entre Varet St et Cook St, Bushwick ; ⏲11h-20h ; S L arrêt Morgan Ave), Park Slope (page ci-contre) et West Village (p. 163).

SPOONBILL & SUGARTOWN LIVRES

Plan p. 468 (☎718-387-7322 ; www.spoonbillbooks.com ; 218 Bedford Ave, entre N 5th St et N 4th St, Williamsburg ; ⏲11h-21h ; S L arrêt Bedford Ave). La librairie chérie de Williamsburg est vraiment un lieu de quartier. Les étagères débordent de volumes sur la justice sociale, l'art radical et autres beaux livres intrigants. On y trouve aussi des ouvrages rares et d'occasion, ou encore des parutions locales inédites. Consultez le site pour découvrir la programmation de lectures et soirées de lancement.

SPORTS ET ACTIVITÉS

BROOKLYN BOWL BOWLING

Plan p. 468 (☎718-963-3369 ; www.brooklynbowl.com ; 61 Wythe Ave, entre N 11th St et N 12th St, Williamsburg ; piste dim-jeu/ven-sam 25/30 $ les 30 min, chaussures 5 $; ⏲18h-tard mer-ven, 11h-tard sam-dim ; 👪 ; S L arrêt Bedford Ave, G arrêt Nassau Ave). Cet impressionnant bowling compte 16 pistes entourées de canapés. Cet espace en brique apparente accueille des concerts toute la semaine et on y mange une bonne cuisine de pub (sandwichs BLT, burgers, travers de poc et *chicken wings*, salades...). Le samedi de 11h à 17h et le dimanche de 12h30 à 18h, on vient jouer en famille et à tous âges. Le

100% LOCAL

MARCHÉS DE BROOKLYN

Le week-end, les habitants de Brooklyn courent les vide-greniers et les marchés. Voici quelques bonnes adresses pour dénicher l'insolite :

Brooklyn Flea Plan p. 475 (www.brooklynflea.com ; 80 Pearl St, Manhattan Bridge Archway, Anchorage Pl sur Water St, Dumbo ; ⏲10h-17h dim avr-oct ; 🚌B67 arrêt York St/Jay St, S F arrêt York St). Chaque dimanche d'avril à octobre, environ 80 stands ouvrent sous cette grande arche du Manhattan Bridge. Antiquités, vinyles, fripes, fleurs, créations artisanales en tous genres, articles de maison et même absinthe : on y trouve de tout. Avalez un donut ou une part de pizza en arpentant les allées endécidant si vous allez repartir avec le kimono ou le T-shirt estampillé Brooklyn... Également présent à Smorgasburg (le samedi à Williamsburg et le dimanche à Prospect Park ; voir l'encadré p. 290) aux beaux jours.

Artists & Fleas Plan p. 468 (☎917-488-4203 ; www.artistsandfleas.com ; 70 N 7th St, entre Wythe Ave et Kent Ave, Williamsburg ; ⏲11h-18h sam-dim ; S L arrêt Bedford Ave). Ce marché couvert très branché rassemble plus de 75 vendeurs de bijoux en pierres brutes, bougies parfumées, huile de CBD et T-shirts à imprimés. On déambule café à la main au son de DJ-sets. Deux autres lieux similaires, bien que plus petits, sont ouverts tous les jours, l'un à SoHo, l'autre au cœur du Chelsea Market (p. 155).

Fort Greene Park Greenmarket Plan p. 470 (☎212-788-7476 ; www.grownyc.org ; Fort Greene Park, angle de Cumberland St et DeKalb Ave, Fort Greene ; ⏲8h-15h sam ; 🖉 ; 🚌B38 arrêt DeKalb Ave/Carlton St, S G arrêt Fulton St ; C arrêt Lafayette Ave). Ce marché de producteurs occupe la partie sud-est de Fort Greene Park (p. 278) et attire un grand nombre de fidèles. Chaque samedi, on peut compter sur la présence de producteurs régionaux, qu'ils vendent du canard de la vallée de l'Hudson, de la charcuterie, du poisson sauvage, des fruits bio, des fromages artisanaux ou des viennoiseries maison. Il y a aussi des produits de saison, comme le sirop d'érable en hiver et les fleurs fraîches au printemps.

Grand Army Plaza Greenmarket Plan p. 472 (www.grownyc.org ; Grand Army Plaza, angle Prospect Park W et Flatbush Ave, Prospect Park ; ⏲8h-15h sam ; S 2, 3 arrêt Grand Army Plaza). Tous les samedis, au sud de Grand Army Plaza, ce marché de producteurs établi de longue date met en valeur son éthique locavore et régionale (pâtisseries, crèmerie, vodka, laine mérinos, bougies...) et quelques *food trucks* bien sympas. Idéal pour un pique-nique à Prospect Park (p. 273).

soir, à partir de 18h, l'accès est réservé aux plus de 21 ans.

BROOKLYN BOULDERS ESCALADE

Plan p. 472 (☎347-834-9066 ; www.brooklynboulders.com ; 575 Degraw St, à hauteur de 3rd Ave, Gowanus ; forfait journée 36 $, location chaussures + harnais 14 $; ⏲7h-22h lun-ven, 9h-20h sam-dim ; Ⓢ R arrêt Union St). Le plus grand centre d'escalade de Brooklyn est à la fois spacieux et dynamique. Situé dans une zone industrielle de Gowanus, cet espace de 1 700 m^2 sous un plafond de 9 m, avec grottes, rocher isolé de 5 m de haut et murs d'escalade, offre aux débutants comme aux virtuoses des parcours et des aplombs de 15°, 30° et 45°.

BROOKLYN BRAINERY PROMENADES

Plan p. 472 (☎347-292-7246 ; www.brooklynbrainery.com ; 190 Underhill Ave, entre Sterling Pl et St Johns Pl, Prospect Heights ; Ⓢ 2/3 arrêt Grand Army Plaza). Ce centre de formation de quartier offre des miniconférences en soirée et des cours pratiques – de la sténo à la cuisine chinoise végane, en passant par les langages informatiques –, mais aussi des promenades commentées autour de thèmes tels que la flore locale ou l'apport historique néerlandais à Brooklyn.

RED HOOK BOATERS KAYAK

Plan p. 470 (www.redhookboaters.org ; Louis Valentino Jr Pier Park, à l'angle de Coffey St et Ferry St, Red Hook ; ⏲13h-16h dim juin-sept et 18h-20h jeu mi-juin à mi-août ; 👪 ; Ⓢ F, G arrêt Smith St-9th St puis 🚌 B61 arrêt Van Brunt St/Coffey St). GRATUIT Tenu par des bénévoles, Red Hook Boaters propose des sorties gratuites en kayak dans le petit chenal du Louis Valentino Jr Park. Une fois sur l'eau, on a une vue imprenable sur Lower Manhattan et la statue de la Liberté. Consultez le site Internet avant de vous y rendre. Il y a des gilets de sauvetage pour les enfants. Les moins de 14 ans doivent être accompagnés.

Queens

LONG ISLAND CITY | ASTORIA | JACKSON HEIGHTS | FLUSHING ET CORONA | WOODSIDE | ELMHURST | FLUSHING

Notre sélection

❶ Le **MoMA PS1** (p. 313), petit frère du Museum of Modern Art, de l'autre côté du fleuve : un espace culturel multidisciplinaire où se mêlent peinture, sculpture et installations originales.

❷ Un véritable pèlerinage cinématographique au **Museum of the Moving Image** (p. 317), l'hommage moderne d'Astoria aux grands et petits écrans.

❸ Un saut jusqu'à la plage de **Rockaway** (p. 316), en métro – ou mieux, en ferry – pour surfer, dîner au bord de l'eau et profiter de kilomètres de plages miroitantes.

❹ La tournée des spécialités culinaires de l'Amérique latine, grâce aux *food trucks* le long de **Roosevelt Ave** (p. 323).

❺ L'immersion dans la vie animée des rues asiatiques et la dégustation de nouilles chinoises ou de boulettes, entre autres délices de **Flushing** (p. 323).

Pour un plan plus détaillé, reportez-vous p. 477 et 478

Bon plan Lonely Planet

Avec un nombre croissant d'hôtels raffinés, dont beaucoup ont investi d'anciens édifices industriels, le Queens est idéal pour loger à prix raisonnable sans s'éloigner du cœur de New York.

Le top des restaurants

- Casa Enrique (p. 321)
- Bahari Estiatorio (p. 322)
- Mombar (p. 322)
- Addã (p. 319)
- Taverna Kyclades (p. 322)

Voir détails p. 319

Le top des restaurants asiatiques

- HinoMaru (p. 321)
- Pye Boat Noodle (p. 321)
- New World Food Court (p. 323)
- Szechuan House (p. 324)

Voir détails p. 319

Le top des bars et cafés

- Dutch Kills (p. 324)
- Astoria Bier & Cheese (p. 325)
- Singlecut Beersmiths (p. 325)
- Anable Basin Sailing Bar & Grill (p. 325)

Voir détails p. 324

Découvrir le Queens

Des cinq *boroughs*, le Queens est le premier par sa superficie et le deuxième par sa population. Ailleurs, il s'agirait d'une ville à part entière, mais pas à New York ! Alors, par où commencer ?

Pourquoi pas par une journée à Long Island City, domicile des centres d'art contemporain MoMA PS1 (page ci-contre) et SculptureCenter (p. 316) ? Admirez ensuite le coucher du soleil depuis le Gantry Plaza State Park (p. 315), avant de vous restaurer et de prendre un verre sur le chaleureux Vernon Blvd. Gargotes exotiques, bières artisanales ou encore le Museum of the Moving Image (p. 317) : le charmant quartier d'Astoria mérite qu'on y consacre un jour ou deux. L'été, profitez du cinéma en plein air du Socrates Sculpture Park (p. 315).

Avec sa myriade de stands de street food, d'épiceries asiatiques et de centres commerciaux kitsch, Flushing vaut également qu'on y passe une journée entière. Les plus pressés parcourront Main St et Roosevelt Ave le matin, puis se rendront à Corona pour visiter le Queens Museum (p. 318), la Louis Armstrong House (p. 317) ou le New York Hall of Science (p. 318), pour les enfants. Par beau temps, vous pourrez rejoindre les surfeurs de Rockaway Beach (p. 316), la plus belle plage de New York.

Vivre comme un New-Yorkais

- **QG** Les amateurs de bière se retrouvent à l'Astoria Bier & Cheese (p. 325), tandis que les hipsters sirotent des mousses plus ordinaires à l'Anable Basin Sailing Bar & Grill (p. 325), mais en contemplant une vue superbe.
- **Culture** New York vue du ciel sans quitter la terre ferme, dans l'édifice rétro du Queens Museum (p. 318).
- **Flushing** Soupe de bœuf épicée au Liuyishou Hotpot (p. 324) et saveurs enflammées à la Szechuan House (p. 324).

Depuis/vers le Queens

- **Métro** Le Queens est desservi par 12 lignes. Depuis Manhattan, les N/Q/R et M mènent à Astoria, la ligne 7 à Long Island City, Woodside, Corona et Flushing, et la A à Rockaway Beach. Les E, J et Z rejoignent Jamaica, tandis que la G relie Long Island City à Brooklyn.
- **Train** Le réseau ferroviaire du **Long Island Rail Road** (LIRR ; ☎718-217-5477 ; www.mta.info/lirr) offre une liaison commode entre Flushing et Penn Station à Manhattan.
- **Ferry** Le NYC Ferry (p. 401) qui part d'E 34th St dessert Long Island City, Roosevelt Island et Astoria.

LES INCONTOURNABLES
MOMA PS1

Plus modeste et plus branché que son pendant de Manhattan, le MoMA PS1 est à l'affût des œuvres les plus avant-gardistes, présentées dans les bâtiments d'une ancienne école. Vous ne verrez ici ni nymphéas ni cadres rococo, mais des vidéos cachées sous vos pieds et méditerez sur le sens des structures cinétiques, l'œil fixé à un trou dans le mur. Attendez-vous à l'inattendu. En plus, l'entrée est gratuite si vous avez acheté un billet pour le MoMA dans les 14 jours.

Racines, radicaux et classiques du PS1

Le PS1 fit ses débuts dans les années 1970, à l'époque de Dia, de l'Artists' Space et du New Museum – espaces innovants qui promouvaient alors la scène artistique multimédia de la ville en plein essor. En 1976, Alanna Heiss, qui soutient l'art dans des espaces alternatifs, prend possession d'une école désaffectée du Queens et invite des artistes comme Richard Serra, James Turrell et Keith Sonnier à concevoir des œuvres spécialement destinées au site. Cela donnera *Rooms*, l'exposition inaugurale du PS1. Parmi les restes de l'exposition, on remarquera aux murs les formes ovales de Richard Artschwager ou encore les canaux de lumière creusés par Alan Saret au 3e niveau de l'aile nord : *The Hole at P.S.1, Fifth Solar Chthonic Wall Temple*. Ces œuvres font partie des installations permanentes de la galerie, comme la vidéo de Pipilotti Rist, *Selbstlos im Lavabad* ("Altruiste dans un bain de lave" ; diffusée à travers des trous dans le sol du couloir) ou encore le bouleversant *Meeting* de James Turrell, qui fait du ciel un chef-d'œuvre.

À NE PAS MANQUER

- Les expositions temporaires et permanentes
- Les "Warm Up" en été
- Les Sunday Sessions

INFOS PRATIQUES

- Plan p. 478, B5
- ☎718-784-2084
- www.momaps1.org
- 22-25 Jackson Ave, Long Island City
- adulte/enfant 10 $/gratuit, gratuit avec le billet MoMA, accès aux après-midi Warm Up en ligne/sur place 18/22 $
- ⌚12h-18h jeu-lun, après-midi Warm Up 12h-21h sam juil-début sept
- Ⓢ G, 7 arrêt Court Sq, E/M arrêt Court Sq-23rd St

LIBRAIRIE

Approfondissez vos connaissances chez **Artbook** (plan p. 478 ; ☎718-433-1088 ; www.artbook.com/artbookps1.html ; 22-25 Jackson Ave, Long Island City ; ⏲12h-18h jeu-ven et dim-lun, 12h-20h sam ; Ⓢ E/M arrêt Court Sq-23rd St, G, 7 arrêt Court Sq), la librairie du MoMA PS1. On y trouve les catalogues des expositions du MoMA, des beaux livres, des ouvrages théoriques sur l'art et des raretés, des ouvrages sur des films et des spectacles, des périodiques d'art, d'architecture et de design, ainsi que des CD et nouveaux médias. Le site Internet d'Artbook détaille les conférences occasionnelles et les événements liés aux expositions.

FAITES UNE PAUSE

La chef Mina Stone sert une généreuse cuisine grecque dans le restaurant du musée, sobrement nommé Mina's (p. 319).

Les "Warm Up" estivaux

Les samedis après-midi, du 4 juillet au premier lundi de septembre, les Warm Up comptent parmi les événements musicaux et culturels les plus tendance de New York. Des hipsters patentés aux mélomanes pointus, le succès est unanime et les foules se réunissent dans la cour du MoMA PS1 pour manger, boire et assister au défilé étourdissant de groupes en vogue, de musiciens expérimentaux et de DJ. Parmi les invités, citons le dieu de l'acid-house, DJ Pierre, et le pionnier de l'électro, Juan Atkins. On pourrait se croire à une fête de quartier si ce n'était la programmation musicale et artistique de haute volée. En lien avec ces manifestations, le concours YAP (Young Architects Program) sélectionne chaque année une équipe chargée de transformer la cour du musée au moyen d'une structure de grandes dimensions créant un espace festif ombragé.

Sunday Sessions

Autre événement culturel, les Sunday Sessions ont lieu chaque dimanche de novembre à avril environ (les dates varient selon les années). Conférences, projections, concerts, performances... le programme a même affiché des spectacles comiques expérimentaux, des improvisations bruitistes et de la danse latine avant-gardiste. Vous pouvez aussi bien tomber sur le début d'une symphonie, comme sur un spectacle architectural de facture madrilène la semaine suivante. Calendrier des événements sur le site du MoMA PS1.

Architecture

Bâti au début des années 1890, de style néo-Renaissance, le MoMA PS1 a abrité la première école de Long Island City, fermée en 1963 car elle accueillait trop peu d'élèves. La restauration (qui a été primée) menée par l'architecte Frederick Fisher dans les années 1990, a vu l'adjonction de galeries extérieures et d'un grand escalier.

À VOIR

Le site Web du Queens Tourism Council (www.itsinqueens.com) fournit des renseignements sur les différents sites et événements, tandis que le Queens Council on the Arts (www.queenscouncilarts.org) promeut l'actualité artistique du *borough*. Pour une visite plus originale, Jack Eichenbaum, le professeur d'urbanisme du Hunter College, organise d'insolites visites guidées (p. 327) des quartiers multiculturels du Queens, incluant une promenade à pied ou une balade d'une journée le long de la ligne 7.

Long Island City

Alors qu'elle n'est qu'à 10 minutes en train de Midtown par la ligne 7, Long Island City est restée peu urbanisée et secrète pendant des décennies. Désormais, après un miniboom, elle n'est pas loin d'être branchée. Plusieurs musées d'avant-garde et des bâtiments industriels reconvertis lui donnent l'atmosphère typique d'un quartier tendance de New York dont la période pionnière vient de s'achever. On y trouve de beaux points de vue, notamment à Gantry Plaza State Park, le long de l'East River.

Pour y aller, prenez la ligne G jusqu'à 21st St ou le New York City Ferry.

MOMA PS1 — MUSÉE

Voir p. 313.

NOGUCHI MUSEUM — MUSÉE

Plan p. 478 (718-204-7088 ; www.noguchi.org ; 9-01 33rd Rd, à hauteur de Vernon Blvd, Long Island City ; adulte/enfant 10 $/gratuit, 1er ven du mois gratuit ; 11h-18h mer-dim ; Q103, Q104 arrêt Vernon Blvd-33 Rd, S N/W arrêt Broadway). Ce bâtiment et sa collection sont tous deux l'œuvre d'Isamu Noguchi, sculpteur, designer et architecte-paysagiste américano-japonais. Ses lampes et tables basses emblématiques, de même que ses élégantes sculptures abstraites en pierre, sont présentées dans de paisibles galeries, ainsi que dans un jardin minéral dépouillé – une vision esthétique et une oasis de paix. Collection permanente au rez-de-chaussée ; expositions temporaires à l'étage.

GANTRY PLAZA STATE PARK — PARC

Plan p. 478 (parks.ny.gov/parks/gantryplaza ; 4-09 47th Rd, Long Island City ; aube-crépuscule ; S 7 arrêt Vernon Blvd-Jackson Ave). Ingénieusement conçu, ce parc de 5 ha au bord de l'eau, situé en face des Nations unies, jouit d'un magnifique panorama ininterrompu sur Manhattan, à admirer en toute décontraction depuis l'un des transats publics. Le parc attire des familles venues de tout le Queens. Les portiques restaurés des docks, en service jusqu'en 1967, illustrent le passé du parc, une ancienne aire de chargement et de déchargement pour péniches marchandes et barges.

Le panneau Pepsi-Cola géant de 1936, se dressant à l'extrémité nord du parc, est emblématique de Long Island City. Il surplombait autrefois une usine d'embouteillage, démolie depuis. L'endroit est aussi pratique pour prendre les ferries vers E 34th St, ou vers Roosevelt Island et Astoria.

SOCRATES SCULPTURE PARK — PARC DE SCULPTURES

Plan p. 478 (socratessculpturepark.org ; 32-01 Vernon Blvd, Astoria ; 9h-crépuscule ; S N/W arrêt Broadway). GRATUIT À l'origine, le site était une décharge abandonnée ; il a été métamorphosé par le sculpteur Mark di Suvero en un parc urbain en bordure de fleuve, doté d'une vue superbe, où des installations artistiques se succèdent régulièrement. Essayez de programmer votre visite lors des événements gratuits, tels les cours de yoga du week-end de mi-mai à fin septembre, et les projections de films du mercredi soir en juillet et août.

VAUT LE DÉTOUR

LA VIE À LA FERME

Allez gambader parmi les vaches, les moutons et les chèvres du **Queens County Farm Museum** (718-347-3276 ; www.queensfarm.org ; 73-50 Little Neck Pkwy, Floral Park ; 10h-17h ; ; Q46 arrêt Little Neck Pkwy) GRATUIT, les dernières terres agricoles dans les limites de la ville. C'est loin de Manhattan, mais pour les visiteurs s'intéressant à l'agriculture urbaine – et les enfants ayant besoin de se mettre au vert –, c'est un havre de paix. Tous les ans s'y tient un pow-wow où se retrouvent des tribus de toute l'Amérique, ainsi que d'autres événements saisonniers (dont une maison hantée, fin octobre).

VAUT LE DÉTOUR

ROCKAWAY BEACH

Immortalisée par les Ramones dans une chanson éponyme de 1977, la plus grande **plage** (plage et promenade 6h-21h ; Q52-SBS arrêt Rockaway Beach Blvd-Beach 92 St, NYC Ferry depuis Wall St-Pier 11, S A arrêt Beach-90 St) urbaine d'Amérique est aussi l'une des meilleures de New York. On y accède par la ligne A depuis Manhattan moyennant 2,75 $ (ou en ferry, pour le même prix). Moins fréquentée que Coney Island et d'aspect plus sauvage, Rockaway Beach est une longue étendue de sable dotée de deux centres au cœur de la vie sociale.

À l'ouest, le **Jacob Riis Park** (718-318-4300 ; www.nyharborparks.org/visit/jari.html ; Gateway National Recreation Area, Rockaway Beach Blvd, Queens ; 6h-21h Memorial Day-Labor Day ; P ; Q35 et Q22 arrêt Jacob Riis Park, sam, dim et vacances depuis Pier 11 Wall St, arrêt Riis Landing/Rockaway), qui fait partie des 10 500 ha de la Gateway National Recreation Area, attire surtout les familles. Ce secteur comprend aussi les vestiges recouverts de verdure de Fort Tilden, une intéressante installation d'artillerie côtière de la Première Guerre mondiale, maintenant désaffectée.

À l'est, à peu près à partir de Beach 108th St, hipsters, artistes et cantines locavores envahissent la promenade de planches devant les seules plages de surf officielles de la ville (à partir de Beach 92nd St et vers l'est). Des stands en dur vendent de délicieux en-cas comme des petits pains au homard (*lobster rolls*), du ceviche et des pizzas originales.

Commençant non loin de l'aéroport international JFK, le **Jamaica Bay Wildlife Refuge**, un marais saumâtre, est l'un des plus importants habitats d'oiseaux migrateurs et de marécages de la côte est. Au printemps et à l'automne, plus de 325 espèces d'oiseaux viennent s'y reposer et se régaler de coquillages, de crustacés ou de tortues. Chaque saison apporte son lot de visiteurs. Fauvettes et oiseaux chanteurs arrivent au printemps et, fin mars, les bécasses d'Amérique. Mi-août, les échassiers qui descendent du Canada y font escale avant de gagner le Mexique. En automne, ils laissent la place aux faucons et à d'autres rapaces migrateurs, aux canards et aux oies quand abondent les papillons monarques et les libellules. Ornithologues et naturalistes amateurs trouveront plus d'oiseaux à l'étang est, les simples visiteurs préféreront l'étang ouest, plus pittoresque et avec un sentier mieux entretenu de 3,2 km qui en fait le tour. Munissez-vous simplement de chaussures résistantes à la boue, de crème solaire, d'antimoustique et d'eau, et ne touchez pas aux sumacs vénéneux.

KAUFMAN ARTS DISTRICT — CENTRE D'ART

Plan p. 478 (www.kaufmanartsdistrict.com ; 34-12 36th St, Astoria ; S M/R arrêt Steinway St, N/Q arrêt 36th Ave). Autour des studios de cinéma **Kaufman Astoria**, situés au 34-12 36th St, ce quartier en plein essor mérite une visite : vous pourrez dire que vous le connaissiez avant qu'il ne devienne le nouveau Chelsea ! Haut lieu culturel du Queens, ce secteur de plus de 24 *blocks* permet de découvrir, outre des institutions comme le Museum of the Moving Image, des événements, des ateliers participatifs et des œuvres d'art publiques (programmation sur le site Internet). On y trouve aussi de nombreux bars et restaurants.

SCULPTURECENTER — MUSÉE

Plan p. 478 (718-361-1750 ; www.sculpture-center.org ; 44-19 Purves St, Long Island City ; don suggéré 10 $; 12h-18h jeu-lun ; S 7 arrêt 45th Rd-Court House Sq, E, M arrêt 23rd St-Ely Ave, G arrêt Long Island City-Court Sq). Le SculptureCenter a investi un ancien atelier de réparation de trams au fond d'une impasse pour présenter des œuvres avant-gardistes, dans un cadre industriel évoquant Berlin. Sa galerie principale dans une sorte de hangar et son espace caverneux au sous-sol accueillent à la fois des artistes émergents et déjà établis. L'endroit vaut le détour si vous visitez le MoMA PS1 (p. 313), situé tout près.

Astoria

C'est à Astoria que réside la plus importante communauté hellénique au monde hors de Grèce ; on y trouve donc d'excellentes boulangeries, cantines et boutiques gourmandes grecques, principalement le long de Broadway. L'arrivée d'immigrants d'Europe de l'Est, du Moyen-Orient et d'Amérique latine, ainsi qu'une jeunesse bohème (notamment de jeunes acteurs), a donné naissance à un quartier cosmopolite. Rappelant qu'Astoria fut le premier centre cinématographique du pays dans les années 1920, l'American Museum of the Moving Image révèle quelques-uns des secrets du cinéma à travers des projections et des expositions remarquables, le tout dans un vieux théâtre rénové au décor chargé.

MUSEUM OF THE MOVING IMAGE — MUSÉE

Plan p. 478 (www.movingimage.us ; 36-01 35th Ave, entre 36th St et 37th St, Astoria ; adulte/enfant 15/9 $, 16h-20h ven gratuit ; 10h30-17h mer-jeu, 14h-20h ven, 12h-18h sam-dim ; ; S M/R arrêt Steinway St). Voici l'un des meilleurs musées de l'audiovisuel au monde. Ses galeries présentent plus de 130 000 pièces, parmi lesquelles la perruque d'Elizabeth Taylor dans Cléopâtre, un nombre impressionnant de téléviseurs et de caméras vintage, des jouets optiques du XIXe siècle et une pièce remplie de jeux d'arcade. Les installations interactives – comme la machine permettant de réaliser son propre folioscope – font découvrir la science derrière l'art. D'excellentes expositions temporaires et des projections de films sont aussi au programme (consultez le site Internet).

Jackson Heights

Couvrant 50 *blocks* de 70th St à 90th St, entre Roosevelt Ave et 34th St, Jackson Heights est un des plus beaux quartiers restés quasi ignorés des New-Yorkais. Roosevelt Ave vaut largement une visite. C'est une véritable tour de Babel, à découvrir en allant manger dans un – ou plusieurs – de ses restaurants. Les communautés asiatiques ou latino-américaines, de la frontière mexicaine jusqu'à la pointe de la Patagonie, y sont représentées. Pour s'y rendre, empruntez la ligne 7 jusqu'à 74th St-Broadway ou bien les lignes E, F/M, R jusqu'à Jackson Heights-Roosevelt Ave.

Flushing et Corona

L'intersection de Main St et Roosevelt Ave, dans le centre de Flushing, est en quelque sorte le Times Square d'une ville qui semble à des milliers de kilomètres de New York. Des immigrants venus de toute l'Asie, principalement chinois et coréens, constituent la population de ce quartier effervescent, débordant de marchés et de restaurants aux délicieuses spécialités.

Corona, au sud-est, est surtout connu pour son Flushing Meadows Corona Park, le poumon vert du Queens. Outre quelques musées intéressants, le parc (créé pour l'Exposition universelle de 1939) abrite aussi l'USTA Billie Jean King National Tennis Center (p. 318), où se déroule l'US Open chaque année en août.

LOUIS ARMSTRONG HOUSE — PATRIMOINE HISTORIQUE

Plan p. 477 (718-478-8274 ; www.louisarmstronghouse.org ; 34-56 107th St, Corona ; adulte/enfant 12/8 $; 10h-17h mer-ven, 12h-17h sam-dim, dernière visite 16h ; S 7 arrêt 103rd St-Corona Plaza). Au faîte de sa carrière, le trompettiste de légende Louis Armstrong s'installa dans cette modeste maison du Queens, où il vécut jusqu'à sa mort en 1971. Le lieu a été impeccablement préservé, jusqu'aux étincelants meubles de cuisine bleu turquoise. La visite guidée de 40 minutes relate la vie d'Armstrong, avec des extraits sonores et des commentaires éclairés sur certains objets liés au grand jazzman.

FLUSHING MEADOWS CORONA PARK — PARC

Plan p. 477 (www.nycgovparks.org/parks/flushing-meadows-corona-park ; Grand Central Pkwy, Corona ; S 7 arrêt Mets-Willets Point). La plus grande attraction de cette zone est le parc de 500 ha conçu pour l'Exposition universelle de 1939. Il est dominé par le monument emblématique du Queens : l'**Unisphere** (24h/24 ; S 7 arrêt 111th St ou Mets Willets Point). Pesant 380 tonnes pour 37 m, il s'agit du plus gros globe du monde. Il fait face à l'ancien New York City Building, aujourd'hui occupé par le Queens Museum.

Témoins de la guerre froide, les trois New York State Pavilion Towers se dressant au

POURQUOI LES ADRESSES DU QUEENS SONT-ELLES SI COMPLIQUÉES ?

Une journée suffit pour comprendre, dans les grandes lignes, comment sont organisées les rues de Manhattan : dans l'ensemble, les avenues courent du nord au sud et les rues d'est en ouest, leur numéro augmentant à mesure qu'on progresse vers le nord. Ce n'est malheureusement pas si simple dans le Queens, où les adresses sont faites de deux nombres et d'un trait d'union, et où le nom des voies (avenue, lane, drive, road, street ou terrace) est souvent redondant – dans Forest Hills, on trouve côte à côte 68th St, 68th Rd, 68th Dr, 69th Ave et 69th Rd ! Et pourtant, même ce *borough* a sa logique.

Avant d'être intégré à New York en 1898, le Queens était un ensemble de bourgs et villages ayant chacun son propre système de nomenclature (on y comptait, par exemple, 40 Washington Streets !). L'harmonisation n'eut lieu qu'en 1911, soit 100 ans après la création du système de numérotation de Manhattan.

Aujourd'hui, on y compte 167 avenues reliant l'est à l'ouest (de Long Island City à Queens Village) et 271 rues reliant le nord au sud (de Whitestone à Rockaway) – tout l'opposé de Manhattan ! Mais la confusion ne s'arrête pas là : les adresses du Queens sont formées de deux paires de chiffres séparées par un trait d'union. La première correspond au nom de la rue/avenue formant l'intersection la plus proche ; la seconde indique le numéro du bâtiment (en partant de ladite intersection). Les exceptions, naturellement, sont légion.

Ainsi, le Museum of the Moving Image, au 36-01 35th Ave, est situé dans 35th Ave entre 36th St et 37th St, et correspond au premier bâtiment à partir du croisement de 36th St. Simple, non ?

sud du parc faisaient partie du pavillon de l'État de New York lors de l'Exposition universelle de 1964. Elles ont subi les injures du temps. En venant du métro, vous apercevrez (au bout de la passerelle piétonne du métro) les mosaïques que Salvador Dalí et Andy Warhol avaient réalisées pour l'événement, et l'**USTA Billie Jean King National Tennis Center** (plan p. 477 ; ☎718-760-6200 ; www.ntc.usta.com ; Ⓢ7 arrêt Mets Willets Point) qui accueille le quatrième tournoi du Grand Chelem de tennis, l'US Open. Vers l'ouest, de l'autre côté de Grand Central Parkway, vous trouverez d'autres sites intéressants dont le New York Hall of Science (ci-contre). Le parc est aussi doté de terrains de sport côtés est et sud. Ses excellents terrains de foot en gazon synthétique sont prisés pour des matchs organisés ou improvisés. Un parcours de golf pitch-and-putt est éclairé en soirée.

QUEENS MUSEUM — MUSÉE

Plan p. 477 (QMA ; ☎718-592-9700 ; queensmuseum.org ; Flushing Meadows Corona Park, Queens ; don suggéré adulte/enfant 8 $/gratuit ; ⏲12h-17h mer-ven, 11h-17h sam-dim ; 📶 ; Ⓢ7 arrêt 111th St ou Mets-Willets Point). Le Queens Museum est un des trésors cachés de New York. Sa pièce maîtresse, le Panorama of New York City, est un incroyable New York miniature reconstitué bâtiment par bâtiment sur près de 900 m². Le musée organise aussi de grandes expositions d'art contemporain international reflétant la diversité du Queens.

L'édifice, historique, remonte à l'Exposition universelle de 1939. Il abrita ensuite l'Assemblée des Nations unies de 1946 à 1952, puis accueillit l'Exposition universelle de 1964. Nombre d'objets en témoignent, dont vous retrouverez la reproduction dans la boutique de souvenirs.

NEW YORK HALL OF SCIENCE — MUSÉE

Plan p. 477 (☎718-699-0005 ; www.nysci.org ; 47-01 111th St ; adulte/enfant 25/20 $, gratuit 14h-17h ven et 10h-11h dim ; ⏲9h30-17h lun-ven, 10h-18h sam-dim ; Ⓢ7 arrêt 111th St). Logé dans un bâtiment insolite de 1965 aux murs ondulés et ornés de vitraux, ce musée des sciences est résolument intello. À l'extérieur, un golf miniature et la plus grande aire de jeux scientifique d'Amérique du Nord sont là pour détendre les neurones. À l'intérieur, vous pourrez piloter un robot Mars Rover, découvrir l'exposition *Mathematica* conçue par les célèbres designers Charles et Ray Eames ou encore jouer avec *Connected Worlds,* une installation animée qui permet aux enfants de gérer les ressources en eau et la croissance des végétaux dans six milieux naturels (jungle, désert, marais, vallée, lac et plaine). Lors de nos recherches, le musée était fermé pour réparation des dégâts engendrés par l'ouragan Ida en septembre 2021.

OÙ SE RESTAURER

***Spanakopita ? Khao man gai ? Encebol de marisco ?* Le Queens assure un voyage culinaire des plus épiques. Direction Long Island City pour les locavores, et Astoria pour tout le reste, de la cuisine grecque aux bagels – surtout dans 30th Ave, Broadway (entre 31st St et 35th St) et 31st Ave. Quant au "petit Caire" du quartier d'Astoria, Steinway Ave, il se trouve entre Astoria Blvd et 30th Ave. Plus à l'est, des *food trucks* proposent de la cuisine latina dans Roosevelt Ave. Et, au bout de la ligne 7, à Flushing, c'est Chinatown, les touristes en moins.**

Long Island City

ADDÃ INDIEN $

Plan p. 478 (☎718-433-3888 ; www.addanyc.com ; 31-31 Thomson Ave, Long Island City ; plats 14-29 $; ⏲17h-21h mar-dim-jeu, 12h-15h sam-dim ; 📶 ; Ⓢ7 arrêt 33 St-Rawson St). Niché entre un bureau de recrutement de la Garde nationale et un 7-Eleven, l'Addã ("le repaire" en argot hindi) ne paie pas de mine, mais à l'intérieur, parmi ses murs couverts de coupures de journaux indiens et son comptoir en tôle, un trio d'amis de Mumbai, Delhi et du Bengale propose de savoureuses spécialités du nord de l'Inde. Le biryani de poulet, parfaitement parfumé et longuement cuit dans un plat en terre scellé avec de la pâte, est exquis.

Le chef Chintan Pandya, qui a œuvré dans des restaurants étoilés, apporte son expérience et les saveurs de son Maharashtra natal (ouest de l'Inde), avec notamment des crevettes malvani. Les plats pimentés sont juste ce qu'il faut.

CANNELLE PATISSERIE PÂTISSERIE $

Plan p. 478 (☎718-937-8500 ; cannellepatisserie.com ; 5-11 47th Ave, Long Island City ; pâtisseries à partir de 3,50 $; ⏲7h-20h lun-ven, 7h-20h sam, 7h-18h dim ; 📶 ; Ⓢ7 arrêt Vernon Blvd-Jackson Ave). Ce café aux impeccables pâtisseries françaises se situe dans un *block* moderne du nouveau quartier de Long Island City, mais une bouchée de croissant, de tarte aux fruits ou de macaron suffira à vous transporter à Paris. Cette boutique est une succursale de l'originale logée dans un endroit encore plus improbable : un centre commercial à Jackson Heights.

MINA'S GREC $

Plan p. 478 (☎718-440-4616 ; www.minas.nyc ; 22-25 Jackson Ave, Long Island City ; plats 8-25 $; ⏲12h-18h jeu-ven et dim, 12h-20h sam ; ⓈE/M arrêt Court Sq-23rd St, G, 7 Court Sq). Fin 2019, la chef ultratendance Mina Stone a investi le très convoité restaurant du MoMA PS1 (p. 313). Dans ce musée installé dans une ancienne école, elle s'inspire de la cuisine grecque de sa grand-mère pour proposer d'authentiques plats de famille, préparés avec attention et tradition.

JOHN BROWN SMOKEHOUSE BARBECUE $

Plan p. 478 (☎347-617-1120 ; www.johnbrown-bbq.net ; 10-43 44th Dr, Long Island City ; plats 12-15 $; ⏲11h30-21h lun-jeu, 12h-22h ven-dim ; ⓈE, M arrêt Court Sq-23rd St). Nappes à carreaux, bières artisanales locales à la pression et arôme délicieux de la poitrine de bœuf : tel est le cadre pour faire un festin de viande dans ce barbecue digne de Kansas City. Le tout est sans chichis – commandez au comptoir, puis prenez un siège. Il y a aussi des tables en terrasse à l'arrière, où des groupes jouent presque tous les soirs (de 19h à 21h).

CYCLO VIETNAMIEN $

Plan p. 478 (www.cyclolic.com ; 5-51 47th Ave, entre Vernon Blvd et 5th St, Long Island City ; plats 12-20 $; ⏲12h-15h30 et 17h-21h30h lun-jeu, arrêt 22h ven, 12h-22h sam, 12h-21h30 dim ; 🖉 ; Ⓢ7 arrêt Vernon Blvd-Jackson Ave). Dans un bâtiment de brique banal, en retrait de Vernon Blvd, Cyclo offre un cadre chaleureux de murs lambrissés et de tables rustiques – idéal pour savourer ses croustillants *banh mi* chauds (baguette garnie de radis et carottes marinés, concombre, coriandre, sauce pimentée, mortadelle vietnamienne, porc rôti et pâté). On y mange aussi des plats plus copieux : plats sautés ou mijotés, phô, salades de vermicelles...

♥ **CASA ENRIQUE** MEXICAIN $$

Plan p. 478 (☎347-448-6040 ; casaenrique-lic.com ; 5-48 49th Ave, entre Vernon Blvd et 5th St, Long Island City ; plats 16-36 $; ⏲17h-23h mar-jeu, 17h-minuit ven, 11h-minuit

Promenade à pied
Le Chinatown de Flushing

DÉPART ROOSEVELT AVE
ARRIVÉE 39TH AVE
DISTANCE ET DURÉE 1,6 KM ; 2 HEURES 30

Venez le ventre creux pour cette promenade gourmande dans Flushing, où on trouve le plus grand et le plus authentique Chinatown de New York. Commencez par un oolong préparé avec art chez 1 **Fang Gourmet Tea** (p. 326), refuge zen caché au fond d'un mini centre commercial. Traversez la cohue de Roosevelt Ave pour trouver 2 **Soy Bean Chen Flower Shop**. Outre ses fleurs parfumées, la boutique vend au comptoir des tofus soyeux, arrosés de sirop de gingembre. Emportez votre dessert au 3 **Bland Playground**. Pourvu de bancs, c'est un joli cadre pour un moment de détente.

Repartez sur 40th Rd et rejoignez Main St ; vous apercevrez bientôt la file d'attente de 4 **Tiger Sugar** (p. 325), seule boutique ouverte en Amérique du Nord par l'une des meilleures enseignes de bubble tea au monde. Commandez un Black Sugar Boba + Pearl with Cream Mousse. Votre boisson à la main, revenez sur vos pas et traversez la rue pour atteindre le 5 **New World Food Court** (p. 323). Le sous-sol de ce centre commercial animé révèle un remarquable espace de restauration. En plus des saveurs chinoises, on y trouve des produits coréens, thaïlandais et vietnamiens. Les nouilles faites à la main de Lan Zhou Noodles sont un must. En ressortant, remontez Main St vers le nord jusqu'à 39th Ave puis prenez à gauche. Deux rues plus loin, vous arriverez au Hyatt Place Hotel. À l'intérieur, prenez l'ascenseur jusqu'au 10e étage, où se trouve le 6 **Leaf Bar & Lounge** (p. 325). Idéal pour revenir sur vos découvertes culinaires de la journée en sirotant un cocktail au-dessus de la cohue de la rue.

sam, 11h-15h45 dim ; S7 arrêt Vernon Blvd-Jackson Ave, G arrêt 21st St). Que la façade sans prétention de Casa Enrique ne vous trompe pas : c'est la seule table étoilée du Queens, reconnue par le guide Michelin chaque année depuis 2015. Son chef Cosme Aguilar, originaire du Chiapas, y sert une cuisine mexicaine haut de gamme.

Parmi les délices : *carne asada* (hampe de bœuf grillée) marinée à la tequila, *mole de piaxtla* (poulet et riz avec une sauce épicée au chocolat) et tacos à la langue de bœuf mijotée. Il y a peu de tables, il vaut donc mieux réserver.

TOURNESOL FRANÇAIS **$$**

Plan p. 478 (718-472-4355 ; 50-12 Vernon Blvd, entre 50th Ave et 51st Ave, Long Island City ; plats 8-24 $; 17h30-22h30 lun, 11h30-15h et 17h30-22h30 mar-jeu, 11h30-15h et 17h30-23h30 ven, 11h-15h30 et 17h30-23h30 sam, 11h-15h30 et 17h-22h dim ; S7 arrêt Vernon Blvd-Jackson Ave). Sa carte se limite essentiellement à une cuisine de bistrot traditionnelle, et c'est justement ce qui plaît aux habitués du Tournesol. Le brunch, avec son croque-monsieur et ses œufs à la florentine, par exemple, cède la place, au déjeuner et au dîner, à des mets plus raffinés – le steak-frites et le canard à la purée de céleri et à la sauce au miel sont très appréciés.

M WELLS STEAKHOUSE VIANDES **$$$**

Plan p. 478 (718-786-9060 ; www.magasinwells.com ; 43-15 Crescent St, Long Island City ; plats 26-62 $; 17h-22h dim-mar, 17h-23 mer-dim ; ; SE/M arrêt Court Sq-23rd St, G, 7 arrêt Court Sq). Les carnivores ayant un goût pour l'avant-garde apprécieront les plats de viande revisités par le chef québécois Hugue Dufour. Essayez le spectaculaire *New York strip*, frotté au sirop d'érable à la coréenne, ou prenez la bavette de bœuf *wagyu*, très tendre. Il y a toujours un plat de pâtes maison et une garniture de poutine (frites au fromage et à la sauce) pour les Canadiens qui ont le mal du pays. L'ambiance est très animée. Pensez à réserver le week-end.

Astoria

AMPLE HILLS CREAMERY GLACES **$**

Plan p. 478 (amplehills.com ; 34-02 30th Ave, entre 34th St et 35th St, Astoria ; glace petite/moyenne/grande 4,50/5,50/7 $; 14h-21h lun-jeu, 14h-22h ven, 13h-22h sam, 13h-21h dim ; SW arrêt 30th Ave). Voici la seule boutique Ample Hills du Queens, une chaîne fondée à Brooklyn et élue meilleur glacier des États-Unis par la chaîne TV Food Network. Et le succès est mérité ! Les clients font la queue pour goûter à ses parfums follement créatifs, créés à partir d'ingrédients bio et de produits laitiers sans hormones dans leur atelier de Gowanus (p. 291).

HINOMARU JAPONAIS **$**

Plan p. 478 (718-777-0228 ; www.hinomaruramen.com ; 33-18 Ditmars Blvd, Astoria ; ramen 15-18 $; 12h-14h30 et 16h30-22h lun-jeu, 12h-15h30 et 16h30-22h ven-dim ; SN/Q arrêt Astoria Ditmars Blvd). Restaurant de nouilles japonaises salué par le guide Michelin, cette table sans prétention, dirigée à Astoria par le chef Koji Miyamoto, mérite qu'on s'y arrête. Sa spécialité sont les ramens *tonkatsu* à la new-yorkaise, dont le bouillon d'os de porc, riche, crémeux et parfaitement épicé, est cuit 17 heures pour extraire tous les arômes de la moelle.

PYE BOAT NOODLE THAÏLANDAIS **$**

Plan p. 478 (718-685-2329 ; www.facebook.com/pyeboatnoodle ; 35-13 Broadway, entre 35th St et 36th St, Astoria ; plats 11,50-15 $; 11h30-22h15 dim-jeu, 11h30-22h30 ven-sam ; ; SN/W arrêt Broadway, M/R arrêt Steinway St). De jeunes serveuses thaïlandaises portant des chapeaux fédora vous accueillent dans ce charmant restaurant, au décor de maison de campagne. La spécialité : les nouilles "bateau" parfumées à la badiane et garnies de couenne de porc grillée croustillante. On y sert aussi un plat rare à New York : la *yen ta fo* (délicate soupe rose aux fruits de mer), à accompagner d'une salade de papaye (et pour une touche insolite, hors carte, demandez l'ajout de crabe fermenté au goût prononcé).

KING SOUVLAKI CUISINE DE RUE **$**

Plan p. 478 (917-416-1189 ; www.kingsouvlakiofastoria.com ; 31st St, à hauteur de 31st Ave, Astoria ; sandwichs 10,50-15,50 $; 12h-22h lun, 11h-23h mar-jeu, 11h-2h ven-sam, 12h-22h dim ; SN, W arrêt Broadway). Suivez l'arôme des grillades (ou les volutes de fumée qui planent dans 31st St) jusqu'à cette cuisine de rue bien connue, une des meilleures d'Astoria On y vient depuis 1979 commander des sandwichs pita garnis de savoureux morceaux de porc, de poulet, d'agneau ou de saucisse *loukaniko*, ainsi que des frites à la grecque (surmontées de feta).

ROSARIO'S
PIZZA $

Plan p. 478 (www.rosariospizzaastoria.com ; 22-55 31st St, Astoria ; part 3-4,25 $, sandwichs 8,50-13,50 $; 8h30-19h30 lun-ven, 8h-19h sam ; ; N/Q arrêt Astoria Ditmars Blvd). Ce traiteur italien déborde de mets, de viandes et de fromages appétissants, mais sa spécialité reste sa pizza vendue à la part, parfaite et croustillante, uniquement garnie de fromage (inutile de réclamer de supplément). Les pizzas sont à l'arrière – demandez si vous n'en voyez pas en vitrine.

BROOKLYN BAGEL & COFFEE COMPANY
BOULANGERIE $

Plan p. 478 (718-204-0141 ; www.bkbagel.com ; 35-05 Broadway, Astoria ; bagels 1,40 $; 6h-15h30 lun-ven, 6h-16h30 sam-dim ; N/Q arrêt Broadway, M/R arrêt Steinway St). Si le nom porte à confusion, car on est bien dans le Queens et non à Brooklyn, la qualité des bagels, elle, ne trompe pas. À la fois moelleux et compacts, ils se déclinent au sésame, aux oignons, à l'ail ou bien complets (et même parfois en version pain perdu), et se marient avec un choix incroyable de cream cheese (goût piment chipotle, cannelle-noix-raisin sec, etc.).

BAHARI ESTIATORIO
GREC $$

Plan p. 478 (718-204-8968 ; www.bahariestiatorio.com ; 31-14 Broadway, entre 31st St et 32nd St, Astoria ; plats 10,50-35 $; 12h-minuit ; ; N/W arrêt Broadway). Cette adresse très appréciée se situe un cran au-dessus des autres restaurants grecs d'Astoria. On y mange divers poissons et viandes grillés au charbon de bois, mais aussi des plats mijotés, une moussaka nappée de béchamel crémeuse et des accompagnements variés (haricots blancs au four, riz aux épinards...). Au mur, des photos de personnel accueillant et réactif aux côtés d'Al Pacino.

KABAB CAFE
ÉGYPTIEN $$

Plan p. 478 (www.kababcafenyc.com ; 718-728-9858 ; 25-12 Steinway St, Astoria ; plats 8-27 $; 13h-17h et 18h-21h mar-dim ; ; N/Q arrêt Astoria Blvd). Le chef Ali est un personnage haut en couleur et un élément immuable de ce secteur de Steinway St surnommé "Little Egypt" – bien que sa cuisine généreuse et créative, glissant souvent directement de la poêle à votre assiette, aille bien au-delà de ses racines alexandrines. Commencez par un assortiment de hors-d'œuvre pour goûter aux falafels verts légers, puis optez pour l'un des plats à l'agneau.

MOMBAR
ÉGYPTIEN $$

Plan p. 478 (718-726-2356 ; 25-22 Steinway St, Astoria ; plats 18-28 $; 17h-23h mar-dim ; ; N/Q arrêt Astoria Blvd). Restaurant légendaire dans la partie de Steinway St où s'alignent les commerces arabes, Mombar vaut le détour rien que pour son décor – un collage d'objets hétéroclites assemblés pendant des années par le chef Mustafa, quand il économisait pour ouvrir son restaurant. Le cadre s'accorde avec sa cuisine égyptienne raffinée. Sa spécialité est le *mombar* (saucisse légère fourrée au riz). Espèces uniquement.

TAVERNA KYCLADES
GREC $$

Plan p. 478 (718-545-8666 ; www.tavernakyclades.com ; 33-07 Ditmars Blvd, Astoria ; plats 15-46 $; 12h-23h lun-jeu, 12h-23h30 ven-sam, 12h-22h30 dim ; ; N/Q arrêt Astoria Ditmars Blvd). Il n'y a pas mieux que Kyclades pour se régaler de produits de la mer cuisinés comme en Grèce – et ce n'est pas l'acteur Bill Murray, un habitué des lieux, qui dira le contraire. Plats classiques simples, comme les succulents poissons entiers et poulpes cuits au gril, servis avec du *saganaki* (fromage frit) et une copieuse salade. Ignorez le "Kyclades Special", trop cher, et venez tôt pour éviter la longue file d'attente. Curieusement, l'autre établissement dans l'East Village, à Manhattan, est moins bondé.

VESTA TRATTORIA & WINE BAR
ITALIEN $$

Plan p. 478 (718-545-5550 ; www.vestavino.com ; 21-02 30th Ave, Astoria ; pizzas 18-20, $ plats 19-32 $; 12h-16h tlj, 17h-22h lun-jeu, jusqu'à 23h ven, 16h30-23h sam, 16h30-22h dim ; N/Q arrêt 30th Ave). Vesta est l'un de ces restaurants de quartier que les résidents aiment tenir secret. Tout y est local : les discussions au comptoir, les tableaux aux murs et les produits bio dans l'assiette, cultivés sur un toit de Brooklyn. Le menu, simple et de saison, inclut d'appétissantes moules à la vapeur avec crostini à l'ail, des pizzas à pâte fine et une large gamme de plats tels que les *orecchiette* à la courge et aux pignons grillés ou les lasagnes au sanglier.

Woodside

SRIPRAPHAI
THAÏLANDAIS $$

Plan p. 478 (718-899-9599 ; www.sripraphai.com ; 64-13 39th Ave, Woodside ; plats 11-21 $; 11h30-20h15 jeu-mar ; 7 arrêt 69th St). Le premier restaurant de NYC à servir

100% LOCAL

ROOSEVELT AVENUE, ROYAUME DE LA STREET FOOD

Pour ce qui est de la cuisine de rue, il est difficile de battre Roosevelt Ave et sa flottille de camions, chariots et étals proposant des plats latinos à emporter. Une simple balade entre 90th St et 103rd St vous permettra de siroter des *champurrados* (boissons chaudes épaisses au chocolat, à base de maïs), de grignoter une *cemita* (sandwich mexicain), en gardant une petite place pour un ragoût de poisson équatorien. Pas cher, authentique et 100% Queens. Une petite faim ? Partez pour une expédition dégustation à l'assaut des merveilles culinaires de Roosevelt Ave.

Sur le trottoir sud de Roosevelt Ave, dirigez-vous vers l'intersection avec Forley St. Vous y trouverez une échoppe réputée, **Taco Veloz** (plan p. 478 ; 86-10 Roosevelt Ave, Jackson Heights ; tacos à partir de 3 $; 11h-3h ; S 7 arrêt 90th St-Elmhurst), qui fait de très bons tacos et des *cemitas* (7 $) délicieuses.

Un peu plus à l'est dans Roosevelt Ave, le traiteur **La Esquina del Camarón** (plan p. 478 ; 347-885-2946 ; 80-02 Roosevelt Ave, Jackson Heights ; cocktail de crevettes 9-25 $; 11h-19h lun-jeu, 11h-20h ven-dim ; S 7 arrêt 82nd St-Jackson Heights). Oubliez l'entrée quelconque, foncez à l'arrière où derrière le comptoir, un personnel compétent vous fera un des meilleurs cocktails de crevettes de la planète. Avec beaucoup de crevettes (et/ou du poulpe) et garnis de tranches d'avocat : pleins d'énergie, rafraîchissants et délicieux.

de la cuisine thaïlandaise destinée à des Thaïlandais, sans adaptation aucune. D'une certaine façon, le Sripraphai est maintenant dépassé par des restaurants plus récents et plus spécialisés (ici, le menu atteint des proportions épiques et propose des plats de tout le pays), mais il reste une légende et un lieu satisfaisant pour un grand dîner incluant de tout, des curries aux succulents crabes frits. Espèces uniquement.

Elmhurst

KHAO KANG THAÏLANDAIS $

Plan p. 478 (718-806-1807 ; www.khaokangnyc.com ; 76-20 Woodside Ave, Elmhurst ; repas 12-12,50 $; 11h-21h mar-dim ; S E/F/M/R arrêt Jackson Heights-Roosevelt Ave, 7 arrêt 74 St-Broadway). Cuisine thaïlandaise moderne incomparable. Ici vous pourrez manger comme un homme d'affaires à Bangkok, en montrant du doigt deux ou trois plats chauds – potiron crémeux épicé aux œufs et au basilic, porc caramélisé, etc. – à accompagner de riz. Rapide et bon marché, sans sacrifier la qualité. Les desserts sont aussi un régal.

Flushing et Corona

NEW WORLD FOOD COURT ESPACE DE RESTAURATION $

Plan p. 477 (www.newworldmallny.com ; 136-20 Roosevelt Ave, entre Main St et Union St, Flushing ; plats 7-12 $; 10h-22h ; ; S 7 arrêt Flushing Main St). Au sous-sol d'un centre commercial, une bonne trentaine de stands vous régaleront de saveurs asiatiques : nouilles de Lanzhou faites à la main, barbecue coréen, raviolis, sushis, bubble tea, phô vietnamien...

Venez avec un solide appétit et osez découvrir des mets comme la soupe de vessie de poisson ou les pâtes de riz aux escargots de Liuzhou (mention spéciale aux nouilles épicées aux légumes du stand Chong Qing Xiao Mian). Il y a une seconde entrée derrière Main St. Le bâtiment compte un supermarché asiatique.

NAN XIANG XIAO LONG BAO RAVIOLIS $

Plan p. 477 (718-321-3838 ; www.nan-xiang.com ; 39-16 Prince St, One Fulton Sq, Flushing ; raviolis 5-10 $; 8h-minuit dim-jeu, 8h-1h ven-sam ; S 7 arrêt Flushing Main St). Raviolis tendres et savoureux, nouilles épaisses, *wonton* épicés, on trouve tout ce qu'on attend d'un restaurant de raviolis chez Nan Xiang Xiao Long Bao. Il y a souvent la queue, mais les tables se libèrent rapidement et les plats sont vite servis. Venez entre amis et commandez à satiété. Espèces uniquement.

Cette véritable institution a récemment quitté son adresse, bien plus modeste, de Flushing pour investir un bâtiment plus vaste et moderne à One Fulton Sq – vérifiez qu'elle a bien rouvert au moment où vous lirez ces lignes.

SOY BEAN CHAN FLOWER SHOP TOFU $

Plan p. 477 (☎718-321-3982 ; 135-26 Roosevelt Ave, entre Prince St et Main St, Flushing ; petit/grand tofu 2/3,50 $; ⏱8h30-21h ; S7 arrêt Flushing Main St). Dans la bouillonnante Roosevelt Ave, cette adresse discrète à la devanture fleurie est en fait un fleuriste. À l'entrée toutefois, un petit comptoir de vente de tofu attire les gourmets : des louches de préparation riche et crémeuse, nommée *dou fu hua* y sont servies, encore fumantes, dans des récipients à emporter et nappées de sirop miel-gingembre.

Si vous pensez que le tofu n'a aucun goût, vous changerez vite d'avis !

HUNAN KITCHEN OF GRAND SICHUAN CHINOIS $$

Plan p. 477 (☎718-888-0553 ; www.hunankitchenofgrandsichuanny.com ; 42-47 Main St, Flushing ; plats 10-38 $; ⏱11h-21h30 ; S7 arrêt Flushing-Main St). Un restaurant réputé pour ses spécialités relevées du Hunan : bœuf fumé au poivre blanc, poulet tendre au piment rouge, et une délicieuse soupe de poisson qui réchauffe. La spécialité de la maison : le canard grillé à la hunanaise.

LIUYISHOU HOTPOT CHINOIS $$

Plan p. 477 (☎778-732-0201 ; www.liuyishouna.com ; 136-76 39th Ave, Flushing ; mets 2,99-27,99 $; ⏱11h30-23h30 ; 📶 ; S7 arrêt Flushing Main St). Liuyishou Hotpot, fondé en Chine, compte trois restaurants aux États-Unis, dont celui-ci, devenu un incontournable de Flushing depuis son ouverture en 2018. Sélectionnez une soupe de base (les serveurs ont tenté de nous dissuader de prendre la “spéciale épicée”, mais elle était pimentée juste ce qu'il faut !), puis ajoutez-y des ingrédients au choix.

Parmi les nombreuses options : racines de lotus, chou chinois, crevettes, sole, pousses de bambou et un impressionnant plateau de fines tranches d'agneau et de bœuf qui nourrirait un régiment (16 $). Un restaurant idéal pour les groupes.

SZECHUAN HOUSE SICHUAN $$

Plan p. 477 (☎718-762-2664 ; szechuan-house-mandarin-restaurant.business.site ; 133-47 Roosevelt Ave, Flushing ; plats 14-45,50 $; ⏱10h30-22h lun-sam, 11h-22h dim ; S7 arrêt Flushing Main St). Présentée comme le plus vieux restaurant de cuisine du Sichuan en activité à Flushing, cette table est souvent saluée comme l'une des meilleures du genre à New York. Vous aimez les plats épicés ? Les nouilles dan-dan, au porc haché et à l'huile pimentée sont réservées aux plus téméraires ! Tout comme les filets de poisson au poivre.

OÙ PRENDRE UN VERRE ET FAIRE LA FÊTE

Le Queens est très étendu, avec de petites poches de vie nocturne aux influences diverses – grecque, croate, irlandaise ou jamaïcaine, entre autres –, pour une clientèle locale aux origines variées. Les quartiers bordant l'East River, Astoria et Long Island City attirent des habitants de Manhattan venus passer la soirée en curieux.

Long Island City

♥ DUTCH KILLS BAR À COCKTAILS

Plan p. 478 (www.dutchkillsbar.com ; 27-24 Jackson Ave, entre Queens St et Dutch Kills St, Long Island City ; ⏱16h-2h dim-jeu, 16h-3h ven-sam ; SE/M/R arrêt Queens Plaza, G arrêt Court Sq). Ce bar aux lumières tamisées vaut pour son atmosphère et ses remarquables cocktails maison. Il porte le nom du quartier qui s'étend aujourd'hui sur la zone de la première colonie néerlandaise de l'estuaire de Newtown Creek. Passez sa porte quelconque, signalée seulement par le mot “bar” écrit en néon sur un vieux bâtiment industriel, et sirotez d'excellents classiques comme le Headless Horseman (16 $).

ANABLE BASIN SAILING BAR & GRILL BAR

Plan p. 478 (www.anablebasin.com ; 44th Dr, au bord de l'East River, Long Island City ; ⏱15h-minuit lun-ven, 12h-minuit sam-dim mars-oct ; SE/M arrêt Court Sq-23rd St). S'y rendre s'apparente un peu à une expédition entre entrepôts à l'abandon et zones industrielles, mais une fois arrivé, ce grand bar au bord de l'East River vous récompense d'une vue superbe sur Manhattan. Prenez une table de pique-nique au crépuscule et admirez les gratte-ciel de Midtown s'allumer tout en sirotant une Kona Longboard.

SWEETLEAF CAFÉ

Plan p. 478 (www.sweetleafcoffee.com ; 10-93 Jackson Ave, Long Island City ; ⏱7h-19h lun-ven, 8h-19h sam-dim ; 📶 ; SG arrêt 21st St, 7 arrêt

Vernon Blvd-Jackson Ave). Vous cherchez un lieu où vous poser tranquillement avec une boisson chaude et un bon livre ? Avec son atmosphère calme et ses canapés et fauteuils douillets, ce café est idéal pour un moment de détente.

Astoria

ASTORIA BIER & CHEESE BAR À BIÈRES

Plan p. 478 (astoriabierandcheese.com ; 34-14 Broadway ; 12h-22h ; N/Q arrêt Broadway, M/R arrêt Steinway St). Ce bar-épicerie fine branché d'Astoria ne jure que par le fromage et la bière. Trempez donc vos lèvres dans l'une des 10 bières de saison, la plupart locales, ou tentez de choisir parmi les centaines de références en bouteille ou cannette – à goûter sur place ou chez vous. Vaste choix de fromages et de charcuteries, avec des fromages grillés originaux (10-13 $) et d'appétissants sandwichs mixtes (*jamón serrano* espagnol et gruyère vieilli en cave, par exemple).

SINGLECUT BEERSMITHS MICROBRASSERIE

Plan p. 478 (singlecut.com ; 19-33 37th St, entre 19th Ave et 20th Ave, Astoria ; 16h-21h lun-mer, 14h-22h jeu-ven, 11h-22h sam, 11h-19h dim ; ; Q101 arrêt 20th Ave/Steinway). Les arômes fruités et houblonnés de la meilleure brasserie artisanale d'Astoria vous enivreront dès votre entrée. C'est un paradis de la bière, avec au moins huit IPA et DIPA sur les 16 pressions proposées.

BOHEMIAN HALL & BEER GARDEN BEER GARDEN

Plan p. 478 (718-274-4925 ; bohemianhall.com ; 29-19 24th Ave, entre 29th St et 31st St, Astoria ; 17h-minuit lun-jeu, 17h-2h ven, 12h-2h sam, 12h-minuit dim ; N/W arrêt Astoria Blvd). Ce centre culturel tchèque a lancé la folie des *beer gardens* à New York, mais aucun ne peut rivaliser en termes d'espace ni en nombre de buveurs. En été, on s'y entasse autour des tables disposées sous de grands arbres. On y mange des spécialités tchèques, comme l'escalope panée ou le goulasch (plats 12-21 $), mais on vient surtout pour les bières, essentiellement tchèques mais aussi locales.

ALBATROSS GAY ET LESBIEN

Plan p. 478 (www.albatrossastoria.com ; 3619 24th Ave, entre 23rd Ave et 24th Ave, Astoria ; 17h-4h lun-ven, 13h-4h sam-dim ; N/W arrêt Astoria Blvd). Le plus vieux bar LGBTQ+ du Queens reste le lieu de fête préféré de la communauté gay locale. Les soirées drag du samedi soir, animées par Sutton Lee Seymour, sont légendaires, mais les événements ne manquent pas : karaoké, bingo drag, diffusion d'épisodes de RuPaul's Drag Race, etc. C'est aussi le meilleur bar gay du Queens pour simplement discuter autour d'un cocktail.

VITE VINOSTERIA BAR À VINS

Plan p. 478 (718-278-8483 ; 31-05 34th St, Astoria ; 16h-minuit lun-mer, 12h-minuit jeu-ven, 11h30-minuit sam-dim ; N/W arrêt Broadway). D'excellents vins vendus au verre (à partir de 11 $), une savoureuse cuisine italienne et une ambiance simple et chaleureuse – ce restaurant situé non loin du métro ne manque pas d'atouts. Le bar à vins voisin, qui lui était rattaché, a fermé mais cette adresse élégante continue à servir nebbiolo et autres cépages pour accompagner ses plats, comme les jarrets d'agneau.

Flushing

TIGER SUGAR BUBBLE TEA

Plan p. 477 (40-10 Main St, Flushing ; thé moyen 4,50-5,50 $; 10h30-22h ; 7 arrêt Flushing Main St). Envie d'un bubble tea ? Faites la queue au Tiger Sugar. Très populaire à Taïwan, cette enseigne fondée en 2017 fait un tabac dans toute l'Asie, et sa première boutique nord-américaine, ouverte à Flushing en 2019, connaît le même succès.

Son sirop de sucre brun (la recette est secrète !) est cuit avec des perles de tapioca dans de grandes marmites, puis mélangé à du lait bio Horizon pour donner à votre boisson le motif tigré emblématique de la marque. Si les files d'attente vous horripilent, Yi Fang, une autre délicieuse chaîne taïwanaise, se trouve non loin.

LEAF BAR & LOUNGE BAR

Plan p. 477 (718-865-8158 ; www.leafbarandlounge.com ; 133-42 39th Ave, Hyatt Place, 10e ét, entre College Point Blvd et Prince St, Flushing ; 17h-minuit dim-jeu, 17h-2h ven-sam ; 7 arrêt Flushing Main St). Ce très beau bar attire une clientèle de quartier branchée. Allez-y pour son *happy hour* (17h-18h), ses bons cocktails et ses petites assiettes aux saveurs asiatiques créatives, comme les rouleaux de printemps version cheeseburger ou les ailes de poulet à la sauce General Tso

(9-12 $). Situé sur le toit de l'hôtel Hyatt Place, le lieu jouit d'une vue sur l'animation de Flushing.

FANG GOURMET TEA MAISON DE THÉ

Plan p. 477 (www.fangtea.com ; 135-25 Roosevelt Ave, entre Prince St et Main St, Flushing ; thé 5-15 $; 10h30-18h ; S 7 arrêt Flushing Main St). Ce petit salon de thé est un havre de paix au cœur de l'animation du Chinatown de Flushing. Niché au fond d'un minicentre commercial, on y propose un choix étonnamment riche de thés haut de gamme, oolongs délicatement séchés, thés verts aux herbes et variétés exotiques, tel le *bai hao yinzhen* (un thé blanc rare) ou des thés *pu'er* du Yunnan. Dégustation à partir de 5 $ par personne.

COOP BAR

Plan p. 477 (718-358-9333 ; www.thecoopnyc.com ; 133-42 39th Ave #103, Flushing ; 12h-23h dim-jeu, 12h-1h ven-sam ; S 7 arrêt Main St). Au COOP, au centre de l'artère la plus animée de Flushing, la science des cocktails se mêle à la cuisine fusion coréenne. Faites un vrai repas de délices coréens, ou commandez de petites assiettes de miniburgers de poitrine de porc ou de pâtés impériaux au kimchi (plats 12-33 $). L'ambiance chic en fait l'endroit idéal pour lancer la soirée.

OÙ SORTIR

TERRAZA 7 MUSIQUE LIVE

Plan p. 478 (347-808-0518 ; terraza7.com ; 40-19 Gleane St, à hauteur de Roosevelt Ave, Elmhurst ; billets à partir de 7 $; 16h-4h ; S 7 arrêt 82nd St-Jackson Heights). Venez dans le Queens pour ses restaurants du monde, puis restez pour écouter des musiques tout aussi diverses dans cet espace sympathique sur deux niveaux. Le lieu est minuscule, mais sa mezzanine accueille des musiciens la plupart des soirs à partir de 20h. Le jazz latino est généralement à l'honneur, mais les groupes viennent parfois d'aussi loin que le Maroc.

CITI FIELD STADE

Plan p. 477 (www.mlb.com/mets ; 120-01 Roosevelt Ave, Flushing ; S 7 arrêt Mets-Willets Point). Le stade officiel des New York Mets, l'équipe de base-ball outsider de la ville, a ouvert en 2009 et remplace l'ancien QG des Mets, le Shea Stadium. Malgré une façade ornée d'arches plutôt désuètes, l'intérieur du stade est très moderne. L'offre culinaire, bien loin de se limiter aux hot dogs et cacahuètes, va de la poitrine de bœuf au barbecue à la pizza à pâte fine.

SHOPPING

Le Queens est un quartier cosmopolite où les épiceries de tous horizons côtoient des magasins de costumes de rodéo mexicains ou de tenues de mariage indiennes. Roosevelt Ave est une artère animée aux vitrines intéressantes.

LOCKWOOD CADEAUX, SOUVENIRS

Plan p. 478 (lockwoodshop.com ; 32-15 33rd St, Astoria ; 11h-20h ; S N/W arrêt Broadway). Cette amusante boutique regorge d'idées de cadeaux, dont une étonnante collection d'objets liés au Queens. Vous y trouverez, entre autres, des tentures vintage, des tenues branchées pour bébés, des bougies parfumées, des flasques aux faux airs de flacon de crème solaire et des accessoires de cuisine essentiels, comme des gants et torchons aux inscriptions provocatrices.

Lockwood possède aussi une papeterie et un magasin de vêtements à proximité.

ASTORIA BOOKSHOP LIVRES

Plan p. 478 (718-278-2665 ; www.astoriabookshop.com ; 31-29 31st St, entre 31st Ave et Broadway, Astoria ; 11h-19h ; S N/W arrêt Broadway). Très appréciée, cette librairie indépendante qui fait la part belle aux auteurs locaux est un bon endroit pour trouver un guide des restaurants du Queens ou un ouvrage sur la diversité ethnique du *borough*.

ALL THE RIGHT VÊTEMENTS

(www.alltheright.com ; 9130 Corona Ave, entre 91st Pl et 92nd St, Elmhurst ; 11h-20h lun-sam ; S 7 arrêt 90th St). À Elmhurst, cette boutique consacrée à la mode hip-hop, aux vêtements inspirés par le Queens et au matériel de street art attire de grands noms du rap, comme Nicki Minaj et French Montana. Le lieu a aussi des airs de galerie avec ses murs ornés de Nike en édition limitée et de graffitis réalisés par des artistes de New York (Tats Cru et BG183), du Japon (Shiro) et d'ailleurs.

LOVEDAY 31 VINTAGE

Plan p. 478 (www.facebook.com/loveday31nyc ; 3306 31st Ave, Astoria ; ⌚12h-19h jeu-sam, 12h-18h dim ; Ⓢ N, W arrêt 30th Ave). Les habitants d'Astoria qui suivent la mode ont un faible pour cette jolie petite boutique de robes, chemisiers, hauts, foulards, chaussures, lunettes de soleil et bijoux bien choisis. Le personnel y est de plus serviable. Tarifs tout à fait raisonnables, et il y a en général un portant de vêtements en soldes devant le magasin.

SPORTS ET ACTIVITÉS

WORLD'S FARE TOURS PROMENADES

(www.joedistefano.nyc/tours ; visite 3h30 avec dégustation 110 $). Grand gourmet du Queens, Joe Di Stefano mène trois visites culinaires guidées différentes dans les excellents restaurants ethniques du quartier. Elles sont centrées sur le quartier animé de Chinatown à Flushing, les restaurants de raviolis himalayens regroupés dans Jackson Heights ou les délices d'Asie du Sud-Est dans Elmhurst.

GEOGRAPHY OF NEW YORK CITY WITH JACK EICHENBAUM CIRCUITS PÉDESTRES

(☎718-961-8406 ; geognyc.com ; visites 2 heures/journée 20/49 $). Le géographe urbain Jack Eichenbaum mène d'intelligentes balades à pied (et parfois en métro) dans le Queens, axées sur les étranges collisions entre planification et réalité, histoire et usages modernes.

NEW YORK SPA CASTLE SPA

(☎718-939-6300 ; ny.spacastleusa.com ; 131-10 11th Ave, à hauteur de 131st St, College Point ; lun-ven/week-end 50/60 $; ⌚8h-minuit ; 📶 ; Ⓢ 7 arrêt Flushing-Main St, puis navette). Ce complexe de 9 300 m² situé dans un secteur industriel du Queens, illustration dernier cri de la culture coréenne du bain, est un ensemble idyllique de bassins d'eau minérale et équipés de jets hydro-massants, de saunas très variés, de hammams et de cascades. Il propose aussi un espace multirestauration, des soins esthétiques et des massages (à partir de 95 $/30 min).

CLIFFS ESCALADE

Plan p. 478 (☎718-729-7625 ; www.thecliffsclimbing.com ; 11-11 44th Dr, Long Island City ; forfait journée 32 $, location chaussures + harnais 44 $; ⌚6h-23h lun-ven, 9h-22h sam-dim ; Ⓢ E/M arrêt Court Sq-23rd St, 7 arrêt Court Sq). Cliffs est la plus grande salle d'entraînement à l'escalade de New York : quelque 9 000 m² de surface grimpable, 125 postes en moulinette, un bloc de 9 m de haut, une tour de descente en rappel, avec enrouleurs pour les grimpeurs en solo. Il y a aussi une salle de gym équipée de machines cardio et de musculation, et des cours collectifs (yoga, fitness...).

JON BILOUS/SHUTTERSTOCK.COM ©

1. Long Island City (p. 315)
Coucher de soleil sur les quais depuis le Gantry Plaza State Park, le long de l'East River.

2. Rockaway Beach (p. 316)
Vue sur la plage de Rockaway depuis la promenade en planches, au niveau de Beach 67th St.

3. Escapade à Fire Island (p. 333)
Le phare de Fire Isalnd, longue île-barrière parcourue de sentiers de planches.

4. Museum of the Moving Image (p. 317)
Le musée du Cinéma jouxte les Kaufman Astoria Studios de 1920, encore en activité.

PATTISCHMIDT/ISTOCKPHOTO.COM ©

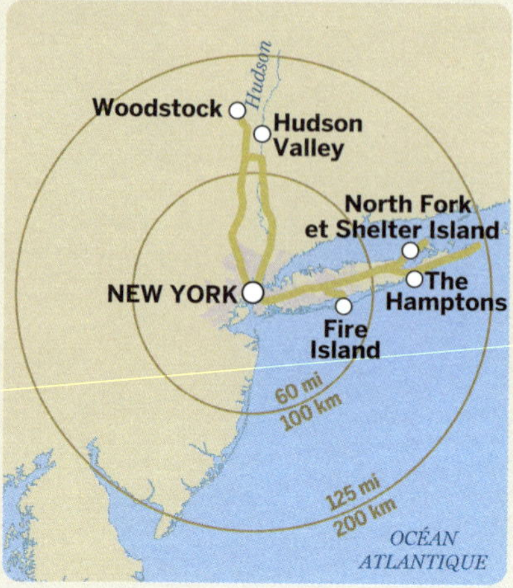

Excursions

Les Hamptons p. 331

Refuge estival des riches New-Yorkais, cette superbe côte est constellée d'opulentes demeures qui abritent en été des fêtes fastueuses. Les bonnes surprises de la région incluent des sites archéologiques amérindiens, des villages charmants et des parcs naturels.

Fire Island p. 333

Ce havre sans voitures s'anime considérablement l'été, avec ses petits bungalows à louer, ses bars de plage agréables et, à l'une des extrémités, un spot gay renommé, où la communauté LGBT+ vit au rythme insouciant des boîtes de nuit. La sérénité reprend ses droits au fil du cadre sauvage, des routes sablonneuses et des plages interminables.

North Fork et Shelter Island p. 335

La route du vin de Long Island vous mènera d'une dégustation à l'autre dans les domaines, avant de terminer la journée en flânant dans les rues paisibles de Greenport et de dîner en terrasse sur son front de mer.

Hudson Valley p. 336

Il faudrait des semaines pour explorer cette région qui mêle sites d'escalade, installations artistiques, charmantes bourgades et demeures historiques de grandes personnalités américaines, comme Roosevelt ou Vanderbilt.

Woodstock p. 339

Complétez votre pèlerinage au pays des hippies en écumant les brocantes et en sillonnant les parcs protégés.

Les Hamptons

Découvrir

Ce chapelet de villages sert de refuge estival aux millionnaires de Manhattan, qui se rendent à leur demeure en hélicoptère. Les simples mortels prennent le bus Hampton Jitney et vont en colocation dans des maisons bruyantes. Derrière le luxe, on trouve une longue tradition culturelle : artistes ou écrivains célèbres ont vécu ici. Au-delà du glamour, la tradition rude et dangereuse de la pêche continue. La région est petite, on y accède par Montauk Hwy, souvent embouteillée.

Le meilleur

➜ **Site** Parrish Art Museum

➜ **Lieu où se restaurer** Clam Bar at Napeague

➜ **Plage pour se balader** Montauk Point State Park

Notre conseil

Si vous êtes en quête de solitude estivale, vous avez intérêt à vous y rendre en semaine : le week-end, les Hamptons voient affluer tous les citadins.

Depuis/vers les Hamptons

➜ **Voiture** Sortez de Manhattan par le tunnel de Midtown pour prendre l'Interstate 495/Long Island Expwy.

➜ **Bus** Les express "de luxe" de la ligne Montauk affrétés par **Hampton Jitney** (www.hamptonjitney.com ; aller simple à partir de 37 $) partent de l'East Side de Manhattan et desservent Lexington Ave entre 77th St et 76th St, puis 69th St, 59th St et 40th St. Ils relient les différents villages des Hamptons le long de la Rte 27.

➜ **Train** Le **Long Island Rail Road** (LIRR ; ☎511 ; new.mta.info/agency/long-island-rail-road ; aller simple pour la zone la plus éloignée heures creuses/de pointe 22,25/30,50 $) part de la gare de Penn Station à Manhattan. Il dessert West Hampton, Southampton, Bridgehampton, East Hampton et Montauk.

Comment circuler

Les anciens bus scolaires turquoise **Hampton Hopper** (www.hamptonhopper.com), qui fonctionnent tous les jours de 10h à 22h et que l'on réserve par une application mobile, sont un moyen simple et gratuit d'aller d'une ville à l'autre.

Renseignements

➜ **Indicatif téléphonique** ☎631

➜ **Situation** East Hampton, 100 miles (160 km) à l'est de Manhattan

➜ **Informations** Southampton Chamber of Commerce

À VOIR

Les Hamptons désignent plusieurs villages. Hampton Bays, Quogue et Westhampton, à l'ouest (ou "à l'ouest du canal" comme disent les habitants en parlant du Shinnecock Canal) sont plus tranquilles que les villages situés à l'est, qui commencent avec Southampton.

Southampton

Moins clinquante et plus conservatrice que ses voisines, Southampton regroupe de grandes demeures anciennes, des églises superbes, une Main Street (rue principale) où l'on est prié de respecter une certaine décence (pas de tenues de plage) et de jolies plages.

♥ PARRISH ART MUSEUM MUSÉE

(☎631-283-2118 ; www.parrishart.org ; 279 Montauk Hwy, Water Mill ; adulte/enfant 12 $/gratuit ; ⏱11h-17h dim-lun, jeu et sam, 11h-20h ven). Logée dans une longue grange aux lignes épurées, œuvre des architectes Herzog et de Meuron, cette institution présente des artistes ayant fréquenté les Hamptons, comme Jackson Pollock, Willem De Kooning, Chuck Close et William Merritt Chase.

Cinq expositions temporaires s'y succèdent dans l'année, tandis que la collection permanente (dotée d'un fonds de 3 000 œuvres) occupe sept galeries. Les visiteurs peuvent aussi voir la maison de

Pollock (ci-contre) située non loin de là, qui abrite son studio maculé de peinture (sur réservation).

SOUTHAMPTON HISTORY MUSEUM MUSÉE

(☎631-283-2494 ; www.southamptonhistory.org ; 17 Meeting House Lane ; adulte/enfant 5 $/gratuit ; ⏲11h-16h mer-sam mars-déc). Cet ensemble muséal rassemble des édifices, maintenant bien entretenus et disséminés dans la ville, qui témoignent de ce qu'étaient les Hamptons avant que la région devienne à la mode. Le principal musée se trouve dans Rogers Mansion, ancienne propriété d'un capitaine de baleinier. Visitez aussi l'ancienne épicerie, qui est maintenant une bijouterie, tout près, dans Main St, et une propriété du XVIIe siècle, Halsey House (adulte/enfant 5 $/gratuit, sur rdv, juil-oct).

Bridgehampton et Sag Harbor

À l'est de Southampton, Bridgehampton est minuscule mais rempli de boutiques et de restaurants branchés. À 10 km au nord, dans Peconic Bay, l'ancienne ville baleinière de Sag Harbor compte de belles demeures historiques. Procurez-vous un plan d'itinéraire pédestre auprès de la Sag Harbor Historical Society.

SAG HARBOR WHALING & HISTORICAL MUSEUM MUSÉE

(☎631-725-0770 ; www.sagharborwhalingmuseum.org ; 200 Main St ; adulte/enfant 8/3 $; ⏲10h-17h mai-oct). Cette collection intéressante rappelle le passé de port baleinier de Sag Harbor avec une collection d'objets du XIXe siècle : couteaux à dépecer, chaudrons pour récupérer le lard de baleine, ivoires et coquillages sculptés, etc. Les photos de ces mammifères géants dans ce qui est maintenant une jolie station balnéaire paraissent quelque peu surréalistes.

East Hampton

Que les vêtements décontractés tout en couleurs pastel et les pulls noués aux épaules ne vous trompent pas : les lunettes de soleil des gens que vous croiserez valent probablement un mois de votre loyer. Nombre de personnalités célèbres ont une maison ici...

POLLOCK-KRASNER HOUSE CENTRE ARTISTIQUE

(☎631-324-4929 ; www.stonybrook.edu/commcms/pkhouse/ ; 830 Springs Fireplace Rd ; sam 10 $, visites guidées jeu-dim adulte/-12 ans 15/10 $; ⏲visites 14h et 16h jeu-sam, 12h et 14h dim mai-oct). Visitez la maison de Jackson Pollock et de Lee Krasner, couple star du monde artistique : on n'y trouve qu'une seule œuvre du peintre (*Composition with Red Arc and Horses*, 1938), mais le lieu vaut le détour pour le sol éclaboussé de peinture de son atelier (les éclaboussures sur les murs viennent de Krasner). Accessible uniquement en visite guidée (sur réservation) à 14h et 16h du jeudi au samedi et à 12h et 14h le dimanche.

EAST HAMPTON MARINE MUSEUM MUSÉE

(www.easthamptonhistory.org ; 301 Bluff Rd, Amagansett ; adulte/enfant 8/5 $; ⏲10h-16h ven-sam juil-août). Une de vos dernières étapes avant de poursuivre vers Montauk, ce petit musée consacré à la pêche et à la chasse à la baleine est plus intéressant que son équivalent de Sag Harbor, avec de vieux harpons, des bateaux deux fois plus petits que leurs proies, des canons de navires coulés, des aquarelles de Claus Hoie ainsi qu'un très bel hommage photographique en noir et blanc aux pêcheurs locaux et à leurs familles.

Montauk

À l'extrémité est de Long Island se trouvent la ville tranquille de Montauk (surnommée "la fin") et sa célèbre plage de surf, **Ditch Plains**. Le secteur attire désormais une clientèle riche et branchée séjournant dans des hôtels au style bobo chic (souvent d'anciens motels de bord de route remis au goût du jour), mais reste moins huppé que les Hamptons.

MONTAUK POINT STATE PARK PARC D'ÉTAT

(☎631-668-3781 ; www.parks.ny.gov ; 2000 Montauk Hwy/Rte 27 ; 8 $ par voiture ; ⏲aube-crépuscule). Ce parc d'État balayé par les vents, à la pointe est de la péninsule de South Fork, est dominé par un phare impressionnant. C'est un lieu agréable où se promener, surfer, pêcher à la ligne (avec un permis) et observer les phoques (appelez pour convenir d'une date et les rangers vous fourniront des longues-vues pour mieux les voir). L'accès des véhicules est payant de 8h à 16h.

MONTAUK POINT LIGHTHOUSE PHARE

(www.montauklighthouse.com ; 2000 Montauk Hwy ; adulte/enfant 12/5 $; 10h30-17h30 dim-ven, 10h30-19h mi-juin à août, horaires réduits mars). Quatrième phare le plus ancien encore en activité dans le pays, cet édifice fut bâti en 1796 à la demande de George Washington. Il est intéressant d'y monter, mais il ne faut être ni claustrophobe ni pressé (seules 15 personnes peuvent accéder au sommet à la fois). La vue sur l'océan est superbe. Le bus Suffolk County 10C dessert le phare au départ d'East Hampton et Montauk.

OÙ SE LOGER

MARRAM BOUTIQUE-HÔTEL $$$

(631-668-2050 ; www.marrammontauk.com ; 21 Oceanview Tce ; d 300-600 $; P). Depuis 2019, ce motel ancien rénové arbore une belle façade de cèdre et d'acajou, face au spot de surf de Terrace. Des *marrams* (herbes de dunes) coiffent les petites dunes qui émaillent la propriété. L'hôtel abrite des chambres minimalistes au superbe design : plafonds et meubles en chêne, éléments de salle de bains Waterworks, sols en béton ciré et enduits de style marocain.

OÙ SE RESTAURER

AMBER WAVES FARM AMERICAIN $

(631-267-5664 ; www.amberwavesfarm.org ; 367 Main St, Amagansett ; plats 10-16 $; restaurant 8h-15h, marché 8h-17h juin-août, horaires réduits le reste de l'année ;). Dans un cadre ravissant, sous des érables flanqués d'hortensias, cette ferme-restaurant bio constitue (avec les plages et les soirées chez P. Diddy) le plus bel attrait des Hamptons. Le petit-déjeuner est constitué de mets frais et créatifs, comme les tostadas de champignons croustillants, pomme de terre, coleslaw et petits légumes, ainsi que de délicieux pains (scones aux fines herbes/cheddar/chou kale, focaccia aux tomates anciennes, etc.).

CLAM BAR AT NAPEAGUE PRODUITS DE LA MER $$

(631-267-6348 ; clambarhamptons.com ; 2025 Montauk Hwy, Amagansett ; plats 10-29 $; 11h30-20h avr-oct, 11h30-18h nov-déc). Produits de la mer on ne peut plus frais et sandwichs au homard excellents, mais les tarifs sont un peu salés (25-28 $). Ce restaurant a trente ans d'activité, ce qui prouve sa qualité et sa popularité : les habitants l'adorent. Sur la route entre Amagansett et Montauk.

SHOPPING

WYETH ARTICLES DE MAISON

(wyeth.nyc ; 3654 Montauk Hwy, Sagaponack ; 10h-18h). Voici le genre de boutique dont on ne parvient pas à se faire une idée vue de l'extérieur, mais dans laquelle on ne peut s'empêcher d'entrer. Et l'on aurait tort de s'en priver, car à l'intérieur se trouve un trésor de meubles et objets design du milieu du XXe siècle.

Fire Island

Découvrir

Fire Island est une île-barrière étroite qui s'étend sur 80 km, surtout remarquable pour l'absence de voitures. Routes sableuses, chemins bétonnés et allées de planches relient une douzaine de minuscules communautés résidentielles, et seuls circulent des *fat bikes* (vélos à pneus très larges) et des petits chariots que tirent les habitués pour transporter leurs affaires. Plusieurs enclaves sont de célèbres lieux de villégiature gays, mais ici tout le monde trouvera chaussure à son pied : familles, couples et célibataires – gays ou pas. L'île est sous protection fédérale en tant que Fire Island National Seashore. Les dunes sauvages et les forêts battues par le vent recouvrent une bonne partie du terrain.

En été, attendez-vous à des villages remplis de boîtes de nuit, à proximité d'étendues de sable où vous ne verrez que des tentes et... des daims. N'oubliez pas de vous protéger contre les moustiques, aussi nombreux qu'agressifs sur Fire Island. S'il est facile de faire l'aller-retour dans la journée, passer une nuit ou deux sur l'île est un enchantement (même si les hôtels n'ont rien d'extraordinaire), particulièrement au printemps et en automne, plus paisibles.

VAUT LE DÉTOUR

LONG BEACH

Long Beach (www.www.longbeachny.gov), l'une des plus belles étendues de sable des environs, se trouve à seulement quelques kilomètres de New York. Ses atouts : un accès aisé par le train, la propreté des plages, la proximité (à pied) des commerces, les cafés et restaurants du centre-ville animé et son attrait pour les surfeurs. Seul bémol : l'accès coûte 15 $ la journée (à régler à l'une des entrées de la plage : dans Minnesota Ave, Neptune Blvd, Long Beach Blvd ou Lafayette Blvd). L'été, le Long Island Rail Road (LIRR) propose une formule "journée à la plage" avec tarif réduit pour l'accès et l'aller-retour en train au départ de Penn Station ou d'Atlantic Terminal, à Brooklyn.

Le meilleur

- **Site où se balader** Sunken Forest
- **Lieu où se restaurer** Sand Castle
- **Lieu où prendre un verre** CJ's

Notre conseil

Pendant les week-ends d'été, quittez l'île tôt le dimanche (avant 15h) ou passez la nuit sur place pour ne repartir que le lundi matin : la file d'attente pour les ferries le dimanche soir est indescriptible !

Depuis/vers Fire Island

- **Voiture** Prenez le Long Island Expwy jusqu'aux sorties 53 (Bayshore), 59 (Sayville) ou 63 (Patchogue).
- **Train** Prenez le LIRR jusqu'à une des 3 gares avec un ferry en correspondance : Patchogue, Bayshore ou Sayville.
- **Ferry** Les Fire Island Ferries (☎631-665-3600 ; fireislandferries.com ; 99 Maple Ave, Bay Shore ; aller simple adulte/enfant 11/6 $) relient un terminal proche de la gare LIRR de Bay Shore à Kismet, Ocean Beach et d'autres localités à l'ouest. Le Sayville Ferry Service va de Sayville à Cherry Grove et Fire Island Pines. Le Davis Park Ferry dessert Davis Park et Watch Hill.

Renseignements

- **Indicatif téléphonique** ☎631
- **Situation** 60 miles (97 km) à l'est de Manhattan
- **Informations** www.fireisland.com

À VOIR

Les joyaux de Fire Island sont les zones piétonnes du centre (plutôt que les extrémités, reliées à Long Island par la route). Davis Park, Fair Harbor, Kismet, Ocean Bay Park et Ocean Beach offrent une alternance de petites maisons de vacances et de modestes bourgs dotés de quelques épiceries basiques et de restaurants. Ocean Beach ("OB" comme disent les résidents) est le plus animé, avec son centre-ville miniature près du terminal de ferries et un petit alignement de bars. Les bourgs les plus connus sont peut-être les destinations résolument gays : Cherry Grove et The Pines, au centre de Fire Island. Il n'est pas possible d'aller d'un village à l'autre à vélo car les routes sont trop sablonneuses. Pour explorer des coins plus éloignés, vous devrez marcher ou emprunter le ferry de Fire Island Water Taxi, côté baie – mais il cesse en octobre, comme la plupart des autres activités liées au tourisme.

SUNKEN FOREST FORÊT

(☎631-597-6183 ; www.nps.gov/fiis ; ⏱centre des visiteurs mi-mai à mi-oct). GRATUIT Cette forêt tricentenaire située derrière les dunes, d'une densité d'arbres surprenante, est d'accès facile via une promenade de planches effectuant une boucle de 2,4 km. Il est agréable de s'y promener à l'ombre en été, et à l'automne la forêt se pare de couleurs vives. Elle dispose même de son propre embarcadère à **ferries** (☎631-589-0810 ; www.sayvilleferry.com ; 41 River Rd, Sayville), Sailors Haven, où se trouve aussi un centre d'information touristique. En hiver, lorsque les ferries ne circulent plus, on peut la rejoindre au terme d'une longue marche. Visite guidée avec un ranger possible.

La plage située directement au sud est très sauvage, mais l'accès en est relativement aisé. On peut obtenir un guide des sentiers de Sunken Forest par e-mail via le site du National Park Service.

OÙ SE RESTAURER ET PRENDRE UN VERRE

CJ'S AMÉRICAIN $$

(☎631-583-9890 ; www.cjsfireisland.com ; 479 Bay Ave, Ocean Beach, Fire Island ; plats 12-23 $; ⌚11h-minuit dim-jeu, 11h-4h ven-sam). Ouvert toute l'année, CJ's est un bar-restaurant bruyant et divertissant, parfait pour attendre le ferry. L'endroit est bondé les soirs de week-end en été ; mieux vaut arriver tôt. Réputé pour son "rocket fuel", une boisson glacée. Propriété du Palms Hotel voisin.

SAND CASTLE PRODUITS DE LA MER $$

(☎631-597-4174 ; www.fireislandsandcastle.com ; 106 Lewis Walk, Cherry Grove, Fire Island ; plats 17-40 $; ⌚11h-23h lun, mar et jeu-sam, 9h30-23h dim mai-sept ; 🖉). L'un des rares établissements de l'île situé sur le front de mer, plutôt que sur la baie. Le Sand Castle sert de copieux hors-d'œuvre (calamar frit, soupe de fruits de mer) et de nombreux et tentants plats de fruits de mer : moules, carpaccio de poulpe, saumon royal grillé...

North Fork et Shelter Island

Découvrir

North Fork est réputée pour ses paysages agricoles bucoliques et ses vignes (même si le week-end peut attirer des clients bruyants venus en limousine visiter les caves). L'axe principal, la jolie Rte 25 qui traverse **Jamesport**, **Cutchogue** et **Southold**, est bordé de stands fermiers, tandis que la Rte 48, moins fréquentée, dessert plusieurs domaines vinicoles.

La plus grande localité de North Fork est **Greenport**, ancien port baleinier devenu une bourgade de pêcheurs décontractée. On trouve un **manège d'époque** (villageofgreenport.org ; Mitchell Park ; 2 $; ⌚9h-20h juin-août, horaires réduits le reste de l'année) dans Mitchell Park. La ville, petite, se parcourt facilement à pied depuis la gare du LIRR.

Comme une perle dans la pince de Long Island, Shelter Island s'étend entre North Fork et South Fork. L'île est une version plus petite et plus discrète des Hamptons, avec un petit air de Nouvelle-Angleterre. Le parking y est limité ; le long de **Crescent Beach**, par exemple, il faut avoir un permis. Si quelques côtes ne vous font pas peur, elle est agréable à visiter à vélo, et la Mashomack Nature Preserve est un paradis naturel.

Le meilleur

- **Site** Mashomack Nature Preserve
- **Lieu où se restaurer** North Fork Table & Inn
- **Lieu où prendre un verre** Shinn Estate

Notre conseil

Les exploitations viticoles de North Folk sont faciles à explorer en indépendant. Gagnez Long Island par le train, puis louez une voiture (cherchez à Riverhead), les prix sont moins élevés qu'à Manhattan et vous économiserez temps, essence et frustration.

Depuis/vers North Fork

- **Bus** Le bus Hampton Jitney prend des passagers dans l'East Side de Manhattan aux rues suivantes : 96th, 83rd, 77th, 69th, 59th 40th. L'itinéraire dessert 10 villages de North Fork.
- **Voiture** Sortez de Manhattan par le Midtown Tunnel et prenez l'I-495/Long Island Expwy. Empruntez-la jusqu'au bout, à Riverhead, puis suivez les panneaux pour rejoindre la Rte 25, qui vous conduira vers l'est.
- **Train** Souvent appelée Ronkonkoma Branch, la ligne North Fork du LIRR part de Penn Station et de Brooklyn pour rallier Greenport.

Renseignements

- **Indicatif téléphonique** ☎631
- **Situation** 100 miles (161 km) à l'est de Manhattan
- **Informations** Long Island Wine Council (☎631-722-2220 ; www.liwines.com)

À VOIR ET À FAIRE

MASHOMACK NATURE PRESERVE — RÉSERVE NATURELLE

(☎631-749-1001 ; www.nature.org/en-us/get-involved/how-to-help/places-we-protect/long-island-mashomack ; Rte 114, Shelter Island ; adulte/enfant 3/2 $; ⏲aube-crépuscule). Les 810 ha de cette réserve de Shelter Island, sillonnés de rivières et de marais, se prêtent au kayak, à la randonnée (vélos interdits) et à l'observation des oiseaux. Prémunissez-vous contre les tiques, présentes en permanence dans l'île.

ORIENT BEACH STATE PARK — PLAGE

(☎631-323-2440 ; www.parks.ny.gov/parks/106 ; 40000 Main Rd, Orient ; 10 $ par voiture, kayak 30 $/h ; ⏲8h-16h). Une étendue sableuse à l'extrémité de North Fork où on peut se baigner dans les eaux calmes de l'océan (juillet et août seulement ; 10h30-18h) ou louer des kayaks pour pagayer dans la petite baie. De là, on peut voir 4 phares, dont celui d'Orient Point, que les marins ont baptisé "la cafetière" du fait de sa silhouette. Pour mieux admirer ce dernier, remontez la route jusqu'à l'Orient Point County Park, où un sentier de 1 km vous mènera à une plage de galets blancs.

♥ROSE HILL VINEYARD — DOMAINE VITICOLE

(☎631-804-0367 ; rosehill-vineyards.com ; 2000 Oregon Rd, Mattituck ; dégustation 20-30 $; ⏲11h-17h tlj). Installé dans un corps de ferme rénové des années 1880, ce domaine attire les œnophiles avec ses excellents vins, souvent considérés comme les meilleurs de Long Island (en biodynamie et bio dans les faits, mais non certifié) et son luxueux B&B de quatre chambres (doubles à partir de 260 $).

Si une dégustation vous tente, profitez des agréables sofas et tables de pique-nique pour savourer le Coalescence (un assemblage de blancs) ou le malbec, face à 10 ha de perfection bucolique.

KONTOKOSTA WINERY — DOMAINE VITICOLE

(☎631-477-6977 ; www.kontokostawinery.com ; 825 North Rd, Greenport ; dégustation 18 $; ⏲11h-17h dim-ven, 11h-18h sam). Les grands crus de ce nouveau domaine remportent déjà des prix, mais vous serez autant ébloui par la vue – la salle de dégustation est la seule à donner sur le détroit – que par les vins que vous goûterez dans ce cadre serein (ici, pas de limousine, de bus ou de camping-car...).

OÙ SE RESTAURER ET PRENDRE UN VERRE

♥NORTH FORK TABLE & INN — AMÉRICAIN $$$

(☎631-765-0177 ; www.northforktableandinn.com ; 57225 Main Rd, Southold ; plats 32-60 $; ⏲17h-21h jeu et dim, 17h-22h ven-sam ; 📶). Refuge favori des gourmets, cette auberge de 4 chambres (à partir de 250 $) recèle un excellent restaurant "de la ferme à l'assiette", sous la houlette de chefs issus du Gramercy Tavern, restaurant respecté de Manhattan. On y sert à dîner chaque soir (et un brunch le week-end), mais si vous voulez un bon déjeuner à emporter (5,50-21 $), rendez-vous au *food truck* de l'auberge, garé devant du vendredi au lundi, de 11h30 à 15h30 (et tous les jours en juillet et août).

CLAUDIO'S — PRODUITS DE LA MER $$$

(☎631-477-0627 ; claudios.com ; 111 Main St, Greenport ; plats 18-56 $; ⏲11h30-21h dim-jeu, 11h30-22h ven-sam mai-oct ; 📶). Ce restaurant légendaire dans la région était le plus vieux du pays à appartenir à une même famille (les Claudio, d'origine portugaise, depuis 1870) jusqu'à son rachat en 2018 par trois autres vieilles familles de Greenport. La carte a été modernisée, mais reste fidèle aux produits de la mer : espadon, spaghettis aux palourdes, huîtres fraîches et autres y figurent aux côtés d'un steak de bœuf du Kansas maturé.

Pour un repas décontracté ou un verre sur une superbe terrasse, rendez-vous à Claudio's Waterfront, sur la jetée voisine (plats 17-38 $).

Hudson Valley

Découvrir

Fermes pittoresques, cottages victoriens, vergers de pommiers et manoirs bourgeois construits par l'élite new-yorkaise se succèdent le long des routes sinueuses de l'Hudson River. Les peintres de l'Hudson

River School ont sublimé ces paysages, et notamment leurs célèbres couleurs automnales – leurs toiles sont exposées dans les musées des environs mais aussi à New York. L'automne est une période particulièrement belle pour voyager dans cette région. La rive est du fleuve est plus habitée au départ (mais de moins en moins en continuant vers le nord), tandis que la rive ouest, où les collines ondulent jusqu'à la région montagneuse des Catskills, a un côté plus rustique.

Le meilleur

➡ **Site** Dia: Beacon

➡ **Lieu où se restaurer** Roundhouse Restaurant & Lounge

➡ **Lieu où prendre un verre** Harriman State Park

Notre conseil

Pour une sortie gastronomique, rendez-vous à Rhinebeck ou Beacon, qui comptent certaines des meilleures tables de la région.

Depuis/vers l'Hudson Valley

➡ **Voiture** Quittez Manhattan par la Henry Hudson Pkwy, puis empruntez le pont George Washington pour rejoindre Palisades Pkwy. Continuez jusqu'à la New York State Thruway et prenez la Rte 9W ou la Rte 9, les principaux itinéraires touristiques de la vallée. Vous pouvez aussi suivre la Taconic State Pkwy vers le nord au départ d'Ossining, qui traverse des paysages magnifiques à l'automne.

➡ **Bus** La compagnie Short Line Buses (www.coachusa.com) dessert régulièrement Bear Mountain, Harriman, Hyde Park, Rhinebeck et d'autres destinations.

➡ **Train** Le train de banlieue Metro-North (new.mta.info/agency/metro-north-railroad) marque plusieurs arrêts dans la Lower Hudson Valley et dans la Middle Hudson Valley (empruntez l'Hudson Line). Les trains Amtrak vont à Hudson.

Renseignements

➡ **Indicatif téléphonique** ☎845

➡ **Situation** 95 miles (152 km) au nord (Hyde Park) de Manhattan

➡ **Informations** Dutchess Tourism, Beacon Tourist Information

À VOIR ET À FAIRE

Lower Hudson Valley

De somptueuses demeures s'offrent aux visiteurs près de Tarrytown et de Sleepy Hollow. À Beacon, l'ancien site industriel est devenu une fondation pour l'art contemporain, tandis que les galeries et boutiques d'antiquaires de la bourgade historique d'Hudson attirent les plus riches le week-end. Si vous êtes en voiture, traversez l'Hudson pour explorer le Harriman State Park et son voisin le Bear Mountain State Park, dont la vue depuis le sommet (397 m) s'étend jusqu'à Manhattan.

♥ STORM KING ART CENTER SCULPTURES

(☎845-534-3115 ; stormking.org ; 1 Museum Rd, hors d'Old Pleasant Hill Rd, New Windsor ; adulte/enfant 18/8 $; ⏲10h-16h30 mer-lun avr à mi-déc, sam-dim jan-mars). Ce parc de sculptures de 200 ha, créé en 1960, expose des œuvres de Barbara Hepworth, Mark di Suvero, Andy Goldsworthy et Isamu Noguchi. Toutes ont été disposées avec soin dans les recoins naturels de la propriété.

On y trouve aussi un centre d'accueil des visiteurs, un café et des galeries couvertes. Un tramway gratuit fait le tour du parc, et on peut aussi louer des vélos à l'heure (2h minimum à 90$, 15 $ l'heure de plus) ou à la journée (90 $). Le site Internet détaille les visites guidées en bus depuis New York.

BEAR MOUNTAIN STATE PARK PARC NATIONAL

(☎845-786-2701 ; www.parks.ny.gov ; Palisades Pkwy/Rte 6, Bear Mountain ; parking 10 $ par voiture ; ⏲aube-crépuscule). Les visiteurs viennent surtout pour la vue sur Manhattan depuis le point culminant du parc, à 397 m d'altitude (accessible en voiture), mais on peut aussi y patiner en hiver et se baigner ou faire du bateau l'été. Plusieurs routes panoramiques serpentent au fil des lacs, et les paysages sont magnifiques. L'accès est payant tous les jours de fin juin à début septembre, et uniquement le samedi et le dimanche le reste de l'année. Certains équipements sur place sont également payants.

KYKUIT SITE HISTORIQUE

(☎914-366-6900 ; www.hudsonvalley.org ; 200 Lake Rd, Pocantico Hills ; visite adulte/enfant à partir de 28/26 $; ⏲visite jeu-dim mai-sept et début nov, mer-lun oct). Cette résidence d'été de 40 pièces du magnat du pétrole John D. Rockefeller, achevée en 1913, est classée monument national. Son joli jardin a été dessiné par Frederick Law Olmsted. Les sculptures exposées dans la propriété et dans une galerie souterraine forment une remarquable collection d'art moderne, avec des œuvres de Picasso, Chagall et Warhol.

Entrée avec une visite guidée uniquement, qui part de **Philipsburg Manor** (914-366-6900 ; www.hudsonvalley.org ; 381 N Broadway, Sleepy Hollow ; adulte/enfant 12/6 $; visites 10h30-15h30 mer-dim mai à mi-nov) ; une navette vous amènera à la propriété. Vous économiserez 2 $ en achetant vos billets sur le site Internet.

HARRIMAN STATE PARK
PARC NATIONAL

(845-947-2444 ; www.parks.ny.gov ; Seven Lakes Dr, Bear Mountain Circle, Ramapo ; parking voiture payant fin mai-sept ; aube-crépuscule). S'étendant sur 186 km² sur la rive ouest de l'Hudson, le Harriman State Park offre des possibilités de baignade et de randonnée sur 320 km de sentiers. On peut y camper et le parc possède un centre d'information touristique.

Il est traversé sur 11 km par l'**Appalachian Trail** (appalachiantrail.org), et il n'est pas rare d'y voir des randonneurs grisonnants équipés de bâtons et de sacs à dos sur le chemin ou surgissant de la forêt, telles des créatures d'un monde secret.

WASHINGTON IRVING'S SUNNYSIDE
ÉDIFICE HISTORIQUE

(914-366-6900 ; www.hudsonvalley.org ; 3 W Sunnyside Lane, Tarrytown ; adulte/enfant 10/8 $; visites 10h30-16h mer-dim mai à mi-nov). Washington Irving, célèbre auteur de récits comme *La Légende de Sleepy Hollow*, fit édifier cette demeure originale, dont il disait qu'elle possédait plus de recoins qu'un chapeau à cornes. Les guides en costumes du XIXe siècle proposent des visites très vivantes, et la glycine qu'Irving planta il y a un siècle couvre toujours le mur. Les billets coûtent 2 $ de moins sur le site Internet.

La gare la plus proche de Sunnyside est celle d'Irvington, un arrêt avant Tarrytown.

Beacon

DIA: BEACON
GALERIE

(845-440-0100 ; www.diaart.org ; 3 Beekman St, Beacon ; adulte/enfant 15 $/gratuit ; 10h-16h ven-lun). Cette ancienne imprimerie d'emballages de 28 000 m², au bord de l'Hudson, abrite désormais d'étonnantes œuvres monumentales d'artistes comme Richard Serra, Dan Flavin, Louise Bourgeois ou Gerhard Richter. La collection permanente s'accompagne d'expositions temporaires de sculptures et d'installations géantes. Elle est incontournable pour les amateurs d'art contemporain. Réservation obligatoire.

Poughkeepsie et Hyde Park

HOME OF FRANKLIN D. ROOSEVELT
ÉDIFICE HISTORIQUE

(845-229-5320 ; www.nps.gov/hofr ; 4097 Albany Post Rd ; billet combiné avec FDR Presidential Library and Museum adulte/enfant 20 $/gratuit, billet maison seule 10 $/gratuit ; visites toutes les 30 min 10h-15h). Des rangers guident ces intéressantes visites (1 heure) de Springwood, la maison familiale de Franklin D. Roosevelt (FDR), vainqueur de quatre élections présidentielles (un record), qui mena les États-Unis de la Grande Dépression jusqu'à la fin de la Seconde Guerre mondiale. Vu la richesse de sa famille, la demeure est modeste, et peut être désagréablement bondée l'été. Des détails intimes ont été conservés, comme son bureau laissé tel qu'il était avant sa mort et l'ascenseur manœuvré à la main dont il se servait pour monter à l'étage (Roosevelt était atteint de poliomyélite).

La maison est sur le domaine d'une ancienne ferme de 615 ha qui comprend aussi des sentiers de promenade, le tombeau de marbre très épuré où reposent FDR, Eleanor (et leur chien Fala). On y trouve aussi le **FDR Presidential Library and Museum** (845-486-7770 ; www.fdrlibrary.org ; 4079 Albany Post Rd ; billet combiné avec maison de Roosevelt adulte/enfant 20 $/gratuit , billet Library and Museum seul 10 $/gratuit ; 11h-16h), qui rappelle les grandes réussites de la présidence de FDR. Les billets, valables 2 jours, incluent la visite de Springwood et l'accès à la bibliothèque présidentielle.

WALKWAY OVER THE HUDSON
POINT DE VUE

(845-834-2867 ; www.walkway.org ; 61 Parker Ave, Poughkeepsie ; 7h-crépuscule). Ce site doté d'un parking est l'entrée principale, à l'est, de l'ancien pont de chemin de fer de 1889 qui traversait l'Hudson. C'est désormais la plus longue passerelle piétonne du monde (2 km) et un parc d'État. Sa traversée, à 65 m de haut, offre une vue époustouflante sur le fleuve. Si vous en avez le temps, une boucle piétonne de 5,8 km permet d'emprunter la passerelle et de revenir par le Mid-Hudson Bridge jusqu'à Poughkeepsie.

On peut aussi y monter par un ascenseur gratuit, situé sur la rive, dans l'Upper Landing Park (83 N Water St). L'ascenseur est accessible à partir de 9h et ferme 1 heure 30 avant la passerelle.

Hudson

OLANA ÉDIFICE HISTORIQUE

(518-828-1872 ; www.olana.org ; 5720 Rte 9G ; visite de la maison adulte/enfant 20 $/gratuit ; domaine 8h30-crépuscule tlj, visites guidées de la maison 10h-16h mar-dim mi-mai à oct, 11h-15h ven-dim nov-mai). Olana est la plus belle demeure de l'Hudson Valley esthétiquement parlant. Le peintre paysagiste Frederic Church en conçut chaque détail en s'inspirant de ses voyages au Moyen-Orient et en mettant en valeur la vue superbe sur les Catskills, de l'autre côté de l'Hudson. La “fantaisie persane” est une maison extraordinaire qui mérite une visite guidée de son intérieur (à réserver au préalable). On y trouvera de nombreux tableaux de Church.

Vous pouvez visiter la propriété avec un guide (à pied ou en véhicule) ou seul, avec votre propre voiture. Olana a subi d'importants travaux de rénovation, achevés en 2018.

OÙ SE RESTAURER

ROUNDHOUSE RESTAURANT & LOUNGE AMÉRICAIN $$

(845-765-8369 ; roundhousebeacon.com ; 2 E Main St, Beacon ; plats 16-42 $; lounge 15h-21h lun-jeu, 11h30-22h ven-sam, 11h-20h dim, restaurant 15h-21h lun et jeu, 15h-22h ven, 11h30-22h sam, 11h30-20h dim). Outre la superbe vue qu'il offre sur une chute d'eau, le Roundhouse se met en quatre pour mettre en valeur les meilleurs produits de l'Hudson Valley. La carte saisonnière inclut des classiques américains et quelques surprises internationales, comme des plats de riz ou de généreux bols de ramens (en hiver). En semaine, l'espace lounge propose un menu plus restreint mais tout aussi délicieux.

GRAZIN' DINER BURGERS $$

(518-822-9323 ; www.grazinburger.com ; 717 Warren St, Hudson ; burgers 10-20 $; 12h-20h tlj). Installé dans un vrai *diner* des années 1940 reconverti, le Grazin' apporte le plus grand soin à ses burgers, faits avec du bœuf bio élevé en plein air sur leur exploitation de 200 ha, à quelques kilomètres de là (les conditions de vie des animaux y ont été approuvées par l'Animal Welfare Institute). On a rarement vu un steak haché plus local.

BLUE HILL AT STONE BARNS AMÉRICAIN $$$

(914-366-9600 ; www.bluehillfarm.com ; 630 Bedford Rd, Pocantico Hills ; menu fixe 278 $; 17h-22h mer-jeu et dim, 17h-23h ven-sam, 11h30-14h dim). Jouez les locavores de luxe à la ferme du chef Dan Barber (qui approvisionne aussi son restaurant de Manhattan). Installez-vous pour un spectaculaire festin de plusieurs plats, fait à partir de la récolte du jour, qui durera au moins 3 heures, et où le service est aussi théâtral que la présentation. Réservez au moins un mois à l'avance, et attention à la tenue : veste et cravate recommandées pour les hommes, shorts interdits.

En journée, les visiteurs sont les bienvenus au **Stone Barn Center for Food & Agriculture** (914-366-6200 ; www.stonebarnscenter.org ; 630 Bedford Rd, Pocantico Hills ; 10h-17h jeu-dim), où on trouve un comptoir à emporter basique.

Woodstock

Découvrir

Le célèbre festival de 1969 s'est en réalité tenu à Bethel, à 1 heure de route à l'ouest. Néanmoins, Woodstock attire encore les amateurs de musique et d'art, et cultive la liberté d'esprit de cette période – jusqu'au style *tie and dye* psychédélique – au travers de nombreuses initiatives : radio, festival du film indépendant, marché fermier nommé Festival fermier...

VAUT LE DÉTOUR

SAUGERTIES

À 16 km au nord-est de Woodstock, Saugerties (discoversaugerties.com) est une ville qui remonte aux colons hollandais installés ici au milieu du XVIIe siècle. Elle vaut une petite visite grâce à quelques sites intéressants. C'est à l'**Opus 40 Sculpture Park & Museum** (☎845-246-3400 ; www.opus40.org ; 50 Fite Rd, Saugerties ; adulte/-4 ans 12 $/ gratuit ; ⏲10h-17h jeu-lun juil-août, horaires réduits sept-oct et mai-juin, sam-dim mars-avr et nov-déc) que l'artiste Harvey Fite a travaillé durant près de quarante ans pour faire d'une carrière abandonnée une immense œuvre d'art paysager, toute en murailles sinueuses, en canyons et en bassins. On arrive au pittoresque **phare de Saugerties** (☎845-247-0656 ; www.saugertieslighthouse.com ; 168 Lighthouse Dr, Saugerties ; visite don suggéré adulte/enfant 5/3 $; ⏲sentier aube-crépuscule), de 1869, au confluent d'Esopus Creek et de l'Hudson, par un sentier de 800 m. Les amateurs de rock classique iront aussi voir **Big Pink** (www.bigpinkbasement.com ; Parnassus Lane, West Saugerties ; location maison 675 $/nuit ; ❄📶), la maison popularisée par Bob Dylan et The Band, mais notez qu'elle est sur une route privée. On peut séjourner au phare ou à Big Pink, mais il faut réserver longtemps à l'avance.

Le meilleur

- **Site** Woodstock Artists Association & Museum
- **Lieu où se restaurer** Garden Cafe
- **Lieu où prendre un verre** Station Bar & Curio

Notre conseil

Emportez un sac vide, qui sait ce que vous dénicherez dans les magasins d'antiquités et sur les marchés de la région (sans compter les vide-greniers du week-end) ?

Depuis/vers Woodstock et Saugerties

- **Voiture** Prenez la New York State Thruway (via la Henry Hudson Pkwy, au nord de Manhattan) ou l'I-87 jusqu'à la Rte 375 pour Woodstock, la Rte 32 pour Saugerties, la Rte 28 pour les autres destinations.
- **Bus** Liaisons quotidiennes fréquentes depuis New York desservant Saugerties et Woodstock (à partir de 30 $, 3 heures), assurées par Trailways (www.trailwaysny.com).

Renseignements

- **Indicatif téléphonique** ☎845
- **Situation** 110 miles (177 km) au nord (Saugerties) de Manhattan

À VOIR ET À FAIRE

CENTER FOR PHOTOGRAPHY AT WOODSTOCK CENTRE ARTISTIQUE

(☎845-679-9957 ; www.cpw.org ; 59 Tinker St ; ⏲12h-17h). GRATUIT Fondé en 1977, cet espace artistique propose cours, conférences et expositions qui débordent de la stricte définition de l'art, grâce à un très bon programme d'artistes en résidence.

C'est l'ancien Café Espresso, où Bob Dylan eut un atelier à l'étage et écrivit les poèmes figurant sur la pochette de *Another Side of Bob Dylan*, en 1964. Janis Joplin s'y est régulièrement produite.

WOODSTOCK ARTISTS ASSOCIATION & MUSEUM MUSÉE

(WAAM ; ☎845-679-2940 ; www.woodstockart.org ; 28 Tinker St ; ⏲12h-17h jeu-dim). GRATUIT Le WAAM soutient les artistes de la région des Catskills depuis 1919. Ses galeries abritent des œuvres anciennes et d'autres, plus contemporaines, signées des membres de cette vénérable association. La boutique vend les créations d'artisans locaux (verrerie, céramique, textiles et bijoux).

OVERLOOK MOUNTAIN RANDONNÉE

(Meads Mountain Rd ; ⏲aube-crépuscule). Plusieurs chemins de randonnée exigeants partent de ce point pour grimper jusqu'à l'Overlook Mountain, à 5 minutes du centre de Woodstock. La forêt y cache quelques surprises, comme une tour de surveillance des incendies et les vestiges d'un hôtel abandonné.

OÙ SE RESTAURER

GARDEN CAFE VÉGÉTALIEN $

(845-679-3600 ; www.thegardencafewoodstock.com ; 6 Old Forge Rd ; plats 10,50-22 $; 11h30-20h jeu-lun ;). Tous les produits utilisés dans ce charmant café sont bio. La cuisine, appétissante, goûteuse et fraîche, se décline en salades, sandwichs, bols de riz et lasagnes de légumes. On y propose aussi des jus de fruits frais, smoothies, vins bio, bières artisanales et cafés, avec différents laits végétaux. Par beau temps, on peut profiter du vaste jardin.

SHINDIG AMÉRICAIN $

(845-684-7091 ; www.woodstockshindig.com ; 1 Tinker St ; plats 11-15 $; 12h-20h mer-jeu, 10h-21h ven-sam, 10h-16h dim ;). Que reprocher à ce café-bar branché et joyeux ? Petit-déjeuner servi jusqu'à 15h, belle gamme de bières artisanales et de cocktails inventifs, et “une truite BLT” (pour bacon, laitue et tomate) qui donne un coup de neuf à ce classique du sandwich.

OÙ PRENDRE UN VERRE ET FAIRE LA FÊTE

STATION BAR & CURIO BAR

(845-810-0203 ; www.stationbarandcurio.com ; 101 Tinker St ; 14h-minuit mer-jeu, 12h-22h ven-sam, 12h-minuit dim). En 1900, la gare de l'Ulster & Delaware Railroad Company que ce bar occupe se situait 16 km plus au sud, à Brown's Station, mais le village repose maintenant au fond de l'Ashokan Reservoir. On trouve au bar 8 bières locales à la pression, beaucoup d'autres en bouteilles, des cocktails et du vin. Concerts de jazz et de blues presque chaque week-end.

Où se loger

Plus de 60 millions de personnes visitent la ville chaque année, et les hôtels se remplissent donc vite, surtout l'été. NY abrite des hébergements pour tous les goûts, des chambres sommaires dans les grands immeubles de Midtown aux élégants boutique-hôtels de Downtown, en passant par les bed & breakfast dans les quartiers résidentiels et les auberges de jeunesse.

L'essentiel

De manière générale, les prix sont élevés et les logements petits. Les prix fluctuent plus en fonction de la disponibilité que de la saison, même si ils augmentent pendant les fêtes. Les hébergements, qui vont de la cellule austère d'une chaîne standard à la chambre magnifique en boutique-hôtel, se remplissent rapidement, surtout en été et en décembre.

C'est à Brooklyn et dans le Queens que vous trouverez le meilleur rapport qualité/prix. Long Island City dispose de quelques hôtels design à bon prix, et il existe des B&B abordables à Staten Island, si vous n'avez rien contre l'idée de prendre le ferry. On trouve des auberges de jeunesse un peu partout en ville.

Il est indispensable de réserver : il est quasi impossible d'arriver à l'improviste, et les tarifs sont presque toujours désavantageux par rapport aux réductions en ligne. Réservez votre chambre le plus tôt possible, et assurez-vous d'avoir compris les conditions d'annulation de votre hôtel. En général, l'arrivée se fait en milieu d'après-midi, et le départ en fin de matinée.

Tarifs des chambres

New York n'a pas de "haute saison". Les tarifs fluctuent en fonction de la disponibilité des chambres – la plupart des hôtels travaillent avec un algorithme de réservation. Si vous cherchez les meilleurs prix, il vous faudra faire preuve de souplesse. Par ailleurs, réserver pour 3 nuits ou plus fait parfois baisser les prix. Si vous n'êtes là que pour le week-end, tentez un hôtel d'affaires dans le Financial District.

Réservations

À New York, le prix moyen d'une chambre dépasse largement les 300 $. Mais que cela ne vous refroidisse pas, car les bonnes affaires ne manquent pas. Réservez aussi le plus en avance possible : il n'est pas rare que les prix soient moindres si vous réservez au moins 3 jours à l'avance. En ce qui concerne les B&B et les boutique-hôtels qui proposent plusieurs types de chambres, les plus petites (et donc les moins chères) sont souvent déjà réservées plusieurs semaines en amont. Si vous n'avez pas jeté votre dévolu sur un hébergement particulier, visitez les grands sites Internet de réservation, tout en regardant bien si les prix comprennent taxe de séjour et éventuels frais additionnels. Si vous savez déjà où vous voulez séjourner, mieux vaut réserver directement sur le site de l'hébergement en question, où il y a parfois des offres spéciales.

Se loger à Brooklyn

Traversez l'East River et vous en aurez pour votre argent. Du côté de Downtown Brooklyn et de Williamsburg, les hôtels chics ont fleuri, et vous trouverez des petits B&B nichés dans des maisons typiques dans les quartiers résidentiels tels que Prospect Lefferts Gardens et Ditmas Park. Plusieurs chaînes d'hôtels abordables existent aussi aux abords de Sunset Park.

Remarque : ce *borough* a une surface de 181 km^2 et il est parfois difficile de passer d'un quartier à l'autre. Choisissez donc un hébergement à proximité des endroits que vous souhaitez visiter (par exemple, le nord ou le sud de Brooklyn).

La sélection de Lonely Planet

Crosby Street Hotel (p. 347)

Bowery Hotel (p. 348)

Gramercy Park Hotel (p. 351)

Freehand New York (p. 350)

Les meilleures adresses par prix

$

Local (p. 358)

Harlem Flophouse (p. 355)

Carlton Arms (p. 350)

NY Moore Hostel (p. 356)

$$

Freehand New York (p. 350)

Boro Hotel (p. 358)

Arthouse Hotel NYC (p. 355)

Citizen M (p. 352)

TWA Hotel (p. 358)

$$$

Greenwich Hotel (p. 345)

Gramercy Park Hotel (p. 351)

Knickerbocker (p. 353)

Bowery Hotel (p. 348)

Wythe Hotel (p. 357)

Les plus belles vues

Standard (p. 349)

Four Seasons (p. 353)

Williamsburg Hotel (p. 358)

En famille

Hotel Beacon (p. 355)

Marram (p. 333)

Muse New York (p. 354)

Boutique-hôtels

Chatwal New York (p. 353)

Wythe Hotel (p. 357)

Ace Hotel (p. 351)

Broome (p. 347)

Lune de miel

Plaza (p. 353)

Williamsburg Hotel (p. 358)

Andaz Fifth Avenue (p. 352)

Les plus chics

Gansevoort Meatpacking NYC (p. 349)

Hotel 50 Bowery (p. 347)

McCarren Hotel & Pool (p. 356)

Lowell (p. 354)

À Brooklyn

Henry Norman Hotel (p. 357)

Wythe Hotel (p. 357)

The Brooklyn (p. 357)

RENSEIGNEMENTS

Fourchettes de prix

Les indications suivantes reflètent la gamme de prix ordinaire pour une chambre double standard quelle que soit la saison. Le petit-déjeuner est inclus, sauf indication contraire.

$	moins de 200 $
$$	de 200 à 350 $
$$$	plus de 350 $

Sites Internet

NYC (www.nycgo.com/hotels). Liste d'hôtels du guide officiel de New York.

Lonely Planet (lonelyplanet.fr/hotels) Avis et réservation en ligne.

Taxe de séjour

Certains hôtels de New York appliquent une "taxe de séjour" pouvant aller de 20 à 35 $ par nuit. Pratique pour les hôteliers, elle rassemble les anciens frais supplémentaires qui s'ajoutaient séparément (ex. : café et thé, accès à la salle de sport, Wi-Fi, etc.). Lisez bien les petits caractères quand vous réservez en ligne (surtout sur les grands sites de réservation).

Pourboires

Prévoyez un pourboire pour le personnel de chambre – 3 à 5 $ par nuit à laisser en évidence (sur l'oreiller) avec un mot (enveloppes parfois fournies par l'hôtel). De même, le personnel venant vous servir dans votre chambre s'attend à un pourboire.

Où se loger

QUARTIER	LES POUR	LES CONTRE
Financial District et Lower Manhattan	Pratique pour la vie nocturne et les ferries de Tribeca. Les hôtels d'affaires réduisent leurs tarifs le week-end.	Le sud de ces quartiers peut être impersonnel, même s'il y a de très bons restaurants dans Tribeca.
SoHo et Chinatown	Shopping à votre porte. Grand choix de restaurants à proximité et vie nocturne trépidante.	Les rues commerçantes de SoHo sont envahies par la foule (principalement des touristes) à presque toute heure de la journée. Onéreux.
East Village et Lower East Side	Branché et sympathique, ce secteur incarne le New York par excellence.	Les options sont soit très chères, soit spartiates. Certains endroits sont très éloignés du métro.
West Village, Chelsea et Meatpacking District	Extrêmement bien situé, dans un quartier aux airs européens.	Les prix des hôtels traditionnels sont exorbitants, mais ceux des B&B restent raisonnables.
Union Square, Flatiron District et Gramercy	Accès en métro facile. On peut se rendre à pied au Village et à Midtown. Bons restaurants à proximité, moins touristique que Midtown.	Les prix sont élevés et le quartier manque un peu d'âme.
Midtown	La version carte postale de NY : gratte-ciel, musées, boutiques et spectacles de Broadway.	Chambres chères et petites. Ambiance touristique et impersonnelle. Restaurants pour petit et moyen budget sans intérêt.
Upper East Side	À un jet de pierre des musées les plus prestigieux et des collines ondoyantes de Central Park.	Moins de variété, et des prix élevés ; le quartier n'est pas particulièrement central.
Upper West Side et Central Park	Accès pratique à Central Park, Lincoln Center et au musée d'Histoire naturelle.	Quartier plus familial qu'animé.
Harlem et Upper Manhattan	Ambiance locale extra, prix plus intéressants, proche de Central Park. Concerts exceptionnels.	Longs trajets en métro pour aller à Downtown et à Brooklyn, au cœur de l'action.
Brooklyn	Meilleurs prix ; idéal pour visiter certains des quartiers les plus attractifs et les moins bondés.	Le trajet jusqu'à Midtown et les secteurs au nord peut être long.
Queens	Moins cher, sans touristes. Idéal pour découvrir des cuisines du monde. Les hébergements à Long Island City sont à un arrêt de métro de Midtown.	Les hébergements un peu plus loin dans le Queens, notamment à Flushing, sont loin du centre en métro.

Financial District et Lower Manhattan

HOLIDAY INN EXPRESS HÔTEL **$**

Plan p. 438 (☎212-747-9222 ; Hlexpress.com ; 126 Water St, à hauteur de Wall St, Financial District ; s/d à partir de 122/150 $; ; S2/3 arrêt Wall St). Cet hôtel avec chambres modernes, Wi-Fi, petit-déjeuner inclus et salle de remise en forme est l'une des plus économiques du quartier. La marque Holiday Inn Express compte 4 autres établissements à Manhattan, bien situés pour visiter la ville.

ANDAZ WALL ST BOUTIQUE-HÔTEL **$$**

Plan p. 438 (☎212-590-1234 ; wallstreet.andaz.hyatt.com ; 75 Wall St, à hauteur de Water St, Financial District ; ch à partir de 299 $; @ ; S2/3 arrêt Wall St). Avec ses 253 belles chambres soignées, ce nouveau chouchou des hommes d'affaires branchés de Downtown dégage une atmosphère décontractée. Le check-in se fait par iPad, et Wi-Fi, appels locaux, sodas et en-cas du minibar sont inclus. Les chambres contemporaines sont spacieuses et jouent l'élégance sobre : fenêtres hautes, parquet en chêne et lits d'un confort inouï, habillés de draps en coton 300 fils.

GILD HALL BOUTIQUE-HÔTEL **$$**

Plan p. 438 (☎212-232-7700 ; www.thompsonhotels.com/hotels/gild-hall ; 15 Gold St, à hauteur de Platt St, Lower Manhattan ; supérieure/deluxe à partir de 300/340 $; ; S2/3 arrêt Fulton St). Le vestibule au charme éclatant du Gild Hall mène à un salon sur deux niveaux agrémenté de bibliothèques et de canapés qui dégage une ambiance chic de Wall Street aux allures de pavillon de chasse. Les chambres conjuguent élégance européenne et confort américain. Les têtes de lit en cuir s'inscrivent avec grâce dans ce décor minimaliste aux tons chauds. Les tarifs baissent sensiblement le week-end.

♥ **GREENWICH HOTEL** BOUTIQUE-HÔTEL **$$$**

Plan p. 438 (☎212-941-8900 ; www.thegreenwichhotel.com ; 377 Greenwich St, entre N Moore St et Franklin St, Tribeca ; ch à partir de 650 $; ; S1 arrêt Franklin St, A/C/E arrêt Canal St). Du luxueux salon au feu crépitant et aux fauteuils moelleux à la piscine éclairée à la lanterne dans une ferme japonaise du XVIIIe siècle reconstituée, rien n'est ordinaire dans le Greenwich Hotel de Robert De Niro. Chacune des 88 chambres au design unique compte un parquet ancien et une salle de bains revêtue de marbre de Carrare ou de carrelages marocains. Certaines des chambres disposent de portes-fenêtres donnant sur une cour verdoyante d'inspiration toscane.

♥ **ROXY HOTEL** HÔTEL **$$$**

Plan p. 438 (☎212-519-6600 ; www.roxyhotelnyc.com ; 2 6th Ave, à hauteur de White St, Tribeca ; ch à partir de 509 $; ; S1 arrêt Franklin St, A/C/E arrêt Canal St). Luxueux salons, cinéma, musique, bar et restaurant : profitez de tout cela à la fois dans l'ex-Tribeca Grand réimaginé et baigné d'un glamour rétro. Ses 201 chambres modernes aux tons brun et or sont disposées autour d'un atrium central avec plusieurs bars, un élégant **cinéma d'art et d'essai** (plan p. 438 ; ☎212-519-6820 ; www.roxycinematribeca.com ; 2 6th Ave, à hauteur de White St, Tribeca ; billets 12 $; S1 arrêt Franklin St, A/C/E arrêt Canal St)

LOCATION D'APPARTEMENTS

Si vous cherchez du côté des sites Web de location de particulier à particulier, vous trouverez des centaines d'options à New York, des simples chambres aux penthouses, en passant par des studios. Comptez environ 100 $ par nuit pour des chambres et studios minuscules à Manhattan (pour les appartements plus grands, les prix grimpent à plusieurs centaines de dollars par nuit), ou à partir de 80 $ pour des quartiers de Brooklyn tels que Clinton Hill et Bed-Stuy. Avant de cliquer sur "réserver", sachez que la Multiple Dwelling Law interdit de louer un bien sur New York pour une durée inférieure à 30 jours si le propriétaire n'y est pas présent. Toutefois, ce sont bien les propriétaires, et non les locataires, qui sont passibles d'amende (1 000-7 500 $). Alors que la bataille judiciaire fait rage entre la ville de New York et Airbnb, les voyageurs font face à un dilemme, puisque louer un appartement à court terme contribue à faire s'envoler le prix de l'immobilier à New York, où les loyers sont mirobolants et les propriétaires toujours plus tentés de se faire de l'argent facilement en louant pour de courtes périodes.

et un club de jazz en sous-sol, le **Django**. La tenue d'événements tels que le **New Year's Surrealist Ball** annuel ne rend le séjour que plus agréable.

AKA TRIBECA BOUTIQUE-HÔTEL **$$$**

Plan p. 438 (☎212-587-7000 ; www.stayaka.com ; 85 W Broadway, à hauteur de Chambers St, Tribeca ; ch à partir de 350 $; ❄📶 ; Ⓢ A/C, 1/2/3 arrêt Chambers St). Le luxe de Tribeca fait plus que transparaître dans ce boutique-hôtel récemment acquis par AKA. Mobilier moderniste, tapis et étagères remplies de livres donnent à l'entrée redécorée par Gachot Studios une ambiance scandinave chic et chaleureuse. Les 100 chambres insonorisées offrent un décor apaisant, associant moquettes anthracite, boiseries en noyer et sdb en marbre avec douche à effet pluie. Les chambres les plus chères disposent d'un balcon avec vue sur la ville.

CONRAD NEW YORK HÔTEL **$$$**

Plan p. 438 (☎212-945-0100 ; www.conradnewyork.com ; 102 North End Ave, angle de Vesey St, Lower Manhattan ; ste à partir de 600 $; ❄📶 ; Ⓢ 1/2/3, A/C arrêt Chambers St). Dans Battery Park City, cet hôtel luxueux du groupe Hilton convient parfaitement aux voyageurs d'affaires. Il renferme 2 000 œuvres d'art, dont *Loopy Doopy,* une immense fresque murale signée Sol LeWitt accrochée dans l'atrium haut de 15 étages. Les 430 suites aux tons ocre sont de belle facture et disposent de mobilier haut de gamme. Prix moins élevés le week-end.

SoHo et Chinatown

BOWERY HOUSE AUBERGE DE JEUNESSE **$**

Plan p. 440 (☎212-837-2373 ; www.theboweryhouse.com ; 220 Bowery, entre Prince St et Spring St, Nolita ; s/d avec sdb partagée à partir de 80/130 $; ❄📶 ; Ⓢ R/W arrêt Prince St). En face du New Museum, cette ancienne maison close des années 1920 a été reconvertie en auberge de jeunesse haut de gamme. Les chambres décorées d'affiches de cinéma et de photos anciennes du quartier sont équipées de matelas sur mesure (plus courts et plus étroits). Douches à effet pluie dans les salles de bains communes. On peut aussi profiter des canapés Chesterfield du grand salon design éclairé par des lustres, d'un bar animé et du toit-terrasse.

Si vous avez le sommeil léger, passez votre chemin : l'auberge attire les papillons de nuit, et des protections auditives sont fournies dans les chambres.

SOHOTEL HÔTEL **$**

(☎212-226-1482 ; www.thesohotel.com ; 341 Broome St, entre Bowery et Elizabeth St, Nolita ; d à partir de 149 $; ❄📶 ; Ⓢ J, M, Z arrêt Bowery, 6 arrêt Spring St). Tout le charme d'une ancienne grande maison aristocratique – les bâtiments datent de 1718 –, le confort moderne en plus. Murs en brique, déco moderne et chaleureuse : une aubaine pour les voyageurs au budget restreint.

HOTEL HUGO BOUTIQUE-HÔTEL **$$**

Plan p. 440 (☎212-608-4848 ; www.hotelhugony.com ; 525 Greenwich St, entre Vandam St et Spring St, SoHo ; d à partir de 240 $; 📶 ; Ⓢ 1 arrêt Houston St/Canal St, C/E arrêt Spring St). Il n'est peut-être pas aussi pompeux que certains hôtels de SoHo, mais l'Hotel Hugo est un hôtel de marque dans ce quartier cher. Chambres décorées dans un style industriel, bar sur le toit et charmant café-restaurant. À 10-15 minutes de marche du centre de SoHo ; on ne pourrait pas rêver mieux pour des prix qui débutent à 240 $ la nuit en pleine saison.

NOMO SOHO BOUTIQUE-HÔTEL **$$**

Plan p. 443 (☎646-218-6400 ; www.nomosoho.com ; 9 Crosby St, entre Howard St et Grand St, SoHo ; d à partir de 316 $; ❄📶🐾 ; Ⓢ N/Q/R, J/Z, 6 arrêt Canal St). Dans cette belle propriété de Downtown, un décor néobaroque fantaisie rehausse les chambres luxueuses, mais plutôt petites, aux tons crème et bleu azur, avec chandeliers à volutes et sdb en marbre. Aux étages supérieurs, vous aurez l'impression de contempler Manhattan depuis un nuage. Réception à l'étage.

SOHO GRAND HOTEL BOUTIQUE-HÔTEL **$$**

Plan p. 440 (☎212-965-3000 ; www.sohogrand.com ; 310 W Broadway, SoHo ; d 255-700 $; ❄@📶🐾 ; Ⓢ A/C/E arrêt Canal St). Pionnier du genre à SoHo, ce boutique-hôtel est toujours le plus couru. Son escalier principal en verre et en fonte est spectaculaire. Le design des 353 chambres est épuré et elles disposent de linge de lit griffé Frette (marque de luxe italienne), d'écrans plats et de produits de beauté spécialement créés pour l'hôtel. Dans le Grand Bar & Lounge, vous apercevrez des artistes branchés et sans doute quelques célébrités. Les chiens sont aussi bien reçus que leurs maîtres.

BROOME BOUTIQUE-HÔTEL $$$

Plan p. 440 (☎212-431-2929 ; www.thebroomenyc.com ; 431 Broome St, à hauteur de Crosby St, SoHo ; d à partir de 399 $; ; S R/W arrêt Prince St, 6 arrêt Spring St). Installé dans un bel immeuble du XIXe siècle restauré, le Broome vous enveloppe dans une intimité égalée par peu d'autres hôtels de la ville. Les 14 chambres, réparties sur 5 étages, sont l'expression même de l'élégance sobre et discrète. Cerise sur le gâteau : le patio intérieur à l'air libre et où vous pourrez boire un café (inclus, tout comme le petit-déjeuner de produits frais), tranquillement installé sur des sièges de cafés parisiens. Service de qualité.

CROSBY STREET HOTEL BOUTIQUE-HÔTEL $$$

Plan p. 440 (☎212-226-6400 ; www.firmdalehotels.com ; 79 Crosby St, entre Spring St et Prince St, SoHo ; d à partir de 725 $; ; S 6 arrêt Spring St, N/R arrêt Prince St). Les concepteurs de cet hôtel ont bousculé les règles de décoration intérieure, et c'est tant mieux ! Seul point commun entre les chambres : elles sont toutes munies de têtes de lit imposantes et d'un mannequin assorti. Certaines arborent des tons noir et blanc, d'autres sont aussi fleuries qu'un jardin anglais. Toutes sont luxueuses et raffinées, avec une touche de fantaisie.

HOTEL 50 BOWERY BOUTIQUE-HÔTEL $$$

Plan p. 443 (☎212-508-8000 ; www.jdvhotels.com ; 50 Bowery ; d à partir de 469 $; ; S B/D arrêt Grand St, J/Z arrêt Canal St). En plein cœur de Chinatown, ce boutique-hôtel récent dispose de chambres à l'élégance somptueuse, où vous trouverez produits de bain de luxe, linge haut de gamme, peignoirs ornés de dragons rouges et œuvres d'artistes new-yorkais. Sur le toit, un bar branché offre une vue imprenable sur la ville. Idéalement situé, il permet de rejoindre Tribeca, SoHo, Lower East Side et Brooklyn (via le pont de Manhattan) à pied.

MERCER BOUTIQUE-HÔTEL $$$

Plan p. 440 (☎212-966-6060 ; www.mercerhotel.com ; 147 Mercer St, à hauteur de Prince St, SoHo ; d 695 $; ; S N/R arrêt Prince St, B/D/F/M, 6 arrêt Broadway ou Lafayette). Vieux de plusieurs décennies et installé au milieu des rues pavées de SoHo, le Mercer héberge de nombreuses stars. Au-dessus d'un salon bien fourni en canapés de luxe moelleux, 74 chambres donnent un aperçu de l'art de vivre dans un loft chic aux allures d'ancien entrepôt. Écrans plats, parquets en bois sombre et sdb carrelées dans les tons blancs (avec baignoires îlots pour certaines) rajoutent une touche de modernité à l'ensemble.

JAMES NEW YORK BOUTIQUE-HÔTEL $$$

Plan p. 440 (☎212-465-2000 ; www.jameshotels.com/new-york ; 27 Grand St, entre 6th Ave et Thompson St, SoHo ; d à partir de 400 $; ; S A/C/E, 1 arrêt Canal St). Le James joue avec toute une variété d'éléments architecturaux dans chacun des espaces de l'hôtel et le tout fonctionne à merveille. Les parties communes sont inondées de lumière et présentent quelques détails amusants, comme les murs tapissés de touches d'ordinateur dans le hall d'entrée. À l'étage, des chambres dotées de grandes baies vitrées et de parquets en bois de récupération. Un écran motorisé les sépare toutes d'une sdb aux tons cuivrés.

Sur le toit, la petite piscine et le Jimmy (p. 109), bar où l'on vient siroter un cocktail pour voir et être vu, renforcent l'attrait de l'hôtel. Hors saison, les prix peuvent descendre jusqu'à 250 $ la nuit.

East Village et Lower East Side

ST MARK'S HOTEL HÔTEL $

Plan p. 444 (☎212-674-0100 ; stmarkshotel.net ; 2 St Marks Pl, angle 3rd Ave, East Village ; d à partir de 110 $; ; S 6 arrêt Astor Pl). Cette adresse sympathique attire une clientèle jeune, qui aime faire la fête et profite de la concentration en bars et restaurants des alentours. Avec des tarifs aussi bas pour New York, n'attendez pas de merveilles : les chambres sont petites et vieillottes. Le bruit de la rue peut déranger ceux qui ont le sommeil léger, et il n'y a pas d'ascenseur.

BLUE MOON BOUTIQUE HOTEL HÔTEL $

Plan p. 446 (☎212-646-787-5503 ; www.bluemoon-nyc.com ; 100 Orchard St, près de Delancey St, Lower East Side ; dort à partir de 58 $/pers, d à partir de 189 $; ; S F, J, M, Z arrêt Delancey St-Essex St). Décoration vintage et bohème en harmonie avec le style du quartier ; également des dortoirs de quatre ou six lits, mixtes ou réservés aux femmes.

LUDLOW HÔTEL $$

Plan p. 446 (☎212-432-1818 ; www.ludlowhotel.com ; 180 Ludlow St, entre Houston St et Stanton St, Lower East Side ; d à partir de 325 $; ❄📶 ; Ⓢ F arrêt 2nd Ave). Ce boutique-hôtel aux 175 chambres a un style typiquement new-yorkais. Belles chambres décorées de pièces uniques (par exemple, d'immenses plafonniers dorés et des souches d'arbres pétrifiés servant de tables de chevet), avec sdb en mosaïque et petit balcon. Les chambres les moins chères sont cependant minuscules. Superbe bar dans l'entrée et patio, sans oublier le **Dirty French**, bistrot français réputé qui sert petit-déjeuner, déjeuner et dîner.

BOWERY HOTEL BOUTIQUE-HÔTEL $$$

Plan p. 444 (☎212-505-9100 ; www.theboweryhotel.com ; 335 Bowery entre E 2nd St et 3rd St, East Village ; ch à partir de 435 $; ❄@📶 ; Ⓢ F arrêt 2nd Ave, 6 arrêt Bleecker St). Prenez votre clé en or à l'ancienne habillée de son pompon rouge dans le hall feutré habillé de lambris de bois et meublé de vieux fauteuils en velours et de tapis persans usés. Ensuite, suivez le revêtement de mosaïque jusqu'à votre chambre, avec de hautes baies vitrées et un lit confortable. Vous n'aurez alors plus qu'à pousser l'ours en peluche au chapeau melon que vous trouverez sur votre lit pour vous y glisser et regarder un film sur votre écran plasma de 106 cm.

STANDARD EAST VILLAGE HÔTEL $$$

Plan p. 444 (☎212-475-5700 ; www.standardhotels.com ; 25 Cooper Sq/3rd Ave, entre E 5th St et E 6th St, East Village ; ch 200-600 $; ❄📶 ; Ⓢ R/W arrêt 8th St-NYU ; 4/6 arrêt Bleecker St, 4/6 arrêt Astor Pl). S'élevant au-dessus d'East Village telle une voile déployée, la structure d'un blanc éclatant qui se dresse sur Cooper Sq se démarque dans un quartier de constructions basses. Les 144 chambres du Standard sont impeccables, avec leurs lignes épurées, leurs draps italiens, leurs matelas confortables, leurs baies vitrées et leur myriade de gadgets. Les bars des patios sont très agréables quand il fait chaud.

West Village, Chelsea et Meatpacking District

JANE HOTEL HÔTEL $

Plan p. 448 (☎212-924-6700 ; www.thejanenyc.com ; 113 Jane St, à hauteur de West St, West Village ; d avec sdb commune/privée 135/295 $; P❄📶 ; Ⓢ A/C/E, L arrêt 8th St-14th St, 1 arrêt Christopher St-Sheridan Sq). Exiguës, les chambres de 5 m² du Jane ne plairont certes pas à tous, mais si l'envie vous en dit, venez séjourner dans ce petit bijou en brique rouge récemment rénové, construit pour les marins en 1908 (les survivants du *Titanic* y ont aussi séjourné en 1912). Des grooms en livrée évoluent dans le hall d'entrée paré de vieux carreaux vert pâle, de trophées de chasse et de perroquets. Le magnifique bar aux allures de salle de bal est digne d'un cinq-étoiles.

Les chambres les moins chères sont munies de lits superposés et de sdb communes. Plus chers, les "quartiers du capitaine" disposent de commodités privées.

CHELSEA INTERNATIONAL HOSTEL AUBERGE DE JEUNESSE $

(☎212-647-0010 ; www.chelseahostel.com ; 251 W 20th St, entre 7th Ave et 8th Ave, Chelsea ; dort 58 $, s/d à partir de 81/129 $; ❄@📶 ; Ⓢ 1, C/E arrêt 23rd St, 1 arrêt 18th St). Dans l'onéreux Chelsea, ce vieux bastion pour petits budgets est une affaire si l'emplacement est votre priorité. Les prix sont un peu élevés au vu du peu d'équipements proposés, mais le lieu est propre et les espaces communs et les cuisines permettent de rencontrer d'autres hôtes.

♥ **MARLTON HOTEL** HÔTEL HISTORIQUE $$

Plan p. 452 (☎212-321-0100 ; www.marltonhotel.com ; 5 W 8th St, entre 5th Ave et MacDougal St, West Village ; s/d à partir de 275/295 $; 📶 ; Ⓢ A/C/E, B/D/F/M arrêt W 4th St-Washington Sq). À deux pas de Washington Square Park, ce superbe hôtel installé dans un bâtiment historique rénové allie un style parisien suranné et des équipements modernes. Chaque chambre est aménagée avec un mobilier et des luminaires, tout en bois sombre et cuivre poli, choisis spécialement. Le sol à carreaux noirs et blancs ajoute une touche d'élégance même aux chambres les plus exiguës (des moins chères minuscules au penthouse, leur taille est très variable). Toutes disposent du Wi-Fi, d'un coffre-fort et d'un minibar bien fourni.

TOWNHOUSE INN OF CHELSEA B&B $$

Plan p. 452 (☎212-414-2323 ; www.townhouseinnchelsea.com ; 131 W 23rd St, entre 6th Ave et 7th Ave, Chelsea ; d 150-300 $; ❄📶 ; Ⓢ 1, F/M arrêt 23rd St). Installé dans un immeuble du XIXe siècle, ce B&B est un petit bijou avec murs en brique nue et parquets. Acheté en 1998 et rénové (notamment en installant un ascenseur), il compte 14 grandes chambres chaleureuses, meublées de lits à baldaquin ou en cuivre, aux couvre-lits fantaisie, et d'une TV.

Un bar à vins et à fromages (faisant confiance à l'honnêteté de tous) ouvre de 16h à 17h le vendredi et le samedi. Au 2e étage, la bibliothèque de style victorien accueille aussi le petit-déjeuner.

INCENTRA VILLAGE HOTEL B&B $$

Plan p. 448 (☎212-206-0007 ; www.incentravillage.com ; 32 8th Ave, entre 12th St et Jane St, West Village ; d à partir de 185 $; ❄📶 ; Ⓢ A/C/E, L arrêt 8th Ave-14th St). Ces deux édifices en brique, qui datent de 1841, sont situés en plein cœur de West Village. Ils ont abrité le premier B&B homosexuel de la ville. Aujourd'hui, les 11 chambres sont réservées très longtemps à l'avance par beaucoup de visiteurs gays. Superbe salon victorien et chambres meublées d'antiquités aux accents très américains.

La Garden Suite est particulièrement pittoresque et jouit d'un accès sur un petit jardin à l'arrière. L'hôtel affirme qu'il y a le Wi-Fi dans toutes les chambres, mais ça n'est pas toujours le cas. Un ordinateur dans le salon est à disposition des clients.

CHELSEA PINES INN B&B $$

Plan p. 448 (☎212-929-1023 ; www.chelseapinesinn.com ; 317 W 14th St, entre 8th Ave et 9th Ave, Chelsea ; s/d à partir de 229/269 $; ❄📶 ; Ⓢ A/C/E, L arrêt 8th Ave-14th St). Avec ses 4 étages (sans ascenseur) codés aux couleurs du drapeau arc-en-ciel, le Chelsea Pines est l'un des hôtels gays et lesbiens les plus courus de Chelsea – mais une clientèle de tous bords est la bienvenue. Vous vous sentirez chez vous si vous connaissez bien la filmographie hitchcockienne, car de vieilles affiches tapissent les murs et les chambres, qui ont pour noms Kim Novak ou Doris Day.

Le petit salon au rez-de-chaussée donne sur une minuscule cour arrière ; le petit-déjeuner est inclus.

GANSEVOORT MEATPACKING NYC HÔTEL $$$

Plan p. 448 (☎212-206-6700 ; www.hotelgansevoort.com ; 18 9th Ave, à hauteur de 13th St, Meatpacking District ; d 365 $; ❄📶🏊🐾 ; Ⓢ A/C/E, L arrêt 8th Ave-14th St). Tapissé de panneaux couleur zinc, le Gansevoort, établissement huppé haut de 14 étages, est un véritable pionnier du Meatpacking District depuis son ouverture en 2004. Spacieuses et séduisantes, ses 186 chambres et 21 suites sont dotées de têtes de lit en daim violet, d'écrans TV plasma et de portes de salle de bains éclairées. L'élégant bar B. On Top et une petite piscine (chauffée et ouverte toute l'année) avec vue sur l'Hudson River sont perchés sur le toit.

♥ STANDARD BOUTIQUE-HÔTEL $$$

Plan p. 448 (☎212-645-4646 ; www.standardhotels.com ; 848 Washington St, à hauteur de W 13th St, Meatpacking District ; ch à partir de 383 $; ❄📶 ; Ⓢ A/C/E, L arrêt 8th Ave-14th St). Dans cet hôtel original qui enjambe la High Line, les clients sont accueillis par une enseigne posée à l'envers, une porte à tambour jaune canari et un distributeur de chewing-gums géant dans le hall d'entrée, à l'image du design insolite du lieu. Chacune des 338 chambres jouit d'une vue grandiose sur Manhattan et l'Hudson et est baignée de lumière naturelle, ce qui fait ressortir le cadre des lits en bois brillant et le marbre blanc des salles de bains.

L'hôtel offre des prestations de premier ordre, notamment un *beer garden* à l'allemande et une brasserie donnant sur la rue (avec patinoire en hiver), plus une somptueuse boîte de nuit au dernier étage. L'emplacement, à proximité de tout ce que New York offre de mieux, est exceptionnel. Par ailleurs, un autre hôtel Standard (p. 348) à la pointe de la modernité, se trouve à East Village.

♥ HIGH LINE HOTEL HÔTEL $$$

Plan p. 452 (☎212-929-3888 ; www.thehighlinehotel.com ; 180 10th Ave, à hauteur de W 20th St, Chelsea ; d à partir de 379 $; Ⓢ 1, C/E arrêt 23rd St). Sérénité garantie dans cet hôtel néogothique construit en 1885 par la General Theological Seminary, un établissement d'enseignement religieux toujours en activité dans un bâtiment voisin. Ses 60 chambres sont dotées de parquets en bois, de lits gigantesques et de mobilier unique. Idéalement situé, il vous permettra de rejoindre les galeries de Chelsea et d'aller vous balader sur la High Line.

Le restaurant-bar dans l'entrée, **Ingo's** (plats 29 $), est de qualité, tandis que la cour de devant est propice à la détente, avec une boisson chaude commandée au comptoir de l'**Intelligentsia**, dans le hall. De jolis vélos Shinola sont à disposition des clients pour faire un tour en ville.

MARITIME HOTEL BOUTIQUE-HÔTEL **$$$**

Plan p. 452 (☎212-242-4300 ; www.themaritimehotel.com ; 363 W 16th St, à hauteur de 9th Ave, Chelsea ; d 225-475 $; ❄📶 ; Ⓢ A/C/E, L arrêt 8th Ave-14th St). Ancien quartier général de la National Maritime Union (puis foyer pour ados SDF), cette tour blanche ponctuée de hublots a été transformée en hôtel à thème maritime par une équipe d'architectes branchés. L'intérieur est luxueux et a des airs de *La croisière s'amuse*. Les 126 chambres compactes, toutes dotées d'un hublot, sont lambrissées de teck et équipées d'une literie d'exception, d'une TV à écran plat et, pour certaines, de douches à effet pluie.

Le hall d'entrée au plafond bas est agrémenté de canapés et de petites bibliothèques remplies de livres d'art et de design. Plus loin se trouve un restaurant-bar qui donne sur 9th Ave. Un restaurant asiatique, le Tao Downtown (plats 39-45 $), est situé au sous-sol. Les suites disposent de douches extérieures et d'une terrasse privée avec vue sur l'Hudson.

Union Square, Flatiron District et Gramercy

MARCEL AT GRAMERCY BOUTIQUE-HÔTEL **$**

Plan p. 454 (☎212-696-3800 ; www.themarcelatgramercy.com ; 201 E 24th St, à hauteur de 3rd Ave, Gramercy ; d à partir de 139 $; ❄@📶 ; Ⓢ 6 arrêt 23rd St). Le Marcel est un boutique-hôtel minimaliste pour budget modéré. Les 136 chambres sont simples, mais modernes (les standards ont la taille d'une penderie), décorées dans des tons gris et beige que réveille l'audacieux jaune canari des têtes de lit Chesterfield. Les salles de bains sont banales mais propres, et les chambres donnant sur l'avenue ont une vue agréable. Au rez-de-chaussée, le salon élégant invite à la détente.

CARLTON ARMS HÔTEL **$**

Plan p. 454 (☎212-679-0680 ; carltonarms.com ; 160 E 25th St, à hauteur de 3rd Ave, Gramercy ; s/d sdb commune 90/130 $, sdb privée 130/160 $; ❄📶 ; Ⓢ 6 arrêt 23rd St ou 28th St). Chaque centimètre carré du Carlton semble être recouvert d'art. Les peintures murales suivent les 5 volées d'escaliers et ornent chacune des chambres, toutes différentes : dans certaines, ces dessins tirent vers le fantastique, dans d'autres, ils sont franchement effrayants (vous pouvez compter sur le personnel très aimable pour vous aider à choisir). Les chambres avec sdb communes disposent tout de même d'un petit lavabo.

Relativement confortables, les chambres attirent une clientèle éclectique qui s'accommode des conditions rustiques pour faire des économies substantielles. Il n'y a pas d'ascenseur, vous allez pouvoir vous muscler les mollets ! De janvier à mi-mars, les prix baissent considérablement. Toutefois, prenez garde : avec le vieux système de chauffage, certaines chambres se transforment en chaufferies, tandis qu'il fait frisquet dans d'autres...

Le Carlton Arms s'est réinventé bien des fois au cours de son existence centenaire. Il fut un *speakeasy* (bar clandestin) pendant la Prohibition, puis un repaire de drogués et de personnes prostituées dans les années 1960...

♥ **FREEHAND NEW YORK** BOUTIQUE-HÔTEL **$$**

Plan p. 454 (☎212-475-1920 ; www.freehandhotels.com/new-york ; 23 Lexington Ave, entre E 23rd St et E 24th St, Gramercy ; d, tr et qua à partir de 220 $; ❄📶 ; Ⓢ 6 arrêt 23rd St). Les amateurs de style qui font attention à leur budget seront séduits par cet hôtel qui bouscule les règles du jeu en alliant prix abordables, chambres pour une ou plusieurs personnes (lits superposés) et parties communes design. Ici, l'esthétique est moderne et marquée par les années 1950 et 1960. Chambres décorées de peintures murales discrètes avec petits plus bienvenus (pantoufles, peignoirs, produits de toilette à base d'huile d'argan, corbeilles de fruits gratuits). Notez que les prix peuvent doubler en été.

Les chambres – toutes avec sdb – sont confortables mais n'ont rien d'exceptionnel. Les véritables atouts de l'hôtel sont le **Studio**, espace rétro au 1er étage idéal pour savourer son petit-déjeuner ou prendre un verre, le **Broken Shaker**, bar semi-couvert sur le toit où viennent mixer des DJ (accessible par un ascenseur spécial) et le **restaurant et café artisanal** chic du rez-de-chaussée.

HOTEL HENRI HÔTEL **$$**

Plan p. 454 (☎844-277-9123 ; www.hotelhenrinyc.com ; 37 W 24th St, entre 8th Ave et 6th Ave, Flatiron District ; ch à partir de 247 $; ❄📶 ; Ⓢ F/M,

N/R arrêt 23rd St). Très bien situé, puisque presque à égale distance de Chelsea et d'Union Square, l'Hotel Henri était auparavant commode, mais sans intérêt. Ses petites chambres sont désormais design et élégantes, avec murs gris ardoise et mobilier en bois d'inspiration années 1960. Service excellent. Bons équipements, notamment machines à café K-cup et télés HD.

♥ GRAMERCY PARK HOTEL BOUTIQUE-HÔTEL **$$$**

Plan p. 454 (☎212-920-3300 ; www.gramercyparkhotel.com ; 2 Lexington Ave, à hauteur de 21st St, Gramercy ; ch à partir de 330 $, ste à partir de 1 000 $; ❄📶 ; Ⓢ6, R/W arrêt 23rd St). Vous avez dit "opulence" ? Les œuvres d'art contemporain qui décorent le salon de cet hôtel de style sont signées par les plus grands artistes du XXe siècle : Andy Warhol, Jean-Michel Basquiat, Enoc Perez, Keith Haring, Tom Wesselman et Damien Hirst, entre autres. Boiseries sombres et canapés somptueux accueillent les clients dans le hall. L'hiver, vous verrez brûler un feu de cheminée dans cette pièce aux délicats tons rose et vert. Certaines chambres jouissent d'une vue sur le parc (p. 172) et les clients ont un accès privé.

W NEW YORK UNION SQUARE HÔTEL **$$$**

Plan p. 454 (☎212-253-9119 ; www.marriott.com/hotels/hotel-deals/nycnu-w-new-york-union-square ; 201 Park Ave S, à hauteur de 17th St, Union Square ; ch à partir de 293 $; ❄📶🐾 ; ⓈL, N/Q/R, 4/5/6 arrêt 14th St-Union Sq). Installé dans un immeuble bâti en 1911 où siégeait une compagnie d'assurances, l'ultrachic W exige une tenue tirée à quatre épingles. Audacieusement habillées de bleu foncé et d'orange vif, les chambres standards ne sont pas grandes mais bénéficient de hauts plafonds et de touches modernes : écrans plats 106 cm, éclairage d'ambiance, têtes de lit abstraites inspirées du réseau urbain de Manhattan...

HOTEL GIRAFFE BOUTIQUE- HÔTEL **$$$**

Plan p. 454 (☎212-685-7700 ; www.hotelgiraffe.com ; 365 Park Ave S, angle de 26th St, Gramercy ; ch à partir de 289 $; ❄📶 ; ⓈR/W, 6 arrêt 23rd St). Il n'est pas particulièrement branché, mais le sympathique Hotel Giraffe, avec ses 12 étages, marque des points : chambres propres et modernes, petit-déjeuner continental inclus, vins et fromages offerts de 17h à 20h. La plupart des 72 chambres disposent de petits balcons, et vous pourrez aussi profiter d'un petit jardin sur le toit. Toutes les chambres sont équipées de TV à écran plat. Les suites d'angle ont en plus un salon avec un canapé convertible.

Midtown

HOTEL 31 HÔTEL **$**

Plan p. 456 (☎212-685-3060 ; www.hotel31.com ; 120 E 31st St, entre Lexington Ave et Park Ave, Midtown East ; d sdb privative/partagée à partir de 175/130 $; ❄📶 ; Ⓢ6 arrêt 28th St). Établissement très simple de Midtown East, l'Hotel 31 ne dispose ni d'espace commun ni de salle de petit-déjeuner. Les chambres, avec moquette, sont douillettes et permettent de profiter de Midtown sans se ruiner. Au choix, salle de bains privative ou partagée.

KIXBY HOTEL HÔTEL **$**

Plan p. 456 (☎212-947-2500 ; www.kixby.com ; 45 W 35th St, entre 5th Ave et 6th Ave, Midtown East ; ch 179-599 $; ❄@📶 ; ⓈN/Q/R, B/D/F/M arrêt 34th St-Herald Sq). Le Kixby (ex-Metro), distribué sur 13 étages, propose des chambres remises au goût du jour. Les Premier Plus affichent d'élégantes palettes monochromes. Les plus anciennes (et les moins chères) sont un peu quelconques mais très confortables. Toutes ont une TV à écran plat, une cafetière, le Wi-Fi gratuit et sont plus spacieuses qu'ailleurs dans cette gamme de prix. Petite salle de sport et très joli **bar de toit** avec une vue splendide sur l'Empire State Building.

ACE HOTEL BOUTIQUE-HÔTEL **$$**

Plan p. 456 (☎212-679-2222 ; www.acehotel.com/newyork ; 20 W 29th St, entre Broadway et 5th Ave, Midtown West ; ch à partir de 299 $; ❄📶 ; ⓈR/W arrêt 28th St). Couvre-lits écossais, pochoirs fantaisistes sur les murs, mobilier recouvert de cuir et réfrigérateurs : appréciées des créatifs fortunés, les chambres standard et deluxe évoquent des garçonnières haut de gamme. Certaines sont même dotées de guitares Gibson et de platines, et toutes ont le Wi-Fi. Pour qui est dans le coup mais n'a pas un gros budget, les chambres "mini" et "bunk" (avec lits-couchettes) descendent à moins de 200 $ en hiver.

L'Ace est une adresse joyeuse, repaire d'une jeunesse branchée venue profiter des DJ et concerts, du bar à expressos Stumptown Coffee Roasters (p. 206). Si vous cherchez un hôtel hors de l'effervescence de Midtown, passez votre chemin.

CITIZEN M HÔTEL **$$**

Plan p. 460 (☎212-461-3638 ; www.citizenm.com ; 218 W 50th St, entre Broadway et 8th Ave, Midtown West ; ch à partir de 250 $; ❄📶 ; S 1, C/E arrêt 50th St). À quelques pas de Times Square, le Citizen M vit avec son époque. Des bornes automatiques permettent un check-in et un check-out ultrarapides, les parties communes sont contemporaines et animées, et les chambres chics et compactes. Chacune est dotée d'une tablette permettant de contrôler l'éclairage, les stores et la température de la pièce, de matelas de qualité, de films gratuits et de douches délassantes à effet de pluie. En prime : salle de gym, bar sur le toit et cantine ouverte 24h/24.

YOTEL HÔTEL **$$**

Plan p. 460 (☎646-449-7700 ; www.yotel.com ; 570 10th Ave, entre 42nd St et 41st St, Midtown West ; ch à partir de 230 $; ❄📶 ; S A/C/E arrêt 42nd St-Port Authority Bus Terminal). Entre base spatiale futuriste et décor d'*Austin Powers*, cet hôtel agréable catégorise ses 713 chambres comme une compagnie aérienne : cabine premium (économique), cabine first (business) et suite (première classe). Certaines ont même une terrasse et un Jacuzzi extérieur. On y devine la patte du groupe Yotel, avec des lits ajustables et des jeux de lumière. Petites mais bien agencées, toutes les "cabines" ont de grandes fenêtres avec une vue superbe, des ports USB et de quoi lancer vos appareils en streaming.

Cachée au 4e niveau, la réception de l'hôtel fait l'effet d'une ville dans la ville, avec son bar à expressos, son restaurant, sa terrasse couverte et chauffée, et même une salle de spectacle Off-Broadway appelée Green Room (pour acheter vos places, renseignez-vous auprès de l'équipe). Cerise sur le gâteau : la terrasse extérieure, qui est aussi la plus grande de New York, avec vue sur les gratte-ciel. Seul bémol, ses abords immédiats peu séduisants. Mais Times Square et Broadway ne sont pas si loin.

6 COLUMBUS BOUTIQUE-HÔTEL **$$**

Plan p. 460 (☎212-204-3000 ; www.sixtyhotels.com/6-columbus ; 308 W 58th St, Midtown West ; ch à partir de 238 $; ❄📶 ; S A/C, B/D, 1 arrêt 59th St-Columbus Circle). On apprécie le soin apporté aux détails, comme les sculptures en mousse à l'extérieur du bâtiment et autres touches déco imaginées par le décorateur d'intérieur new-yorkais Steven Sclaroff. Les chambres sont petites mais plaisantes, avec une sensibilité rétro, des clichés signés Guy Bourdin, une TV à écran plat, du linge de lit princier et, dans la salle de bains, des miniatures de la marque C.O. Bigelow. Le **bar** en *rooftop* (17h-minuit) sonne comme une invitation au romantisme.

AMERITANIA HOTEL HÔTEL **$$**

Plan p. 460 (☎212-247-5000 ; www.ameritanianyc.com ; 230 W 54th St, à hauteur de Broadway, Midtown West ; ch à partir de 249 $; ❄📶 ; S B/D, E arrêt 7th Ave, N/Q/R arrêt 57th St-7th Ave). À quelques pas du Theater District, cet établissement de 223 chambres jouit d'un bon emplacement dans Midtown pour cette gamme de prix. Moderne, plutôt chic, avec des clins d'œil rétro dans le hall d'entrée et des lampes, fauteuils et imprimés Art déco dans les chambres un peu exiguës mais confortables. La literie est fabuleuse.

Ceux qui ont le sommeil léger pourraient être dérangés par le bruit de la rue. Le Wi-Fi n'est gratuit que dans le lobby et inclus dans la "residence fee" (taxe en supplément) de 20 $ par jour.

POD 51 HÔTEL **$$**

Plan p. 456 (☎212-355-0300 ; www.thepodhotel.com/pod-51 ; 230 E 51st St, entre 2nd Ave et 3rd Ave, Midtown East ; ch à partir de 295 $; ❄📶 ; S 6 arrêt 51st St, E/M arrêt Lexington Ave-53rd St). Le rêve de ceux qui voudraient vivre à l'intérieur d'un cocon : cet établissement propose toute une gamme de chambres, la plupart à peine assez grandes pour contenir un lit, avec du linge coloré, de petits espaces de travail, des écrans plats, des stations d'accueil pour MP3 et des douches à effet pluie. À la belle saison, prenez un verre sur le toit-terrasse au décor vitaminé.

♥ ANDAZ FIFTH AVENUE BOUTIQUE-HÔTEL **$$$**

Plan p. 456 (☎212-601-1234 ; www.hyatt.com/fr-FR/hotel/new-york/andaz-5th-avenue/nycam ; 485 5th Ave, à hauteur de E 41st St, Midtown East ; ch à partir de 450 $; ❄📶 ; S S, 4/5/6 arrêt Grand Central-42nd St, 7 arrêt 5th Ave, B/D/F/M arrêt 42nd St-Bryant Park). Au comptoir de réception guindé, cet établissement jeune et chic a embauché un personnel branché et dynamique, qui procède au check-in sur des ordinateurs portables dans le hall constellé d'œuvres d'art. L'élégante décoration contemporaine des 184 chambres reprend des éléments du mobilier urbain new-yorkais, comme les lampes inspirées du métro. Les chambres sont grandes (30 m^2) et calmes compte tenu de leur emplacement face à la New York Public Library. Dans votre minibar, vous trouverez des douceurs confectionnées localement.

♥ CHATWAL NEW YORK HÔTEL $$$

Plan p. 460 (☎212-764-6200 ; www.thechatwalny.com ; 130 W 44th St, entre 6th Ave et Broadway, Midtown West ; ch à partir de 595 $; ; S B/D/F/M arrêt 42 St-Bryant Park, N/Q/R, S, 1/2/3, 7 arrêt Times Sq-42nd St). Ce petit bijou Art déco restauré est situé au cœur du Theater District. Il a une âme et une histoire : Fred Astaire, Irving Berlin et d'autres venaient dîner, boire et chanter au Lambs Club qui occupait le bâtiment au siècle dernier. Les chambres luxe ont des placards inspirés par ceux des bateaux à vapeur, des affiches anciennes de Broadway et tous les avantages de la vie moderne, comme la TV sur le miroir de la salle de bains et des équipements contrôlés via iPad.

♥ QUIN HÔTEL $$$

Plan p. 460 (☎212-245-7846 ; www.thequinhotel.com ; 101 W 57th St, à hauteur de 6th Ave, Midtown West ; d à partir de 469 $; ; S F arrêt 57th St, N/Q/R/W arrêt 57th St-7th Ave). Le Quin est un hôtel qui fleure à la fois l'opulence et la modernité, sans se départir de son allure de grande dame. Dans les années 1920, il était le célèbre Buckingham, recevant la visite d'artistes et musiciens tels que Georgia O'Keefe et Marc Chagall. Il a su conserver ce lien avec le monde de l'art en proposant notamment des expositions d'artistes en résidence et un mur vidéo de 4,5 m présentant des installations.

FOUR SEASONS HÔTEL $$$

Plan p. 456 (☎212-758-5700 ; www.fourseasons.com/newyork ; 57 E 57th St, entre Madison Ave et Park Ave, Midtown East ; ch à partir de 1 195 $; ; S N/W/R arrêt 5th Ave-59th St, 4/5 arrêt Lexington Ave et 59th St). Dans une tour de 52 étages conçue par I. M. Pei, cette chaîne cinq étoiles est une icône des hôtels de luxe. Même les plus petites des 368 chambres aux tons neutres ont des dimensions généreuses, de grandes penderies et des écrans plasma HD 10 pouces dans les salles de bains en marbre. La vue sur Central Park depuis les chambres "Park View" se révèle hallucinante, et le spa renommé est l'objet de toutes les extases.

PLAZA HÔTEL $$$

Plan p. 456 (☎888-850-0909, 212-759-3000 ; www.theplazany.com ; 768 5th Ave, à hauteur de Central Park S ; ch à partir de 850 $; ; S N/R arrêt 5th Ave-59th St). Aménagé comme il se doit dans un édifice remarquable de style Renaissance française, l'emblématique Plaza propose des chambres d'allure royale, avec leur somptueux mobilier Louis XV et des robinets plaqués or 24 carats. Parmi les atouts de l'hôtel, citons le spa Guerlain et le célèbre Palm Court, réputé pour son plafond en vitrail et son thé de l'après-midi. Le supplément de 14,95 $/jour pour le Wi-Fi a du mal à passer compte tenu du prix des chambres.

IBEROSTAR 70 PARK HÔTEL $$$

Plan p. 456 (☎212-973-2400 ; www.iberostar.com ; 70 Park Ave, à hauteur de E 38th St, Midtown East ; ch à partir de 339 $; ; S S, 4/5/6, 7 arrêt Grand Central-42nd St). Une fois passé le hall au confort luxueux (admirez la cheminée), place aux 205 chambres, splendides, avec une literie haut de gamme (linge de lit signé Frette) et un délicat jeu de gris et de doré. Certaines chambres sont communicantes et peuvent être transformées en suites familiales. L'équipe est souriante. Carte de soins en chambre. Animaux domestiques bienvenus. Un bonheur.

KNICKERBOCKER BOUTIQUE-HÔTEL $$$

Plan p. 460 (☎212-204-4980 ; theknickerbocker.com ; 6 Times Sq, à hauteur de W 42nd St ; d à partir de 367 $; ; S A/C/E, N/Q/R/W, S, 1/2/3, 7 arrêt Times Sq-42nd St). Ouvert en 1906 par John Jacob Astor, le Knickerbocker joue la carte de l'élégance discrète avec ses 330 chambres monochromes (contrairement à son homologue de Times Square !). Les chambres ont fière allure : décor chic et feutré de style moderne et, côté équipement, TV ajustable à écran plat 55 pouces, tablette domotique, station de charge USB et salles de bains en marbre de Carrare. Elles doivent leur calme au triple vitrage : il vous suffira de pousser la porte du hall pour retrouver le tumulte perpétuel de Times Square.

INK48 BOUTIQUE-HÔTEL $$$

Plan p. 460 (☎212-757-0088 ; www.ink48.com ; 653 11th Ave, angle 48th St, Midtown West ; ch à partir de 350 $; ; S C/E arrêt 50th St). La chaîne hôtelière Kimpton s'est risquée dans le Far West sauvage de Midtown avec l'Ink48, à la lisière de Manhattan, là où le métro ne vient pas. Cet inconvénient est compensé par l'originalité des lieux – une ancienne imprimerie –, la vue superbe sur les gratte-ciel et l'Hudson, des chambres contemporaines élégantes, des spa et restaurant charmants et un superbe bar sur le toit-terrasse. Pour couronner le tout, on rejoint facilement à pied les très bons restaurants de Hell's Kitchen.

Les propriétaires de chiens apprécieront les bols de croquettes et d'eau à disposition, près du hall. La taxe journalière de 30 $ comprend le Wi-Fi, les appels téléphoniques et un crédit de 10 $ pour le service en chambre ou le restaurant de l'hôtel.

MUSE NEW YORK BOUTIQUE-HÔTEL **$$$**

Plan p. 460 (212-485-2400 ; www.themusehotel.com ; 130 W 46th St, entre 6th Ave et 7th Ave, Midtown West ; d à partir de 333 $; ; S B/D/F/M arrêt 47th St-50th St-Rockefeller Center). À deux pas du Theater District, le Muse est un grand immeuble clinquant de 200 chambres. L'hôtel appartient au groupe Kimpton, célèbre pour ses intérieurs soignés. Sa récente rénovation a laissé la part belle aux noirs, rehaussés de touches pop art. Le linge de lit vient de chez Frette. L'équipe est généralement serviable et on apprécie le vin servi en soirée, le prêt de vélo et l'offre de soins en chambre.

La taxe journalière de 20 $ comprend le Wi-Fi et un crédit de 10 $ au bar.

Upper East Side

LOWELL BOUTIQUE-HÔTEL **$$$**

Plan p. 462 (212-838-1400 ; www.lowellhotel.com ; 28 East 63rd St, à hauteur de Madison Ave ; d/ste à partir de 915/2 020 $; @ ; S N/R/W arrêt 5th Ave). Situé dans une rue résidentielle et ombragée en retrait de Madison Ave, cet établissement raffiné est bien plus intimiste que le suggéreraient ses 74 chambres. Il fut ouvert en 1927 sous forme d'appart-hôtel et modernisé en 2017 sous la houlette de Michael Smith, architecte d'intérieur de la famille Obama à la Maison-Blanche. Les chambres sont de petits havres de paix dans des tons gris sourds et beiges, avec des salles de bains contemporaines habillées de marbre. Certaines ont même une cheminée.

L'odeur du parfum d'ambiance est omniprésente. La plupart des clients privilégient le 4e niveau, dont les fenêtres donnent sur les feuillages de 63rd St. Il y a une élégante bibliothèque, un bar glamour à souhait (le Jacques) et les cuisines du restaurant français, Majorelle, ont reçu un coup de fouet avec l'arrivée du chef belge Emmanuel Niess (menu 2/3 plats 125/145 $). Le Lowell s'est vu décerner deux années de suite un grand prix par les lecteurs de la revue *Travel+Leisure*.

THE MARK HÔTEL DESIGN **$$$**

Plan p. 462 (212-744-4300 ; www.themarkhotel.com ; 25 E 77th St, à hauteur de Madison Ave ; d/ste à partir de 895/1 275 $; ; S 6 arrêt 77th St). L'architecte d'intérieur français Jacques Grange a laissé sa griffe au Mark, avec des formes géométriques affirmées et autres motifs ludiques dans le hall d'entrée (le sol en marbre imitation peau de zèbre, que l'on retrouve dans les salles de bains, est une joie pour les yeux). À l'étage, les chambres et suites rénovées ne cachent pas leur luxe, avec du mobilier sur mesure et du linge de lit très haut de gamme de fabrication locale.

LOEWS REGENCY HOTEL HÔTEL **$$$**

Plan p. 462 (212-759-4100 ; www.loewshotels.com/regency-hotel ; 540 Park Ave, entre E 61st et 62nd St ; d 300-600 $, ste 500-4 000 $; @ ; S N/R, 4/5/6 arrêt Lexington Ave-59th St, F, Q arrêt Lexington Ave-63rd St). Cet hôtel mythique offre un emplacement de choix pour le shopping sur Park Ave. La clientèle bénéficie même d'une remise de 15% chez Bloomingdales (25% durant les fêtes !), juste à côté. L'intérieur est pensé à la manière d'une résidence de l'Upper East Side. Les 379 chambres – les standards font entre 30 et 35 m² ! – sont équipées d'un grand bureau et d'une élégante salle de bains en marbre (avec sèche-cheveux de qualité professionnelle). Certaines s'ouvrent sur un balcon.

Upper West Side

HOSTELLING INTERNATIONAL NEW YORK AUBERGE DE JEUNESSE **$**

Plan p. 464 (HI ; 212-932-2300 ; www.hinewyork.org ; 891 Amsterdam Ave, à hauteur de W 103rd St ; dort 49-99 $; @ ; S 1 arrêt 103rd St). Cette demeure en brique rouge datant des années 1880 abrite aujourd'hui les 734 chambres et dortoirs bien tenus de l'auberge de jeunesse HI. Le style industriel qui prédomine n'empêche pas la présence d'espaces communs agréables, d'un jardin (l'été, c'est barbecue), d'une cuisine partagée et d'un café. Notons également les initiatives écoresponsables engagées sur place. Nombreuses animations, à l'image des balades commentées ou des soirées en club. L'équipe, réduite, n'est pas toujours disposée à vous aider.

Il y a aussi trois jolies chambres privatives avec leur salle de bains attenante. L'alcool n'est pas toléré dans l'établissement.

YMCA AUBERGE DE JEUNESSE **$**

Plan p. 464 (☎212-912-2600 ; www.ymcanyc.org ; 5 W 63rd St, à hauteur de Central Park West ; s/d/tr/q sdb partagée à partir de 90/115/125/150 $, d avec sdb à partir de 125 $; ; SA/C, B/D, 1 arrêt 59th St-Columbus Circle). À deux pas de Central Park, ce majestueux bâtiment Art déco accueille plusieurs niveaux (du 8ᵉ au 13ᵉ) de chambres rudimentaires mais propres, la plupart avec salle de bains partagée. Certaines doubles rénovées aux 12ᵉ et 13ᵉ niveaux en ont une privative. Gymnase, piscine et sauna.

New York compte quatre autres YMCA, dans Midtown, dans l'Upper East Side et à Harlem.

♥ARTHOUSE HOTEL NYC BOUTIQUE-HÔTEL **$$**

Plan p. 464 (☎212-362-1100 ; www.arthousehotelnyc.com ; 2178 Broadway, à hauteur de W 77th St ; d/ste à partir de 250/350 $; ; S1 arrêt 79th St). Ici, on aime l'art, et le mobilier ancien se marie à une déco industrielle contemporaine. Le bar lounge du rez-de-chaussée a de l'allure et constitue un agréable point de chute après une journée d'exploration. Au-dessus, les 291 chambres sont lumineuses et spacieuses, dans un style épuré. Les touches rétro n'empêchent pas le confort moderne, avec cafetière, TV à écran plat et salle de bains en marbre.

Les suites du dernier étage jouissent d'une terrasse privative aménagée et d'une vue assez incroyable sur Manhattan. Si c'est hors budget pour vous, rabattez-vous sur la terrasse commune au 16ᵉ niveau, qui accueille des bars éphémères l'été. Une rénovation de la réception prévoit de mettre à l'honneur, aux côtés des œuvres de Warhol et Basquiat, des artistes de l'Upper West Side.

HOTEL BEACON HÔTEL **$$**

Plan p. 464 (☎212-787-1100, réservations 800-572-4969 ; www.beaconhotel.com ; 2130 Broadway, entre W 74th St et 75th St ; d à partir de 250 $; ; S1/2/3 arrêt 72nd St). À côté du Beacon Theatre, cette adresse appréciée des familles offre un service attentionné, des chambres confortables et une situation pratique. Le Beacon dispose de 278 chambres et suites (comprenant pour certaines plusieurs chambres) dans des tons vert tendre, bien entretenues et assez spacieuses – toutes disposent de kitchenettes et de cafetières. On apprécie la présence d'un bar, d'une salle de sport, les cours de vélo en salle et la laverie automatique sur place.

Depuis les étages supérieurs du côté est de l'établissement, on distingue Central Park. L'établissement pratique parfois de fortes réductions hors saison, ce qui en fait une bonne affaire.

HOTEL BELLECLAIRE HÔTEL **$$**

Plan p. 464 (☎212-362-7700 ; www.hotelbelleclaire.com ; 250 W 77th St, à hauteur de Broadway ; d à partir de 200 $; ; S1 arrêt 79th St). Cet emblématique bâtiment de style Beaux-Arts, imaginé par l'architecte Emory Roth en 1903, est aujourd'hui un hôtel de 254 chambres contemporaines à prix correct étant donné son emplacement. De tailles et configurations variées (taille des placards, luminosité), elles affichent des touches de couleurs vives et un mobilier moderne. Les lits vont du format double au king size. Certaines chambres donnent sur des ruelles.

EMPIRE HOTEL HÔTEL **$$$**

Plan p. 464 (☎212-265-7400 ; www.empirehotelnyc.com ; 44 W 63rd St, à hauteur de Broadway ; d à partir de 340 $; ; S1 arrêt 66th St-Lincoln Center). La structure est l'unique vestige de l'Empire d'origine, juste en face du Lincoln Center. Entièrement refait à neuf, l'hôtel est habillé de tons naturels, avec une élégance toute contemporaine. La terrasse et sa piscine sont agréablement ombragées. L'Empire Rooftop (p. 247) est immense et le lobby, distribué sur deux niveaux, invite à la détente. On admirera au passage son grand escalier et ses draperies. Les 427 chambres sont peintes dans des tons vifs, complétés par un très confortable mobilier en cuir foncé.

Harlem et Upper Manhattan

♥HARLEM FLOPHOUSE PENSION **$**

Plan p. 466 (☎347-632-1960 ; www.harlemflophouse.com ; 242 W 123rd St, entre Adam Clayton

Powell Jr Blvd et Frederick Douglass Blvd, Harlem ; d sdb partagée 150-200 $; ; S A/B/C/D, 2/3 arrêt 125 th St). Revivez l'ère du jazz à Harlem dans cette *townhouse* de 4 chambres des années 1890, avec lits en cuivre et radios vintage. Un voyage dans le temps – ce qui signifie aussi salle de bains partagée, pas de clim ni de TV. L'un des espaces détente fait également office de petite salle de spectacle où viennent se produire des artistes lors de concerts intimistes.

Phoebe, le chat de la maison, ajoute à l'ambiance familiale et chaleureuse.

SOUL FOOD (MONT MORRIS) HÔTEL $

Plan p. 466 (212-222 1498 ; soulfoodharlem.com ; West 120th St, entre Lenox Ave et 5th Ave, Harlem ; d à partir de 150 $; ; S A, B, C, D arrêt 125th St). Une vingtaine de chambres très calmes réparties dans deux *brownstones* à deux pas du Marcus Garvey Memorial Park. Excellent petit-déjeuner (10 $), servi dans la grande salle du rez-de chaussée.

ALOFT HARLEM HÔTEL $$

Plan p. 466 (212-749-4000 ; www.marriott.com/hotels/travel/nyclh-aloft-harlem/ ; 2296 Frederick Douglass Blvd, entre 123rd St et 124th St, Harlem ; d à partir de 249 $; ; S A/C, B/D, 2/3 arrêt 125th St). Hôtel visant une clientèle jeune, Aloft parvient à allier luxe et tarifs abordables. Les chambres sont confortables (26 m²) et chics, dotées de draps blancs impeccables, de couettes douillettes et de traversins à rayures de couleurs vives. Les salles de bains modernes sont petites (pas de baignoire), mais pratiques et garnies d'accessoires de toilette Bliss, une marque de soins haut de gamme.

Le salon en sous-sol, équipé de billards, peut être bruyant, mais il sera à une distance respectable de votre chambre. Bien situé, non lon de l'Apollo Theater et du quartier commerçant animé de la 125th St.

Brooklyn

LEFFERTS MANOR BED & BREAKFAST B&B $

Plan p. 472 (347-351-9065 ; www.leffertsmanorbedandbreakfast.com ; 80 Rutland Rd, entre Flatbush Ave et Bedford Ave, Prospect Lefferts Gardens ; ch 119-189 $; ; S B, Q arrêt Prospect Park). Les six chambres lumineuses de cette *brownstone* typique de Brooklyn ont de jolies cheminées carrelées (hors d'usage), des couleurs subtiles et une déco inspirée par l'histoire. Cinq d'entre elles partagent deux salles de bains d'un blanc étincelant. La Parlor Suite a des toilettes privatives et une baignoire à pattes de lion. Un nombre minimum de nuitées s'applique généralement, mais posez la question car un séjour d'une seule nuit peut être possible (supplément de 30 $). Petit-déjeuner continental en option. Les enfants ne sont pas acceptés.

Les propriétaires possèdent aussi des chambres dans deux propriétés semblables à proximité, et 2 appartements avec cuisine équipée à Fort Greene.

Downtown Manhattan n'est qu'à 30 minutes en métro.

NY MOORE HOSTEL AUBERGE DE JEUNESSE $

Plan p. 468 (347 227 8634 ; nymoorehostel.com ; 179 Moore St ; dort 40-46 $, tr 128 $; ; S L arrêt Morgan Ave, J, M arrêt Flushing Ave). Avec ses grandes fresques extérieures et intérieures, NY Moore se fond parfaitement dans l'environnement d'East Williamsburg, au style pointu. Les dortoirs, propres, ont diverses capacités et certains sont entièrement féminins. Il y a également quelques chambres triples privatives. L'espace travail et le salon à l'allure baroque sont les vrais plus des lieux. La cuisine est assez grande, la réception est ouverte 24h/24 et l'équipe est sympa : de quoi se sentir bien et en sécurité.

POD BROOKLYN HOTEL HÔTEL $

Plan p. 468 (844-763-7666 ; www.thepodhotel.com/pod-brooklyn ; 247 Metropolitan Ave, entre Bedford Ave et Driggs Ave, Williamsburg ; d à partir de 139 $; ; S L arrêt Bedford Ave). Les chambres ne sont pas très grandes, mais tout est bien pensé : les coffres sont sous les lits, les patères sont rétractables et les toilettes sont dans les salles d'eau. Parfait pour les voyageurs en solitaire et les couples en quête d'un cadre simple et contemporain pour passer la nuit, avec ce qu'il faut de modernité, mais moins sympa quand on est grand (en taille). Pour bouger à votre guise, montez sur le toit, où se trouve un bar, ou partez découvrir les cafés et restos du centre de Williamsburg.

THE L HOTEL HÔTEL $

Plan p. 472 (718-788-1801 ; www.choicehotels.com ; 135 32nd St, entre 3rd Ave et 4th Ave, Greenwood Heights ; d à partir de 119 $; ; S D, N/R arrêt 36th St). L'isolation phonique n'est pas le point fort du L et sa déco est un peu datée, mais les chambres sont bien tenues et la literie confortable. Il y a un petit bureau dans chacune et la pression de l'eau sous la douche est appréciable. L'équipe est souriante et disponible. Un résumé, une adresse à prix raisonnable et à 5 minutes du métro. Pas mal.

HENRY NORMAN HOTEL BOUTIQUE-HÔTEL **$$$**

(☎718-663-2100 ; www.henrynormanhotel.com ; 251 N Henry St, entre Norman Ave et Meserole Ave, Greenpoint ; loft/apt à partir de 237/360 $; ; S B48 arrêt Nassau Ave/Monitor St, S G arrêt Nassau Ave). Ce bâtiment de brique, qui fut un entrepôt au XIXe siècle et accueillit ensuite des ateliers d'artistes, est une vraie déclaration d'amour à Brooklyn. Ses pièces à hauts plafonds ont un charme tout en élégance : parquet, canapés gris clair, lampes en laiton et œuvres expressives aux murs (toutes du même artiste, enfant du pays). Consultez le site Web pour dénicher des réductions en réservant longtemps à l'avance.

MCCARREN HOTEL & POOL BOUTIQUE-HÔTEL **$$**

Plan p. 468 (☎718-737-8548 ; www.mccarrenhotel.com ; 160 N 12th St, entre Bedford Ave et Berry St, Williamsburg ; d à partir de 286 $; ; S L arrêt Bedford, G arrêt Nassau Ave). La piscine, façon écrin tropical, attire son lot de clients cocktail à la main, tranquillement installés sur leur chaise longue. Cet hôtel à la personnalité affirmée, rehaussé de fresques, dispose de chambres (la plupart avec balcon) évoquant l'intérieur branché d'un ami américain : canapé en velours, vinyles, une guitare çà et là. Avec son jazz-bar, on passe une bonne soirée sans sortir de l'établissement. La piscine n'est ouverte que l'été.

WYTHE HOTEL BOUTIQUE-HÔTEL **$$**

Plan p. 468 (☎718-460-8000 ; wythehotel.com ; 80 Wythe Ave, à hauteur de N 11th St, Williamsburg ; d à partir de 329 $; ; S L arrêt Bedford, G arrêt Nassau Ave). Le Wythe (prononcez "white", comme la couleur) s'est installé dans une usine de 1901 reconvertie. Il apporte une touche de design haut de gamme à Williamsburg, mais on y a conservé les briques, la charpente d'origine et les plafonds hauts de 4 m. Les lits sont en bois de récupération et la déco à l'accent légèrement marin joue avec les motifs cachemire rétro, le cuir et les papiers peints originaux, et manie à merveille l'art du chic aux contours bruts.

THE BROOKLYN BOUTIQUE-HÔTEL **$$**

(☎718-789-1500 ; www.thebrooklynny.com ; 1199 Atlantic Ave, entre Bedford Ave et Nostrand Ave, Bed-Stuy ; d à partir de 180 $; ; S A/C arrêt Franklin Ave). Pour ceux que l'emplacement sur une artère très passante ne gênent pas, le Brooklyn offre un séjour chic et un luxe appréciable à ce prix. Les chambres sont vastes, avec brique apparente et haut plafond. Le bon goût et la qualité se retrouvent dans la literie (un vrai nuage) et la salle de bains, avec une pression de l'eau bien agréable. Importantes réductions si vous réservez tôt.

EVEN HOTEL BOUTIQUE-HÔTEL **$$**

Plan p. 475 (☎718-552-3800 ; www.evenhotels.com ; 46 Nevins St, angle Schermerhorn St, Downtown Brooklyn ; d à partir de 240 $; ; S 2/3, 4/5 arrêt Nevins St, A/C, G arrêt Hoyt-Schermerhorn). Eau infusée au citron et à la menthe dès la réception, chromothérapie, appareils et vidéos de gym ainsi que tapis et ballon de yoga dans chaque chambre : c'est sûr, EVEN tient à entretenir la bonne forme de ses clients. Le thème du vivre sain se prolonge dans la salle de sport ouverte 24h/24 et au petit-déjeuner (wrap œufs-avocats à partir de 10 $). L'emplacement central et pratique dans Downtown Brooklyn permet d'accéder à plusieurs stations de métro.

NU HOTEL HÔTEL **$$**

Plan p. 475 (☎718-852-8585 ; www.nuhotelbrooklyn.com ; 85 Smith St, angle Atlantic Ave, Boerum Hill ; d à partir de 209 $; P ; S F, G arrêt Bergen St). Déco sur le thème de Brooklyn, mobilier en teck revisité et quelques œuvres qui interrogent : l'âme du NU est indéniablement industrielle. Son emplacement, à l'orée de Boerum Hill et Downtown Brooklyn, est très pratique et le prêt de vélos appréciable. Les groupes de quatre peuvent prendre la suite "bunkbed" avec lit queen size et lits superposés. Les amateurs d'art apprécieront les fresques des chambres "NU Perspective".

WYNDHAM GARDEN BROOKLYN SUNSET PARK HÔTEL D'AFFAIRES **$$**

Plan p. 472 (☎718-972-0900 ; www.wyndhamhotels.com ; 457 39th St, entre 4th Ave et 5th Ave, Sunset Park ; d à partir de 269 $; ; S D, N arrêt 36th St). Niché entre deux petits écrins de nature du quartier, Sunset Park (p. 279) et le Green-Wood Cemetery (voir l'encadré p. 280), cet hôtel de chaîne est agréable, avec des chambres contemporaines et confortables. Le verre dépoli des vitres leur confère une atmosphère apaisante. Les chambres haut de gamme ont vue sur Manhattan. Réservez tôt et en ligne pour un tarif imbattable.

WILLIAMSBURG HOTEL BOUTIQUE-HÔTEL **$$$**
Plan p. 468 (☎718-362-8100 ; www.thewilliamsburghotel.com ; 96 Wythe Ave, angle N 10th St, Williamsburg ; d à partir de 396 $; ; S L arrêt Bedford Ave). À seulement deux *blocks* de l'East River, cet hôtel au look chic et industriel distribué sur huit niveaux jouit d'une vue spectaculaire sur l'eau et Manhattan, au-delà. Le supplément à débourser pour les chambres "terrasse" en vaut la peine : quelle vue sur l'Empire State Building, le Chrysler Building et l'Upper East Side depuis le balcon recouvert d'un gazon artificiel, dont certains ont même un rocking-chair !

Avec leurs grandes fenêtres et leur douche vitrée, habillée de carrelage métro, les chambres, bien que petites, donnent une impression d'espace. Elles proposent toutes un minibar, une tête de lit recouverte de cuir, un coffre et des miniatures à base d'huiles essentielles signées Apotheke, un fabricant local. Le bar en *rooftop* (18h-4h du mercredi au dimanche) évoque les célèbres citernes new-yorkaises. À son pied, une piscine extérieure. Prêt de vélo pour quadriller Williamsburg.

ALOFT NEW YORK BROOKLYN BOUTIQUE-HÔTEL **$$$**
Plan p. 475 (☎718-256-3833 ; www.aloftnewyorkbrooklyn.com ; 216 Duffield St, entre Willoughby St et Fulton St, Downtown Brooklyn ; d 200-490 $; ; S 2/3 arrêt Hoyt St, A/C, F arrêt Jay St-MetroTech). Le gris du style industriel domine à la réception. Les chambres sont bien isolées phoniquement et équipées d'une bonne literie, de sièges en skaï et de photos anciennes de Brooklyn. Tout semble être en miniature, de l'espace détente sur le toit au petit-déjeuner (avec bière pression), mais c'est moderne et confortable. À quelques minutes à pied des restaurants et bars de Cobble Hill et Fort Greene. Parking hors site à 55 $.

Queens

♥ LOCAL AUBERGE DE JEUNESSE **$**
Plan p. 478 (☎347-738-5251 ; www.thelocalny.com ; 13-02 44th Ave, entre 11th St et 21st St, Long Island City ; dort/d 50/159 $; ; S E/M arrêt Court Sq-23rd St). Doubles privatives avec salle de bains et dortoirs (hommes, femmes, mixtes, tous avec rangements sous les lits), très bien tenus, ainsi que des espaces partagés : le Local est une excellente adresse pour les petits budgets. La cuisine est correctement équipée et le café se transforme en bar en soirée. La réception accueille des œuvres d'art décalées et des soirées à thème (cinéma, concert, quiz...) sont proposées. L'équipe, chaleureuse, n'est pas avare en conseils sur les pépites secrètes de New York. Ne ratez pas la vue depuis le *rooftop*, où se déroulent des soirées DJ en été.

BORO HOTEL HÔTEL DESIGN **$**
Plan p. 478 (☎718-433-1375 ; www.borohotel.com ; 38-28 27th St, entre 38th Ave et 39th Ave, Long Island City ; d à partir de 199 $; P ; S N/Q arrêt 39th Ave, W, 7 arrêt Queensboro Plaza). Le Boro offre ce qu'il faut de luxe (linge de lit haut de gamme, peignoir moelleux, baignoire dans certaines chambres) pour un prix bien plus bas qu'à Manhattan, avec en prime une vue sur la *skyline* grâce aux grandes fenêtres. Parquet et haut plafond dans les chambres, avec un petit patio pour certaines. Sans oublier une salle de sport.

Q4 AUBERGE DE JEUNESSE **$**
Plan p. 478 (☎718-706-7700 ; 29-09 Queens Plaza N, Long Island City ; dort/d à partir de 33/130 $; ; S 7, N/Q arrêt Queensboro Plaza, E/M/R arrêt Queens Plaza). Pas cher, propre et à deux pas du métro : difficile de trouver à redire avec cette auberge de jeunesse sans chichis aux fresques inspirées par Keith Haring. Il n'y a pas de téléphone (c'est très millennial !) et les murs des chambres tremblent parfois quand passe le train en hauteur juste en face. Dortoirs de 2 (bien) à 8 (très à l'étroit) couchages. Chambres privatives avec lit queen size également disponibles.

♥ TWA HOTEL BOUTIQUE-HÔTEL **$$**
(☎212-806-9000 ; www.twahotel.com ; JFK Airport, accès depuis le terminal 5 ; d à partir de 249 $; P ; S A arrêt Howard Beach, E, J/Z arrêt Sutphin Blvd-Archer Ave puis Airtrain). Loin de nous l'idée de vous conseiller de séjourner à JFK, et pourtant : l'emblématique TWA Flight Center (ou plus sobrement le terminal 5) de l'aéroport, conçu par l'architecte superstar et néo-futuriste Eero

Saarinen en 1962, a été transformé en capsule temporelle évoquant l'âge d'or du voyage aérien.

La liste des points forts et détails charmeurs de l'hôtel serait trop longue à établir. Citons par exemple la piscine, l'une des plus chics de New York (sur le toit, au-dessus des pistes 4L et 22R, un paradis pour ceux qui aiment observer les avions, forfait public de 25 à 50 $ par jour) ou *Connie*, un avion de ligne Lockheed Constellation de 1958 qui servait au trafic de drogue avec la Colombie, aujourd'hui devenu bar à cocktails. Bref, le nec plus ultra de la folie rétro hipster façon globe-trotter. L'endroit fait aussi musée, virtuel cette fois-ci. Des afficheurs à palettes rétro annoncent les vols, plusieurs expositions racontent la TWA en objets et on voit partout les "womb chair", les lampes et tables tulipe d'Eero Saarinen. Les minibars offrent un voyage dans le temps, avec des douceurs et souvenirs très *sixties* (ardoise magique, sucettes en chocolat, sodas...). Café signé Intelligentsia, Paris Café sous la houlette de Jean-Georges Vongerichten et la plus grande salle de sport hôtelière au monde (sans parler du bâtiment en lui-même, qui ne comprend aucun angle ou arête). Bref : on est épaté !

Réservez votre nuitée ou passez-y quelques heures (créneaux : 7h-11h, 10h-16h, 12h-18h pour 149 $ ou 8h-20h à 209 $). Et les chambres ? C'est un détail !

CAMP ROCKAWAY CAMPING **$$**

(☎347-916-6199 ; camprockaway.com ; 157 Rockaway Beach Blvd, Jacob Riis Park, Rockaway ; par tente en semaine/week-end 195/245 $; ⏱dernier lun de mai au 15 oct ; 📶 ; 🚌Q35 et Q22 arrêt Jacob Riis Park, ⛴sam, dim et jours fériés du Pier 11 / Wall St à Riis Landing/Rockaway). Ce site de "glamping" estival est idéal pour s'offrir un répit hors du bruit, direction Riis Beach (voir l'encadré p. 316), au pied des bains Jacob Riis (de fin mai à mi-octobre). Les tentes façon safari sont installées sur des estrades en bois qui font aussi terrasses, avec deux fauteuils. Sur place, une aire de pique-nique, une boutique, des hamacs, des jeux et un brasero à disposition des hôtes.

THE COLLECTIVE PAPER FACTORY HÔTEL **$$**

Plan p. 478 (☎718-392-7200 ; www.thecollective.com/locations/paper-factory ; 37-06 36th St, à hauteur de 37th Ave, Long Island City ; d 239-299 $; ❄📶🐾 ; Ⓢ M, R arrêt 36th St). Ancienne usine de fabrication de radios (le papier vint plus tard), ce bâtiment de cinq étages, situé dans la ville assez industrielle de Long Island City, accueille cette petite pépite d'hôtel, en rénovation jusqu'en 2021. Les chambres au style industriel chic affichent une certaine sophistication rétro et sont décorées d'anciens accessoires de cinéma appartenant à la collection personnelle du propriétaire. Le confort est au rendez-vous, notamment côté literie et douches.

Comprendre New York

Histoire

C'est l'histoire d'une ville qui ne dort jamais, d'un royaume où se retrouvent gens d'affaires et d'État. De l'établissement de ses premiers habitants, les Lenapes, à la naissance tumultueuse de la ville moderne, New York a connu autant de succès époustouflants que de chutes abyssales. Elle continue malgré tout de viser toujours plus haut.

Un peuple de nomades

Longtemps avant la conquête européenne, la péninsule qui allait devenir la ville de New York appartenait aux Lenapes ("peuple originel"), un peuple autochtone qui résidait avant la colonisation dans des campements saisonniers le long du littoral oriental, et dans les vallées et les collines sculptées par des glaciers à la fin de l'ère glaciaire, les actuels Hamilton Heights et Bay Ridge. Les glaciers ravinèrent la roche tendre, laissant les solides fondations de gneiss et de schiste de Manhattan. Environ 11 000 ans avant que les premiers Européens ne fassent voile à travers les Narrows, les Lenapes chassaient, pêchaient et cultivaient ce territoire, comme en atteste la découverte de pointes de lances et de flèches, d'ossements et d'amoncellements de coquillages. Certains de leurs chemins subsistent sous des rues comme Broadway. En munsee, la langue des Lenapes, Manhattan peut se traduire par "île vallonnée" ou, selon certains, "lieu de beuverie générale".

Premier contact

L'existence des Lenapes fut bouleversée par l'arrivée du vaisseau français *La Dauphine,* piloté par l'explorateur florentin Giovanni da Verrazzano. S'aventurant en 1524 dans Upper Bay, qu'il qualifia de "très beau lac", il jeta l'ancre à Staten Island et tenta d'enlever quelques Amérindiens. Durant plusieurs décennies, des explorateurs européens pillèrent des villages lenapes, confortant leur défiance envers les étrangers. Lorsque Henry Hudson, employé de la Compagnie hollandaise des Indes occidentales, débarqua en 1609, les rencontres

CHRONOLOGIE

Vers 1500

Environ 15 000 Amérindiens sont établis sur l'île, en quelque 80 sites. Parmi eux, les Iroquois et les Algonquins, ennemis ; leur histoire remonte jusqu'à plusieurs millénaires.

1625-1626

La Nouvelle-Amsterdam compte 200 âmes. La Compagnie hollandaise des Indes occidentales amène des esclaves d'Afrique.

1646

Sur les rives de l'East River, à Long Island, les Hollandais fondent le village de Breuckelen, d'après Breukelen aux Pays-Bas. Il restera indépendant jusqu'en 1898.

avec les tribus amérindiennes suscitèrent des avis contrastés, certains parlant de "charmants primitifs", d'autres de "sauvages brutaux".

Manhattan change de mains

En 1624, la Compagnie hollandaise des Indes occidentales envoya 110 colons pour fonder un comptoir commercial. Ils s'installèrent sur la pointe de Manhattan – qu'ils appelèrent La Nouvelle-Amsterdam –, provoquant des batailles sanglantes avec les Lenapes. En 1626, Peter Minuit, le premier gouverneur de la colonie, devint le précurseur d'une longue lignée d'agents immobiliers sans scrupule. Il proposa aux Lenapes de leur acheter les 5 665 ha de Manhattan pour 60 florins, soit 24 $, quelques perles et divers outils européens. Il existe plusieurs théories quant à la décision des Lenapes : pour certains historiens, cette vente était une tentative d'alliance stratégique, pour d'autres, il s'agissait de s'assurer de ne pas perdre totalement l'île (l'affaire aurait été négociée par un groupe lenape vivant plus au nord).

Les noms de New York et leurs origines néerlandaises

Gramercy : Krom Moerasje (lac tordu)

Coney Island : Konijneneiland (île des lapins)

Yonkers : jonk heer (jeune gentilhomme)

Bowery : bouwerij (ferme, sous une forme ancienne)

Bronx : du nom de Jonas Bronck

Brooklyn : du nom de la ville néerlandaise de Breukelen

Jambe de bois, poigne de fer

Après l'achat de Manhattan en 1626, la colonie ne tarda pas à se déliter sous la direction de Willem Kieft. Puis Peter Stuyvesant arriva et mit tout en œuvre pour redonner une impulsion à la colonie démoralisée. Il fit la paix avec les Lenapes, instaura des marchés et une ronde de nuit, fit réparer le fort, creuser un canal (sous l'actuelle Canal St) et aménager un quai municipal. Sa vision d'un port de commerce prospère et ordonné provenait de son expérience précédente de gouverneur de Curaçao ; la florissante industrie du sucre dans les Caraïbes inspira l'investissement dans le commerce des esclaves, qui représentèrent bientôt 20% de la population de La Nouvelle-Amsterdam. Au bout de longues années de labeur, certains furent partiellement affranchis et se virent attribuer des *Negroe Lots* près des actuels Greenwich Village, Lower East Side et City Hall. La Compagnie hollandaise des Indes occidentales encouragea la fructueuse association avec l'économie des plantations sur les îles, en fit la promotion et accorda des privilèges pour attirer les négociants dans le port en expansion. Si ces "libertés" ne s'appliquaient pas, dans un premier temps, aux Juifs qui fuyaient l'Inquisition espagnole, la Compagnie parvint à contourner l'intolérance de Stuyvesant. Dans les années 1650, entrepôts, ateliers et maisons à pignon s'étendaient derrière les denses constructions de Pearl St, le long de l'East River.

Puis, en 1664, les Anglais arrivèrent à bord de navires de guerre, prêts à livrer bataille. Épuisé, Stuyvesant se rendit sans tirer un coup de feu afin d'éviter un bain de sang. Le roi Charles II rebaptisa la colonie

1664

La Nouvelle-Amsterdam, cédée à l'Angleterre, est rebaptisée New York ; elle sera reprise par les Hollandais, puis rendue aux Anglais au cours de la décennie suivante.

1754

Par charte royale du souverain britannique, George II, est fondée la première institution d'enseignement supérieur, King's College, future Columbia University.

1776

Les colonies américaines signent la Déclaration d'indépendance le 4 juillet. Parmi les signataires, John Hancock, Samuel Adams et Benjamin Franklin.

1784

Alexander Hamilton fonde la Bank of New York, avec 500 000 $ d'avoirs. Près de dix ans plus tard, elle sera la première société commerciale à être cotée en Bourse au NYSE.

New York en l'honneur de son frère, le duc d'York. New York devint un port britannique prospère dont la population atteignait 11 000 âmes au milieu des années 1700. La lune de miel fut de courte durée, New York ne tardant pas à devenir un important point d'échange intercontinental entre esclaves et marchandises.

New York fut la première capitale des États-Unis (de 1784 à 1790), et George Washington, premier président américain, est intronisé au Federal Hall en 1789.

Liberté de la presse et "Grand complot nègre"

La montée des tensions apparaissait clairement dans la presse coloniale. Le *New York Weekly Journal* de John Peter Zenger éreintait le roi et le gouverneur royal si régulièrement que les autorités tentèrent de faire condamner Zenger pour incitation à la sédition en 1733. Il fut acquitté, et c'est ainsi que naquit le principe de liberté de la presse.

En 1741, plusieurs incendies se déclarèrent à travers la ville, dont l'un à Fort George, où résidait alors le lieutenant-gouverneur George Clarke. On accusa les esclaves afro-américains de les avoir allumés, et des rumeurs se répandirent très vite selon lesquelles des Noirs et des colons blancs pauvres préparaient une rébellion et voulaient brûler New York. Malgré les récits contradictoires et le manque de preuves solides, le soi-disant *Great Negro Plot* entraîna l'arrestation et l'exécution de nombreux esclaves et conspirateurs présumés.

Le 16 décembre 1835, une canalisation de gaz éclata dans une épicerie près de Hanover Square, causant un gigantesque incendie qui se répandit rapidement vers le sud sur Stone St et au nord-est en direction de Wall St. Le feu fit rage pendant plus d'un jour et détruisit presque tout ce qui restait de la ville coloniale néerlandaise et britannique d'origine.

Révolution et guerre

Les patriotes américains, au rang desquels figurait un intellectuel de renom, le lieutenant-colonel Alexander Hamilton, affrontèrent les *tories* (fidèles à la Couronne) dans l'arène publique. Les habitants fuirent la ville à l'approche de la guerre, qui éclata en août 1776. En quelques jours à peine, le général George Washington perdit un quart de son armée et sonna la retraite, alors que des incendies faisaient rage dans la majeure partie de la colonie. Cependant, les Britanniques abandonnèrent bientôt la cité, dans laquelle rentrèrent à nouveau les troupes de Washington. Après une série de festivités, de banquets et de feux d'artifice à Bowling Green, Washington fit ses adieux à ses officiers dans ce qui est aujourd'hui le Fraunces Tavern Museum, annonçant qu'il prenait sa retraite.

Mais en 1789, à sa grande surprise, le général en retraite fut proclamé président de la nouvelle république au Federal Hall devant une foule en liesse. Pendant ce temps, Alexander Hamilton reconstruisait New York et, nommé secrétaire d'État au Trésor par Washington, ce fut l'un des créateurs du New York Stock Exchange, la Bourse de New York. Cependant, les habitants se méfiaient d'un Capitole installé à côté de

1789

À l'issue d'une procession de 7 jours de sa demeure au mont Vernon, George Washington est intronisé premier président du pays au Federal Hall.

1811

Le maire DeWitt Clinton conçoit le plan en damier de Manhattan, qui transforme la ville en nivelant les collines, en asséchant les marais et en esquissant les futures rues.

1825

Le canal Érié, considéré comme l'un des chefs-d'œuvre d'ingénierie de l'époque, est achevé en grande pompe. Il facilitera grandement les échanges et le commerce à New York.

1853

L'Assemblée législative autorise l'attribution de terrains publics, retirant du marché immobilier 17 000 sites de construction potentiels en prévision du futur Central Park.

Wall St, symbole du pouvoir financier des marchands. Aussi le siège de la présidence fut-il rapidement transféré à Philadelphie.

L'émergence d'une métropole

Le XIXe siècle connut son lot de turpitudes, avec le grand incendie de 1835, les sanglantes “émeutes de la conscription” de 1863, de graves épidémies de choléra, des tensions croissantes entre immigrants nouveaux et “anciens”, ainsi que la misère et la criminalité à Five Points, premier bidonville de la cité situé dans l'actuelle Chinatown. Cependant, la ville était prospère et trouva les ressources pour entreprendre de monumentaux travaux publics. Le Croton Water System, un impressionnant réseau d'aqueducs, en acheminant l'eau dans la cité, contribua à mettre fin aux épidémies de choléra et de fièvre jaune. Aussi coûteux qu'audacieux, le canal Érié, long de 584 km, entre l'Hudson et le lac Érié, fut quant à lui en grande partie creusé par les immigrés irlandais. Principal instigateur du projet, le maire DeWitt Clinton (qui inspira le surnom de “folie de Clinton” au projet) l'inaugura en versant cérémonieusement un tonneau d'eau du lac Érié dans la mer. Clinton fut également à l'origine du plan en damier de Manhattan, conçu pour adapter la ville à l'explosion démographique à venir.

Un autre grand projet, l'aménagement d'un parc public de 341 ha, visait à améliorer la santé des habitants entassés dans de minuscules appartements. Commencé en 1855 dans un secteur si excentré que des immigrants y élevaient des porcs, des moutons et des chèvres, Central Park constitua à la fois une première réalisation écologique et une aubaine pour la spéculation immobilière.

Après plusieurs hivers glaciaux paralysant le trafic des ferries entre Brooklyn (alors cité indépendante) et Downtown Manhattan, John Roebling, un ingénieur né en Allemagne, conçut également un pont monumental et harmonieux, fait de câbles d'acier et d'arches gothiques, au-dessus de l'East River. Son pont de Brooklyn accéléra la fusion des cités voisines.

Au tournant du XXe siècle, les trains aériens transportaient chaque jour un million de personnes entre le centre et la périphérie. Le métro rendit accessibles des secteurs du Bronx et d'Upper Manhattan, provoquant de minibooms immobiliers aux abords des lignes. À ce stade, la métropole débordait d'immigrants, arrivés en masse d'Italie et d'Europe de l'Est, propulsant le nombre d'habitants à quelque 3 millions. Débarquant à Castle Garden ou à Ellis Island, les immigrants aboutissaient directement à Lower East Side, où les enseignes des boutiques en yiddish, en italien, en allemand et en chinois reflétaient leurs multiples origines.

Le Brooklyn Bridge fut inauguré en fanfare le 24 mai 1883. Après que le maire de New York Franklin Edson et celui de Brooklyn, Seth Low, eurent laissé le président Chester Arthur et le gouverneur Grover Cleveland traverser la construction, plus de 150 000 personnes payèrent chacune un penny pour avoir l'honneur de leur emboîter le pas.

1863

Les *Draft Riots* (émeutes de l'enrôlement) de la guerre de Sécession éclatent à New York. Le président Lincoln envoie des troupes de l'armée fédérale pour rétablir l'ordre.

1882

Thomas Edison met en service la première centrale électrique du pays, la Pearl Street Station, apportant l'électricité à plus de 80 adresses de Manhattan.

1883

Inauguration du pont de Brooklyn. Il a coûté 15,5 millions de dollars (et au moins 27 vies). Le jour de la cérémonie, 150 000 personnes le traversent.

1886

L'achèvement du piédestal de la statue de la Liberté permet de présenter la grande dame à des milliers de New-Yorkais venus assister à la cérémonie.

Disparités sociales

Toutes sortes de gens vivaient dans la misère à la fin du XIXe siècle, quand ouvrit le centre d'immigration d'Ellis Island, qui accueillit un million d'arrivants la première année. Ils s'entassaient dans des taudis, frissonnaient dans les files d'attente de la soupe populaire et pelletaient la neige pour quelques cents. Pendant ce temps, des New-Yorkais fraîchement fortunés – sous l'impulsion économique lancée par le financier John Pierpont Morgan, qui sauva du naufrage les voies ferrées et fit de la ville le siège de Standard Oil et d'US Steel – commencèrent à faire bâtir des demeures d'une incroyable splendeur sur 5th Ave, inspirées des châteaux du Vieux Continent. Dans ses articles du *New York Tribune* et dans son ouvrage, aujourd'hui classique, de 1890, *How the Other Half Lives (Comment vit l'autre moitié)*, le journaliste et photographe Jacob Riis témoigna du fossé grandissant entre les classes et parvint à contraindre la municipalité à adopter d'indispensables réformes pour l'habitat.

New York compte plus de 1 000 km de lignes de métro pour transporter les passagers. En comptant les voies de chemin de fer et les lignes de fret, ce chiffre monte à plus de 1 350 km.

Tragédie et droits des femmes

Les conditions de travail désastreuses dans les usines – bas salaires, horaires interminables, employeurs sans scrupule – furent mises en lumière par une tragédie en 1911 : lors du tristement célèbre incendie de la Triangle Shirtwaist Company, le feu prit rapidement sur les piles de tissus, tuant 146 des 500 ouvrières, piégées derrière les portes fermées à clé. Au lendemain du drame, 20 000 ouvrières de la confection marchèrent sur l'hôtel de ville et obtinrent des réformes majeures. Dans le même temps, des "suffragettes" organisaient des rassemblements dans les rues pour obtenir le droit de vote des femmes. Margaret Sanger, une infirmière sage-femme, ouvrait à Brooklyn le premier centre de contraception, avant d'être arrêtée par la police des mœurs. Libérée en 1921, elle créa l'American Birth Control League (aujourd'hui Planned Parenthood ou Planning familial), qui accueillait les jeunes femmes et recherchait des méthodes de contraception sans risques.

Site Internet élaboré par un natif du Queens, Kevin Walsh, www.forgotten-ny.com, résume l'histoire de New York, dévoilant des anecdotes peu connues sur de nombreux endroits, des stations de métro aux cimetières.

La grande époque du jazz

C'est dans les années 1920 que débuta l'"âge du jazz", quand la Prohibition interdisait la vente d'alcool, favorisant la contrebande, les bars clandestins (*speakeasies*) et le crime organisé. Élu maire en 1925, James Walker dirigea la ville avec entrain. Babe Ruth régnait sur le Yankee Stadium et la grande migration en provenance du Sud provoqua la renaissance de Harlem, qui devint le centre de la culture et de la société noires. Un nouvel élan artistique et littéraire s'y fit jour, dont

1898

Ratification de la charte de New York ; les cinq *boroughs* de Brooklyn, Staten Island, Manhattan, du Queens et du Bronx s'unissent pour former la plus grande ville d'Amérique.

1903

Ouverture du Luna Park à Coney Island, puis du parc d'attractions Dreamland. Pour son premier jour d'exploitation, le métro IRT transporte 150 000 personnes.

1919

Les Yankees achètent à Boston le cogneur Babe Ruth, qui les mène à leur premier titre.

1931

L'Empire State Building (443 m) devient le plus haut gratte-ciel au monde devant le Chrysler Building. La tour nord du World Trade Center lui volera la vedette en 1970.

l'influence et l'inspiration perdurent aujourd'hui. L'ambiance nocturne intrépide du Harlem des années 1920 et 1930 attira les jeunes femmes délurées et les fêtards abreuvés de gin qui marquèrent l'échec total de la Prohibition ; un avant-goût de la vie nocturne libre dont les New-Yorkais jouissent encore aujourd'hui.

La Grande Dépression

L'effondrement de la Bourse en 1929 sonna le glas de ces années d'insouciance. New York traversa la Grande Dépression des années 1930 avec un mélange de courage, d'endurance, de solidarité, de militantisme et, surtout, grâce au lancement de grands chantiers. Dans Central Park surgirent des cabanes, ironiquement appelées *Hoovervilles* après que le président (Hoover) eut refusé de venir en aide aux nécessiteux. Le maire Fiorello LaGuardia trouva un ami en la personne du président Franklin Roosevelt et fit jouer ses relations à Washington pour obtenir des subsides.

La Seconde Guerre mondiale provoqua un afflux de soldats prêts à dépenser jusqu'à leur dernier dollar à Times Square avant d'embarquer pour l'Europe. Reconverties dans l'industrie de guerre, les usines locales tournèrent à plein régime en embauchant des femmes et des Noirs qui, jusqu'alors, avaient rarement accès à des emplois syndiqués. L'explosion de l'activité de guerre déboucha sur une énorme crise du logement qui conduisit New York à instaurer une loi de contrôle des loyers, souvent imitée depuis. En revanche, rares étaient les contrôles dans le monde des affaires, alors que les gratte-ciel se multipliaient dans Midtown après la guerre. Le centre financier se déplaçait vers le nord, même si le banquier David Rockefeller et son frère, le gouverneur Nelson Rockefeller, imaginèrent les Twin Towers pour revitaliser Downtown.

Robert Moses entre en scène

Collaborant avec le maire LaGuardia à la modernisation de New York, l'urbaniste Robert Moses exerça une influence déterminante sur la ville – pour le meilleur ou pour le pire, selon les goûts. Il fut la tête pensante du projet de Triborough Bridge (aujourd'hui le Robert F. Kennedy Bridge), du Jones Beach State Park, du Verrazzano-Narrows Bridge, de West Side Hwy et de l'ensemble des parcs de Long Island, sans parler d'innombrables nationales, tunnels et ponts. Moses rêvait également de remplacer les *brownstones* et les maisons de ville par de vastes parcs et des tours vertigineuses. Cette vision provoqua l'opposition farouche des défenseurs du patrimoine ; leurs efforts empêchèrent la destruction de quartiers entiers et aboutirent à la création de la Landmarks Preservation Commission en 1965.

Les plus hauts gratte-ciel de New York

Woolworth Building (241 m ; 1913-1930)

Chrysler Building (319 m ; 1930-1931)

Empire State Building (443 m ; 1931-1971 et 2001-2013)

World Trade Center (417 m ; 1971-2001)

One World Trade Center (541 m ; 2013 à aujourd'hui)

1939

L'exposition universelle de New York s'ouvre dans le Queens. Elle est organisée autour du thème du "Monde de demain".

1941

Inspiré par la ligne de métro qui rallie Harlem, Billy Strayhorn, leader de l'orchestre de Duke Ellington, compose *Take the A Train*. L'air deviendra le titre phare de l'orchestre.

1945

Adoption de la charte des Nations unies par les représentants de 50 pays réunis à San Francisco et installation de l'organisation internationale du côté est de Manhattan.

1963

La destruction de Penn Station pour construire le Madison Square Garden provoque l'indignation. S'ensuit la création de la Landmarks Preservation Commission.

TROIS FEMMES QUI ONT CHANGÉ NEW YORK

Margaret Sanger (1879-1966). Cette infirmière sage-femme était une militante qui ouvrit dès 1916 à New York le premier centre de contraception du pays. Elle finit par fonder l'American Birth Control League, futur Planning familial.

Jane Jacobs (1916-2006). Scandalisée par le projet de Robert Moses, qui prévoyait de raser une vaste partie de son quartier pour construire des logements sociaux, elle se lança dans la défense du patrimoine. Son action provoqua la création de la Landmarks Preservation Commission (Commission de la préservation du patrimoine), la première de ce type aux États-Unis.

Christine Quinn (née en 1966). Elle devint en 2006 la première présidente du Conseil municipal de la ville. Ouvertement lesbienne, elle a repoussé à la fois les frontières du genre et celles de la sexualité en devenant la deuxième personnalité politique la plus importante de New York (après le maire).

La Beat Generation

Les années 1950-1960 marquèrent le début d'une époque légendaire de créativité et d'opposition à l'establishment, et beaucoup de créateurs se sont installés à Greenwich Village. L'expressionnisme abstrait, par exemple, révéla des peintres américains comme Mark Rothko, Jackson Pollock, Lee Krasner, Helen Frankenthaler et Willem De Kooning, dont les œuvres choquaient et intriguaient. Parmi les écrivains, des poètes de la Beat Generation comme Allen Ginsberg ou Jack Kerouac, et la romancière-dramaturge Jane Bowles se retrouvaient dans les cafés du Village pour échanger des idées et trouver l'inspiration auprès de chanteurs folks bientôt célèbres, tel Bob Dylan.

Hauts lieux de l'histoire new-yorkaise

Ellis Island et la statue de la Liberté (baie de New York)

Tenement Museum (Lower East Side)

Merchant's House Museum (NoHo)

Historic Richmond Town (Staten Island)

Jane's Carousel (Brooklyn)

Gracie Mansion (Upper East Side)

"Que New York crève !"

Au début des années 1970, les déficits provoquèrent une grave crise fiscale, rétrogradant le maire Abraham Beame au rang de figurant et livrant le véritable pouvoir financier de New York au gouverneur Carey et à ses délégués. Le refus du président Ford d'accorder une aide fédérale – ainsi résumé par un gros titre du *Daily News* : *Ford to City, Drop Dead !* ("Ford à la ville : Crève !") – fut l'apogée de relations tendues entre la ville et un pays désireux de la haïr. Alors que des licenciements massifs décimaient la classe ouvrière, le manque d'entretien des infrastructures urbaines annonçait des temps difficiles.

Les traumatisantes années 1970 – dont 1977, avec une panne d'électricité générale et l'effrayant tueur en série David Berkowitz

1969

Le 28 juin, 8 policiers font une descente dans le bar gay Stonewall Inn. La clientèle se révolte : s'ensuivent des émeutes et la naissance du mouvement des droits des homosexuels.

1977

En plein été, la foudre frappe une station électrique et prive New York d'électricité pendant plus de 24 heures. Des émeutes éclatent dans toute la ville.

1988

Des squatteurs, qui avaient transformé le Tompkins Square Park de l'East Village en campement de SDF, se rebellent lorsque les policiers tentent de les expulser.

1993

Le 26 février, une bombe explose sous la tour nord du World Trade Center. L'attentat fait 6 morts et plus de 1 000 blessés.

(surnommé “Fils de Sam”), fut la pire année – virent les loyers baisser, entretenant une intéressante culture alternative qui se produisait dans des écoles abandonnées et des galeries ouvertes dans des boutiques non utilisées, donnant un nouveau souffle au secteur des colorations capillaires avec l'arrivée de l'esthétique punk. Ainsi, l'argent tiré du tournage du film *Fame* au PS 122, à l'angle de 9th St et de 1st Ave, aida à financer la rénovation de cette salle de spectacle toujours populaire. Des punks fans des Ramones convertirent des entrepôts en hauts lieux de la vie nocturne, métamorphosant les anciens quartiers industriels de SoHo et de Tribeca. Immortalisé dans la célèbre performance photographique de Nan Goldin *The Ballad of Sexual Dependency*, ce renouveau remit en question les rôles de genre et fit de l'East Village le centre américain des tatouages et du cinéma indépendant.

La culture hip-hop

À la même époque, une vague d'incendies criminels réduisait en cendres des immeubles d'habitation dans le South Bronx, tandis que naissait une culture hip-hop influente, inspirée par les percussions de la salsa portoricaine. Rock Steady Crew, conduit par Richie “Crazy Legs” Colón, lança l'athlétique break dance. DJ Kool Herc animait des soirées qui se prolongeaient jusqu'à l'aube. Afrika Bambaataa, autre DJ fondateur du hip-hop, forma Zulu Nation pour mobiliser DJ, danseurs de hip-hop et graffeurs contre la violence.

D'audacieux graffitis le long des trains éblouirent le public. Le “chef-d'œuvre” le plus connu est venu démentir la réputation de vandales des graffeurs : Lee 163 peignit toute une rame de train du message “Merry Christmas, New York” (“Joyeux Noël, New York”). Certains de ces virtuoses de la bombe ont intégré le monde de l'art, notamment Jean-Michel Basquiat, jadis connu sous son nom de tagueur Samo.

Une partie de l'argent gagné sur les marchés financiers florissants de ces mêmes années fut dépensée dans les galeries d'art, mais disparut plus encore dans les narines des golden-boys. Pendant que des quartiers de Manhattan luttaient contre la prolifération du crack, la ville chancelait sous l'impact de la dépendance aux drogues, de la criminalité et de l'épidémie de sida qui décimaient les communautés.

Les folles années 1990

En 1990, une couverture du magazine *Time* titrait : “*New York : The Rotting Apple*” (“New York : la Pomme Pourrie”). Toujours convalescente du krach immobilier de la fin des années 1980, la ville devait affronter la décrépitude de ses infrastructures, la fuite des emplois et l'installation en banlieue de sociétés parmi les plus

La destruction des tours jumelles, des bâtiments et du système de métro alentour est estimée à 60 milliards de dollars, et les dépenses engagées pendant les dix années qui ont suivi – y compris les guerres – atteindraient jusqu'à 3 300 milliards de dollars. Mais l'impact global (sécurité intérieure, conséquences économiques et politiques, aux États-Unis et dans le monde) a été bien plus élevé encore.

2001

Le 11 septembre, des terroristes détournent deux avions qui s'écrasent sur les Twin Towers, détruisant le World Trade Center et faisant près de 3 000 victimes.

2002

John Gotti, le parrain de la famille Gambino, une des cinq grandes familles mafieuses de New York, meurt d'un cancer en prison, alors qu'il purge une peine pour meurtre, racket et évasion fiscale.

2008-2009

Krach boursier dû à la mauvaise gestion des grandes institutions financières américaines. La crise financière devient mondiale.

2009

Le 15 janvier, le vol 1549 de US Airways plonge dans l'Hudson après une défaillance moteur. Les 155 personnes à bord sont saines et sauves.

importantes. Survint alors le marché de l'Internet qui transforma des hurluberlus en millionnaires et la Bourse de New York en un parc de loisirs de la spéculation. Sauvée financièrement par les taxes perçues sur les introductions en Bourse, la ville se lança dans une frénésie de construction, d'activités commerciales et de fêtes, inégalée depuis les années 1920.

Favorable aux milieux d'affaires et au maintien de l'ordre, le maire Rudy Giuliani repoussa hors de Manhattan les pauvres et les clochards, afin de laisser la place aux yuppies, pressés de dépenser leurs revenus astronomiques. Giuliani fit les gros titres des journaux avec sa politique de "tolérance zéro", parvenant même à chasser les sex-shops de 42nd St. Le maire dynamique réussit à faire de New York la grande ville la plus sûre de l'Amérique, en ciblant les secteurs à taux de criminalité élevé et en utilisant les statistiques pour concentrer la présence policière. La criminalité chuta, les restaurants prospérèrent, les prix de l'immobilier atteignirent des sommets, et *Sex and the City* répandit dans le monde entier l'image de femmes célibataires sophistiquées en escarpins Manolo Blahnik.

Cependant, rien n'était gravé dans le marbre à l'aube du nouveau millénaire, et le 11-Septembre changea à jamais la perspective de la cité.

Le 11-Septembre

Le 11 septembre 2001, des terroristes détournèrent deux avions pour les faire s'écraser sur les tours jumelles du World Trade Center, qui s'effondrèrent dans un énorme nuage de poussière et de gravats, faisant près de 3 000 victimes. Downtown Manhattan mit des mois à se remettre des fumées nocives émanant des ruines, alors que les photos des personnes disparues partaient en lambeaux sur les murs de brique. Tandis qu'elle pleurait ses morts et que les équipes de récupération se frayaient un chemin au milieu des décombres, la ville fit également face aux alertes terroristes incessantes et à la peur de l'anthrax. Le traumatisme et le deuil rassemblèrent, dans une même volonté de ne pas succomber au désespoir, des citoyens souvent divisés.

Protestations, ouragans et changements politiques

Les dix années qui suivirent le 11-Septembre furent une période de reconstruction, tant sur le plan pratique que moral. En 2002, le maire Michael Bloomberg eut la tâche ingrate de recomposer une ville en morceaux, qui avait apporté tout son soutien à son prédécesseur Rudy Giuliani, dont la popularité grimpa à la suite de la tragédie.

2012

L'ouragan Sandy atteint New York en octobre : il provoque des inondations, ravage les habitations, coupe l'électricité et provoque la fermeture du New York Stock Exchange pendant 2 jours.

2013

Bill de Blasio bat Joseph J. Lhota aux élections municipales, devenant le premier maire démocrate de New York en près de vingt ans.

2014

La reconstruction du World Trade Center est presque terminée, avec l'inauguration du mémorial national du 11-Septembre et du One World Trade Center.

2017

L'homme d'affaires et milliardaire républicain Donald Trump est élu 45e président des États-Unis face à la démocrate Hillary Clinton.

À la grande satisfaction de Bloomberg, New York connut de nombreuses rénovations et reconstructions, notamment à partir de 2005, quand la ville retrouva son rythme de croisière et un nombre accru de touristes. Cependant, en 2008, l'économie s'effondra sous son propre poids dans ce qui est aujourd'hui reconnu comme une crise financière mondiale. Face à l'apparente insouciance des institutions financières américaines, des milliers de gens en colère envahirent le Zuccotti Park du Financial District le 17 septembre 2011, se dressant contre l'inéquitable répartition des richesses au sein de la nation. Le mouvement de protestation "Occupy Wall Street" se propagea ensuite dans des centaines d'autres villes à travers le monde.

Le 28 octobre 2012, une poussée annonciatrice transforma des secteurs de Brooklyn et du New Jersey en des Venise du Nouveau Monde, mais Sandy réserva son coup de grâce pour le lendemain. Des vents cycloniques et des pluies torrentielles s'abattirent sur la ville, provoquant de sérieuses inondations et des dégâts aux habitations dans les 5 *boroughs*, dont le système du métro, le Hugh L Carey Tunnel et le site du World Trade Center. Une panne de courant majeure plongea la plus grande partie de Lower Manhattan dans une obscurité irréelle, tandis que le New York Stock Exchange (la Bourse) s'interrompit pendant 2 jours.

Un vent de changement balaya la ville en novembre 2013, lorsque Bill de Blasio devint le premier maire démocrate de New York depuis 1989. Le "progressiste" autoproclamé devint aussi le premier maire blanc de New York ayant une épouse afro-américaine, l'écrivaine et figure politique Chirlane McCray. Réélu maire de la ville en 2017, Bill de Blasio est évincé par le centriste démocrate Eric Adams en novembre 2021.

2017

Bill de Blasio est réélu maire de New York à une écrasante majorité.

2018

La ville enregistre son taux de criminalité le plus bas depuis 1944 avec 298 homicides.

25 mai 2020

Le décès de George Floyd, un Afro-Américain mort asphyxié sous le genou d'un policier blanc, embrase l'Amérique. À New York, des défilés dénoncent les violences policières et le racisme.

2021

Eric Adams, démocrate centriste au parcours atypique, est élu maire de New York.

La table new-yorkaise

S'il existe une cuisine californienne, il est difficile de parler de cuisine new-yorkaise. Demandez quelque chose de "new-yorkais" et on vous proposera de tout, de la pizza au feu de bois de Brooklyn à la soul food végane de Harlem. La cuisine est tout aussi cosmopolite que la ville elle-même, et rend hommage aux immigrants qui ont déballé leurs affaires et leurs recettes dans les rues. Sans oublier que, comme New York, la table est ici en perpétuelle évolution, dynamisée par d'insatiables ambitions.

Les gastronomes économes adorent la NYC Restaurant Week bisannuelle. De janvier à février, et de juillet à août, de nombreux restaurants new-yorkais (dont certains des meilleurs) servent des déjeuners de 2 plats pour 26 $, ou des dîners de 3 plats pour 42 $. Consultez www.nycgo.com/restaurantweek pour plus de détails et les réservations.

De la ferme urbaine à la table

Qu'il s'agisse du fromage triple crème Kunik fabriqué dans l'Etat de New York et vendu au Bedford Cheese Shop (p. 178) ou des champignons de saison proposés au restaurant gastronomique Craft (p. 175), l'engouement de New York City pour tous les produits locaux et artisanaux ne faiblit pas. La ville elle-même est devenue une sorte de potager, avec un nombre toujours croissant de toits d'immeubles, de cours et de jardins partagés transformés en fermes urbaines.

On trouve aussi bien des tomates bio au-dessus des *delis* de l'Upper East Side que des ruches sur les toits de l'East Village. Il y a aussi de grandes exploitations, comme la Brooklyn Grange (www.brooklyngrangefarm.com), qui occupe trois toits à Long Island City et au chantier naval du Brooklyn Navy Yard. Cette ferme de plus de 20 000 m² produit plus de 36 tonnes de produits bio par an, allant des œufs aux carottes en passant par les blettes et les tomates anciennes. À Brooklyn toujours, la chaîne de supermarchés bio **Whole Foods** (plan p. 472 ; ☎718-907-3622 ; www.wholefoodsmarket.com ; 214 3rd St, entre Third Ave et Gowanus Canal, Gowanus ; ⏰8h-22h ; 📶✎ ; Ⓢ R arrêt Union St, F, G arrêt 4th Ave-9th St) dispose de 2 000 m² de serres à l'empreinte carbone réduite par un ingénieux système d'irrigation.

Spécialités

Bagel

Certes inventé en Europe de l'Est, le bagel a été amélioré à New York au début du XIXe siècle. Lorsque vous l'aurez goûté ici, vous aurez du mal à l'apprécier ailleurs. C'est un anneau de pâte levée, bouilli, puis cuit au four, qui peut être saupoudré de divers ingrédients, graines de sésame ou chocolat par exemple. Les prétendus bagels fabriqués ailleurs ne sont souvent que de vulgaires pains ronds avec un trou au milieu – ils sont généralement cuits au four sans être préalablement bouillis. Et même s'ils le sont, les puristes vous diront qu'ils ne sont pas aussi bon car l'eau de New York conférerait à la préparation une saveur sucrée unique... Quelle boulangerie fabrique les meilleurs bagels de New York ? Chacun défend sa préférée, mais beaucoup s'accordent à dire que Ess-a-Bagel (p. 200) à Manhattan et Brooklyn Bagel & Coffee Company (p. 322) dans le Queens sont maîtresses en la matière. Les New-Yorkais commandent traditionnellement un *bagel and a schmear*, c'est-à-dire tartiné d'une épaisse couche de fromage frais. Un peu plus cher, le *lox and bagel*, avec une fine tranche de saumon fumé, rappelle ce que vendaient les marchands ambulants juifs du Lower East Side au début des années 1900.

Pizza

La version new-yorkaise de la pizza est tout à fait particulière. Contrairement aux pizzas de Chicago et de Californie qui se caractérisent respectivement par une pâte épaisse et une pâte légère peu cuite, celles de New York ont une pâte très fine, nappée d'une couche de sauce encore plus mince. Elles sont vendues découpées en parts triangulaires, ou rectangulaires s'il s'agit de la variante sicilienne.

La pizza est arrivée à New York au début du XXe siècle avec les immigrants italiens. Dans une ville où tout le monde courait déjà tout le temps, la finesse de la pâte qui permettait une cuisson rapide fit son succès. La première pizzeria des États-Unis, ouverte en 1905, fut Lombardi's, à Little Italy (Manhattan).

Aujourd'hui, il y a une pizzeria toutes les dix rues, surtout à Manhattan et dans Brooklyn, où la part vaut environ 3 $. Le style varie quelque peu d'adresse en adresse : dans certaines, la pâte est fine et croustillante ; dans d'autres, elle est légèrement plus épaisse et moelleuse... Et de nouvelles garnitures (crevettes, cerises, etc.) ne cessent d'apparaître. Le florissant mouvement locavore a également investi le marché, avec des pizzerias branchées comme Roberta's (p. 296) à Brooklyn, dont les pizzas cuites au feu de bois sont garnies de produits locaux, issus de l'agriculture durable.

Chaque année, l'organisation à but non lucratif **City Harvest** (www.cityharvest.org) distribue de la nourriture non consommée à plus de 1,2 million de New-Yorkais en difficulté. Elle récupère chaque année 30 000 tonnes de nourriture auprès des restaurants, boulangeries et entreprises de traiteur.

Hot dog

Ce sandwich est arrivé jusqu'à New York au XIXe siècle, par plusieurs bouchers européens. L'un d'eux, l'Allemand Charles Feltman, fut, semble-t-il, le premier à vendre des hot dogs en poussant sa charrette le long du rivage de Coney Island. Ce fut toutefois Nathan Handwerker, autre immigrant allemand, qui les rendit célèbres. D'abord employé de Feltman, il ouvrit une boutique en face de son ancien patron, vendant sa marchandise deux fois moins cher. Aujourd'hui légendaire, le premier Nathan's existe toujours à Coney Island, et c'est maintenant un empire à l'échelle internationale. Et il n'y a pas un quartier de New York qui n'ait un ou plusieurs stands de hot dogs au coin des rues. Si certains habitants les dédaignent au profit des devantures plus tendance des *chichi hot dog shops* (enseignes vendant des hot dogs selon une recette provenant de Chicago) maintenant partout, ne boudez pas votre plaisir. Offrez-vous un vrai “chien chaud de rue”, avec “la totale” : moutarde brune relevée, pickles, choucroute et oignons.

Egg cream

Contre toute attente, ce breuvage mousseux d'antan contient non pas des œufs ou de la crème, mais du lait, de l'eau de Seltz et du sirop de chocolat en abondance (de préférence, le Fox's U-Bet, fabriqué à Brooklyn). Quand Louis Auster de Brooklyn, qui possédait des buvettes dans le Lower East Side, l'inventa en 1890, il utilisait du sirop aux œufs et ajoutait de la crème pour épaissir la préparation. Malgré la modification des ingrédients, le nom resta et le produit fut bientôt disponible dans toutes les buvettes de New York. Si M. Auster le vendait 3 ¢ pièce, de nos jours il vaut entre 2,50 et 5 $ selon le lieu – on en trouve dans des institutions comme Katz's Delicatessen (p. 124), dans le Lower East Side, ou au Tom's Restaurant (p. 294) de Brooklyn.

Le cheesecake à la new-yorkaise

Le cheesecake existe depuis fort longtemps sous une forme ou une autre. Il y a 2 400 ans, l'historien grec Thucydide et ses compatriotes pétrissaient déjà de la feta fraîche mélangée à du miel et faisaient cuire cette douceur sur des charbons ardents. Des siècles plus tard, les Romains adaptèrent cette recette en incorporant de la farine d'épeautre pour obtenir la forme d'un gâteau. D'innombrables variations apparurent ensuite au fil des siècles et à travers le continent.

Mais c'est l'erreur d'un fermier new-yorkais du XIXe siècle qui donna naissance au *cream cheese*, ingrédient clé du cheesecake à la new-yorkaise. Sa tentative ratée de fabriquer le fromage français Neufchâtel eut pour résultat un curieux produit à la texture lisse et épaisse. Puis entra en scène James Kraft, le fondateur de Kraft Foods, qui reprit ce produit en 1912, le reformula, l'enveloppa dans de l'alu et fit découvrir au pays les merveilles de son *cream cheese*.

Le cheesecake classique à la new-yorkaise sera ensuite immortalisé par le restaurant de Midtown Lindy's, ouvert en 1921 par Leo Lindemann. Le dessert original servi en ces lieux – incorporant *cream cheese*, crème épaisse, un soupçon de vanille et une base biscuitée – devint immensément populaire dans les années 1940. Aujourd'hui, ce chef-d'œuvre hautement calorique de la cuisine locale est un classique sur la carte des desserts, dans les petits restos grecs comme dans les bastions de la grande cuisine. Le plus célèbre (censé être le meilleur) se prépare chez **Junior's** (plan p. 475 ; ☎718-852-5257 ; www.juniorscheesecake.com ; 386 Flatbush Ave, au niveau de DeKalb Ave, Downtown Brooklyn ; chessecake à partir de 8,50 $; ⏲7h-23h dim-jeu, 7h-minuit ven-sam ; Ⓢ B, Q/R arrêt DeKalb Ave, 2/3 arrêt Hoyt St, A/C, G arrêt Hoyt-Schermerhorn), une institution de Brooklyn.

Dans *Big Apple, le vrai goût de New York : mon aventure culinaire à New York* (Hachette, 2013), Monica Trápaga et sa fille Lil Tulloch, d'origine australienne, font partager leur passion pour New York et sa gastronomie au fil des saisons et des quartiers, sous la forme d'un carnet de voyage. Elles donnent plus de 60 recettes aux saveurs cosmopolites.

Spécialités à boire

Cocktails

Patrie du fameux Manhattan, royaume légendaire des bars clandestins, berceau du rose “Cosmo” (cosmopolitan), cocktail fétiche des fashionistas, New York est passée maîtresse dans l'art des cocktails. Le Manhattan – mélange de whisky, vermouth et bitter – serait né à l'angle sud-est de la 26th St et de Madison Ave un jour de 1874 où la mère du célèbre Winston Churchill, Jennie, aurait donné une fête au feu Manhattan Club pour célébrer la victoire du démocrate Samuel J. Tilden élu gouverneur de l'État de New York.

Un autre classique new-yorkais apparut aux bars cette même année, l'estival Tom Collins. Mélange de gin, de sucre, de jus de citron et d'eau de Seltz, ce *long drink* tient son nom d'un canular géant qui, persuadant des centaines d'habitants qu'un certain Tom Collins disait du mal d'eux, les lança à la recherche de ce diffamateur créé de toutes pièces. Pour calmer les esprits, des barmen auraient inventé cette boisson.

Ces jours-ci, la tendance est à la redécouverte des cocktails, aux anecdotes historiques et aux bars clandestins vintage. Des barmen obscurs comme Harry Johnson et Jerry Thomas sont devenus des légendes, grâce à tous leurs “héritiers” à bretelles qui ont su remettre au goût du jour leurs concoctions d'antan. Des ingrédients historiques tels que la liqueur de violette, le gin Old Tom ou le Batavia Arrack sont de nouveau à la mode. Dans le Financial District, le bar Dead Rabbit (p. 79) est allé plus loin encore en réintroduisant une pratique du XVIIe siècle : les *pop-inns*, qui mixent bière, liqueurs, épices et herbes.

Enfin, parmi les établissements spécialisés dans un spiritueux précis, citons, l'historique Fraunces Tavern (p. 84) pour le whisky et la bien

Livres de cuisine

New York, les recettes cultes, Marc Grossman (Marabout, 2012)

Cuisine de New York 1001 recettes, collectif (Solar, 2013)

New York street food (Mango, 2013)

nommée Brandy Library (p. 79), la Rum House (p. 206) à Midtown, et, à Brooklyn, les artisans du bourbon de la Kings County Distillery (p. 278), ainsi que les adorateurs de whisky du Moonlight Mile (p. 301). Dans l'East Village, le Wayland (p. 125) est même consacré au *moonshine* (alcool de contrebande).

Bières des boroughs

Le brassage fut une des industries florissantes de la ville, Brooklyn ne comptant pas moins de 48 brasseries dans les années 1870. La plupart étaient installées à Williamsburg, Bushwick et Greenpoint, quartiers bondés d'immigrants allemands au vaste savoir-faire. À la veille de la Prohibition en 1919, le *borough* était l'un des principaux points de vente de bière du pays, aussi célèbre pour ses enfants se promenant avec des pintes que pour ses ponts. À la fin de la Prohibition en 1933, la plupart des brasseries avaient fermé. Si l'industrie renaquit de ses cendres lors de la Seconde Guerre mondiale, la saveur locale céda le pas aux grandes marques du Midwest.

Aujourd'hui, on vient de nouveau à Brooklyn pour boire une bonne chopine car une poignée de brasseries artisanales proposent d'excellentes bières. En tête caracole la Brooklyn Brewery (p. 284), qui brasse des IPA, des bières sans alcool et des éditions limitées, comme une bière acide à la framboise. Parmi les autres microbrasseries locales de qualité, citons la SixPoint Craft Ales (www.sixpoint.com), la Threes Brewing (www.threesbrewing.com), l'Other Half Brewing Company (www.otherhalfbrewing.com) et Transmitter Brewing (www.transmitterbrewing.com).

Dans le Queens, la star demeure la SingleCut Beersmiths (www.singlecut.com) qui fut, en 2012, la première brasserie à y ouvrir depuis la Prohibition. Ses blondes insolites incluent par exemple la Jan Alpine White Lager, aux notes d'orange et au parfum estival. Le *borough* compte aussi la Rockaway Brewing Company (rockawaybrewco.com), née sur la plage de Rockaway. Plus au nord, le Bronx accueille la Bronx Brewery (p. 262) et la Gun Hill Brewing Co (www.gunhillbrewing.com), cette dernière produisant une bière très appréciée, la Vod of Llight – une stout noire d'encre aux délicieuses notes de café torréfié.

C'est sur Marckvelt (place du marché), aujourd'hui le Financial District de Lower Manhattan, qu'a vu le jour la première brasserie publique du pays, établie par Peter Minuit (1580-1638). En mai 1626, le premier gouverneur de la colonie avait en effet "acheté" Manhattan aux Lenapes, peuple amérindien autochtone.

Les arts

Spectacles de Broadway, galeries d'art de Chelsea, clubs de jazz, salles de concert accueillant du rock indé et opéras où résonnent les mélodrames : depuis plus d'un siècle, New York est la capitale américaine de la culture. La gentrification a beau avoir repoussé nombre d'artistes à la périphérie, voire au-delà, la ville n'en reste pas moins un centre névralgique pour les arts visuels, la musique, le théâtre, la danse et la littérature.

Un moteur de l'art

La présence à New York de musées d'art parmi les plus importants au monde témoigne de son enviable pedigree artistique. De Pollock à Rothko, de Warhol à Rauschenberg, la ville a inspiré des artistes et certains des mouvements les plus importants d'Amérique.

À New York chaque semaine apporte sont lot d'expositions artistiques, d'installations et de performances. Il suffit de faire son choix sur www.nyartbeat.com.

Naissance d'un foyer artistique

New York s'est vraiment imprégnée de toutes les facettes de l'art au début du XXe siècle, avec l'arrivée d'une foule d'intellectuels, d'artistes, d'auteurs et de poètes. C'est à cette époque que la scène artistique nationale commença à prendre forme. L'ouverture en 1905 de la Gallery 291 sur 5th Ave par le photographe Alfred Stieglitz (mari de la peintre Georgia O'Keeffe) fournit une plateforme vitale aux artistes américains et contribua à faire évoluer la photographie au rang d'œuvre d'art.

Dans les années 1940, les horreurs de la guerre en Europe apportèrent à la ville un flot d'idées nouvelles portées par de grandes figures de l'art, de la musique, de la littérature et du cinéma, qui firent de New York un important centre culturel. La galerie Art of This Century, ouverte par Peggy Guggenheim dans 57th St, contribua à lancer la carrière de peintres comme Jackson Pollock, Willem De Kooning et Robert Motherwell. Ces artistes établis à Manhattan formèrent, avec d'autres grandes artistes pionnières comme Elaine De Kooning, Joan Mitchell, Helen Frankenthaler, Lee Krasner ou Grace Hartigan, le cœur du mouvement expressionniste abstrait, aussi appelé école de New York, créant une forme de peinture explosive et crue qui révolutionna l'art moderne.

Le quartier de Chelsea abrite quelque 400 galeries d'art ! Pour vous repérer et organiser votre exploration, consultez la carte interactive chelseagallery-map.com.

Une avant-garde américaine

Dans les années 1950-1960, Robert Rauschenberg, Jasper Johns et Lee Bontecou ont transformé les toiles en d'excentriques constructions sculpturales, utilisant autant de l'acier soudé que des chèvres empaillées. Au milieu des années 1960, le pop art avait pris la main, Andy Warhol en tête. Dans les années 1960 et 1970, alors que l'économie new-yorkaise était au plus mal et une grande partie de SoHo en décrépitude, la ville devint un foyer d'art conceptuel et de performance. Gordon Matta-Clark découpa des bâtiments abandonnés à la tronçonneuse, tandis que les artistes de Fluxus organisaient des happenings dans les rues du centre-ville. Carolee Schneemann imagina des spectacles utilisant le corps humain. Lors d'un événement célèbre en 1964, elle fit intervenir une troupe de danseurs nus dans un mélange peu ragoûtant de peinture, de saucisses et de poissons morts au théâtre d'une église de Greenwich Village.

En janvier 2018, le Metropolitan Museum of Art (p. 220) a annoncé que les visiteurs ne venant pas de l'État devraient payer l'entrée, une première depuis 1970. La décision fut controversée : si beaucoup reconnaissaient les besoins financiers du musée – il n'est financé par le gouvernement qu'à hauteur de 8% – d'autres regrettèrent la fin de la politique qui offrait à tous (contre un don) l'accès à une collection artistique de classe mondiale.

L'art aujourd'hui

La scène artistique actuelle est vaste et éclectique. Les principales institutions – le Metropolitan Museum of Art, le Museum of Modern Art, le Whitney Museum of American Art, le Guggenheim Museum, le Met Breuer et le Brooklyn Museum – offrent à eux tous de vastes rétrospectives de toutes les époques. Le New Museum of Contemporary Art, dans le Lower East Side, est plus audacieux, et les innombrables petites institutions, comme l'excellent Bronx Museum (p. 262), El Museo del Barrio (p. 259) ou le Studio Museum à Harlem (p. 257), se concentrent sur des portions plus étroites de l'histoire de l'art.

New York demeure la capitale mondiale des galeries, avec plus de 1 000 espaces exposant toutes sortes d'arts à travers la ville. Les valeurs sûres sont regroupées à Chelsea et dans l'Upper East Side ; le Lower East Side est semé de galeries proposant des œuvres d'artistes émergents ou établis. Cependant, les loyers prohibitifs poussent celles qui soutiennent des artistes émergents et expérimentaux à investir Harlem ou Brooklyn, dont les quartiers de Bushwick, Greenpoint, Clinton Hill et Bedford-Stuyvesant (Bed-Stuy) tiennent actuellement le haut du pavé.

Graffitis et street art

L'art public a bien évolué depuis que la sculpture *Angel of the Waters* (1873) d'Emma Stebbins a été installée dans Central Park. Les graffitis contemporains trouvent leur émergence à New York. Dans les années 1970, les métros new-yorkais couverts de graffitis deviennent un puissant symbole de la ville, et les tags de Dondi, Blade et Lady Pink acquièrent alors une renommée internationale. En outre, des artistes talentueux comme Jean-Michel Basquiat, Kenny Scharf et Keith Haring introduisent dans leurs œuvres des éléments de graffitis.

Le mouvement a connu un renouveau à la fin des années 1990 avec la nouvelle génération d'artistes, pour beaucoup formés dans les écoles d'art les plus prestigieuses. Ils font appel au papier découpé et aux éléments sculpturaux ; parmi les plus connus, on peut citer John Fekner, Stephen Powers dit "ESPO", Swoon, les jumeaux du duo Skewville, et Shepard Fairey qui créera plus tard le célèbre portrait d'Obama portant l'inscription "Hope". Les rues de la ville ont aussi été égayées par les grandes fresques de l'artiste d'origine japonaise Lady Aiko, les installations tricotées d'Olek et les peintures d'Alice Mizrachi.

Le site NYCGo (fr.nycgo.com) indique les sites et les événements en lien avec l'art public à travers la ville, comme l'installation de Sophie Calle au cimetière de Green-Wood, par exemlpe.

La fermeture en 2013 de l'emblématique 5Pointz, un ensemble d'entrepôts de Long Island City débordant de graffitis colorés, fut un coup dur pour le monde du street art. Même l'appel du célèbre artiste britannique Banksy n'a pu sauver cette véritable galerie, vouée à la démolition. Aujourd'hui, les hauts lieux du graffiti sont le Williamsburg Bridge, côté Brooklyn, et l'angle de Troutman St et St Nicholas Ave à Bushwick, toujours dans Brooklyn. À Astoria, dans le Queens, vous pouvez découvrir des œuvres très colorées autour de Welling Ct et de 30th Ave.

Une métropole de la musique

C'est à New York que des musiciens de jazz comme Ornette Coleman, Miles Davis et John Coltrane ont repoussé les limites de l'improvisation dans les années 1950. C'est là que divers sons latins – du cha-cha-cha à la rumba en passant par le mambo – se sont rencontrés pour former l'hybride que nous appelons aujourd'hui *salsa*, où des chanteurs folks comme Bob Dylan et Joan Baez ont porté dans les cafés leurs *protest songs*, et où des groupes comme les New York Dolls et les Ramones ont occupé le devant de la scène dans le rude centre de Manhattan. C'est là que le disco est né. Et ce fut le creuset culturel qui permit la naissance, l'épanouissement et l'explosion du hip-hop.

New York agit toujours comme un aimant sur les musiciens. Le monde du rock indépendant est particulièrement vivant : des groupes comme les Yeah Yeah Yeahs, LCD Soundsystem, et Animal Collective ont tous émergé à New York. Bourré de clubs et de bars, mais aussi de labels indépendants et de stations de Webradio, Williamsburg est au cœur de l'action. Les meilleures salles sont le Music Hall of Williamsburg (p. 305) et le Bowery Ballroom (p. 131) de Manhattan.

Jazz

Le jazz est également resté un poids lourd new-yorkais, qu'il soit traditionnel ou expérimental. Le Village Vanguard (p. 162), dans le West Village, et Birdland (p. 210) à Midtown, offrent le meilleur de cette musique. Jazz at Lincoln Center (p. 207), dirigé par le trompettiste Wynton Marsalis, propose une programmation plus intello à travers toute une gamme d'interprétations solo de grands musiciens et des concerts hommages aux grands du jazz tels Dizzy Gillespie et Thelonious Monk.

Listes exhaustives des théâtres, actualités et critiques (élogieuses comme cinglantes) sont au bout du clic sur www.nytimes.com/section/theater. Vous trouverez aussi un agenda des spectacles, des résumés et l'actualité du monde théâtral sur le site www.playbill.com.

Musique classique et opéra

C'est au Lincoln Center (p. 235) que l'on trouve les classiques. Le Metropolitan Opera (p. 235) y programme un large éventail d'opéras célèbres, d'*Aida* de Verdi à *Don Giovanni* de Mozart. C'est aussi la résidence du New York Philharmonic (p. 249 ; l'orchestre symphonique que dirigea Leonard Bernstein, l'un des plus grands maestros du XXe siècle), dans le David Geffen Hall récemment rénové. Le Carnegie Hall (p. 207) et le **Merkin Concert Hall** (plan p. 464 ; ☎212-501-3330 ; www.kaufman-center.org/mch ; 129 W 67th St, entre Amsterdam Ave et Broadway ; ⏲billetterie 12h-19h dim-jeu, 12h-16h ven ; Ⓢ1 jusqu'à 66th St-Lincoln Center) ont dévolu des espaces plus intimes à la musique classique.

La musique d'avant-garde trouve plus sa place au Center for Contemporary Opera (www.centerforcontemporaryopera.org) ou à la Brooklyn Academy of Music (BAM ; p. 303), laquelle est aujourd'hui l'un des centres les plus vibrants d'opéra et de musique classique de New York. Un autre lieu programme des œuvres très expérimentales : St Ann's Warehouse (p. 303) et National Sawdust (p. 304) à Brooklyn. Vous aimez les spectacles extravagants ? Gardez un œil sur son agenda.

Broadway et au-delà

Au début du XXe siècle, nombre de théâtres ont ouvert autour de Times Square et donné des pièces populaires et de style opérettes, inspirées des premiers vaudevilles. Dans les années 1920, ces œuvres brouillonnes s'étaient transformées en spectacles comme *Show Boat*, une production d'Oscar Hammerstein sur la vie d'artistes à bord d'un vapeur du Mississippi. En 1943, Broadway connut son premier succès monstre *Oklahoma!* – le spectacle fut joué 2 212 fois, record parmi les records ! Aujourd'hui, les comédies musicales, jouées dans les 41 théâtres officiels de Broadway, sont une composante majeure de la vie culturelle de New York. Les budgets serrés chercheront les productions off-Broadway. Elles sont plus intimes, moins chères, et souvent tout aussi bonnes.

De Shakespeare à David Mamet, en passant par des dramaturges expérimentaux prometteurs comme Young Jean Lee, la bouillonnante vie théâtrale new-yorkaise va au-delà de Broadway. Outre les piliers de Midtown tels le Playwrights Horizons (p. 210) et le Second Stage Theatre (p. 212), les théâtres du Lincoln Center (p. 235) et les compagnies plus petites comme le SoHo Rep (p. 84) sont des plaques tournantes pour les œuvres d'auteurs modernes et contemporains.

De l'autre côté de l'East River, la Brooklyn Academy of Music (p. 303) et le St Ann's Warehouse (p. 303) présentent tous une programmation avant-gardiste. De nombreux festivals comme le **FringeNYC** (www.facebook.com/FringeNYC ; ⌚oct), l'épique Next Wave Festival de la BAM (p. 303) et la biennale **Performa** (www.performa2021.org, www.facebook.com/PerformaBiennial ; ⌚nov) constituent l'occasion rêvée de découvrir de nouvelles œuvres.

Dance and the City

New York est aussi depuis plus d'un siècle un haut lieu de la danse aux États-Unis. C'est ici que fut fondé, en 1949, l'American Ballet Theatre (ABT), à l'initiative de Lucia Chase et Richard Pleasant. La compagnie visait à cultiver les talents nationaux, faisait travailler des danseurs du pays et présentait des œuvres de chorégraphes tels que Jerome Robbins, Twyla Tharp ou Alvin Ailey. L'ABT continue de donner des représentations à New York et dans le monde entier. Mais New York a surtout su laisser émerger de grandes figures de la danse moderne, telle Martha Graham, qui a bousculé les notions classiques tant par les mouvements que par les décors, l'absence de costumes, l'abstraction et le dépouillement extrême. Les limites encore furent repoussées par Merce Cunningham, qui dissocia la danse de la musique. Aujourd'hui, des compagnies comme STREB (www.streb.org) sont à l'avant-garde.

Le Lincoln Center (p. 235) et la Brooklyn Academy of Music (p. 303) accueillent régulièrement des spectacles, et des pièces prometteuses se jouent dans des espaces comme The Kitchen (p. 161), le Joyce Theater (p. 162) et le New York Live Arts (p. 161) à Chelsea, ou le **Baryshnikov Arts Center** (BAC ; bacnyc.org ; 450 W 37th St, entre 9th Ave et 10th Ave), dans le nouveau quartier de Hudson Yards.

Lettres new-yorkaises

La ville où sont installées les plus grandes maisons d'édition du pays a aussi abrité certains de ses plus célèbres écrivains, tels, au XIXe siècle, Herman Melville (*Moby Dick*), Walt Whitman (*Feuilles d'herbe*) ou Mark Twain. Le début du XXe siècle marque une véritable effervescence, avec les salons alcoolisés du poète communiste John Reed dans les années 1910, ou le groupe de l'Algonquin Round Table, à l'humour acerbe, dans les années 1920.

Nombre de grands classiques américains se déroulent à New York comme *Les Heureux et les Damnés* (1922) de F. Scott Fitzgerald ou *Manhattan Transfer* (1925), de John Dos Passos. Née à New York en 1862, Edith Wharton décrit la lutte entre l'aristocratie new-yorkaise et les nouveaux riches dans *Le Temps de l'innocence* (1920). *Le Lys de Brooklyn* (1943) de Betty Smith ou *L'Attrape-Cœurs* (1951) de J. D. Salinger ont également marqué leur époque.

Les années 1950 et 1960 voient l'émergence de la contestation sociale et de la remise en cause des formes littéraires. Le poète Langston Hughes se pencha sur les conditions de vie des Afro-Américains à Harlem et les poètes de la Beat Generation comme Allen Ginsberg rejetèrent la rime

QUELQUES ROMANS NEW-YORKAIS

Manhattan Transfer (1925) de John Dos Passos. Une galerie de portraits saisissante dans le New York des années 1920.

Petit déjeuner chez Tiffany (1958) de Truman Capote. Sous les apparences d'une œuvre légère et pétillante, le parcours d'une femme blessée traité avec poésie.

Last Exit to Brooklyn (1960) de Hubert Selby Jr. Le portrait fulgurant et halluciné de marginaux new-yorkais condamnés à la violence et à la drogue.

Portnoy et son complexe (1969) de Philip Roth. Le récit hilarant d'une adolescence complexée, entre un père constipé et une mère juive envahissante.

Trilogie new-yorkaise (1985-1986) de Paul Auster. Thriller métaphysique en trois volumes (*Cité de verre*, *Revenants* et *La Chambre dérobée*) dans un New York envoûtant, insaisissable, où les limites se brouillent et laissent le lecteur au bord du vertige.

Le Bûcher des vanités (1987) de Tom Wolfe. Passionnant roman sur les démêlés d'un banquier d'affaires avec le monde noir du South Bronx.

American Psycho (1991) de Bret Easton Ellis. L'un des plus flamboyants golden-boys de Wall Street se transforme, la nuit, en dangereux psychopathe.

Jazz (1992) de Toni Morrison. Plongée troublante dans le Harlem des Années folles.

Le diable s'habille en Prada (2003) de Lauren Weisberger. Une jeune journaliste fraîchement débarquée à New York découvre l'univers hostile des magazines de mode.

Les Jours enfuis (2016) de Jay McInerney. Troisième volet de la trilogie *Calloway*, après *Trente ans et des poussières* (1992) et *La Belle Vie* (2006), dépeint une ville prise d'une forme de nostalgie pour son passé.

traditionnelle en faveur de textes plus fluides. La violence de certaines œuvres, comme *Le Festin nu* (1959) de William Burroughs, ou *Tropique du Cancer* de Henry Miller (écrit en France et publié en 1934), offrent un regard acéré sur la société américaine et le New York de la récession.

Dans les années 1980, Jay McInerney et Bret Easton Ellis se font les chroniqueurs d'une génération nourrie à la cocaïne et à l'appât du gain, et de nouvelles voix émergent des quartiers sous-représentés, comme le poète cubano-portoricain Piri Thomas ou Audre Lorde, militante féministe, lesbienne et noire. Une nouvelle génération s'est imposée avec des œuvres telles que *Le Bûcher des vanités* (1987) de Tom Wolfe, ou des auteurs emblématiques de la ville tel Paul Auster et sa *Trilogie new-yorkaise* (1985-86). *Outremonde* (1997) de Don Delillo et *Les Orphelins de Brooklyn* (1999), de Jonathan Lethem, comptent parmi les romans marquants de cette décennie.

Extrêmement fort et incroyablement près (2005) de Jonathan Safran Foer évoque le New York de l'après-11-Septembre.

Les auteurs new-yorkais continuent à aborder différents sujets, de la vie des immigrés (Imbolo Mbue) au milieu de la musique à Manhattan (Jennifer Egan), en passant par l'impossibilité délirante du New York de Michael Chabon, lauréat du prix Pulitzer pour *Les Extraordinaires Aventures de Kavalier & Clay*. Parmi les derniers écrivains en vogue, on trouve Ben Lerner, dont le roman métafictionnel *10:04* décrit tout autant l'intensité viscérale de la ville que la névrose de son protagoniste.

La Brooklyn Academy of Music (p. 303) et la New York Public Library (p. 196) organisent des conférences et des lectures publiques très fréquentées. Les librairies de quartier proposent aussi des événements littéraires variés.

Architecture

L'histoire de l'architecture de New York se lit à ciel ouvert. Idées et styles alternent au fil des rues. S'y ajoutent tous les mouvements dits Revival, que ce soit grec, gothique, roman ou Renaissance, et les formes épurées du style international. Toutefois c'est bien l'esthétique Art déco qui, dans les années 1930, a le plus marqué le paysage urbain new-yorkais. Aujourd'hui encore, des édifices emblématiques, comme la tour Chrysler et l'Empire State Building, témoignent de cette grande époque.

Racines coloniales

Les débuts de l'architecture new-yorkaise sont modestes, les premières fermes des colons hollandais répondant avant tout à des priorités fonctionnelles : tirer parti de la lumière du jour et conserver la chaleur en hiver. D'où ces maisons à clins, couvertes d'un large toit de bardeaux à double pente (le *gambrel roof*). La plus remarquable, la Wyckoff House (p. 281)

Ci-dessus : Federal Hall (p. 72)

de Pieter Claesen à East Flatbush (Brooklyn), date de 1652. C'est la plus ancienne maison de New York.

Après 1664, la transformation de l'initiale colonie hollandaise en colonie britannique, New York adopte le style georgien et ses édifices en brique et pierre de plan carré couvert d'un toit à quatre pans. Le quartier d'Inwood, tout au nord de Manhattan, en conserve une belle illustration : la Morris-Jumel Mansion (p. 261) construite en 1765 par Roger Morris, puis embellie d'une façade néoclassique au XIXe siècle. Autre bâtiment colonial intéressant, la Fraunces Tavern (1719 ; p. 72) connut son heure de gloire en 1783 pour la soirée d'adieux à ses hommes donnée dans ses murs par George Washington, à la fin de la guerre d'Indépendance américaine. Reconstruite, elle abrite toujours un restaurant et un musée.

Dans le champ de l'architecture religieuse, la St Paul's Chapel (p. 72), au sud de City Hall Park, est la plus vieille église encore sur pied de New York. Elle fut construite dans les années 1760 d'après l'église St Martin-in-the-Fields de Londres, bien plus grande.

À ne pas manquer

Chrysler Building (Midtown)

Grand Central Terminal (Midtown)

Morris-Jumel Mansion (Washington Heights)

Empire State Building (Midtown)

Temple Emanu-El (Upper East Side)

Guggenheim Museum (Upper East Side)

L'architecture dans la nouvelle république

Au début du XIXe siècle, l'architecture gagne en légèreté et en raffinement. Le style *federal* s'inspire du néoclassicisme anglais : entrées étroites encadrées de colonnettes, frontons triangulaires au niveau des toitures et impostes en éventail (*fanlights*). Les bâtiments municipaux comptent parmi les plus intéressants témoignages de ce style. Le City Hall (p. 77), hôtel de ville datant de 1812, doit sa forme française à l'architecte émigré Joseph-François Mangin et ses détails de style fédéral à l'Américain John McComb Jr. Il abrite une rotonde et un escalier à double volée.

De ce style fédéral témoigne aussi l'architecture privée, telle Gracie Mansion (p. 225), construite en 1799 par un armateur écossais dans l'Upper East Side. Devenue résidence officielle du maire de New York en 1942, cette demeure de campagne au vaste porche couvert d'une terrasse au 1er étage profite pleinement de la vue sur l'East River, tout comme les maisons de même style qui l'entouraient – un tableau qui impressionna fortement Tocqueville lors de son voyage au début du XIXe siècle.

Parmi les autres exemples de style fédéral, citons la James Watson House de 1793, 7 State Street, en face de Battery Park, et la Merchant's House (p. 92) de 1832 de NoHo, dont l'intérieur est devenu un musée.

Néogrec, néogothique et néoroman

La fin du XVIIIe siècle marque l'aboutissement du néoclassicisme, avec un regain d'intérêt des architectes pour les formes classiques épurées de l'art grec. La prospérité des années 1830 favorise l'émergence de structures néogrecques à colonnades dans tout New York. La publication de modèles d'architecture par un charpentier du New Jersey devenu architecte, Minard Lafever, y contribue grandement. Manhattan compte de nombreux édifices de ce style, notamment deux édifices du Financial District, St Peter's Church (1838) en granit et le Federal Hall (1842) en marbre blanc.

À la fin des années 1830, la simplicité des styles georgien et fédéral s'efface au profit de structures plus ornementées d'inspiration gothique ou romane, notamment dans les édifices religieux. La Church of the Ascension (1841) de Greenwich Village en est un des premiers exemples, imposante structure de grès brun percée d'arcs en tiers-point et dotée d'une tour crénelée. Dans le même style, la Trinity Church (1846 ; p. 72) à Downtown est l'œuvre du même architecte (Richard Upjohn).

Lotte New York Palace Hotel

Dans les années 1860, ces lieux de culte prennent de l'ampleur. Parmi les plus impressionnants figurent St Patrick's Cathedral (1858-1879 ; p. 198), qui occupe tout un *block* à l'angle de 5th Ave et 51st St, et la Cathedral Church of St John the Divine (depuis 1911 ; p. 255), toujours inachevée, à Morningside Heights. L'une des constructions les plus emblématiques de la ville, le Brooklyn Bridge (1870-1883 ; p. 271), fut bâtie dans le style néogothique par John Roebling, son fils Washington, et la femme de ce dernier, Emily Roebling.

Les arcs en plein cintre du Romanesque Style (ou néoroman) se remarquent dans toute la ville, que ce soit au Joseph Papp Public Theater (1853-1881, ancienne Astor Library) de Greenwich Village ou à l'incroyable Temple Emanu-El (1929 ; p. 225) sur 5th Ave dans l'Upper East Side.

L'*AIA Guide to New York* (5e édition, en anglais ; 2010) est un guide exhaustif sur les bâtiments les plus remarquables de New York.

Le style Beaux-Arts

À l'orée du XXe siècle, New York entre dans son âge d'or. Des requins de la finance comme J.P. Morgan, Henry Clay Frick et John D. Rockefeller – enrichis par le pétrole et l'acier – se font construire des demeures somptueuses. Les bâtiments publics deviennent de plus en plus extravagants. Les architectes, pour beaucoup formés en France, diffusent avec des idéaux esthétiques européens. On commence à remplacer le grès brun par un éclatant calcaire blanc, on surélève les premiers étages pour offrir de spectaculaires halls d'entrée avec escalier, et on orne les bâtiments de clés de voûte sculptées et de colonnes corinthiennes.

L'ensemble des Villard Houses, réalisé en 1884 par McKim Mead & White (aujourd'hui le Lotte New York Palace Hotel ; ci-dessus), montre les débuts du mouvement. Vaguement inspiré du Palazzo della Cancelleria de Rome, il concentre la symétrie et l'élégance de

Woolworth Building (p. 76)

la Renaissance italienne. Parmi d'autres classiques, citons la branche centrale de la New York Public Library (1911 ; p. 196) conçue par Carrère et Hastings, l'extension de 1902 du Metropolitan Museum of Art (p. 220) par Richard Morris Hunt, et l'époustouflante gare Grand Central Terminal de Warren et Wetmore (1913 ; p. 189), surmontée d'une statue de Mercure, le dieu du Commerce.

Les gratte-ciel

Une fois New York bien installée dans le XXᵉ siècle, les ascenseurs et les structures en acier lui permettent de grandir, au sens propre. Cette période voit l'émergence d'une foule de gratte-ciel, à commencer par les 57 étages du Woolworth Building de Cass Gilbert (1913 ; p. 76), un immeuble néogothique qui demeura le plus haut du monde durant près de 20 ans.

D'autres ne tardent pas à suivre. En 1930, le Chrysler Building (p. 191), chef-d'œuvre Art déco de 77 étages conçu par William Van Alen, devient le plus haut bâtiment au monde. L'année suivante, le record est battu par l'Empire State Building (p. 185), un monolithe moderne aux lignes pures taillées dans du calcaire de l'Indiana et au somptueux intérieur Art déco. Sa flèche d'acier devait servir de mât d'amarrage pour dirigeables (*airships*) – une bonne publicité, certes, mais qui ne tarda pas à s'avérer irréalisable.

L'installation à New York d'architectes et d'autres intellectuels fuyant l'Europe jusqu'à la fin de la Seconde Guerre mondiale favorise un dialogue animé avec les architectes américains. À cette époque, l'urbaniste Robert Moses s'emploie à réaménager les immenses voies de New York, et l'obsession pour les lignes épurées et dépouillées du style international commence à gagner designers et artistes.

Effort combiné de tout un comité d'architectes, dont le Suisse (naturalisé Français) Le Corbusier, le Brésilien Oscar Niemeyer et l'Américain Wallace K. Harrison, le bâtiment des Nations unies (1948-1952 ; p. 195) donne à son Secrétariat le premier mur de verre de New York, lequel domine la courbe concave de l'Assemblée générale. Le plus célèbre exemple d'ouvrage de cette période est le musée Guggenheim (p. 219), de Frank Lloyd Wright : sa structure circulaire controversée fut terminée en 1959 (mais conçue plus d'une décennie plus tôt).

La relève assurée

À la fin du XXe siècle, de nombreux architectes commencent à s'insurger contre la nature dépouillée et brute du style moderniste, notamment Philip Johnson. Ce dernier opte pour un granit rose et un fronton néogeorgien incurvé lorsqu'il dessine le 550 Madison Ave (successivement nommé AT&T Building et Sony Tower). Bâti en 1984, l'édifice devient un emblème postmoderniste de Midtown.

Le dessin asymétrique de Daniel Libeskind pour la tour One World Trade Center (2013) ne devint, lui, jamais emblématique, car il fut remplacé par un monolithe de verre plus rectiligne, œuvre de compromis. Sur le même site, les dépassements de budget obligèrent Santiago Calatrava à remanier le lumineux design de la plateforme de correspondance du World Trade Center (2016). D'après ses détracteurs, ce qui était censé évoquer une colombe en vol ressemble aujourd'hui à un dinosaure ailé. La dernière controverse en date sur le site du WTC concerne la tour Two World Trade Center, dont le design original de sir Norman Foster , en forme de diamant, a été abandonné en faveur de celui du cabinet danois Bjarke Ingels Group (BIG). Selon James Murdoch, fils du magnat Rupert Murdoch, la proposition de Foster était trop classique pour le nouveau siège du groupe médiatique 21st Century Fox. Le projet de BIG revisite les codes avec son audace habituelle : un empilement ludique de boîtes géantes de tailles diverses s'élevant vers le ciel. Coup de théâtre, en 2020, l'équipe de Foster a repris les rênes du projet, dont la construction ne cesse d'être repoussée.

Non que sir Foster ne puisse pas concevoir de bâtiments avant-gardistes, la Hearst Tower (2006 ; p. 197) de l'architecte britannique – une tour de verre s'élançant en zigzags depuis un bâtiment en grès des années 1920 – reste une œuvre pionnière de Midtown. C'est l'un des nombreux ajouts audacieux du XXIe siècle au portefeuille architectural de la ville. On peut évoquer le Barclays Center (2012 ; p. 306), complexe omnisports futuriste situé à Brooklyn, le 41 Cooper Square (2009), plié et tailladé de Thom Mayne dans l'East Village, et la tour résidentielle onduleuse de 76 étages de Frank Gehry, baptisée New York by Gehry (2011), dans le Financial District.

Dans le beau, et grand, livre *New York : une histoire d'architecture* (La Martinière, 2014), le photographe Yann Arthus-Bertrand montre du ciel la ville la plus verticale du monde, tandis que John Tauranac, historien de l'architecture, livre de très riches informations historiques et anecdotiques sur ses plus beaux édifices.

Les starchitectes

L'IAC Building (2007) de Frank Gehry, construction bombée en verre blanc, volontiers comparée à une pièce montée, est l'une des œuvres de "starchitectes" qui se succèdent le long de la High Line. La plus inventive est le nouveau Whitney Museum (2015 ; p. 139), signé Renzo Piano : un édifice à l'asymétrie audacieuse habillé d'acier bleu-gris, salué pour son intégration avec le parc surélevé.

En 2017, le quartier a accueilli le complexe résidentiel de Zaha Hadid, au 520 West 28th St. Cette structure luxueuse de 11 étages a été le premier projet résidentiel new-yorkais de l'architecte anglo-irakienne. Ses courbes voluptueuses et futuristes sont complétées par une terrasse de 232 m^2 où est exposée une sculpture présentée par l'association

Friends of the High Line. Hélas, la lauréate du prix Pritzker ne le vit pas achevé : Zaha Hadid est décédée en 2016 à l'âge de 65 ans.

Le réaménagement du quartier d'Hudson Yards (voir l'encadré p. 199) donne une nouvelle vie aux berges du fleuve. Le dernier tronçon de la High Line, qui débouche dans 34th St, en fait le tour. Là, au cœur de ce nouvel ensemble où s'étend un immense espace public, trône le Vessel (2019 ; p. 200), un édifice de métal aux airs d'illusion d'optique. Conçu par Heatherwick Studio, cet ensemble de 2 500 marches forme un labyrinthe d'escaliers s'élevant vers le ciel ; les habitants le surnomment le "shawarma" (de loin, il rappelle étrangement une viande cuite à la broche...). Également inauguré en 2019, The Shed (p. 212), centre artistique abritant un théâtre de 500 places, est recouvert d'une coque rétractable. Il a été dessiné par Diller Scofidio + Renfro en collaboration avec Rockwell Group. Non loin, au 100e étage du 30 Hudson Yards, une terrasse d'observation accueille les visiteurs qui ne sont pas sujets au vertige ; à 335 m au-dessus du sol, The Edge (p. 199) est la plus haute terrasse d'Occident.

La ville arc-en-ciel

New York a fièrement fait son coming out. C'est là qu'ont eu lieu les émeutes de Stonewall, que s'est développé le mouvement moderne pour les droits des gays et qu'a été organisée la première Gay Pride. Mais la ville avait un penchant pour tout ce qui sortait de la norme bien avant l'époque du Gay Liberation Front, des sex saloons du Bowery à la poésie saphique du Village en passant par les *drag balls* de Harlem.

Avant Stonewall

Subversion dans les Villages

Dans les années 1890, le fruste Lower East Side était réputé pour ses établissements scandaleux fréquentés par les "invertis". De Paresis Hall à l'angle de 5th St et de Bowery, à Slide au 157 Bleecker St, ces salles offraient de tout, des revues travesties aux soirées dansantes en passant par des *backrooms* dédiées au libertinage. Pour les hommes homosexuels refoulés des classes moyennes, ces repaires représentaient le grand frisson. Pour les hétéros curieux de ces mêmes classes sociales, c'était tout aussi excitant – des destinations grivoises pour des visites voyeuristes et canailles.

À mesure que New York entrait dans le XXe siècle, écrivains et artistes arrivèrent à Greenwich Village, attirés par ses loyers modestes et ses rues romantiques et tortueuses. La zone devint réputée pour son absence de conformisme et sa libre-pensée, qui transforma le Village en Cité d'Émeraude pour les gays et les lesbiennes. On y faisait preuve de plus d'ouverture et, avec l'arrivée de la Prohibition, les bars clandestins y abondaient. Plusieurs établissements tenus par des gays bordaient MacDougal St, notamment le légendaire Eve's Hangout, au n°129, salon de thé tenu par l'immigrante juive polonaise Eva Kotchever (Eve Addams). La police y fit une descente en juin 1926 et Eva Kotchever fut condamnée pour "obscénité". En cause, son recueil de nouvelles intitulé *Lesbian Love* (*Amours lesbiennes*). Les autorités la renvoyèrent en Europe, où elle ouvrit une librairie à Paris avant de prendre part à la guerre civile espagnole. Arrêtée à Nice en 1943, elle fut internée et tuée à Auschwitz la même année.

DATES CLÉS

1927
En réaction à la visibilité grandissante des gays à Broadway, l'État de New York interdit de faire apparaître ou de mentionner des homosexuels sur scène.

1969
Le 28 juin, des policiers font une descente au bar Stonewall Inn, déclenchant une émeute de plusieurs jours et l'éclosion du mouvement moderne pour les droits des gays.

1987
Fondation d'Act Up en réaction à la lenteur du gouvernement face à la menace du sida. Le groupe d'activistes organise sa première grande manifestation le 24 mars à Wall Street.

2011
Le Marriage Equality Act de New York entre en vigueur à minuit le 24 juillet. Quelques secondes plus tard, un couple de lesbiennes fait échange de vœux aux chutes du Niagara.

2016
Le président Barack Obama déclare une partie de West Village monument historique, le premier en l'honneur des droits civiques LGBTQ+.

2019
Le 50e anniversaire des émeutes de Stonewall est marqué par la présence de cinq millions de personnes lors de la Gay Pride new-yorkaise.

Divas, drag balls et Harlem

Si Times Square avait aussi gagné la réputation d'attirer les homosexuels – dont beaucoup travaillaient dans les théâtres, restaurants et bars clandestins du quartier –, la scène gay la plus chaude des années 1920 s'étendait plus au nord, à Harlem. La scène musicale prospère du quartier comptait nombre d'artistes gays et lesbiennes, parmi lesquels Gladys Bentley, aussi célèbre pour ses smokings et ses petites amies que pour sa voix.

Les *drag balls* de Harlem, très appréciés des gays et des hétéros new-yorkais dans les années 1920, étaient encore plus réputés. Le plus grand était le Hamilton Lodge Ball, organisé chaque année dans le Rockland Palace, dans 155th St, par la Lodge n°710 du Grand United Order of Odd Fellows. Surnommé Faggot's Ball (le bal des tapettes), il offrait l'occasion aux homosexuels et lesbiennes de se travestir (légalement) et de danser avec quelqu'un du même sexe, et aux hétéros branchés de jouer les voyeurs. Le clou de la soirée était le concours de beauté qui voyait les travestis se disputer le titre de "reine du bal". Nombre de membres de la société littéraire new-yorkaise y participaient, au nombre desquels l'auteur gay Langston Hughes, qui le qualifia de "spectacles des couleurs". Tous, des prostituées aux familles de la haute société, y assistaient. Les journaux en parlaient et les robes scandaleuses qu'on y portait faisaient l'objet de toutes les conversations en ville.

Les classiques gays à l'écran

- *Les Garçons de la bande (1970)*
- *Torch Song Trilogy (1988)*
- *Paris Is Burning (1990)*
- *Jeffrey (1995)*
- *Angels in America (mini-série ; 2003)*
- *The Normal Heart (2014)*

La révolution de Stonewall

Hélas, la relative transgression du début du XXe siècle céda la place à un nouveau conservatisme au cours des décennies qui suivirent, tandis que la Grande Dépression, la Seconde Guerre mondiale et la guerre froide prélevaient leur tribut. Ce conservatisme fut promu par le sénateur Joseph "Joe" McCarthy, qui déclara que les homosexuels du département d'État menaçaient la sécurité et les enfants d'Amérique. Des politiques plus sévères visèrent à effacer la visibilité des gays dans la sphère publique, poussant la communauté dans la clandestinité dans les années 1940 et 1950. Les descentes dans des établissements gays, qui avaient toujours existé, se firent de plus en plus fréquentes.

Mais lorsque le 28 juin 1969, des policiers firent une descente dans le Stonewall Inn (un troquet *gay-friendly* de Greenwich Village), la clientèle fit l'impensable : elle se rebella. Lassée du harcèlement dont elle était victime et de la corruption des policiers soudoyés par les patrons de bars (en général des personnalités du crime organisé), elle se mit à bombarder les policiers avec des pièces, des bouteilles et des briques en scandant "gay power" et "nous vaincrons". Les forces de l'ordre eurent aussi affaire à un groupe de drag-queens et à leur chant aujourd'hui légendaire : *"We are the Stonewall girls, we wear our hair in curls, we wear no underwear, we show our pubic hair, we wear our dungarees, above our nelly knees..."* ("On est les filles de Stonewall, on boucle nos cheveux, on ne porte pas de culotte, on montre nos poils de c..., on porte nos salopettes au-dessus de nos genoux de tapettes.")

Cette colère collective et cette solidarité marquèrent un tournant et déclenchèrent des débats intenses et passionnés autour de la discrimination, catalyseur du mouvement actuel de défense des droits des gays, pas seulement à New York mais dans tous les États-Unis et dans d'autres pays, des Pays-Bas à l'Australie.

La toute première marche des fiertés homosexuelles organisée aux États-Unis se tint le jour du premier anniversaire de l'événement.

Un parc en souvenir des émeutes de Stonewall a été inauguré en 2016 par le président Barack Obama (p. 141).

Le premier rassemblement pour la défense des droits des gays en Amérique se tint à New York en 1964, organisé par l'Homosexual League de New York et la League for Sexual Freedom. Les manifestants rassemblés devant l'Army Induction Center dans Whitehall St réclamaient que l'armée modifie sa position vis-à-vis des militaires homosexuels.

L'ombre du sida

L'activisme des LGBTQ+ s'intensifia à mesure que le sida s'imposait à la une des journaux dans les années 1980. Confrontés à l'ignorance, à la peur et à l'indignation morale de ceux qui considéraient le sida comme le “cancer homo”, des activistes comme l'écrivain Larry Kramer décidèrent de s'attaquer à ce qui n'allait plus tarder à devenir une épidémie. De ses efforts naquit Act Up (Aids Coalition to Unleash Power) en 1987, groupe activiste visant à lutter contre l'homophobie et l'indifférence du président Ronald Reagan, et à faire baisser le tarif prohibitif des médicaments contre le sida. Le 14 septembre 1989, 7 activistes d'Act Up s'enchaînèrent ainsi au balcon VIP du New York Stock Exchange pour demander à la compagnie pharmaceutique Burroughs Wellcome de faire baisser le prix de l'AZT. De 10 000 $ annuels par patient, le coût du traitement tomba à 6 400 $.

L'épidémie eut un grand impact sur la communauté artistique de New York. Parmi ses victimes les plus connues figurent l'artiste Keith Haring, le photographe Robert Mapplethorpe et le créateur de mode Halston. S'ensuivit une vague de pièces et de comédies musicales liées au sida, acclamées à l'international, qui allaient entrer dans les canons culturels de l'Amérique. Parmi eux citons *Angels in America*, pièce épique politique de Tony Kushner, et la comédie musicale-rock de Jonathan Larson *Rent*. Les deux œuvres ont remporté des Tony Awards et le prix Pulitzer.

Lectures LGBTQ+

Un autre pays, James Baldwin (1962, Folio Gallimard 2019)

Last exit to Brooklyn, Hubert Selby (1964, Albin Michel 2013)

Le Danseur de Manhattan, Andrew Holleran (1978, 10/18 2005)

City Boy, Edmund White (2009, Plon 2010)

La Gentrification des esprits, Sarah Schulman (2012, Éditions B42, 2018)

Le mariage à l'aube du nouveau millénaire

Le combat des LGBTQ+ pour l'égalité totale a connu deux avancées majeures en 2011. Le 20 septembre, une loi fédérale interdisant aux militaires homosexuels de se dévoiler, la fameuse politique “Don't Ask, Don't Tell” (ne rien demander, ne rien dire), fut abolie après des années de lobbying intense. Trois mois plus tôt, la persévérance avait mené à une victoire encore plus grande, le droit au mariage. Le 15 juin, l'assemblée de l'État de New York vota le Marriage Equality Act. La loi fut entérinée par Andrew Cuomo, gouverneur de l'État de New York, le 24 juin, veille de la New York City Gay Pride. La victoire dans l'État s'est muée en victoire nationale le 26 juin 2015, lorsque la Cour suprême des États-Unis a jugé que le mariage entre personnes du même sexe était légal dans tout le pays, abrogeant les interdictions de mariage encore en vigueur dans 13 États.

La même année, les organisateurs du défilé de la Saint Patrick à New York ont levé leur interdiction de longue date des groupes LGBTQ+, autorisant le groupe Out@NBCUniversal – constitué de gays, lesbiennes, bisexuels et transgenres travaillant pour le groupe de médias NBCUniversal – à se joindre au défilé. Cette décision a sans nul doute satisfait le maire de New York, Bill de Blasio, qui avait publiquement boycotté la parade pour protester contre l'interdiction.

Malgré ces victoires, l'intolérance et les préjugés subsistent encore. En 2013, les New-Yorkais ont été choqués d'apprendre qu'un habitant de Brooklyn, Mark Carson, avait été tué par balle à Greenwich Village, l'un des quartiers de Manhattan pourtant connus pour la tolérance des résidents. Carson et un ami marchaient le long de 8th St aux premières heures du 18 mai lorsque, après une courte altercation avec un groupe d'individus leur lançant des insultes homophobes, l'homme de 32 ans a été abattu à bout portant.

Après 4 ans d'administration Trump, peu ouverte sur la question LGBTQ+, l'arrivé au pouvoir de Joe Biden, avec un discours dans la lignée de Barack Obama, a envoyé un message d'espoir à la communauté LGBTQ+.

En 2019, sous l'administration Trump, 50 ans après les événements de Stonewall, la Gay Pride a rassemblé 150 000 participants : deux fois plus que d'ordinaire, un record dans l'histoire du défilé.

New York à l'écran

C'est dans les rues de New York que Woody Allen balbutiant tombe sous le charme de Diane Keaton dans *Annie Hall*, que Meg Ryan feint l'orgasme dans *Quand Harry rencontre Sally* et que Sarah Jessica Parker philosophe sur les meilleurs lieux de rencontre ou ses stilettos fétiches dans *Sex and the City*. Si l'on aime les films et séries des États-Unis, la traversée de New York offre une véritable rétrospective de scènes, personnages et répliques mémorables.

Aux racines de Hollywood

Aussi incroyable que cela puisse paraître, l'industrie du cinéma américain est née sur la côte est. C'est ici que les studios Fox, Universal, Metro, Selznick et Goldwyn ont vu le jour à l'aube du XXe siècle. Bien avant la Californie et le Colorado, les plaines (alors) sauvages du New Jersey ont accueilli le tournage des westerns. Et lorsque, dans les années 1920, l'essentiel de l'industrie cinématographique a préféré le soleil californien de Hollywood, les claps de début et de fin, les "Lumière... moteur... ça tourne" ont continué à résonner dans Gotham.

Ensemble, les industries de la télévision et du cinéma dépensent plus de 8,7 milliards de dollars (et le chiffre est en constante hausse) par an en production, et emploient 130 000 personnes. Plus d'un tiers des actrices et acteurs professionnels américains vivent à New York.

L'héritage Kaufman Astoria

Toujours actifs aujourd'hui, les studios Kaufman Astoria fondés en 1920 par Jesse Lasky et Adolph Zukor firent du Queens le cœur de la production locale grâce à plusieurs grands succès du muet, comme *Le Cheik* (1921) et *Monsieur Beaucaire* (1924), avec Rudolph Valentino, ou encore *Tricheuse* (1924), avec Gloria Swanson. Rebaptisés Paramount Pictures en 1927, les studios se taillèrent une réputation en transformant des stars de Broadway en icônes du grand écran, parmi lesquelles les Marx Brothers, Fred Astaire ou Ginger Rogers, cette dernière débutant sous les traits d'une jeune délurée dans *Young Man of Manhattan* (1930).

Malgré le départ des longs-métrages pour Hollywood en 1932, le complexe rebaptisé Eastern Services Studio conserva le département Actualités de la Paramount. Les années 1930 furent prospères pour ces films "courts" qui servirent de tremplin aux jeunes talents maison comme George Burns, Bob Hope ou Danny Kaye. Après une parenthèse consacrée à la réalisation de films de propagande pour l'armée, entre la Première Guerre mondiale et 1970, les studios furent rebaptisés en 1983 Kaufman Astoria Studios par George S. Kaufman. Modernisés et agrandis, ils continuèrent de produire des films comme *Que le spectacle commence* (1979) ou *Et l'homme créa la femme* (2004). C'est ici aussi que la famille Huxtable partagea le quotidien de sa vie à Brooklyn dans *le Cosby Show* (série culte des années 1980), que *Nurse Jackie* (de 2009 à 2015) jongla entre son travail et ses addictions, que les détenues incarcérées à Litchfield combattirent leurs démons dans *Orange is the New Black* (de 2013 à 2019) et que *Sesame Street* y est toujours enregistrée depuis... 1969.

Les autres studios

En plein cœur du secteur historique de Brooklyn Navy Yard, les studios Steiner, avec plus de 8 ha, forment le plus grand complexe de studios. C'est là qu'ont notamment été tournés *Les Producteurs* (2005), *Les Noces rebelles* (2008), *Sex and the City* 1 et 2 (2008, 2010), et *Le Loup de Wall Street* (2013), ainsi que de nombreux programmes télévisés, dont *Boardwalk Empire,* la brillante série dramatique signée Martin Scorsese sur fond de Prohibition, et la série de HBO *Vinyl*, créée par Scorsese, Mick Jagger et Terence Winter, une incursion dans l'industrie du rock.

Le Queens abrite aussi une autre major, les studios Silvercup, à l'origine de classiques new-yorkais comme *Le Parrain III* (1990) de Francis Ford Coppola, ou *Broadway Danny Rose* (1984) et *La Rose pourpre du Caire* (1985), réalisés par Woody Allen. Côté petit écran, Silvercup a produit la très mafieuse série *Les Soprano* et la très populaire *30 Rock*, avec Tina Fey dans le rôle d'une scénariste du Rockefeller Center.

Le Rockefeller Center est d'ailleurs le siège de la chaîne NBC – *30 Rock* s'inspire du *Saturday Night Live*, son émission de variétés historique. Parmi les autres groupes présents à Manhattan, on citera les chaînes Food Network et Oxygen Network, logées à Chelsea Market, ainsi que Tribeca Productions (société de production de Robert De Niro), installée au Tribeca Film Center.

Il n'y a pas que des studios et des sociétés médiatiques à New York ; il y a aussi plusieurs écoles de cinéma parmi les meilleures – la New York University's Tisch Film School, la New York Film Academy, la School of Visual Arts, Columbia University et la New School. Mais vous pouvez approfondir vos connaissances même sans y étudier : le Museum of the Moving Image (p. 317) à Astoria, dans le Queens, et le Paley Center for Media (p. 198), dans Midtown, à Manhattan, offrent des programmes complets de projections et de séminaires sur les œuvres passées et actuelles.

Plus de 70 productions TV sont filmées à New York, des séries à succès comme *New York, unité spéciale* et *The Good Fight*, et des comédies originales comme *The Marvelous Mrs Maisel*, aux indémodables shows télévisés comme *The Tonight Show Starring Jimmy Fallon* et *Saturday Night Live*.

Sites iconiques à l'écran

Meurtre et mélodrame à Manhattan

Nombre de personnes qui découvrent New York ont un étrange sentiment de déjà-vu. Et pour cause… La ville a passé plus de temps à l'écran que toutes les stars hollywoodiennes réunies. Ses lieux emblématiques jalonnent tout autant la culture cinématographique américaine. À Brooklyn, les *brownstones* de Fort Greene servirent de cadre à Spike Lee pour sa comédie cosmopolite *Nola Darling n'en fait qu'à sa tête* (1986) ; le ferry de Staten Island (p. 86) conduit la malheureuse Melanie Griffith de la banlieue jusqu'à Wall Street dans *Working Girl* (1988) ; ou bien Battery Park (p. 76), où Madonna charme Aidan Quinn et Rosanna Arquette dans *Recherche Susan désespérément* (1985) ; ou encore le New York County Courthouse, où les méchants reçoivent leur juste pénitence dans *Wall Street* (1987) et *Les Affranchis* (1990), ainsi que dans les séries TV *Cagney et Lacey*, *New York Police Blues* et *La Loi et l'Ordre*. Ce dernier, qui dépeint New York et ses personnages, a sa propre rue, Law & Order Way, qui mène au Pier 62 à hauteur de Chelsea Piers. Plus récemment, les séries Marvel *Jessica Jones* et *Luke Cage* jouent sur l'ambiance singulière et un rien sombre de leurs lieux de tournage (respectivement Brooklyn et Harlem).

Peu d'édifices emblématiques ont autant joué les vedettes que l'Empire State Building, immortalisé par la fameuse ascension de sa flèche dans *King Kong* (1933, 2005), et les innombrables scènes romantiques tournées sur ses terrasses d'observation. Clin d'œil

NEW YORK AU CINÉMA

Il faudrait plusieurs ouvrages pour recenser tous les films liés à la Grosse Pomme. Notre sélection :

Taxi Driver (Martin Scorsese, 1976), avec Robert De Niro, Cybill Shepherd et Jodie Foster. De Niro, vétéran déséquilibré de la guerre du Vietnam, est en proie à des pulsions de violence, exacerbées par les tensions urbaines. Un classique brillant, amusant et déprimant, où New York apparaît beaucoup moins pimpante qu'aujourd'hui.

Recherche Susan désespérément (Susan Seidelman, 1985), avec Madonna, Rosanna Arquette et Aidan Quinn. Une histoire de fausse identité précipite une femme au foyer dans une aventure sauvage à travers le merveilleux monde de la sous-culture de Manhattan. Le film fait revivre l'East Village du milieu des années 1980 et la discothèque Danceteria, disparue depuis longtemps.

Summer of Sam (Spike Lee, 1999), avec John Leguizamo, Mira Sorvino et Jennifer Esposito. Fondée sur des faits historiques et située pendant l'été 1977, cette histoire sordide mêle les meurtres du fils de Sam, la grande panne d'électricité, les tensions raciales et les mésaventures d'un couple de Brooklyn amateur de disco, avec des scènes tournées au CBGB et au Studio 54.

Angels in America (Mike Nichols, 2003), avec Al Pacino, Meryl Streep et Jeffrey Wright. Cette magnifique version, commandée par la chaîne câblée HBO, d'une pièce de Tony Kushner montée à Broadway, nous replonge dans le Manhattan de 1985 : relations tendues, ravages du sida, et un Roy Cohn, conseiller du président Ronald Reagan, qui cache son homosexualité et tombe lui-même malade. On suit les personnages de Brooklyn à Lower Manhattan et à Central Park.

Party Monster (Fenton Bailey, 2003), avec Seth Green et Macaulay Culkin, qui y joue le *club kid* meurtrier Michael Alig. Le film, dérangeant, plonge dans l'univers des boîtes de nuit de la fin des années 1980, dominé par la drogue.

Precious (Lee Daniels, 2009), avec Gabourey Sidibe et Mo'Nique, d'après le roman *Push* (traduction française de 2010) de l'écrivaine Sapphire, raconte l'histoire d'une jeune fille que ni la vie ni ses parents n'ont épargnée. Les rues désolées de Harlem ont servi de cadre à des jeux d'acteurs époustouflants.

Birdman (Alejandro G. Iñárritu, 2014), une comédie dramatique grinçante primée aux Oscars, avec Michael Keaton dans le rôle principal et Zach Galifianakis, Edward Norton, Andrea Riseborough, Amy Ryan, Emma Stone et Naomi Watts. *Birdman* relate les difficultés d'un acteur hollywoodien *has been* tentant de monter une pièce à Broadway.

SOS Fantômes (Paul Feig, 2016), remake de l'original de 1984, dans lequel quatre chasseuses de fantômes (Melissa McCarthy, Kristen Wiig, Kate McKinnon et Leslie Jones) mettent New York en scène lors de leurs rencontres avec des créatures macabres. S'il reçut des critiques mitigées, le film était novateur car ses rôles principaux étaient tous féminins.

The Greatest Showman (Michael Gracey, 2017), comédie musicale avec Hugh Jackman, Michelle Williams et Zac Efron. Inspiré de la vie – très édulcorée – de Phineas Taylor Barnum, premier à mettre sur pied un cirque et un *freak show* (exhibition de "monstres") dans le Manhattan du XIXe siècle. Le film aborde les tensions de la société new-yorkaise et l'opposition des classes par le biais d'un protagoniste de basse extraction luttant pour se faire reconnaître et accepter en tant qu'artiste.

à *Elle et lui* (1957), film dans lequel Cary Grant et Deborah Kerr se promettent de se retrouver au sommet du gratte-ciel pour y sceller leur amour. L'une des plus célèbres de ces séquences, celle de *Nuits blanches à Seattle* (1993) entre Meg Ryan et Tom Hanks, a été tournée en studio, mais le hall d'entrée est l'authentique.

SUR LES TRACES DE VOS FILMS PRÉFÉRÉS

Les visites guidées comme "On Location Tours" (p. 404) sont une bonne façon de découvrir certains lieux de tournage de vos films et séries favoris, dont *Le diable s'habille en Prada*, *Spider-Man*, *How I Met Your Mother*, *Gossip Girl* et d'autres encore. Il est également possible de le faire par soi-même, après une visite sur On the Set of New York (www.onthesetofnewyork.com) : merveilleusement exhaustif, ce site propose des plans couvrant la plus grande partie de Manhattan, à télécharger gratuitement.

Sarah Jessica Parker a moins de chance dans *Sex and the City* (2008), où Mr Big la plante dans sa robe de mariée Vivienne Westwood à la New York Public Library. Le fiancé avait-il vu *SOS Fantômes* (1984), dont les premières scènes se passent dans les couloirs hantés de la grande bibliothèque, avec ses emblématiques lions en marbre et sa Rose Main Reading Room ? Le hall de la même institution passe habilement pour le Metropolitan Museum of Art dans le remake *L'Affaire Thomas Crown* (1999), dans lequel le play-boy cambrioleur Pierce Brosnan trouve un adversaire à sa hauteur en la personne de la détective Rene Russo. Dans le Bryant Park voisin, Diane Keaton, jouant les détectives dans *Meurtre mystérieux à Manhattan* (1993), tente de convaincre son mari, interprété par Woody Allen, que leur voisin est un assassin sanguinaire. Fidèle à lui-même, Allen utilise son film pour mettre en valeur quelques-uns de ses repaires new-yorkais favoris, dont le National Arts Club de Gramercy Park ou encore le restaurant Elaine's, situé au 1703 2nd Ave, dans l'Upper East Side. L'établissement apparaît dans d'autres films du réalisateur new-yorkais, comme *Manhattan* (1979) et *Celebrity* (1998).

Face à Central Park – omniprésent au cinéma, comme par exemple dans la scène du lac de *Nos plus belles années* (1973), où Barbra Streisand et Robert Redford parviennent à nous tirer des larmes – se trouve le Dakota Building, où fut tourné le thriller *Rosemary's Baby* (1968) et où vécut Judy Garland. Dans l'Upper West Side, la façade du Tom's Restaurant (Broadway, à la hauteur de 112th St) est un autre paysage familier, qui apparaît régulièrement dans les épisodes de *Seinfeld*. À proximité, on notera encore l'élégant Lincoln Center, qui voit Natalie Portman perdre peu à peu la raison dans le thriller psychologique *Black Swan* (2010), et les Brooklynites Cher et Nicolas Cage se donner rendez-vous dans *Éclair de lune* (1987). Le fameux centre des arts se dresse aujourd'hui en lieu et place d'un quartier délabré, capturé à l'écran dans *West Side Story* (1961), la comédie musicale aux dix Oscars.

En décembre 2021, Steven Spielberg sort un remake de la comédie musicale culte de 1961.

Un film primé aux Oscars, *Birdman* (2014), braque les projecteurs sur le scintillant quartier des théâtres de Midtown. Michael Keaton incarne un acteur torturé essayant de monter une pièce à Broadway au St James Theatre, sur W 44th St. Enfermé à l'extérieur du bâtiment, Keaton, humilié, se retrouve à Times Square en sous-vêtements. Quelques *blocks* plus loin en direction de l'est, il se dispute avec une journaliste (jouée par Lindsay Duncan) à propos de sa pièce dans un bar historique, Rum House. Le *Joker* (2019) évolue dans un monde bien plus cruel, entre Manhattan, Harlem et Brooklyn. Ici, le métro bardé de graffitis devient une évocation de cette impitoyable cité poussant lentement, mais sûrement, le protagoniste marginal à la violence.

La rue appartient aux danseurs

Dans la comédie musicale *Fame* (1980), qui voit des étudiants de la New York High School of Performing Arts danser dans les rues de Midtown, les couteaux font place aux justaucorps. Le conseil d'éducation de la ville, qui ne voyait pas les graffitis d'un très bon œil, avait interdit le tournage dans la véritable High School of Performing Arts, située alors au 120 W 46th St. La production dut utiliser l'entrée d'une église désaffectée, de l'autre côté de la rue, pour figurer le hall de l'école, et Haaren Hall (à l'angle de 10th Ave et 59th St) pour les scènes d'intérieur.

Fame n'est pas la seule comédie musicale à avoir transformé Gotham en piste de danse. Dans *Un jour à New York* (1949), Frank Sinatra, Gene Kelly et Jules Munshin, trois marins à peine débarqués, traversent cette "ville formidable" en dansant et chantant, du pied de la statue de la Liberté à la Rockefeller Plaza, en passant par le Brooklyn Bridge. Le pont apparaît également sous les pas de Diana Ross et Michael Jackson dans *The Wiz* (1978), une version kitsch du *Magicien d'Oz*, de même que le Flushing Meadows Corona Park et le World Trade Center. Mais rien ne vaut la scène finale du *Roi pêcheur* de Terry Gilliam (1991), dans laquelle le Main Concourse de Grand Central Terminal se transforme en piste de valse géante prise d'assaut par les usagers.

New York pratique

Transports

ARRIVER À NEW YORK

Avec ses trois aéroports, ses deux gares principales et son gigantesque terminal de bus, New York déroule le tapis rouge aux millions de visiteurs qui s'y rendent chaque année.

Des vols directs sont disponibles au départ de la plupart des grandes villes internationales. Comptez 8 heures de Paris ou 1 heure 30 depuis Montréal. Pour ceux d'entre vous se trouvant déjà aux États-Unis, envisagez de rallier New York en train, plutôt qu'en voiture ou en avion, afin de profiter d'une palette de paysages bucoliques et urbains ; du même coup, vous éviterez les embouteillages et les contrôles de sécurité sans augmenter les émissions de CO_2 !

AVERTISSEMENT

Les informations contenues dans ce chapitre sont particulièrement susceptibles de changements. Vérifiez directement auprès de la compagnie aérienne ou de l'agence de voyages les modalités d'utilisation de votre billet d'avion. N'hésitez pas à comparer les prestations. Les détails fournis ici doivent être considérés à titre indicatif et ne remplacent en rien une recherche personnelle attentive.

Voie aérienne

La haute saison s'étend de mi-juin à mi-septembre, une semaine avant et après Noël. Février et mars et tout le mois d'octobre jusqu'à Thanksgiving (4e jeudi de novembre) sont des périodes intermédiaires, pendant lesquelles les prix baissent. Il est parfois plus économique de choisir un package "avion + hôtel".

Plaque tournante internationale, New York est desservie par la plupart des compagnies aériennes.

Les autorités nord-américaines ont demandé aux transporteurs aériens un renforcement des mesures de sécurité à l'embarquement des vols vers les États-Unis. Les voyageurs sont invités à arriver tôt à l'aéroport et à s'assurer que leurs appareils électroniques (téléphones portables, tablettes, ordinateurs, etc.), transportés en cabine, soient présentés chargés et en état de fonctionnement lors des contrôles. En cas de contrôle, si votre appareil est déchargé ou défectueux, l'embarquement pourrait vous être refusé.

Le transport de produits sous forme de poudre, en quantité supérieure à 350 ml, est interdit en cabine (exceptions : les poudres à usage médical sur prescription, la nourriture pour bébé, les cendres funéraires, ainsi que les poudres achetées hors taxes, placées dans un sac scellé). L'entrée avec des produits non stérilisés (tels que fromages ou charcuterie) ou des plantes vertes est rigoureusement interdite.

Pour des renseignements sur les mesures sanitaires liées au Covid-19, reportez-vous p. 407.

Depuis/vers la France

Au départ de Paris, comptez en moyenne 8 heures de vol à l'aller et 7 heures au retour. Les tarifs varient beaucoup selon la période de l'année et le transporteur, de 450 € sur une compagnie low cost ou en basse saison (comptez plutôt autour de 600 € avec des compagnies comme Air France, American Airlines ou United) à 850 €, voire plus, en haute saison.

Réservez tôt, et privilégiez les vols en semaine et hors saison (de l'automne au printemps, hors vacances scolaires).

Les compagnies ci-dessous assurent des vols réguliers, fréquents et directs vers New York, à des prix d'autant plus intéressants que vous anticipez l'achat de votre billet :

VOYAGES ET CHANGEMENTS CLIMATIQUES

Tous les moyens de transport fonctionnant à l'énergie fossile génèrent du CO_2 – la principale cause du changement climatique induit par l'homme. L'industrie du voyage est aujourd'hui dépendante des avions. Si ceux-ci ne consomment pas nécessairement plus de carburant par kilomètre et par personne que la plupart des voitures, ils parcourent en revanche des distances bien plus grandes et relâchent quantité de particules et de gaz à effet de serre dans les couches supérieures de l'atmosphère. De nombreux sites Internet utilisent des "compteurs de carbone" permettant aux voyageurs de compenser le niveau des gaz à effet de serre dont ils sont responsables par une contribution financière à des projets respectueux de l'environnement. Lonely Planet "compense" les émissions de tout son personnel et de ses auteurs.

Air France (☎36 54 ; www.airfrance.fr)

American Airlines (☎0821-980-999 ; www.americanairlines.fr)

United (☎01 71-23 03 35 ; www.united.com)

Les compagnies ci-dessous proposent des vols Paris-New York en low cost. Les bagages en soute sont facturés en sus, et parfois même, les repas :

Air France (☎36 54 ; www.airfrance.fr). La compagnie propose des prix "light" (sans bagage en soute) autour de 360 € pour un vol aller-retour direct Paris CDG-JFK.

British Airways (☎0825 825 400 ; www.britishairways.com). La compagnie britannique propose des vols directs à partir de 370 € sur le même système de billet "light".

Luftansa ((☎01 70 48 91 70 ; www.lufthansa.com). La compagnie allemande s'aligne sensiblement sur les mêmes prix en vols directs.

Level (☎01 86 26 93 00 ; www.flylevel.com). La compagnie low cost du groupe British Airways propose des vols aller-retour avec escale à Barcelone à partir de 330 €.

Iceland Air (☎09 70 73 80 01 ; www.norwegian.com/fr). Propose des vols avec une courte escale à Reykjavik à partir de 350 € aller-retour.

En 2021, la compagnie low cost française **FrenchBee** (☎0825 205 205 ; www.frenchbee.com/fr) a ouvert une ligne Paris-NYC avec des vols directs aller-retour à prix cassés (à partir de 250 € hors options bagages, repas et remboursement), au départ de Paris Orly, Lyon et Marseille, et arrivée à l'aéroport de Newark.

Enfin, une compagnie française, **La Compagnie** (☎0892 230 240 ; www.lacompagnie.com/fr), s'est lancée en 2014 sur le secteur des vols Paris-New York en classe affaires à moindre coût.

Depuis/vers la Belgique

Au départ de Bruxelles, comptez en moyenne 8 heures 30 de vol à l'aller et 7 heures 40 au retour. Les tarifs sont peu ou prou identiques à ceux pratiqués en France.

Outre la compagnie nationale **Brussels Airlines** (☎02 723 23 62 ; www.brusselsairlines.com), vous pouvez contacter les compagnies américaines citées ci-dessus ou vous adresser aux agences **Connections** (☎02 550 01 00 ; www.connections.be).

Depuis/vers la Suisse

Deux compagnies assurent deux vols quotidiens directs (comptez 8 heures 45 de trajet) entre Genève et NYC : **Swiss** (☎0848 700 700 ; www.swiss.com) et **United** (☎022 417 72 80 ; www.united.com). Les autres compagnies proposent des vols avec escale. Selon la saison, vous pourrez trouver des billets aller simple au départ de Genève pour environ 500 FS.

Depuis/vers le Canada

Pour parcourir les 523 km qui séparent Montréal de New York, comptez en moyenne 1 heure 30 de vol. Les tarifs commencent à 250 $C l'aller-retour pour un vol direct.

Air Canada (☎1-888-247-2262 ; www.aircanada.com)

American Airlines (☎800-433-7300, 800-756-8613 ; www.aa.com)

Delta Airlines (☎0800-221-1212 ; www.delta.com)

United (☎1-800-864-8331 www.united.com)

John F. Kennedy International Airport

Le **John F Kennedy International Airport** (JFK ; ☎718-244-4444 ; www.jfkairport.com ; Ⓢ A direction Howard Beach, E, J/Z direction Sutphin Blvd-Archer Ave puis AirTrain) est situé à 24 km de Midtown, dans le sud-est du Queens. Ses six terminaux accueillent près de 59 millions de passagers chaque année, en provenance du monde entier. L'AirTrain (gratuit dans l'aéroport) permet

AGENCES EN LIGNE

Vous pouvez réserver votre vol via une agence en ligne ou vous renseigner auprès d'un comparateur de vols :

- www.bourse-des-vols.com
- www.ebookers.fr
- www.expedia.fr
- www.govoyages.com
- www.illicotravel.com
- www.kayak.fr
- www.opodo.fr
- www.oui.sncf
- www.partirou.com
- www.skyscanner.fr
- voyages.kelkoo.fr

d'aller d'un terminal à l'autre.

En 2020, un grand projet de rénovation de l'aéroport a été lancé pour un montant de 13 milliards de dollars. Les travaux devraient se terminer d'ici 2025.

BUS EXPRESS

Le **NYC Express Bus** (anciennement NYC Airporter bus ; www.nycairporter.com) qui reliait le Grand Central Terminal ou le Port Authority Bus Terminal à JFK n'est plus en service. Il faut désormais prendre le métro ou le LIRR, avec une correspondance avec l'AirTrain.

LONG ISLAND RAIL ROAD (LIRR)

Voici le moyen le plus facile de rejoindre la ville. De l'aéroport, prenez l'AirTrain (7,75 $) et descendez à Jamaica Station. De là, les trains LIRR desservent fréquemment Penn Station, à Manhattan, ou Atlantic Terminal, à Brooklyn (près de Fort Greene, Boerum Hill et le Barclay Center). Le trajet prend environ 20 min. Le billet aller pour Penn Station ou Atlantic Terminal coûte entre 12,25 $ et 18,50 $ selon l'heure et le jour de la semaine (AirTrain inclus).

MÉTRO

Le métro est le moyen le moins coûteux, mais aussi le plus lent (un peu plus d'une heure de trajet), de gagner Manhattan. De l'aéroport, prenez l'AirTrain (7,75 $, à régler à la sortie) et descendez à Sutphin Blvd-Archer Ave (Jamaica Station), où vous trouverez les lignes E, J et Z (ainsi que le LIRR). Pour rallier la ligne A, prenez l'AirTrain jusqu'à la station Howard Beach. La ligne E à destination de Midtown est celle qui compte le moins d'arrêts. Le trajet coûte 10,50 $ (métro+AirTrain).

MINIBUS ET NAVETTE PARTAGÉE (SHUTTLE)

Les minibus collectifs, comme ceux de **AirLink New York** (☎212-812-9000 ; www.goairlinkshuttle.com) et **ETS Air Shuttle** (☎718-221-5341 ; www.etsairportshuttle.com), les compagnies officielles de l'aéroport, coûtent autour de 40-50 $/pers pour une course partagée, en fonction de la destination. C'est une bonne option pour les voyageurs seuls ou à petit budget, bien qu'il faille parfois attendre 30 à 45 minutes pour partir de l'aéroport après avoir récupéré ses bagages et réservé sa place. Entre l'aéroport et New York, Essayez également **Super Shuttle Manhattan** (☎212-209-7000 ; www.supershuttle.com).

TAXI ET VTC

Le trajet en taxi jaune entre Manhattan et l'aéroport peut prendre de 45 min à 1 heure ; le prix de la course dépend de la circulation (il avoisine souvent 60 $).

Depuis l'aéroport JFK, les taxis appliquent un prix fixe de 52 $ pour Manhattan, quelle que soit la destination – prix forfaitaire hors taxe d'aéroport (2,50 $), péage (9,50 $), pourboires (7-10 $) et supplément en heure de pointe (4,50 $). Entre JKF et Brooklyn, le prix de la course devrait s'échelonner de 44-57 $ (Coney Island) à 52-55 $ (Downtown Brooklyn). À noter que les ponts de Williamsburg, Manhattan, Brooklyn et Queensboro-59th St sont gratuits, alors qu'il vous en coûtera 9,50 $ de péage pour rallier Manhattan via le Queens-Midtown Tunnel ou le Hugh L. Carey Tunnel (ou Brooklyn-Battery Tunnel).

Avec des applications comme Lyft ou Uber, les tarifs sont souvent bien moins élevés, mais ils varient selon l'heure de la journée.

LaGuardia Airport

Dévolu aux vols intérieurs, **LaGuardia** (LGA ; ☎718-533-3400 ; www.laguardiaairport.com ; 🚌M60, Q70) est à seulement 13 km du centre de Manhattan.

Décrié par les politiques comme par les voyageurs ordinaires, l'aéroport doit bénéficier d'une rénovation à hauteur de 8 milliards de dollars. En 2022, on devrait y trouver des terminaux neufs et une meilleure offre des transports.

MÉTRO ET BUS

LaGuardia est l'aéroport le moins accessible par les transports en commun. En métro, la meilleure option est la station 74th St-Broadway (ligne 7, ou lignes E, F, M et R en changeant à Jackson Heights-Roosevelt Ave), dans le Queens. De là, prenez la ligne de bus Q70 Express Bus jusqu'à l'aéroport (environ 10 min). Vous pouvez aussi prendre le bus M60 depuis plusieurs stations de métro du nord de Manhattan et de Harlem ou à la station Astoria Blvd (à l'angle deHoyt Ave et 31st St) sur les lignes de métro N et W.

NAVETTE
Divers services de voitures et navettes desservant LaGuardia à partir de 40 $; ils sont répertoriés sur le site Web de l'aéroport.

TAXI ET VTC
Un taxi depuis/vers Manhattan coûte environ 34-44 $ pour une course de 30 min (il n'y a pas de prix fixe, c'est le compteur qui tourne), 28-36 $ depuis/vers Brooklyn. Le compteur devrait démarrer à 3 $. Les tarifs pratiqués par Lyft ou Uber sont très variables.

Newark Liberty International Airport

Quand vous chercherez un vol pour New York, n'oubliez pas le New Jersey. Situé à 26 km de Midtown – soit la même distance que JFK –, **Newark** (EWR ; ☎973-961-6000 ; www.newarkairport.com) attire beaucoup de New-Yorkais (46 millions de passagers y ont transité en 2018) et accueille de nombreux vols de la compagnie United. La rénovation du Terminal A (pour 2,7 milliards de dollars) devrait être achevée fin 2022.

BUS EXPRESS
Le **Newark Airport Express Bus** (www.newarkairportexpress.com) assure un service de bus jusqu'au Port Authority Bus Terminal, Bryant Park et Grand Central Terminal à Midtown (aller simple 18 $). Le trajet dure 1 heure 10 ; départ toutes les 20-30 min de 5h30 à 22h50.

MÉTRO/TRAIN
NJ Transit (www.njtransit.com) assure des liaisons par train (avec une connexion par AirTrain ; 7,75 $) entre Newark (EWR) et New York (Penn Station) pour 13 $ l'aller (9 $ pour les enfants). Le trajet dure 25 min, avec des départs toutes les 20 ou 30 min entre 4h50 et 2h20. Conservez précieusement votre billet, que vous devrez présenter en descendant à l'aéroport.

NAVETTE
Un service de navettes coûte environ 50-70 $ depuis Midtown (45 min de trajet) ; un taxi coûte à peu près autant. Pour entrer dans New York par le Lincoln Tunnel (à la hauteur de 42nd St), le Holland Tunnel (à la hauteur de Canal St) ou par le George Washington Bridge plus au nord, comptez la jolie somme de 13,75 $ (16 $ sans E-ZPass) ; le retour vers le New Jersey est gratuit. Vous pouvez éviter les (modiques) péages des autoroutes du New Jersey en demandant à votre chauffeur de prendre les Hwy 1 ou 9.

Bus longue distance

Port Authority Bus Terminal

Pour les trajets en bus longue distance vers le Canada ou d'autres destinations aux États-Unis, vous passerez par le **Port Authority Bus Terminal** (plan p. 460 ; ☎212-502-2200, info bus 212-564-8484 ; www.panynj.gov/bus-terminals ; 625 Eighth Ave, entre W 41st St et W 42nd St, Midtown ; ⏲24h/24 ; Ⓢ A/C/E arrêt 42nd St-Port Authority Bus Terminal), la gare routière la plus fréquentée au monde. Elle voit transiter 66 millions de passagers chaque année. Il est toujours question de remplacer cette gare vieillissante et proche de l'insalubrité. Parmi les compagnies de bus assurant des départs, citons :

Greyhound (www.greyhound.com). Relie New York à de grandes villes du pays. Connexion Wi-Fi gratuite et prises électriques à bord.

Peter Pan Trailways (www.peterpanbus.com). Service rapide quotidien pour Boston, Washington et Philadelphie.

Short Line Bus (www.shortlinebus.com). Dessert le nord du New Jersey, l'État de New York et la Pennsylvanie, notamment des villes universitaires comme Ithaca ; fait partie du groupe Coach USA.

EN TRAIN, EN BUS OU EN VOITURE DEPUIS LE CANADA

Depuis le Canada, vous pouvez envisager un voyage en train jusqu'à New York. Il sera long (10 heures 30), mais confortable et vous permettra de découvrir de magnifiques paysages (à partir de 69 $ l'aller simple). Renseignez-vous auprès de l'**Amtrak** (www.amtrak.com).

Le bus est une option parfois plus chère (à partir de 75 $ l'aller ; 7-10 heures) et plus fatigante. Consultez le site Internet de la compagnie **Greyhound** (www.greyhound.ca).

Enfin, en voiture, il faut prendre la route 15 Sud depuis le Québec, puis, après la douane, suivre la New York State Thruway (route 87), payante. Le George Washington Bridge donne accès directement à Manhattan. Ce trajet dure environ 6 heures 30.

Trailways (www.trailwaysny.com). Bus vers le reste de l'État de New York, dont Albany, Ithaca et Syracuse, vers les monts Adirondacks et vers Montréal, au Canada.

Lignes de bus à bas coût

Un grand nombre de lignes de bus pour voyageurs à petit budget, à destination de villes américaines ou canadiennes, partent de l'ouest de Midtown :

BoltBus (plan p. 460 ; ☎877-265-8287 ; www.boltbus.com ; W 36th St, entre Seventh Ave et Eighth Ave, Midtown ; 📶). Services reliant New York aux villes de Philadelphie, Boston, Baltimore et Washington. Les billets sont moins chers si pris à l'avance. À noter qu'il y a le Wi-Fi gratuit – et qu'il fonctionne parfois.

Megabus (plan p. 460 ; ☎877-462-6342 ; us.megabus.com ; 34th St, entre 11th Ave et 12th Ave, Midtown ; 📶 ; Ⓢ7 arrêt 34th St-Hudson Yards). Relie New York aux villes de Boston, Washington et Toronto, entre autres. Wi-Fi gratuit (fonctionne parfois). Les départs se font dans 34th St entre 11th Ave et 12th Ave ; les arrivées à l'angle de 27th St et 7th Ave.

Vamoose (plan p. 460 ; ☎212-695-6766 ; www.vamoosebus.com ; à l'angle de 7th Ave et W 30th St, Midtown ; à partir de 20 $; Ⓢ1 arrêt 28th St, A/C/E, 1/2/3 arrêt 34th St-Penn Station). Ces cars rejoignent Arlington, en Virginie, et Bethesda, dans le Maryland, toutes les deux non loin de Washington (à partir de 20 $ l'aller). Ils partent de l'angle nord-ouest de 7th Ave et de W 30th St. Il y a une consigne à bagages à l'arrêt de New York (10h-19h ; 5 $/bagage).

Train

Penn Station (W 33rd St, entre 7th Ave et 8th Ave ; Midtown ; Ⓢ1/2/3, A/C/E arrêt 34th St-Penn Station), à ne pas confondre avec la Penne Station de Newark (dans le New Jersey), est le point de départ de tous les trains Amtrak (www.amtrak.com), dont l'Acela Express à destination de Boston (4 heures) et de Washington (3 heures). Les tarifs varient en fonction du jour de la semaine et de l'horaire. Penn Station ne comporte pas de consigne. La gare, souvent critiquée, est un dédale souterrain de tunnels et boutiques. Elle est aussi desservie par des lignes de métro et de trains des réseaux NJ Transit et Long Island Railroad.

En face de la gare, le **Moynihan Train Hall** (plan p. 460 ; 421 8th Ave ; moynihantrainhall.nyc), un nouveau hall flambant neuf a ouvert ses portes en 2021. Il accueille les trains Amtrak à destination de Boston et Washington notamment.

Long Island Rail Road (www.mta.info/lirr). Chaque année, plus de 90 millions de voyageurs empruntent les trains du LIRR entre Penn Station et divers endroits de Brooklyn et du Queens, mais aussi de Long Island. Les prix sont en fonction de la zone. Un trajet aux heures de pointe entre Penn Station et Jamaica Station (pour rejoindre JFK par l'AirTrain) coûte 10,75 $ (7,75 $ hors de pointe, 4,50 $ le week-end).

NJ Transit (www.njtransit.com). Cette compagnie dessert également la banlieue du New Jersey et Jersey Shore, toujours au départ de Penn Station.

New Jersey PATH (www.panynj.gov/path). Une option dans le nord du New Jersey, à Hoboken et Newark notamment. Les trains (2,75 $) partent de Penn Station à Newark jusqu'au site du World Trade Center.

Metro-North Railroad (www.mta.info/mnr). La plus récente ligne au départ de Grand Central Terminal dessert Park Ave à la hauteur de 42nd St, le Connecticut, le comté de Westchester et l'Hudson Valley.

VOYAGES ORGANISÉS

Il peut être intéressant, d'un point de vue financier et pratique, de réserver un séjour à New York, avec hébergement et vol compris. Des agences spécialisées sur la ville inscrivent aussi à leur catalogue des séjours à thèmes, qui se doublent de circuits de découverte permettant de découvrir au mieux la Grosse Pomme.

Back Roads (☎01 43 22 65 65 ; www.backroads.fr). Agence spécialiste de l'Amérique du Nord proposant plusieurs types de séjours à New York.

Directours (☎01 45 62 62 62 ; www.directours.com). Des offres intéressantes pour les vols avec hébergements.

La Maison des États-Unis (☎01 53 63 13 43 ; www.maisonsduvoyage.com). Séjours et circuits.

Roots Travel ☎01 42 74 07 07 ; www.rootstravel.com). Séjours authentiques et sur mesure, avec hébergements en appartement au cœur de Manhattan.

Voyageurs du Monde (☎01 42 86 16 00 ; www.voyageursdumonde.fr). Vol et séjour ou circuits (New York et les Hamptons, par exemple).

COMMENT CIRCULER

Il est plutôt facile de se déplacer dans New York. Le réseau du métro (plus de 1 000 km de voies) est bon marché, assez efficace et vous dépose dans tous les coins et recoins de la ville. Il y a aussi des bus, des ferries, des trains, des vélos et les omniprésents taxis jaunes. Mais le mieux, pour découvrir New York, reste encore d'en arpenter les rues à pied.

Bus

Les bus, gérés par la **Metropolitan Transportation Authority** (www.mta.info), sont un bon moyen de traverser la ville ou de parcourir de courtes distances. Les tarifs sont identiques à ceux du métro (2,75 $/trajet), et on peut utiliser une MetroCard ou payer en espèces (il faut l'appoint) en montant dans le bus. La MetroCard permet pendant 2 heures une correspondance gratuite entre bus et métro, bus et bus ou métro et bus. Si vous payez en espèces, demandez au chauffeur une correspondance (valable de bus à bus uniquement) en prenant votre billet. L'itinéraire est affiché sur unpetit panneau accroché au poteau de l'arrêt de bus.

Ferry

NYC Ferry (www.ferry.nyc ; 2,75 $/trajet). Depuis 2017, et n'opérant que sur l'East River (ils remplacent l'ancien East River Ferry), ces bateaux relient Manhattan, Brooklyn, le Queens et le Bronx. À seulement 2,75 $ le trajet (plus 1 $ pour embarquer avec un vélo), et avec des stations de chargement et des mini-boutiques à bord, c'est un moyen bien plus agréable de traverser que de rester coincé dans les tunnels du métro. C'est une façon de plus en plus populaire et pittoresque de rallier les plages comme Rockaway, dans le Queens.

NY Water Taxi (www.nywatertaxi.com) offre une flotte de bateaux rapides jaunes avec montée et descente à volonté, avec quatre arrêts autour de Manhattan (Pier 83 arrêt W 42nd St ; Battery Park ; Pier 16 près de Wall St) et de Brooklyn (Pier 1 dans Dumbo). Mais à 37 $ le forfait 1 jour, c'est plus une attraction touristique qu'un moyen de transport.

Staten Island Ferry (plan p. 438 ; www.siferry.com ; Whitehall Terminal, 4 Whitehall St, at South St, Lower Manhattan ; ⏲24h/24 ; Ⓢ1 arrêt South Ferry, R/W arrêt Whitehall St, 4/5 arrêt Bowling Green). GRATUIT Gros, orange vif, ce ferry gratuit à l'intention des banlieusards de Staten Island traverse

MÉTRO, MODE D'EMPLOI

Quelques astuces pour comprendre le métro new-yorkais :

Chiffres, lettres, couleurs Chaque ligne de métro possède une couleur propre, plus une lettre ou un numéro. Sur la plupart de ces lignes circulent deux à quatre trains de numéros différents.

Train express ou omnibus ? Sur une ligne de même couleur circulent à la fois des express et des omnibus (reconnaissables à leur cercle blanc sur le plan du métro). Les express ne s'arrêtent qu'à quelques stations à Manhattan. Par exemple, sur la ligne rouge, le n°2 et le n°3 sont des express ; quant au n°1, moins rapide, il s'arrête souvent. Si vous devez effectuer un long trajet – d'Upper West Side jusqu'à Wall St par exemple –, mieux vaut prendre un express (souvent sur le quai en face de l'omnibus) pour gagner du temps.

Trouver la bonne entrée de station Plusieurs stations ont une entrée pour les lignes en direction du sud et une autre pour celles qui vont vers le nord (lisez attentivement les panneaux). Si vous vous trompez, vous pouvez soit monter dans le métro et changer à une station qui vous permet de le faire gratuitement, soit ressortir et payer à nouveau 2,75 $ pour entrer dans la même station (l'entrée se situe généralement en face de la sortie, de l'autre côté de la rue). Vérifiez aussi les lampes de couleur au-dessus de l'escalier, à l'entrée des stations. Le vert signifie que l'entrée est ouverte en permanence, le rouge qu'elle est fermée à certaines heures, ordinairement la nuit.

Affronter le week-end Attention, les règles changent pendant le week-end. Des lignes fusionnent entre elles, certaines ne fonctionnent pas, des stations ne sont pas desservies... Consultez le site www.mta.info pour connaître les horaires du week-end. Il arrive qu'aucun panneau d'information ne soit visible avant d'être sur le quai.

en continu le New York Harbor. Même si vous ne faites que l'aller-retour en rembarquant tout de suite à Staten Island, la vue sur Lower Manhattan et la statue de la Liberté en font une superbe traversée et une expérience des plus romantiques (et des moins chères) de la ville.

Métro

Exploité par la **Metropolitan Transportation Authority** (MTA ; www.mta.info), l'emblématique métro new-yorkais est bon marché (2,75 $ le billet, quelle que soit la distance parcourue), et fonctionne 24h/24. Il est aussi plus sûr et (légèrement) plus propre qu'autrefois. Toutefois, la signalisation n'y est pas très claire, et la circulation des trains suit une logique qui échappe parfois même aux New-Yorkais.

Procurez-vous une MetroCard (1 $, OMNY 5 $) à une billetterie automatique et créditez-la (pour 8 trajets avec correspondances, 22 $ est un bon début). Si vous pensez utiliser beaucoup les transports, achetez un pass illimité 7 jours (33 $). Depuis 2021, le pass OMNY sans contact (carte ou Smartphone) remplace peu à peu la MetroCard à bande magnétique.

Les enfants de moins de 1 m 12 (44 inches) ne paient pas le métro.

Procurez-vous un plan gratuit à l'entrée de la station ou téléchargez une application comme Citymapper (gratuite) avec itinéraires, plan et notifications d'interruptions de service (toutes les stations ont le Wi-Fi gratuit). N'hésitez pas à vous adresser aux employés ; certains quais sont même pourvus de bornes permettant de les appeler. Enfin, une fois dans le train, évitez les écouteurs : il est important d'entendre les annonces (changements de trajets, arrêts non desservis, etc.).

Pour ne pas vous attirer les foudres de millions de New-Yorkais pressés, voici quelques conseils :

- Dans le métro, préparez votre MetroCard avant d'atteindre le portillon.
- S'il y a foule dans le wagon, tenez votre sac à dos à la main ou portez-le vers l'avant.

NOS CONSEILS

- Les lignes de métro sont utilisées par les trains omnibus et express. Vérifiez avant de monter.
- La MetroCard est valable dans le métro, les bus et le téléphérique de Roosevelt Island. Si vous restez plusieurs jours, achetez un pass 7 jours illimité (7-Day Unlimited Pass). Le pass sans contact OMNY rend l'accès encore plus rapide.
- Si le numéro du taxi est éclairé sur le lumineux, c'est qu'il est libre. À Manhattan, les taxis verts de chez Boro ne sont pas autorisés à vous prendre en charge au sud de W 110th St et E 96th St.
- Lorsque vous donnez une adresse, précisez le croisement le plus proche (par exemple, 700 Sixth Ave *at* 22nd St).
- On peut acheter ses places de ferry aux automates près de l'embarcadère, sur le site www.ferry.nyc ou encore via l'application mobile.

Taxi

Héler et prendre un taxi était autrefois un rite de passage à New York. Les taxis sont maintenant remplacés par les applications proposant les voitures de tourisme avec chauffeur comme Lyft et Uber. La plupart des taxis new-yorkais sont propres et, comparés à ceux d'autres grandes métropoles, plutôt abordables. N'oubliez pas de boucler votre ceinture.

C'est la **Taxi & Limousine Commission** (TLC ; www.nyc.gov/html/tlc/html/home/home.shtml), l'organe public de tutelle des taxis, qui fixe les tarifs (il est possible de payer par carte bancaire). La prise en charge s'élève à 2,50 $ (premier 5e de mile, 320 m environ), on paie ensuite 50 ¢ pour chaque 5e de mile supplémentaire ou toutes les minutes en cas d'arrêt dans un embouteillage. S'ajoute un supplément de 1 $ aux heures de pointe (16h-20h en semaine), un autre de 50 ¢ la nuit (20h-6h) et la MTA State surcharge de 50 ¢ par course. Les péages des ponts et tunnels sont à la charge des passagers. Le pourboire attendu est généralement compris entre 10 et 15% du prix de la course. En cas de problème, relevez le numéro de licence du chauffeur.

Droits des passagers La TLC a institué un droit des passagers qui vous permet d'indiquer au chauffeur votre parcours de préférence ou de lui demander d'éteindre son autoradio si cela vous dérange. Un chauffeur de taxi n'a pas le droit de refuser une course en raison de la destination. Un petit conseil : commencez par monter, puis indiquez votre destination.

Voitures privées Dans les *boroughs* périphériques,

des compagnies de voitures privées (noires) représentent une alternative aux taxis jaunes. Le prix, qui dépend du quartier et de la longueur de la course, doit être fixé avant le départ, ces voitures n'étant pas équipées de compteur. Ces "black cars" sont assez répandues à Brooklyn et dans le Queens. Pour autant, il est illégal pour un conducteur de s'arrêter et de vous proposer ses services (et ce, dans n'importe quel *borough*). Parmi les compagnies disponibles à Brooklyn, citons **Northside** (www.northsidecarservice.com ; ☎718-387-2222), dans le quartier de Williamsburg, et **Arecibo** (www.arecibocc.com), à Park Slope.

Boro Taxis Les "Boro Taxis", de couleur vert pomme, circulent dans tous les *boroughs* hors Manhattan, ainsi que dans le nord de Manhattan (au nord de 96th St). Cela permet aux visiteurs de héler un taxi dans les quartiers où les "yellow cabs" circulent rarement. Ils pratiquent les mêmes tarifs et sont un moyen pratique pour se déplacer dans ces *boroughs* (par exemple, entre les quartiers d'Astoria et de Williamsburg, ou encore de Park Slope à Red Hook). Les conducteurs de "Boro" rechignent à conduire des passagers dans Manhattan (bien qu'ils y soient légalement tenus) car ils ne sont pas autorisés à prendre des clients au sud de 96th St.

Auto-partage Les services de voitures avec chauffeur à partir d'applications ont envahi les rues des cinq *boroughs*. Ils sont pratiques, voire indispensables, mais contribuent aussi aux problèmes de circulation déjà très importants. Un pourboire est vivement recommandé.

Aéroport Depuis avril 2021, une taxe de 2,50 $, en supplément de la course, doit être payée pour toute prise en charge en taxi (arrivée ou départ) aux aéroports de JFK, LaGuardia et Newark.

Train

Le **Long Island Rail Road** (www.mta.info/lirr), **NJ Transit** (www.njtransit.com), **New Jersey PATH** (www.panynj.gov/path) et le **Metro-North Railroad** (www.mta.info/mnr) proposent tous des services intéressants pour circuler dans New York et aux alentours.

Vélo

New York est une ville "pro-vélo". Des centaines de kilomètres de pistes cyclables ont vu le jour ces dix dernières années, et il existe un excellent réseau de vélos en libre-service. Environ 17 000 robustes bicyclettes bleu vif sont ainsi disponibles dans plus de 1 000 stations **Citi Bike** (www.citibikenyc.com) réparties à travers Manhattan et certains quartiers de Brooklyn, du Queens et de Jersey City. Les tarifs sont raisonnables pour une utilisation de courte durée.

Vous pouvez payer pour une utilisation ponctuelle (3,50 $) ou pour un pass 24 heures ou 3 jours (15 $ ou 24 $, taxes incluses) à n'importe quelle station Citi Bike. Vous obtiendrez alors un code à cinq chiffres permettant de débloquer un vélo. Rendez-le à n'importe quel stand sous les 30 min pour éviter de payer un supplément. Réinsérez votre carte bancaire (elle ne sera pas débitée) et suivez les instructions pour reprendre un vélo. Avec un pass, vous pouvez faire autant de trajets de moins de 30 min que vous le voulez durant la durée de l'abonnement.

Il faudra prévoir votre propre casque : son port n'est obligatoire que pour les moins de 14 ans, mais il est fortement recommandé pour tous. Des parcs comme Central Park, le Brooklyn Waterfront Greenway ou Prospect Park à Brooklyn sont de bons endroits pour tester votre aisance à vélo, dans des environnements moins stressants que les rues de la ville, anarchiques. Surtout, pour votre sécurité et celle des autres, respectez le code de la route.

Vous trouverez tous les itinéraires et pistes cyclables par *borough* sur **NYC Bike Maps** (www.nycbikemaps.com). Pour télécharger des plans et vérifier les règles officielles de circulation à vélo, consultez le site de **NYC DOT** (www.nyc.gov/html/dot/html/bicyclists/bikemaps.shtml). Des plans du réseau sont également disponibles gratuitement dans la majorité des magasins de cycles.

CIRCUITS ORGANISÉS

Big Apple Greeter (☎212-602-6216 ; www.bigapplegreeter.org). Pour découvrir New York de l'intérieur, réservez un circuit pédestre dans le quartier de votre choix avec un habitant bénévole. Selon vos souhaits, on vous attribuera un guide parlant l'espagnol ou la langue des signes américaine, ou encore incollable sur les endroits accessibles en fauteuil roulant. Réservez au moins quatre semaines à l'avance.

Big Onion Walking Tours (☎212-439-1090 ; www.bigonion.com). Cette agence plusieurs fois primée brille par son souci du détail. Elle propose près de 30 circuits, organisés notamment au Brooklyn Bridge, à Brooklyn Heights, dans le vieux Harlem, à Chelsea ou sur la High Line. Il y a même une promenade "Gangs of New York", et un circuit à la découverte des saveurs cosmopolites du Lower East Side (30 $ dégustations incluses).

Bike the Big Apple (☎212 749-4444 ; bikethebigapple.com ; circuits à partir de 95 $ vélo et casque inclus). Ce prestataire propose huit excursions à vélo – dont certaines en soirée – d'une durée de 4 à 7 heures. Menées à un rythme tranquille, sous la vigilance d'instructeurs situés à l'avant et à l'arrière, elles permettent aux cyclistes peu sûrs d'eux en ville de couvrir plus de terrain que lors d'un circuit à pied.

Circle Line Boat Tours (plan p. 460 ; ☎212-563-3200 ; www.circleline.com ; Pier 83, W 42nd St, au niveau de 12th Ave ; croisières adulte/enfant à partir de 35/29 $; 🚌direction ouest M42 ou M50 arrêt 12th Ave, Ⓢ A/C/E arrêt 42nd St-Port Authority). Les divers circuits de Circle Line permettent d'admirer les plus beaux sites de New York en bateau. Vous pouvez opter pour le tour complet de Manhattan en 2 heures 30, la version express de 1 heure 30 ou une croisière de 2 heures en soirée. Des balades riches en adrénaline à bord du *Beast*, un bateau à grande vitesse, sont organisées de mai à octobre. Horaires sur le site Internet.

Foods of New York (☎332-236-9635 ; www.foodsofny.com ; visites adulte/enfant à partir de 68/35 $). Le circuit gourmand officiel de NYC & Company se décline en plusieurs balades de 3 heures à la découverte des épiceries et restaurants de West Village, Chelsea, Chinatown, Nolita ou Brooklyn. Préparez-vous à un festin ambulant : pâtes fraîches italiennes, hotdogs, pizza new-yorkaise, raviolis chinois ou polonais et chocolat divin. Réservation nécessaire.

Museum Hack (☎1-800-210-9676 ; www.museumhack.com ; visite 2 heures à partir de 59 $). Pour découvrir le Met sous un angle inhabituel et captivant, allez-y avec Museum Hack. Les guides, connaisseurs mais délicieusement irrévérencieux, proposent un circuit nommé “Badass Bitches” (sur les artistes féministes révolutionnaires) ou encore une visite de nuit arrosée de vin. Il y a aussi un “circuit des œuvres inconnues” au Museum of Natural History.

New York City Audubon (plan p. 454 ; ☎212-691-7483 ; www.nycaudubon.org ; 71 W 23rd St, Suite 1523, au niveau de 6th Ave, Flatiron District ; visites et cours gratuit-180 $; Ⓢ F/M arrêt 23rd St). Cette association organise des séances d'observation des oiseaux, notamment une sortie au port de New York pour voir les oiseaux aquatiques (et les phoques) et une autre dans la vallée de l'Hudson pour admirer les aigles. Également des conférences et des cours d'initiation à l'ornithologie. Ses balades à la découverte des oiseaux dans Central Park et Prospect Park étant très prisées, réservez sur le site Internet.

Nosh Walks (☎212-222-2243 ; noshwalks.com ; visites 3/4 heures adutle/enfant 58/20 $). Myra Alperson est une gastronome qui propose des promenades gourmandes dans tout New York, et notamment dans les quartiers riches de diversité ethnique du Queens et de Brooklyn.

On Location Tours (☎212-913-9780 ; www.onlocationtours.com ; visites à partir de 31 $). Vous rêvez de vous asseoir sur le perron de l'immeuble de Carrie Bradshaw, ou de rejouer une scène d'action de *Jessica Jones* ? Ce prestataire propose des itinéraires sur le thème des super-héros ou à la découverte des lieux de tournage de grands films classiques et de séries cultes comme *Gossip Girl*, *Sex and the City*, *Les Soprano* ou encore *The Real Housewives of NYC*. Un circuit est même disponible en français.

Wildman Steve Brill (☎914-835-2153 ; www.facebook.com/wildman.brill ; don suggéré adulte/enfant 20/10 $). Le plus connu des naturalistes new-yorkais organise des expéditions dans les parcs de la ville depuis plus de trente ans. Il vous accompagnera à Central Park, Prospect Park, Inwood Park, entre autres, et vous apprendra à reconnaître les richesses de la nature comme le sassafras, le mouron des oiseaux, les amandes de ginkgo, l'ail et les champignons sauvages.

Carnet pratique

Ambassades et consulats

Compte tenu de la présence des Nations unies, pratiquement tous les pays du monde sont représentés diplomatiquement à New York. Voici les adresses des services consulaires francophones :

France (☎212-606-3600 ; www.consulfrance-newyork.org ; 934 5th Ave, entre 74th et 75th St ; ⏲sur rdv ; Ⓢ6 arrêt 77th St)

Belgique (☎212-586-5110 ; unitedstates.diplomatie.belgium.be/fr ; 885 2nd Ave ; ⏲9h-12h lun-ven ; Ⓢ6 arrêt 51st St)

Suisse (☎212-599-5700 ; www.eda.admin.ch/newyork ; 633 3rd Ave, 30e ét ; ⏲9h-12h lun-ven sur rdv)

Canada (☎844-880-6519 ; www.newyork.gc.ca ; 20 ét, 466 Lexington Ave, au niveau de E 45th St ; ⏲9h-15h lun-ven sur rdv ; Ⓢ4, 5, 6, 7 arrêt Grand Central-42th St)

Voici les coordonnées de représentations diplomatiques américaines à l'étranger :

Ambassade des États-Unis en France (☎01 43 12 22 22 ; fr.usembassy.gov ; 2 av. Gabriel, 75008 Paris). Consulats à Lyon, Bordeaux, Marseille, Strasbourg et Rennes.

Ambassade des États-Unis en Belgique (☎02-811-4000 ; be.usembassy.gov ; 27 bd du Régent, B-1000 Bruxelles)

Ambassade des États-Unis en Suisse (☎031-357-70-11 ; ch.usembassy.gov ; Sulgeneckstrasse 19, CH-3007 Bern)

Consulat général des États-Unis au Canada (☎514-398-9695 ; ca.usembassy.gov ; 1134 rue Sainte-Catherine Ouest, Montréal, Québec)

Argent

Les DAB sont très nombreux et la plupart des hôtels, magasins et restaurants acceptent les cartes bancaires. Les marchés de producteurs ainsi que certains *food trucks*, restaurants et bars ne prennent que les espèces.

Distributeurs automatiques de billets (DAB)

Les "ATM" (Automated Teller Machine) se trouvent à presque chaque coin de rue ou sont regroupés dans une banque – habituellement dans une salle accessible 24h/24, pouvant compter jusqu'à une dizaine de distributeurs dans les grandes agences.

De nombreux bars, restaurants et épiceries disposent de leur propre distributeur, mais les frais y sont parfois élevés (2 à 5 $, plus les frais de votre banque).

La majorité des banques new-yorkaises sont reliées via le système de la Bourse de New York (NYCE). Vous pouvez donc utiliser n'importe quelle carte bancaire dans un DAB (moyennant un supplément si vous recourez à un autre réseau bancaire que le vôtre).

Bureaux de change

Les banques et les agents de change, établis partout en ville, ainsi que dans les trois grands aéroports, délivrent des dollars sur la base du taux de change courant, généralement avec une commission. Il y a une agence Travelex à Times Sq mais la commission est conséquente.

Cartes bancaires

Les cartes bancaires sont acceptées dans la plupart des hôtels, restaurants, magasins et agences de location de voitures. Il vous sera même difficile d'effectuer certaines transactions (achat d'un billet de spectacle ou location d'un véhicule, par exemple) sans ce mode de paiement. Visa et MasterCard sont les plus courantes.

En cas de perte ou de vol de votre carte, contactez immédiatement votre banque ou la société émettrice.

Arnaques et autres pièges courants

- Évitez les vendeurs de rue proposant des places pour des visites ou des spectacles. Vous allez payer plus cher ou même acheter un faux ticket.
- Si vous posez avec l'un des personnages déguisés ou grimés de Times Sq, un petit don sera attendu.
- Attention avec les cyclo-pousse : les chauffeurs doivent apposer leur tarif à la minute sur leur véhicule. Si ce n'est pas le cas, méfiez-vous.
- N'acceptez jamais d'acheter un titre de transport pour un inconnu.
- Ne vous laissez pas berner par les faux moines bouddhistes offrant des chapelets en échange d'une somme d'argent.

Bénévolat

Il existe de nombreuses possibilités de bénévolat à New York. On peut aider des élèves en difficulté, participer au nettoyage des parcs, jouer au Bingo avec des seniors ou aider à servir à manger dans une *soup kitchen* (sorte de soupe populaire, où sans-abri et habitants à faibles ressources peuvent manger gratuitement). Parmi les quelques endroits où vous pouvez vous inscrire, citons les organismes suivants :

New York Cares (www.newyorkcares.org)

NYC Service (www.nycservice.org)

VolunteerMatch (www.volunteermatch.org)

En France, quelques organismes offrent des opportunités de travail bénévole sur des projets de développement ou d'environnement, parfois sur des périodes courtes, de une à quatre semaines.

Certaines associations s'adressent plus aux jeunes. C'est une bonne façon de s'immerger dans la ville, de connaître l'envers du décor touristique et de bénéficier d'une ambiance internationale. En revanche, prenez garde au décalage fréquent entre le programme et la réalité.

Voici quelques organismes susceptibles de faire appel à des volontaires pour des missions à New York :

Association Rempart (✆01 42 71 96 55 ; www.rempart.com)

Concordia (✆01 45 23 00 23 ; www.concordia.fr)

Jeunesse et Reconstruction (✆01 47 70 15 88)

Service Civil International (SCI, branche française ; ✆03 20 55 22 58 ; www.sci-france.org)

Solidarités Jeunesses (✆01 55 26 88 77 ; www.solidaritesjeunesses.org)

Cartes de réduction

Si vous voulez visiter un maximum de sites, cela peut valoir la peine d'acheter l'un des nombreux forfaits multi-attractions. Visitez le site Internet www.nycgo.com/attraction-passes pour plus de renseignements ; achat de forfaits en ligne possible.

New York CityPASS (www.citypass.com). Comprend l'entrée dans six sites majeurs (dont l'Empire State Building) pour 136 $ (112 $ pour les 6-17 ans), soit 40% de réduction. Valable 9 jours.

The New York Pass (www.newyorkpass.com). Accès d'une journée à plus de 100 sites, dont l'Empire State Building, pour 129 $ (99 $ pour les 3-12 ans). Forfaits pour 2 à 10 jours également disponibles.

Explorer Pass (www.gocity.com). Entrée à tarif réduit dans 2 à 10 sites, à choisir parmi les 90 proposés (dont le MoMA, le 9/11 Memorial, Top of the Rock et des activités telles que la location de vélo à Central Park ou des promenades commentées). À partir de 73 $ pour 2 sites (51 $ pour les 3-12 ans) – 229 $ pour 10 sites. Valable 60 jours. Application Smartphone.

Désagréments et dangers

Le taux de délinquance n'a jamais été aussi bas à New York. Le soir, certains quartiers (principalement situés hors de Manhattan) peuvent toutefois mettre mal à l'aise, quelle que soit l'heure à laquelle on s'y rend. Si les stations de métro sont généralement sûres, certaines (particulièrement en dehors de Manhattan) peuvent être risquées. Faites preuve de bon sens : ne vous promenez pas la nuit dans des zones peu fréquentées, surtout si vous êtes une femme. Rangez l'argent dont vous aurez besoin pour la journée dans une poche intérieure ou une poche avant plutôt que dans un sac à main ou une poche arrière, et faites attention aux pickpockets, surtout dans les endroits bondés comme Times Square.

Douane

Les douanes américaines autorisent toute personne de plus de 21 ans à entrer aux États-Unis avec 1 litre d'alcool (excepté l'absinthe !) et 200 cigarettes détaxées. Les produits alimentaires (viande, fruits, légumes) ou végétaux (plantes, terreau, etc.) sont interdits. Les ressortissants américains peuvent importer l'équivalent de 800 $ de cadeaux hors taxes ; pour les ressortissants d'autres pays, la barre est fixée à 100 $. Il n'existe aucune restriction légale en matière de contrôle des changes, mais si vous emportez avec vous l'équivalent de plus de 10 000 $ en espèces, chèques de voyage, mandats-poste ou autres, il est obligatoire de le déclarer. Si vous prenez des médicaments, emportez-les dans leurs emballages étiquetés, ainsi que l'ordonnance correspondante. Pour être averti des changements (fréquents) en la matière, consultez le site de la **US Customs and Border Protection** (www.cbp.gov).

Électricité

Les États-Unis utilisent le 110V et le 115V, 60Hz AC. Les prises ont deux fiches plates (avec souvent une troisième fiche ronde). Si vos appareils sont prévus pour du 220V, procurez-vous un convertisseur, disponible dans les magasins d'outillage ou les drugstores. La plupart des appareils électroniques sont généralement compatibles avec plusieurs voltages avec un adaptateur.

Type A
120 V/60 Hz

Type B
120 V/60 Hz

Formalités et visas

Avant le départ, il est impératif de vérifier que les modalités d'entrée sur le territoire n'ont pas changé.

Nous vous conseillons de scanner ou de photocopier tous vos documents importants (pages d'introduction de votre passeport, cartes bancaires ou de crédit, police d'assurance, billets de train/d'avion/de bus, permis de conduire, etc.). Conservez ces copies à part des originaux. Vous pouvez aussi conserver des scans de ces derniers dans votre boîte mail. Vous remplacerez ainsi plus aisément ces documents en cas de perte ou de vol.

Si vous entrez aux États-Unis avec un ordinateur portable, une tablette ou un appareil photo numérique, assurez-vous que la batterie est chargée et que les officiers des douanes pourront en inspecter le contenu s'ils le souhaitent !

Covid-19

Du fait de la pandémie de Covid-19, les entrées aux États-Unis sont encadrées par des mesures sanitaires strictes. Les voyageurs de 18 ans et plus doivent présenter au minimum une preuve de vaccination complète pour être autorisés à embarquer.

Les conditions évoluant rapidement, renseignez-vous sur les dernières mises à jour sur le site www.diplomatie.gouv.fr/fr/conseils-aux-voyageurs.

Visa Waiver Program et ESTA

Un programme d'exemption de visa, le **Visa Waiver Program** (VWP ; www.dhs.gov/visa-waiver-program), permet aux ressortissants de 38 pays, dont la Belgique, la France, la Suisse et le Luxembourg, de séjourner aux États-Unis pour une durée maximale de 90 jours sans visa, à condition de posséder un passeport sécurisé à lecture optique.

Attention, les personnes ayant effectué un voyage en Iran, Iraq, Libye, Somalie, Soudan, Syrie, Yémen ou Corée du Nord depuis le 1er mars 2011 ne peuvent bénéficier du WVP et doivent faire une demande de visa.

Pour connaître les dernières dispositions en vigueur, consultez le site du **ministère des Affaires étrangères américain**(travel.state.gov/content/visas/en.html). Les Français peuvent aussi consulter le site de l'**ambassade américaine** (fr.usembassy.gov/fr) ou les pages consacrées aux formalités sur le site francophone de l'**office du tourisme américain** (www.office-tourisme-usa.com/preparez-votre-voyage/formulaire-esta).

Les ressortissants des pays concernés par le VWP

INFOS PRATIQUES

Journaux et magazines

Les périodiques sont légion, on n'en attendait pas moins de l'une des capitales mondiales des médias. Au nombre des quotidiens :

New York Post (www.nypost.com). Célèbre pour ses unes sensationnalistes, ses opinions conservatrices et sa chronique "potins" (*gossip*).

The New York Times (www.nytimes.com). La "Gray Lady" s'est dépoussiérée depuis quelques années, avec de nouvelles rubriques sur la technologie, l'art et les restaurants.

The Village Voice (www.villagevoice.com). Détenu par la chaîne de journaux alternatifs New Times, le légendaire *Voice* a perdu de son mordant mais continue de faire du bruit.

The Wall Street Journal (www.wsj.com). Quotidien sérieux, spécialisé dans la finance, encore que son actuel propriétaire, le magnat des médias Rupert Murdoch (News Corp), prévoit d'élargir le propos pour concurrencer le *Times*.

Des magazines permettent de se tenir au courant de la vie new-yorkaise :

New York Magazine (www.nymag.com). Bihebdomadaire qui propose des articles de fond et recense à peu près tout ce qui se passe à New York. Excellent site Web.

The New Yorker (www.newyorker.com). Hebdomadaire intello, célèbre pour ses longs reportages sur la politique et la culture ; il publie également des textes de fiction et de la poésie.

Time Out New York (www.timeout.com/newyork). Un hebdo qui s'efforce d'être extrêmement complet, en particulier dans ses pages culturelles, avec des articles et des interviews sur les arts et les loisirs.

Gothamist (gothamist.com). L'actualité locale, l'art et les potins traités sur un ton léger.

Radio

À côté des stations commerciales de pop-music, New York dispose de quelques bonnes stations. Le *New York Times*, dans son édition du dimanche, publie un excellent guide des programmes. Notre préférée est **WNYC** (820AM et 93.9FM ; www.wnyc.org), radio publique locale, affiliée à la NPR. Mélange de débats et d'interviews nationaux et locaux.

Tabac

Il est strictement interdit de fumer dans les lieux publics, notamment dans les stations de métro, les restaurants, les bars, les taxis et les parcs.

doivent remplir leur **ESTA** (https://esta.cbp.dhs.gov) au moins 3 jours avant leur départ. Mais nous vous conseillons de le faire le plus tôt possible. Les frais de dossier coûtent 14 $; une fois acceptée, l'inscription est valable deux ans ou jusqu'à la date d'expiration de votre passeport, sauf en cas de modification de votre nom, genre ou nationalité.

Les enfants sont soumis à la même procédure quel que soit leur âge.

Les Canadiens n'ont aucune formalité spécifique à effectuer ; ils doivent juste se munir d'un passeport valide pour séjourner jusqu'à 6 mois aux États-Unis.

Visas requis

Vous devrez faire la demande d'un visa auprès d'une ambassade ou d'un consulat américain dans votre pays d'origine si :

- vous n'êtes pas ressortissant d'un pays relevant du VWP ;
- vous souhaitez séjourner plus de 90 jours ;
- vous souhaitez travailler ou étudier aux États-Unis.

Les démarches peuvent être réalisées par correspondance dans la plupart des pays.

Le site du **ministère des Affaires étrangères américain** (www.travel.state.gov) dispose d'informations à jour sur les visas et les consignes de sécurité.

Handicapés

Presque toute la ville est accessible, avec des bateaux dans les trottoirs pour les personnes en fauteuil. Tous les sites importants (à l'image du Met, du Guggenheim, du 9/11 Memorial and Museum et du Lincoln Center) le sont aussi. Certaines salles de Broadway (mais pas toutes) sont également équipées d'appareils audio, de places réservées et d'autres solutions pour les sorties au théâtre. Consultez le site theatreaccess.nyc.

Hélas, seulement une centaine des 472 stations de métro de New York sont accessibles en fauteuil roulant. En général, les stations les plus importantes, telles que W 4th St, 14th St-Union Sq, 34th St-Penn Station, 42nd St-Port Authority Terminal, 59th St-Columbus Circle et 66th St-Lincoln Center, le sont. On trouve la liste complète des stations de métro accessibles sur web.mta.info/accessibility/stations.htm. Consultez aussi www.nycgo.com/accessibility.

Point positif, tous les bus MTA new-yorkais sont accessibles en fauteuil roulant ; ils sont souvent préférables aux stations de métro bondées.

Des taxis adaptés sont disponibles via **Accessible Dispatch** (☎646-599-9999 ; accessibledispatch.org) ; une application vous permet aussi de trouver la voiture avec chauffeur la plus proche.

Le programme **Big Apple Greeter** (☎212-602-6216 ; www.bigapplegreeter.org) GRATUIT est une autre ressource de choix. Plus de 50 volontaires, eux-mêmes handicapés, se feront un plaisir de vous présenter leur quartier.

Il y a des toilettes dans la plupart des grands magasins. Le site Internet de **NYC parks** (www.nycgovparks.org/facilities/bathrooms) est une bonne source d'information sur les toilettes dans les espaces verts de la ville (certaines accessibles aux fauteuils).

La ville propose également un service de bus adapté, **Access-a-Ride** (access.nyc.gov/programs/access-a-ride), au même prix que le métro – mais il n'est pas des plus pratiques pour les touristes car il nécessite une visite d'évaluation et un formulaire papier à renvoyer par la poste au préalable (cela peut prendre jusqu'à 3 semaines). Consultez le site Web pour en savoir plus.

En France

L'**APF France handicap** (☎01 40 78 69 00 ; www.apf-francehandicap.org) peut fournir des informations utiles sur les voyages accessibles. **Yanous** (www.yanous.com), **Hizy** (hizy.org), **Handicap.fr** (www.handicap.fr) et **Tourisme et handicaps** (www.tourisme-handicaps.org) sont également de bonnes sources d'information.

Désormais, les principales plateformes d'hébergement que sont **Abritel** (www.abritel.fr), **Airbnb** (www.airbnb.fr), **Booking** (www.booking.com) et **Hotels.com** (fr.hotels.com) ont intégré des critères d'accessibilité à leur moteur de recherche. **Mobee Travel** (www.mobeetravel.com) est une startup qui regroupe des hébergements accessibles et qui propose aussi des séjours sur mesure. Les agences de voyages **Yoola** (www.yoola.fr) et **Comptoir des voyages** (www.comptoir.fr) organisent des voyages adaptés aux personnes à mobilité réduite.

Heure locale

New York est située dans le fuseau horaire de l'Eastern Standard Time (EST) – soit un retard de 5 heures par rapport au Greenwich Mean Time (Londres). À l'heure d'été, on avance d'une heure le deuxième dimanche de mars et on retarde d'une heure le premier dimanche de novembre. La France a 6 heures d'avance par rapport à New York (quand il est 12h à Paris, il est 6h à NYC), alors que le Québec est à la même heure.

Pour connaître l'heure locale, consultez le site www.horlogeparlante.com.

Heures d'ouverture

Les horaires habituels sont les suivants :

Banques 9h-18h lun-ven, et 9h-12h sam pour certaines

Bars 17h-4h

Bureaux 9h-17h lun-ven

Clubs 22h-4h

Magasins 10h-19h environ en semaine, 11h-20h environ le samedi. Le dimanche, les horaires sont plus variables. Les magasins ont tendance à rester ouverts plus tard dans les quartiers de Lower Manhattan, comme Soho.

Restaurants Petit-déj 6h-11h, déj 12h-15h, dîner 17h-23h, brunch le week-end 10h-16h

Internet (accès)

La plupart des espaces verts de la ville sont équipés en Wi-Fi gratuit, certains sites incontournables de Manhattan également (citons par exemple la High Line, Bryant Park, Battery Park, City Hall Park, Madison Sq Park et Tompkins Sq Park). Brooklyn compte de nombreux sites avec Wi-Fi gratuits, dont Prospect Park et Brooklyn Bridge Park, le Queens également, mais ils sont plus espacés. La connexion n'est pas toujours bonne selon les endroits. Consultez le plan dédié sur www.nycgovparks.org/facilities/wifi.

Les musées, stations de métro souterraines et bibliothèques proposent généralement le Wi-Fi gratuit.

LinkNYC (www.link.nyc) a remplacé les anciennes cabines téléphoniques par des bornes Wi-Fi à haut débit, gratuites (financées par la publicité), avec borne de recharge et accès Wi-Fi. Le réseau a déjà installé 1834 bornes dans les cinq *boroughs*.

Il est rare que les hébergements ne soient pas équipés de Wi-Fi à New York. La plupart des cafés offrent le Wi-Fi à leurs clients (même si ce n'est pas toujours précisé), à l'instar de l'omniprésent Starbucks.

Jours fériés

New Year's Day 1er janvier

Martin Luther King Day Troisième lundi de janvier

Presidents' Day Troisième lundi de février

Memorial Day Dernier lundi de mai

Independence Day 4 juillet

Labor Day Premier lundi de septembre

Veterans Day 11 novembre

Thanksgiving Quatrième jeudi de novembre

Christmas Day 25 décembre

Offices du tourisme

Le **NYC Information Center** (plan p. 460 ; ☎212-484-1222 ; www.nycgo.com ; Macy's, 151 W 34th St, à hauteur de Broadway ; ⏲10h-22h lun-sam, 10h-21h dim ; ⓢB/D/F/M, N/Q/R/W arrêt 34th St-Herald Sq) est l'office du tourisme officiel de New York, au sein du grand magasin Macy's. Il y a des plans et brochures gratuits et l'équipe parle plusieurs langues (français, espagnol, mandarin, portugais et italien notamment, selon la disponibilité). Situé au fond de la mezzanine du 1er niveau. Les touristes ont également droit à des bons de remise de 10% en magasin (apportez une pièce d'identité).

En France, vous pouvez contacter l'**office du tourisme américain** (☎08 99 70 24 70 ; www.office-tourisme-usa.com) en ligne ou par téléphone.

Poste

Visitez le site Internet de l'**US Postal Service** (www.usps.com) pour accéder à des informations actualisées sur les affranchissements et les emplacements des différents bureaux de la ville.

Pourboire

Aux États-Unis, le pourboire (*tip*) est pour ainsi dire obligatoire : ne l'oubliez pas. Pour certaines classes de travailleurs, et notamment pour les serveurs qui perçoivent un salaire horaire extrêmement faible (inférieur à 3 $ de l'heure), le *tip* est une rémunération à part entière.

Serveurs 18-25% sur l'adition hors taxe

Barmen Minimum de 1 $ par boisson, 2 $ pour un cocktail ou 18-25% du total. Remarque : les clients généreux ont droit à des boissons plus fortement dosées.

Bagagistes à l'aéroport ou à l'hôtel 1 à 3 $ par bagage, minimum de 5 $ par chariot

Femmes de chambre 3-5 $ par nuit, à laisser sur l'oreiller

Chauffeurs de taxi 18-20% du prix de la course

Problèmes juridiques

En cas d'arrestation, vous avez le droit de garder le silence. Il n'y a pas d'obligation légale de parler à un policier et tout ce que vous pourriez dire "peut être et sera retenu contre vous", mais ne vous éloignez pas sans en avoir reçu l'autorisation (demandez poliment si vous pouvez vous en aller). Vous avez le droit de passer un appel téléphonique. Si vous n'avez ni avocat ni membre de votre famille susceptible de vous aider, appelez votre consulat. La police vous communiquera son numéro sur demande.

En mars 2021, un projet de loi légalisant le cannabis à usage récréatif a été adopté. L'État de New York deviendra le 15e État a le légaliser.

Services médicaux

Avant de partir, contactez votre assurance santé pour connaître les détails de la couverture hors de votre pays. Il est conseillé aux touristes étrangers de se procurer une assurance voyage couvrant les problèmes de santé aux États-Unis, car les soins non urgents peuvent s'avérer très coûteux. Pour prendre rendez-vous à l'hôpital, urgence mise à part, vous devrez prouver que vous êtes assuré ou que vous pouvez régler en espèces. Même si vous êtes assuré, vous devrez probablement avancer les frais en cas de soins non urgents, avant de batailler avec votre assurance pour vous faire rembourser.

Cliniques

Travel MD (☎212-737-1212 ; www.travelmd.com). Conseils médicaux aux visiteurs 24h/24. Un médecin peut se rendre au chevet des patients à l'hôtel.

Services d'urgence

Les services d'urgence peuvent être stressants et réclamer beaucoup de patience (excepté si votre cas est gravissime). Mieux vaut, si c'est possible, vous tourner vers un autre interlocuteur médical. Le consulat français à New York propose une liste de professionnels de santé francophones (newyork.consulfrance.org/Les-medecins). En cas de réelle urgence de santé, appelez le ☎911.

Voici quelques hôpitaux et centres médicaux fiables :

New York-Presbyterian/Columbia Hospital (☎212-305-2500 ; www.nyp.org/locations/newyork-presbyterian-columbia-university-medical-center ; 630 W 168th St, au niveau de Fort Washington Ave ; Ⓢ A/C, 1 arrêt 168th St). Hôpital réputé.

Bellevue Hospital Center (☎212-562-5555 ; www.nychhc.org/bellevue/html/home/home.shtml ; 462 1st Ave, au niveau de 27th St, Midtown East ; Ⓢ 6 arrêt 28th St). Grand hôpital public doté d'un service d'urgence et d'un centre de traumatologie.

Callen-Lorde Community Health Center (☎212-271-7200 ; www.callen-lorde.org ; 356 W 18th St, entre 8th Ave et 9th Ave, Chelsea ; Ⓢ A/C/E, L arrêt 8th Ave-14th St). Ce centre médical destiné à la communauté LGBTQ+ et aux personnes séropositives ou malades du sida soigne les patients quelles que soient leurs ressources. Deux autres sites à Brooklyn et dans le Bronx.

Lenox Hill Hospital (☎212-434-2000 ; www.northwell.edu/find-care/locations/lenox-hill-hospital ; 100 E 77th St, au niveau de Lexington Ave ; ⏲24h/24 ; Ⓢ 6 arrêt 77th St). Bon hôpital doté d'un service d'urgences ouvert 24h/24 et de traducteurs multilingues, situé dans l'Upper East Side.

Mount Sinai Hospital (☎212-241-6500 ; www.mountsinai.org/locations/mount-sinai ; 1468 Madison Ave, au niveau de E 101st St ; ⏲24/24 ; Ⓢ 6 arrêt 103rd St). Excellent hôpital dans l'Upper East Side.

NYU Langone Health Cobble Hill (☎646-754-7900 ; nyulangone.org ; 83 Amity St, à hauteur de Hicks St, Cobble Hill ; Ⓢ 2, 3, 4, 5 arrêt Borough Hall). Pour les urgences à Brooklyn.

Planning familial (Planned Parenthood ; Manhattan Health Center of New York ; ☎212-965-7000 ; www.plannedparenthood.org ; 26 Bleecker St, entre Mott St et Elizabeth St ; ⏲tlj sf dim ; Ⓢ B, D, F, V arrêt Broadway-Lafayette St, 6 arrêt Bleecker St). Moyens de contraception, tests de dépistage de MST et soins gynécologiques.

Tisch Hospital (New York University Langone Medical Center ; ☎646-929-7870 ; www.nyulangone.org/locations/tisch-hospital ; 550 1st Ave, Midtown East ; ⏲24h/24). Grand hôpital moderne avec de très bons services dans toutes les spécialités importantes.

CONSEILS AUX VOYAGEURS

La plupart des gouvernements possèdent des sites Internet qui recensent les dangers possibles et les régions à éviter. Consultez notamment les sites suivants :

Ministère des Affaires étrangères français (www.diplomatie.gouv.fr)

Ministère des Affaires étrangères de Belgique (diplomatie.belgium.be/fr)

Département fédéral des Affaires étrangères suisse (www.eda.admin.ch/eda/fr/dfae.html)

Ministère des Affaires étrangères du Canada (www.voyage.gc.ca)

Pharmacies

New York compte nombre de "pharmacies" ouvertes 24h/24, en réalité de simples drugstores délivrant des médicaments en vente libre et disposant d'un comptoir aux horaires plus limités où l'on peut se procurer des médicaments sur ordonnance. Parmi les grandes chaînes de pharmacie : CVS, Duane, Rite Aid, Reade et Walgreens.

Savoir-vivre

Politesse La courtoisie impose de saluer le personnel d'un restaurant, d'un bar ou d'un magasin en entrant et en sortant.

Salutations Serrez la main de tout homme ou femme que vous rencontrez pour la première fois, puis de nouveau au moment de partir. Une bise (réelle ou juste bruitée) s'échange souvent entre amis.

Prendre place Lorsque vous entrez dans un restaurant (dans certains cafés et bars huppés également), patientez jusqu'à ce qu'on vous indique une table. Dans les autres cafés et bars, le placement est libre.

Débats d'idées La politique est un sujet qui anime les conversations à New York. À l'instar de la religion, c'est un sujet qui rassemble... ou divise.

Transports Dans le métro, laissez descendre avant de monter. Ne retenez pas les portes.

Téléphone

L'indicatif de New York est le ☎212, 917 ou 646 pour

UN FIL D'ARIANE EN VOYAGE

Le **portail Ariane** (pastel.diplomatie.gouv.fr/fildariane), mis en place par le Centre de crise du ministère des Affaires étrangères, est un service gratuit permettant au voyageur français à l'étranger d'être contacté par le service consulaire, sur son téléphone portable ou par e-mail, au cas où des événements graves (crise politique, catastrophe naturelle, attentat...) se produiraient dans le pays durant son séjour, ou de contacter rapidement sa famille ou ses proches en France en cas de besoin.

La procédure d'inscription se réalise en ligne, où vous donnez des informations sur votre voyage (date de départ, de retour, numéro de téléphone portable, coordonnées d'éventuels contacts sur place, adresses de séjour et itinéraire prévu, etc.).

Grâce à ce service, vous recevrez en outre, avant votre départ, des recommandations de sécurité par e-mail si la situation dans le pays le justifie.

Il existe une application pour les Smartphones et les tablettes, intitulée *Conseils aux voyageurs*.

Manhattan, et le ☎718 pour les autres quartiers.

Pour téléphoner dans une autre région depuis un fixe, il faut composer le 1 + l'indicatif régional + le numéro à 7 chiffres. Pour passer un appel depuis un téléphone portable il suffit de composer l'indicatif régional et le numéro.

Appels internationaux

Pour appeler l'étranger depuis New York, composez le ☎011, puis l'indicatif du pays (33 pour la France, 32 pour la Belgique, 41 pour la Suisse) puis le numéro souhaité sans le zéro initial. Pour téléphoner au Canada, faites le ☎1, puis l'indicatif régional et le numéro.

Pour appeler New York depuis l'étranger, composez l'indicatif international de votre pays (00 en France, en Belgique et en Suisse, 011 au Canada), suivi de celui des États-Unis ☎1, puis l'indicatif de New York et le numéro à 7 chiffres de votre correspondant.

Numéros utiles

Annuaire local	☎411
Services et renseignements municipaux	☎311
Pompiers, police et ambulances	☎911

Taxes et remboursement

Dans les restaurants et les magasins, la taxe de vente de 8,875% n'est jamais incluse dans le tarif affiché. Ainsi, ne commandez pas un menu à 14,99 $ si vous n'avez que 15 $ sur vous. Dans les hôtels, elle s'élève à 14,75%, auxquels s'ajoute une taxe de séjour : 3,50 $ par nuitée. La TVA n'étant pas la même partout aux États-Unis, la détaxe n'est pas possible pour les touristes.

Toilettes

La ville manque de toilettes publiques. Vous en trouverez néanmoins à Grand Central Terminal, Penn Station, à la gare routière de Port Authority, ainsi qu'à Battery Park, Bryant Park, Tompkins Sq Park, Washington Sq Park, Columbus Park et, bien sûr, dans Central Park. Consultez le site www.nycgovparks.org/facilities/bathrooms pour connaître tous les emplacements.

On trouve de plus en plus de toilettes automatiques à pièces, comme au Madison Sq Park ou à Grand Army Plaza (Brooklyn). Le mieux reste le plus souvent d'entrer dans un Starbucks (il y en a partout) ou un grand magasin (Macy's, Bloomingdale's, ou Empire Stores à Brooklyn).

Voyager solo

New York est l'une des villes les plus sûres des États-Unis – en 2018, le nombre d'homicides est tombé à 289, le plus bas depuis le début des années 1950. Les statistiques de violences baissent chaque année depuis 28 ans. Restez toutefois vigilant.

- Ne vous promenez pas à pied seul le soir dans des endroits inconnus, déserts.
- Attention aux pickpockets, surtout dans des endroits très fréquentés comme Times Sq ou Penn Station.
- Si le métro est généralement sûr après minuit, on peut lui préférer le taxi, surtout si l'on voyage seul.
- Évitez les vendeurs de places de spectacle ou de croisière à la sauvette : réservez en ligne ou auprès d'opérateurs officiels.

Femme en voyage

Globalement, New York est une ville sûre pour les femmes qui voyagent seules – lisez les conseils de la rubrique *Désagréments et dangers* p. 406.

Si vous sortez en boîte de nuit ou si vous vous rendez le soir dans un lieu distant, prenez un taxi.

Langue

En raison de leur histoire – les colonisations et les vagues d'immigration successives –, les Américains pratiquent, pour la plupart d'entre eux, plusieurs langues. L'anglais est parlé dans tout le pays, mais n'a pas été désigné comme langue officielle des États-Unis. D'aucuns pensent qu'il faudrait remédier à cette situation, notamment ceux qui s'inquiètent de l'utilisation croissante de l'espagnol.

FORMULES DE POLITESSE

Les formules d'accueil sont des plus simples, avec les standards *hello*, *hi*, *good morning*, *good afternoon*, *how are you?* Plus familièrement, on s'interpelle par *hey*, *hey there* ou *howdy*. Les formules d'adieu sont, en comparaison plus variées, avec *bye*, *goodbye*, *bye-bye*, *see-ya*, *take it easy*, *later*, *take care*, *don't work too hard* et l'éternel *have a nice day*.

Si les Américains sont avares de *please*, ils distribuent généreusement leurs *thank you*. Vous entendrez souvent *excuse me* à la place de *sorry*. Dans la conversation, l'interlocuteur émettra fréquemment des *mm-hmmm* ou *uh-huh* pour montrer qu'il vous écoute et vous encourage ainsi à continuer. C'est un signe beaucoup plus encourageant que le circonspect *mmm*.

Certains locuteurs ne se satisfont pas de ces *uh-huh* enthousiastes et émaillent leur discours de *y'know* ou de *you hear what I'm saying?* Ces expressions n'appellent pas forcément de réponse.

TERMES ET EXPRESSIONS UTILES

Tout le monde peut parler une langue étrangère, le tout est d'oser. La grammaire, au final, n'est pas essentielle pour se débrouiller sur place. Pour réserver une chambre, commander un plat ou simplement engager une conversation, voici 99 phrases essentielles qui vous aideront à ne pas rester muet !

Premier contact

Bonjour. Hi.

Au revoir. Bye.

Comment allez-vous ?/Comment vas-tu ?
How are you?

Bien, merci. Et vous ?/Bien, merci. Et toi ?
Fine thanks, and you?

Je m'appelle... My name is...

Enchanté(e). Nice to meet you.

Voici mon compagnon/ma compagne.
This is my partner.

À propos de vous

D'où venez-vous ?
Where are you from?

Je viens de... I'm from...

Je suis marié(e).
I'm married.

Je suis célibataire.
I'm single.

Quel est votre/ton numéro de téléphone ?
What's your phone number?

Quelle est votre/ton adresse e-mail ?
What's your email address?

Engager la conversation

Quel est votre/ton métier ?
What do you do for a living?

Je suis employé(e) de bureau.
I'm an office worker.

Je suis ouvrier/ouvrière.
I work in a factory.

Je suis un homme d'affaires/ Je suis une femme d'affaires.
I'm a business person.
Je suis un(e) étudiant(e).
I'm a student.
Je suis un(e) artiste.
I'm an artist.
Quel âge avez-vous ?/Quel âge as-tu ?
How old are you?
J'ai (25) ans.
I'm (25) years old.
Aimes-tu l'art ?
Do you like art?
Aimes-tu le sport ?
Do you like sports?
Aimes-tu lire ?
Do you like to read?
Aimes-tu danser ?
Do you like to dance?
Aimes-tu voyager ?
Do you like travelling?

Sensations

J'ai faim. I'm hungry.
J'ai froid. I'm cold.
J'ai chaud. I'm hot.
J'ai soif. I'm thirsty.
Comment te sens-tu ?
Are you okay?

Transports

Est-ce le bus (pour Boston) ?
Is this the bus (to Boston)?
Est-ce l'avion (pour Los Angeles) ?
Is this the plane (to Los Angeles)?
Est-ce le train (pour Boston) ?
Is this the train (to Boston)?
C'est combien pour aller à... ?
How much is it to...?
Ce taxi est-il libre ?
Is this taxi free?
À quelle heure part-il ?
What time does it leave?
Où se trouve le centre-ville ?
Where is Downtown?
Où puis-je trouver un hôtel ?
Where's a hotel?
Où se tient le marché ?
Where is a farmers' market?

Hébergement

Où puis-je trouver un terrain de camping ?
Where is a camp ground?
Pouvez-vous me recommander un logement pas cher ?
Can you recommend somewhere cheap?
Pouvez-vous me recommander un logement de qualité ?
Can you recommend somewhere good?
Quel est le prix par nuit ?
How much is it per night?
Je voudrais réserver une chambre, s'il vous plaît.
I'd like to book a room, please.

Achats

Où est le supermarché ?
Where's the supermarket?
Où puis-je trouver une banque ?
Where's a bank?
Où puis-je acheter... ?
Where can I buy...?
Est-ce que je peux le voir ?
Can I look at it?
Quel est votre meilleur prix ?
What's your lowest price?
Pouvez-vous écrire le prix ?
Can you write down the price?
Puis-je avoir un reçu, s'il vous plaît.
I'd like a receipt, please.

Photographie

Je voudrais une carte mémoire pour cet appareil.
I'd like a memory card for this camera.
Avez-vous un câble pour cet appareil ?
Do you have a cable for this camera?
Où puis-je trouver une batterie pour cet appareil ?
Where can I find a battery for this camera?
Je voudrais graver mes photos sur un CD.
I'd like to put my photos on a CD.
Combien coûte le tirage papier des photos de cette carte mémoire ?
How much is it to print out the photo on this memory card?
Quand cela sera-t-il prêt ?
When will it be ready?

Sortir

J'aimerais aller au cinéma.
I feel like going to the movies.

J'aimerais aller au théâtre.
I feel like going to the theatre.

J'aimerais aller à un concert.
I feel like going to a concert.

Où y a-t-il des discothèques ?
Where can I find clubs?

Où y a-t-il des lieux gays ?
Where can I find gay venues?

Où y a-t-il des pubs ?
Where can I find pubs?

Visites touristiques

Quand a lieu la prochaine excursion à la journée ?
When's the next day trip?

L'excursion dure combien de temps ?
How long is the tour?

L'entrée est-elle comprise dans le prix ?
Is the admission charge included?

À quelle heure doit-on rentrer ?
What time should we be back?

Où se restaurer et prendre un verre

Pouvez-vous me conseiller un restaurant ?
Can you recommend a restaurant?

Pouvez-vous me conseiller un café ?
Can you recommend a cafe?

Servez-vous des plats végétariens ?
Do you have vegetarian food?

Y a-t-il un restaurant végétarien par ici ?
Is there a vegetarian restaurant near here?

Je voudrais une table pour (5) personnes, s'il vous plaît.
I'd like a table for (five), please.

Y a-t-il un espace fumeurs ?
Is there a smoking area?

Pouvez-vous me conseiller un bar ?
Can you recommend a bar?

Faire ses courses

Combien coûte (un kilo) ?
How much is (a kilo)?

J'en voudrais (200) grammes.
I'd like (two hundred) grams.

J'en voudrais (6) tranches.
I'd like (six) slices.

Quelle est la spécialité locale ?
What's the local speciality?

Commander à manger/ à boire

Puis-je avoir la carte des boissons, s'il vous plaît.
I'd like to see the drinks list, please.

Puis-je avoir le menu, s'il vous plaît.
I'd like the menu, please.

Qu'est-ce que vous me conseillez ?
What would you recommend?

Un café (avec du lait).
Coffee with milk.

Un thé (avec du lait).
Tea with milk.

L'addition, s'il vous plaît.
The check, please.

Au bar

Qu'est-ce que vous désirez ?
What would you like?

Je vous offre un verre.
I'll buy you a drink.

Une bière. A beer.

Un verre de vin blanc.
A glass of white wine.

Un verre de vin rouge.
A glass of red wine.

Champagne. Champagne.

Santé ! Cheers!

Santé

Au secours ! Help!

J'ai besoin d'un médecin qui parle français.
I need a doctor who speaks French.

Est-ce que je peux voir une femme médecin ?
Could I see a female doctor?

Je n'ai plus de médicaments.
I've run out of my medicine.

Où y a-t-il un dentiste par ici ?
Where's the nearest dentist?

Où est l'hôpital le plus proche ?
Where's the nearest hospital?

Où y a-t-il une pharmacie de garde par ici ?
Where's a twenty four-hour pharmacy?

En coulisses

VOS RÉACTIONS ?

Vos commentaires nous sont très précieux et nous permettent d'améliorer constamment nos guides. Notre équipe lit toutes vos lettres avec la plus grande attention. Nous ne pouvons pas répondre individuellement à tous ceux qui nous écrivent, mais vos commentaires sont transmis aux auteurs concernés. Tous les lecteurs qui prennent la peine de nous communiquer des informations sont remerciés dans l'édition suivante, et ceux qui nous fournissent les renseignements les plus utiles se voient offrir un guide.

Pour nous faire part de vos réactions, prendre connaissance de notre catalogue et vous abonner à notre newsletter, consultez notre site Internet : **www.lonelyplanet.fr**

Nous reprenons parfois des extraits de notre courrier pour les publier dans nos produits, guides ou sites web. Si vous ne souhaitez pas que vos commentaires soient repris ou que votre nom apparaisse, merci de nous le préciser. Notre politique en matière de confidentialité est disponible sur notre site Internet.

UN MOT DES AUTEURS

Ali Lemer

Merci à Trisha Ping et Lauren Keith, à Dawn Hopper chez Dutchess Tourism et Stacey-Ann Hosang à l'Empire State Building. Merci également aux coauteurs de ce guide, notamment Anita Isalska et Ma-Sovaida Morgan. À Mark Batt, Michael et Ellen Korney, merci pour leur amour et leur soutien. Je dédie mes chapitres à mes deux New-Yorkais préférés, les regrettés Toni Halbreich et Albert Lemer.

Anita Isalska

Un grand merci à Lauren Keith pour la main tendue et les bons conseils. Un énorme merci à Ali Lemer pour ses informations de première main et à Normal Matt d'avoir accepté d'arpenter ainsi Williamsburg.

MaSovaida Morgan

Du fond du cœur, merci à tous ceux qui ont fait une vraie réussite de mon retour estival en ces contrées suffocantes que j'aime tant : Travis Williams et Alfie de Longchamp, Hailey Mahan, Patrick Salami, Tracy Gilmore et Rich Timbol, Floris Billiet et Charles Mussche, Lauren Weber, Mark Toslu, Travis Levius, Oneika Raymond, Matthew Downing, Benno et Dana Givens. Pour finir, un grand merci à Lauren Keith pour m'avoir fait prendre part à cette aventure et à mes coauteurs de rêve, Kevin, Ali et Anita.

Kevin Raub

Merci à Lauren Keith ainsi qu'à mes acolytes chez Lonely Planet. Sur place, merci à Tommy et Shelley Martin de m'avoir sauvé la vie grâce aux logements dans l'Upper West Side et aussi pour Discover Long Island, à Sian Perry et Jo Webb pour leur aide amicale, à Alice Brignani, Brian et Jennifer Patterson, Charles Runnette et Nathan Lump, Isabel Sinistore, Emily Munro, Kathleen O'Connor, Sharon Nieuwenhuis, Margeret Anne-Logan, Michelle Perlin, Alex Wittenberg, Lisbeth Cassaday, Susan Galardi et Helen Harrison.

CRÉDITS

À PROPOS DE CET OUVRAGE

Cette 13e édition en français du guide *New York* est la traduction-adaptation de la 12e édition en anglais du guide Lonely Planet *New York City*, rédigée et mise à jour par Ali Lemer, Anita Isalska, MaSovaida Morgan et Kevin Raub.

Traduction Naomi Defays, Sophie Lecoq, Laura Vaz

Direction éditoriale Didier Férat

Responsable prépresse Jean-Noël Doan

Coordination éditoriale Juliette Stephens

Maquette Marie Dautet

Cartographie Nicolas Chauveau

Couverture Laure Wilmot et Laurent Briard

Merci à Julien Lannoy pour sa relecture attentive du texte et à Basile Mariton. Un grand merci à Dominique Spaety et à toute l'équipe du bureau de Paris. Et enfin, tous nos remerciements à Luan Angel et Nigel Longuet à Londres, et à Jean-Pierre Masclef à Melbourne.

Voir aussi les index des rubriques :
OÙ SE RESTAURER P. 422
OÙ PRENDRE UN VERRE ET FAIRE LA FÊTE P. 424
OÙ SORTIR P. 425
SHOPPING P. 426
SPORTS ET ACTIVITES P. 427
OÙ SE LOGER P. 427

Index

Références des sites
Références des **cartes**
Références des **photos**

Références des sites
Références des **cartes**
Références des **photos**

OÙ SE RESTAURER

Références des sites
Références des **cartes**
Références des **photos**

OÙ PRENDRE UN VERRE ET FAIRE LA FÊTE

☆ OÙ SORTIR

SPORTS ET ACTIVITÉS

OÙ SE LOGER

Plans de New York

À voir

- Plage
- Réserve ornithologique
- Temple bouddhiste
- Château/palais
- Église/cathédrale
- Temple confucéen
- Temple hindou
- Mosquée
- Temple jaïn
- Synagogue
- Monument
- Musée/galerie/édifice historique
- Ruines
- Sentō (bain public)
- Temple shintoïste
- Temple sikh
- Temple taoïste
- Cave/vignoble
- Zoo
- Autre site

Activités, cours et circuits organisés

- Bodysurfing
- Plongée/snorkeling
- Canoë/kayak
- Cours/circuits organisés
- Ski
- Snorkeling
- Surf
- Piscine/baignade
- Randonnée
- Planche à voile
- Autres activités

Où se loger

- Hébergement
- Camping

Où se restaurer

- Restauration

Où prendre un verre

- Bar
- Café

Où sortir

- Salle de spectacle

Shopping

- Magasin

Renseignements

- Banque
- Ambassade/consulat
- Hôpital/centre médical
- Accès Internet
- Police
- Bureau de poste
- Centre téléphonique
- Toilettes
- Office du tourisme
- Autre adresse pratique

Géographie

- Plage
- Refuge/gîte
- Phare
- Point de vue
- Montagne/volcan
- Oasis
- Parc
- Col
- Aire de pique-nique
- Cascade

Agglomérations

- Capitale (pays)
- Capitale (région/État/province)
- Grande ville
- Petite ville/village

Transports

- Aéroport
- Poste frontière
- Bus
- Téléphérique/funiculaire
- Piste cyclable
- Ferry
- Métro/Tube Station (anglais)
- Monorail
- Parking
- Station-service
- Station de métro
- Taxi
- T-Bane/Station T-Bane (norvégien)
- Gare/chemin de fer
- Tramway
- U-Bahn (allemand)
- Autre moyen de transport

Les symboles recensés ci-dessus ne sont pas tous utilisés dans ce guide

Routes

- Autoroute à péage
- Voie rapide
- Nationale
- Route secondaire
- Petite route
- Chemin
- Route non goudronnée
- Route en construction
- Place/rue piétonne
- Escalier
- Tunnel
- Passerelle
- Promenade à pied
- Promenade à pied (variante)
- Sentier

Limites et frontières

- Pays
- État/province
- Frontière contestée
- Région/banlieue
- Parc maritime
- Falaise
- Rempart

Hydrographie

- Fleuve/rivière
- Rivière intermittente
- Canal
- Étendue d'eau
- Lac asséché/salé/intermittent
- Récif

Topographie

- Aéroport/aérodrome
- Plage/désert
- Cimetière (chrétien)
- Cimetière (autre)
- Glacier
- Marais
- Parc/forêt
- Site (édifice)
- Terrain de sport
- Mangrove

INDEX DES PLANS

LOWER MANHATTAN ET FINANCIAL DISTRICT *Plan p. 438*

Les incontournables **(p. 64)**
1 Ellis Island ... B8
2 National September 11 Memorial & Museum ... C5
3 One World Trade Center ... B4
4 Statue de la Liberté ... C8

À voir **(p. 72)**
5 African Burial Ground National Monument ... D3
6 Battery Park ... C7
7 Bowling Green ... C7
8 Castle Clinton ... C7
9 City Hall ... D4
10 Federal Hall ... D6
11 Fraunces Tavern Museum ... D7
12 Museum of Jewish Heritage ... B7
13 National Museum of the American Indian ... D7
14 National September 11 Memorial ... B5
15 New York Stock Exchange ... D6
One World Observatory ... (voir 3)
16 Pier 17 ... F5
17 SeaGlass Carousel ... D8
18 Skyscraper Museum ... C7
19 South Street Seaport District ... F4
20 South Street Seaport Museum ... E5
21 St Paul's Chapel ... C4
22 Trinity Church ... C6
23 USCGC Lilac ... A2
24 Woolworth Building ... C4

Où se restaurer **(p. 77)**
26 Bâtard ... C2
27 Brookfield Place ... B5
28 Eataly NYC Downtown ... C5
29 Gotan ... C2
30 Grand Banks ... A3
Hudson Eats ... (voir 27)
Le District ... (voir 27)
Locanda Verde ... (voir 67)
31 Luchadores NYC ... E5
32 Maman ... C2
33 Paris Cafe ... F5
34 Tiny's & the Bar Upstairs ... C3
35 Two Hands ... C2
36 Van Leeuwen ... F5

Où prendre un verre et faire la fête **(p. 79)**
38 Brandy Library ... C2
39 Cowgirl SeaHorse ... F4
40 Dead Rabbit ... D7
Fraunces Tavern ... (voir 11)
41 La Colombe ... C1
42 Macao Trading Co ... C1
43 Nancy Whiskey Pub ... C1
44 Smith & Mills ... B2
45 Terroir Tribeca ... B2
46 Watermark ... F6
47 Weather Up ... C3

Où sortir **(p. 84)**
48 City Vineyard ... A2
49 Flea Theater ... C3
Roxy Tribeca Cinema ... (voir 68)
50 Soho Rep ... C1

Shopping **(p. 84)**
51 Let There Be Neon ... C2
52 Bowne & Co Stationers ... E5
53 Century 21 ... C5
54 CityStore ... D3
55 Mysterious Bookshop ... C3
56 Pasanella & Son ... F5
57 Pearl River Mart ... D2
58 Philip Williams Posters ... C3
59 Shinola ... B2

Activités **(p. 86)**
60 Downtown Boathouse ... A2
61 Institute of Culinary Education ... B5
Pioneer ... (voir 20)
62 Staten Island Ferry ... D8
WO Decker ... (voir 20)

Où se loger **(p. 345)**
63 AKA Tribeca ... C3
64 Andaz Wall St ... E6
65 Conrad New York ... A4
66 Gild Hall ... D5
67 Greenwich Hotel ... B2
68 Roxy Hotel ... C2

LOWER MANHATTAN ET FINANCIAL DISTRICT

Légende p. 437

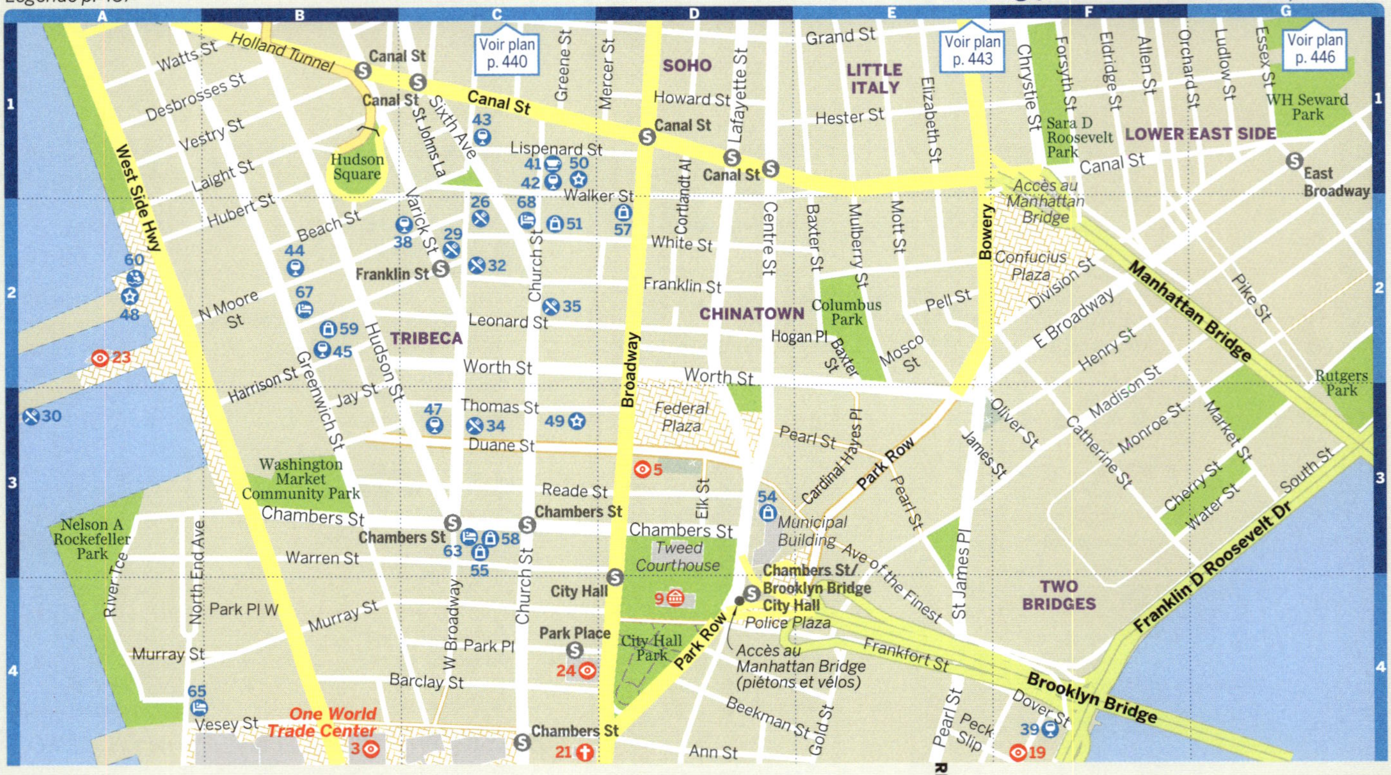

LOWER MANHATTAN ET FINANCIAL DISTRICT

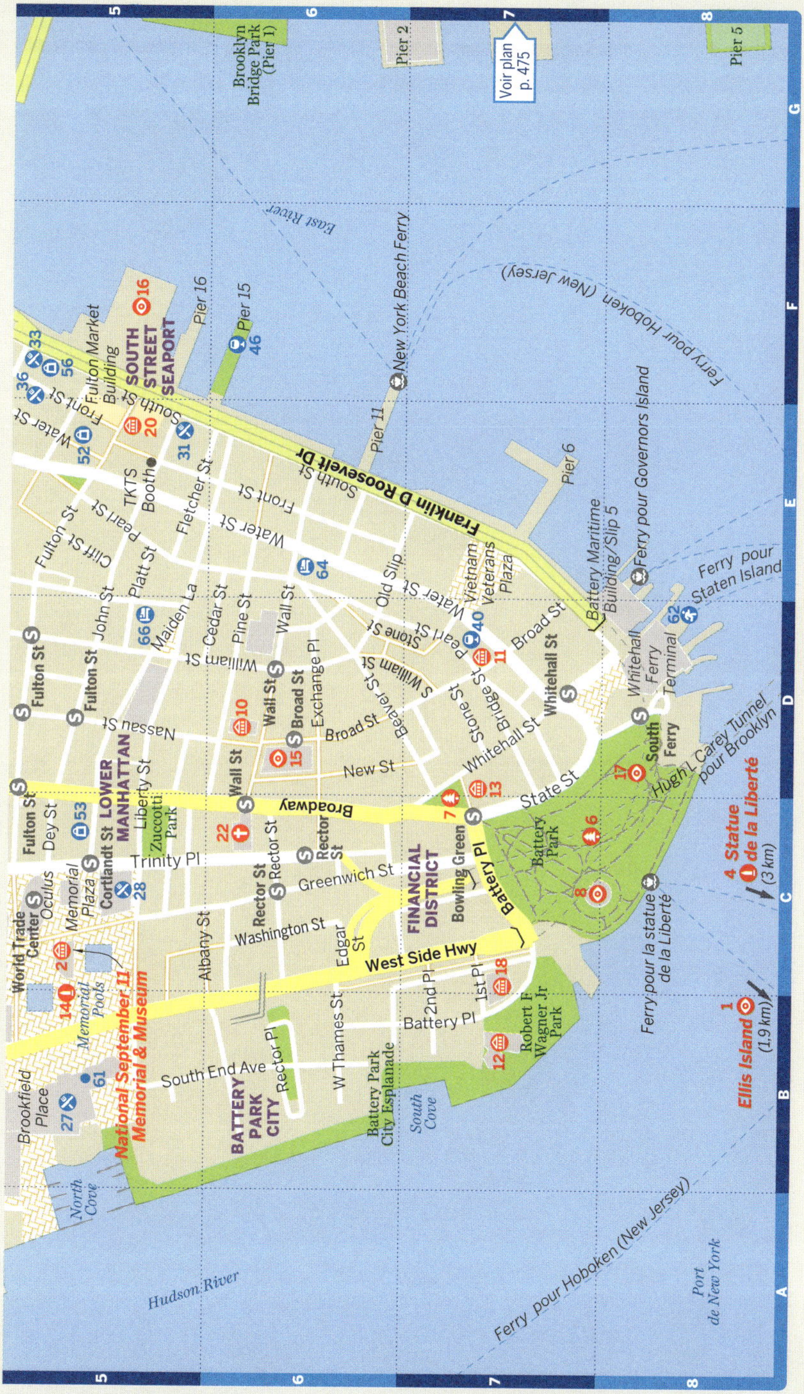

Légende p. 442

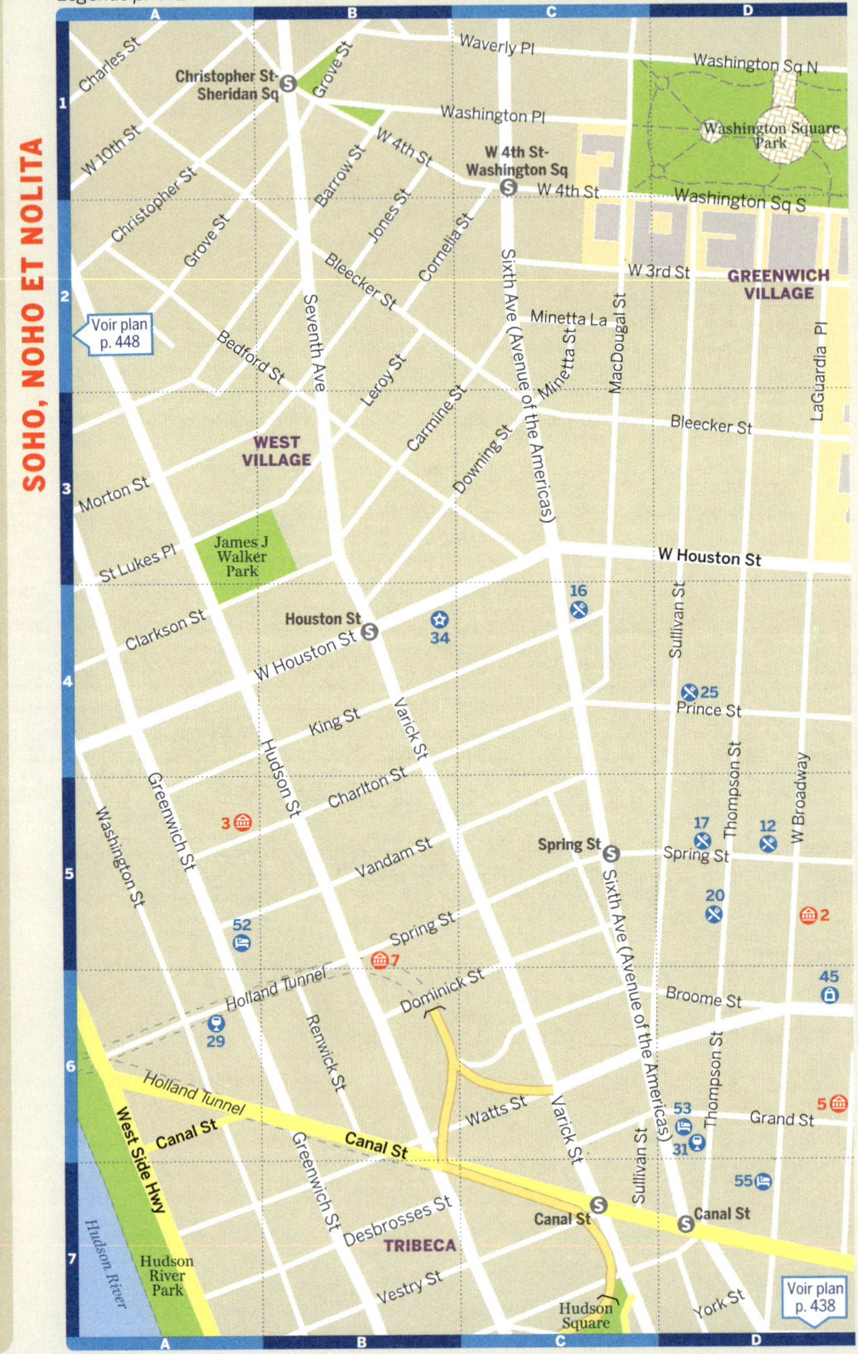

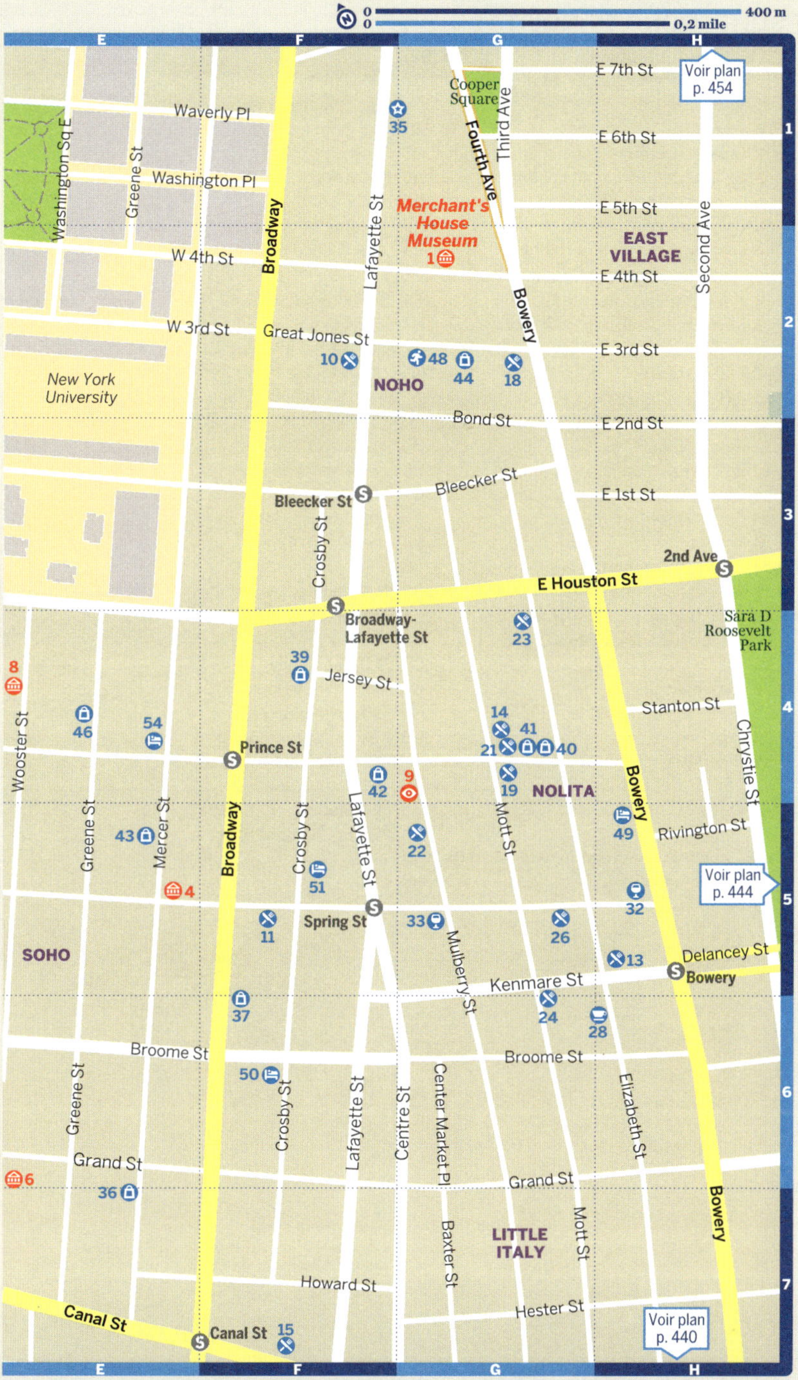

SOHO, NOHO ET NOLITA

SOHO, NOHO ET NOLITA *Plan p. 440*

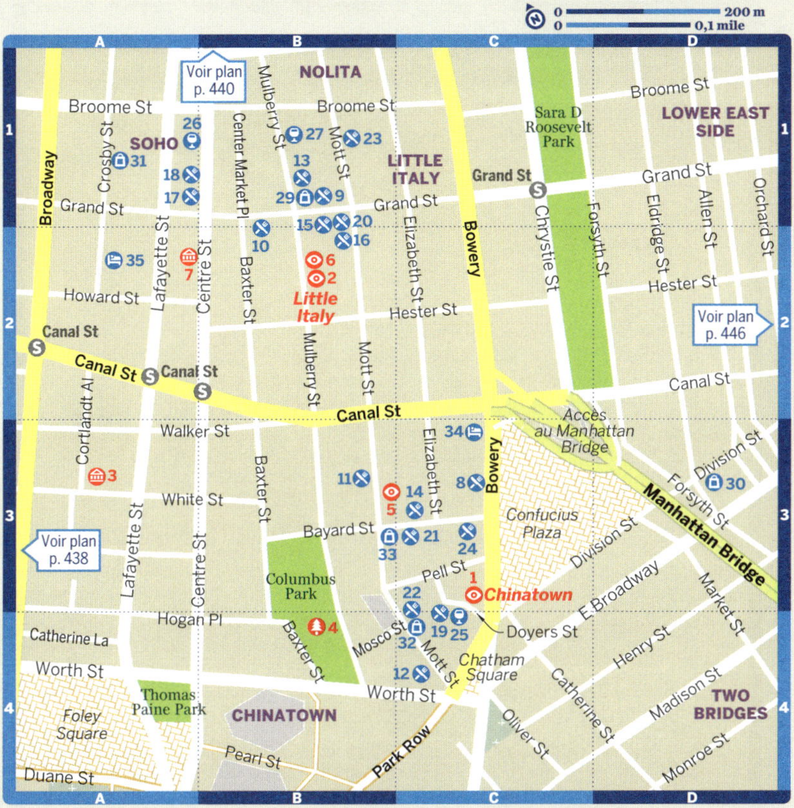

Les incontournables (p. 89)

1 Chinatown ... C3
2 Little Italy ... B2

À voir (p. 92)

3 Artists Space ... A3
4 Columbus Park ... B4
5 Eastern States Buddhist Temple ... B3
6 Mulberry Street ... B2
7 Museum of Chinese in America ... A2

Où se restaurer (p. 99)

8 Joe's Shangai ... C3
9 Bánh Mì Saigon Bakery ... B1
10 Baz Bagels ... B2
11 Big Wong ... B3
12 Buddha Bodai ... C4
13 Da Nico ... B1
14 Deluxe Green Bo ... C3
15 Ferrara Cafe & Bakery ... B1
16 Golden Steamer ... B2
17 Lan Larb Chiangmai ... A1
18 Maman ... A1
19 Nom Wah Tea Parlor ... C4
20 Nyonya ... B1
21 Original Chinatown Ice Cream Factory ... C3
22 Peking Duck House ... C3
23 Two Hands ... B1
24 Xi'an Famous Foods ... C3

Où prendre un verre et faire la fête (p. 102)

25 Apothéke ... C4
26 Compagnie des Vins Surnaturels ... A1
27 Mulberry Street Bar ... B1

Shopping (p. 104)

29 Alleva ... B1
30 Fong On ... D3
31 Saturdays ... A1
32 Wing on Wo ... C4
33 Yuong Chopsticks ... B3

Où se loger (p. 346)

34 Hotel 50 Bowery ... C3
35 Nomo SoHo ... A2

EAST VILLAGE

EAST VILLAGE

Les incontournables **(p. 114)**
1 St Marks Place ... C2

À voir **(p. 116)**
2 6th & B Garden ... D3
3 All People's Garden ... E3
4 Astor Place ... B2
5 Brisas del Caribe ... E3
6 Foundation Building ... B2
7 East River Park ... G3
8 Hole ... B4
9 La Plaza Cultural Community Garden ... E2
10 Le Petit Versailles ... E4
11 Mosaic Trail ... B2
12 St Mark's Church in-the-Bowery ... B2
13 Tompkins Square Park ... D2

Où se restaurer **(p. 117)**
14 Artichoke Pizza ... C1
15 Cafe Mogador ... C2
16 Crif Dogs ... D2
18 Gyu-Kaku ... B3
19 Hearth ... C1
20 Ippudo NY ... B2
21 Kanoyama ... B1
22 Lavagna ... D3
23 Luzzo's ... C1
24 Mamoun's ... B2
25 Mikey Likes It ... D1
26 Momofuku Noodle Bar ... C2
27 MUD Spot ... C2
28 Prune ... C4
29 Rai Rai Ken ... C2
30 Upstate ... C3
31 Veselka ... C2
32 Westville East ... D2

Où prendre un verre et faire la fête **(p. 125)**
33 Abraço ... C2
34 Amor y Amargo ... D3
35 Angel's Share ... B2
36 Berlin ... D4
37 Cock ... B3
38 Crocodile Lounge ... C1
39 Death & Co ... C3
40 Immigrant ... C2
41 McSorley's Old Ale House ... B2
42 Nowhere ... C1
43 Otto's Shrunken Head ... D1
PDT ... (voir 16)
44 Phoenix ... D1
45 Pouring Ribbons ... E1
Proletariat ... (voir 17)
46 Wayland ... E2

Où sortir **(p. 130)**
48 Anyway Café ... B4
49 La MaMa ETC ... B3
50 Nuyorican Poets Café ... E4
51 Performance Space New York ... C2

Activités **(p. 130)**
62 Bains publics (Russian & Turkish Baths) ... C2

Shopping **(p. 131)**
52 A-1 Records ... D3
53 Consigliere ... C2
55 John Varvatos ... B4
56 Kiehl's ... B1
57 No Relation Vintage ... C1
59 Tokio 7 ... C2
60 Trash & Vaudeville ... C3
61 Verameat ... C2

Où se loger **(p. 347)**
63 Bowery Hotel ... B4
64 St Mark's Hotel ... B2
65 Standard East Village ... B3

0 200 m
0 0,1 mile
A
B
C
D
1
2
3
4
5
6
7
Voir plan p. 444
Voir plan p. 440
Voir plan p. 443
Voir plan p. 438
EAST VILLAGE
LOWER EAST SIDE
New Museum of Contemporary Art
Lower East Side Tenement Museum
E 2nd St
E 1st St
Second Ave
First Ave
Ave A
E Houston St
2nd Ave
Stanton St
Rivington St
Delancey St
Delancey-Essex Sts
Bowery
Broome St
Grand St
Hester St
Canal St
Bayard St
Chrystie St
Forsyth St
Eldridge St
Allen St
Orchard St
Ludlow St
Essex St
Norfolk St
Suffolk St
Freeman Al
Elizabeth St
Sara D Roosevelt Park
WH Seward Park
East Broadway
Division St
Pike St
E Broadway
Manhattan Bridge
Accès au Manhattan Bridge
Confucius Plaza
1
2
3
4
5
6
7
8
9
10
11
12
14
15
16
18
19
20
21
22
23
24
25
26
27
28
29
30
32
33
34
35
36
37
38
39
40
41
42
43
44
45
46
47
48

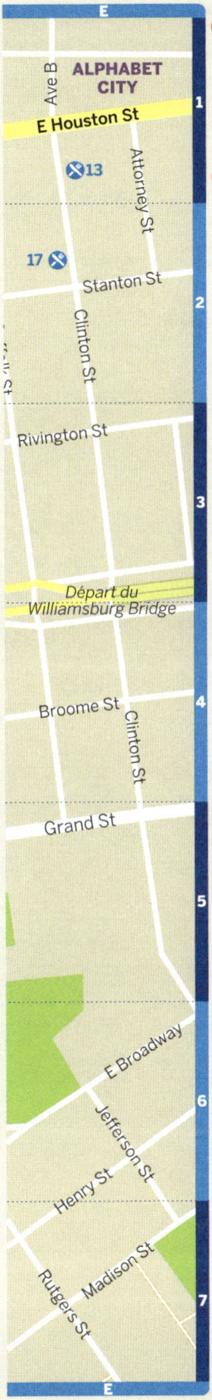

Les incontournables (p. 111)

1 Lower East Side Tenement Museum C4
2 New Museum of Contemporary Art........ A3

À voir (p. 116)

3 Anastasia Photo C3
4 Mahayana Temple.............. B6
5 Museum at Eldridge Street Synagogue............ C7
6 Perrotin.............................. C3
7 Salon 94 Freemans............. A3
8 Sara D. Roosevelt Park B3
9 Sperone Westwater A2
Synagogue d'Eldridge Street...........(voir 5)

Où se restaurer (p. 121)

11 Casa Mezcal....................... C4
12 Cheeky Sandwiches C6
13 Clinton Street Baking Company.......................... E1
14 Doughnut Plant.................. D5
15 Essex Market D4
16 Freemans A3
17 Ivan Ramen E2
18 Jajaja Plantas Mexicana.......D6
19 Katz's Delicatessen C1
20 Kossar's Bagels & Bialys............................ D5
21 Russ & Daughters Cafe....... C3
22 Souvlaki GR........................ D2
23 Supermoon Bakehouse D3
24 Vanessa's Dumpling House C5
25 Yonah Schimmel Knish Bakery B2

Où prendre un verre et faire la fête (p. 128)

26 Attaboy............................... C4
27 Bar Goto B2
28 Barrio Chino........................ C4
29 Beauty & Essex.................... D2
30 Flower Shop B5
32 Sel Rrose A4
33 Ten Bells............................. C4

Où sortir (p. 130)

34 Arlene's Grocery................. C2
35 Bowery Ballroom................ A4
36 Metrograph D6
37 Rockwood Music Hall.......... C2
38 Slipper Room C2

Shopping (p. 132)

39 Bluestockings D3
40 Economy Candy D3
41 Edith Machinist.................. D3
42 Moo Shoes C5
43 Pickle Guys D5
44 Reformation........................ C2
45 Russ & Daughters C1
46 Top Hat................................ D4

Où se loger (p. 347)

47 Blue Moon Boutique Hotel.. C4
48 Ludlow C2

WEST VILLAGE ET MEATPACKING DISTRICT

Légende p. 450

500 m
0,25 mile
E
F
G
H
1
2
3
4
5
6
7
E 15th St
Voir plan p. 454
Union Square
14th St-Union Sq
W 14th St
6th Ave-14th St
W 13th St
14
87
Fourth Ave
91
101
W 12th St
E 12th St
8
Fifth Ave
34
W 11th St
E 11th St
Broadway
5
W 10th St
E 10th St
26
56
37
13
University Pl
Greenwich Ave
50
98
W 10th St
W 9th St
E 9th St
88
110
92
102
W 8th St
E 8th St
8th St-NYU
68
24
Gay St
MacDougal Al
67
59
Waverly Pl
Christopher Park
65
Washington Sq N
Mercer St
Greene St
Waverly Pl
16
Washington Square Park
3
Washington Sq E
Voir plan p. 444
9
Barrow St
W 4th St
W 4th St-Washington Sq
Washington Pl
66
New York University
6
Jones St
73
35
Washington Sq S
W 4th St
E 4th St
Cornelia St
82
105
77
78
Bleecker St
W 3rd St
89
18
80
71
NOHO
96
Minetta La
47
31
38
GREENWICH VILLAGE
29
Minetta St
LaGuardia Pl
New York University
Leroy St
43
Bond St
44
Carmine St
Bedford St
Downing St
75
Bleecker St
Sixth Ave (Avenue of the Americas)
28
MacDougal St
Sullivan St
Thompson St
Crosby St
48
21
W Houston St
76
Broadway-Lafayette St
W Houston St
SOHO
Houston St
Wooster St
Greene St
Mercer St
King St
Broadway
Varick St
Charlton St
Prince St
Prince St
W Broadway
Vandam St
Crosby St
Voir plan p. 440
Spring St
Spring St
WEST VILLAGE ET MEATPACKING DISTRICT

WEST VILLAGE ET MEATPACKING DISTRICT *Plan p. 448*

Les incontournables **(p. 137)**

1 High Line A2
2 Hudson River Park C7
3 Washington Square Park G4

À voir **(p. 141)**

4 Abingdon Square C3
5 Grace Church H2
6 New York University G4
7 Pier 45 .... A6
8 Salmagundi Club G2
9 Sheridan Square E4
10 Stonewall National Monument D4
11 White Columns C2
12 Whitney Museum of American Art A2

Où se restaurer **(p. 145)**

13 Alta F3
14 Bar Six E2
15 Benny's Burritos C2
16 Blue Hill - Family Meal F4
17 Cafe Cluny C2
18 Caffe Reggio F5
20 Corner Bistro C2
21 Cotenna E6
Decoy .... (voir 36)
24 Jeffrey's Grocery E3
25 JeJu Noodle Bar C5
26 Mah Ze Dahr E3
27 Malaparte B3
Mamoun's .... (voir 18)
28 Mermaid Oyster Bar F5
29 Minetta Tavern F5
30 Moustache D5
31 Murray's Mac & Cheese E5
33 Ofrenda D3
34 Peacefood H2
35 Red Bamboo F4
36 RedFarm C4
37 Rosemary's E3
38 Saigon Shack F5
39 Snack Taverna D5
41 Sushi Nakazawa D5
42 Taïm D2
43 Thelewala F5
44 Urban Vegan Kitchen E5
45 Westville D4
46 Wild C4

Où prendre un verre et faire la fête **(p. 155)**

47 124 Old Rabbit Club F5
48 Aria West Village E6
49 Art Bar C2
50 Bell Book & Candle E3
51 Brass Monkey A2
52 Buvette D4
53 Cubbyhole C2
54 Employees Only C4
55 Cellar Dog D4
56 Happiest Hour E3
57 Henrietta Hudson D5

CHELSEA

0 — 400 m
0 — 0,2 mile
Voir plan p. 454
Voir plan p. 460
Voir plan p. 448
Sixth Ave (Avenue of the Americas)
Seventh Ave
Eighth Ave
Ninth Ave
Tenth Ave
Eleventh Ave
Twelfth Ave (West Side Hwy)
Eleventh Ave (West Side Hwy)
High Line
W 29th St
28th St
W 28th St
W 27th St
W 26th St
W 25th St
W 24th St
23rd St
W 23rd St
W 22nd St
W 21st St
W 20th St
W 19th St
18th St
W 18th St
W 17th St
W 16th St
CHELSEA
Chelsea Park
London Terrace
Chelsea Waterside Park
Hudson River Park
Chelsea Piers
Pier 66
Pier 62
Pier 61
Pier 60
Pier 59
Hudson River

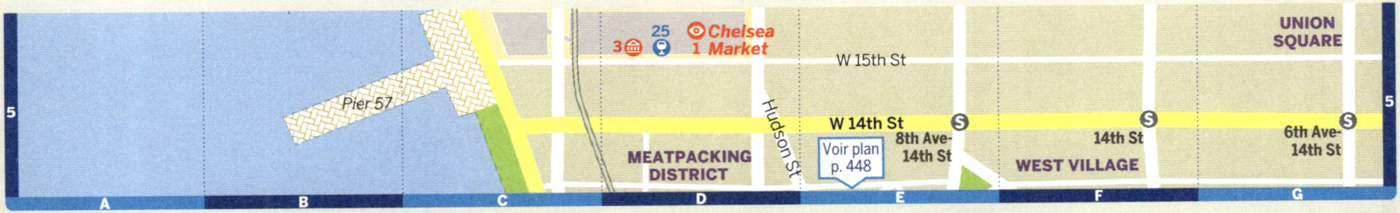

Les incontournables (p. 137)
1 Chelsea Market ... D5

À voir (p. 144)
3 Artechouse ... D5
4 Chelsea Hotel ... F3
5 David Zwirner ... C3
6 Gagosian ... C2
7 General Theological Seminary ... D3
8 Gladstone Gallery ... C2
9 Matthew Marks Gallery ... C3
10 Pace Gallery ... C2
11 Paula Cooper Gallery ... C2
12 Rubin Museum of Art ... G4

Où se restaurer (p. 153)
Amy's Bread ... (voir 1)
Chelsea Market ... (voir 1)
14 Chelsea Square Diner ... D3
15 Cookshop ... C3
16 Foragers Table ... E3
17 Jun-Men ... D2
L'Arte Del Gelato ... (voir 1)
18 Tía Pol ... C3

Où prendre un verre et faire la fête (p. 158)
19 Bathtub Gin ... D4
21 Eagle NYC ... C1
Gallow Green ... (voir 31)
22 Gym Sportsbar ... E4
23 Peter McManus Cafe ... F4
24 Pier 66 Maritime ... A2
25 The Tippler ... D5

Où sortir (p. 160)
26 Atlantic Theater Company ... E3
27 Gotham Comedy Club ... F3
28 Joyce Theater ... E4
29 Kitchen ... C4
30 New York Live Arts ... F4
31 Sleep No More ... C1

Shopping (p. 164)
32 192 Books ... C3
33 Housing Works Thrift Shop ... G4
34 INA ... F4
36 Printed Matter ... B2

Activités (p. 165)
37 Chelsea Piers ... B3
38 New York Gallery Tours ... C2
39 Schooner Adirondack ... B3

Où se loger (p. 348)
40 Chelsea International Hostel ... F3
42 High Line Hotel ... C3
43 Maritime Hotel ... D4
44 Townhouse Inn of Chelsea ... G2

UNION SQUARE, FLATIRON DISTRICT ET GRAMERCY PARK

Les incontournables (p 170)
1 Flatiron Building ... C2
2 Gramercy Park ... D3
3 Union Square ... D4

À voir (p 171)
4 Lord & Taylor Building ... C3
5 Madison Square Park ... C2
6 Metropolitan Life Tower ... C2
7 National Arts Club ... D3
8 Theodore Roosevelt Birthplace ... C3
9 Union Square Greenmarket ... C4

Où se restaurer (p. 173)
10 ABC Kitchen ... C4
11 Bar Jamón ... E4
12 Burger & Lobster Flatiron ... B3
13 Casa Mono ... E4
14 Clocktower ... C2
15 Cosme ... C3
16 Craft ... D3
17 Eataly ... C2
18 Eisenberg's Sandwich Shop ... C2
19 Eleven Madison Park ... C2
20 Gramercy Tavern ... D3
Maialino ... (voir 44)
21 Max Brenner ... D5
22 Shake Shack ... C2
23 Tacombi Café El Presidente ... B2
24 Thaï Villa ... C3

Où prendre un verre et faire la fête (p 176)
25 Boxers NYC ... B3
26 Flatiron Room ... B1
27 Irving Farm Roasters ... D3
28 Lillie's Victorian Establishment ... C4
29 Old Town Bar & Restaurant ... D4
30 Pete's Tavern ... E4
31 Raines Law Room ... B4
Serra ... (voir 17)
32 Beauty Bar ... F5

Où sortir (p 177)
33 Irving Plaza ... D4

Shopping (p. 178)
34 ABC Carpet & Home ... C3
35 Bedford Cheese Shop ... D4
36 Books of Wonder ... B4
37 Fishs Eddy ... C3
38 Paragon Sporting Goods ... C4
39 Rent the Runway ... B5

Activités (p. 179)
40 SPIN ... D2
41 New York City Audubon ... B2

Où se loger (p. 350)
42 Carlton Arms ... E1
43 Freehand New York ... E2
44 Gramercy Park Hotel ... D3
45 Hotel Giraffe ... D1
46 Hotel Henri ... B2
47 Marcel at Gramercy ... E2
48 W New York Union Square ... D4

MIDTOWN EAST ET FIFTH AVENUE

MIDTOWN EAST ET FIFTH AVENUE

MIDTOWN EAST ET FIFTH AVENUE *Plan p. 456*

Les incontournables (p. 182)

1 Chrysler Building ... C5
2 Empire State Building ... B7
3 Grand Central Terminal ... C5
4 Rockefeller Center ... B3
5 Roosevelt Island ... G2

À voir (p. 195)

6 432 Park Avenue ... C2
7 Bryant Park ... B5
8 Chanin Building ... C5
9 Citigroup Center ... C2
10 Franklin D. Roosevelt Four Freedoms Park ... F4
11 Japan Society ... E4
12 Le Carrousel ... A5
13 Lever House ... C2
14 Morgan Library & Museum ... C6
15 New York Public Library ... B5
16 Paley Center for Media ... B3
17 Seagram Building ... C3
18 St Patrick's Cathedral ... B3
19 Top of the Rock ... A3
20 United Nations ... E4

Où se restaurer (p. 200)

22 Bryant Park Grill ... B5
23 Dhaba ... C8
24 Ess-a-Bagel ... D3
Grand Central Oyster Bar & Restaurant ... (voir 3)
25 Hangawi ... B7
26 The Smith ... D3

Où prendre un verre et faire la fête (p. 205)

28 Bar SixtyFive ... B3
29 Bryant Park Café ... B5
30 Little Collins ... D4
31 Middle Branch ... C7
32 Stumptown Coffee Roasters ... B8
The Campbell ... (voir 3)
33 Top of the Strand ... B6

Shopping (p. 214)

35 Argosy ... C1
36 Barneys ... B1
37 Bergdorf Goodman ... B1
38 Bloomingdale's ... C1
39 FAO Schwarz ... B3
40 Grand Central Market ... C5
New York Transit Museum Store ... (voir 3)
41 Saks Fifth Avenue ... B3

Activités (p. 190)

42 Grand Central Partnership ... C5
Municipal Art Society ... (voir 3)
43 NBC Studio Tours ... A3
The Rink at Rockefeller Center ... (voir 4)

Où se loger (p. 351)

44 Ace Hotel ... B8
45 Andaz Fifth Avenue ... B5
46 Four Seasons ... C2
47 Hotel 31 ... C7
48 Iberostar 70 Park ... C6
49 Kixby Hotel ... B6
50 Plaza ... B1
51 Pod 51 ... D3

MIDTOWN WEST ET TIMES SQUARE *Plan p. 460*

Les incontournables **(p. 182)**
1 Museum of Modern Art ... G2
2 Radio City Music Hall ... F3
3 Times Square ... E5

À voir **(p. 198)**
4 Bank of America Tower ... F5
5 Brill Building ... E3
6 Hearst Tower ... E2
7 Hudson Yards ... C7
8 Intrepid Sea, Air & Space Museum ... A4
9 Museum at FIT ... E8
10 Museum of Arts & Design ... E1
11 The Vessel ... C7

Où se restaurer **(p. 201)**
12 Burger Joint ... F2
Cafe 2 ... (voir 1)
13 Danji ... D3
14 Don Antonio ... D3
16 Le Bernardin ... F3
17 Margon ... F4
18 Mercado Little Spain ... C7
The Modern ... (voir 1)
20 Pennsy Food Hall ... E7
21 Souvlaki GR ... E2
22 Taboon ... C3
Terrace Café ... (voir 1)
23 Totto Ramen Hell's Kitchen ... C3
24 Virgil's Real Barbecue ... F4

Où prendre un verre et faire la fête **(p. 205)**
25 Bar Centrale ... D4
26 Boxers NYC HK ... D3
27 Flaming Saddles ... D2
28 Industry ... D3
29 Jimmy's Corner ... F4
30 R Lounge ... E4
Robert ... (voir 10)
31 Rudy's Bar & Grill ... D4
32 Rum House ... E4
34 Waylon ... C3
Blue Bottle Coffee ... (voir 7)

Où sortir **(p. 206)**
35 Ambassador Theatre ... E3
36 August Wilson Theater ... E3
37 Birdland ... D4
38 Carnegie Hall ... E2
39 Caroline's on Broadway ... E3
40 CBS Broadcast Center ... C2
41 Don't Tell Mama ... D4
42 Ed Sullivan Theater ... E2
43 Eugene O'Neill Theatre ... E3
44 Gershwin Theatre ... E3
45 Hardware ... C4
46 Jazz at Lincoln Center ... D1
47 Lyceum Theatre ... E4
48 Lyric Theatre ... E5
49 Madison Square Garden ... E7
50 Minskoff Theatre ... E4
51 New Amsterdam Theatre ... E5
52 New Victory Theater ... E5
53 New York City Center ... F2
54 Playwrights Horizons ... D5
55 Richard Rodgers Theatre ... E4
56 Roundabout Theatre Company ... F4
57 Second Stage Theater ... D5
58 Signature Theatre ... C5
59 The Daily Show with Trevor Noah ... B3
60 The Shed ... C7
61 The PIT Loft ... F8

Achats **(p. 215)**
62 B&H Photo Video ... D7
63 Fine & Dandy ... C3
64 Macy's ... F7
MoMA Museum & Design Stores ... (voir 1)
65 Nepenthes New York ... D6
66 Shops & Restaurants at Hudson Yards ... C7

Activités **(p. 214)**
67 Circle Line Boat Tours ... A5
68 Manhattan Community Boathouse ... A2

Où se loger **(p. 351)**
70 6 Columbus ... D1
71 Ameritania Hotel ... E2
72 Chatwal New York ... F4
73 Citizen M ... E3
74 Ink48 ... B4
75 Knickerbocker ... F5
76 Muse New York ... F4
77 Quin ... F1
78 Yotel ... C5

MIDTOWN WEST ET TIMES SQUARE

Légende p. 459

MIDTOWN WEST ET TIMES SQUARE

UPPER EAST SIDE

Les incontournables (p. 219)
- 1 Guggenheim Museum A3
- 2 Metropolitan Museum of Art A5

À voir (p. 224)
- 3 Asia Society & Museum B7
- 4 Cooper-Hewitt Smithsonian Design Museum A3
- 5 Frick Collection (en travaux) A7
- 6 Gracie Mansion D3
- 7 Jewish Museum A3
- 8 Frick Madison A6
- 9 Museum of the City of New York A1
- 10 Neue Galerie A4
- 11 Temple Emanu-El A7

Où se restaurer (p. 226)
- 12 Daniel et Daniel Boulud Kitchen (DBK) B8
- Café Sabarsky .... (voir 10)
- 13 Drunken Munkey C3
- 14 EJ's Luncheonette B6
- 15 Heidi's House by the Side of the Road C5
- 16 JG Melon B6
- 17 La Esquina Taquería C6
- 18 Levain Bakery B4
- 19 Lexington Candy Shop B4
- 20 Papaya King B4
- 21 Sant Ambroeus A5
- 22 Schaller & Weber C4
- 23 Sfoglia B3
- 24 Tanoshi D6
- 25 William Greenberg Desserts A4
- The Wright .... (voir 1)

Où prendre un verre et faire la fête (p. 228)
- 26 Auction House C3
- 27 Bemelmans Bar A6
- 28 Caledonia C4
- 29 Cantor Roof Garden Bar A5
- 30 Daisy C4
- 31 Ethyl's Alcohol & Food C4
- Joe Coffee .... (voir 8)
- 32 Pony Bar C6
- 33 The Jeffrey C8
- Sant Ambroeus .... (voir 44)
- 34 UES NYC C3

Où sortir (p. 231)
- 35 92nd Street Y B3
- Café Carlyle .... (voir 27)

2 Metropolitan Museum of Art
YORKVILLE
Voir plan p. 478
Voir plan p. 464
Voir plan p. 460
Voir plan p. 456
E 82nd St
E 80th St
E 78th St
E 76th St
E 74th St
E 72nd St
72nd St
E 70th St
E 68th St
E 65th St
E 63rd St
E 61st St
77th St
68th St-Hunter College
Lexington Ave-63rd St
Lexington Ave-59th St
5th Ave-59th St
Fifth Ave
Madison Ave
Park Ave
Lexington Ave
Third Ave
Second Ave
First Ave
York Ave
East End Ave
Franklin D Roosevelt Dr
John Jay Park
Conservatory Water
Central Park
The Pond
Hunter College
Rockefeller University
East River
Roosevelt Island Tramway
Ed Koch Queensboro Bridge
A
B
C
D
5
6
7
8

UPPER WEST SIDE ET CENTRAL PARK

Les incontournables (p. 236)

1 American Museum of Natural History C5
2 Central Park D5
3 Lincoln Center B7

À voir (p. 240)

4 American Folk Art Museum C7
5 Bethesda Fountain D6
Bethesda Terrace........ (voir 5)
6 Blockhouse C1
7 Central Park Zoo D7
8 Children's Museum of Manhattan B5
9 Conservatory Garden.........D2
10 Dakota Building C6
11 David Rubenstein Atrium....B8
12 Great Lawn.........................D5
13 New-York Historical Society...C6
14 Nicholas Roerich Museum...A1
15 Ramble D6
16 Riverside Park.....................A1
17 Straus Park B1
18 Strawberry Fields C6
19 The Mall D7

Où se restaurer (p. 244)

20 Absolute Bagels...................B1
21 Awadh.................................B3
22 Barney Greengrass B4
23 Blossom on Columbus C5
24 Boulud Sud..........................C7
26 Cafe Lalo.............................B5
27 Cafe Luxembourg B7
28 Épicerie Boulud...................C7
29 Gray's Papaya B6
30 Hummus Place....................B6
31 Jacob's Pickles....................B5
32 Jin Ramen...........................B5
33 Lakeside Restaurant at Loeb Boathouse...........D6
Peacefood Cafe ....(voir 32)
34 Pier i Café A7
35 Silver Moon Bakery B2
36 The Smith............................C7

Où prendre un verre et faire la fête (p. 247)

38 The Dead Poet.....................B5
Empire Rooftop..........(voir 66)
39 Gebhard's Beer Culture B6
40 Irving Farm Roasters..........B5
41 Owl's Tail B6
42 Plowshares Coffee..............B2
43 Prohibition..........................B5

UPPER WEST SIDE ET CENTRAL PARK

Où sortir (p. 248)

- 44 Alice Tully Hall B7
- American Ballet Theatre .... (voir 3)
- 45 Beacon Theatre B6
- 46 Delacorte Theater C5
- 47 Elinor Bunin Munroe Film Center B7
- Film at Lincoln Center ..(voir 3)
- 48 Merkin Concert Hall B7
- Metropolitan Opera House .... (voir 3)
- 49 New York City Ballet B8
- 50 New York Philharmonic B7
- 51 Smoke B2
- 52 Walter Reade Theater B7

Shopping (p. 250)

- 53 Strand at Colombus Avenue B5
- 54 Grand Bazaar NYC B6
- 55 Icon Style B7
- 56 Magpie B5
- West Side Kids .... (voir 56)
- 58 Westsider Books B5
- 59 Westsider Records B6
- 60 Zabar's B5

Activités (p. 251)

- 61 Charles A. Dana Conservancy Center D2
- 62 Central Park Bike Tours C8
- Loeb Boathouse .... (voir 33)
- 63 Central Park Conservancy – départ des promenades ... D6
- 64 Toga Bike Shop B7
- 65 Wollman Skating Rink D8

Où se loger (p. 354)

- 66 Arthouse Hotel NYC B6
- 67 Empire Hotel B8
- 68 Hostelling International New York B2
- Hotel Beacon .... (voir 45)
- 69 Hotel Belleclaire B6
- 70 YMCA C7

HARLEM ET UPPER MANHATTAN

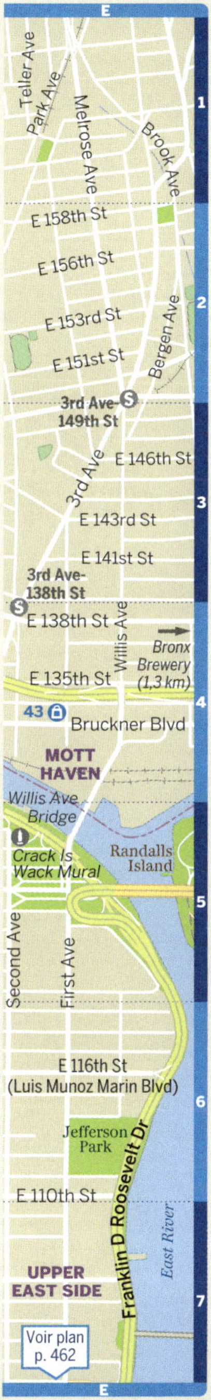

Les incontournables (p. 255)
- 1 Apollo Theater C5
- 2 Cathedral Church of St John the Divine B6

À voir (p. 258)
- 3 555 Edgecombe Ave B1
- 4 Abyssinian Baptist Church . C4
- 5 Bronx Museum D1
- 6 Canaan Baptist Church....... C6
- 7 Columbia University........ B6
- 8 Convent Avenue Baptist Church........ B3
- 9 El Museo del Barrio D7
- 10 General Ulysses S. Grant National Memorial........ A5
- 11 Hamilton Grange B3
- 12 Hamilton Heights Historic Distric........ B3
- 13 Malcolm Shabazz Harlem Market........ C6
- 14 Morris-Jumel Mansion Museum B1
- 15 Riverside Church A5
- 16 Schomburg Center for Research in Black Culture........ C4
- 17 Strivers' Row........ C4
- 18 Studio Museum in Harlem.. C5
- 19 Sylvan Terrace........ B1
- 20 Yankee Stadium C1

Où se restaurer (p. 263)
- 21 BLVD Bistro B6
- 23 Community Food & Juice ... A6
- 24 Dinosaur Bar-B-Que........ A4
- 25 Harlem Public A3
- 26 Maison Harlem B5
- 27 Pisticci A5
- 28 Red Rooster C5
- 29 Reverence C4
- 30 Seasoned Vegan........ C6
- 31 Sylvia's C5
- 32 Tom's Restaurant........ B6

Où prendre un verre et faire la fête (p. 266)
- 33 67 Orange Street........ B6
- Ginny's Supper Club...(voir 28)
- 34 Harlem Hops........ C4
- 35 Shrine C4
- 36 Silvana........ B6
- The Chipped Cup....... (voir 25)

Où sortir (p. 267)
- 37 Amore Opera A5
- Marjorie Eliot's Parlor Jazz........(voir 3)
- 38 Maysles Documentary Center........ C5
- 39 Minton's Playhouse........ C6

Shopping (p. 267)
- 40 Atmos........ C5
- 41 Flamekeepers Hat Club C5
- 42 Harlem Haberdashery C5
- 43 The Lit. Bar........ E4
- 44 Revolution Books C4

Activités (p. 268)
- 45 Riverbank State Park A3

Où se loger (p. 355)
- 46 Aloft Harlem........ B5
- 47 Harlem Flophouse........ C5

WILLIAMSBURG

N 0 0,5 mile 0 1 km

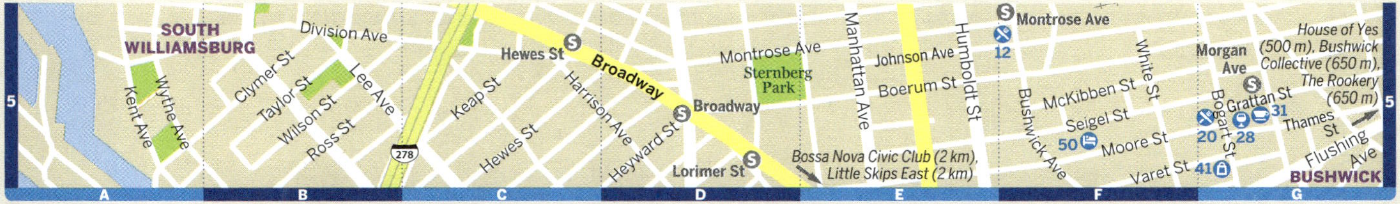

À voir **(p. 281)**
1 Brooklyn Art Library D3
2 Brooklyn Brewery C2
3 City Reliquary C3
4 Domino Park A3
5 East River State Park B2
6 McCarren Park D2
7 Williamsburg Bridge A3

Où se restaurer **(p. 294)**
8 Butcher's Daughter C3
9 Champs Diner E4
12 Dun-Well Doughnuts F5
13 Fette Sau C3
14 Five Leaves D1
15 Marlow & Sons A4
16 Modern Love D4
17 Okonomi & Yuji Ramen D4
18 Peter Pan Donut & Pastry Shop D1
19 Rabbithole B4
20 Roberta's G5
21 Zenkichi B2

Où prendre un verre et faire la fête **(p. 300)**
Bar Blondeau (voir 53)
22 Berry Park C1
23 Blue Bottle Coffee B3
24 Clem's C3
25 Hotel Delmano C2
26 Maison Premiere B3
27 Partners Coffee C2
28 Pine Box Rock Shop G5
29 Radegast Hall & Biergarten B3
30 Rocka Rolla D3
31 SEY Coffee G5
32 Spritzenhaus33 C1
33 Spuyten Duyvil C3
34 Tradesman F4

Où sortir **(p. 304)**
35 Knitting Factory C3
36 Music Hall of Williamsburg B2
37 National Sawdust B2
38 Nitehawk Cinema B3
39 Warsaw D1

Shopping **(p. 308)**
40 Artists & Fleas B2
41 Beacon's Closet G5
42 Beacon's Closet D1
43 Buffalo Exchange C2
44 Catbird C3
45 Desert Island Comics D3
46 Quimby's Bookstore NYC D3
47 Spoonbill & Sugartown B3

Activités **(p .309)**
48 Brooklyn Bowl C2

Où se loger **(p. 356)**
49 McCarren Hotel & Pool C2
50 NY Moore Hostel F5
51 Pod Brooklyn Hotel C3
52 Williamsburg Hotel C2
53 Wythe Hotel C1

BOERUM HILL, CARROLL GARDENS, COBBLE HILL, FORT GREENE ET RED HOOK

BOERUM HILL, CARROLL GARDENS, COBBLE HILL, FORT GREENE ET RED HOOK

PARK SLOPE ET PROSPECT PARK

Légende p. 474

PARK SLOPE ET PROSPECT PARK

PARK SLOPE ET PROSPECT PARK *Plan p. 472*

Les incontournables (p. 271)
1 Brooklyn Museum F3
2 Prospect Park E3

À voir (p. 279)
3 Brooklyn Botanic Garden F3
4 Green-Wood Cemetery B5
5 Lefferts Historic House F4
6 Prospect Park Zoo F4
7 Sunset Park A7

Où se restaurer (p. 291)
8 Ample Hills Creamery C2
9 Ample Hills Creamery E2
10 Baba's Pierogies C2
11 Baked in Brooklyn B5
12 Dough E2
13 Catfish G2
14 Cheryl's Global Soul F3
15 Chuko F1
16 Four & Twenty Blackbirds C3
17 King David Tacos E3
18 Korzo B5
19 Lincoln Station F3
20 Lot 2 C5
22 Olmsted E2
23 Screamer's Pizza G2
24 Sidecar C4
25 Tom's Restaurant F2
26 Whole Foods C2

Où prendre un verre et faire la fête (p. 299)
27 Butter & Scotch G3
28 Friends and Lovers G2
29 Ginger's Bar C3
30 Greenwood Park C5
31 Royal Palms C2
32 Sea Witch B5
33 Union Hall D2
34 Weather Up F1

Où sortir (p. 303)
35 Barbès C4
36 Barclays Center D1
37 Bell House B3
38 Kings Theatre G7
39 Littlefield C2
40 Puppetworks D3

Shopping (p. 308)
41 Beacon's Closet D1
42 Brooklyn Superhero Supply Co C3
Grand Army Plaza Greenmarket (voir 17)
43 Leroy's Place D4

Activités (p. 310)
44 Brooklyn Boulders C1
45 Brooklyn Brainery F2
46 LeFrak Center at Lakeside F5

Où se loger (p. 356)
48 Lefferts Manor Bed & Breakfast G5
49 The L Hotel A6
50 Wyndham Garden Brooklyn Sunset Park A6

Les incontournables **(p. 271)**
1 Brooklyn Bridge Park A1

À voir **(p. 275)**
2 Brooklyn Bridge B1
3 Brooklyn Heights Promenade A2
4 Brooklyn Historical Society B3
5 Empire Stores B1
6 Jane's Carousel B1
7 Kings County Distillery D2
8 New York Transit Museum C4

Où se restaurer **(p. 285)**
9 AlMar C1
10 DeKalb Market Hall D4
11 Fornino at Pier 6 .... A3
12 Govinda's Vegetarian Lunch D4
13 Grimaldi's B1
14 Juliana's B1
15 Junior's Restaurant & Bakery D4
16 River Cafe B1
17 Superfine C1
18 Vinegar Hill House D1
Time Out Market .... (voir 5)

Où prendre un verre et faire la fête **(p. 297)**
19 Floyd B4
20 Montero Bar & Grill A3

Où sortir **(p. 303)**
21 Alamo Drafthouse D4
22 Bargemusic B1
23 St Ann's Warehouse B1

Shopping **(p. 306)**
24 Brooklyn Flea C1
25 Fulton Mall C3
26 Powerhouse Arena C1
27 Sahadi's B4

Où se loger **(p. 356)**
28 Aloft New York Brooklyn C3
29 EVEN Hotel D4
30 NU Hotel C4

CONEY ISLAND ET BRIGHTON BEACH

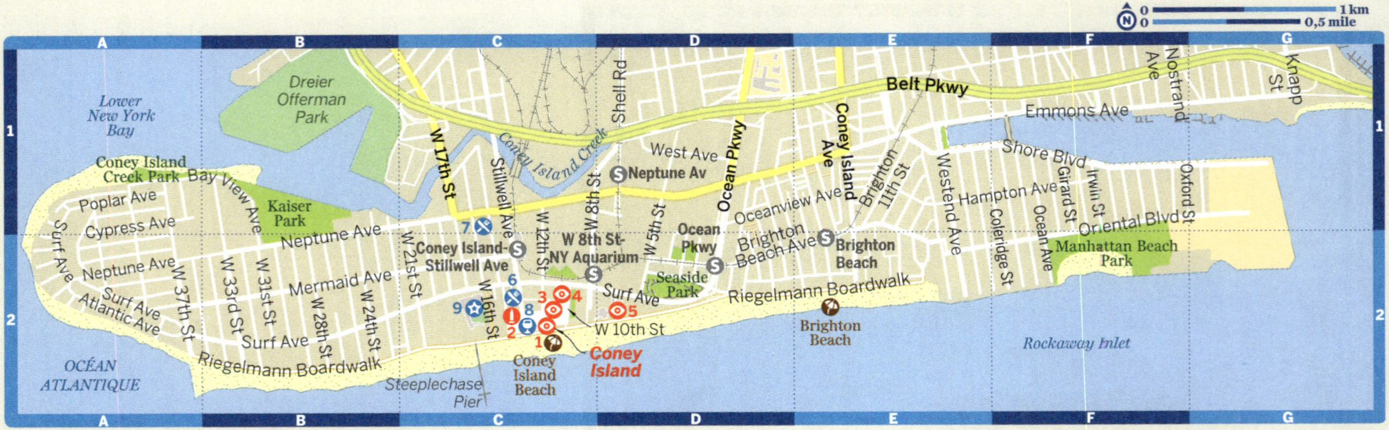

Les incontournables (p. 271)

1 Coney Island C2

À voir (p. 284)

2 Coney Art Walls C2
3 Deno's Wonder Wheel C2
4 Luna Park C2
5 New York Aquarium D2

Où se restaurer (p. 297)

6 Nathan's Famous C2
7 Totonno's C1

Où prendre un verre et faire la fête (p. 303)

8 Ruby's Bar & Grill C2

Où sortir (p. 303)

9 MCU Park C2

À voir **(p. 317)**

Où se restaurer **(p. 323)**

Où prendre un verre et faire la fête **(p. 325)**

Où sortir **(p. 326)**

ASTORIA

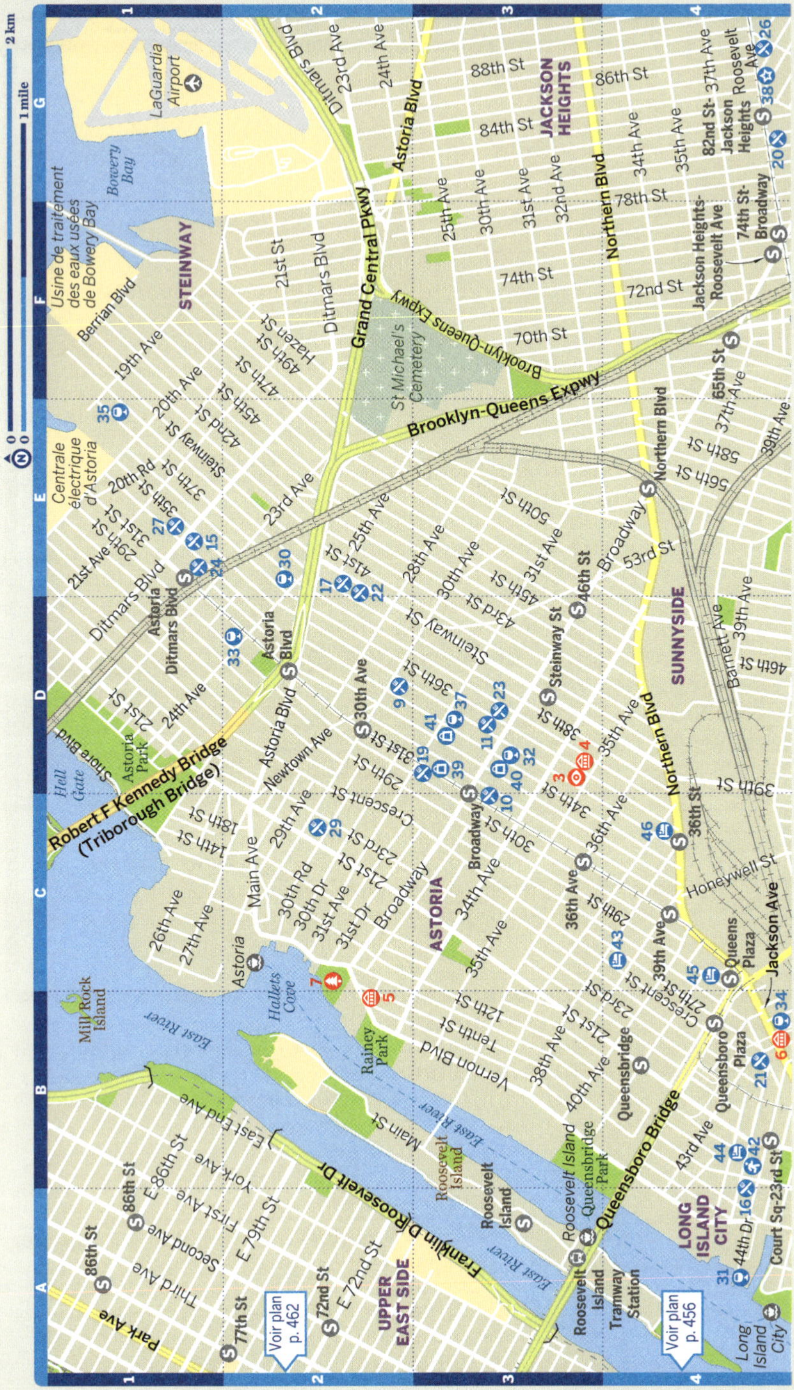
2 km
1 mile
0
0
N
LaGuardia Airport
Bowery Bay
Usine de traitement des eaux usées de Bowery Bay
Centrale électrique d'Astoria
STEINWAY
JACKSON HEIGHTS
SUNNYSIDE
ASTORIA
LONG ISLAND CITY
UPPER EAST SIDE
Hell Gate
Mill Rock Island
Hallets Cove
East River
Roosevelt Island
Rainey Park
Astoria Park
St Michael's Cemetery
Queensbridge Park
Robert F Kennedy Bridge (Triborough Bridge)
Queensboro Bridge
Grand Central Pkwy
Brooklyn-Queens Expwy
Franklin D Roosevelt Dr
Northern Blvd
Astoria Blvd
Ditmars Blvd
Shore Blvd
Berrian Blvd
Steinway St
Broadway
Vernon Blvd
Newtown Ave
Crescent St
Jackson Ave
Honeywell St
Barnett Ave
Roosevelt Ave
Queens Plaza
Queensboro Plaza
Astoria-Ditmars Blvd
Astoria Blvd
30th Ave
36th Ave
39th Ave
46th St
65th St
74th St-Broadway
Jackson Heights-Roosevelt Ave
82nd St-Jackson Heights
Court Sq-23rd St
Roosevelt Island Tramway Station
Long Island City
86th St
77th St
72nd St
Voir plan p. 462
Voir plan p. 456
Park Ave
Third Ave
Second Ave
First Ave
York Ave
East End Ave
E 86th St
E 79th St
E 72nd St
Main St
1
2
3
4
A
B
C
D
E
F
G

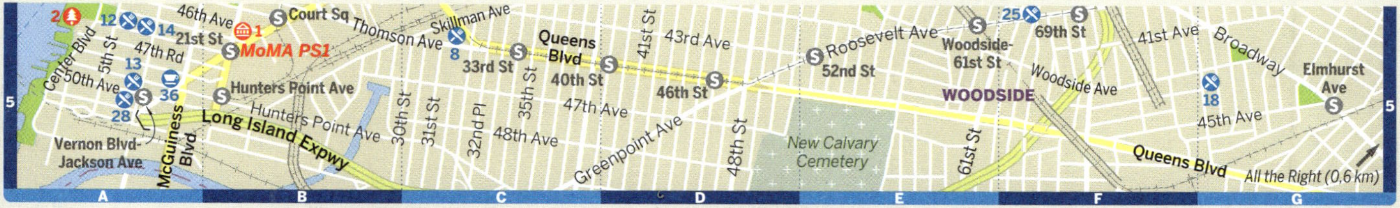

Les incontournables (p. 313)

1 MoMA PS1 .... B5

À voir (p. 317)

2 Gantry Plaza State Park A5
3 Kaufman Arts District D3
4 Museum of the Moving Image D3
5 Noguchi Museum B2
6 SculptureCenter B4
7 Socrates Sculpture Park C2

Où se restaurer (p. 321)

8 Addã C5
9 Ample Hills Creamery D2
10 Bahari Estiatorio C3
11 Brooklyn Bagel & Coffee Company D3
12 Cannelle Patisserie A5
13 Casa Enrique A5
14 Cyclo A5
15 HinoMaru E1
16 John Brown Smokehouse A4
17 Kabab Cafe E2
18 Khao Kang G5
19 King Souvlaki D3
20 La Esquina del Camarón G4
21 M Wells Steakhouse B4
Mina's .... (voir 1)
22 Mombar E2
23 Pye Boat Noodle D3
24 Rosario's E1
25 Sripraphai F5
26 Taco Veloz G4
27 Taverna Kyclades E1
28 Tournesol A5
29 Vesta Trattoria & Wine Bar C2

Où prendre un verre et faire la fête (p. 325)

30 Albatross E2
31 Anable Basin Sailing Bar & Grill A4
32 Astoria Bier & Cheese D3
33 Bohemian Hall & Beer Garden D2
34 Dutch Kills B4
35 SingleCut Beersmiths E1
36 Sweetleaf A5
37 Vite Vinosteria D3

Où sortir (p. 326)

38 Terraza 7 .... G4

Shopping (p. 326)

Artbook .... (voir 1)
39 Astoria Bookshop D3
40 Lockwood D3
41 LoveDay 31 .... D3

Activités (p. 327)

42 Cliffs B4

Où se loger (p. 358)

43 Boro Hotel C4
44 Local B4
45 Q4 .... C4
46 The Collective Paper Factory C4

LES GUIDES LONELY PLANET

Une vieille voiture déglinguée, quelques dollars en poche et le goût de l'aventure, c'est tout ce dont Tony et Maureen Wheeler eurent besoin pour réaliser, en 1972, le voyage d'une vie : rallier l'Australie par voie terrestre via l'Europe et l'Asie. De retour après un périple harassant de plusieurs mois, et forts de cette expérience formatrice, ils rédigèrent sur un coin de table leur premier guide, *Across Asia on the Cheap*, qui se vendit à 1 500 exemplaires en l'espace d'une semaine. Ainsi naquit Lonely Planet, dont les guides sont aujourd'hui traduits en 13 langues.

Nos auteurs

Ali Lemer

Ali est auteure et éditrice chez Lonely Planet depuis 2007. Elle a écrit des guides et des articles sur la Russie, l'Allemagne, New York, Los Angeles, Melbourne, Bali, Hawaï, le Japon ou encore l'Écosse. Née à New York, elle a depuis vécu à Melbourne, Chicago, Prague et au Royaume-Uni, et a énormément voyagé à travers l'Europe, l'Amérique du Nord, l'Océanie et l'Asie.

Anita Isalska

Anita est journaliste, éditrice et rédactrice spécialisée dans les voyages. Après plusieurs années dans les bureaux londoniens de Lonely Planet – Anita travaille désormais en free-lance entre San Francisco, le Royaume-Uni et n'importe quelle région de la Baltique où le Wi-Fi fonctionne. Elle écrit principalement sur l'Europe centrale et de l'Est, l'Asie du Sud-Est, la France et les destinations hors des sentiers battus. Découvrez son travail sur le site www.anitaisalska.com.

MaSovaida Morgan

MaSovaida est une journaliste spécialisée dans les voyages. Son désir d'aventures lui a fait parcourir une cinquantaine de pays sur tous les continents. Elle a été auteure de nombreux guides Lonely Planet portant sur l'Asie du Sud-Est, le Moyen-Orient, l'Europe et l'Amérique. Avant de s'établir en indépendante en 2018, elle a travaillé dans les bureaux de Lonely Planet à Nashville, où elle a chapeauté l'édition de tous les guides portants sur l'Amérique du Sud et l'Antarctique. Suivez-la sur Instagram @MaSovaida.

Kevin Raub

Né à Atlanta, Kevin a commencé sa carrière comme critique musical à New York. Il a depuis délaissé son mode de vie rock'n'roll pour l'écriture de voyage et a participé à plus de 95 guides Lonely Planet, notamment sur le Brésil, le Chili, la Colombie, les États-Unis, l'Inde, l'Italie et le Portugal. Fou de cervoise, il profite de ses pérégrinations pour rechercher les bières locales les plus amères. Suivez-le sur www.kevinraub.net ou sur Twitter et Instagram (@RaubOnTheRoad).

NewYork
13e édition
Traduit et adapté de l'ouvrage *New York City, 12th edition, January 2022*

92 avenue de France - 75013 Paris

Dépôt légal Février 2022
ISBN 978-2-81619-527-9
Imprimé par ESTIMPRIM, Autechaux, France
Réimpression 03, octobre 2023

En Voyage Éditions | un département édi8